Hernandes Dias Lopes

GÊNESIS
O livro das origens

© 2021 Hernandes Dias Lopes

Revisão
Jean Charles Xavier
Josemar de Souza Pinto

Capa
Cláudio Souto

Diagramação
Catia Soderi

Editor
Aldo Menezes

1ª edição: janeiro de 2021

Coordenador de produção
Mauro Terrengui

Impressão e acabamento
Imprensa da Fé

As opiniões, as interpretações e os conceitos emitidos nesta obra são de responsabilidade do autor e não refletem necessariamente o ponto de vista da Hagnos.

Todos os direitos desta edição reservados para:
Editora Hagnos Ltda.
Av. Jacinto Júlio, 27, São Paulo, SP
CEP 04815-160 - Tel./Fax: (11) 5668-5668
hagnos@hagnos.com.br - www.hagnos.com.br

Dados Internacionais de Catalogação na Publicação (CIP)
Angélica Ilacqua CRB-8/7057

Lopes, Hernandes Dias
  Gênesis: o livro das origens / Hernandes Dias Lopes. — São Paulo: Hagnos, 2021.
ISBN: 978-65-86048-63-6
1. Bíblia A.T. – Gênesis – Comentários I. I. Título

20-4330   CDD 222.11

Índice para catálogo sistemático:
1. Gênesis – Comentários

Dedicatória

DEDICO ESTE LIVRO ao casal Antonio Fernando Peixoto Araújo e Jussara Mary da Silva Correia. Eles são amigos preciosos, irmãos muito amados, servos do Altíssimo, bênçãos de Deus em minha vida, em minha família e em meu ministério.

Sumário

Prefácio do autor 9
Apresentação 11
Introdução 15

1. O Criador e a criação
   (Gn 1.1-3) 45
2. A criação perfeita
   (Gn 1.3-31; 2.1-3) 61
3. O homem e seu habitat
   (Gn 2.4-17) 83
4. A criação da mulher e a instituição do casamento
   (Gn 2.18-25) 93
5. A maior tragédia da história
   (Gn 3.1-24) 103
6. Sentimentos perigosos, decisões desastrosas
   (Gn 4.1-26) 125
7. O livro das gerações: os ciclos da vida
   (Gn 5.1-32) 143
8. A maldade humana e o juízo divino
   (Gn 6.1-22) 155
9. O dilúvio: um cataclismo geral, que trouxe um juízo universal
   (Gn 7.1-24) 167
10. Os sinais da salvação
    (Gn 8.1-22) 177

11. O governo humano no novo mundo
    (Gn 9.1-17) 187
12. Maldições e bênçãos na família de Noé
    (Gn 9.18-29) 197
13. A tábua das nações
    (Gn 10.1-32) 207
14. Uma cidade, uma torre e uma família
    (Gn 11.1-32) 219
15. Uma caminhada de fé
    (Gn 12.1-20) 233
16. A vida é feita de escolhas e decisões
    (Gn 13.1-18) 243
17. Crise no vale
    (Gn 14.1-24) 253
18. A noite escura da alma
    (Gn 15.1-21) 267
19. Fracasso nas provas
    (Gn 16.1-16) 279
20. Promessas renovadas
    (Gn 17.1-27) 291
21. Quando Deus visita a nossa casa
    (Gn 18.1-33) 301
22. Ló, um crente a reboque
    (Gn 19.1-38) 313
23. A infidelidade do homem e a fidelidade de Deus
    (Gn 20.1-18) 327
24. Alegrias e lágrimas
    (Gn 21.1-21) 337
25. Uma aliança da paz
    (Gn 21.22-34) 351
26. Quando o amor a Deus é a maior prova da fé
    (Gn 22.1-24) 357

27. A morte de uma princesa
    (Gn 23.1-20) 377
28. Lá vem a noiva de Isaque, e ela é linda!
    (Gn 24.1-67) 387
29. Histórias de família
    (Gn 25.1-34) 401
30. Deus transforma crises em triunfo
    (Gn 26.1-35) 413
31. A revelação de Deus a Jacó e a resposta de Jacó a Deus
    (Gn 28.10-22) 429
32. Uma família em conflito
    (Gn 27.1-46; 28.1-9) 443
33. A família de Jacó
    (Gn 29.1-35; 30.1-43) 461
34. De volta para casa
    (Gn 31.1-55) 479
35. Jacó não, Israel!
    (Gn 32.1-32) 491
36. A história de uma reconciliação
    (Gn 33.1-17) 507
37. Uma tragédia na família
    (Gn 33.18-20; 34.1-31) 519
38. Um tempo novo na família
    (Gn 35.1-29) 533
39. A família de Esaú
    (Gn 36.1-43) 549
40. A mão invisível da providência de Deus
    (Gn 37.1-36) 557
41. A graça de Deus prevalecendo sobre a desgraça humana
    (Gn 38.1-30) 575
42. Fidelidade inegociável
    (Gn 39.1-20) 587

43. O intérprete de sonhos
(Gn 39.21-23; 40.1-23) 605
44. Do cárcere à governança
(Gn 41.1-57) 615
45. Os irmãos de José descem ao Egito
(Gn 42.1-38) 629
46. De volta ao Egito
(Gn 43.1-34) 641
47. O despertar da consciência
(Gn 44.1-34) 653
48. Providência carrancuda, face sorridente
(Gn 45.1-28) 667
49. Uma partida e um encontro
(Gn 46.1-34) 681
50. José, grande líder em tempo de crise
(Gn 47.1-31) 691
51. Jacó adota seus netos Efraim e Manassés
(Gn 48.1-22) 703
52. As bênçãos proféticas de Jacó
(Gn 49.1-33) 717
53. Luto, graça e glória
(Gn 50.1-26) 739

Prefácio do autor

ESCREVER O COMENTÁRIO DE Gênesis foi um grande desafio para minha vida e para o meu ministério. Estudo este livro há quatro décadas e já preguei em Gênesis muitas vezes. Em 2020, porém, nos mais de quatro meses de quarentena e isolamento social, em virtude da pandemia do novo coronavírus, que assolou o Brasil e o mundo, debrucei-me diariamente por cerca de oito a dez horas sobre as narrativas deste livro inspirado, e a cada dia meu coração ardia mais e minha mente era mais iluminada pelas verdades eternas registradas por Moisés há mais de 3.500 anos, neste livro singular.

Gênesis é o livro mais estratégico para entendermos os demais livros Bíblia.

Não é apenas o primeiro livro, mas também a chave hermenêutica para compreendermos os outros 65 livros inspirados, tendo em vista que sem ele não poderíamos entender a origem do universo, do homem e da mulher, do casamento, da família, do pecado, da redenção, da nação de Israel, das nações gentílicas e da salvação pela graça.

Gênesis é fundacional, é o alicerce do majestoso edifício da revelação bíblica, e nele estão as sementes das grandes doutrinas expostas nos demais livros das Escrituras. Por esse motivo, estudar Gênesis é matricular-se na academia divina, é tomar um banho de história, é penetrar nas riquezas insondáveis do evangelho de Cristo.

Dito isso, minha expectativa e fervorosa oração é que esta obra enriqueça seu conhecimento, ilumine seus olhos e inflame seu coração, incentivando-o viver pela fé, sendo um forasteiro neste mundo e caminhando resoluto para a cidade celestial, cujo arquiteto e edificador é Deus.

Apresentação

TALVEZ NÃO EXISTA um livro da Bíblia tão relevante para os nossos dias como Gênesis, que, como o próprio nome indica, é um livro dos "princípios". Na primeira parte de Gênesis (1—11), encontramos o relato do princípio do mundo, do início da raça humana, da entrada do pecado no mundo, do estrago que ele trouxe aos descendentes de Adão e, também, as primeiras referências à esperança do evangelho.

Em sua segunda parte (Gn 12—50), encontramos a aliança de Deus com Abraão e seus descendentes, a promessa do descendente messiânico e o início do povo de Deus. Lemos acerca de Isaque, Jacó e seus doze filhos, particularmente de José. Vemos Deus levando avante a obra da redenção após a queda ter estragado a sua criação inicial. O livro de Gênesis é essencial para que entendamos todo o restante da Bíblia, uma vez que, sem ele, as próprias doutrinas cristãs perdem o seu fundamento.

Alguns dos temas tratados no livro de Gênesis têm sido objeto da mais intensa polêmica entre descrentes e cristãos, como a teoria da evolução e seu impacto na compreensão dos capítulos iniciais do livro. Além disso, a questão da família e de gênero, cujas origens são relatadas nos capítulos 1 e 2, tem se tornado o fulcro de debates acalorados em toda parte. Some-se a isso o surgimento do evolucionismo teísta, que tenta integrar aspectos do evolucionismo à narrativa da criação do mundo, da criação do homem e da queda. A aliança com Abraão tem servido de base para discussões entre os próprios cristãos quanto à sua natureza e extensão.

Não foi sem razão que Hernandes Dias Lopes dedicou tanto tempo à produção de um comentário sobre este livro de tamanha relevância para os dias de hoje, por isso, aceitei com alegria o seu convite para escrever este breve prefácio. Estas são as razões pelas quais recomendo este livro com entusiasmo:

Primeira, e acima das demais, este comentário parte do firme compromisso de seu autor com a inerrância e infalibilidade das Escrituras. Hernandes se aproxima do texto bíblico firmado na historicidade e na veracidade dos seus relatos e afirmações. Com certeza, os pressupostos que comentaristas têm quanto à divina inspiração da Bíblia influenciarão diretamente o resultado de suas pesquisas. Nesse sentido, a abordagem do presente comentário está firmemente enraizada na concepção do cristianismo histórico de que as Escrituras são a Palavra de Deus, verdadeiras em tudo o que afirmam.

Segunda, Hernandes traz ao texto o resultado de suas pesquisas exegéticas. Não se trata de um comentário devocional apenas — embora certamente não faltem aplicações pastorais —, mas aqui o leitor encontrará uma interpretação consistentemente alinhada com o método gramático-histórico de interpretação que leva em consideração não somente a inerrância da Bíblia, mas também o *Sitz im Leben* do livro em apreço, a saber, seu aspecto literário, sua relação com a cultura da época e suas peculiaridades linguísticas.

Terceira, ainda que nosso autor creia na inspiração bíblica e numa leitura simples e direta do texto de Gênesis, isso não o impediu de ler, pesquisar e interagir criticamente com dezenas de outros autores. O leitor certamente comprovará a quantidade de obras lidas e citadas aqui, e as conclusões serão sempre referendadas por autores distintos, a quem Hernandes recorre em corroboração ao que deseja dizer.

Quarta, a obra é notadamente apologética. Hernandes está bem a par das questões atuais que cercam o livro de Gênesis. Os dias da criação são literais? Deus realmente fez o homem do pó da terra? Como essa narrativa se coaduna com as descobertas da ciência? É possível conciliar a visão evolucionista com a narrativa de Gênesis 1—3? Houve de fato um dilúvio? Abraão de fato existiu? Nosso autor não foge dessas questões e, onde julga pertinente, apresenta uma apologia para a visão bíblica sobre esses temas.

Quinta, este comentário é eminentemente pastoral, ou seja, Hernandes coloca seu conhecimento a serviço do seu coração de pastor. Entremeadas com a pesquisa estão exortações e encorajamento ao leitor. A ênfase na vitória final de Cristo e no triunfo do seu Reino neste mundo, que marca o ministério de nosso autor, transparece com muita intensidade a cada capítulo deste comentário. O leitor se sentirá encorajado e fortalecido na vida cristã a cada página desta obra.

Este livro deve ser lido com a Bíblia aberta ao seu lado.

Rev. dr. Augustus Nicodemus Lopes
Pastor auxiliar da Primeira Igreja
Presbiteriana do Recife

Introdução

O LIVRO DE GÊNESIS é uma das obras literárias mais importantes do mundo. O renomado cientista Henry Morris chega a dizer que, provavelmente, seja o livro mais importante já escrito, uma vez que não se trata de uma mera coleção de mitos e lendas, mas de um registro factual e real de eventos e pessoas no começo da história.[1]

Gênesis trata da origem: do universo, do sistema solar, da atmosfera e da hidrosfera, da vida, do homem, do casamento, do mal, da linguagem, do governo, da cultura, das nações, da religião e do povo escolhido.[2] Sem o livro de Gênesis, o restante da Bíblia seria incompreensível; na verdade, seria como um edifício sem fundamento ou como uma ponte sem pilastras de sustentação.

Em Gênesis, veremos, nos capítulos 1—11.1) a criação de todas as coisas; 2) a corrupção de todas as coisas; 3) a condenação de todas as coisas; 4) a confusão de todas as coisas. Nos capítulos 12—50, trataremos dos patriarcas: 1) Abraão; 2) Isaque; 3) Jacó; 4) José.

Na introdução, voltaremos nossa atenção especialmente para os três primeiros capítulos de Gênesis, por entendermos que essa é a porção da Escritura mais atacada pelos céticos em nossos dias.

Gênesis: fato ou ficção?

Gênesis: fato ou ficção? Eis uma pergunta emblemática. Negar a historicidade de Gênesis é relativizar toda a Escritura, pois está escrito: *Toda a Escritura é inspirada por Deus...* (2Tm 3.16). E ainda: *porque nunca jamais qualquer profecia foi dada por vontade humana; entretanto, homens [santos] falaram da parte de Deus, movidos pelo Espírito Santo* (2Pe 1.21).

Se Gênesis é uma ficção, então o primeiro Adão foi uma ficção. E se o primeiro Adão foi uma ficção, então o segundo Adão, Jesus Cristo, não pode ser antítipo dele. Se a queda não foi um fato histórico, então não houve rebelião contra Deus; se não houve rebelião contra Deus, então o homem não é pecador; e se o homem não é pecador, ele não precisa do Redentor.

É digno de nota que toda a Escritura refere-se à criação, aos nossos primeiros pais e à queda como fatos históricos, não como uma metáfora ou ficção. Jesus referiu-se a Adão e Eva como personagens históricos (Mt 19.3-12). Se eles não existiram, então Jesus equivocou-se. Se Jesus equivocou-se, ele é falível; se ele é falível, então não pode ser Deus; e, se Jesus Cristo não é Deus, então o cristianismo é a maior farsa da história. Dezenas de textos bíblicos, tanto do Antigo Testamento como do Novo, fazem alusão à criação como um fato histórico. É impossível negar a historicidade de Gênesis 1—3 sem desconstruir toda a Bíblia, sem lançar por terra todo o edifício da revelação divina.

O criacionismo não é artigo de fé, mas de ciência. Adauto Lourenço diz que podemos provar cientificamente que o mundo foi criado, contudo, não é possível provar que Deus criou o mundo. Portanto, tentar provar que Ele criou o mundo não poderia ser uma proposta científica. Quem disse que não é possível provar que Deus criou o mundo foi Ele mesmo. A Escritura diz: *Pela fé entendemos que o universo foi formado pela palavra de Deus, de maneira que aquilo que o visível veio a existir das coisas que não aparecem* (Hb 11.3).[3]

Não precisamos ser despojados de nossa inteligência para erguer o estandarte do criacionismo. Luiz Waldvogel cita homens da estirpe de Isaac Newton, Blaise Pascal, Kepler, o astrônomo, Ampère, o gigante da ciência da eletricidade, Morse, Graham Bell, Lavoisier, Gay-Lussac, Louis Agassiz, e Cuvier que foram cientistas de escol e também defenderam o criacionismo.[4] Na esteira desses corifeus, muitos outros robustos pensadores subscrevem convicção inabalável no criacionismo.

Gênesis: sua absoluta necessidade

O livro de Gênesis é absolutamente necessário para encontrarmos respostas às questões mais importantes. Sem esse livro, não teríamos como lidar com questões essenciais como a existência de Deus e a origem do homem, da família, do mal, da salvação e do julgamento divino. As grandes verdades expostas nas Escrituras têm sua origem e seu fundamento no livro de Gênesis, o que significa que o cristianismo não poderia ser plenamente entendido sem os fundamentos postos nesse livro. Harold Willmington é enfático quando diz que os onze primeiros capítulos de Gênesis são absolutamente vitais para a compreensão adequada dos outros 1.178 capítulos da Bíblia. Aceitando-os em seu valor nominal, não haverá nenhuma dificuldade com o restante do Antigo e do Novo Testamentos.[5]

Destacamos aqui algumas razões por que o livro de Gênesis é necessário:

Em primeiro lugar, *para explicar a existência de Deus*. Gênesis não discute a existência de Deus; apenas afirma-a. O autor não começa seu relato defendendo a existência de Deus, mas sim mostrando Deus agindo como um ser autoexistente, autossuficiente, eterno e onipotente. Tudo o que existe foi criado, mas Deus é incriado, pois é o Criador. Tudo o que existe teve um começo, mas Deus é antes do começo, pois é eterno e o Pai da Eternidade. Deus não passou a existir com a criação, pois, quando tudo foi criado no princípio, Ele já existia em glória eterna.

Em segundo lugar, *para explicar a origem do homem*. Qual é a origem da vida humana? De onde o homem procede? O homem foi criado ou procede de um ancestral comum? Somos produto de uma evolução de milhões e milhões de anos? Procedemos dos símios? Ou a vida humana é distinta dos demais seres? O livro de Gênesis nos mostra que o homem se distingue das demais criaturas porque foi criado à imagem e semelhança de Deus (1.26,27). É um ser físico, mas também espiritual, é um ser social e também moral, e pode relacionar-se com o Criador e dominar sobre as demais criaturas.

Em terceiro lugar, *para explicar a origem da família humana*. O livro de Gênesis nos ensina sobre a origem da família. Deus criou o homem e a mulher à Sua imagem e semelhança, depois abençoou-os e ordenou-lhes que crescessem e multiplicassem, bem como que dominassem sobre as aves dos céus, os peixes do mar e os animais que rastejam na terra (1.27,28). Deus instituiu o casamento e deu diretrizes para o funcionamento deste (2.24).

Em quarto lugar, *para explicar a origem do mal*. De onde procede o mal? Qual é a sua origem? Se Deus criou tudo perfeito e avaliou Sua criação com nota máxima (1.31), por que o mundo mergulhou em densas trevas, rebelando-se contra o Criador? Houve uma rebelião no mundo angelical e também uma rebelião dos nossos primeiros pais. Certamente, o anjo de luz caiu depois da criação do homem e, com sua sagacidade, induziu os nossos pais à rebelião contra Deus, precipitando toda a raça humana num estado de depravação e miséria. O mal atingiu não apenas os seres angelicais e os homens, mas toda a natureza (Rm 8.18-25).

Em quinto lugar, *para explicar a salvação pela graça*. O pecado entrou no mundo por um só homem (Rm 5.12) e passou para todos os homens, porque todos pecaram (Rm 3.23). O pecado contamina e escraviza, e o homem não pode limpar nem libertar a si mesmo, e também se tornou escravo do pecado, da carne, do mundo e do diabo. Deus havia alertado nossos pais de que, se eles comessem do fruto da árvore do conhecimento do bem e do mal, certamente morreriam. Ao comerem, eles morreram espiritualmente, e a sentença cumpriu-se: *porque tu és pós e ao pó tornarás* (3.19). Deus, porém, prometeu aos nossos pais o Redentor: *O Senhor Deus disse à serpente: Porei inimizade entre ti e a mulher, entre a tua descendência e o seu descendente. Este te ferirá a cabeça, e tu lhe ferirás o calcanhar* (3.15). Deus providenciou para os nossos pais a redenção, vestindo-os com peles de animais: *Fez o Senhor Deus vestimenta de peles para Adão e sua mulher e os vestiu* (3.21). Aqui está a gênese da doutrina da expiação pelo sangue.

Em sexto lugar, *para explicar o julgamento divino*. O livro de Gênesis mostra que Deus é fiel tanto no cumprimento de Suas promessas como na aplicação do Seu juízo. O homem precisou lavrar uma terra hostil com o suor do rosto (3.17), ao passo que a mulher precisou dar à luz com dores de parto (3.16). A natureza benfazeja passou a produzir cardos, espinhos e abrolhos (3.18). Toda a natureza ficou prisioneira da corrupção (Rm 8.19-22). Deus julgou o mundo no dilúvio, puniu os homens na torre de Babel e condenou as cidades de Sodoma e Gomorra por causa de sua violência e promiscuidade. Esses juízos são um símbolo do grande juízo final.

A existência de Deus e suas implicações

Deus não existe; ele é apenas um delírio, afirma Richard Dawkins, o mais barulhento e insolente ateu deste século. Seu livro *Deus, um delírio* é aplaudido nos meios acadêmicos como uma bomba que abalaria os alicerces do cristianismo, mas em breve tanto o nome quanto as obras de Richard Dawkins estarão cobertos de poeira, e a Palavra de Deus, impávida, sobranceira e vitoriosa permanecerá em pé. Alister McGrath, erudito da Universidade Harvard, em seu livro *O delírio de Dawkins*, desbancou as insolentes ideias de Richard Dawkins, mostrando a fragilidade e a inconsistência de seus arrazoados.

Estamos vendo, inegavelmente, o ressurgimento do ateísmo em nossos dias, e há uma corrida galopante para o que Bíblia chama de "a apostasia" (2Ts 2.8). Nesse sentido, a negação ostensiva e estridente da verdade revelada nas Escrituras ganha ares de erudição sofisticada.

Em 1859, Charles Darwin lançava, na cidade de Londres, o seu livro *A origem das espécies*, cuja primeira edição esgotou-se no dia do lançamento. Desde então, o naturalismo, isto é, a crença de que o universo apareceu sem um criador e sem um plano, tem sido aceita como a religião de milhões de pessoas. A teoria da evolução tem sido aceita como verdade inconteste em muitos redutos, e, mesmo sem a evidência das provas, essa teoria tem encontrado guarida em alguns círculos acadêmicos e ganhado até mesmo simpatia nos redutos cristãos.

Francis Collins, o pai do projeto genoma, declarou sua conversão ao teísmo cristão. Em seu livro *A linguagem de Deus*, ele narra como saiu do ateísmo para se converter ao cristianismo; todavia, Collins estranhamente se declara cristão e darwinista ao mesmo tempo; isto é, ele crê que Deus trouxe o universo à existência mediante a evolução das espécies.

Muitos teólogos liberais, tentando adequar sua suposta crença cristã ao darwinismo, já se renderam ao evolucionismo e não acreditam mais na historicidade do relato de Gênesis 1 e 2, ou seja, não creem que a criação seja um fato histórico. Esse concubinato espúrio entre fé cristã e evolucionismo, entre Cristo e Darwin, está em total desacordo com o ensino das Escrituras, pois, assim como não há comunhão entre luz e trevas, também não há como aliançar a criação com o evolucionismo, visto que são coisas mutuamente excludentes e, por esse motivo, não podemos mantê-las juntas.

É possível ser cristão e ao mesmo tempo evolucionista? É possível ser discípulo de Cristo e ao mesmo tempo discípulo de Darwin? É possível negar a historicidade do relato da criação e ainda continuar crendo na integridade e confiabilidade das Escrituras? É possível ser evolucionista e ainda encontrar um sentido transcendental na vida? Negar a historicidade de Gênesis 1 e 2 é negar toda a integridade das Escrituras.

O relato da criação, como um fato histórico, está presente no Pentateuco, nos livros históricos, nos livros poéticos, nos livros proféticos, nos evangelhos, no livro de Atos, nas epístolas de Paulo, nas epístolas gerais e no livro de Apocalipse. Sendo assim, se evolução for uma verdade, então o registro das Escrituras não merece confiança. Contudo, a Escritura não pode falhar (Jo 10.35). Passará o céu e a terra, porém a Palavra de Deus não há de passar (Mt 24.35). A ciência e a Bíblia não estão em rota de colisão, pois ambas têm o mesmo autor, Deus, até porque a ciência corretamente entendida e a Bíblia corretamente interpretada não entrarão em choque. É bem conhecida a expressão de Louis Pasteur: "Um pouco de ciência afastará o homem de Deus; muita ciência, aproximará o homem de Deus".

A plausibilidade da criação

O que diz a Escritura? *No princípio, criou Deus os céus e a terra*. Deus criou o homem do pó da terra e fê-lo habitar na terra. A adaptabilidade da terra como lugar de vida não pode ser resultado do acaso, uma vez que nenhum outro planeta tem as características adequadas como o planeta Terra para a sobrevivência humana. Sabemos que a Terra é o lugar adequado para nossa sobrevivência e que não está onde está por acaso; em outras palavras, estamos exatamente onde deveríamos estar, pois, se estivéssemos mais perto do Sol, morreríamos queimados, ao passo que, se estivéssemos mais longe dele, morreríamos congelados. Não foi o acaso que deixou o planeta Terra aqui, mas sim as mãos do Criador.[6]

Vale, então, destacar alguns pontos importantes:

Em primeiro lugar, *a complexidade de uma folha*. Outrora, ficávamos extasiados com os mistérios do macrocosmo, ao passo que hoje ficamos boquiabertos com a intrincada complexidade do microcosmo. Preciso concordar com Domenico Ravalico quando escreve: "Deus criou o imensamente grande e o indescritivelmente pequeno".[7] Uma simples folha que colhemos no jardim é mais complexa do que a mais complicada máquina que o homem já fez ou mesmo mais complexa que uma metrópole. Reinam numa simples folha centrais de produção e a cibernética, e isso não pode ser simplesmente produto do acaso. Domenico Ravalico elucida esse ponto ao escrever:

Vista através do microscópio eletrônico, uma folha já não é uma folha; é alguma coisa que não tem absolutamente nada de comum com a folha; é uma extraordinária metrópole produtiva, imensa, na qual reinam soberanas a organização e a cibernética. É como se uma folha fosse cheia de automatismos, de computadores e de redes cibernéticas.[8]

Em segundo lugar, *a majestade do corpo humano*. Marshall Nirenberg, prêmio Nobel de biologia, fez uma das mais importantes descobertas científicas no século 20. Ele descobriu que somos um ser programado geneticamente, computadorizamente programados. Sua descoberta revelou que temos mais de sessenta trilhões de células em nosso corpo, e, em cada uma delas, temos 1,70 metro de fita DNA, onde estão gravados todos os nossos dados genéticos: a cor dos nossos olhos, a cor da nossa pele, o nosso temperamento, entre outras informações. Se esticarmos a fita DNA do nosso corpo, teremos 102 trilhões de metros, ou seja, 102 bilhões de quilômetros de fita DNA.[9] Entre o Sol e a Terra só haveria lugar para estender um curtíssimo segmento de nosso DNA, um pedacinho de apenas 150 milhões de quilômetros. Outra questão interessante é que cada milímetro de fita DNA é constituído de 300 milhões de átomos, e, não obstante a quantidade, cada qual encontra-se rigorosamente no seu lugar, numa arquitetura perfeita, naquele milímetro. A fita DNA pode circunscrever todo o sistema solar e, ao mesmo tempo, enrolada como um fio num carretel, caber na palma da mão. Em outras palavras, a fita DNA de toda a população da terra poderia ser empacotada na cabeça de um alfinete.[10]

É evidente que o acaso não origina códigos de vida, o que só reforça a ideia de que uma mente soberana e sábia planejou e criou todas essas coisas.[11] Domenico Ravalico ainda esclarece:

> Apenas uma das sessenta trilhões de células vivas do nosso corpo é semelhante a uma prodigiosa fábrica ultramoderna, inteiramente automatizada, em condições de funcionar sem nenhuma intervenção exterior, capaz de controlar toda a própria atividade. Cada célula é como se possuísse numerosas máquinas, dispositivos, seções de produção, cadeias de montagem e centrais energéticas. Não é tudo. Essa fábrica tão fabulosamente complicada não poderia funcionar nem existir sem um centro diretor, capaz de coordenar toda a atividade e de fornecer todas as indicações necessárias. A célula possui, portanto, o próprio centro diretor de seu núcleo. Esse centro está cheio de computadores adequadamente programados. A programação é gravada em fitas apropriadas. Hoje, podemos compreender que a célula é exatamente automatizada e cibernética. Diante dessas grandiosas descobertas, a ciência pode afirmar que todo ser vivo está programado em fitas DNA, e ninguém pode inserir-se no reino da vida por iniciativa própria, no sentido de que ninguém pode gerar-se por si próprio ou ser gerado por uma força mágica qualquer da matéria.[12]

Em terceiro lugar, *a complexidade do olho humano*. John Wilson, ilustre oftalmólogo da Universidade Harvard, diz que do fundo de cada um de nossos olhos saem sessenta milhões de fios condutores, todos encapados, cuja finalidade é de fazer chegar ao cérebro a imagem de tudo o que vemos.[13] Isso certamente não poderia ser obra do acaso nem fruto de uma geração espontânea; e, assim como um rato atabalhoado correndo de um lado para o outro sobre o teclado de um piano não poderia tocar a música *Sonata ao luar*, tampouco os códigos de vida poderiam surgir do acaso. Não é plausível substituir a obra do Criador pelo trabalho do acaso cego. Sendo assim, resta-nos claro afirmar que o criacionismo não é, portanto, uma quimera ou uma fantasia defendida por pessoas enlouquecidas.

Posições equivocadas a respeito da criação

Elencamos, a seguir, algumas posições que destoam do relato bíblico acerca da criação.

Em primeiro lugar, o *naturalismo*. John MacArthur, em seu livro *Criação ou evolução*, diz que o naturalismo substituiu o cristianismo como a principal religião do mundo ocidental, tendo como dogma principal a evolução. A crença na evolução é uma questão de fé, contudo, a fórmula do naturalismo é absurda, pois diz que *ninguém vezes nada é igual a tudo*. Em outras palavras, o acaso se transformou numa força de energia causal, de modo que nada é a causa de *tudo*.

O naturalismo diz que o universo surgiu sem um plano, sem um planejador, sem um criador. É como um relógio que se autofabricou ou como uma máquina que produziu a si mesma ou surgiu espontaneamente. O universo é extremamente complexo, além de ser extraordinariamente grande, com bilhões de galáxias, mas é, ao mesmo tempo, espantosamente pequeno tendo em vista que apenas uma dos mais de sessenta trilhões de células do nosso corpo nos deixa boquiabertos por sua complexidade. Será que todo o universo fantástico, variado, rico, harmonioso é fruto do acaso? A lógica do *design inteligente* sugere que todo relógio tem um relojoeiro, todo edifício tem um construtor, toda estrutura tem um arquiteto, todo sistema tem um plano e, por fim, todo plano tem um criador.

Será que o acaso cego é tão poderoso, tão sábio e tão rigoroso em sua exatidão em fazer surgir tudo perfeito? Será que o acaso seria capaz de produzir um universo com leis tão exatas? Será que o acaso poderia criar códigos de vida plantados no núcleo de cada célula?

Em segundo lugar, *a teoria da geração espontânea*, a qual afirma que o universo deu à luz a si mesmo. Ou seja, não houve um criador nem uma causa primeira. Essa posição pode ser sintetizada na seguinte sentença: "Nada vezes ninguém é igual a tudo". A ciência prova que o universo é formado de massa e energia, e também a ciência atesta que esse mesmo universo é governado por leis. Nesse sentido, sabemos que massa e energia não criam leis, nem leis criam a si mesmas. Logo, as leis foram criadas. Mas a questão é: por quem? Pelo acaso? A resposta está na Bíblia: *No princípio, criou Deus os céus e a terra*. Se é inimaginável para nós ver um relógio sem pensar que um relojoeiro o fez ou impossível para nós ver uma casa sem pensar que um pedreiro a construiu, muito mais estonteante é pensar que esse vasto universo é fruto do acaso. Luiz Waldvogel, citando o cientista Louis Pasteur, põe à mostra a fragilidade da teoria da geração espontânea, demonstrando que vida só pode vir de vida.[14]

Em terceiro lugar, *a teoria do big-bang*, a qual afirma que o universo surgiu de uma explosão cósmica. Mas será que o caos poderia produzir o cosmo? Será que uma explosão poderia produzir a harmonia? Será que a desordem poderia gerar a ordem? Será que uma catástrofe poderia produzir códigos de vida? Será que um "terremoto" cósmico poderia produzir leis tão precisas como as que regem o universo?

Pierre-Simon Laplace, erudito astrônomo, diz que é infinitamente mais provável que um conjunto de escritos lançados a esmo sobre o papel produzisse a *Ilíada*, de Homero, do que o universo ter outra causa além de Deus.[15] Seria mais fácil acreditar que a explosão de uma bomba atômica produzisse uma cidade enfeitada com alamedas, praças e jardins. Igualmente fácil seria acreditar que um rato correndo desesperadamente sobre as teclas de um piano tocasse a quinta sinfonia de Beethoven do que crer que uma explosão daria à luz o universo. Estou convencido de que é preciso ter mais fé para ser um ateu do que para ser cristão.

Em quarto lugar, a teoria da *evolução darwiniana*, a qual tem sido ensinada na educação básica e nas universidades como ciência, mas que, na verdade, é uma falácia. A evolução não passa de teoria, visto que não tem a evidência das provas. O livro *A origem das espécies*, de Charles Darwin, publicado em 1859, traz nada menos que oitocentos verbos no presente do subjuntivo: "suponhamos".[16]

Charles Darwin defendia duas teses: a geração espontânea e a seleção das espécies ou a sobrevivência dos mais aptos. Ele deu ao mundo uma explicação da origem do universo sem a necessidade de um criador, na qual o universo pariu a si mesmo; em outras palavras, ninguém o trouxe à existência; ele surgiu espontaneamente. No universo, as espécies vão evoluindo e se adaptando. A girafa ficou com o pescoço comprido porque as árvores eram muito altas e ela precisou esticar o pescoço para se alimentar. Mas hoje, com o estudo avançado da biologia celular ou citologia, sabemos que o que faz a girafa ter um pescoço comprido é sua genética, não o seu ambiente. Existe um código genético em cada uma das nossas células. O que a Bíblia ensina é mutação, não transmutação das espécies. Cada animal procria segundo sua espécie, e cada planta produz segundo sua espécie (1.11,12,21,24,25). Um pé de manga jamais produzirá abacate, e um cordeiro jamais será uma girafa.

Adauto Lourenço, nessa mesma linha de pensamento, diz que seres humanos sempre foram seres humanos, e isso desde o início. Qual é a evidência? A informação genética codificada no DNA. Seres humanos sempre produzirão seres humanos, assim como invertebrados sempre produzirão invertebrados, peixes sempre produzirão peixes, anfíbios sempre produzirão anfíbios, répteis sempre produzirão répteis, aves sempre produzirão aves e mamíferos sempre produzirão mamíferos, jabuticabeiras sempre produzirão jabuticabas e mangueiras sempre produzirão mangas.[17]

Vale destacar ainda que a teoria da evolução é incompatível com as leis da natureza. As leis da termodinâmica afirmam claramente que o estado da natureza, tanto pontual como geral, é e sempre será degenerativo, e a Bíblia está de acordo com essas leis, tendo em vista que afirma que a natureza encontra-se em um estado de degradação, não em um estado de evolução (Rm 8.19-22).[18]

Em quinto lugar, *a evolução teísta*. Alguns teólogos liberais e alguns cientistas tentam fazer um concubinato espúrio entre a fé cristã e a teoria da evolução. Eles dizem que creem em Deus e afirmam que Ele criou todas as coisas, mas as criou e trouxe à existência, como as conhecemos, por meio da evolução, ocorrida em milhões e milhões de anos. Assim, esses cientistas dizem que o universo tem milhões ou até mesmo bilhões de anos, e que o próprio Deus coordenou a evolução. Um dos argumentos que usam é o significado do termo hebraico *yom*, "dia". Dizem que *yom*, nesse contexto, refere-se a longas eras, contudo, alguém que quisesse interpretar os dias de Gênesis 1 como sendo longas eras, baseando-se no vocábulo *yom*, teria que demonstrar que *yom* + *tarde e manhã* de Gênesis 1 não obedecem à regra encontrada em todo o Antigo Testamento: dia de 24 horas.[19]

Está escrito: [...] *em seis dias, fez o Senhor os céus e a terra, o mar e tudo o que neles há, e, ao sétimo dia, descansou...* (Êx 20.11). O texto nos diz que em seis *yom* Deus trabalhou criando todas as coisas e no sétimo *yom* descansou. O texto também nos diz que devemos trabalhar seis *yom* e descansar no sétimo *yom*, assim como Deus fez. Seis dias de 24 horas ou dias de milhares, milhões ou bilhões de anos? Se o período de tempo atribuído aos dias da criação for de 24 horas, então devemos trabalhar em seis dias de 24 horas e descansar em um dia de 24 horas.[20]

Fica evidente que esses pensadores, portanto, negam a inspiração e a veracidade da Bíblia e substituem a sabedoria de Deus pela sabedoria humana. Essa é uma tentativa falaciosa de harmonizar a Bíblia com a pretensa ciência; na verdade, essa é uma maneira equivocada de tentar arranjar as coisas. A ciência e a Bíblia não se contradizem, e, como já enfatizamos, a ciência corretamente entendida e a Bíblia corretamente interpretada nunca entrarão em conflito, pois ambas têm o mesmo autor.

Os defensores do evolucionismo teísta fazem uma interpretação metafórica de Gênesis 1 e 2. Para eles, Deus não criou o universo como está registrado em Gênesis, assim como também não criou Adão e Eva. Adão e Eva não existiram, isto é, não passam de figuras lendárias, são apenas mitos. A linguagem bíblica é apenas pictórica, e o relato bíblico é apenas uma ficção e uma metáfora. Conforme veremos adiante, essas posições estão rotundamente equivocadas.

A insensatez das teorias que negam a criação

Destacaremos aqui alguns pontos importantes:

Em primeiro lugar, *o ateísmo é uma consumada insensatez*. A Bíblia tem no seu primeiro versículo um sólido fundamento acerca da origem do universo: *No princípio, criou Deus...* (1.1). O ateísmo é a negação da existência de Deus, portanto, à luz da Bíblia, o ateísmo é uma insensatez. Diz o insensato no seu coração: *Não há Deus...* (Sl 14.1). É bem conhecida a expressão de Victor Hugo: "Há quem negue o Infinito. Alguns também negam o Sol: são os cegos".[21] A insensatez do ateísmo pode ser percebida pelas seguintes razões:

Pela realidade do universo. Se a criação é um mito, as coisas à nossa volta também deveriam ser um mito, mas, se o universo é um fato, então o relato de sua criação também deve ser um fato. A Bíblia diz: *Os céus proclamam a glória de Deus, e o firmamento anuncia as obras das suas mãos* (Sl 19.1). O apóstolo Paulo diz: *Porque os atributos invisíveis de Deus, assim o seu eterno poder, como também a sua própria divindade, claramente se reconhecem, desde o princípio do mundo, sendo percebidos por meio das coisas que foram criadas. Tais homens são, por isso, indesculpáveis* (Rm 1.20).

Durante a Revolução Francesa, uma onda de ateísmo varreu a França. Um emissário da Revolução chegou a uma pequena vila e abordou um cristão assim: "Eu vim aqui para queimar o seu templo, rasgar a sua Bíblia e varrer da sua mente essa tola ideia de Deus". O camponês cristão respondeu-lhe: "O senhor pode queimar o meu templo e rasgar a minha Bíblia, mas, antes de o senhor apagar de minha mente a ideia de Deus, terá primeiro que apagar as estrelas do firmamento, porque, enquanto elas brilharem, eu saberei que Deus é o criador".

Pelas digitais do Criador na beleza e na harmonia do universo. Todas as obras da criação resplandecem a perfeição, o poder e a sabedoria do Criador. Cada flor do campo é um argumento contra o ateísmo, cada estrela que brilha no firmamento é uma trombeta do Criador. Há beleza em toda a obra da criação. O imperador Trajano tentava ridicularizar a fé do rabino Josué quando lhe fez um desafio. "Rabino Josué, se Deus existe mesmo, apresente-o a mim, e eu crerei nele." O rabino topou o desafio e marcou um dia para apresentar o seu Deus ao imperador. Ambos saíram para o jardim do palácio ao meio-dia, sol a pino. Então, o rabino disse ao imperador: "Majestade, olha para o céu e mira o Sol por cinco minutos". O imperador retrucou: "É impossível olhar para o Sol por cinco minutos sem ficar cego". O rabino respondeu: "Se não podes contemplar uma criatura do meu Deus, pensas que pode vê-lO em toda a sua glória e fulgor?"[22]

Daremos alguns exemplos das digitais do Criador na obra da criação:

1. A migração das aves. Elas seguem em bandos, milhares de quilômetros, através de terras e mares como se tivessem combinado previamente.

2. A engenharia das abelhas. Observe a moderna e segura engenharia das abelhas, bem como a exatidão de seus cálculos na construção de seus favos de mel.

3. **A operosidade das formigas.** Contemple a operosidade das formigas, peritas na construção de suas vivendas, onde não faltam trabalho, organização e previdência.
4. **A perícia arquitetônica do joão-de-barro.** Veja a perícia arquitetônica do joão-de-barro. Quem lhe ensinou a arte de pedreiro e a ciência meteorológica para construir sua casa com a porta para o lado menos açoitado pelos ventos e as chuvas?
5. **A sabedoria dos peixes.** Quem ensinou os peixes do mar e dos rios a migrar no inverno, no tempo da desova, para águas mais profundas e opacas, a fim de se protegerem dos inimigos?

Em segundo lugar, *o panteísmo é absolutamente incoerente*. As palavras iniciais da Bíblia reprovam não apenas o ateísmo, mas também o panteísmo: *No princípio, criou Deus os céus e a terra* (1.1). O Deus Criador é diferente e distinto da obra criada. O panteísmo diz que tudo é Deus e que Deus é tudo, e também que Deus se confunde e se mistura com a obra da criação. Aprendemos de Gênesis 1.1 que os céus e a terra são uma criação de Deus, não uma emanação da divindade, o que nos prova que o universo teve um Criador distinto e separado dele. Embora o Criador esteja presente na criação, é independente e distinto dele.

Grande parte dos movimentos de defesa da ecologia atualmente é influenciada pelo conceito místico da Nova Era, da Mãe Terra, da Mãe Gaia, vendo a criação como uma emanação da divindade. Talvez seja por isso que os crimes contra a natureza são considerados mais graves do que aqueles cometidos contra o ser humano.

Em terceiro lugar, *o naturalismo é uma tolice inconcebível* (1.1). Vida só pode proceder de vida. Ainda que o universo tivesse origem numa única célula, não perguntaríamos de onde essa célula veio? Qual sua origem? Como ela surgiu? O acaso não pode gerar vida. O acaso não pode produzir códigos de vida; além disso, como já dissemos, somos seres programados e computadorizados por códigos genéticos, os quais não surgiram espontaneamente, mas, em vez disso, foram planejados. Quando você vê um relógio, pensa que houve um relojoeiro; quando vê uma casa, pensa que houve um pedreiro; quando vê uma roupa bonita, pensa que houve um *designer*; logo, quando olha para o universo, pensa que houve um criador.

A ciência prova que todo ser vivo está programado em fitas DNA, e ninguém pode inserir-se no reino da vida por iniciativa própria, isto é, ninguém pode gerar a si mesmo ou ser gerado por uma força mágica qualquer da matéria. A geração espontânea, portanto, é uma falácia, pois certamente foi uma mente sábia e soberana que planejou e criou todas as coisas!

Em quarto lugar, *a eternidade da matéria é um contrassenso* (1.1). A ideia grega da eternidade da matéria é um estrondoso engano. No princípio, Deus criou. Houve um tempo em que a matéria não existia, pois só Deus é eterno, isto é, a eternidade é um atributo exclusivo dEle. A matéria foi criada pelo poder divino, ou seja, ela tem um começo. Que o universo foi criado, a ciência prova, contudo, o criacionismo não é matéria de fé, mas de ciência, e o que cremos, pela fé, é que o universo foi criado por Deus. A Escritura diz: *Pela fé, entendemos que foi o universo formado pela palavra de Deus, de maneira que o visível veio a existir das coisas que não aparecem* (Hb 11.3). A Bíblia diz que

Deus chama à existência as coisas que não existem (Rm 4.17). Quando a Bíblia diz que no princípio Deus criou os céus e a terra, usa o verbo *barah*, que significa criar sem matéria preexistente.

Quero destacar três verdades importantes acerca de Gênesis 1.1.

O universo é uno, mas não é simples. Quando Isaías olha para o vastíssimo e insondável universo que nos deixa extasiados, com suas bilhões de galáxias, com bilhões de estrelas cada uma, ele para, a fim de meditar na grandeza do Criador, e diz que Deus mediu na concha de sua mão as águas e tomou a medida dos céus a palmo (Is 40.12). Existe um mundo visível e outro invisível.

O universo é vasto, mas não é infinito. O universo é imensurável para o homem, mas medido a palmo por Deus (Is 40.12). O universo é indevassável pela ciência, mas Deus conhece o seu limite. O universo possui mais estrelas do que todas as areias de todas as praias e desertos do nosso planeta, mas Deus as conhece todas e chama cada uma pelo nome (Sl 147.4; Is 40.26). Os astrônomos chegam a dizer que o diâmetro do universo deve ser em torno de 93 bilhões de anos-luz – um ano-luz equivale a 9,5 trilhões de quilômetros. A velocidade da luz é de trezentos mil quilômetros por segundo. Sendo assim, se voássemos com a fantástica velocidade de trezentos mil quilômetros por segundo, gastaríamos 93 bilhões de anos para ir de uma extremidade à outra do universo.

O universo é existente, mas não autoexistente. A teoria da geração espontânea é um atentado à lógica, pois a ideia de que o mundo surgiu sozinho e que o acaso trouxe à luz esse vastíssimo, insondável e complexo universo exigiria de nós muito mais fé do que acreditar no relato das Escrituras: *Pela fé, entendemos que foi o universo formado pela palavra de Deus...* (Hb 11.3).

Em quinto lugar, *a ideia de uma megaexplosão como origem do universo é uma improbabilidade colossal* (1.1). Pierre Simon Laplace, um dos mais eminentes astrônomos do mundo, disse que a prova a favor do Deus inteligente como o autor da criação está como o infinito contra um.[23] Deus criou e preparou a Terra para ser nosso *habitat*, e isso não é obra do acaso. James Kennedy traz alguns lampejos dessa convicção nas informações que se seguem:[24]

1. O tamanho do planeta. A massa e o tamanho do planeta em que fomos colocados foram rigorosamente planejados. Wallace, ilustre astrônomo, disse que, se a Terra fosse 10% maior ou 10% menor, a vida seria impossível sobre ela. Ora, o acaso não produz a ordem, assim como uma explosão não produziria a exatidão. Será isso resultado do acaso?

2. A distância entre o Sol e a Terra. Fred John Meldan, estudioso da matéria, afirmou: "A distância do Sol é a distância certa, pois é por isso que recebemos a quantidade certa de luz e calor. Se estivéssemos mais afastados, iríamos congelar e, se estivéssemos mais perto, não sobreviveríamos". A conclusão mais plausível é que Deus preparou este planeta como nosso *habitat*. Será isso resultado do acaso?

3. A inclinação do eixo da Terra. Nenhum outro planeta tem seu eixo inclinado assim — 23 graus. Esse ângulo dá condições para que todas as partes da Terra sejam lentamente atingidas pelos raios solares,

Introdução

como um frango que está sendo assado numa churrasqueira. Se não houvesse essa inclinação, os polos acumulariam uma imensa massa de gelo, e as partes centrais seriam quentes demais e inabitadas. Será isso resultado do acaso?

4. A existência da Lua como faxineira do universo. Sem a Lua, seria impossível viver neste planeta. Se alguém conseguisse arrancar a Lua de sua órbita, toda a vida pereceria em nosso planeta. Deus nos deu a Lua como uma criada para limpar os oceanos e as praias de todos os continentes. Sem as marés originadas por causa da Lua, todas as baías e praias se tornariam poços fétidos de lixo, e seria impossível viver perto delas. Em razão das marés, ondas contínuas se quebram nas praias, promovendo a areação dos oceanos do planeta, provendo as águas de oxigênio para a obtenção do plâncton, que é a base da cadeia alimentar do mundo. Sem plâncton, não haveria oxigênio, e o homem não poderia viver sobre a face da terra. Deus fez a Lua do tamanho certo e a colocou na distância certa da Terra para realizar essas e outras numerosas e vitais funções. A Lua não é apenas uma refletora da luz solar; ela é uma diaconisa do Criador, a faxineira da Terra. Será isso resultado do acaso?

5. A atmosfera terrestre. Vivemos sob um imenso oceano de ar: 78% de nitrogênio, 21% de oxigênio e 1% de quase uma dúzia de outros elementos. Os estudos espectrográficos de outros planetas demonstram que não existe outra atmosfera, em nenhuma outra parte do universo, com os mesmos ingredientes. Se a atmosfera não fosse tão espessa e alta como é, seríamos

esmagados pelos bilhões de pedaços de lixo cósmico de meteoritos que caem continuamente sobre o nosso planeta. Será isso resultado do acaso?

6. O ciclo do nitrogênio. O nitrogênio é um elemento extremamente inerte. Se assim não fosse, seríamos todos envenenados por diversos compostos de nitrogênio. No entanto, por ele ser inerte, é impossível combiná-lo naturalmente com outros elementos. O nitrogênio é de vital importância para as plantas sobre a terra. Como é que Deus faz para transferir o nitrogênio do ar para o solo? Ele usa os relâmpagos! Cerca de 100 mil raios ferem o solo diariamente, criando anualmente 100 milhões de toneladas de nitrogênio, útil como alimento das plantas. Será isso resultado do acaso?

7. A camada de ozônio. A sessenta mil metros de altura, existe uma camada fina de ozônio. Se essa camada fosse comprimida, seria reduzida a uns seis milímetros de espessura; no entanto, sem ela não haveria vida sobre a face da terra. Oito tipos de raios mortíferos provenientes do sol caem sobre a terra continuamente. Sem essa camada de ozônio, seríamos queimados, ficaríamos cegos, seríamos torrados em um ou dois dias. Os raios ultravioletas são de duas qualidades: os raios mais longos, letais, são rechaçados, ao passo que os raios mais curtos, necessários à vida na terra, são admitidos pela capa de ozônio. Além disso, a camada de ozônio permite a passagem do mais mortífero dos raios, mas em quantidade mínima, apenas o suficiente para matar as algas verdes, que, de outra forma, cresceriam e encheriam os

lagos, rios e oceanos do mundo. Seria isso resultado do acaso?

As sérias implicações da teoria da evolução

Vamos ver as implicações da teoria da evolução sob alguns aspectos:

Em primeiro lugar, *em relação às Escrituras*. É impossível crer na evolução e na integridade das Escrituras ao mesmo tempo. A Bíblia e a evolução contradizem uma à outra, ou seja, não dá para negar a historicidade de Gênesis 1 e 2 sem negar toda a Bíblia. É impossível ser ao mesmo tempo um evolucionista e um cristão comprometido com a Palavra de Deus, pois é impossível ser um cristão sem crer que a revelação que Deus fez de Si mesmo, em Sua Palavra, é confiável.

A doutrina da criação como um fato histórico está presente em toda a Bíblia (lei, livros históricos, livros poéticos, livros proféticos, evangelhos, epístolas e Apocalipse). É impossível negar o relato de Gênesis ou afirmar que ele é metafórico sem desconstruir toda a revelação bíblica. A criação está presente em toda a Bíblia, como passamos a demonstrar:

- Gênesis 5.1 — *Este é o livro da genealogia de Adão. No dia em que Deus criou o homem, à semelhança de Deus o fez.*

- Neemias 9.6 — *Só tu és Senhor, tu fizeste o céu, o céu dos céus e todo o seu exército, a terra e tudo quanto nela há, os mares e tudo quanto há neles; e tu os preservas a todos com vida, e o exército dos céus te adora.*

- Salmos 33.9 — *Pois ele falou, e tudo se fez; ele ordenou, e tudo passou a existir.*

- Salmos 104.24 — *Que variedade, Senhor, nas tuas obras! Todas com sabedoria as fizeste; cheia está a terra das tuas riquezas.*
- Isaías 40.26 — *Levantai ao alto os olhos e vede. Quem criou estas coisas? Aquele que faz sair o seu exército de estrelas, todas bem contadas, as quais ele chama pelo nome; por ser ele grande em força e forte em poder, nem uma só vem a faltar.*
- Mateus 19.4 — *Não tendes lido que o Criador, desde o princípio, os fez homem e mulher?*
- Atos 17.24,26 — *O Deus que fez o mundo e tudo o que nele existe [...] de um só fez toda a raça humana...*
- Colossenses 1.16 — *Pois, nele, foram criadas todas as coisas, nos céus e sobre a terra, as visíveis e as invisíveis, sejam tronos, sejam soberanias, quer principados, quer potestades. Tudo foi criado por meio dele e para ele.*
- Apocalipse 4.11 — *Tu és digno, Senhor e Deus nosso, de receber a glória, a honra e o poder, porque todas as coisas tu criaste, sim, por causa da tua vontade vieram a existir e foram criadas.*

Se a criação do homem e da mulher em Gênesis 1 e 2 devesse ser interpretada de modo figurado, deveríamos esperar que Gênesis 1 e 2 fosse também assim interpretado no Novo Testamento. Afinal de contas, o Novo Testamento refere-se ao relato da criação como um fato histórico, não como uma ficção. Vejamos:

a. Tiago 3.9 — Tiago fala de Adão como criado à imagem de Deus.

b. 1Timóteo 2.13 — Paulo diz: *primeiro foi formado Adão, depois, Eva.*
c. 1Coríntios 11.8,9 — Paulo escreve: *o homem não foi feito da mulher, e sim a mulher, do homem. Porque também o homem não foi criado por causa da mulher, e sim a mulher, por causa do homem.*
d. Mateus 19.3-9 — Jesus, ao conversar com os fariseus, reportou-se à criação do homem e da mulher.
e. Romanos 5.12 — Paulo refere-se a Adão como um personagem histórico, ao falar da doutrina do pecado original.

Em segundo lugar, *com relação a Deus*. Se o universo surgiu por si mesmo, não há lugar para Deus. Se o universo surgiu como resultado de um processo evolutivo de bilhões de anos, então o ateísmo está com a razão; logo, a revelação que Deus fez de Si mesmo é um engano, uma falácia. Então, Deus equivocou-se em Seu relato e, consequentemente, Ele não é digno de confiança. Se aceitarmos o evolucionismo teísta, teremos de negar a integridade e confiabilidade das Escrituras.

Em terceiro lugar, *com relação a Jesus*. Se o relato da criação é uma ficção e se a criação de Adão e Eva é uma metáfora, então Jesus Cristo estava enganado quando se referiu à criação de Adão e Eva como personagens históricas (Mt 19.3-9). Se Jesus Cristo estava enganado, Ele é limitado em Seu conhecimento e passível de erro; se isso aconteceu, então Ele não é perfeito; se não é perfeito, não pode ser Deus; se ele não é Deus, é um enganador, porque se autoproclamou Deus; e, se é um enganador, não pode ser o Salvador do mundo.

Note que não podemos ser cristãos verdadeiros negando a historicidade de Gênesis 1 e 2. É uma sandice pensar que podemos negar uma verdade essencial da fé cristã e ainda permanecermos cristãos. Uma pessoa pode até converter-se ao darwinismo, mas jamais poderá ser um darwinista cristão.

Em terceiro lugar, *com relação à salvação*. Se Adão e Eva eram figuras lendárias e se eles não existiram, então a queda também não existiu; sendo assim, o pecado original não existiu; nesse sentido, Paulo estava errado quando disse que nós caímos em Adão e que por meio de Adão o pecado entrou no mundo (Rm 5.12). E, se a queda não existiu, então a redenção também é uma falácia, pois, se o primeiro Adão é uma lenda, então também o segundo Adão, Jesus Cristo, deve ser uma lenda.

A negação da doutrina da criação conforme registrada em Gênesis implica a desconstrução de todo o alicerce do cristianismo. É lamentável que a sedução da antiga serpente tenha enredado tantas pessoas!

Em quarto lugar, *com relação à dignidade da vida humana*. Se a evolução é verdade, o homem é apenas uma das muitas espécies que evoluíram de ancestrais comuns. Se o homem não foi criado por Deus, não somos melhores do que os animais, nem devemos pensar que somos. Então, não somos nada mais do que protoplasma à espera de nos tornarmos adubo. Se o homem não foi criado à imagem e semelhança de Deus, ele é apenas mais um animal que evoluiu e, provavelmente, não é nem mesmo a forma de vida superior que irá eventualmente evoluir. Se o homem não foi criado por Deus, então de fato somos iguais aos macacos; contudo, se Deus não nos criou à sua imagem e semelhança, onde está a dignidade da vida humana? Onde está seu valor?

Em quinto lugar, *com relação à família*. Se Deus não criou o homem e a mulher, então a família não tem origem divina, e, se ela não tem origem divina, o casamento não tem um propósito divino. Então, precisamos concordar com Dostoiévski: "Se Deus não existe, tudo é permitido". Assim, podemos nos conformar com a banalização da vida e, também, com a prática indiscriminada de abortos. Podemos ainda explicar a multiplicação dos divórcios e, também, a decadência da instituição do casamento, pois, se a família não tem uma origem divina, ela perde seus parâmetros absolutos e seus propósitos.

Notas

[1] MORRIS, Henry M. *The Genesis Record*. Grand Rapids, MI: Baker Book House, 2006, p. xii.
[2] Ibidem, p. 18-20.
[3] LOURENÇO, Adauto. *Gênesis 1 & 2*. São José dos Campos: Editora Fiel, 2011, p. 57, 59.
[4] WALDVOGEL, Luiz. *Vencedor em todas as batalhas*. São Paulo: Casa Publicadora Brasileira, s.d., p. 94-95.
[5] WILLMINGTON, Harold L. *Guia de Willmington para a Bíblia*. Vol. 1. Rio de Janeiro: Editora Central Gospel, 2015, p. 6.
[6] KENNEDY, James. *Por que creio*. Rio de Janeiro: Juerp, 1989, p. 30-32.
[7] RAVALICO, Domenico E. *A criação não é um mito*. São Paulo: Editora Paulinas, 1977, p. 5-6.
[8] Ibidem, p. 6-9.

[9] Ibidem, p. 11-22, 76.
[10] Ibidem, p. 79-80
[11] LOPES, Hernandes Dias. *O Deus desconhecido*. Santa Bárbara d'Oeste: Z3 Editora, 2011, p. 30.
[12] Ibidem, p. 6-9.
[13] LOPES, Hernandes Dias. *A poderosa voz de Deus*. São Paulo: United Press, 2015, p. 23.
[14] WALDVOGEL, Luiz. *Vencedor em todas as batalhas*, s.d., p. 82-83.
[15] LOPES, Hernandes Dias. *A poderosa voz de Deus*, 2015, p. 15.
[16] ANDREWS, E. H. *No princípio*. São José dos Campos: Editora Fiel, 1985, p. 9-17.
[17] LOURENÇO, Adauto. *Gênesis 1 & 2*, 2011, p. 67.
[18] Ibidem, p. 70-71.
[19] Ibidem, p. 117.
[20] Ibidem, p. 118-119.
[21] LOPES, Hernandes Dias. *A poderosa voz de Deus*, 2015, p. 26.
[22] WALDVOGEL, Luiz. *Vencedor em todas as batalhas*. São Paulo: Casa Publicadora Brasileira, s.d., p. 13-14.
[23] LOPES, Hernandes Dias. *A poderosa voz de Deus*, 2015, p. 15.
[24] KENNEDY, James. *Por que creio*, 1989, p. 30-32.

Capítulo 1

O Criador e a criação
(Gn 1.1-3)

MOISÉS COMEÇA O LIVRO dos começos afirmando a existência de Deus, não explicando sua existência. Depois de afirmar a existência de Deus, passa a descrever suas obras. Deus é incausado, é o Pai da Eternidade e a origem de todas as coisas, e dEle tudo dimana. O universo vastíssimo e insondável é obra de Suas mãos. Quando o universo ainda não tinha vindo à existência, Deus já existia. Ele precede o tempo e a criação, pois é eterno, autoexistente, autossuficiente e transcendente.

Concordo com A. W. Tozer quando escreve: "Deus tem uma relação voluntária com tudo o que criou; mas não tem uma relação necessária com coisa alguma além dele próprio".[1] As primeiras palavras de Gênesis não são apenas um elogio a Deus, mas um autotestemunho dEle.[2] Concordo com William MacDonald quando diz que as quatro primeiras palavras da Bíblia: *No princípio, criou Deus...* formam o fundamento da fé. Se você crê nessas palavras, não terá dificuldades de crer no restante da Bíblia.[3]

Hansjörg Bräumer destaca que Gênesis 1.1 não questiona o porquê da criação nem o plano de Deus para o mundo ou a necessidade da criação, mas apenas relata como Deus criou o mundo.[4]

Deus existe, e ele age criadoramente. Esse fato auspicioso, como já tratamos na introdução, refuta várias linhas de pensamento humano, como:

1. *Ateísmo* — O ateísmo nega a existência de Deus, ao passo que Gênesis afirma a existência de Deus. Ao negar a existência de Deus, o ateísmo afirma que o universo surgiu espontaneamente, contudo, isso é improvável, porque o universo é feito de matéria e energia, e matéria e energia não criam a si mesmas. O universo é governado por leis, e leis não criam a si mesmas. Logo, alguém maior do que e independente da matéria criou o universo e estabeleceu leis para governá-lo.

2. *Politeísmo* — Embora o termo *Elohim* [Deus] seja um substantivo plural, o verbo *barah* [criou] está no singular. Só há um Deus, que subsiste em três Pessoas. Moisés refuta a ideia pagã de vários deuses.

3. *Panteísmo* — O panteísmo afirma que a divindade está misturada a tal ponto com a obra criada que

Deus é tudo e que tudo é Deus. O panteísmo não faz distinção entre o criador e a criatura, entre o autor da criação e a obra criada.

4. *Materialismo* — O livro de Gênesis afirma que Deus criou os céus e a terra sem matéria preexistente, pois antes do princípio só Deus existia. Logo, a matéria não é eterna, como pensavam os gregos; ela foi criada, e criada por Deus.

5. *Evolucionismo* — O livro de Gênesis afirma que no princípio Deus criou os céus e a terra. Depois, descreve que Deus fez isso em seis dias da semana. O livro de Gênesis não corrobora a visão evolucionista, uma vez que afirma a criação dos céus e da terra (Gn 1.1) e depois detalha essa criação em seis dias da semana (Gn 1.3-31).

O primeiro versículo do Capítulo 1 de Gênesis, é fundacional; na verdade, é o versículo fundacional desse fundacional capítulo. Trata-se da fundação de todas as fundações e, por isso, pode ser considerado o versículo mais importante da Bíblia.[5] Adauto Lourenço diz que essa primeira frase da Bíblia define a origem dos três elementos básicos principais com os quais a ciência trabalha: tempo, espaço e matéria. Veja a ordem: *No princípio* [tempo] *Deus criou os céus* [espaço] *e a terra* [matéria].[6]

Como diz Hansjörg Bräumer, a criação dos céus e da terra é a base e o começo de toda a história.[7]

George Livingston, falando da obra da criação registrada em Gênesis 1.1-31, diz que, pela brevidade e beleza da composição e do estilo, essa vinheta sobre a criação é inigualável. O Deus criador domina a cena. Ele fala e imediatamente se forma a ordem, proporcionando um belo lugar de habitação e de abundantes suprimentos para a criação mais sublime de todas: o homem. Majestade e poder marcam cada sentença.[8]

O texto em tela apresenta-nos quatro verdades solenes: o tempo em que o universo foi criado, o autor da criação, como o universo foi criado e quão vasto é o universo criado. Vejamos:

O tempo da criação: quando o universo foi criado (Gn 1.1)

No princípio... O universo teve um princípio. Quando Deus abriu as cortinas da eternidade e deu o pontapé inicial no tempo, Ele começou a história criando, e criando o universo. Antes do princípio, só Deus existia, em luz inacessível. Nos refolhos da eternidade, somente o Pai, o Filho e o Espírito viviam, desde sempre e em plena harmonia e felicidade.

Quando alguém pergunta: "Quem criou Deus?", respondemos: "Ninguém! Ele não foi criado; Ele é o criador". Quando alguém pergunta: "Quando Ele passou a existir?", respondemos: "Ele não passou a existir; Ele é o Pai da eternidade". Deus é autoexistente. A vida estava nEle, e tudo existe porque Ele, no princípio, trouxe à existência. Antes do princípio, o universo apenas dormia na mente de Deus. A matéria não é eterna como pensavam os gregos, mas foi criada e veio a existir no princípio. Antes do princípio, o universo não existia. Nos refolhos da eternidade, só Deus existia, e, antes do princípio, Ele planejou todas as coisas, tanto nossa redenção como nossa criação. Deus é a origem e o fim de todas as coisas, o Alfa e o Ômega.

Concordo com Bruce Waltke quando diz que no princípio Deus completou perfeitamente todo o cosmos. "Princípio" se refere a todo o evento criado, isto é, os seis dias da criação, e não a algo anterior aos seis dias nem uma parte do primeiro dia.[9]

O autor da criação: Deus (Gn 1.1)

O primeiro livro da Bíblia abre as cortinas da história, acende as luzes do palco e apresenta-nos Deus. Não discute sua existência; afirma-a. No capítulo 1 de Gênesis, o Deus criador é chamado 32 vezes de *Elohim,* uma palavra que enfatiza Sua majestade e Seu poder.[10] Esse nome de Deus representa Sua relação transcendente com a criação. Deus, diferentemente dos seres humanos, é sem princípio, não gerado, sem oposição ou limitação.[11] O hebreu sempre chama Deus de *Elohim* quando se refere ao Deus de todo o universo, das nações e do mundo físico.[12] Como já afirmamos, trata-se de um nome plural com um significado singular, ou seja, um substantivo uniplural, sugerindo a unipluralidade de Deus.[13]

Deus nos é apresentado da seguinte maneira:

1. *Eterno.* Tudo o que existe teve um começo – os céus e a terra foram criados no princípio. Antes do princípio, nada existia, exceto Deus, o qual preexiste ao tempo e à criação. Deus é eterno.

2. *Autoexistente.* Os céus e a terra foram criados, contudo, Deus não o foi; na verdade, Ele é o criador, e tudo o que existe deriva dEle; todavia, Sua existência não deriva de ninguém, pois Ele é autoexistente.

3. *Autossuficiente*. Ele sempre foi Deus completo em Si mesmo e satisfeito Consigo mesmo em Sua relação trinitariana. Ele não é dependente de ninguém, tampouco precisa de alguém, e também não criou o universo por necessidade, mas para demonstrar Sua glória e expressar Seu amor. Deus não precisa de adoração para ser Deus, assimcomo ele também não precisa de ajudador nem de defensor, pois é perfeito em Seu ser e imutável em todos os Seus atributos.

O método da criação: como o universo foi criado (Gn 1.1)

Criou Deus... O verbo hebraico *barah* é usado apenas para descrever o trabalho criador de Deus, o único que tem poder de criar sem matéria preexistente. Só Deus pode chamar à existência o que outrora não existia (Rm 4.17). Bruce Waltke corrobora essa ideia dizendo: "Ainda que muitos verbos denotem a atividade divina de trazer a criação à existência, *barah* se distingue por ser usado exclusivamente para Deus".[14] Bräumer, nessa mesma linha, escreve: "O verbo *barah* é a criação nova, inédita, sem que algo esteja pressuposto. *Barah* só pode expressar *creatio ex nihilo* (uma criação a partir do nada)".[15]

O universo foi criado. Quando o relógio marcou o primeiro instante da história, Deus inicia criando, e durante seis dias Ele criou todas as coisas, livre e soberanamente, para o louvor de Sua glória e para o deleite de Seus filhos. A matéria não é eterna como pensavam os gregos. Outrossim, o universo não surgiu espontaneamente, ou seja, não deu à luz a si mesmo, tampouco não surgiu espontaneamente. A teoria da geração espontânea não está calçada com a verdade. Como já afirmamos, o universo foi feito de matéria e energia, e matéria e energia não criam a si mesmas. O universo é governado por leis, e leis não criam a si mesmas. Alguém maior do que a matéria, independente da matéria, criou o universo e estabeleceu leis para governá-lo.

O universo vasto e insondável, com leis tão precisas e movimentos tão harmônicos, não surgiu de uma colossal explosão cósmica. Não estamos no planeta Terra por acaso. Estamos rigorosamente onde deveríamos estar. Se estivéssemos mais perto do Sol, morreríamos queimados. Se estivéssemos mais longe do Sol, morreríamos congelados. Não foi uma explosão que nos deixou onde estamos, mas as mãos do Criador. A teoria do *big-bang* não tem amparo na verdade. De igual modo, o universo não surgiu de uma evolução de milhões e milhões de anos. A teoria da evolução tem sido ensinada como uma verdade científica, mas falta a ela a evidência das provas. Como já dissemos, o criacionismo não é artigo de fé ou religião, mas de ciência. O universo foi criado, e isso a ciência prova. O que aceitamos pela fé é que o universo foi criado por Deus (Hb 11.3).

A extensão da criação: quão vasto é o universo criado (Gn 1.1)

Criou Deus os céus e a terra. George Livingston tem razão em dizer que os céus e a terra não são Deus nem deuses; nem é Deus igual à natureza. Deus é o criador, e a natureza é seu trabalho manual.[16] O universo abrange os céus e a terra. Os céus apontam para todo o vasto cosmos. São bilhões de mundos estelares. São incontáveis galáxias mergulhadas nesse vasto horizonte. A despeito de todas as teorias inventadas pelos homens para explicar a origem do universo, ficamos com a revelação das Escrituras: *No princípio, criou Deus os céus e a terra.*

Deus não criou um universo incipiente que foi expandindo-se pelo processo da evolução. O evolucionismo teísta está em desacordo com a Bíblia e em descompasso com a ciência. O universo não está evoluindo, mas num claro processo de decadência, e os céus e a terra foram criados por Deus no princípio, não ao longo dos séculos e milênios.

Graças ao avanço da ciência, podemos compreender, com mais precisão, a magnitude do universo criado por Deus no princípio. Embora nenhum astrônomo, por mais robusto que seja seu conhecimento e por mais peregrina que seja sua inteligência, possa afirmar, categoricamente, o tamanho exato do universo, eles já sabem e afirmam que o universo tem mais de 93 bilhões de anos-luz de diâmetro. Isso significa que, se voássemos à velocidade da luz, trezentos mil quilômetros por segundo, nessa fantástica velocidade, demoraríamos mais de 93 bilhões de anos para irmos de uma extremidade à outra do universo. Os astrônomos já sabem que há mais estrelas no firmamento do que todos os grãos de areia de todas as praias e desertos do nosso planeta. Ficamos extasiados diante da grandeza insondável do macrouniverso e também boquiabertos com a complexidade inexplicável do microuniverso, e quanto mais a ciência avança rumo ao conhecimento, mais ficamos convencidos de que, no princípio, Deus criou os céus e a terra. Em outras palavras, a criação não é um mito; é uma realidade!

A criação é obra do Deus Pai, Deus Filho e Deus Espírito Santo

O livro de Gênesis não apenas fala do Deus criador, mas também deixa claro que a criação é uma obra do Deus Pai, do Deus Filho e do Deus Espírito Santo. Vejamos:

Em primeiro lugar, *Deus Pai é a fonte de todas as coisas* (Gn 1.1). *No princípio, criou Deus os céus e a terra.* Como já enfatizamos, esse texto coloca por terra a ideia de que a matéria é eterna e também refuta o ateísmo, o panteísmo, o politeísmo e o evolucionismo. O universo teve um começo, porque antes do começo só Deus existia, ou seja, só Deus é eterno. O universo não foi criado, no princípio, de matéria preexistente. Deus trouxe à existência o que não existia, isto é, do nada, ele tudo fez. Deus trouxe à existência a terra e os céus, e todos os mundos estelares foram criados; em suma, todo o vasto universo tem o próprio Deus como sua única fonte.

Em segundo lugar, *Deus Espírito Santo é o energizador de todas as coisas* (Gn 1.2). *A terra, porém, estava sem forma e vazia; havia trevas sobre a face do abismo, e o Espírito de Deus pairava por sobre as águas.* Há alguns estudiosos que tentam ver nesse versículo um hiato de tempo entre a criação original e o aparente caos aqui descrito. Os defensores dessa teoria do hiato tentam encaixar nesse período a queda no mundo angelical, no entanto, a teoria do hiato é uma tentativa de conciliar o registro da criação com o evolucionismo, a fim de justificar que a Terra é muito mais antiga que a raça humana.

O texto, porém, não nos permite essa interpretação. A narrativa da criação em Gênesis 1 fala sobre as etapas pelas quais Deus trouxe forma à terra informe e seres vivos à terra vazia. Não há contradição entre o registro do versículo 2 com a narrativa da criação inicial do versículo 1. A criação inicial (v. 1,2) não estava completa, como se constata no final do sexto dia da criação; na verdade, ela foi realizada em etapas. Poderíamos então traduzir os dois primeiros versículos assim: "No princípio, Deus criou o espaço e a matéria, e a matéria criada era inicialmente sem forma e inabitada". O Espírito Santo pairava sobre as águas, energizando a obra criada, trazendo vida à criação de Deus. Isso está de acordo com o que diz a Escritura: *Envias o teu Espírito, eles são criados, e, assim, renovas a face da terra* (Sl 104.30).

Em terceiro lugar, *Deus Filho é o revelador de todas as coisas* (Gn 1.3). *Disse Deus: Haja luz; e houve luz.* Deus criou por meio de Sua Palavra. A Palavra é o Verbo, e o Verbo fala da ação divina, como diz o apóstolo João: *Todas as coisas foram feitas por intermédio dele, e, sem ele, nada do que foi feito se fez* (Jo 1.3). O Deus Filho é o agente da criação, e foi por meio dEle que Deus fez o universo (Hb 1.2). O apóstolo Paulo diz: *Pois, nele, foram criadas todas as coisas, nos céus e sobre a terra, as visíveis e as invisíveis, sejam tronos, sejam soberanias, quer principados, quer potestades. Tudo foi criado por meio dele e para ele* (Cl 1.16). O mesmo que trouxe luz das trevas é Aquele que resplandece em nosso coração para iluminação do conhecimento da glória de Deus na face de Cristo (2Co 4.6). Jesus é o Verbo divino que se fez carne (Jo 1.1,14). Ele é a luz do mundo (Jo 8.12), em quem não há treva nenhuma (1Jo 1.5), e foi Ele também quem trouxe luz ao universo na criação e traz luz aos que são regenerados para uma viva esperança.

O estado primário da terra (Gn 1.2)

A terra, porém, estava sem forma e vazia; havia trevas sobre a face do abismo, e o Espírito de Deus pairava por sobre as águas (Gn 1.2).

Destacaremos aqui alguns pontos importantes:

Em primeiro lugar, *a terra estava sem forma e vazia, não tornou-se sem forma e vazia*. Embora feita por Deus, a terra não estava pronta para o homem. Como já afirmamos, alguns estudiosos veem nesse versículo a base para a teoria do hiato ou da recriação, e acreditam que há um grande espaço de tempo entre Gênesis 1.1 e Gênesis 1.2. Aqueles que subscrevem essa teoria creem que a terra tornou-se um caos com a queda de Satanás e seus anjos, contudo, foi Deus quem trouxe à existência esse estado inicial sem forma e vazio, não a queda no mundo angelical. Assim, justificam que entre o versículo 1 e o versículo 2 de Gênesis 1 existe um hiato de bilhões de anos.

Essa teoria foi popularizada por alguns teólogos fundamentalistas, como o escocês Thomas Chalmers (1780-1847), e especialmente pela conhecida *Bíblia anotada de Scofield*.[17] É digno de nota que nenhum comentário bíblico escrito antes do século 18 faz menção a um possível hiato de tempo entre Gênesis 1.1 e Gênesis 1.2.

Concordo com Adauto Lourenço quando diz que a entrada do pecado não aconteceu no planeta Terra, mas no universo, depois da criação de Adão. Portanto, é óbvio que Lúcifer caiu depois da criação do homem, não antes, e isso por várias razões: 1) Deus termina o sexto dia da criação, dizendo: *Viu Deus tudo quanto fizera, e eis que era muito bom...* (1.31). Deus não poderia ter chamado de muito bom um universo onde o pecado já existia. 2) O fato de Deus abençoar o dia sétimo (2.1-3) e estabelecer um mandamento relacionado a esse dia (Êx 20.8-11) mostra que, no mundo criado por Ele, não havia nenhum traço de pecado. Tudo o que foi criado por ele era perfeito e santo (Cl 1.15-17). 3) O jardim do Éden foi criado no dia sexto, não antes (2.8), portanto, dizer que Satanás governava o jardim do Éden antes de Adão ser criado não faz sentido, pois o jardim ainda não existia. 4) A expulsão de Satanás ocorreu após a ressurreição de Jesus Cristo, não antes (Jo 12.31; Ap 12.1-3).[18]

A teoria do hiato defende que os céus e a terra são muito mais antigos do que o homem e sustenta que a criação primária registrada em Gênesis 1.1 pode ter acontecido bilhões de anos atrás, com todas as eras geológicas inseridas nesse vasto hiato de tempo entre Gênesis 1.1 e Gênesis 1.2. Concordo com Henry Morris quando diz: "O sistema das eras geológicas é essencialmente sinônimo do sistema evolucionista. Mais cedo ou mais tarde, esse sistema vai desembocar na aceitação do evolucionismo".[19] Morris ainda diz: "A teoria do hiato não apenas é impossível cientificamente, mas também destrutiva teologicamente".[20]

Não há nada no versículo 1 que sugira uma criação perfeita ter se tornado um caos no versículo 2. O verbo hebraico aqui é *hayetha*, traduzido cerca de 98% por "era", não por "tornou-se". A palavra usada para uma mudança de estado é *haphak*, não *hayetha*. Por essa razão, na *Versão King James* e nas principais traduções da Bíblia o verbo *hayetha* é sempre empregado como "era" em vez de "tornou-se".[21] Warren Wiersbe diz, corretamente: "Gênesis 1.1,2 é a declaração de que Deus criou o universo, enquanto a explicação sobre os seis dias de trabalho criativo é apresentada no restante do capítulo (1.3-31)".[22]

Derek Kidner tem razão em dizer que a melhor tradução não seria [...] *a terra, porém, estava...*, mas "ora, a terra era...", pois a construção é exatamente a de Jonas 3.3: [...] *Ora, Nínive era cidade mui importante...* Assim, os sombrios termos do versículo 2 realçam crescente glória dos sete dias da criação.²³ Bräumer ainda acrescenta: "O verbo 'ser' não está no texto original, sendo indicado somente pela posição na sentença nominal. É por isso que, em vez de 'a terra estava sem forma e vazia', o hebraico diz apenas 'a terra sem forma e vazia'".²⁴

Em segundo lugar, *o que significa a expressão sem forma e vazia?* Os defensores da teoria do hiato traduzem a expressão hebraica *tohu waw bohu* por "arruinada e desolada", para fortalecerem a sua ideia de um julgamento divino cataclísmico, mas essa tradução é forçada. A palavra hebraica *tohu*, que ocorre vinte vezes no Antigo Testamento, é traduzida de várias formas — só a *Versão King James* a traduz de dez formas diferentes. Os eruditos que fizeram a tradução da *King James* optaram pela expressão *sem forma*. Deus não criou a terra para ser sem forma e inabitada, mas sim para ser povoada, portanto, a narrativa de Gênesis mostra os estágios pelos quais Deus trouxe forma à terra sem forma e criaturas vivas para encher a terra vazia. Não há contradição entre o versículo 2 e o 1, mas um complemento. A criação não era perfeita no sentido de que não estava completa, mas perfeita para o primeiro estágio da criação dos seis dias.²⁵

De igual modo, a palavra *bohu* não denota "desolação", mas simplesmente "vazia". Quando inicialmente criada, a terra não tinha habitantes, ou seja, estava vazia.

Em terceiro lugar, *o que o texto quer dizer quando afirma que havia trevas sobre a face do abismo (Gn 1.2)?* Henry Morris diz que o universo físico, embora criado, não era formado nem energizado, e luz é uma forma de energia. A ausência de luz física significa trevas, assim como a ausência de forma e habitantes significa um universo em forma elementar, ainda não completo. Não há, portanto, nenhuma implicação de mal presente aqui, apenas de incompletude.[26] Adauto Loureço diz, corretamente, que a razão da existência das trevas é bastante simples: Deus ainda não havia criado a luz.[27]

Em quarto lugar, *qual o significado da frase E O ESPÍRITO DE DEUS PAIRAVA POR SOBRE AS ÁGUAS?* Embora o maravilhoso universo tivesse sido chamado à existência pelo onipotente criador, ele não tinha sido ainda imbuído com energia e ação. Sendo assim, deveria esperar a ação energizadora do Espírito de Deus e a ação do poder da Palavra de Deus. Concordo com Henry Morris quando diz que o triuniverso (espaço-matéria-tempo) reflete a natureza trina da Divindade.[28] A palavra hebraica *rachaph*, traduzida por *pairava*, traz a ideia de energizar. É a mesma palavra para a ave que choca os seus ovos para energizá-los. Essa palavra aparece em Deuteronômio 32.11, falando da águia que voa sobre sua ninhada com um voo protetor. O *ruach*, "Espírito", de Deus é o energizador.

NOTAS

[1] TOZER, A. W. *The Knowledge of the Holy.* New York: Harper and Brothers, 1961, p. 39.
[2] BRÄUMER, Hansjörg. *Gênesis*, vol. 1, 2016, p. 32.
[3] MACDONALD, William. *Believer's Bible Commentary.* Atlanta: Thomas Nelson Publishers, 1995, p. 32.

[4] BRÄUMER, Hansjörg. *Gênesis*, vol. 1, 2016, p. 32.
[5] MORRIS, Henry M. *The Genesis Record*, 2006, p. 37.
[6] LOURENÇO, Adauto. *Gênesis 1 & 2*, 2011, p. 77-78.
[7] BRÄUMER, Hansjörg. *Gênesis*, vol. 1, 2016, p. 32.
[8] LIVINGSTON, George H. *O livro de Gênesis*, in: *Comentário bíblico Beacon*, vol. 1, 2015, p. 31.
[9] WALTKE, Bruce K. *Gênesis*, 2010, p. 67.
[10] WIERSBE, Warren W. *Comentário bíblico expositivo*, vol. 1, 2006, p. 15.
[11] WALTKE, Bruce K. *Gênesis*, 2010, p. 67.
[12] BRÄUMER, Hansjörg. *Gênesis*, vol. 1, 2016, p. 33.
[13] MORRIS, Henry M. *The Genesis Record*, 2006, p. 39.
[14] WALTKE, Bruce K. *Gênesis*, 2010, p. 67.
[15] BRÄUMER, Hansjörg. *Gênesis*, vol. 1, 2016, p. 33.
[16] LIVINGSTON, George H. *O livro de Gênesis*, in: *Comentário bíblico Beacon*, vol. 1, 2015, p. 31.
[17] MORRIS, Henry M. *The Genesis Record*. Grand Rapids, MI: Baker Book House, 2006, p. 46.
[18] LOURENÇO, Adauto. *Gênesis 1 & 2*, 2011, p. 95-96.
[19] MORRIS, Henry M. *The Genesis Record*, 2006, p. 46.
[20] Ibidem, p. 47.
[21] Ibidem, p. 49.
[22] WIERSBE, Warren W. *Comentário bíblico expositivo*. Vol. 1. Santo André: Geográfica Editora, 2006, p. 15.
[23] KIDNER, Derek. *Gênesis: introdução e comentário*, 2006, p. 42.
[24] BRÄUMER, Hansjörg. *Gênesis*, vol. 1, 2016, p. 35.
[25] MORRIS, Henry M. *The Genesis Record*, 2006, p. 49-50.
[26] Ibidem, p. 50.
[27] LOURENÇO, Adauto. *Gênesis 1 & 2*, 2011, p. 90.
[28] MORRIS, Henry M. *The Genesis Record*, 2006, p. 51.

Capítulo 2

A criação perfeita
(Gn 1.3-31; 2.1-3)

GÊNESIS 1.1,2 TRATA DA CRIAÇÃO no plano geral. Agora, em Gênesis 1.3-31, veremos Deus detalhando a criação e avaliando Sua obra criadora. É como esclarece Warren Wiersbe: "Gênesis 1.1,2 é a declaração de que Deus criou o universo, enquanto a explicação sobre seis dias de trabalho criativo é apresentada no restante do capítulo".[1]

Warren Wiersbe é oportuno, ainda, quando diz que existe um padrão nas atividades de Deus durante a semana da criação: primeiro, ele *formou* e, depois, *encheu*. Fez três esferas de atividade: os céus, a terra e as águas, e, então, encheu-as com as formas de vida apropriadas.[2]

Vamos examinar a obra criadora de Deus nos seis dias da criação.

Primeiro dia da criação (1.3-5)

Já vimos que a Trindade está presente na obra da criação: Deus trazendo à existência o universo sem matéria preexistente (1.1). O Espírito de Deus energizando a terra (1.2). Agora, a Palavra sendo o agente criador (1.3; Jo 1.3). Bruce Waltke diz que Deus é o grande herói da criação, e cada evento ocorre segundo a expressa vontade dEle e por meio da agência de Sua Palavra. Deus não apenas cria, mas também está fascinado com a Sua criação.[3] V. P. Hamilton chega a dizer que Deus é o solista, o narrador e o acompanhador dessa grande obra criadora.[4]

No primeiro dia, Deus criou a luz e fez separação entre luz e trevas, entre tarde e manhã, dando nota máxima à obra da criação. Derek Kidner tem razão em dizer que as ordens específicas de Deus, chamando as coisas à existência, não dão lugar a noções de um universo autoexistente, ou que luta por isso, ou que surgiu por acaso, ou que é emanação divina.[5] O universo, longe de ser uma emanação de Deus, é um produto de Sua vontade pessoal, ou seja, tudo deriva de Deus e está sujeito à Sua Palavra.[6]

Destacaremos aqui cinco verdades preciosas:

Em primeiro lugar, *uma ordem expressa* (1.3). *Disse Deus: Haja luz...* A Palavra de Deus tem poder criador; ela é o Verbo por meio do qual tudo foi feito (Jo 1.3), as coisas visíveis e invisíveis (Cl 1.16). Por meio da Palavra, o universo foi criado (Hb 1.2).

Em segundo lugar, *um resultado imediato* (1.3). [...] *e houve luz*. A Palavra de Deus é proferida e surte efeito imediato, isto é, Deus ordenou que houvesse luz, e a luz surgiu. Bräumer tem razão em dizer que a Palavra de Deus é ao mesmo tempo ordem criadora e ato consumado, pois Deus fala e cria falando. A Palavra de Deus é palavra de ação. Sua Palavra gera a ação.[7] A Palavra de Deus tem poder criador: *Pois ele falou, e tudo se fez; ele ordenou, e tudo passou a existir* (Sl 33.9). George Livingston diz que energia é vital para o *habitat* do homem, e luz é energia, por isso a primeira ordem de Deus foi: *Haja luz*.[8] Deus é a fonte última da luz. Karl Barth diz que a menção da luz antes do Sol poderia ser lida como "franco protesto contra toda e qualquer espécie de culto ao Sol".[9]

Em terceiro lugar, *uma avaliação importante* (1.4). *E viu Deus que a luz era boa...* Deus cria e avalia, Ele faz e aprecia o que fez; em outras palavras, o Criador deleita-se com as obras de suas próprias mãos. Bräumer diz que, nesse contexto, *boa* significa "compatível com sua natureza"; em outras palavras, "não poderia ser melhor: o resultado desejado foi obtido".[10]

Em quarto lugar, *uma separação necessária* (1.4b,5). [...] *e fez separação entre a luz e as trevas.* [...] *Houve tarde e manhã, o primeiro dia.* Deus criou um universo organizado, ou seja, desde o primeiro dia da criação ele estabeleceu o princípio da separação, o que fica evidente quando Deus separa luz de trevas (1.4), o dia da noite (1.14), e ainda quando separou as águas sobre o firmamento das águas debaixo do firmamento (1.6-8), bem como a terra das águas (1.9,10). Tem razão Derek Kidner quando escreve: "As trevas são parte integrante do que é 'muito bom' (1.31); não são anuladas; são apenas postas em subordinação".[11] Bruce Waltke diz que as fronteiras são importantes tanto na ordem criada quanto na ordem social; nesse sentido, quando tudo se mantém em seu devido lugar e não ultrapassa seus limites, há ordem, não caos.[12]

Em quinto lugar, *uma definição vital* (1.5). *Chamou Deus à luz Dia e às trevas, Noite...* Quando Deus chama a luz dia, Ele dá ao dia sua incumbência e sua natureza; em contrapartida, Ele chama as trevas noite, dá à noite um limite de tempo e submete-a ao Seu senhorio.[13] Deus exibe Sua soberania dando nomes aos elementos, pois dar nome é uma indicação de domínio – isso revela Deus como supremo governante.[14] Deus definiu o que é luz e o que são trevas; o que é dia e o que é noite. Definiu também luz como dia e trevas como noite, o que nos mostra que o universo de Deus é um mundo de definições claras, não de confusão.

Segundo dia da criação (1.6-8)

No segundo dia, Deus criou o firmamento, ou seja, os céus, e, nesse dia, Ele não apresenta nenhuma avaliação. Contudo, destacamos aqui três verdades importantes:

Em primeiro lugar, *Deus ordena* (1.6). *E disse Deus: Haja firmamento no meio das águas e separação entre águas e águas.* Ordem de Deus e realidade são a mesma coisa, visto que Sua ordem produz, necessariamente, os efeitos desejados.

Em segundo lugar, *Deus faz* (1.7). *Fez, pois, Deus o firmamento e separação entre as águas debaixo do firmamento e as águas sobre o firmamento. E assim se fez.* Além da palavra criadora *Haja* (1.6), o verbo *casah*, "fazer", significa "levar algo à condição de finalizado, transformar algo de forma inicial na forma final".[15]

Em terceiro lugar, *Deus define* (1.8). *E chamou Deus ao firmamento Céus. Houve tarde e manhã, o segundo dia.* Bräumer diz que somente o nome deixa claro que o firmamento criado é o céu terrestre. A partir do segundo dia da criação, o relato não fala mais da criação do universo, mas da terra, do mundo, que não é idêntico ao universo. O céu é coisa criada, é pensado como criatura sujeita a Deus, sem nenhum caráter divino. O Antigo Testamento tampouco o considera a morada de Deus, pois nem mesmo o céu dos céus pode conter o Deus vivo.[16] A Bíblia fala de três céus: o céu atmosférico (Jr 4.25), o céu sideral (Is 13.10) e o céu do trono de Deus, também chamado de terceiro céu (Hb 9.24; 2Co 12.2).

Terceiro dia da criação (1.9-13)

No terceiro dia, Deus cria os mares, a terra e ordena que a terra produza relva, ervas e árvores frutíferas, que davam sementes segundo a sua espécie. George Livingston diz que Deus está preparando, nesse terceiro dia, um futuro *habitat* para o homem, que é criatura da terra. O alimento para o homem, a vegetação, cresce na terra, e, sob a ordem de Deus, terra e mar se separam; e forma, vida e beleza enfeitaram a terra.[17]

Destacaremos aqui quatro fatos importantes:

Em primeiro lugar, *Deus cria os mares* (1.9,10). *Disse também Deus: Ajuntem-se as águas debaixo dos céus num só lugar* […] *e ao ajuntamento das águas, Mares…* Fica evidente que havia apenas um mar, e essa realidade foi mudada depois do dilúvio, com diferentes oceanos e mares. O que Deus chamou de "mares", os cientistas chamaram de superoceano, ou Pantalassa.

Em segundo lugar, *Deus cria a terra* (1.9,10). […] *e apareça a porção seca. E assim se fez. À porção seca chamou Deus Terra…* O que Deus chamou "terra", os cientistas chamaram de supercontinente ou Pangeia. Adauto Lourenço diz que milênios antes da teoria da tectônica de placas ser formulada, o relato bíblico já falava da existência de um único continente primordial, de um único oceano.[18] Somente quando Deus dá nome ao que se formou pela separação, isso começa a existir como elemento do mundo, sendo governado por Deus e recebendo sua destinação.[19] Da criação ao dilúvio, havia apenas uma terra, ainda não separada como a temos hoje em continentes (10.25).

Em terceiro lugar, *Deus dá ordens à terra* (1.11). *E disse: Produza a terra relva, ervas que deem sementes e árvores frutíferas que deem fruto segundo a sua espécie, cuja semente esteja nele, sobre a terra. E assim se fez.* A terra é capacitada a produzir aquilo que lhe é próprio.[20] Nesse caso, a terra é o agente por meio do qual Deus media Seu poder gerador. Fica evidente, portanto, que não há justificativa para deificar a terra, chamando-a de "Mãe Natureza".[21] Bräumer, nessa mesma linha de pensamento, diz: "Agora a Palavra de Deus dirige-se à terra. Deus convoca a terra para um ato criador. Deus reparte poder criador. A Palavra ordena que a criatura agora passe a gerar coisas novas".[22]

Henry Morris destaca o fato de que as plantas foram feitas não como sementes, mas como plantas adultas, cujas sementes estavam nelas, da mesma forma que Adão foi criado como um homem maduro, não como um ser ainda não desenvolvido.[23] Já a expressão *segundo a sua espécie* indica limites aos poderes de reprodução.[24] O cientista Henry Morris ainda corrobora essa ideia, dizendo que em cada organismo criado existe uma "semente", programada para capacitar a contínua replicação desse tipo de organismo. Cada tipo de organismo tem sua própria estrutura de DNA e pode somente se reproduzir de acordo com sua espécie.[25]

Resta-nos, claro, afirmar que existe mutação, mas não transmutação de espécies. O dogma da evolução que diz que todos os seres vivos estão relacionados por um ancestral comum e dele descendem é refutado tanto pela ciência como pela Bíblia. Uma mangueira jamais vai produzir abacate, e macacos jamais vão gerar um ser humano. A Bíblia e a ciência não se contradizem, e ambas derrubam por terra a teoria da evolução.

Em quarto lugar, *a terra obedece ao Criador* (1.12). *A terra, pois, produziu relva, ervas que davam semente segundo a sua espécie e árvores que davam fruto, cuja semente estava nele, conforme a sua espécie...* A criatura recebe ordens e obedece ao Criador, tornando-se agente da obra da criação.

Quarto dia da criação (1.14-19)

No quarto dia, Deus cria o Sol, a Lua e as estrelas, designando-lhes sua função e seu propósito. Vejamos três verdades preciosas:

Em primeiro lugar, *Deus cria os luzeiros no firmamento com propósitos definidos* (1.14,15). *Disse também Deus: Haja luzeiros no firmamento dos céus, para fazerem separação entre o dia e a noite; e sejam eles para sinais, para estações, para dias e anos. E sejam para luzeiros no firmamento dos céus, para alumiar a terra. E assim se fez.* No primeiro dia, Deus disse: *Haja luz.* No quarto dia, Deus disse: *Haja luzeiros.* Luz intrínseca primeiro e geradores de luz depois, essa é a ordem lógica e bíblica.[26]

Fica claro que o interesse do autor sagrado aqui é teológico. O Sol, a Lua e as estrelas são boas dádivas de Deus, estabelecendo o roteiro normativo de várias estações (1.14), nas quais prosperamos (At 14.17) e pelas quais Israel devia demarcar o ano para o serviço de Deus (Lv 23.4). Como sinais, falam por Deus não pelo destino (Jr 10.2; Mt 2.9; Lc 21.25,28), pois governam apenas como luzeiros, não como potestades. Nessas poucas e simples sentenças, desmascara-se a falsidade das superstições antigas, bem como das modernas, como o horóscopo.[27]

George Livingston destaca que os pagãos adoravam o Sol, a Lua e as estrelas como deuses e deusas de poder formidável, contudo, nessa narrativa esses dois luminares nem mesmo são nomeados. Esses corpos celestes são criados e incumbidos de executar certas tarefas nos céus, e possuem uma dignidade de governo, nada mais. As estrelas também recebem não mais que uma menção honrosa. Que golpe no paganismo![28]

Em segundo lugar, *Deus fez o Sol e a Lua com uma missão* (1.16-18). *Fez Deus os dois grandes luzeiros: o maior para governar o dia, e o menor para governar a noite* [...]. *E os colocou no firmamento dos céus para alumiarem a terra, para governarem o dia e a noite e fazerem separação entre a luz e as trevas...* Bruce Waltke diz que, enquanto nos mitos antigos do Oriente Médio o Sol e a Lua são as principais divindades, aqui são objetos sem nome designados pelo Deus criador para servirem à humanidade.[29]

Em terceiro lugar, *Deus fez as estrelas* (1.16b). Os povos do antigo Oriente Médio criam, de forma bastante frequente, que as estrelas dirigiam os destinos das pessoas, mas elas, porém, são apenas obras das mãos do Criador. Henry Morris destaca que as estrelas são mencionadas como tendo menor importância que o Sol e a Lua no contexto da criação, e, embora as estrelas sejam incomparavelmente maiores do que a Terra e o Sol, elas têm uma estrutura mais simples do que a Terra. Uma estrela é composta basicamente de hidrogênio e hélio, ou seja, uma estrutura relativamente simples, enquanto a estrutura da Terra é de grande complexidade, perfeitamente designada e adequada para criaturas vivas. Em outras palavras, complexidade e organização têm muito mais significado do que simplesmente tamanho.[30] Adauto Lourenço diz que existem três vezes mais estrelas nos céus do que o número total de todos os grãos de areia de todas as praias e de todos os desertos do planeta,[31] e faz a seguinte lista básica de corpos celestes:[32]

1. Estrelas — São corpos celestes massivos que produzem a sua própria luz. A composição química de uma estrela normal é de aproximadamente 71% de hidrogênio, 27% de hélio e o restante 2% de elementos químicos pesados. O Sol é a estrela mais próxima da Terra.

2. Galáxias — São sistemas celestes massivos contendo entre algumas dezenas de milhares de estrelas até centenas de trilhões. A Via Láctea é uma galáxia na qual o Sol é apenas uma das outras 200 a 400 bilhões de estrelas. Existem mais de 170 bilhões de galáxias no universo.

3. Planetas — São corpos celestes que orbitam uma estrela e possuem massa suficiente para ter um formato esférico. A Terra é um dos oito planetas do sistema solar.

4. Asteroides — São pequenos corpos celestes orbitando o sol.

5. Meteoroides —São objetos sólidos que se movem no espaço interplanetário.

6. COMETAS — São pequenos corpos celestes formados de gelo que orbitam o Sol.

7. LUAS — São satélites naturais que orbitam um planeta.

Quinto dia da criação (1.20-23)

No quinto dia, Deus cria os animais aquáticos e os voláteis, ou seja, os peixes e as aves, segundo a sua espécie, e abençoa-os, dando-lhes uma ordem de multiplicação. Destacaremos aqui quatro fatos relevantes:

Em primeiro lugar, *Deus cria os peixes e as aves* (1.20). *Disse também Deus: Povoem-se as águas de enxames de seres viventes; e voem as aves sobre a terra, sob o firmamento dos céus.* Bruce Waltke tem razão em dizer que a água não tem o poder de geração espontânea, uma vez que ela produz vida somente por meio da palavra eficaz de Deus.[33]

Em segundo lugar, *Deus cria os grandes animais marinhos e os répteis aquáticos* (1.21). *Criou, pois, Deus os grandes animais marinhos e todos os seres viventes que rastejam, os quais povoavam as águas...* Bräumer diz que a novidade e a singularidade desse dia da criação são destacadas pelo uso da palavra hebraica *barah*, que não tinha mais sido usada desde a apresentação inicial do fato da criação. Este termo, reservado exclusivamente para a ação criadora de Deus e nunca mencionado em conjunto com uma substância, expressa que Deus chama os seres viventes à vida de forma direta e do nada.[34]

A poesia veterotestamentária e os profetas fazem referência a esses grandes monstros marinhos da mitologia pagã, criados do nada absoluto, a saber, por meio de um ato além de toda e qualquer capacidade humana (Jó 3.8;

A criação perfeita

Sl 74.13-17; Is 27.1; 51.9; Jr 51.34). Concordo, porém, com Waltke quando diz que os poetas hebreus adotam imagem pagã; não, porém, teologia pagã.[35]

Em terceiro lugar, *Deus cria os animais aquáticos e voláteis segundo a sua espécie* (1.21b). *[...] segundo as suas espécies; e todas as aves, segundo as suas espécies...* A criação da vida animal começa na água e continua no ar. O termo "ave" na verdade significa "ser vivo no ar" e abrange tudo que voa.[36]

Em quarto lugar, *Deus abençoa os seres criados* (1.22). *E Deus os abençoou, dizendo: Sede fecundos, multiplicai-vos e enchei as águas dos mares; e, na terra, se multipliquem as aves.* A procriação é uma dádiva e uma bênção de Deus. A ordem e a bênção de Deus tornam fecundos os seres aquáticos e voláteis.

Sexto dia da criação (1.24-31)

No sexto dia, Deus cria os animais terrestres segundo a sua espécie e cria o homem e a mulher à sua imagem e semelhança, abençoando-os com mandato cultural, social e espiritual. Vamos destacar aqui algumas verdades preciosas:

Em primeiro lugar, *Deus cria os animais terrestres segundo a sua espécie* (1.24,25). *Disse também Deus: Produza a terra seres viventes, conforme a sua espécie: animais domésticos, répteis e animais selváticos, segundo a sua espécie. E assim se fez. E fez Deus os animais selváticos, segundo a sua espécie, e os animais domésticos, conforme a sua espécie, e todos os répteis da terra, conforme a sua espécie. E viu Deus que isso era bom.* Domenico Ravalico diz que, traduzida em termos científicos, essa ordem soaria da seguinte maneira: haja uma programação gravada em fitas DNA para cada espécie viva, para todas as espécies de animais, para todas as espécies de plantas.[37]

Aqui, a criação dos animais é descrita com a palavra "fazer", *asah*. Deus não cria sem critério, mas, assim como na criação das plantas, também agora a terra participa da criação dos animais. A primeira enumeração das classes de animais vai do mais próximo ao mais distante; a segunda, do maior para o menor.[38]

Derek Kidner diz que a palavra "répteis" não indica uma classificação científica que inclui somente os répteis, mas descreve o movimento suave ou o rastejar de várias espécies de criaturas.[39] O mesmo autor ainda afirma: "Provavelmente as três espécies de animais que constam no versículo 24 são, falando em termos amplos, o que chamaríamos de animais domésticos, animais de pequeno porte e animais de caça".[40]

Em segundo lugar, *Deus cria o homem e a mulher à sua imagem e semelhança* (1.26,27). *Também disse Deus: Façamos o homem à nossa imagem, conforme a nossa semelhança* [...]. *Criou Deus, pois, o homem à sua imagem, à imagem de Deus o criou; homem e mulher os criou.* O *haja* impessoal (ou seus equivalentes) dos sete atos criativos anteriores é substituído pelo "façamos" pessoal.[41] No versículo 26, Deus disse: "*Façamos*" (*asah*) e, no versículo 27, Deus "criou" (*barah*). Afinal, Deus fez (*asah*) ou criou (*barah*) o ser humano? A resposta é ambos. Adão foi trazido à existência daquilo que Deus já havia criado: o pó da terra. Mas o ser humano *passou a ser alma vivente* (2.7) não de algo que já existia, mas pelo fôlego de vida que Deus soprou em suas narinas.[42]

Derek Kidner tem razão em dizer que nos dois capítulos iniciais de Gênesis o homem é retratado como *no nível* da natureza e *acima* dela, em continuidade em relação a ela e em descontinuidade. Partilha o sexto dia com outras criaturas, é feito do pó como elas (2.7,19), alimenta-se como elas (1.29,30) e se reproduz sob uma bênção semelhante à delas (1.22,28). Mas a ênfase recai na distinção que há entre ele e elas. *Façamos* está em tácito contraste com *produza a terra* (1.24). Em comparação com os animais, o homem é colocado em posição à parte por seu ofício (1.26,28; 2.19; Sl 8.4-8; Tg 3.7) e ainda mais por sua natureza (2.20); mas o apogeu da sua glória é sua relação com Deus.[43]

Concordo com Livingston quando diz que o homem foi criado por Deus como um ser espiritual, apto para a imortalidade; moral, que tem a semelhança de Deus; e intelectual, com a capacidade da razão e de governo.[44] O homem deveria ter autoconsciência, autodeterminação e santidade interior (Ec 7.29; Ef 4.24; Cl 3.10).

Há uma singularidade na criação do homem, quando o texto diz: [...] *Façamos o homem...* Aqui há um conselho divino, uma decisão coletiva das três pessoas da Trindade. Nas palavras de Harold Willmington "essa é a primeira forte evidência da Trindade no Antigo Testamento".[45] Embora haja defensores apenas do plural majestático, sou inclinado a pensar que o texto expressa a decisão do Pai, do Filho e do Espírito Santo. Certamente os anjos não fazem parte dessa decisão, como alguns estudiosos querem crer, porque não fomos criados à imagem e semelhança dos anjos, nem eles têm poder criador. A interpretação cristã tradicional que representa uma pluralidade dentro de Deidade conta com algum endosso textual e satisfaz a teologia cristã da Trindade (Jo 1.3; Ef 3.9; Cl 1.16; Hb 1.2).[46] Desde Agostinho, comentaristas de todos os séculos (como Beda, Lutero, Karl Barth) interpretam o plural como uma referência à Santa Trindade.[47]

O que o texto bíblico quer dizer por *imagem* e *semelhança*? As palavras *imagem* e *semelhança* se reforçam mutuamente.

Imagem é a indelével constituição do homem como ser racional e moralmente responsável, e *semelhança* é aquela harmonia com a vontade de Deus, perdida na queda.[48] Bruce Waltke diz que a expressão *imagem de Deus* é usada unicamente com referência aos seres humanos e, assim, os separa das demais criaturas. Enquanto as demais criaturas são criadas *segundo as suas espécies* (1.21,24,25), a humanidade é feita *à imagem de Deus*.[49] James Montgomery Boice destaca que a expressão *à imagem de Deus* significa que o homem tem personalidade (conhecimento, sentimento e vontade), moralidade (liberdade e responsabilidade) e espiritualidade (foi feito para ter comunhão com Deus).[50] Concordo com Bräumer quando diz que o ser humano é obra nova, livre e exclusiva de Deus. Nenhuma teoria da evolução humana do reino animal, qualquer que seja a sua versão, é compatível com essa declaração bíblica.[51]

Destacamos, agora, a expressão *homem e mulher os criou* (1.27). Aqui, as palavras para *homem e mulher* não são *isch* e *ischah*, mas *sachar* e *nekebah*, "macho e fêmea". O primeiro par de palavras hebraicas ressalta a ideia de casal; o segundo destaca a diferença sexual. Assim, de forma nenhuma, Adão era autossuficiente antes da criação de Eva, reunindo os dois sexos em uma pessoa. Deus criou o ser humano como macho e fêmea, os quais são chamados para serem os interlocutores do sexo oposto. O propósito original do Criador para o ser humano é a vida a dois como homem e mulher, ou seja, estes, são destinados à comunhão um com o outro.[52] James Montgomery Boice destaca a importância da masculinidade e da feminilidade. Homens não são mulheres, e mulheres não são homens. Uma das coisas mais tristes no universo é um homem tentar ser uma mulher ou uma mulher tentar ser um homem – isso é uma monstruosidade.[53]

Em terceiro lugar, *Deus dá ao homem e à mulher mandatos culturais* (1.26b,28). *[...] tenha ele domínio sobre os peixes do mar, sobre as aves do céus, sobre os animais domésticos, sobre toda a terra e sobre todos os répteis que rastejam pela terra [...]. E Deus os abençoou e lhes disse: Sede fecundos, multiplicai-vos, enchei a terra e sujeitai-a; dominai sobre os peixes do mar, sobre as aves dos céus e sobre todo animal que rasteja pela terra.* A bênção dirigida a todos os seres viventes começa com *Disse Deus*, mas a bênção aos seres humanos começa com *Deus lhes disse*. Com a criação do ser humano, Deus tinha feito para si um interlocutor, alguém com quem ele pode falar. E a ordem de sujeitar a terra e dominá-la (1.26) vale somente para o ser humano.[54]

Abençoar não é só conferir uma dádiva, mas também uma função. Ao abençoar o homem e a mulher, Deus lhes dá mandatos cultural, social e espiritual. Mas quais são esses mandatos?

Em primeiro lugar, *a procriação*. Deus criou homem e mulher, macho e fêmea, e só assim a raça humana pode, à semelhança de outras espécies, procriar-se. Fica evidente que a ordem de procriar coloca a aprovação de Deus no ato de reprodução. Essencialmente, a relação homem-mulher na procriação é boa, está dentro da vontade de Deus e é básica para o bem-estar deles.[55]

Em segundo lugar, *o domínio*. Ao homem e à mulher são dados o direito e a responsabilidade de dominar sobre as aves do céu, os peixes do mar e os animais da terra – em outras palavras, o homem deve governar como gestor da criação. Livingston diz que a aptidão para governar implica capacidade intelectual adequada para argumentar, organizar, planejar e avaliar. Implica, outrossim, capacidade emocional adequada para desejar o mais alto bem-estar dos súditos; apreciar e honrar o que é bom, verdadeiro e bonito; repugnar e repudiar o que é cruel, falso e feio; ter profunda preocupação pelo bem-estar de toda a natureza; e amar a Deus que o criou. Mas também implica capacidade volitiva adequada para escolher e fazer a toda hora o que é certo, obedecer ao mandamento de Deus indiscutivelmente e sem demora, entregar alegremente todos os poderes a Deus em adoração jovial e participar de uma comunhão saudável com a natureza e Deus.[56] É importante ressaltar que a autoridade que o homem exerce sobre as criaturas não é absoluta, uma vez que se trata de uma autoridade delegada, ou seja, um governo subordinado, pelo qual o homem deve prestar contas a Deus. O fato de o homem controlar a vida animal não lhe dá o direito de abusar dela.

Em terceiro lugar, *a mordomia ou administração*. O homem recebe também a incumbência de sujeitar a terra, e isso implica governo inteligente, racional e sábio. O homem não pode venerar a natureza nem depredá-la. Quando hoje os homens exploram a natureza, em vez de serem sábios mordomos dela, evidenciam sua inaptidão para governar, estando eles mesmos desgovernados.[57] Quando os homens adoram a natureza, fazem dela objeto de culto, uma vez que só o Criador é digno de ser adorado.

Em quarto lugar, *Deus dá ao homem e à mulher provisão* (1.29). *E disse Deus ainda: Eis que vos tenho dado todas as ervas que dão semente e se acham na superfície de toda a terra e todas as árvores em que há fruto que dê semente; isso vos será para mantimento.* Embora Deus tenha dado ao homem uma farta variedade de alimentos, matar animais para alimentar-se não fazia parte do propósito original do Criador.[58]

Em quinto lugar, *Deus dá aos animais terrestres e voláteis sustento* (1.30). *E a todos os animais da terra, e a todas as aves dos céus, e a todos os répteis da terra, em que há fôlego de vida, toda erva verde lhes será para mantimento. E assim se fez.* Deus é o provedor não apenas do homem, o regente da criação, mas também das criaturas inferiores.

Em sexto lugar, *Deus faz uma avaliação final da criação* (1.31). *Viu Deus tudo quanto fizera, e eis que era muito bom. Houve tarde e manhã, o sexto dia.* Até aqui Deus havia avaliado a obra da criação do primeiro (1.4), terceiro (1.10,12), quarto (1.18), quinto (1.21) e sexto dias (1.25) sempre dizendo *bom*. Mas, ao final da criação, na última avaliação, Deus deu nota máxima à sua obra, dizendo *muito bom* (1.31). Concordo com Bräumer quando diz que o olhar de Deus e o elogio do Criador *era muito bom* não se refere apenas a uma única obra, mas à totalidade da obra da criação. Deus chama sua criação de extremamente boa e extremamente bela.[59]

O sétimo dia, o dia do descanso (2.1-3)

Os primeiros três versículos de Gênesis 2 pertencem ao conteúdo do capítulo 1, visto que trata do sétimo dia na série da criação.[60] Deus acabou a obra da criação e, ao concluir, dá nota máxima à sua obra (1.31). Ele acabou os céus, a terra e todo o seu exército (2.1), então, no dia sétimo Deus descansou de toda a sua obra e abençoou e santificou esse dia (2.2,3). Bruce Waltke corretamente diz: "Nos primeiros seis dias, subjuga-se espaço; no sétimo, santifica-se o tempo".[61]

Três verdades devem ser destacadas aqui:

Em primeiro lugar, *o que Deus se propõe a fazer, ele conclui* (2.1). *Assim, pois, foram acabados os céus e a terra e todo o seu exército*. Os planos de Deus são perfeitos e não podem ser frustrados. Ele decidiu criar os céus e a terra e os criou (1.1), deliberou criar o homem à sua imagem e semelhança e o fez, homem e mulher (1.26,27). Deus faz e avalia o que faz (1.31). Acrescenta-se agora, no final, a expressão *e todo o seu exército* (2.1). A expressão hebraica *zebah,* "exército", muito provavelmente descreve as estrelas e as hostes que devem louvar a Deus e abrange todos os seres nos céus e na terra.[62]

Derek Kidner diz, com razão, que a história da criação tem servido de baluarte contra uma sucessão de erros variáveis segundo a moda — politeísmo, dualismo, eternidade da matéria, o mal inerente à matéria, astrologia e, não com menor força, contra toda tendência de esvaziar de sentido a história humana.[63]

Em segundo lugar, *depois de concluído o trabalho, Deus descansa* (2.2). *E, havendo Deus terminado no dia sétimo a sua obra, que fizera, descansou nesse dia de toda a sua obra que tinha feito.* Deus trabalha e descansa. William MacDonald diz que esse não é descanso que segue ao cansaço, mas o descanso da satisfação de um trabalho benfeito.[64] Derek Kidner complementa: "É o repouso da realização cumprida, não da inatividade, pois ele nutre o que cria".[65] O próprio Jesus afirmou: [...] *Meu Pai trabalha até agora* (Jo 5.17). O mesmo pode ser dito acerca da obra de Cristo: Ele "assentou-se" depois de consumar a redenção (Hb 8.1; 10.12) para dispensar benefícios aos seus. Concordo com James Montgomery Boice quando diz que o descanso de Deus não significa que ele estava cansado e então fechou os olhos para tirar uma soneca. Deus não se cansa (Is 40.28), não dorme, nem toscaneja (Sl 121.4).[66]

Embora a palavra "sábado" não apareça aqui, é óbvio que Moisés está falando desse dia. A palavra hebraica *shabbath* significa "cessar o trabalho, descansar". Warren Wiersbe diz que temos na Escritura três tipos distintos de "sábado":

(1) o sábado do Senhor Deus. Há três registros dignos de nota aqui: a) a expressão *tarde e manhã* não encerra esse dia como os demais, sugerindo que o repouso de Deus não teria fim; b) É o único dia da semana que Deus abençoou; c) Deus o santificou. (2) O sábado nacional de Israel (Êx 20.8-11). (3) O sábado espiritual do cristão (Hb 4.1-11).[67] Warren Wiersbe ainda é oportuno quando escreve:

> O sétimo dia da semana, o sábado judaico, simboliza a antiga criação e a aliança da lei; primeiro você trabalha, depois descansa. O primeiro dia da semana, o dia do Senhor, simboliza a nova criação e a aliança da graça: primeiro você crê em Cristo e encontra descanso, depois trabalha (Ef 2.8-10). A lei judaica do sábado cumpriu-se por meio de Cristo na cruz, e o povo de Deus não está mais preso a ela (Gl 4.1-11; Cl 2.16,17).[68]

Concordo com Livingston quando diz que a base do sábado foi trocada do evento da criação para o evento da ressurreição; por conseguinte, o tempo foi mudado do sábado para o domingo. Contudo, o mesmo princípio subjacente persiste; seis dias são dados para o domínio do homem sobre a natureza, mas o sétimo dia é o dia do Senhor.[69]

Em terceiro lugar, *Deus abençoa e santifica o dia de descanso* (2.3). *E abençoou Deus o dia sétimo e o santificou; porque nele descansou de toda a obra que, como Criador, fizera*. James Montgomery Boice tem razão em dizer que Deus não prometeu apenas descanso (2.2), mas também santidade (2.3). Descanso e santidade caminham juntos, pois santidade é o oposto de pecado, e pecado é aquilo que mais produz cansaço.[70] A criatura deve imitar o Criador, tanto no trabalho como no descanso (Êx 20.8-11). A criatura não deve apenas deleitar-se na criação, mas, sobretudo, adorar o Criador, origem da criação e fonte de todo o bem.

Concordo, por isso, com Bräumer quando escreve: "O dia de descanso é uma dádiva especial de Deus ao ser humano".[71] Jesus foi enfático, ao afirmar: ... *O sábado foi estabelecido por causa do homem, e não o homem por causa do sábado* (Mc 2.27).

Notas

[1] WIERSBE, Warren W. *Comentário bíblico expositivo*, vol. 1, 2006, p. 15.
[2] Ibidem, p. 16.
[3] WALTKE, Bruce K. *Gênesis*, 2010, p. 64.
[4] HAMILTON, V. P. *The Book of Genesis*: Chapters 1—17. Eerdmans: Grand Rapids, MI, 1990, p. 119.
[5] KIDNER, Derek. *Gênesis: introdução e comentário*, 2006, p. 44.
[6] WALTKE, Bruce K. *Gênesis*, 2010, p. 70.
[7] BRÄUMER, Hansjörg. *Gênesis*, vol. 1, 2016, p. 37.
[8] LIVINGSTON, George H. *O livro de Gênesis*, in: Comentário bíblico Beacon, vol. 1, 2015, p. 32.
[9] BARTH, Karl. *Church Dogmatics*. III. 1. Edimburgo, UK: T. & T. Clark, 1958, p. 120.
[10] BRÄUMER, Hansjörg. *Gênesis*, vol. 1, 2016, p. 37.
[11] KIDNER, Derek. *Gênesis: introdução e comentário*, 2006, p. 44.
[12] WALTKE, Bruce K. *Gênesis*, 2010, p. 64.
[13] BRÄUMER, Hansjörg. *Gênesis*, vol. 1, 2016, p. 38.
[14] WALTKE, Bruce K. *Gênesis*, 2010, p. 65.
[15] BRÄUMER, Hansjörg. *Gênesis*, vol. 1, 2016, p. 39.
[16] Ibidem, p. 40.
[17] LIVINGSTON, George H. *O livro de Gênesis*. In: Comentário bíblico Beacon, vol. 1, 2015, p. 32.
[18] LOURENÇO, Adauto. *Gênesis 1 & 2*, São José dos Campos: Editora Fiel, 2011, p. 99.

[19] BRÄUMER, Hansjörg. *Gênesis*, vol. 1, 2016, p. 41.
[20] KIDNER, Derek. *Gênesis: introdução e comentário*, 2006, p. 45.
[21] WALTKE, Bruce K. *Gênesis*, 2010, p. 72.
[22] BRÄUMER, Hansjörg. *Gênesis*, vol. 1, 2016, p. 41.
[23] MORRIS, Henry M. *The Genesis Record*, Grand Rapids, MI: Baker Book House, 2006, p. 63.
[24] LIVINGSTON, George H. *O livro de Gênesis*. In: Comentário bíblico Beacon, vol. 1, 2015, p. 32.
[25] MORRIS, Henry M. *The Genesis Record*, 2006, p. 63.
[26] Ibidem, p. 65.
[27] KIDNER, Derek. *Gênesis: introdução e comentário*, 2006, p. 46.
[28] LIVINGSTON, George H. *O livro de Gênesis*. In: Comentário bíblico Beacon, vol. 1, 2015, p. 32-33.
[29] WALTKE, Bruce K. *Gênesis*, 2010, p. 72-73.
[30] MORRIS, Henry M. *The Genesis Record*, 2006, p. 67.
[31] LOURENÇO, Adauto. *Gênesis 1 & 2*, 2011, p. 132.
[32] Ibidem, p. 140-141.
[33] WALTKE, Bruce K. *Gênesis*, 2010, p. 73.
[34] BRÄUMER, Hansjörg. *Gênesis*, vol. 1, 2016, p. 44.
[35] WALTKE, Bruce K. *Gênesis*, 2010, p. 73.
[36] BRÄUMER, Hansjörg. *Gênesis*, vol. 1, 2016, p. 44.
[37] RAVALICO, Domenico E. *A criação não é um mito*. São Paulo: Editora Paulinas, 1977, p. 83.
[38] BRÄUMER, Hansjörg. *Gênesis*, vol. 1, 2016, p. 46.
[39] KIDNER, Derek. *Gênesis: introdução e comentário*, 2006, p. 47.
[40] Ibidem.
[41] WALTKE, Bruce K. *Gênesis*, 2010, p. 74.
[42] LOURENÇO, Adauto. *Gênesis 1 & 2*, 2011, p. 123.
[43] KIDNER, Derek. *Gênesis: introdução e comentário*, 2006, p. 47-48.
[44] LIVINGSTON, George H. *O livro de Gênesis*. In: Comentário bíblico Beacon, vol. 1, 2015, p. 33.
[45] WILLMINGTON, Harold L. *Guia de Willmington para a Bíblia*, Vol. 1. Rio de Janeiro: Editora Central Gospel, 2015, p. 9.
[46] WALTKE, Bruce K. *Gênesis*, 2010, p. 74-75.
[47] BRÄUMER, Hansjörg. *Gênesis*, vol. 1, 2016, p. 47.
[48] KIDNER, Derek. *Gênesis: introdução e comentário*, 2006, p. 48.
[49] WALTKE, Bruce K. *Gênesis*, 2010, p. 76.
[50] BOICE, James Montgomery. *Genesis*, vol. 1. Michigan: Baker Books, 1998, p. 90-91.
[51] BRÄUMER, Hansjörg. *Gênesis*, vol. 1, 2016, p. 49.

[52] Ibidem.
[53] BOICE, James Montgomery. *Genesis*, vol. 1, 1998, p. 96.
[54] BRÄUMER, Hansjörg. *Gênesis*, vol. 1, 2016, p. 50.
[55] LIVINGSTON, George H. *O livro de Gênesis*. In: Comentário bíblico Beacon, vol. 1, 2015, p. 34.
[56] Ibidem, p. 33.
[57] KIDNER, Derek. *Gênesis: introdução e comentário*, 2006, p. 49.
[58] BRÄUMER, Hansjörg. *Gênesis*, vol. 1, 2016, p. 51.
[59] Ibidem, p. 52.
[60] LIVINGSTON, George H. *O livro de Gênesis*. In: Comentário bíblico Beacon, vol. 1, 2015, p. 34.
[61] WALTKE, Bruce K. Gênesis, 2010, p. 79.
[62] BRÄUMER, Hansjörg. *Gênesis*, vol. 1, 2016, p. 53.
[63] KIDNER, Derek. *Gênesis: introdução e comentário*, 2006, p. 53.
[64] MACDONALD, William. *Believer's Bible Commentary*, Atlanta, GO: Thomas Nelson Publishers, 1995, p. 34.
[65] KIDNER, Derek. *Gênesis: introdução e comentário*, 2006, p. 50.
[66] BOICE, James Montgomery. *Genesis*, vol. 1, 1998, p. 100.
[67] WIERSBE, Warren W. *Comentário bíblico expositivo*, vol. 2, Santo André: Geográfica Editora, 2006, p. 21-23.
[68] Ibidem, p. 23.
[69] LIVINGSTON, George H. *O livro de Gênesis*. In: Comentário bíblico Beacon, vol. 1, 2015, p. 35.
[70] BOICE, James Montgomery. *Genesis*, vol. 1, 1998, p. 103.
[71] BRÄUMER, Hansjörg. *Gênesis*, vol. 1, 2016, p. 55.

Capítulo 3

O homem e seu habitat
(Gn 2.4-17)

O QUE VIMOS DESCRITIVAMENTE no capítulo 1 de Gênesis será agora detalhado no capítulo 2. Esse registro não é cronologicamente fora da semana da criação. Gênesis 2 usa palavras diferentes para falar do mesmo fato da criação, enfatizando aspectos diferentes.[1] O que veremos aqui aconteceu no sexto dia da criação. Deus recapitula a obra da criação (2.4-6), cria o homem (2.7), planta o jardim (2.8-4), constitui-o como seu mordomo (2.15) e lhe dá ordenanças (2.16,17). O ser humano vai ocupar aqui uma posição de destaque na criação.

Vamos destacar aqui alguns pontos:

Deus recapitula a obra da criação (2.4-6)

O texto em apreço não é uma segunda narrativa da criação. Concordo com Derek Kidner quando escreve: "É um engano dizer que se trata de uma segunda narrativa da criação, pois ela expressa a localização da cena, passando diretamente do mundo em geral para *um jardim* [...] *da banda do Oriente*; tudo o que vem depois é representado neste estreito palco".[2] Nessa mesma linha de pensamento, Bräumer diz: "O segundo capítulo de Gênesis não é uma repetição do relato da criação, mas uma descrição detalhada da criação do ser humano. O ser humano ocupa uma posição de destaque na criação".[3] O mesmo autor acrescenta: "Gênesis 2 usa palavras diferentes para falar do mesmo fato da criação. Testemunha-se o mesmo assunto, com o mesmo objetivo, mas enfatizando aspectos específicos".[4] Henry Morris é enfático: "O capítulo 2 de Gênesis não contradiz o capítulo 1; complementa-o".[5]

É digno de nota que aqui o narrador introduz um nome adicional para Deus, *Javé Elohim*. O termo *Elohim* representa Deus como o soberano Criador, enquanto Javé, "SENHOR", designa-o como aquele que inicia um compromisso pactual com o seu povo [Abraão e sua semente] e controla o seu cumprimento na história. A combinação desses dois nomes mostra, portanto, que o Criador do universo governa a história por meio dos Seus escolhidos (Sl 100.3).[6]

Com relação ao terceiro dia da criação, relata-se que Deus criou todas as árvores e ervas que se reproduzem por semente. Depois dessa criação fundamental, o texto agora fala de plantas e ervas cujo crescimento depende do trabalho humano e da chuva (2.5,6).[7]

Deus forma o homem (2.7)

A decisão de criar o homem e a mulher no sexto dia foi tomada pelo conselho da Trindade (1.26,27), e eles foram criados [*barah*] à imagem e semelhança de Deus. Gênesis 2.7 não trata de uma nova criação, noutro dia, apenas está detalhando como a criação do homem aconteceu. É como diz Derek Kidner: "Esse versículo, com profunda simplicidade, irmana-se ao clássico (1.27) e o completa".[8] Gênesis 2 deixa claro que, embora o homem e a mulher tenham sido criados no sexto dia, não foram trazidos à existência simultaneamente nem por processos iguais.

James Montgomery Boice captou bem a compreensão desse versículo quando diz que a criação do homem é uma combinação de pó e glória, daquilo que é de baixo e daquilo que é de cima. Ao mesmo tempo que o homem é feito do pó, ele recebe o sopro divino; nesse sentido, se o pó fala de sua humilhação, o sopro divino fala de sua exaltação.[9] Vamos destacar esses dois aspectos:

Em primeiro lugar, *a parte física do homem* (2.7a). *Então, formou o* SENHOR *Deus ao homem do pó da terra...* Deus, como o divino oleiro, põe a mão no pó para criar o homem e se deleita em Sua obra prima. Há na língua hebraica uma estreita relação entre *Adão* [*adam*] e *pó da terra* [*adama*]. Esse jogo de palavras mostra a estreita relação do homem com o solo, sua infância, seu lar, sua sepultura (2.5,15; 3.19).[10]

Bräumer destaca o fato de o homem ter sido formado do pó da terra:

> Enquanto o ser humano for apenas uma figura feita do pó da terra, ele está morto, é um cadáver. Os mortos são iguais ao pó, eles moram no pó. Os mortos são aqueles que estão deitados no

pó, adormecidos. Somente o fôlego da vida que Deus soprou nas narinas do ser humano transforma o cadáver em um ser vivo. O ser humano, portanto, existe de duas formas, como cadáver e como ser vivo. Somente o fôlego divino da vida que se une ao material faz do ser humano um ser vivo, tanto no aspecto físico quanto psíquico. Esta vida provém diretamente de Deus.[11]

O homem, como os animais, foi feito do pó da terra (1.24,25); ele foi feito do pó, é pó e voltará ao pó. Porque é pó e voltará ao pó, o homem não é o que é, mas o que foi e o que há de ser. Só Deus pode dizer "Eu sou o que sou". A origem do primeiro Adão é terrena. O apóstolo Paulo chama Adão de *o terreno* (1Co 15.48). Assim diz a Escritura: *O primeiro homem, formado da terra, é terreno...* (1Co 15.47). Na esteira de Adão, todos somos terrenos, pois diz a Escritura: *Como foi o primeiro homem, o terreno, tais são também os demais homens terrenos...* (1Co 15.48).

Em segundo lugar, *a parte espiritual do homem* (2.7b). [...] *e lhe soprou nas narinas o fôlego de vida, e o homem passou a ser alma vivente.* Como vida só pode proceder de vida, o Deus vivo deu vida ao homem. Nenhuma criatura de Deus recebeu, particularmente, o Seu sopro, e foi justamente esse sopro divino fez do homem um ser distinto das demais criaturas, uma vez que comunicou ao homem sua singularidade espiritual, como um ser criado à imagem e semelhança de Deus. Sendo assim, podemos dizer que o homem não é apenas um ser vivo, mas um ser espiritual, que pode relacionar-se com o Criador.

Deus planta o jardim do Éden para o homem (2.8-14)

Deus não apenas cria o homem, mas prepara-lhe uma casa de morada. Adão vai ser inquilino do Criador, vai morar num jardim, engrinaldado de árvores agradáveis aos olhos e boas para alimento. O profeta Ezequiel descreve o jardim do Éden como o parque de Deus, enfeitado com pedras preciosas (Ez 28.13). O papel de Adão é cultivar e guardar esse jardim (2.15), e sua missão é usufruir do que Deus lhe dá (2.16) e não comer o que Deus proíbe (2.17).

Vejamos alguns pontos importantes:

Em primeiro lugar, *o local do jardim* (2.8). *E plantou o SENHOR Deus um jardim no Éden, na direção do Oriente, e pôs nele o homem que havia formado.* Deus foi o primeiro jardineiro da história, pois, antes de o homem lavrar a terra, Deus plantou um jardim. O Éden era a região onde estava o jardim, e o que sabemos sobre a localização do jardim é que ficava *na direção do Oriente*, ou seja, uma paisagem a leste da Palestina. É impossível, porém, determinar a localização geográfica do Éden, mas ali naquele jardim Deus colocou o homem como Seu inquilino. A palavra *jardim* é a tradução da palavra hebraica *gan,* que designa lugar fechado ou um pedaço de terra delimitado. A *Septuaginta* traduziu o hebraico por "paraíso", termo persa que significa "parque". Éden não é traduzido, mas transliterado para nosso idioma. Basicamente, significa "prazer ou delícia", e parece indicar uma região entre os rios Tigre e Eufrates.[12]

Em segundo lugar, *a provisão no jardim* (2.9a). *Do solo fez o SENHOR Deus brotar toda sorte de árvores agradáveis à vista e boas para alimento...* O jardim tinha árvores encantadoras e também frutíferas. O cenário era de uma beleza singular, porque o arvoredo agradava aos olhos e também ao paladar. Bruce Waltke diz que a vida no jardim é representada como uma mesa de um banquete.[13] As águas cristalinas que jorravam dos quatro braços do rio traziam frescor ao ambiente edílico, enquanto ouro e pedras preciosas enfeitavam aquele paraíso na terra.

Em terceiro lugar, *as duas árvores no meio do jardim* (2.9b). [...] *e também a árvore da vida no meio do jardim e a árvore do conhecimento do bem e do mal*. É digno de nota que essas duas árvores não estavam num recanto do jardim, mas em seu meio, e deviam ser observadas constantemente. Eram um *outdoor* de Deus para Adão (2.9,17; 3.3,22,24). Os frutos da árvore da vida conferiam imortalidade (3.22), enquanto os frutos da outra árvore conferiam um conhecimento experimental do bem e do mal, mas também causavam a morte (2.17). A árvore da vida era a fonte da vida,[14] da qual o homem, depois que pecou, teve de ser separado (3.22-24). Essa árvore é apresentada como o dom supremo para o crente fiel (Ap 2.7) e como símbolo da vida eterna (Ap 22.2,14).[15] Bruce Waltke interpreta corretamente quando diz que, em Provérbios, a expressão *árvore de vida* é usada como uma referência a tudo que cura, fortalece e celebra a vida: justiça (Pv 11.30); anseio satisfeito (Pv 13.12) e uma língua que traz cura (Pv 15.4). Adão e Eva, entretanto, escolheram comer da árvore que Deus havia proibido, mostrando que, infelizmente, a busca da humanidade é por poder, não por vida.[16]

James Montgomery Boice tem razão em dizer que o homem poderia dar alguma desculpa para sua queda se tivesse sido criado imperfeito e colocado num lugar imperfeito, mas ele foi criado perfeito (2.7) e colocado num lugar perfeito (2.8-16). Não obstante, ele pecou indesculpavelmente (2.17; 3.6-8).[17] Adauto Lourenço ainda corrobora dizendo que não houve um ser humano, nascido de pai e mãe, tão perfeito quanto Adão, tendo em vista que ele era perfeito física, intelectual, moral e espiritualmente.[18]

Em quarto lugar, *o rio do jardim com quatro braços* (2.10-14). O jardim não tinha quatro rios, mas um rio com quatro braços: *E saía um rio do Éden para regar o jardim e dali se dividia, repartindo-se em quatro braços*. Ao sair do jardim, o rio se divide em quatro braços. Esses afluentes são chamados de Pisom (2.10-12), Giom (2.13), Tigre (2.14a) e Eufrates (2.14b). O rio Pisom rodeava a terra de Havilá, onde havia ouro bom e ainda bdélio e a pedra de ônix. Bräumer sugere que o número quatro expressa que os rios, alimentados pela corrente do paraíso, irrigam todo o mundo fora do paraíso. Os quatro rios, dos quais depende a irrigação da terra fora do jardim, formam dois pares, sendo que dois deles são conhecidos no Antigo Testamento, ao passo que o nome dos outros dois não aparece em nenhum outro lugar.[19]

Deus constitui o homem como mordomo (2.15)

O trabalho é dom de Deus, e não castigo pelo pecado;[20] na verdade, é uma ordenança divina antes da queda e depois da glorificação. Vejamos: *Tomou, pois, o SENHOR Deus ao homem e o colocou no jardim do Éden para o cultivar e o guardar* (2.15). Bräumer diz que os verbos *cultivar* e *guardar* abrangem todo tipo de atividade humana.[21] Adão era um inquilino de Deus e também um mordomo, portanto, devia cultivar o jardim, como um agricultor, e guardar o jardim, como um vigilante.

Deus dá ao homem uma ordem (2.16)

A ordem de Deus a Adão é clara: *E o SENHOR Deus lhe deu esta ordem: De toda árvore do jardim comerás livremente* (2.16). Adão tinha abundante provisão e podia usufruir de toda a fartura daquele jardim-pomar, uma vez que nenhuma restrição lhe havia sido feita, exceto ao fruto da árvore do conhecimento do bem e do mal (2.17). Por que cobiçar o fruto proibido se a beleza, o sabor e a fartura do permitido estavam à sua plena disposição?

Derek Kidner diz que o novato Adão é abrigado, mas não sufocado: por todos os lados, descobertas e encontros o esperam para lhe desenvolver as faculdades do discernimento e escolha, e há amplos meios de satisfação (2.9) dos seus apetites estéticos, físicos e espirituais; além disso, há um trabalho próprio para o ser humano à espera dele, para o corpo (2.15) e para a mente (2.19).[22]

Deus dá ao homem uma proibição (2.17)

A proibição divina é categórica: *Mas da árvore do conhecimento do bem e do mal não comerás...* (2.17a). Deus não abriu brechas para discussão dessa matéria nem negociou qualquer exceção, ou seja, a ordem era clara e peremptória. Deus põe um limite para Adão: é até aqui e nenhum um centímetro mais. A ênfase do texto recai mais na proibição divina do que nas propriedades da árvore. É inútil perguntar quais poderiam ser as propriedades da árvore; esse foi o erro de Eva, que desobedeceu ao Criador e desafiou a Sua ordem. Concordo com Bruce Waltke quando diz que o pecado consiste num alcance ilícito de incredulidade, uma afirmação da autonomia humana de conhecer a moralidade à parte de Deus. A criatura deve viver pela fé na Palavra de Deus, não por uma autossuficiência professa de conhecimento.[23]

Bräumer tem razão em dizer que a árvore da vida só se torna significativa para o ser humano no momento em que a árvore do conhecimento do bem e do mal se torna "árvore da morte" para ele, visto que, depois que o homem pecou, não teve mais acesso à arvore da vida.[24]

Deu faz ao homem uma advertência (2. 17b)

Foi dada a Adão uma ordem divina de dois gumes pela qual viver, *comerás livremente,* ou morrer, *no dia que dela comeres, certamente morrerás* (2.16,17). Fica claro, portanto, que o mesmo Deus que dá a ordem também faz a advertência: *... porque, no dia em que dela comeres, certamente morrerás* (2.17b). O veredito para a desobediência é a pena de morte.

Contudo, de que tipo de morte Deus está falando? Da morte espiritual, física e eterna! Transgredir a lei de Deus é pecado (1Jo 3.4), e o salário do pecado é a morte (Rm 6.23). Agostinho de Hipona deixa esse ponto claro:

> Se [...] perguntar com qual tipo de morte Deus ameaçou o homem [...], se [...] foi a morte física ou a espiritual, ou aquela segunda morte, responderemos: Foi com todos [...]. Abrange não somente a primeira parte da primeira morte, onde quer que a alma perca a Deus, nem somente a última, em que a alma deixa o corpo [...], mas também [...] a segunda morte, que é a última de todas, a morte eterna.[25]

Derek Kidner diz que a trasladação de Enoque *para não ver a morte* (Hb 11.5) talvez ilustre o que Deus tinha preparado para o homem caso não tivesse pecado.[26]

Notas

[1] BRÄUMER, Hansjörg. *Gênesis*, vol. 1, 2016, p. 55-56.
[2] KIDNER, Derek. *Gênesis: introdução e comentário*, 2006, p. 55.
[3] BRÄUMER, Hansjörg. *Gênesis*, vol. 1, 2016, p. 55.
[4] Ibidem, p. 55-56.
[5] MORRIS, Henry M. *The Genesis Record*, 2006, p. 83.
[6] WALTKE, Bruce K. *Gênesis*, 2010, p. 99.
[7] BRÄUMER, Hansjörg. *Gênesis*, vol. 1, 2016, p. 57.
[8] KIDNER, Derek. *Gênesis: introdução e comentário*, 2006, p. 56.
[9] BOICE, James Montgomery. *Genesis*, vol. 1, 1998, p. 116-118.
[10] WALTKE, Bruce K. *Gênesis*, 2010, p. 100.
[11] BRÄUMER, Hansjörg. *Gênesis*, vol. 1, 2016, p. 58.
[12] LIVINGSTON, George H. *O livro de Gênesis*, in: *Comentário bíblico Beacon*, vol. 1, 2015, p. 36-37.
[13] WALTKE, Bruce K. *Gênesis*, 2010, p. 101.
[14] Sobre a árvore da vida, veja Provérbios 3.18; 11.30; 13.12; 15.4.
[15] LIVINGSTON, George H. *O livro de Gênesis*. In: *Comentário bíblico Beacon*, vol. 1, 2015, p. 37.
[16] WALTKE, Bruce K. *Gênesis*, 2010, p. 101.
[17] BOICE, James Montgomery. *Genesis*, vol. 1, 1998, p. 125.
[18] LOURENÇO, Adauto. *Gênesis 1 & 2*, 2011, p. 197.
[19] BRÄUMER, Hansjörg. *Gênesis*, vol. 1, 2016, p. 60.
[20] WALTKE, Bruce K. *Gênesis*, 2010, p. 103.
[21] BRÄUMER, Hansjörg. *Gênesis*, vol. 1, 2016, p. 61.
[22] KIDNER, Derek. *Gênesis: introdução e comentário*, 2006, p. 57.
[23] WALTKE, Bruce K. *Gênesis*, 2010, p. 103.
[24] BRÄUMER, Hansjörg. *Gênesis*, vol. 1, 2016, p. 62.
[25] AGOSTINHO, *The City of God*. XIII,xii.Vol. 2. Dent, Everyman Edition, p. 9.
[26] KIDNER, Derek. *Gênesis: introdução e comentário*, 2006, p. 61.

Capítulo 4

A criação da mulher e a instituição do casamento
(Gn 2.18-25)

O CAPÍTULO 2 DE GÊNESIS registra os detalhes e os propósitos da criação do homem e da mulher. Já consideramos a criação do homem (2.7-17). Agora, veremos a criação da mulher (2.18-25). Embora Deus tenha criado o homem e a mulher à Sua imagem e semelhança no sexto dia (1.26,27), não os criou no mesmo instante nem da mesma forma (2.7,18).

O Novo Testamento está alinhado com essa informação de que o homem foi criado primeiro e depois a mulher. O apóstolo Paulo escreve: *Porque o homem não foi feito da mulher, e sim a mulher, do homem. Porque também o homem não foi criado por causa da mulher, e sim a mulher, por causa do homem* (1Co 11.8,9).

E ainda: *Porque, primeiro, foi formado Adão, depois, Eva* (1Tm 2.13).

Entre o homem e a mulher há diferença de papéis, mas não de dignidade e valor. Ambos foram criados à imagem e semelhança de Deus. Ambos receberam o mandato cultural de Deus. Ambos foram culpados de desobedecer ao mandamento de Deus. Ambos são objetos da graça salvadora.

Veremos agora a criação da mulher e a instituição do casamento, analisando o texto apresentado e tirando dele oito lições:

O casamento é o remédio divino para a solidão do homem (2.18a)

Está escrito: *Disse mais o SENHOR Deus: Não é bom que o homem esteja só...* (2.18a). Quando Deus deu nota máxima à Sua criação, a mulher já havia sido criada (1.31). Como o homem foi feito primeiro, recebeu de Deus a incumbência de dar nome aos animais e cultivar e guardar o Éden. Ele não encontrou nenhum animal capaz de corresponder a ele física, emocional e espiritualmente, pois tinha sido criado perfeito, pelo Deus perfeito, colocado por Deus num lugar perfeito e tendo com Deus perfeita comunhão. Inobstante, Deus viu que não era bom que o homem permanecesse só, e, então, cria a mulher e institui o casamento para ser uma fonte de prazer e felicidade. Sendo assim, podemos dizer que o casamento foi idealizado por Deus para ser a antessala do céu, não o porão do inferno.

O casamento é um presente de Deus, não uma iniciativa humana (2.18b)

O casamento não nasceu no coração do homem, mas no coração de Deus, portanto, não é instituição humana, mas

A criação da mulher e a instituição do casamento

divina, pois não foi o homem que viu a necessidade do casamento, e sim Deus.

Deus fez o homem à Sua imagem e semelhança (1.26). Fê-lo macho e fêmea, masculino e feminino, homem e mulher (1.27), e os fez em momentos diferentes, de formas diferentes, com papéis diferentes. Deus criou a mulher para o homem: [...] *far-lhe-ei uma auxiliadora que lhe seja idônea* (2.18b). A mulher é uma dádiva do amor de Deus ao homem, é a coroação de toda a criação, pois das criaturas de Deus encheu os olhos do homem nem serviu para ele de auxiliadora idônea, pois esta teria de ser aquela que olha nos olhos, uma coigual.

Concordo com Derek Kidner quando diz que os sexos são complementares, e isso fica claro pelas expressões empregadas *far-lhe-ei uma auxiliadora que lhe seja idônea* (2.18,20), ou seja, adequada a ele.

A palavra hebraica empregada aqui para *auxiliadora* é *ezer*, que significa "apoio", "ajuda", "aquele que ajuda" no sentido mais amplo. A palavra hebraica "auxílio" pode ser derivada de uma raiz que significa "ser forte".[1] Essa é a mesma palavra que aparece no Salmo 121.1,2 para falar do socorro divino: *Elevo os olhos para os montes: de onde me virá o socorro? O meu socorro vem do* SENHOR, *que fez o céu e a terra.*

O casamento é uma relação de dois seres que se correspondem física, emocional e espiritualmente (2.19,20)

Deus trouxe a Adão todos os animais do campo e todas as aves do céu para que este lhes desse nomes apropriados (2.19). Adão, dotado de inteligência descomunal, deu nome a todos os animais domésticos, às aves dos céus e a todos os animais selváticos, contudo, não encontrou nessa vasta quantidade de criaturas nenhuma que pudesse ser sua auxiliadora idônea (2.20). Os animais podem servir ao homem, mas não corresponder com ele à altura, e nem mesmo os animais de estimação não podem desenvolver com o homem uma relação suficiente para olhar em seus olhos e atendê-lo física, emocional e espiritualmente.

Bräumer, nessa mesma linha de pensamento, diz que ver e nomear todos os animais despertou em Adão o anseio por um ser que o completasse e lhe correspondesse. A dádiva dos animais trazia ajuda para o ser humano, mas não acabava com sua real solidão, visto que animal nunca poderá se tornar para o ser humano uma ajuda que vá além do meramente funcional.[2]

Mas por que Deus ordenou Adão a dar nome aos animais antes de criar a mulher? Para que ele pudesse apreciar e valorizar ainda mais a mulher. Como diz James Montgomery Boice, "Adão precisava compreender que a mulher foi feita para o homem; ela foi feita do homem; ela foi dada ao homem; e o nome dela foi dado pelo homem".[3]

O casamento é uma cooperação, não uma competição (2.18b, 20b)

Deus fez para o homem uma auxiliadora idônea, uma vez que entre todos os animais selváticos, domésticos e aves dos céus nenhuma criatura foi encontrada com essas peculiaridades. A mulher não foi criada para competir com o homem, mas para cooperar com ele, não para estar acima ou abaixo dele, mas para olhar em seus olhos, como sua coigual. Em resumo, a mulher foi criada por Deus, do homem, para o homem.

O casamento é uma parceria, na qual não existe superioridade nem inferioridade (2.21,22)

Vamos examinar alguns pontos importantes:

Em primeiro lugar, *Deus fez o homem dormir profundamente* (2.21a). *Então, o* SENHOR *Deus fez cair pesado sono sobre o homem, e este adormeceu.* O homem estava totalmente passivo quando Deus transformou uma de suas costelas numa mulher. Nas palavras de Bräumer, "o ser humano precisa adormecer profundamente antes de Deus agir. Esse sono profundo do ser humano assemelha-se à morte".[4] O primeiro Adão precisou "morrer" para Deus lhe dar uma noiva; o segundo Adão, Jesus Cristo, morreu literalmente para salvar a sua noiva.

A mulher é um presente de Deus para o homem, um presente tirado do próprio homem. Adauto Lourenço diz que esse texto é muito rico em detalhes científicos. Por que Deus fez Adão cair em um profundo sono? Porque ele seria operado, para a remoção de uma de suas costelas. O método que usamos hoje é a anestesia geral, pois a anestesia faz que o paciente caia em sono profundo, bloqueando temporariamente o seu sistema sensorial.[5]

Em segundo lugar, *Deus tomou uma das costelas do homem* (2.21b). [...] *tomou uma das suas costelas...* O Deus criador é também o primeiro cirurgião da história, e, depois de aplicar "uma anestesia geral" em Adão, ele faz uma obra singular, uma vez que só ele é capaz de transformar uma costela numa mulher. Por que Deus escolheu esse tipo de material e não outro? É que encontramos no sistema ósseo humano a medula óssea, também conhecida como tutano; esse tecido de aparência gelatinosa é uma fábrica de elementos relacionados com o sangue, como as hemácias (glóbulos vermelhos), os leucócitos (glóbulos brancos) e os trombócitos (plaquetas). A medula óssea vermelha, encontrada nas costelas, contém células-tronco, que constituem o material fundamental para o processo da clonagem humana. Como o objetivo principal do Senhor Deus era trazer à existência outro ser vivo semelhante a Adão, ele usou as células-tronco encontradas na medula óssea vermelha da costela removida de Adão para fazer o primeiro clone humano: Eva.[6]

Em terceiro lugar, *Deus fechou o lugar da costela removida com carne* (2.21c). [...] *e fechou o lugar com carne*. Cirurgias de reconstrução e correção, conhecidas como cirurgias, plásticas, usam esse mesmo método; ou seja, usa-se, nessas cirurgias, o procedimento de autotransplantação, em que tecidos, órgãos e proteínas de uma parte do corpo são transplantados em outra parte.[7]

Em terceiro lugar, *Deus transformou a costela do homem numa mulher* (2.22a). O processo de clonagem propriamente dito é a produção de um novo indivíduo criado do material genético de um doador. Adão foi o doador, e Eva foi o novo ser vivo clonado. Deus transformou o material genético masculino em material genético feminino.[8] Se Deus tivesse apenas clonado, mas não alterado o material genético de Adão, então no jardim do Éden estariam apenas Adão e Ivo, em vez de Adão e Eva, o que tornaria impossível que a ordem de Deus fosse cumprida: [...] *Sede fecundos, multiplicai-vos, enchei a terra...* (1.28).[9]

É digno de nota que Deus não tirou a mulher da cabeça do homem, para governá-lo; nem dos seus pés, para ser por ele subjugada. Deus tirou a mulher de uma de suas costelas, para estar ao seu lado; debaixo do braço, para ser por ele amparada; e bem perto do coração, para ser o centro de seus afetos. Resta claro afirmar que nenhum homem é feliz escravizando sua mulher, nem pode ser feliz sendo subjugado por ela.

Em quarto lugar, *Deus trouxe a mulher ao homem* (2.22b). A primeira cerimônia de casamento acontece no Éden, tendo Deus como o ministro celebrante. Além disso, é o próprio Deus leva a mulher ao homem, como um pai que conduz a noiva ao altar.[10] James Montgomery Boice diz que, quando Deus trouxe a primeira mulher ao primeiro homem, Ele estabeleceu o casamento como a primeira e mais básica de todas as instituições humanas.[11]

O casamento é o palco de declarações efusivas de amor (2.23)

O homem, que havia batizado cada animal com nome apropriado, agora fica extasiado diante do presente que recebe de Deus, a mulher, e desabotoa a alma para fazer a primeira declaração de amor da história: *Esta, afinal, é osso dos meus ossos e carne da minha carne; chamar-se-á varoa, porquanto do varão foi tomada* (2.23). Desse versículo decorrem duas lições:

Em primeiro lugar, *uma declaração* (2.23a). O apóstolo Paulo escreveu que *a mulher é glória do homem* (1Co 11.7). Se o homem é o cabeça (1Co 11.1-16; Ef 5.22-33), então a mulher é a coroa que a enobrece.[12] Encontramos nesse versículo a primeira declaração de amor de um homem para uma mulher na história. Quando Adão viu sua noiva, bela e encantadora, saída das mãos do divino Artífice, ele prorrompeu com brados de alegria; afinal, Deus lhe trazia o mais belo, o mais precioso e o mais caro presente. Eva era a delícia de seus olhos. A Bíblia diz que *o que acha uma esposa acha o bem e alcançou a benevolência do* SENHOR

(Pv 18.22). O romantismo precisa ser cultivado, o elogio precisa ser pessoal e direto, e o amor precisa ser constantemente reafirmado.

Em segundo lugar, *uma definição* (2.23b). Porque Eva foi tirada de Adão e para Adão, ele a chamou de varoa. Assim, os dois pertencerão um ao outro e servirão um ao outro em amor.[13]

O casamento precisa ter valores bem definidos (2.24b,25)

Deus institui o casamento e estabelece princípios para governá-lo, e vale ressaltar que o insucesso de muitos casamentos ocorre sempre que esses princípios são desobedecidos. James Montgomery Boice diz que os casamentos têm sido atacados em quatro áreas: o hedonismo de nossa geração, a ampla aceitação do adultério, o incentivo e a facilidade do divórcio, e a legalização do aborto.[14]

Concordo com Warren Wiersbe quando diz que não importa o que os tribunais decretem ou a sociedade permita; quando se trata de casamento, Deus tem a primeira e terá a última palavra (Hb 13.4; Ap 22.15).[15] O casamento é a escola do caráter, a principal academia da vida, onde nosso caráter é forjado, além de ser a mais eloquente ilustração do relacionamento entre Cristo e a igreja (Ef 5.22-33).

Destacaremos aqui cinco valores bem definidos do casamento, conforme instituído por Deus:

Em primeiro lugar, *quanto à sua prioridade, o casamento exige deixar pai e mãe antes da união entre marido e mulher* (2.24). *Por isso, o homem deixa pai e mãe e se une à sua mulher...* Um casamento só é possível quando homem e mulher saem da sua antiga família para se tornarem totalmente livres um para o outro. É tarefa dos pais liberar os filhos para o casamento, e é tarefa do homem e da mulher deixar pai e mãe para se unirem um ao outro.[16]

Em segundo lugar, *quanto à sua natureza, o casamento é heterossexual* (2.24). O homem deixa pai e mãe para se unir à sua mulher, não a outro homem. O casamento é a união de um homem com uma mulher, de um macho com uma fêmea. Diante disso, concluímos que a relação homoafetiva é antinatural, um erro e um sinal de decadência.

Em terceiro lugar, *quanto à sua composição, o casamento é monogâmico* (2.24). O homem deixa pai e mãe para uma relação exclusiva. A poligamia é uma distorção do casamento e traz resultados dolorosos para os filhos. Nesse sentido, tanto a poliginia (um homem ter várias mulheres) como a poliandria (uma mulher ter vários homens) está em desacordo com a Palavra de Deus.

Em quarto lugar, *quanto à sua intimidade, o casamento é monossomático* (2.24). [...] *tornando-se os dois uma só carne*. Deus legitima a intimidade sexual entre marido e mulher. O sexo é bom, puro, santo e deleitoso, mas, quando praticado antes do casamento, é fornicação, e, quando feito fora do casamento, é adultério. Contudo, o sexo no casamento é ordenança divina. Como dissemos, fazer sexo antes e fora do casamento é pecado, mas não ter relações sexuais no casamento também é pecado, pois é uma desobediência a uma ordenança divina: *Não vos priveis um ao outro...* (1Co 7.5). É importante dizer que marido e mulher são uma só carne, mas não são um só espírito, pois, se assim fosse, nem a morte poderia separá-los. O casamento é uma bênção, mas apenas para esta vida, não para a vida depois desta (Rm 7.2), tendo em vista que no céu nem se casa, nem se dá em casamento (Mt 22.30).

Em quinto lugar, *quanto à sua transparência, o casamento é despojado* (2.25). O casamento é o lugar de se desnudar emocional e fisicamente. Derek Kidner diz que, no padrão dado por Deus, havia um perfeito bem-estar entre eles, pois no fruto do perfeito amor não havia mescla de avidez, desconfiança ou desonra, que seria um acidente provocado pela queda.[17]

NOTAS

[1] BRÄUMER, Hansjörg. *Gênesis*, vol. 1, 2016, p. 64.
[2] Ibidem, p. 65.
[3] BOICE, James Montgomery. *Genesis*, vol. 1, 1998, p. 130.
[4] BRÄUMER, Hansjörg. *Gênesis*, vol. 1, 2016, p. 66.
[5] LOURENÇO, Adauto. *Gênesis 1 & 2*, 2011, p. 191.
[6] Ibidem, p. 191-192.
[7] Ibidem, p. 192.
[8] Ibidem, p. 192-193.
[9] Ibidem, p. 194.
[10] BRÄUMER, Hansjörg. *Gênesis*, vol. 1, 2016, p. 67.
[11] BOICE, James Montgomery. *Genesis*, vol. 1, 1998, p. 136.
[12] WIERSBE, Warren W. *Comentário bíblico expositivo*, vol. 1, 2006, p. 25.
[13] Ibidem, p. 26.
[14] BOICE, James Montgomery. *Genesis*, vol. 1, 1998, p. 137-138.
[15] WIERSBE, Warren W. *Comentário bíblico expositivo*, vol. 1, 2006, p. 25.
[16] BRÄUMER, Hansjörg. *Gênesis*, vol. 1, 2016, p. 67-68.
[17] KIDNER, Derek. *Gênesis: introdução e comentário*, 2006, p. 62.

Capítulo 5

A maior tragédia da história
(Gn 3.1-24)

ANTES DE ENTRARMOS NA EXPOSIÇÃO dessa passagem, precisamos pontuar algumas coisas.

Primeiro, precisamos definir se o texto é literal ou metafórico. Teólogos liberais dizem que Adão e Eva não existiram e que esse texto é apenas metafórico. Mas, se Adão e Eva não existiram, então não houve queda, e, se não houve queda, então o homem não é pecador. Se o homem não é pecador, então ele não precisa do Salvador, e, senão precisa do Salvador, então Cristo veio ao mundo e morreu em vão.

Se esse texto não é literal, então as Escrituras dão um falso testemunho da criação. Adão aparece na genealogia de Jesus como um personagem histórico (Lc 3.38), e Jesus fala sobre casamento e divórcio mencionando a união de Adão e Eva (Mt 19.3-6). O apóstolo Paulo fala de Adão como o homem mediante o qual o pecado entrou no mundo (Rm 5.12,18,19; 1Co 15.21,22) e se refere a ele como *o primeiro homem* (1Co 15.45). É evidente que não podemos negar a historicidade desse texto sem jogar por terra toda a Bíblia. Ficamos com as Escrituras, que não podem falhar (Jo 10.35). [...] *Seja Deus verdadeiro, e mentiroso, todo homem...* (Rm 3.4).

Segundo, precisamos compreender que a queda no mundo angelical ocorreu depois da criação do homem e da mulher, uma vez que Deus avaliou toda a criação e deu nota máxima (1.31), e não antes desse episódio. Quanto tempo durou entre a conclusão da criação de Deus e a queda dos anjos, a Palavra de Deus não revela.

Terceiro, precisamos entender que o pecado original trouxe um rompimento profundo nas relações do homem, uma vez que afetou sua relação com Deus, com o próximo, consigo mesmo e com a natureza. O homem é um ser fragmentado, ambíguo e contraditório. Há uma esquizofrenia existencial instalada em seu peito, por isso ele é arrastado para direções opostas e acaba fazendo o que detesta e deixando de fazer o que deseja.

O profeta Isaías viu o pecado como uma doença (Is 1.5), uma doença endêmica, epidêmica e pandêmica que atingiu toda a raça humana. Todos fomos concebidos e nascemos em pecado (Sl 51.5); além disso, pecamos por palavras, obras, omissões e pensamentos. O pecado é uma força desagregadora, uma doença mortal, por isso podemos dizer que a queda não foi apenas um pequeno acidente; foi a maior tragédia na história da humanidade, e dessa tragédia decorrem todas as outras. O pecado não é apenas um pequeno e leve deslize, mas uma queda desastrosa; também não é inofensivo; ele é extremamente maligno e mortífero.

O pecado é absolutamente desagregador, e, ele chega, destrói a comunhão e faz os relacionamentos adoecerem. Isso pode ser constatado pelos seguintes motivos:

Em primeiro lugar, *o pecado separa o homem de Deus* (3.8-10). Quando Adão comeu o fruto proibido, imediatamente sentiu medo de Deus e fugiu da sua presença. O pecado ergueu uma muralha entre o homem e Deus, e, pelo fato de Deus ser a essência da vida, o rompimento da comunhão com Ele lançou o homem num estado de morte espiritual, fazendo com que este se tornasse cego, surdo, endurecido e morto espiritualmente. O pecado faz separação entre nós e Deus (Is 59.2), e essa separação não é apenas uma questão de distância, mas de rebeldia. Em outras palavras, o homem não está apenas separado de Deus; ele é rebelde contra Deus, e a inclinação da sua carne é inimizade contra Deus (Rm 8.7).

Em segundo lugar, *o pecado separa o homem do próximo* (3.12,13). O pecado não apenas separou Adão de Deus, mas também abriu uma fenda em sua relação com Eva. Começou ali no Éden a primeira crise conjugal, uma vez que Adão culpou Eva por sua queda. Em vez de assumir sua responsabilidade de cabeça federal da raça e líder do seu lar, ele buscou os atalhos da racionalização e da transferência da culpa. Com isso, podemos concluir que o pecado produz conflitos conjugais, ciúmes, inveja, ódio, amargura, frieza e acusações. No próprio livro de Gênesis, o livro das origens, vemos o conflito entre Adão e Eva, entre Caim e Abel, entre os pastores de Abraão e os pastores de Ló, entre

Sara e Agar, entre Ismael e Isaque e entre os irmãos de José e o jovem sonhador. A história da humanidade é a história das guerras.

Em terceiro lugar, *o pecado separa o homem de si mesmo* (3.7). O pecado trouxe uma fissura existencial dentro do homem, e, no pacote do pecado, vieram o sentimento de culpa, o complexo de inferioridade, os traumas, o medo e as racionalizações. O ser humano é uma guerra civil ambulante, e o maior inimigo do homem é o seu próprio coração enganoso. O pecado fez do homem um ser paradoxal, contraditório e ambíguo, e é considerado uma cunha que rasgou o homem ao meio. Sendo assim, podemos dizer que o nosso maior inimigo é aquele que vemos quando olhamos no espelho.

Em quarto lugar, *o pecado separa o homem da natureza* (3.17,18). Deus criou o homem para ser o mordomo da criação e colocou nas mãos dele o cetro de gestor da criação e a batuta de regente dessa majestosa orquestra. Portanto, o homem deveria governar sobre as aves dos céus, sobre os animais da terra e os peixes do mar, todavia, o pecado trouxe danos não apenas ao homem, mas também à natureza, tendo em vista que, por causa do pecado, a natureza foi exposta à escravidão e está gemendo (Rm 8.20-22). A terra foi amaldiçoada por causa do pecado do homem e passou a produzir espinhos, cardos e abrolhos, tornando-se, assim, inimiga do homem. Sendo o gestor da criação, o homem, rendido ao pecado, depreda a natureza ou se curva diante dela para adorá-la.

O homem, mesmo bafejado pelos ventos do progresso, está destruindo seu *habitat*. Estamos depredando a casa onde moramos e acabando com o nosso ecossistema. Despejamos enxurradas de dióxido de carbono no ar todos os dias, nossos rios estão se transformando em esgotos a céu aberto e nossas fontes estão secando, nossas matas estão sendo devastadas e nossos prados estão se transformando em desertos. Resumindo, há uma espécie de desequilíbrio na natureza, e o resultado é que vivemos o drama do aquecimento global; como resultado, multiplicam-se as enchentes, as secas severas, os maremotos e os terremotos. A natureza está gemendo com dores de parto e aguarda ansiosamente o dia da sua redenção desse amargo cativeiro (Rm 8.23).

Feitas estas considerações preliminares, é hora de entrarmos na exposição de Gênesis 3.1-24. George Livingston diz que podemos ver nessa passagem: ilusão (v. 1-5), violação (v. 6-8), intimação (v. 9-13), sentença (v. 14-19) e expulsão (v. 20-24).[1] Vamos, então, à exposição do texto:

Os degraus da queda (3.1-6)

Chamo sua atenção para cinco fatos ocorridos na queda dos nossos pais.

Em primeiro lugar, *nossos pais caíram em pecado quando abriram sua agenda para ouvir o diabo* (Gn 3.1). A primeira arma que o diabo usou foi o disfarce. Ele apareceu a Eva na figura de uma serpente. A serpente, criatura de Deus, torna-se ferramenta do diabo.[2] No Novo Testamento, Jesus relaciona a serpente ao diabo (Jo 8.44), como também o fazem Paulo (Rm 16.20; 2Co 11.3; 1Tm 2.14) e João (Ap 12.9; 20.2). Certamente, a serpente não era o réptil repugnante que é hoje.

O diabo foi conversar com Eva de forma disfarçada, ou seja, ele não mostrou logo a sua cara; ele não botou logo as unhas de fora. Pelo contrário, o diabo, que se transfigura até em anjo de luz, chegou de mansinho com sagacidade. Ele é especialista na arte de seduzir, e, claro, não se aproxima com tridente na mão, cuspindo fogo, fedendo a enxofre. Sua voz é mansa, aveludada e melíflua, e sua abordagem é jeitosa e cativante. Ele chega de forma inofensiva; vem como um lobo, mas vestido com pele de ovelha. Abrir a agenda para entabular uma conversa com o diabo é o começo de uma grande tragédia, pois dar brecha a ele é como abrir-lhe uma larga porta; e, acredite, ele sabe aproveitar essas oportunidades.

O pecado é como o rio Amazonas. Na sua cabeceira, é pequeno o volume de água, a ponto de uma criança poder nadar; sim, o maior rio do mundo em volume de água pode ser atravessado a nado em sua cabeceira. Contudo, com os seus vários afluentes, o Amazonas torna-se um rio imenso, e nenhum nadador profissional ousaria atravessá-lo. Assim é o pecado: ele começa pequeno e depois torna-se um gigante. Ele parece no começo um fiapo de linha podre, mas depois torna-se em grossas correntes que prendem. O veneno que o diabo destila parece doce ao paladar, mas mata; tem um cheiro atraente e cativa logo o desejo, mas destrói. Eva jamais poderia imaginar que aquela simples e amistosa conversa com a serpente pudesse desembocar na maior tragédia da humanidade. Ela subestimou o poder do tentador ao abrir sua agenda para ele.

Em segundo lugar, *nossos pais caíram em pecado quando abriram sua mente para acolher dúvidas sobre a Palavra de Deus* (Gn 3.1,2). Derek Kidner diz que o tentador começa primeiro com sugestão e depois com argumento. Seu tom é de incredulidade, e ele impingir a falsa ideia de que a Palavra de Deus está sujeita ao nosso julgamento.[3] A pergunta do diabo vem num tom zombeteiro, com o propósito de ridicularizar a Palavra de Deus. Ele é o patrono dos hereges e também é o pior exegeta do mundo, além de ser é o paraninfo dos teólogos liberais que atacam as Escrituras como os escorpiões do deserto. O diabo tentou Eva com uma pergunta sutil: *É assim que Deus disse...?* A dúvida foi a janela por onde entrou a incredulidade, e, com essa pergunta, o diabo abriu a possibilidade de Deus não ser digno de confiança. A pergunta foi um ataque frontal à fidelidade da Palavra de Deus, e isso nos ensina que, sempre que os homens colocam em dúvida a integridade das Escrituras, estão seguindo as pegadas do próprio Maligno.

A serpente perguntou a Eva: *É assim que Deus disse: Não comereis de toda a árvore do jardim?* (3.1). Deus havia dito: *[...] De toda árvore do jardim comerás livremente, mas da árvore do conhecimento do bem e do mal não comerás; porque, no dia em que dela comeres, certamente morrerás* (2.16,17). O diabo ampliou a única proibição e reduziu as extensas permissões; ele colocou um *não* onde Deus havia dado um *sim*, invertendo a Palavra de Deus e transformando a bondade generosa de Deus em limitação cruel.

Em terceiro lugar, *nossos pais caíram em pecado quando abriram a boca para torcer a Palavra de Deus* (3.2,3). Eva, além de abrir sua agenda para dialogar com a serpente e sua mente para hospedar dúvidas acerca da Palavra de Deus, também abriu a boca para torcer a Palavra de Deus. Nas palavras de Bräumer, iniciou-se entre a mulher e a serpente uma "conversa teológica".[4] Eva respondeu: *Do fruto das árvores do jardim podemos comer, mas do fruto da árvore que está no meio do jardim, disse Deus: Dele não comereis, nem tocareis nele, para que não morrais* (3.2,3). Eva deixou de fora a palavra *livremente* e acrescentou *nem tocareis nele*, ou seja, ela não mencionou que "Deus lhe deu essa ordem". Eva falou de Deus (*Elohim*), não do Senhor Deus, *Javé Elohim*, o Senhor Deus da aliança. Por fim, ela disse: *para que não morrais*, uma possibilidade, em vez de *certamente morrerás*, um fato. Assim, ela *subtraiu* elementos da Palavra de Deus, *acrescentou* coisas à Palavra e, assim, *mudou* a Palavra de Deus.[5] Bruce Waltke diz que Eva gradualmente cede às negações e meias verdades da serpente, depreciando seus privilégios, fazendo acréscimo à proibição e minimizando a ameaça.[6]

Eva acrescentou o que Deus não havia dito e amenizou a sentença que Deus tinha dado, isto é, ela torceu a Palavra de Deus, colocando na boca de Deus o que ele não havia falado. Assentar-se aos pés do diabo para aprender a Palavra de Deus é matricular-se na escola do engano, é ter o pai da mentira como professor, é diplomar-se na universidade das heresias. A Bíblia é enfática em nos alertar que não podemos tirar nem acrescentar nada ao que está escrito (Ap 22.18,19), pois toda a Escritura é inspirada por Deus, e só a Escritura tem o selo da inspiração. O diabo usa a Bíblia para tentar, e aqueles que caem nas suas insídias a tornam mais suave ou mais severa do que de fato ela é.

Em quarto lugar, *nossos pais caíram em pecado quando abriram seus ouvidos para escutar a negação da Palavra de Deus* (3.4,5). A serpente disse a Eva: *É certo que não morrereis* (3.4). Bräumer diz que agora é a verdade de Deus contra a "verdade" da serpente, sendo que aquela está baseada em um mandamento que delimita e protege o ser humano. A "verdade" da serpente está ligada a uma promessa, a promessa da ausência de limites.[7] O diabo, que começou o diálogo com Eva tão cauteloso, agora põe as unhas de fora e nega frontalmente a Palavra de Deus, chamando Deus de mentiroso e atacando o caráter divino ao diz que Deus não é íntegro e nem sua Palavra, confiável. Como Eva já havia cedido terreno ao diabo, dando-lhe espaço em sua agenda, ela não se apercebe o risco que está correndo, mesmo ouvindo uma negação tão insolente da Palavra de Deus. Dar mais valor ao engano do diabo do que à verdade de Deus foi a causa da queda. Ainda hoje, há muitos que estadeiam sua pretensa cultura e arrotam vã sapiência, arvorando-se em juízes de Deus para negar Sua Palavra e assacar contra ela levianas acusações. Críticos insolentes, escritores blasfemos e mestres do engano ainda hoje destilam seu ceticismo e negam a Palavra de Deus para sua própria ruína e perdição. Derek Kidner destaca que a primeira doutrina a ser negada é a do juízo. Se as modernas rejeições da doutrina têm motivações diversas daquela, são igualmente antagônicas à revelação; Jesus reafirmou totalmente a doutrina (Mt 7.23-27).[8]

Em quinto lugar, *nossos pais caíram em pecado quando abriram seus olhos para ver o pecado como algo agradável* (3.6). Eva estava no lugar errado, na hora errada, conversando com a pessoa errada, e, por ter aberto as janelas da alma para as insinuações do diabo, acabou fisgada pelo tentador, caindo em sua rede. O diabo dourou a pílula e mostrou para Eva as vantagens de uma realidade que ela desconhecia e da qual fora privada; nesse sentido, o fruto proibido tornou-se belo aos seus olhos e atraente ao seu desejo. O diabo tornou o pecado encantador aos olhos de Eva, e ela viu, desejou e comeu o fruto proibido na ânsia de encontrar o que o diabo lhe havia prometido e que Deus lhe negara. A fome física, o apetite estético e a capacidade de sabedoria e poder seduziram Eva,[9] que não percebeu que o diabo é um mentiroso e que o pecado é uma fraude. Os luxuriantes jardins do outro lado do muro eram desertos causticantes, e as fontes cristalinas que o diabo havia prometido eram poços cheios de podridão. Além disso, a liberdade que ele havia divulgado era pura escravidão e a felicidade que ele havia prometido era desgraça em grau superlativo. A vida cheia de encantos que ele anunciou era morte eterna. A concupiscência dos olhos, a concupiscência da carne e a soberba da vida são as iscas apetitosas que escondem o anzol da morte (1Jo 2.15-17). Em vez de Adão e Eva passarem para um nível de existência superior, como a serpente tinha prometido, caíram a um nível inferior.[10] Derek Kidner diz que Eva deu ouvidos a uma criatura em lugar do Criador, seguiu suas impressões pessoais contra as instruções recebidas e estabeleceu para sua meta a autorrealização. Essa prospectiva de enriquecimento material, estético e mental parecia incrementar a própria vida.[11]

A frase [...] *tomou-lhe do fruto e comeu e deu também ao marido, e ele comeu* (3.6) revela que o ato tão simples trouxe um resultado imensamente penoso. Adão foi conduzido, como foi a mulher, em vez de conduzir.[12] Ele decide obedecer à sua esposa, não a Deus.[13] Bräumer acentua que o homem estava ao lado de sua mulher, observando tudo com atenção e em silêncio; quando a mulher agora lhe estende a mão com o fruto, ele também pega e come. O texto não relata qualquer luta íntima no caso do homem, ou seja, ele concorda muito mais rapidamente com o ato do que a mulher. Também não há palavra alguma de que a mulher tenha seduzido o homem, ou seja, ele simplesmente participa e por isso também precisa assumir total e completa responsabilidade.[14]

Em sexto lugar, *nossos pais caíram em pecado quando abriram seu coração para hospedar sentimentos de ingratidão, insatisfação e megalomania* (3.5,6). O diabo conseguiu plantar no coração de Eva a erva daninha da ingratidão e o espinheiro da insatisfação. Ela, que havia sido criada à imagem e semelhança de Deus e colocada num lugar perfeito, tendo perfeita comunhão com Deus, sentiu-se infeliz e insatisfeita a ponto de querer ser igual a Deus. Que atitude oposta teve Cristo! Ele, sendo Deus, esvaziou-se e assumiu a condição de homem; sendo homem perfeito, tornou-se servo; sendo servo, sofreu a infamante morte de cruz (Fp 2.5-8). Já Eva, sendo criatura, quis ser igual ao Criador. A megalomania tomou o lugar da gratidão; a verdade de Deus foi substituída pela dúvida; a Palavra de Deus foi abandonada, e o sugestionamento do diabo, acolhido. Essa é a história da maior tragédia da humanidade.

Os sintomas da queda (3.7,8)

O pecado, como uma doença contagiosa, atingiu todo o nosso ser – razão, emoção e vontade –, bem com atingiu nosso corpo, nossa mente e nossas emoções. Também trouxe sequelas graves na vida de Adão e Eva, cujos resultados nefastos (alguns deles) destacaremos a seguir.

Em primeiro lugar, *o drama da culpa* (3.7). Logo que Adão e Eva comeram do fruto proibido, seus olhos foram abertos e perceberam que estavam nus não apenas no sentido de sem roupas, mas no sentido de fracos, indefesos e humilhados.[15] Seus olhos foram abertos não para ver o que esperavam: ser iguais a Deus, conforme o diabo lhes havia prometido, mas seus olhos foram abertos para ver sua nudez, para perceberem que haviam caído numa cilada e cuja consequência era culpa como herança maldita de sua escolha errada.

Em segundo lugar, *o peso esmagador da vergonha* (3.7). Logo que Adão e Eva perceberam a sua nudez, coseram folhas de figueira para se vestirem. Em vez de ser iguais a Deus, caíram num estado de degradação, e em vez de alcançar um relacionamento interpessoal mais robusto, foram tomados de assalto pela vergonha um do outro. Não foi a nudez que os deixou envergonhados, pois antes do pecado eles estavam nus e não se envergonhavam (Gn 2.25); essa vergonha é o fruto maldito do pecado. É importante ressaltar que o fruto proibido não é o sexo, como ensina a cultura popular. O sexo é bom, puro, santo e deleitoso, e Deus, inclusive, ordenou Adão e Eva a terem relação sexual antes da queda (1.28). O sexo no casamento é uma ordenança divina (1Co 7.5), porém, o que está fora do projeto de Deus é o sexo antes do casamento (1Ts 4.1-8) e fora dele (Pv 6.32). O que é contrário à santidade é a degradação do sexo, não o uso correto dele.

Derek Kidner destaca que não há caminho de retorno, como supõem os nudistas e os que prestam culto à liberdade de costumes, os chamados nudistas espirituais. O caminho de Deus é para a frente, pois, quando o corpo for redimido (Rm 8.23) e o amor, aperfeiçoado, não voltaremos para o Éden, mas sim seremos revestidos com um corpo de glória (2Co 5.4; Fp 3.21).[16]

Ao comerem o fruto proibido, Adão e Eva, em vez de se aproximarem de Deus, passaram a ter medo dEle, o que prova que o pecado é uma fraude. É atraente aos olhos, mas engana; promete liberdade, mas escraviza; promete vida, mas mata. Adão e Eva tentaram se esconder de Deus, fugindo dEle, e tentaram esconder sua nudez um do outro atrás das folhas de figueira. Todavia, aquilo eram meros arremedos para quem já havia colocado o pé na estrada da desobediência.

Em terceiro lugar, *o medo e a fuga de Deus* (3.8). Quando Adão e Eva escutaram a voz de Deus, esconderam-se por entre as árvores do jardim, visto que a presença de Deus não era mais o deleite deles, mas o seu terror; ou seja, o medo de Deus substituiu a alegria em Deus. É impossível ter comunhão com Deus e ao mesmo tempo viver no pecado. Sempre que o homem e a mulher escutam o tentador e naufragam diante da tentação, tentam se esconder de Deus; assim, assaltados pela culpa e tomados pelo medo, buscam a rota da fuga. O pecado, entretanto, não apenas torna o homem rebelde, mas também tolo. Como esconder-se dAquele que é onipresente? Como fugir da presença dAquele que está em toda parte e tudo vê? O que adianta ficar entre as árvores se para Deus a luz e as trevas são a mesma coisa? É impossível fugir da presença de Deus (Sl 139.7-12). Adão e Eva foram apanhados pelas próprias cordas de seu pecado.

Os mecanismos de fuga produzidos pela queda (3.9-13)

Adão e Eva não só pecaram contra Deus, mas tentaram escapar da responsabilidade de sua transgressão. Ou seja, eles tentaram evadir-se, esquivando-se e tirando o corpo fora. Vemos nesse texto três mecanismos de fuga:

Em primeiro lugar, *a racionalização* (3.9,10). O pecado pode ficar escondido por algum tempo, mas não para sempre. O próprio invadiu o mundo escuro de Adão e o perturbou com Sua altissonante voz: *E chamou o SENHOR Deus ao homem e lhe perguntou: Onde estás? Ele respondeu: Ouvi a tua voz no jardim, e, porque estava nu, tive medo, e me escondi* (Gn 3.9,10). O homem, que observou tudo em silêncio e também em silêncio concordou com o pecado, agora é chamado à responsabilidade.[17] Derek Kidner diz que a resposta de Adão esconde a causa atrás dos sintomas.[18]

A voz de Deus não deixará em paz o homem em seu pecado. Deus sabia onde estava Adão, e a pergunta não foi para que Ele encontrasse Adão, mas sim para Adão cair em si. Em vez de confessar seu pecado, Adão preferiu o atalho da racionalização; em outras palavras, em vez de admitir seu fracasso, ele tentou tapar o Sol com a peneira e dar uma desculpa esfarrapada. Ele não teve medo porque estava nu, tampouco se escondeu porque estava coberto de folhas de figueira. A consciência da sua nudez e as vestes inadequadas eram a consequência do seu medo, e ele teve medo porque pecou, fugiu porque transgrediu. Adão, além de pecar, ainda tentou camuflar seu delito, buscando o mecanismo da racionalização.

Em segundo lugar, *a transferência* (3.11,12). Como as desculpas de Adão eram absolutamente infundadas, Deus perguntou: [...] *Quem te fez saber que estavas nu? Comeste da árvore de que te ordenei que não comesses?* (Gn 3.11). Deus não permite que Adão fuja do assunto, trazendo-o de volta ao enfrentamento do problema. Adão tenta escapar, mas Deus o pega pelo colarinho e o traz de volta para a estrada do confronto, colocando o dedo na ferida exposta de Adão e dando-lhe a oportunidade da confissão sincera. Contudo, em vez de Adão reconhecer seu pecado, arrepender-se dele e confessá-lo, busca mais um mecanismo de fuga ao responder: *A mulher que me deste por esposa, ela me deu da árvore, e eu comi* (3.12). A segunda resposta de Adão admite a verdade, mas a volve contra a mulher e, em última instância, contra Deus.[19]

Eva comeu, enganada, o fruto, mas Adão não foi iludido; ele comeu o fruto proibido conscientemente (1Tm

2.14). Eva comeu e deu a seu marido, mas o responsável pela queda da raça foi Adão, pois ele era o representante e cabeça federal da raça. Nós caímos em Adão, e foi por meio dele que o pecado entrou no mundo (Rm 5.12). Adão, entrementes, preferiu culpar Deus por lhe ter dado Eva e culpou Eva por lhe ter dado o fruto proibido.

Em terceiro lugar, *a projeção* (3.13). Uma vez que Adão culpou Eva pelo fracasso, Deus volta as baterias para Eva. *Disse o SENHOR Deus à mulher: Que é isso que fizeste? Respondeu a mulher: A serpente me enganou, e eu comi* (Gn 3.13). Tendo Adão como seu marido e mestre, Eva seguiu pelo mesmo atalho e evadiu-se da responsabilidade. Ela, em vez de assumir sua culpa, jogou a responsabilidade sobre a serpente. A projeção é um mecanismo de defesa, e, por intermédio desse expediente, buscamos sempre uma explicação para o nosso pecado e fracasso, lançando a culpa nos outros. Para usar as palavras do pai da psicanálise, Sigmund Freud, o problema é alógeno, ou seja, tem sua origem no outro; em outras palavras, nós somos apenas vítimas, não os culpados pela situação. Nossos problemas são sempre alógenos, não autógenos, ou seja, são gerados no outro, não em nós; os outros são os culpados; nós somos apenas vítimas.

As consequências da queda (3.14-24)

Destacaremos seis consequências da queda dos nossos primeiros pais:

Em primeiro lugar, *o conflito conjugal* (3.12). A relação conjugal foi frontalmente atingida pelo pecado, pois Adão culpou sua mulher pela tragédia da queda em vez de assumir sua responsabilidade, e essa situação abriu uma ferida que nunca foi plenamente curada. A história da humanidade está crivada de exemplos de maridos acusando a esposa e de esposas culpando o marido. O conflito conjugal é uma das guerras mais encardidas e uma das batalhas mais complexas da história humana. Aquela relação que deveria ser apenas de encanto e beleza, amor e romantismo, foi contaminada pelo fermento das acusações amargas e ferinas. O jardim do romantismo foi invadido pela erva daninha das intrigas. A mosca da mágoa caiu no perfume do amor e estragou esse precioso unguento (Ec 10.1). Multiplicam-se os casos de crimes dentro da família, e maridos se levantam contra a esposa e esposas, contra o marido. O leito conjugal, em vez de forrado de viçosas folhas, está crivado de espinhos. O conflito estabeleceu-se no paraíso da comunhão conjugal.

Em segundo lugar, *a guerra espiritual* (3.14,15). O pecado não apenas jogou o marido contra a esposa, mas criou uma inimizade medonha entre o diabo e a raça humana. Vale a pena destacar que o mesmo Deus que conversa com Adão e Eva não dialoga com a serpente nem lhe dá oportunidade de explicar-se. Ele apenas a sentencia. *Então, o SENHOR Deus disse à serpente: Visto que isso fizeste, maldita és entre todos os animais domésticos e o és entre todos os animais selváticos; rastejarás sobre o teu ventre e comerás pó todos os dias da tua vida. Porei inimizade entre ti e a mulher, entre a tua descendência e o seu descendente. Este te ferirá a cabeça, e tu lhe ferirás o calcanhar* (Gn 3.14,15). O juízo de Deus se refere a ambos, à serpente e ao diabo, e, nesse sentido, comer pó simboliza uma humilhação abjeta (Sl 44.25; 72.9), uma derrota total (Is 25.12; Mq 7.17)

A história da humanidade é uma síntese dessa inimizade entre a serpente e o homem. O diabo, que se materializou na serpente para enganar Eva, é um anjo caído, um espírito perverso e assassino que veio para provocar a destruição na família e na sociedade. [...] *nossa luta não é contra o sangue e a carne, e sim contra os principados e potestades, contra os dominadores deste mundo tenebroso, contra as forças espirituais do mal, nas regiões celestes* (Ef 6.12).

Deus proferiu a sentença primeiro para a serpente e depois para o diabo, que havia usado a serpente. Deus amaldiçoa a serpente e o solo, mas em momento algum amaldiçoou Adão e Eva.[20]

Em terceiro lugar, *o sofrimento da mulher* (3.16). O pecado trouxe consequências desastrosas para o ser humano e para a natureza. Depois de proclamar a derrota do diabo, Deus volta suas baterias para a mulher: *E à mulher disse: Multiplicarei sobremodo os sofrimentos da tua gravidez; em meio de dores darás à luz filhos; o teu desejo será para o teu marido, e ele te governará* (Gn 3.16). A dor e a servidão são os cálices amargos servidos no banquete do pecado. A gravidez tornou-se um tempo de sofrimento e o parto, uma hora de dor; em outras palavras, a alegria da maternidade foi misturada com o drama do sofrimento. Além disso, a deleitosa comunhão conjugal seria substituída pelo domínio do marido sobre a mulher. Amar e acariciar torna-se desejar e dominar.[21] Poderes egoístas tomam o lugar do amor e do carinho.

Em quarto lugar, *a fadiga do homem* (3.17-19a). Depois de sentenciar a mulher, Deus volta sua atenção para o homem: *E a Adão disse: Visto que atendeste a voz de tua mulher e comeste da árvore que eu te ordenara não comesses, maldita é a terra por tua causa; em fadigas obterás dela o sustento durante os dias de tua vida. Ela produzirá também cardos e abrolhos, e tu comerás a erva do campo. No suor do teu rosto comerás o teu pão...* (Gn 3.17-19a). Graças à misericórdia, a maldição recai sobre os domínios do homem, não sobre o homem propriamente dito, todavia, não se diz nada de construtivo a Adão, em quem todos morrem. "Fadigas... suor... pó respondem à fantasia *sereis como Deus*".[22] O trabalho, até então deleitoso, agora seria penoso. A natureza não seria mais favorável ao homem, e floresceria naturalmente não mais os frutos deliciosos, mas os espinhos, cardos e abrolhos. A fadiga e o suor do rosto seriam seus companheiros de todas as horas na saga da sobrevivência. Deus amaldiçoa a terra por causa de Adão (3.17).

Em quinto lugar, *a morte* (3.19b). [...] *o salário do pecado é a morte...* (Rm 6.23). O homem que foi feito do pó é agora sentenciado a voltar ao pó. Deus disse a Adão: *No suor do rosto comerás o teu pão, até que tornes à terra, pois dela foste formado; porque tu és pó e ao pó tornarás* (Gn 3.19). O homem veio do pó, é pó e voltará ao pó. O pecado é a mãe da morte e o filho da cobiça. O pecado gerado pela cobiça deu à luz a morte, e o homem, que foi criado para viver deleitosamente na presença de Deus, agora é sentenciado a voltar ao pó.

Em sexto lugar, *a solidão do exílio* (3.22-24). O homem queria mais do que o jardim, por isso perdeu-o. O jardim deixou de ser o seu lar hospitaleiro para ser apenas o palco de seu fracasso. A expulsão é por decreto. Deus expulsou Adão e Eva do jardim (Gn 3.23), purificando, assim, seu templo-jardim. Isso prova que o pecado não é ganho; é perda. Adão perdeu sua inocência e, também, sua comunhão com Deus, com sua mulher e com a própria natureza, tornando-se um ser ambíguo, contraditório, paradoxal. A solidão foi o cálice que Adão sorveu até o fim sem jamais esgotá-lo.

Quando Deus, porém, acaba de uma vez por todas com o acesso à árvore da vida, isso foi um ato de graça, não um ato brutal e arbitrário. Para o ser humano, a maior tortura seria tornar-se imortal no estado em que ficou depois de afastar-se de Deus, pois ele não suportaria uma vida eterna sob a condenação de Deus.[23]

A solução de Deus para a tragédia do homem (3.15,20,21)

Deus intervém na tragédia humana e traz esperança ao homem e à mulher no meio do desespero. Nesse sentido, três coisas são feitas por Deus:

Em primeiro lugar, *Deus promete vitória sobre o diabo* (3.15). O evangelho de Cristo é preanunciado a Adão, dizendo-lhe que da semente da mulher nascerá Aquele que esmagará a cabeça da serpente. Jesus é a semente da mulher (Gl 4.4). Visto que o Adão natural fracassou, o descendente da mulher, o segundo Adão, esmagará a cabeça da serpente.[24] Jesus veio ao mundo para destruir as obras do diabo (1Jo 3.8), para amarrar o valente e saquear sua casa (Mt 12.29), para nos arrancar da potestade de Satanás (At 26.18) e para nos arrancar do império das trevas (Cl 1.13). Jesus esmagou a cabeça da serpente ao assumir o nosso lugar e morrer por nós como nosso representante e fiador. Cristo derrotou o diabo na cruz e expôs os principados e potestades ao desprezo (Cl 2.15).

Em segundo lugar, *Deus promete vitória sobre a desesperança* (3.20). Adão creu nas promessas de Deus e chamou sua esposa de Eva, que significa "viva". Derek Kidner diz que Eva, como "mãe", sugere que Adão ouviu com fé a promessa do versículo 15.[25] Eva viria a ser a mãe de todos os seres humanos e dela viria ao mundo o Messias

(Gl 4.4). Um de seus descendentes tem a promessa de vencer o Maligno. Nessa mesma linha de pensamento, Bruce Waltke diz que, ao dar-lhe Adão o nome de Eva, dá-se o início da esperança. Adão revela sua restauração em relação a Deus crendo na promessa de que a mulher fiel gerará o Descendente que derrotará Satanás.[26]

Em terceiro lugar, *Deus promete vitória sobre o pecado* (3.21). Deus vestiu Adão e Eva com peles de animais, e esse o primeiro símbolo do sacrifício substitutivo. É por meio do sangue derramado que somos cobertos, e por causa do sangue de Cristo fomos cobertos pela justiça (Rm 3.24-26). Aquele que não conheceu pecado foi feito pecado por nós para que nEle fôssemos justiça de Deus (2Co 5.21). Agora, não há mais nenhuma condenação sobre aqueles que estão em Cristo (Rm 8.1).

NOTAS

[1] LIVINGSTON, George H. *O livro de Gênesis*, in: *Comentário bíblico Beacon*, vol. 1, 2015, p. 39-42.
[2] BRÄUMER, Hansjörg. *Gênesis*, vol. 1, 2016, p. 70.
[3] KIDNER, Derek. *Gênesis: introdução e comentário*, 2006, p. 63.
[4] BRÄUMER, Hansjörg. *Gênesis*, vol. 1, 2016, p. 71.
[5] WIERSBE, Warren W. *Comentário bíblico expositivo*, vol. 1, 2006, p. 35.
[6] WALTKE, Bruce K. *Gênesis*, 2010, p. 108.
[7] BRÄUMER, Hansjörg. *Gênesis*, vol. 1, 2016, p. 72.
[8] KIDNER, Derek. *Gênesis: introdução e comentário*, 2006, p. 64.
[9] LIVINGSTON, George H. *O livro de Gênesis*. In: *Comentário bíblico Beacon*, vol. 1, 2015, p. 40.

[10] Ibidem.
[11] KIDNER, Derek. *Gênesis: introdução e comentário*, 2006, p. 64.
[12] Ibidem.
[13] WALTKE, Bruce K. *Gênesis*, 2010, p. 109.
[14] BRÄUMER, Hansjörg. *Gênesis*, vol. 1, 2016, p. 73.
[15] WALTKE, Bruce K. *Gênesis: introdução e comentário*, 2006, p. 109.
[16] KIDNER, Derek. *Gênesis: introdução e comentário*, 2006, p. 65.
[17] BRÄUMER, Hansjörg. *Gênesis*, vol. 2, 2016, p. 76.
[18] KIDNER, Derek. *Gênesis: introdução e comentário*, 2006, p. 65.
[19] Ibidem.
[20] WIERSBE, Warren W. *Comentário bíblico expositivo*, vol. 1, 2006, p. 38.
[21] KIDNER, Derek. *Gênesis: introdução e comentário*, 2006, p. 67.
[22] Ibidem.
[23] BRÄUMER, Hansjörg. *Gênesis*, vol. 1, 2016, p. 82.
[24] WALTKE, Bruce K. *Gênesis*, 2010, p. 111.
[25] KIDNER, Derek. *Gênesis: introdução e comentário*, 2006, p. 67.
[26] WALTKE, Bruce K. *Gênesis*, 2010, p. 113.

Capítulo 6

Sentimentos perigosos, decisões desastrosas
(Gn 4.1-26)

FORA DO JARDIM, ADÃO E EVA coabitaram, e Eva concebeu e deu à luz Caim. Sua gratidão a Deus foi imediata, e a esperança do cumprimento da promessa acendeu em sua alma como um farol (3.15). Reconheceu que, com o auxílio do Senhor, ela adquiriu um varão, por isso deu-lhe o nome de Caim. Eva pensou que Caim seria alguém maior do que foi, ou seja, que ele seria o homem que pisaria a cabeça da serpente. Ao nascer seu segundo filho, deu-lhe o nome de Abel. Este tornou-se pastor de ovelhas, e aquele, lavrador (4.1,2).

A palavra "conhecer", no Antigo Testamento, é o termo técnico para "relacionamento sexual". Esse texto é usado para se referir ao ser humano, nunca para animais. O sexo entre marido e mulher deve ser um ato livre, decente e responsável.[1]

Gênesis 4 volta a atenção para Caim; seu nome é citado dezesseis vezes, e em sete ocasiões Abel é identificado como "seu irmão". O nome de Caim significa "adquirido", e o de Abel significa "fôlego". O nome de Caim nos lembra de que a vida vem de Deus, enquanto o de Abel nos diz que a vida é breve.[2] Caim tornou-se lavrador e Abel, pastor, abrindo o caminho para outros importantes personagens do Antigo Testamento, como Abraão, Isaque, Jacó, seus filhos, Moisés e Davi. Bräumer diz que o rompimento da fraternidade e o caminho até o assassinato não começam com a divisão das profissões, mas com a separação no culto. uma vez que Caim e Abel serviam a Deus em altares diferentes.[3]

Derek Kidner destaca que, se por trás da serpente era perceptível o diabo no capítulo 3, a carne e o mundo entram em cena no presente capítulo. Adão e Eva são vencidos pelo diabo. No capítulo 4, Caim é vencido pela carne. No capítulo 3, Eva é seduzida a pecar. No capítulo 4, Caim não aceitou ser dissuadido do seu pecado nem sequer por Deus; também não irá confessá-lo nem aceitar seu castigo.[4]

O seu maior inimigo é aquele que você vê quando olha no espelho, ou seja, seu maior problema não está fora de você, mas no seu interior.

Esse texto nos mostra aonde podem nos levar certos sentimentos perigosos.

Os sentimentos perigosos transpiram dentro da própria família (4.1-7)

Destacaremos aqui alguns pontos importantes:

Em primeiro lugar, *a família de Adão e Eva é uma prova irrefutável da malignidade do pecado* (4.1-7). Hoje dizemos que o meio corrompe; que a violência, o tráfico de drogas, a injustiça social, o descalabro dos costumes são o resultado da influência do meio em que vivemos. Mas Caim e Abel não tinham avós, tios, sobrinhos, primos, amigos ou inimigos; também não tinham poluição, desemprego, violência urbana nem sociedade promíscua. O mal estava no coração de Caim, e ele transformou o lar numa arena de ciúmes, num ringue de hostilidade. As causas do desastre da família não vêm de fora, mas de dentro, ou seja, é de dentro do coração que procedem os maus desígnios.

Em segundo lugar, *a família de Adão e Eva prova que nem todos sabem lidar com os sentimentos* (4.5-7). Caim e Abel sugaram o mesmo leite materno, receberam a mesma carga genética, ouviram os mesmos ensinamentos, cresceram no mesmo lar, no mesmo ambiente, ouvindo as mesmas histórias. Todavia, Caim era do Maligno (1Jo 3.12) e Abel, um homem temente a Deus.

Caim era um hipócrita e Abel, um servo fiel a Deus. Abel amava a Deus, ao passo que Caim amava apenas a si mesmo. Abel procurava agradar a Deus, já Caim buscava satisfazer apenas seus caprichos. Nesse lar, os filhos crescem de modo diferente, com vocações diferentes, corações diferentes, religiões diferentes – a religião de Abel é verdadeira, e a de Caim, falsa.

Em terceiro lugar, *a família de Adão e Eva prova que as batalhas sentimentais mais intensas são travadas dentro de casa e dentro da igreja* (4.3-7). O nome Caim significa "possessão", adquirido de Deus, esperança de seus pais. O nome Abel significa "sopro, vaidade, passageiro". Não basta colocar nomes bonitos nos filhos; é preciso forjar neles um caráter cristão. Caim é possessão de Deus, mas não tem intimidade com Deus.

Destacamos alguns pontos importantes aqui.

1. Nesse lar havia prática religiosa. Abel adora a Deus conforme os preceitos de Deus, enquanto Caim tenta adorar a Deus da sua própria maneira.

2. Nesse lar havia mais disputa que comunhão. Caim está mais infeliz com o sucesso espiritual de seu irmão do que desejoso de acertar sua vida com Deus. Hoje também há famílias em guerra, há crise nos relacionamentos. Irmãos contra irmãos, pais contra filhos e maridos contra a esposa.

3. Nesse lar havia gente mal-humorada. Caim está com o semblante descaído, com o coração envenenado de ira e com o peito encharcado de ódio. A vida deixou de ser uma celebração.

4. Nesse lar havia inveja avassaladora. No lar de Adão e Eva, a inveja mostrou a sua carranca, pois os filhos não eram unidos, não havia diálogo e cada um vivia dentro do seu mundo. Caim via Abel como um rival e, por esse motivo, abrigava sentimentos mesquinhos e repulsivos no coração. Sentiu-se ameaçado em sua primogenitura e permitiu que a inveja destruísse sua vida. Para um invejoso, qualquer vantagem que o outro tenha é injusto – a inveja que Saul sentiu por ver o sucesso de Davi é exemplo disso. O que o invejoso quer não é o que o outro tem, mas que o outro não tenha. Esse foi o comportamento do irmão mais velho do filho pródigo, o qual ficou irado porque o pai ofereceu um banquete para celebrar o retorno do filho que estava perdido.

Cobiçar é desejar o que é do outro, e invejar é desejar a destruição do outro. Caim não queria imitar Abel, seu irmão, mas matá-lo. A cobiça focaliza coisas e a inveja, pessoas. Caim não queria a bênção de Deus, mas a morte de Abel. Em agosto de 1990, o Iraque invadiu o Kuwait e matou muitos ricos cidadãos. Sob pressão internacional e feroz ataque das forças americanas, Saddam Hussein retirou-se do Kuwait em fevereiro de 1991, mas, antes de sair, ateou fogo aos poços de petróleo dos quais já não podia usufruir e poluiu as praias que tinha de abandonar.

O invejoso é um filho do Maligno: se não pode ter o céu que ele quer, luta ao menos para produzir o inferno na vida dos outros; além disso, essa pessoa sente-se desgraçada pela integridade do outro, pois o sucesso deste o atormenta.

Os sentimentos perigosos transpiram até mesmo no ato da adoração a Deus (4.3-7)

A suprema prioridade de nossa vida é adorar a Deus, pois o fim principal do homem é glorificar a Deus e desfrutar dEle para sempre. Amar a Deus é o maior de todos os mandamentos. Deus procura adoradores que O adorem em espírito e em verdade. Destacamos aqui quatro verdades:

Em primeiro lugar, *antes de Deus aceitar nosso culto, precisa aceitar nossa vida* (4.3-5). Primeiro, Deus agradou-se de Abel e depois da sua oferta. Ele está mais interessado em quem você é do que no que você faz, ou seja, a vida com Deus precede culto a Deus e também o trabalho para Deus. Waltke tem razão em dizer que o adorador e sua oferta são inseparáveis.[5]

Deus primeiro rejeitou Caim e depois sua oferta. O culto precisa ser *sincero* (em espírito) e *bíblico* (em verdade), ou seja, de acordo com os princípios estabelecidos por Deus em sua Palavra. A Bíblia diz que o sacrifício do ímpio é abominação para Deus (Pv 21.27), pois Ele vê as motivações do coração e procura verdade no íntimo. Deus não se impressiona com os nossos gestos e com nossas palavras; ele vê o coração. Bruce Waltke diz que primeiro Caim fracassa no altar; e, por fracassar no altar, também fracassa no campo; e por fracassar em sua teologia, então fracassa em sua ética.[6] Waltke ainda diz que duas interpretações comuns sugerem que Caim não tinha fé ou seu sacrifício não tinha sangue. Somente o sacrifício de Abel é apresentado pela fé.[7]

Bräumer diz que a diferença entre a oferta de Caim e a de Abel é que este trouxe das primícias, o melhor, e Caim trouxe do fruto da terra. Caim trouxe a Deus o primeiro fruto que lhe caiu na mão, o primeiro fruto que encontrou, já Abel escolheu o que tinha de melhor. As ofertas eram diferentes, e as motivações por trás das ofertas também eram.[8]

Muitos anos depois, a lei de Moisés prescreveu a oferta de grãos e de frutas (Lv 2; Dt 26), contudo, mesmo que Caim tivesse sacrificado animais, derramado o sangue deles, o seu culto não teria sido aceito por causa da condição do seu coração (1Sm 15.22; Mq 6.6-8).[9] Derek Kidner diz que Caim e sua oferta foram rejeitados porque ele era arrogante (4.5; Pv 21.27). A vida de Caim desmentia sua oferenda (1Jo 3.12), enquanto a oferta de Abel foi aceita porque ele a ofereceu com fé (Hb 11.4).[10]

A vida de Caim desmentia a sua oferta, como fica evidente, porque ele era:

- Do Maligno (1Jo 3.12).
- Mal-humorado (Gn 4.5).

- Um homem irado (Gn 4.5), isto é, consumido pela cólera.
- Invejoso (Gn 4.5).
- Demonstrava mau procedimento (Gn 4.7).
- Estava com o coração endurecido (Gn 4.7,8).

Em segundo lugar, *a oferta de Abel é a de um pecador humilde e a de Caim, de um arrogante autossuficiente* (4.4). Caim não estava errado apenas quanto aos seus *sentimentos*, mas também quanto ao *conteúdo teológico do seu culto*. O culto de Abel era prescrito por Deus, pois estabelecia a verdade de um pecador que precisa ter seus pecados expiados; já a oferta de Caim é a de um adorador autossuficiente. Abel oferece um sacrifício de sangue, pois compreendeu que sem derramamento de sangue não há remissão de pecados (Gn 3.21; Hb 9.22).

Em terceiro lugar, *a oferta de Abel era apropriada, pois tipificava o sacrifício de Cristo, ao passo que a de Caim, o melhor dos esforços humanos* (4.4; Hb 9.22). Só há duas religiões no mundo: a de Abel e a de Caim. Os que aceitam o sacrifício de Cristo como pagamento da nossa dívida e os que querem chegar a Deus pelos seus esforços, suas obras, seus méritos e seus sacrifícios. O culto de Abel é bíblico, revelado. O culto não é apenas uma expressão cultural, tampouco é aquele de que gosto; não é simplesmente para eu me sentir bem; nem para atender à preferência do povo. Diante disso, concluímos que não podemos trazer fogo estranho diante do Senhor.

Em quarto lugar, *a oferta de Abel mostrou-se superior porque foi pela fé, ao passo que a de Caim foi para agradar a si mesmo* (Hb 11.4). Abel cultua a Deus *em verdade* e com a *motivação certa*, porém a religião de Caim é a religião da *perseguição*, por isso ele decreta morte para quem não segue sua teologia.

Os sentimentos perigosos se agravam quando desprezamos as advertências de Deus (4.6,7)

Destacamos aqui dois pontos importantes:

Em primeiro lugar, *Caim é chamado ao arrependimento, mas endurece o seu coração (4.6,7). Por que [...] se... (4.6,7).* Esse é um apelo de Deus para a razão e um interesse pelo pecador tão forte como seu interesse pela verdade (4.5) e pela justiça (4.10). Deus avisa, adverte, coloca sinais de alerta na estrada: "Meu filho, não vá, não faça, não veja, não toque, não se misture, não deseje, não se afaste da igreja". Cuidado!

Deus alerta Caim: "Deixe esse mau humor, abandone essa ira. Jogue fora essa inveja, faça o que é certo. Proceda direito". Caim reage de duas formas ao desfavor de Deus e ao favorecimento de Abel e sua oferta: é tomado de uma inveja ardente e dominado por uma ira avassaladora.

Deus alerta Caim para ter cuidado, porque o pecado estava de bote armado para pegá-lo e destruí-lo. Livingston diz que a ideia aqui é: "O pecado está de tocaia".[11] Na língua arcádia, de onde procede o hebraico, a palavra aqui é "diabo". O diabo está à porta. Quem guarda ira dá lugar ao diabo (Ef 4.26,27). O pecado é como um leão que espreita à porta, pronto para dar um bote fatal (Tg 4.7; 1Pe 5.8).

Contudo, Caim, em vez de ouvir a voz de Deus, endureceu ainda mais o coração, e, em vez de fugir do pecado, consumou o pecado. Caim é confrontado por Deus antes de matar Abel e responde com um silêncio gelado; é novamente confrontado por Deus depois de matar Abel e responde com uma evasiva hipócrita. Jesus ensinou que a ira no coração equivale moralmente ao homicídio (Mt 5.21-26); o mesmo diz o apóstolo João (1Jo 3.12,15). Porque Caim era filho do Maligno e o Maligno é assassino, Caim matou o seu irmão.

Em segundo lugar, *Caim, em vez de se voltar para Deus, fugiu de Deus e usou máscaras para consumar seu pecado* (4.6-8). Mas quais foram as máscaras que Caim usou?

1. A máscara da mentira, traição e hipocrisia (4.8). Ele disse a Abel: *Vamos ao campo*. Caim não espera uma oportunidade para pecar, mas a cria pessoalmente, montando o próprio palco de seu espetáculo horrendo. Ele acelera o pecado e esconde-se atrás de suas palavras, pois tinha palavras aveludadas e um coração perverso, palavras doces e um coração amargo. Disfarçou-se de amigo. Dissimulou. Enganou. Premeditou o crime. Não foi um impulso repentino; na verdade, ele alimentou o ódio no coração; e odiou não pelo mal que Abel havia praticado, mas pelo bem; não pelos seus erros, mas pelas suas virtudes. A luz de Abel cegou Caim. A vida de Abel gestou a morte no coração de Caim.

2. A máscara da violência (4.8). Caim matou Abel sem lhe dar chance de defesa. Seu ódio foi consumado e seu sentimento errado produz comportamento errado. O vulcão do ódio vazou em fúria assassina. Cuidado com o monstro que está dentro de você, pois quem guarda ira no coração abriga o diabo no peito. Bräumer tem razão em dizer que, na solidão

do campo, a inveja e a ira de Caim transformaram-se em ódio diabólico e brutalidade animal.[12]

3. **A máscara da crueldade (4.8).** Está escrito: [...] *sucedeu que se levantou Caim contra Abel, seu irmão, e o matou.* O rompimento do laço familiar, iniciado no capítulo 3, aqui atinge o fratricídio em apenas uma geração.[13] Caim destruiu a si mesmo, matando a sua própria imagem. Ele se levantou contra seu próprio irmão, contra seu próprio sangue. Vale destacar que Caim não matou seu irmão por um ímpeto passional; foi um crime cuidadosamente premeditado. Não matou um estranho em defesa própria; assassinou seu próprio irmão por inveja, mesmo depois de estar no altar, adorando a Deus, e apesar da advertência e da promessa de Deus.[14] Bruce Waltke diz que, ao exteriorizar seu ódio, Caim começa a primeira guerra religiosa, e, uma vez que ele renuncia a Deus, também renuncia sua imagem.[15] Bräumer diz que Abel transforma-se em representante da igreja odiada pelo mundo e perseguida até a morte. Abel — não Caim, como Eva pensava a princípio — torna-se um tipo de Jesus. O Redentor, nascido de uma mulher, é morto por Seus irmãos, que, dessa forma, trazem sobre si *o sangue justo derramado sobre a terra, desde o sangue do justo Abel* (Mt 23.35).[16]

4. **A máscara da dissimulação (4.9).** Caim tentou ocultar o seu crime. Tentou fugir e se esconder. Tentou justificar-se. Está cheio de ódio e vazio de convicção de pecado, e não levou a sério nem a Palavra nem o juízo de Deus. Pensou que seus atos estivessem fora do alcance do Altíssimo. Ele não só pecou, mas tentou escapar das consequências do seu pecado. Warren Wiersbe diz que,

quando Adão e Eva pecaram e quando Caim pecou, em ambos os casos o Senhor fez perguntas não para obter informações, mas para dar aos culpados a oportunidade de dizer a verdade e de confessar os pecados; todavia, em ambos os casos os pecadores foram evasivos e tentaram encobrir o que haviam feito, mas nas duas vezes Deus trouxe os pecados à luz, e eles admitiram sua culpa. Adão e Eva foram expulsos do jardim, e Caim tornou-se um errante rejeitado sobre a terra.[17]

Os sentimentos perigosos não ficam encobertos e podem passar às futuras gerações (4.9-16)

Por fim, vemos aqui as terríveis consequências que aqueles que não ouvem as advertências divinas sofrerão:

Em primeiro lugar, *não há pecado que fique encoberto aos olhos de Deus.* (4.9,10). Aquilo que é feito às escondidas na terra é visto pelo céu. Deus viu Adão e Eva no Éden quando comeram do fruto proibido; viu Caim matando Abel; viu Acã roubando; viu Davi na cama do adultério com Bate-Seba; viu Ananias e Safira mentindo; e também vê você e a mim (Sl 139). A pergunta de Deus a Caim não é igual à feita a Adão: *Onde estás?* (3.9), mas: *Onde está Abel, teu irmão?* (4.9). Mais uma vez, a pergunta de Deus não é porque ele precisa ser informado, mas para produzir arrependimento no coração do impenitente. Caim não apenas se atreve a mentir para Deus, mas ousa até mesmo zombar dEle. Não está disposto a submeter-se a um interrogatório. Todavia, Deus tira a sua máscara e revela a sua culpa.[18]

Em segundo lugar, *a maldição do pecado é um terrível peso sobre o transgressor* (4.13). Destacamos seis pontos aqui:

1. O pecado gera maldição (4.11). A estrada do pecado desemboca no inferno, e Deus já havia proferido essa sentença sobre a serpente (3.14), sobre a terra (3.17) e agora a profere sobre Caim (4.11). Deus agora irmana Caim, em seu estado de maldito, à serpente.[19] Derek Kidner diz que o impenitente Caim ouve palavras mais severas do que as dirigidas a Adão, para quem a maldição foi indireta.[20] A maldição de Deus sobre uma pessoa é coisa terrível, porque o amaldiçoado é excluído da comunhão com Deus e fica fora de qualquer comunhão humana. Vale ressaltar que em nenhum outro lugar do Antigo Testamento o próprio Deus volta a amaldiçoar uma pessoa.

2. O pecado produz desassossego e perturbação constantes (4.12). Caim não tem paz nem sossego, pois sua consciência o atormenta e o medo enche seu coração. Ele vive em pânico diante de Deus e dos homens e será um homem fugitivo e errante pela terra. Ele deixa de ser um agricultor para ser um nômade, e tudo o que lhe restava era vagar de um lugar para outro e procurar sobreviver, sem descanso e paz. Caim precisa afastar-se da parte cultivada da terra; ele deve ir para uma região onde a terra não produz nada. Ele torna-se um homem banido e exilado, e passa a viver como escorraçado e perseguido. É como bem expressa a Escritura: *Fiquem órfãos os seus filhos, e viúva, a sua esposa. Andem errantes os seus filhos e mendiguem; e sejam expulsos das ruínas de suas casas* (Sl 109.9,10).

3. O pecado oprime e escraviza (4.13). Livingston diz que o ódio arrogante se tornou em medo covarde misturado com autopiedade.[21] Caim sofre porque não se

arrepende. Ele é diferente do ladrão na cruz, que disse: *Nós, na verdade, com justiça, porque recebemos o castigo que os nossos atos merecem* (Lc 23.41). Caim não demonstra arrependimento, e está triste não pelo que fez a seu irmão, mas apenas com seu castigo. A terra havia se voltado contra ele, Deus havia se voltado contra ele e as pessoas se voltariam contra ele.

4. O pecado faz da memória o chicote da culpa (4.15). A marca era um estigma que não deixaria que ele se esquecesse de sua desventura, além de ser uma trombeta soando em seus ouvidos constantemente e um azorrague a açoitar sua consciência sem trégua.

5. O pecado afasta o homem de Deus (4.16). Caim se retira da presença do Senhor. Ele não se humilha, não chora e não se arrepende. E para onde ele vai? Vai habitar na terra de Node, que significa "terra de vagueação",[22] lugar de peregrinação, fuga e exílio. Concordo com Waltke quando escreve: "A pessoa alienada de Deus é alguém sem um lugar permanente".[23]

6. A misericórdia de Deus é demonstrada ao pecador (4.15). Deus colocou em Caim uma marca não apenas para fazê-lo lembrar de seu pecado, mas também para protegê-lo. Era como uma tatuagem protetora.[24] Na Sua misericórdia, Deus não retribui a Caim o que ele merecia e, em Sua graça, Ele dá a Caim o que este não merecia.

Sentimentos perigosos são como a semente do pecado que se planta hoje para colher uma lavoura maldita amanhã (4.17-24)

O registro bíblico é assaz lacônico, não tecendo todos os detalhes do enredo. Alguns acreditam que Caim tenha casado com uma mulher de uma raça pré-adâmica, ao passo que outros acreditam que, quando Deus criou Adão e Eva, ele criou a própria humanidade; outros ainda conjecturam acerca da mulher de Caim e da edificação de uma cidade (4.17). Como o texto não está colocado estritamente em uma ordem cronológica, e como Adão gerou Sete aos 130 anos (5.3) e depois disso ainda viveu mais oitocentos anos e gerou filhos e filhas (5.4), concluímos que Caim deve ter se casado com uma irmã ou familiar consanguínea. Bräumer diz que, no entorno de Israel, era comum casar-se com a irmã. Na Pérsia, relata-se que Cambises tinha duas de suas irmãs em seu harém. O casamento com meias-irmãs também aparece na história tardia de Israel (Gn 20.12).[25]

Adauto Lourenço destaca que em Gênesis 4 já percebemos algumas das características tecnológicas dessa civilização: havia cidades (4.17), agropecuária (4.20), entretenimento em forma de instrumentos musicais (4.21) e tecnologia em forma de mineração, siderurgia, metalurgia e processos manufaturados (4.22). O processo de produção do ferro, desde a extração até a obtenção do produto final, é altamente tecnológico. Tubalcaim, a oitava geração dos descendentes de Adão, conhecia o minério e como extrair o ferro dele.[26]

Deus, em Sua graça comum, concede aos ímpios a inteligência para produzir coisas boas, como concedeu a Jabal o conhecimento da vida pastoril nômade, conduzindo seu gado pelas estepes desertas (4.20). Concedeu a Jubal o conhecimento de instrumentos musicais, como a harpa e a flauta (4.21). Com ele começa a arte de tocar instrumentos. Concedeu a Tubalcaim, o pai da tecnologia, o conhecimento da mineração, siderurgia, metalurgia e processos manufaturados (4.22). A metalurgia seria extremamente útil tanto para a agricultura como para a proteção

Sentimentos perigosos, decisões desastrosas

da cidade. A Bíblia não ensina em parte nenhuma que os piedosos ficariam com todos os dons. Esse avanço tecnológico, entretanto, não refinou a vida moral, social e espiritual da descendência de Caim. Derek Kidner deixa esse ponto claro quando escreve:

> A família de Lameque podia impor sua direção ao meio ambiente, mas não a si própria. A tentativa de melhorar a ordenança divina sobre o casamento (4.19; 2.24) abriu um precedente desastroso, do qual o restante de Gênesis é suficiente comentário. E a mudança do trabalho em metais para a fabricação de armas, mudança que se seguiu logo, é igualmente nefasta. A família de Caim é um microcosmo: seu padrão de proezas técnicas e de fracasso moral é o da humanidade.[27]

Na descendência de Adão passando por Caim, temos sete gerações (4.17,18): 1. Adão; 2. Caim; 3. Enoque; 4. Irade; 5. Meujael; 6. Metusael; 7. Lameque. Já na descendência de Adão passando por Sete, temos dez gerações (5.1-32): 1. Adão; 2. Sete; 3. Enos; 4. Cainã; 5. Maalalel; 6. Jarede; 7. Enoque; 8. Metusalém; 9. Lameque; 10. Noé.

Essas duas árvores genealógicas tiveram pessoas diferentes, gerando filhos diferentes, criando-os de forma diferente, com resultados muito diferentes. Enquanto a descendência de Caim seguiu seus passos erráticos, os descendentes de Sete andaram com Deus e foram abençoados e abençoadores. Warren Wiersbe considera essa realidade da seguinte maneira:

> A árvore genealógica de Caim termina com a família de Lameque (4.19-24), um bígamo e homicida arrogante cujos três filhos produziam coisas para este mundo. A linhagem de Sete termina com Noé, cujos três filhos deram ao mundo um recomeço depois do dilúvio. O mundo daquele tempo

provavelmente admirava as realizações de Caim; Deus, porém, as eliminou da face da terra.[28]

O autor sagrado dá destaque ao descendente de Caim chamado Lameque (4.19-24). Este não só segue o caminho pecaminoso de Caim, mas amplia-o. A Bíblia diz que aquele que semeia ventos colherá tempestades (Os 8.7), e aquele que semeia injustiça segará males (Pv 22.8). A descendência de Caim viveu nas suas mesmas pegadas. Lameque tornou-se polígamo, violento e assassino. Enquanto Caim caiu no pecado, Lameque exultou nele (4.23,24). Derek Kidner é enfático quando escreve:

> A canção de sarcástico desafio de Lameque revela o rápido progresso do pecado. Enquanto Caim havia sucumbido a ele (4.7), Lameque exulta nele (4.23,24); enquanto Caim tinha procurado proteção (4.14,15), Lameque olha à sua volta em atitude de provocação: a selvagem desproporção entre matar um simples rapaz e uma simples ferida constitui o ponto determinante da sua jactância (4.24). Com esta nota de bravata, a família desaparece da narrativa.[29]

A descendência de Caim se desvia de Deus e se corrompe. Tornou-se uma geração de apóstatas, de gente devassa moralmente, de gente que embrenhou no pecado, até que Deus olhou do céu, sentiu náusea e resolveu destruir os pecadores com o dilúvio.

A promessa de Deus está de pé: uma nova geração começa a buscar o Deus da aliança (4.25,26)

O único raio de esperança naquele tempo de escuridão era a promessa de Deus de que, um dia, o Redentor nasceria da mulher e venceria a serpente.[30] Deus ainda mantém a integridade da promessa acerca da descendência da mulher (cf. 3.15). Abel morreu; Caim foi rejeitado; a promessa da redenção passou ao terceiro filho de Adão e Eva. Adão coabita com Eva, e ela dá à luz um filho, a quem pôs o nome de Sete, o apontado de Deus, pois este era o escolhido de Deus para substituir Abel. A partir de Sete, o terceiro filho de Adão e Eva, e Enos, seu filho, é que passou a brotar o desenvolvimento espiritual desde Abel e começou a se invocar o nome do Senhor (4.26). Henry Morris diz que isso significa que a partir de então começa a prática do culto público e a prática da oração.[31]

Sete é o pai de todos os que são citados nas genealogias que se seguem, ou seja, não há mais nenhuma referência a Caim e seus filhos. Sete significa "nova fundação, inauguração de uma nova vida".[32] Com Enos, filho de Sete, começou-se a invocar o nome do Senhor, ou seja, com Enos recomeçou-se a chamar Deus pelo Seu nome de Redentor.[33] Livingston diz, acertadamente, que foi nessa família que o fogo da verdadeira adoração foi luminosamente mantido aceso. Aqui estava a base para a esperança de que a piedade era possível entre os homens.[34]

Concluo com as palavras de James Montgomery Boice, quando diz que vemos aqui em Gênesis 4 e 5 duas culturas, duas humanidades — a cultura ímpia e a piedosa. A cultura piedosa destaca-se por três marcas: Deus e sua preeminência, o homem e sua fraqueza, e a total dependência de Deus para a salvação.[35] Como será a sua descendência? O que você está semeando?

Notas

[1] BRÄUMER, Hansjörg. *Gênesis*, vol. 1, 2016, p. 91.
[2] WIERSBE, Warren W. *Comentário bíblico expositivo*, vol. 1, 2006, p. 42.
[3] BRÄUMER, Hansjörg. *Gênesis*, vol. 1, 2016, p. 94.
[4] KIDNER, Derek. *Gênesis: introdução e comentário*, 2006, p. 69.
[5] WALTKE, Bruce K. *Gênesis*, 2010, p. 116.
[6] Ibidem, p. 115.
[7] Ibidem, p. 116.
[8] BRÄUMER, Hansjörg. *Gênesis*, vol. 1, 2016, p. 95.
[9] WIERSBE, Warren W. *Comentário bíblico expositivo*, vol. 1, 2006, p. 43-44.
[10] KIDNER, Derek. *Gênesis: introdução e comentário*, 2006, p. 70.
[11] LIVINGSTON, George H. *O livro de Gênesis*, in: *Comentário bíblico Beacon*, vol. 1, 2015, p. 43.
[12] BRÄUMER, Hansjörg. *Gênesis*, vol. 1, 2016, p. 98.
[13] WALTKE, Bruce K. *Gênesis*, 2010, p. 117.
[14] WIERSBE, Warren W. *Comentário bíblico expositivo*, vol. 1, 2006, p. 45.
[15] WALTKE, Bruce K. *Gênesis*, 2010, p. 117.
[16] BRÄUMER, Hansjörg. *Gênesis*, vol. 1, 2016, p. 98.
[17] WIERSBE, Warren W. *Comentário bíblico expositivo*, vol. 1, 2006, p. 45.
[18] BRÄUMER, Hansjörg. *Gênesis*, vol. 1, 2016, p. 99.
[19] WALTKE, Bruce K. *Gênesis*, 2010, p. 118.
[20] KIDNER, Derek. *Gênesis: introdução e comentário*, 2006, p. 71.
[21] LIVINGSTON, George H. *O livro de Gênesis*. In: *Comentário bíblico Beacon*, vol. 1, 2015, p. 44.
[22] Ibidem.
[23] WALTKE, Bruce K. *Gênesis*, 2010, p. 119.
[24] Ibidem, p. 118.
[25] BRÄUMER, Hansjörg. *Gênesis*, vol. 1, 2016, p. 103.
[26] LOURENÇO, Adauto. *Gênesis 1 & 2*, 2011, p. 47-48.
[27] KIDNER, Derek. *Gênesis: introdução e comentário*, 2006, p. 73.
[28] WIERSBE, Warren W. *Comentário bíblico expositivo*, vol. 1, 2006, p. 47.
[29] KIDNER, Derek. *Gênesis: introdução e comentário*, 2006, p. 73.
[30] WIERSBE, Warren W. *Comentário bíblico expositivo*, vol. 1, 2006, p. 48.
[31] MORRIS, Henry M. *The Genesis Record*, 2006, p. 149-150.
[32] BRÄUMER, Hansjörg. *Gênesis*, vol. 1, 2016, p. 112.
[33] Ibidem, p. 113.
[34] LIVINGSTON, George H. *O livro de Gênesis*. In: *Comentário bíblico Beacon*, vol. 1, 2015, p. 44.
[35] BOICE, James Montgomery. *Genesis*, vol. 1, 1998, p. 270-274.

Capítulo 7

O livro das gerações: os ciclos da vida
(Gn 5.1-32)

O CAPÍTULO 5 DE GÊNESIS começa com uma recapitulação da criação do homem e da mulher (1.26,27). Ambos foram criados no mesmo dia, ambos foram criados à semelhança de Deus e ambos foram abençoados (5.1,2). Aqui, dá-se início ao processo de identificação da semente que governará a terra (1.26-28) e esmagará a cabeça da serpente (3.15).

Depois de Adão ter vivido 130 anos, gerou Sete, à sua semelhança, conforme a sua imagem (5.3). Nas palavras de Bräumer, "Sete é a imagem do pai e, como criatura, imagem e semelhança de Deus".[1] Fica evidente, portanto, que a imagem de Deus que o homem carrega é transmitida dos pais aos filhos. Sete era tão imagem de Deus quanto Adão, que foi feito do pó pelas mãos do criador. É indubitável que, depois da queda, essa imagem de Deus foi desfigurada, mas não apagada ou destruída. É como se você chegasse à beira de um poço de águas turvas numa noite de luar. Você olha e vê a Lua embaçada, mas o reflexo dela está ali; nesse caso, o problema não está na Lua, e sim na água suja do poço. Do mesmo modo, pecado impede que vejamos a manifestação plena da imagem de Deus no homem.

A história universal do mundo e da humanidade está sob um duplo veredito de Deus. O primeiro, proferido na conclusão da criação: *Viu Deus tudo quanto fizera, e eis que era muito bom...* (1.31). O segundo, antes de destruir a terra pelo dilúvio: *Viu Deus a terra, e eis que estava corrompida; porque todo ser vivente havia corrompido o seu caminho na terra* (6.12).[2]

Temos aqui uma genealogia linear décupla. São dez gerações, que vão de Adão a Noé, sob a perspectiva dos descendentes de Sete. Assim como a genealogia de Adão a Lameque, passando por Caim, desemboca em três elos — Jabal, Jubal e Tubalcaim —, assim também a genealogia de Adão a Noé, passando por Sete, termina com um trio — Sem, Cam e Jafé. Aqueles criaram a pecuária, a música e a siderurgia; estes recriaram as nações, dando sequência à história da redenção.

Ao apresentar dez gerações antes do dilúvio — de Adão a Noé (5.1-32) — e dez depois do dilúvio — de Noé a Abraão (11.10-26) —, o autor sagrado estabelece o dilúvio como grande divisor entre Adão e Abraão. Noé é o salvador no final da história antediluviana, ao passo que Abraão é o salvador no encerramento da história pós-diluviana. Com

Noé, o Criador faz uma aliança para salvar Sua criação; com Abraão, o Senhor da história faz uma aliança para salvar as nações. O número dez indica simples completude e um número redondo conveniente.³

Waltke destaca que, após um prólogo (5.1,2), esse capítulo contém dez parágrafos identicamente elaborados, um para cada geração na linhagem de Adão, via Sete, até Noé. Cada parágrafo é padronizado convenientemente: 1) nome; 2) idade; 3) anos adicionais após o nascimento do filho; 4) reconhecimento de outros filhos; 5) extensão total da vida; 6) o refrão "e morreu".⁴ James Montgomery Boice diz que essa genealogia ensina-nos que Deus, ao nominá-las, se importa com pessoas. Deus ainda revela que levanta uma geração piedosa para viver numa época de impiedade, e retrata, de igual forma, a importância dos relacionamentos familiares, que passam de geração em geração os preceitos divinos. Adão ensinou a Sete, que ensinou a Enos, que ensinou a Cainã... Assim, de geração em geração as verdades espirituais foram transmitidas. Sobretudo, destaca-se a fidelidade de Deus no cumprimento de Suas promessas.⁵

Algumas verdades devem ser destacadas nesse texto lapidar.

O renovo da esperança (4.25,26; 5.1-3)

O plano de Deus é perfeito e não pode ser frustrado, e a promessa feita no Éden estava de pé. A linhagem dAquele que haveria de esmagar a cabeça da serpente não seria interrompida com a ímpia família de Caim. Com a entrada de Sete e Enos na história, o povo começou a reunir-se para adorar a Deus, proclamar Seu nome e orar, o que culminou em um reavivamento do culto público. Enquanto os descendentes perversos de Caim se vangloriavam de sua força e valentia (4.23,24), os descendentes piedosos de Sete davam glórias ao nome do Senhor.⁶

Warren Wiersbe diz que o capítulo 5 de Gênesis destaca quatro personagens: 1) Sete, um recomeço de Deus; 2) Enos, chamando por Deus; 3) Enoque, andando com Deus; 4) Noé, descanso e consolo de Deus.⁷

Um contraste profundo

O autor bíblico faz um contraste profundo entre a árvore genealógica de Caim e a árvore genealógica de Sete. Os sete componentes da família de Caim desembocam em Lameque, que vai deturpar o preceito divino do casamento, inaugurando a bigamia, e também ampliar os crimes de Caim, cometendo assassinatos e ainda se vangloriando deles. Por outro lado, a linhagem de Sete, depois de dez gerações, vai desembocar em Noé, o homem que andou com Deus e recomeçou a povoação da terra com sua família.

Waltke lança luz sobre este contraste ao dizer:

> O Sete que ama a Deus, e que substituiu Abel, é justaposto ao Caim que ama a si próprio. Enquanto a genealogia de Caim apresenta a linhagem que porta maldição, e que termina com um assassino que gera um assassino (4.17-24), a genealogia de Sete apresenta a progressão da semente da promessa. Embora ambas as genealogias partilhem de nomes iguais, como Enoque (4.17; 5.21-24) e Lameque (4.18; 5.25), os personagens são radicalmente diferentes. A justiça e a esperança exibidas por Enoque e Lameque, da linhagem de Sete, contrastam agudamente com a violência e desespero na linhagem de Caim. Enoque, o sétimo da linhagem de Sete, anda com Deus (5.24), em contraste com o sétimo da linhagem de Caim, Lameque, o bígamo e vingativo

assassino que ousadamente canta seus feitos violentos [...]. A linhagem de Caim leva ao juízo; a linhagem de Sete, à salvação.⁸

Semelhanças inevitáveis

A sentença de morte pronunciada no Éden estava em vigor (3.19), e o homem, feito do pó, voltaria ao pó. Soa uma nota triste, como estribilho na celebração da vida: "e morreu", "e morreu", "e morreu". Ímpios e piedosos provaram o cálice da morte, e os caimitas e setitas fecharam as cortinas da vida pela morte. A Escritura diz: *Portanto, assim como por um só homem entrou o pecado no mundo, e pelo pecado, a morte, assim também a morte passou a todos os homens, porque todos pecaram* (Rm 5.12).

Uma longevidade extraordinária

Os dez cabeças de famílias mencionados na linhagem de Adão, por meio de Sete, morreram depois de uma inusitada longevidade. Com exceção de Enoque, que foi arrebatado quando tinha 365 anos, a vida mais curta é a de Lameque, com 777 anos, e a mais longa é a de Metusalém, com 969 anos. Vejamos:

- Adão — 930 anos (5.5).
- Sete — 912 anos (5.8).
- Enos — 905 anos (5.11).
- Cainã — 910 anos (5.14).
- Maalalel — 895 anos (5.17).
- Jarede — 962 anos (5.20).
- Enoque — 365 anos e então foi trasladado (5.23,24)

- Metusalém — 969 anos (5.27)
- Lameque — 777 anos (5.31). Lameque demostra sua esperança por um novo tempo ao interpretar o nome de Noé, seu filho: *Este nos consolará dos nossos trabalhos e das fadigas de nossas mãos, nesta terra que o SENHOR amaldiçoou* (5.29).
- Noé — 950 anos (9.28). O nome "Noé" significa "respirar de alívio" ou "consolo". Noé é aquele que traz consolo. Nas palavras de Bräumer, "Noé trará o início de um novo relacionamento com Deus, uma vez que faz uma aliança com Deus. A fé de Noé, o justo, o transforma em salvo. Como salvo, ele representa a esperança do mundo".[9] A bênção da aliança entre Deus e Noé estende-se até o fim dos tempos, e o consolo transmitido por Noé é a garantia da benignidade, da paciência e da longanimidade de Deus. Como primeiro consolador da história, Noé é um tipo de Cristo. A sequência genealógica de Adão a Noé termina com o relato do nascimento de seus três filhos, que serão os antepassados da humanidade pós-diluviana.[10]

Uma exceção gloriosa

Gênesis 5.21-24 fala-nos sobre Enoque, o homem a quem Deus arrebatou para os céus. Esse homem piedoso é mencionado na Bíblia apenas cinco vezes (5.21-24; 1Cr 1.3; Lc 3.37; Hb 11.5; Jd 14,15). Derek Kidner diz que esse espantoso parágrafo (5.21-24) brilha como uma estrela solitária acima do registro terrestre desse capítulo e retrata a intimidade de Enoque com Deus.[11]

Destacamos aqui alguns pontos sobre ele:

Em primeiro lugar, *Enoque é o sétimo descendente de Adão, na linhagem de Sete* (5.21). O segundo descendente de Caim também chamou-se Enoque. O Enoque da linhagem de Caim era um homem ímpio que produziu uma descendência ímpia, contudo, o Enoque da linhagem de Sete era um homem piedoso, que andou com Deus e produziu uma linhagem piedosa.

Em segundo lugar, *Enoque é pregador da justiça* (Jd 14,15). *Quanto a estes foi que também profetizou Enoque, o sétimo depois de Adão, dizendo: Eis que veio o Senhor entre suas santas miríades, para exercer juízo contra todos e para fazer convictos todos os ímpios, acerca de todas as obras ímpias que impiamente praticaram e acerca de todas as palavras insolentes que ímpios pecadores proferiram contra ele.* A pregação do profeta Enoque tinha duas partes: a proclamação da vinda do Senhor para julgamento em sua segunda vinda e a denúncia da impiedade tão visível na degenerada cultura daqueles dias. Vale destacar que Enoque viveu nos tempos maus que precederam o dilúvio (Gn 6.1-7).

Em terceiro lugar, *Enoque andou com Deus* (5.22). Enoque andou com Deus durante os anos que antecederam o dilúvio, quando a libertinagem e a violência prevaleciam e apenas um remanescente cria em Deus (6.5). Certamente, a vida e o testemunho de Enoque nos lembram de que é possível ser fiel a Deus em meio a uma *geração pervertida e corrupta* (Fp 2.15).[12] Bräumer chama a atenção para o fato de que Enoque (5.22) e Noé (6.9) são os únicos homens da Bíblia a respeito dos quais se diz que andaram com Deus. Sobre Abraão, diz-se que andava na presença de Deus (Gn 17.1), e, quando o povo de Israel levava uma vida que agradava a Deus, o texto diz que ele andava no caminho do

Senhor (Dt 13.5). Somente Enoque e Noé tinham uma ligação direta, ininterrupta, com Deus, ou seja, tinham contato diário e íntimo com Deus, o que marcou sua vida e a tornou agradável ao Senhor. A reação de Deus veio. Noé foi protegido e salvo da catástrofe do dilúvio, e Enoque não precisou morrer, pois Deus o tomou para Si.[13] Deus o arrebatou!

"Andar com Deus" significa quatro coisas: (1) Enoque andou pela fé. Andar pela fé é andar não pelo que vemos (2Co 5.7). Assim diz o autor de Hebreus: *Pela fé, Enoque foi trasladado para não ver a morte; não foi achado, porque Deus o trasladara. Pois, antes da sua trasladação, obteve testemunho de haver agradado a Deus* (11.5). (2) Enoque andou em santidade. Está escrito: *Se dissermos que mantemos comunhão com ele* [Deus] *e andarmos nas trevas, mentimos e não praticamos a verdade* (1Jo 1.6). (3) Havia concordância entre Enoque e Deus. A Escritura pergunta: *Será que andarão dois juntos, se não estiverem de acordo?* (Am 3.3). (4) Enoque andou com Deus por um longo tempo (5.21-24). Ele passou a andar com Deus quando Metusalém, seu filho, foi gerado, e, nesse tempo, ele tinha 65 anos. Ele viveu mais trezentos anos, portanto, andou com Deus durante três séculos, de forma consistente.[14]

Em quarto lugar, *Enoque agradou a Deus* (Hb 11.5b). *Pois, antes da sua trasladação, obteve testemunho de haver agradado a Deus.* Enoque viveu de tal forma que Deus tinha prazer em sua vida. Ele viveu não para agradar a si mesmo, mas para agradar a Deus.

Em quinto lugar, *Enoque foi trasladado e tomado por Deus* (5.24). Enoque andava tanto com Deus que um dia Deus resolveu dizer a ele: "Não volte mais para sua casa, venha para casa comigo". As únicas biografias humanas que não se encerram com a morte foram a de Enoque (Gn

4.21-24) e a do profeta Elias (2Rs 2.11,12). Ambos são uma espécie de prenúncio daqueles que não passarão pela morte, por estarem vivos quando Jesus voltar em Sua majestade e glória (1Ts 4.16,17).

Uma família para recomeçar (5.32)

Se os três filhos de Lameque, da linhagem de Caim — Jabal, Jubal e Tubalcaim — foram pessoas que construíram apenas para este mundo, os três filhos de Noé — Sem, Cam e Jafé — reconstruíram as nações. A lista de Gênesis 5.32 não apresenta os filhos de Noé em ordem de nascimento, pois Cam era o filho mais jovem (9.20-24) e Jafé, o mais velho (10.21). A ordem de nascimento seria Jafé, Sem e Cam. Concordo com Matthew Henry quando diz que Sem é colocado primeiro porque nele o concerto foi transmitido, como entendemos em 9.26, em que Deus é chamado de "O Senhor Deus de Sem".[15]

Os ciclos da vida

A série de acontecimentos na sequência das gerações é demonstrada pelos eventos de nascimento, casamento, geração de filhos, tempo total de vida, menção a outras gerações e morte. Vamos chamar esses eventos de ciclos da vida. Podemos resumi-los em quatro ciclos: vida, casamento, filhos e morte. A única exceção desses dez descendentes de Adão é Enoque, o homem que foi trasladado aos 365 anos. Vejamos esses quatro ciclos:

Em primeiro lugar, *a vida*. Esses dez homenss nasceram, cresceram e viveram por muitos anos. Enfrentaram um mundo hostil, mas suportaram as pressões de um mundo onde a maldade humana se multiplicava e era continuamente mau o desígnio do seu coração (6.5). A linhagem santa não viveu numa estufa espiritual, blindada de uma cultura decadente. Todas essas famílias enfrentaram a hostilidade do mundo, que virava as costas para Deus e multiplicava suas formas de pecar contra o Senhor.

Em segundo lugar, *o casamento*. Esses personagens se casaram e constituíram família, atendendo, assim, à ordenança divina de crescer e multiplicar. O casamento foi instituído por Deus e deve ser digno de honra entre todos (Hb 13.4).

Em terceiro lugar, *os filhos*. O texto citado destaca a idade com que cada ancestral gerou o primeiro filho e depois descreve que teve filhos e filhas, porém, não menciona o nome desses filhos nem quantos foram.

Em quarto lugar, *a morte*. A morte, como sinal de igualdade na equação da vida, fecha a cortina dessas fascinantes histórias e coloca um ponto final na jornada terrena desses protagonistas. A sentença de Deus pronunciada no jardim entra em vigor (3.19). Todos devem morrer. O pecado é a causa da morte, por isso ela não é natural. A vida começa, desenvolve-se, amadurece e então se dissipa.

Matthew Henry diz que a expressão "e morreu" é importante para mostrar que a morte ocorreu para todos os homens e que é particularmente bom para nós estudarmos e aproveitarmos as lições que nos são ministradas pela morte dos outros, para a nossa própria edificação. Este era um homem bastante forte e saudável, porém morreu. Aquele era um homem rico e importante, porém morreu. Este era um político esperto, porém morreu. Aquele era um homem muito bom, talvez alguém de muito valor, porém morreu.[16]

A morte entrou pelo primeiro Adão (Rm 5.12), mas o segundo Adão venceu a morte, arrancou o aguilhão da morte, matou a morte e ressurgiu como primícias dos que dormem. Agora, a morte não tem mais a última palavra, pois foi tragada pela vitória.

Notas

[1] BRÄUMER, Hansjörg. *Gênesis*, vol. 1, 2016, p. 116.
[2] Ibidem, p. 114.
[3] WALTKE, Bruce K. *Gênesis*, 2010, p. 133.
[4] Ibidem, p. 132.
[5] BOICE, James Montgomery. *Genesis*, vol. 1, 1998, p. 278-282.
[6] WIERSBE, Warren W. *Comentário bíblico expositivo*, vol. 1, 2006, p. 49.
[7] Ibidem, p. 48-50.
[8] WALTKE, Bruce K. *Gênesis*, 2010, p. 135-136.
[9] BRÄUMER, Hansjörg. *Gênesis*, vol. 1, 2016, p. 120.
[10] Ibidem.
[11] KIDNER, Derek. *Gênesis: introdução e comentário*, 2006, p. 75.
[12] WIERSBE, Warren W. *Comentário bíblico expositivo*, vol. 1, 2006, p. 50.
[13] BRÄUMER, Hansjörg. *Gênesis*, vol. 1, 2016, p. 117.
[14] BOICE, James Montgomery. *Genesis*, vol. 1, 1998, p. 287-288.
[15] HENRY, Matthew. *Comentário bíblico — Antigo Testamento (Gênesis a Deuteronômio)*, vol. 1, 2010, p. 46.
[16] Ibidem, p. 43-44.

Capítulo 8

A maldade humana e o juízo divino
(Gn 6.1-22)

O TEXTO APRESENTADO FALA da multiplicação da raça humana na terra (6.1) e, na mesma medida, da multiplicação da sua maldade (6.5), tendo como resultado uma união desastrosa (6.2) e um juízo inevitável (6.7). O dilúvio foi uma resposta do juízo divino à maldade humana. Três verdades centrais podem ser vistas nesse capítulo: uma união perigosa, uma exceção honrosa e uma salvação milagrosa.

Uma união perigosa (6.1-7)

Destacaremos cinco pontos importantes aqui:

Em primeiro lugar, *a multiplicação da raça humana* (6.1). Os homens haviam obedecido à ordem de Deus e se multiplicado (1.28). A raça humana havia se multiplicado na terra. Tanto os descendentes de Caim como os de Sete geraram filhos e filhas, e a população do mundo cresceu exponencialmente. Myer Pearlman diz que havia agora duas classes de homens no mundo, os ímpios caimitas e os piedosos setitas. A linhagem escolhida de Sete perdeu a sua separação e uniu-se pelo matrimônio com os caimitas.[1]

Em segundo lugar, *os casamentos mistos* (6.2). Duas são as abordagens hermenêuticas desse texto:

A primeira delas defende que os filhos de Deus aqui são os anjos caídos que se relacionam com as filhas dos homens, dando origem aos gigantes (6.4). Bräumer diz que essa teoria do casamento dos anjos com as filhas dos homens manteve-se durante séculos e foi retomada no século 19, tendo seguidores até hoje.[2] Estudiosos conceituados como Henry Morris[3] e James Montgomery Boice[4] subscrevem essa linha de interpretação; contudo, os que defendem essa interpretação argumentam que o termo "filhos de Deus" é usado em referência aos anjos em vários textos bíblicos (Jó 1.6; 2.1; 38.7; Dn 3.25; 1Pe 3.19,20; 2Pe 2.4-6; Jd 6). Também utilizam o argumento de que a *Septuaginta* traduz "filhos de Deus" por "anjos" e, também, que essa seria a melhor maneira de entender a presença dos gigantes na terra.

Destacamos, porém, que o termo "filhos de Deus" nunca é usado para se referir a anjos caídos. Além do mais, em nenhuma parte das Escrituras há a descrição de anjos caídos coabitando com mulheres, até porque Jesus foi enfático ao afirmar que os anjos não se casam nem se dão em casamento (Mt 22.30). Os anjos são assexuados, ou seja, não são uma raça que têm capacidade de procriação. A quantidade de anjos criados é a mesma que existe até hoje, do mesmo modo que a quantidade de anjos caídos é a mesma até hoje. Logo, essa interpretação de anjos caídos tendo relação sexual com as filhas dos homens e trazendo ao mundo uma raça de gigantes não tem amparo nas Escrituras. Como diz George Livingston, "esta visão é contrária ao teor geral da Bíblia".[5] Bruce Waltke ainda destaca que o juízo do dilúvio é contra a humanidade (6.3-5), não contra a esfera celestial.[6]

A segunda interpretação defende que o texto está falando aqui dos casamentos mistos, ou seja, a união marital entre os descendentes piedosos da família de Sete com as mulheres da família ímpia de Caim.[7] Bräumer diz que na igreja primitiva essa interpretação dos casamentos mistos era defendida por Crisóstomo e Agostinho, e, na Reforma, por Martinho Lutero e João Calvino.[8] Nessa mesma esteira de pensamento, Bruce Waltke diz que a interpretação cristã tradicional, desde o século 3, endossada por Lutero e Calvino, entendeu que os filhos de Deus e as filhas dos homens são uma referência aos filhos de Sete e às filhas de Caim, e que o pecado em decorrência da mescla das duas sementes contaminou a linhagem.[9]

Corrobora com essa interpretação Livingston quando destaca que o termo "filhos de Deus" ocorre em referência a seres humanos, não a anjos caídos, como podemos ver em João 1.12; Romanos 8.14; Filipenses 2.15; 1João 3.1 e Apocalipse 21.7.[10] Resta, portanto, afirmar que o que está em foco aqui é que os homens da descendência piedosa de Sete começaram a se casar com as mulheres ímpias da descendência de Caim e que esse casamento misto corrompeu toda aquela geração, mas sim que casamento misto é reprovado por Deus tanto no Antigo como no Novo Testamentos (Dt 7.3,4; 1Rs 11.1-4; Ed 9.1,2; 2Co 6.14).

Jesus diz que os dias que precederão a sua segunda vinda terá semelhança com esses dias de Noé:

Pois assim como foi nos dias de Noé, também será a vinda do Filho do Homem. Porquanto, assim como nos dias anteriores ao dilúvio comiam e bebiam, casavam e davam-se em casamento, até ao dia em que Noé entrou na arca, e não o perceberam, senão quando veio o dilúvio e os levou a todos, assim será também a vinda do Filho do Homem (Mt 24.37-39).

Em terceiro lugar, *o juízo divino* (6.3). Deus retira a influência do Seu Espírito no homem, porém, lhe dá um tempo para se arrepender. Esses 120 anos não seriam aqui o limite da vida humana doravante, pois no período pós-dilúvio muitos descendentes de Sem viveram mais de quatrocentos anos (11.10-32). Tratava-se, na verdade, do tempo de graça para humanidade, ou seja, Deus concede um adiamento de 120 anos na execução da pena imposta à humanidade.[11] Waltke, nessa mesma linha de pensamento, escreve: "Os 120 anos são o espaço de tempo entre esta proclamação e o dilúvio, e não os anos de vida de um indivíduo. A delonga de cento e vinte anos permite que as pessoas tenham tempo de arrepender-se".[12] Nesse período antes do dilúvio, Noé construiu a arca e, ao mesmo tempo, foi o pregador da justiça (2Pe 2.5), mas ninguém lhe deu ouvidos.

Em quarto lugar, *uma descendência de gigantes no tamanho, mas pigmeus na estatura espiritual* (6.4). A palavra *gigantes*, no hebraico *nephilim*, significa literalmente "os caídos" ou "aqueles que caem sobre os outros".[13] O texto não faz uma relação causal entre o casamento dos filhos de Deus com as filhas dos homens e a existência dos gigantes; apenas afirma que, naquele tempo, havia gigantes na terra.

Portanto, o que o texto afirma é que os gigantes viviam na terra na mesma época em que os filhos de Deus coabitavam com as filhas dos homens.

Os gigantes eram homens famosos que realizaram grandes conquistas em guerras e batalhas, e habitaram a terra de Canaã antes do povo de Israel conquistá-la (Nm 13.22,33; Dt 1.19), sendo derrotados por Josué (Js 11.21; 14.15). Diante desses gigantes, por incredulidade, o povo nômade de Israel se sentia como um bando de gafanhotos (Nm 13.33). Concordo com Bräumer quando diz que os gigantes mencionados no Antigo Testamento não têm nada em comum com os gigantes e semideuses das religiões pagãs.[14]

Em quarto lugar, o desgosto de Deus (6.5,6). Derek Kidner diz que a maldade do homem é apresentada extensiva e intensivamente. A última com força devastadora nas palavras "continuamente" e "todo". Dificilmente se pode conceber mais enfática declaração da impiedade do coração humano.[15] Nessa mesma linha de pensamento, James Montgomery Boice diz que o pecado é uma questão interna e, ao mesmo tempo, penetrante, uma vez que não é só uma questão de atos externos como adultério, roubo, assassinato e outros crimes, mas também pensamentos que emanam do coração. Em outras palavras, o pecado vem do coração e controla tudo o que pensamos e fazemos.[16] Sendo assim, entendemos que o desgosto de Deus com essa geração pré-diluviana pode ser visto sob três aspectos:

1. O que Deus viu (6.5). Deus não é indiferente nem insensível ao que se passa na terra; na verdade, ele vê e avalia, vê e diagnostica o mal, e não tem prazer no pecado nem pode deixá-lo sem castigo.

2. O que Deus sentiu (6.6). O Senhor se arrependeu de ter feito o homem sobre a terra, por isso o seu coração pesou. Essa expressão *Deus se arrependeu* aparece várias vezes nas Escrituras (Êx 32.14; 1Sm 15.11; Jr 18.7,8; 26.3,13,19; Jn 3.10). Ainda lemos nas Escrituras que Deus não mente nem se arrepende como o homem (Nm 23.19; 1Sm 15.29). Como entender, então, Gênesis 6.6? Quando o termo "arrependimento" é usado em referência a Deus, certamente se trata de uma antropopatia, ou seja, atribuir a Deus um sentimento humano. Concordo com Livingston quando escreve:

> O arrependimento divino não brota da tristeza por más ações feitas. As mudanças na relação do homem com Deus resultam em mudanças nos procedimentos de Deus com o homem. Quando o homem se afasta de Deus para o pecado, Deus muda a relação de comunhão para uma relação de repreensão julgadora. Quando o homem se afasta do pecado para Deus, este estabelece uma nova relação de comunhão. Esse é o arrependimento divino. Em nosso texto (Gn 6.6), Deus muda de comunhão para julgamento.[17]

3. O que Deus falou (6.7). O julgamento pelo pecado é inevitável, então, Deus pronuncia seu veredito àquela geração corrompida. E tendo em vista que o homem era o líder da criação, todos os animais terrestres e voláteis foram julgados com ele e pereceram.

Uma exceção honrosa (6.8-13)

No meio do lodo daquela geração corrompida, brotou um lírio puro chamado Noé. Nas palavras de Boice,

"Noé era um santo solitário, um favorecido pela graça, um homem que andou com Deus, como portador de consolo".[18] Destacamos alguns pontos importantes sobre sua vida.

Em primeiro lugar, *Noé achou graça diante do SENHOR* (6.8). A fidelidade de Deus aos que confiam na sua graça e lhe obedecem é inalterável, e, no meio daquela geração corrompida e má, Noé achou graça diante de Deus. Ele era um homem santo de Deus entre pecadores pervertidos, ou, melhor, um santo solitário. Estou de pleno acordo com o que escreveu Bräumer:

> O mundo não foi conservado graças à cultura e civilização desenvolvidas pelos filhos de Caim (4.17,20-22). O mundo também não existe porque as pessoas aprenderam a se reproduzir e multiplicar (6.1). E de maneira alguma o mundo sobrevive porque há nele gigantes, homens de renome, vulto e grande influência (6.4). O mundo permanece porque Deus concede sua graça a um único homem, Noé.[19]

Em segundo lugar, *Noé era homem justo e* íntegro *entre os seus contemporâneos* (6.9a). Justo (*tsadik*) retrata aquele que vive de acordo com um padrão estabelecido por Deus, e essa é a primeira vez que a palavra "justo" aparece na Bíblia. Concordo com Wiersbe quando diz que a justiça de Noé não vinha de suas boas obras; eram suas obras que vinham de sua justiça.[20] Noé era também íntegro (*tamim*), palavra esta que designa uma pessoa indivisa em sua lealdade. Noé prova que o homem não é produto do meio, uma vez que sua vida era irrepreensível tanto no recesso de seu coração como no aspecto público. Em outras palavras, era íntegro com a porta do quarto trancada e justo aos olhos de Deus e dos homens.

Em terceiro lugar, *Noé andava com Deus* (6.9b). Como dissemos, os únicos dois homens que andaram com Deus foi Enoque (5.22) e Noé (9.6b). Enoque é salvo da morte e Noé, do dilúvio.[21] Noé andou com Deus numa terra eivada de maldade e quando sua geração virou as costas para Deus, bem como quando seus contemporâneos não acreditaram na sua pregação.

Em quarto lugar, *Noé foi o progenitor de uma semente especial* (6.10). Ele foi o pai de Sem, Cam e Jafé, os três progenitores da repovoação da terra. Noé foi o pai dos pais das nações, e também podemos dizer que foi o maior evangelista de todos os tempos, porque, embora ele não tenha conseguido salvar o mundo, salvou toda a sua família.

Em quinto lugar, *Noé foi um homem obediente* (6.22; 7.5,9,16). Ele seguiu à risca o que Deus lhe ordenou acerca da construção da arca, e, como sabemos, obediência é melhor do que sacrifício. Wiersbe destaca que a maioria das pessoas sabe que Noé construiu uma arca, porém, o que provavelmente não sabem é que ele construiu um caráter piedoso e uma família temente a Deus, porque, se não fosse pela família devota de Noé, Abraão não teria nascido, e, sem Abraão, não teria havido uma nação judaica, a Bíblia e o Salvador?[22]

Uma corrupção desastrosa (6.11-13)

A apostasia tornou-se universal. Vejamos dois fatos:

Em primeiro lugar, *a corrupção da terra* (6.11,12). O pecado na terra é um escândalo no céu; nesse sentido, à vista de Deus, a terra estava corrompida e cheia de violência, uma vez que todo ser vivente havia corrompido o seu caminho na terra. A corrupção tornou-se generalizada de tal modo que atingiu todo ser vivente, em todos os lugares.

A maldade humana e o juízo divino

Em segundo lugar, *a resolução divina* (6.13). Deus resolve dar cabo de toda carne por causa da violência dos homens. Concordo com Bräumer quando diz que a catástrofe do dilúvio não foi parcial, mas total e universal.[23] Foi assim que escreveu o apóstolo Pedro: *E não poupou o mundo antigo, mas preservou a Noé, pregador da justiça, e mais sete pessoas, quando fez vir o dilúvio sobre o mundo de ímpios* (2Pe 2.5).

Uma salvação milagrosa (6.14-22)

Aqui, vale destacar três fatos importantes:

Em primeiro lugar, *Deus manda construir uma arca* (6.14-17). A arca não é um navio, mas um baú com três conveses ou pavimentos, feita de tábuas de cipreste e calafetada de betume por dentro e por fora. Ela media 150 metros de comprimento, 25 metros de largura e 15 metros de altura. A arca deveria ser subdividida em uma série de compartimentos, pequenas cabines, câmaras ou nichos, e tinha uma claraboia no teto e uma porta de entrada. A arca de Noé é seis vezes mais comprida e mais de duas vezes mais larga do que o templo de Salomão.[24]

Deus então derramou *águas em dilúvio* (6.17). Derek Kidner diz que isso pode ser uma expressão descritiva das "águas sobre o firmamento" como uma espécie de oceano celeste.[25] Bräumer corrobora essa ideia quando diz que a palavra hebraica para dilúvio é *mabul*, que significa "oceano celeste". A única outra ocorrência dessa palavra está em Salmos 29.10: *O SENHOR preside aos dilúvios*. O oceano celeste acima da terra será esvaziado por baixo, como se escorresse por uma grade. Quando o oceano celeste que despenca se encontra com o mar original debaixo da terra, o mundo inteiro entra em colapso, e a catástrofe é total, universal, provocando uma destruição que atinge todas as criaturas vivas.[26]

Em segundo lugar, *Deus faz uma aliança* (6.18). Derek Kidner tem razão em dizer que Noé entra na arca não como simples sobrevivente, mas como o portador da promessa divina de uma nova era.[27] Essa é a primeira vez que a palavra *aliança* aparece na Bíblia. Uma aliança é um acordo que implica obrigações e benefícios para as partes envolvidas. Em algumas alianças, Deus é a única parte pactual e faz promessas incondicionais ao seu povo.[28]

Em terceiro lugar, *Deus junta os animais* (6.19-22). O Senhor traz a Noé os animais de par em par para serem salvos da morte (6.20; 7.8,15), do mesmo modo que havia trazido os animais a Adão para que este lhes desse nomes. Os animais próprios para o sacrifício entraram de sete em sete pares (7.2); dos animais limpos e dos animais impuros, um par de cada, para preservar a espécie (7.8,9). Noé conduziu esses animais para dentro da arca (6.19); nesse sentido, a total obediência de Noé (6.22) expressou inteireza de fé; e é isso que Hebreus 11.7 entende como importante.[29]

NOTAS

[1] PEARLMAN, Myer. *Através da Bíblia*. Miami: Editora Vida, 1987, p. 16.
[2] BRÄUMER, Hansjörg. *Gênesis*, vol. 1, 2016, p. 121-122.
[3] MORRIS, Henry M. *The Genesis Record*, 2006, p. 165.

[4] BOICE, James Montgomery. *Genesis*, vol. 1, 1998, p. 307-310.
[5] LIVINGSTON, George H. *O livro de Gênesis*, in: *Comentário bíblico Beacon*, vol. 1, 2015, p. 45.
[6] WALTKE, Bruce K. *Gênesis*, 2010, p. 140.
[7] MURRAY, John. *Principles of Conduct*. Londres: Tyndale Press, 1957, p. 243-249.
[8] BRÄUMER, Hansjörg. *Gênesis*, vol. 1, 2016, p. 122.
[9] WALTKE, Bruce K. *Gênesis*, 2010, p. 139.
[10] LIVINGSTON, George H. *O livro de Gênesis*, in: *Comentário bíblico Beacon*, vol. 1, 2015, p. 46.
[11] BRÄUMER, Hansjörg. *Gênesis*, vol. 1, 2016, p. 125.
[12] WALTKE, Bruce K. *Gênesis*, 2010, p. 141.
[13] LIVINGSTON, George H. *O livro de Gênesis*, in: *Comentário bíblico Beacon*, vol. 1, 2015, p. 46.
[14] BRÄUMER, Hansjörg. *Gênesis*, vol. 1, 2016, p. 128.
[15] KIDNER, Derek. *Gênesis: introdução e comentário*, 2006, p. 80.
[16] BOICE, James Montgomery. *Genesis*, vol. 1, 1998, p. 314-315.
[17] LIVINGSTON, George H. *O livro de Gênesis*. In: *Comentário bíblico Beacon*, vol. 1, 2015, p. 47.
[18] BOICE, James Montgomery. *Genesis*, vol. 1, 1998, p. 319-325.
[19] BRÄUMER, Hansjörg. *Gênesis*, vol. 1, 2016, p. 130.
[20] WIERSBE, Warren W. *Comentário bíblico expositivo*, vol. 1, 2006, p. 54.
[21] WALTKE, Bruce K. *Gênesis*, 2010, p. 160.
[22] WIERSBE, Warren W. *Comentário bíblico expositivo*, vol. 1, 2006, p. 55.
[23] BRÄUMER, Hansjörg. *Gênesis*, vol. 1, 2016, p. 134.
[24] Ibidem, p. 136.
[25] KIDNER, Derek. *Gênesis: introdução e comentário*, 2006, p. 84.
[26] BRÄUMER, Hansjörg. *Gênesis*, vol. 1, 2016, p. 137.
[27] KIDNER, Derek. *Gênesis: introdução e comentário*, 2006, p. 84.
[28] WIERSBE, Warren W. *Comentário bíblico expositivo*, vol. 1, 2006, p. 56.
[29] KIDNER, Derek. *Gênesis: introdução e comentário*, 2006, p. 84.

Capítulo 9

O dilúvio: um cataclismo geral, que trouxe um juízo universal
(Gn 7.1-24)

CENTO E VINTE ANOS haviam se passado desde que Deus ordenara a Noé construir uma arca. Nesses anos, ele não só trabalhou arduamente para preparar aquele baú flutuante, mas também, como pregador da justiça, conclamou sua geração a voltar-se para Deus. Sua mensagem caiu em ouvidos surdos, e sua geração continuou comendo, bebendo, casando-se e dando-se em casamento até que o dilúvio chegou e destruiu a todos (Mt 24.37-39).

O texto em apreço fala-nos sobre a ordem de embarque (7.1-5), a entrada na arca (7.6-9), o começo do dilúvio (7.10-16) e a dimensão deste (7.17-24). Vamos abordar, então, esses pontos:

A ordem de embarque (7.1-5)

Destacamos aqui alguns pontos importantes:

Em primeiro lugar, *Noé é um homem obediente* (7.1,5). Noé é um homem que obedece a Deus. O Senhor lhe ordena que entre na arca com toda a sua casa e leve consigo os animais e aves conforme a prescrição divina (7.2,3), e ele tudo fez segundo o Senhor lhe ordenou (7.5). Matthew Henry diz que o chamado de Deus aqui é muito gentil, como o de um pai carinhoso a seus filhos para virem para dentro quando vê a noite ou uma tempestade se aproximando.[1]

Em segundo lugar, *Noé é um homem de fé* (7.1). Noé não entrou na arca por iniciativa própria, mas sim no tempo de Deus, por ordem de Deus e para os propósitos de Deus.

Em terceiro lugar, *Noé é um homem justo no meio de uma geração pervertida* (7.1b). Deus reconhece que Noé tem sido um homem justo em Sua presença no meio de uma geração cuja maldade havia se multiplicado (6.5) e que, mesmo alertada sobre o juízo por 120 anos, não se arrependeu (6.3).

Em quarto lugar, *Noé é um homem poupado por Deus da destruição universal* (7.4). Deus deu àquela geração violenta e cheia de maldade não apenas 120 anos de tempo para se arrepender, mas ainda lhe concedeu um adiamento de mais sete dias para mostrar como ele é tardio em irar-se e cheio de benignidade. Então, esse tempo seria encerrado para sempre, ou seja, o tempo da graça e da oportunidade findaria, e a porta da arca seria fechada.

Bräumer diz que esses sete dias remetem à semana da criação. Durante seis dias, Noé deveria ocupar-se do transporte e da acomodação de todos na arca, e, no sétimo dia, essa incumbência deveria estar terminada.[2] É digno de destaque que a destruição não é obra do dilúvio, mas de Deus, que acaba com o mundo que Ele mesmo havia criado: [...] *e da superfície da terra exterminarei todos os seres que fiz* (7.4).

A entrada na arca (7.6-9)

Neste ponto, vale destacar três fatos:

Em primeiro lugar, *a idade de Noé, definindo a temporalidade do dilúvio* (7.6). Noé tinha seiscentos anos de idade quando entrou na arca. O cuidado divino em fazer esse registro é importante, porque por essa informação podemos saber a temporalidade do dilúvio. Fica claro no texto que Noé e sua família entraram na arca imediatamente antes do começo da chuva diluviana. Os animais já tinham sido conduzidos para dentro da arca nos seis dias anteriores.

Em segundo lugar, *a família de Noé, definindo a salvação pela graça* (7.7). Noé entra na arca com sua mulher, seus três filhos — Sem, Cam e Jafé —, bem como com as mulheres de seus três filhos, ou seja, ao todo oito pessoas. Deus salva famílias (At 16.31), e, por meio dessa família, Ele haveria de repovoar a terra. Essa família creu em Deus e foi salva pela graça.

Em terceiro lugar, *os animais com Noé, definindo o cuidado de Deus com a criação* (7.8,9). Todos os animais e todas as aves haveriam de morrer em decorrência do dilúvio, por isso, Deus ordena Noé a levar consigo na arca animais puros e impuros, bem como aves, em pares, segundo a sua espécie, pois essa era a forma de Deus preservar a fauna. O texto bíblico, porém, diz que Deus traz os animais a Noé para que este os preservasse, assim como Deus havia trazido a Adão os animais para que lhes desse nomes.[3]

O começo do dilúvio (7.10-16)

Destacamos aqui quatro pontos:

Em primeiro lugar, *a universalidade do dilúvio* (7.10-12). Somos informados de que as águas do dilúvio vieram sobre a terra (7.10) e a copiosa chuva veio sobre a terra (7.12), o que evidencia que o dilúvio não foi uma enchente local, atingindo apenas a região específica onde Noé morava. Os argumentos a favor de um dilúvio universal são abundantes, como bem comenta o cientista Henry Morris:[4]

1. Expressões envolvendo a universalidade do dilúvio e seus efeitos ocorrem mais de trinta vezes apenas em Gênesis 6—9.

2. As expressões usadas em Gênesis 7.11,12 sobre o rompimento de todas as fontes do grande abismo, as comportas dos céus se abrindo e a ocorrência ainda de copiosa chuva sobre a terra durante quarenta dias e quarenta noites apontam para um dilúvio universal. Derek Kidner diz que as expressões *fontes do grande abismo* e *comportas dos céus* evocam deliberadamente Gênesis 1: as águas sobre e sob o firmamento voltam a misturar-se, como que para inverter a própria obra da criação e trazer de volta a informe desolação de águas.[5] Livingston acrescenta: "A fonte das águas era dupla: jorravam *de baixo*, do grande abismo (7.11), e se derramavam *de cima*, pelas janelas do céu".[6]

3. Se o dilúvio não tivesse sido universal, o melhor expediente não seria despender 120 anos construindo a arca, e sim migrar para outra região segura; além disso, também não seria necessário salvar os animais nem as aves.

4. As águas do dilúvio prevaleceram excessivamente sobre a terra e cobriram todos os altos montes que havia debaixo do céu, prevalecendo acima deles cerca de sete metros (7.19,20) – isso é uma evidência da universalidade do dilúvio.

5. Pereceu toda a carne que se movia sobre a terra, tanto de aves como de animais, e ainda de todos os enxames de criaturas que povoam a terra e todo homem. Foram exterminados todos os seres que havia sobre a face da terra, ou seja, o homem, os animais, os répteis e as aves, ficando apenas Noé e sua família (7.21-23). Essa é uma linguagem eloquente em defesa da universalidade do dilúvio.

6. Deus prometeu nunca mais enviar um dilúvio semelhante sobre a terra (8.21; 9.11,15). Se essa promessa se tratava de um dilúvio regional, então a promessa foi quebrada diversas vezes ao longo da história. Portanto, essa promessa de Deus só pode ser cumprida se o dilúvio foi universal.

7. O Novo Testamento usa um único termo, *kataklusmos*, "cataclismo", para o dilúvio (Mt 24.39; Lc 17.27; 2Pe 2.5; 3.6) em vez de usar a palavra grega usual para "dilúvio".

8. Novas condições cosmológicas vieram depois do dilúvio, incluindo estações definidas, como sementeira e ceifa, frio e calor, verão e inverno, dia e noite (8.22), o arco-íris (9.13,14) e a inimizade entre homem e feras (9.2). Essas condições não são apenas regionais, mas universais. Warren Wiersbe argumenta: "Se o dilúvio

não foi universal, por que Deus deu o arco-íris como sinal universal de Sua aliança" (9.11-15)?[7]

9. A longevidade humana começou a declinar depois do dilúvio, como se pode constatar ao comparar as genealogias de Gênesis 5 e de Gênesis 11.

10. Os escritores bíblicos tanto do Antigo como do Novo Testamentos aceitaram a universalidade do dilúvio, como se pode constatar nos textos (Jó 12.5; 22.16; Sl 29.10; 104.6-9; Is 54.9; 1Pe 3.20; 2Pe 2.5; 3.5,6; Hb 11.7).

11. O Senhor Jesus Cristo aceitou a historicidade e universalidade do dilúvio, fazendo dele um tipo da Sua segunda vinda e de Seu julgamento universal (Mt 24.37-39; Lc 17.26,27).

Em segundo lugar, *os humanos entraram na arca* (7.13). Quando tinha seiscentos anos, Noé entrou na arca com sua mulher, seus filhos — Sem, Cam e Jafé — e suas respectivas esposas, exatamente no dia dezessete do segundo mês. Somente essa família foi salva; aqui, vale ressaltar também que, embora a poligamia fosse uma prática na descendência caimita, Noé e seus filhos eram monógamos.

Em terceiro lugar, *os animais entraram na arca* (7.14-16a). A família de Noé embarcou com todos os animais, segundo a sua espécie, macho e fêmea, para se procriarem depois do dilúvio. Três vezes é dito que entraram na arca (7.13,15,16). Bräumer diz que *Elohim*, Deus da natureza e fonte da vida, dá a Noé a ordem para conservar o mundo animal, e Noé teve que levar casais para dentro da arca. Javé, o Deus pessoal e que tem um relacionamento direto com Sua criatura, fecha a arca e providencia pessoalmente a proteção para aqueles a quem Ele salva.[8]

Em quarto lugar, *o fim do tempo da graça* (7.16b). O mesmo Deus que havia dado 120 anos para aquela geração perversa e violenta se arrepender, e ainda mais sete dias antes de as chuvas caírem sobre toda a terra, agora encerra o tempo da oportunidade e fecha a porta da arca. *O SENHOR fechou a porta após Noé*. A segurança de Noé e sua família está garantida e a ruína dos homens, lavrada. Concordo com Bruce Waltke quando diz: "A salvação de Noé se deve à graça divina. O ato de Deus assinala a proteção divina que impede o furioso dilúvio de tragar o navio".[9]

A dimensão do dilúvio (7.17-24)

Com relação a esse aspecto, é importante destacar três pontos:

Em primeiro lugar, *a duração do dilúvio* (7.17). O dilúvio durou quarenta dias e quarenta noites, e, nesse tempo, as águas precipitaram das alturas e brotaram de baixo. Romperam-se todas as fontes do grande abismo, as comportas dos céus se abriram e houve copiosa chuva sobre a terra (7.11,12). No total, o dilúvio durou um ano e onze dias (7.11; 8.13); nesse sentido, a datação precisa do início do dilúvio dá a dimensão da catástrofe.

Livingston traça, à luz de Gênesis 7 e 8, a cronologia do dilúvio da seguinte maneira:[10]

- 7.6 — Idade de Noé (600 anos)
- 7.7-10 — Carregando a arca (sete dias)
- 7.10b,11 — A chuva começa (dia 17 do mês 2 do ano 600)

- 7.12,17 — A chuva para (depois de quarenta dias e quarenta noites)
- 7.24; 8.3 — O dilúvio permanece (110 dias + 40 = 150 dias)
- 8.4 — A arca pousa no monte Ararate (dia 17 do mês 7 do ano 600)
- 8.5 — Ás águas recuam (+ 73 dias)
- 8.5 — Os cumes das montanhas aparecem (dia 1 do mês 10 do ano 600)
- 8.6-9 — Noé abre a janela da arca — solta um corvo e uma pomba (depois de mais 40 dias)
- 8.10,11 — Noé, pela segunda vez, envia uma pomba (sete dias)
- 8.12 — Pela terceira vez, Noé envia uma pomba, que não volta (sete dias)
- 18.13 — As águas finalmente secam depois de mais 36 dias (dia 1 do mês 1 do ano 601)
- 8.14 — Terra seca, depois de mais 57 dias todos saem da arca (dia 27 do mês 2 do ano 601). Total do período entre a entrada e a saída da arca: um ano e dez dias.

Em segundo lugar, *o predomínio das águas do dilúvio* (7.18-20). As águas predominaram, e a arca passou a flutuar sobre as águas. Todos os altos montes debaixo do céu foram cobertos pelas águas, o que nos mostra que a inundação foi total e universal. O texto diz que cresceram, predominaram, cresceram sobremodo, prevaleceram sobre os montes (cf. 7.17-20). Bräumer diz que a enumeração não é uma simples repetição, mas um aumento crescente.[11]

Em terceiro lugar, *o extermínio dos seres vivos pelas águas do dilúvio* (7.21-24). Todos os seres viventes, quer humanos, quer animais, quer aves, pereceram, exceto Noé, sua família e os animais e as aves que estavam com ele na arca. O dilúvio foi uma catástrofe mundial abrangente. A descrição da catástrofe humana é discreta, pois sua intenção não é despertar pavor, mas reverência, diz Hansjörg Bräumer.[12]

Como conclusão, destaco três lições dessa passagem, sugeridas por Boice. Primeira, nossa perfeita segurança: quando Deus convida Noé para entrar na arca e depois a fecha, isso lança luz sobre nossa perfeita segurança em Cristo, visto que Jesus é a arca da nossa salvação e Nele temos plena segurança. Segunda: a grande graça de Deus. Noé e sua família foram salvos num mundo em que os demais perecem. Noé pregou para aquela geração por 120 anos, mas eles não deram ouvidos à mensagem do pregoeiro da justiça. Pereceram porque não ouviram nem atenderam ao chamado da graça. Terceira: o tempo oportuno para receber a graça. A porta da arca foi fechada por Deus. O tempo da graça havia terminado. O dilúvio chegou. Era a hora do juízo (Mt 25.1-11).[13]

NOTAS

[1] HENRY, Matthew. *Comentário bíblico — Antigo Testamento (Gênesis a Deuteronômio)*, vol. 1, 2010, p. 53.

[2] BRÄUMER, Hansjörg. *Gênesis*, vol. 1, 2016, p. 140.
[3] WALTKE, Bruce K. *Gênesis*, 2010, p. 167.
[4] MORRIS, Henry M. *The Genesis Record*, 2006, p. 199-203.
[5] KIDNER, Derek. *Gênesis: introdução e comentário*, 2006, p. 85.
[6] LIVINGSTON, George H. *O livro de Gênesis*, in: *Comentário bíblico Beacon*, vol. 1, 2015, p. 49.
[7] WIERSBE, Warren W. *Comentário bíblico expositivo*, vol. 1, 2006, p. 57.
[8] BRÄUMER, Hansjörg. *Gênesis*, vol. 1, 2016, p. 142.
[9] WALTKE, Bruce K. *Gênesis*, 2010, p. 168.
[10] LIVINGSTON, George H. *O livro de Gênesis*, in: *Comentário bíblico Beacon*, vol. 1, 2015, p. 50.
[11] BRÄUMER, Hansjörg. *Gênesis*, vol. 1, 2016, p. 144.
[12] Ibidem.
[13] BOICE, James Montgomery. *Genesis*, vol. 1, 1998, p. 344-345.

Capítulo 10

Os sinais da salvação
(Gn 8.1-22)

O DILÚVIO DUROU UM ANO E DEZ DIAS. Noé, sua família e os animais que com eles estavam viveram em quarentena, num completo isolamento, dentro de uma arca, flutuando sobre as águas. O texto apresentado tratará do fim do dilúvio, dos sinais de vida, do culto a Deus na terra renovada e das promessas do Senhor. Destacaremos aqui dez pontos importantes:

Deus se lembrou e fez soprar um vento (8.1)

Pela fé, Noé construiu a arca, pregou à sua geração, entrou na arca e agora está pronto a sair dela e recomeçar a história humana. Deus levou aquela geração ao juízo, mas poupou Noé e sua família.

Agora, Deus se lembra de Noé e faz soprar um vento sobre a terra. Destacamos esses dois pontos:

Em primeiro lugar, *Deus se lembrou de Noé* (8.1). O que significa que Deus se lembrou de Noé? Não se trata, obviamente, de uma lembrança de algo de que Deus se havia esquecido, mas de uma demonstração do favor de Deus. Warren Wiersbe diz que o termo "lembrar-se" significa atentar para, cumprir uma promessa e realizar um gesto em favor de alguém. Deus lembrou-se de Abraão e salvou Ló da destruição de Sodoma (19.29). O Senhor lembrou-se tanto de Raquel quanto de Ana e permitiu que concebessem e tivessem filhos (30.22; 1Sm 1.11,19). O Senhor lembrou-se de Sua aliança e livrou Seu povo do cativeiro no Egito (Êx 2.24; 6.5). "Lembrar-se" deixa implícito um compromisso anterior de Deus e anuncia o cumprimento de Sua promessa.[1] Nessa mesma linha de pensamento, Bruce Waltke diz que "lembrar-se", em referência a Deus, significa executar um compromisso prévio com um parceiro pactual.[2]

Em segundo lugar, *Deus soprou um vento sobre a terra* (8.1) A palavra hebraica para vento aqui é *ruach,* a mesma palavra usada para o Espírito de Deus. O mesmo Espírito que dava vida à criação (1.2) está aqui, novamente, soprando vida na nova criação. Bräumer diz que o vento é o Espírito de Deus, a origem e a fonte da vida. Para Noé, o vento que sopra é o primeiro sinal da nova vida que se forma sobre a terra. O Espírito de Deus, por quem o mundo foi criado, está trabalhando novamente.[3]

A chuva se deteve (8.2,3)

As fontes do abismo fecharam-se embaixo, as comportas dos céus fecharam-se em cima e a copiosa chuva dos céus se deteve. Como que num ralo gigante, as águas iam escoando continuamente de sobre a terra e minguaram ao cabo de 150 dias. Esses cinco meses, ou 150 dias, marcaram o período entre o começo do dilúvio e o pouso da arca. Hansjörg Bräumer diz que, no hebraico, aparece duas vezes o termo *schub*, isto é, as águas evaporaram, voltaram para o oceano celestial, penetraram na terra e, assim, voltaram ao abismo.[4]

É possível que o dilúvio tenha alterado de modo significativo os contornos da superfície terrestre, bem como de suas regiões subterrâneas. Uma vez que houve erupções abaixo da superfície da terra (7.11), é possível que cadeias de montanhas e continentes inteiros tenham surgido e desaparecido, criando enormes regiões para onde a água pudesse escoar.[5]

O pouso da arca (8.4)

Cinco meses depois que o dilúvio começou (7.11; 8.4), a arca repousou sobre as montanhas de Ararate. Ararate é uma região onde fica uma cordilheira de montanhas. Livingston diz que essa cadeia de montanhas está situada na Turquia oriental.[6] Já Bruce Waltke acrescenta que essa região da Turquia oriental fica ao sul da Rússia e noroeste do Irã.[7] Henry Morris diz que a região do Ararate incluía também o monte Ararate e que esse monte inclui formações sedimentares, contendo fósseis marítimos. Derek Kidner afirma que o monte Ararate propriamente dito tem 6.695 metros de altura.[8]

Os picos das montanhas se tornam visíveis (8.5)

Entre o pouso da arca nas montanhas de Ararate, o que ocorreu no quinto mês do dilúvio, ou seja, dia 17 do sétimo mês, até as águas irem minguando, a ponto de se ver o pico das montanhas, foram mais 73 dias. Ou seja, isso ocorreu no dia primeiro do décimo mês. Isso significa que transcorreram sete meses e dezessete dias do começo do dilúvio até aparecer os cimos dos montes. É significativo que a palavra *repousou* está relacionada com o nome Noé, que significa "descanso" ou "repouso".

Noé solta um corvo (8.6,7)

Passaram-se mais quarenta dias, desde que os picos das montanhas apareceram, para Noé abrir a janela da arca e soltar um corvo. Isso ocorreu no décimo dia do undécimo mês, portanto, quando o corvo foi liberado para sobrevoar a terra, haviam se passado, desde o começo do dilúvio, oito meses e 23 dias. O corvo foi e voltou, foi e voltou, até que não voltou mais. Por ser uma ave impura, certamente encontrou carcaças apodrecidas para se alimentar. Noé solta primeiro um corvo, pois este poderia se alimentar dos cadáveres do dilúvio. O fato de ele não retornar era um bom sinal, o sinal de que as águas tinham escoado.

Noé solta uma pomba (8.8-12)

Noé soltou uma pomba, animal limpo, para ver se as águas já haviam minguado da superfície da terra, mas a pomba não achou lugar para pousar e voltou a Noé, para a arca. Sete dias depois, Noé soltou a pomba novamente, e à tarde ela trouxe no bico uma folha nova de oliveira. Noé esperou mais sete dias e soltou a pomba novamente; ela, porém, já não retornou a ele. Ao trazer uma folha nova de oliveira no bico, a pomba anuncia que a terra tinha ressuscitado de seu "túmulo de águas".[9]

A terra estava seca (8.13,14)

No primeiro dia do primeiro mês do ano 601 de Noé, as águas se secaram, e Noé removeu a coberta da arca e viu que o solo estava enxuto. Ou seja, desde o começo do dilúvio até a abertura da arca foram 10 meses e 13 dias.

A ordem do desembarque (8.15-19)

Depois de um ano e dez dias, quando a terra estava completamente seca, Deus ordenou o desembarque. Mesmo Noé tendo evidências de que a terra estava seca, ele só saiu da arca quando Deus deu a ordem para desembarcar. Ele não move um pé sem a ordem divina, então, esperou pela autorização de Deus para sair da arca. Bräumer destaca que, antes que todos saíssem da arca, Deus renovou sua bênção sobre a criação, a bênção da fecundidade. Era como no início dos tempos, mas os remanescentes viveriam em outro mundo, e, com a saída da arca, começava a vida na terra depois do dilúvio.

O que levou o povo a rejeitar a palavra de Deus e perecer? Fizeram como as pessoas na parábola de Jesus (Lc 14.16-24), que se ocuparam com os afazeres da vida cotidiana (Mt 24.37-39) e deixaram de lado as coisas da eternidade. Acreditaram que a vida prosseguiria como sempre e que nada mudaria. Disseram que Deus não iria invadir o mundo deles nem interromper o fluxo habitual das coisas, porém, foi exatamente isso que Ele fez. Hoje em dia, as pessoas têm essa mesma atitude com relação à volta do Senhor Jesus (2Pe 3.1-9; 1Ts 5.1-10).[10]

Derek Kidner diz que outro aspecto digno de destaque nessa passagem é que o Novo Testamento vê o dilúvio e o rito do batismo como expressões gêmeas dessa realidade

(1Pe 3.18-22), a saber, da provisão de um caminho que passa da morte para a vida.[11]

O culto a Deus na terra renovada (8.20,21a)

Boice diz que uma das coisas mais sublimes de Gênesis 8 é que não apenas Deus se lembrou de Noé, mas também Noé lembrou-se de Deus.[12] Henry Morris diz que essa é a primeira vez que a palavra *altar* aparece na Bíblia, e esses foram sacrifícios de louvor e propiciação. Noé deu graças a Deus pelo livramento da corrupção do mundo antediluviano e preservação por meio do dilúvio e também fez intercessão por seus descendentes no novo mundo, para que sua vida pudesse ser protegida e a terra não viesse novamente a ser destruída.[13]

O primeiro ato de Noé na terra restaurada foi levantar um altar e adorar a Deus, e Deus aceitou o seu culto. O holocausto foi preparado com o que Noé tinha de mais valioso e precioso: ele imolou pares de animais limpos, a fim de mostrar que não queria reter nada para si, ele ofereceu a Deus o seu melhor, e Deus aceitou a oferta, pois aceitou as motivações de Noé. Deus viu o coração de Noé e voltou-se para ele.[14] Wiersbe tem razão em dizer que, na linguagem do Novo Testamento, o sacrifício foi agradável a Deus: *E o SENHOR aspirou o suave cheiro* refere-se ao próprio Jesus Cristo oferecendo-se por nós. *E andai em amor, como também Cristo nos amou e se entregou a si mesmo por nós, como oferta e sacrifício a Deus, em aroma suave* (Ef 5.2).[15]

As promessas de Deus (8.21b,22)

Deus não apenas aceita o culto de Noé, mas faz uma aliança consigo mesmo, fazendo promessas:

Os sinais da salvação

Em primeiro lugar, não amaldiçoar a terra por causa do homem (8.21). Deus havia amaldiçoado a terra pelo pecado de Adão (3.17) e acrescentado outra maldição pelo pecado de Caim (41.11,12). A promessa de Deus aqui não anula as outras maldições, que não serão removidas até que Jesus volte e o povo de Deus habite na cidade santa (Ap 22.3). No entanto, por graça, Deus decidiu não aumentar a aflição do povo[16] e promete não mais destruir o mundo. Ele faz nascer o seu sol sobre maus e bons e vir chuvas sobre justos e injustos (Mt 5.45).

Deus também promete que não haverá mais um dilúvio universal (8.21b). Inobstante o homem permanecer inclinado para o mal desde o início de sua vida (Sl 51.5), Deus ainda, pacientemente, não aplicará o castigo imediatamente. Bruce Waltke diz que o dilúvio não efetua nenhuma mudança fundamental na humanidade, mas o sacrifício de Noé efetua uma mudança em Deus, pacificando Sua justa indignação contra o pecado.[17] Assim, Deus garante a continuação da humanidade até o fim da história.

Em segundo lugar, *não descontinuar o curso da natureza* (8.22). O dilúvio interrompeu o ciclo normal das estações durante um ano, mas isso não voltaria a acontecer. Pelo contrário, Deus reiterou que o ritmo dos dias e das semanas, bem como das estações, continuaria enquanto durasse a terra.[18]

Bräumer esclarece esse ponto assim:

> É preciso considerar que o conceito de tempo no Antigo Testamento não é unilateralmente linear, mas que a linha de tempo que se dirige para o alvo é determinada pela alternância de eras individuais. A concepção de tempo no Antigo Testamento é periódico-linear. O tempo é composto de uma

> série de períodos individuais, independentes e completos em si mesmos. Estes períodos são semeadura e colheita, verão e inverno, frio e calor, dia e noite. As duas primeiras unidades descrevem a totalidade do ano, as outras duas, a totalidade do dia. O decorrer do ano é determinado por semeadura e colheita, verão e inverno. Esta alternância possibilita a alimentação do ser humano. O decorrer do dia no Oriente abrange o frio da noite e o calor do dia. A vida precisa dessa alternância de dia e noite.[19]

Concluo este capítulo destacando algo intrigante. Noé entrou na arca com seiscentos anos (7.6). O tempo que ele ficou na arca, do dia em que entrou ao dia em que saiu, foi de um ano e dez dias (7.11; 8.14-16). Noé viveu mais 350 anos depois que saiu da arca (9.28). Se somarmos todo esse tempo, daria 951 anos, mas Gênesis nos informa que Noé morreu com 950 anos (9.29). Fica claro, portanto, que o autor sagrado não computou na idade de Noé o período de um ano e dez dias que ele ficou na arca, porque, se o tivesse feito, Noé teria morrido com 951 anos, não com 950. E por quê? Primeiro, porque nesse período Deus suspendeu a continuidade do ciclo da natureza (8.22). Segundo, porque a experiência de Noé na arca foi ilustrada pelo apóstolo Pedro como a nossa morte pelo batismo (1Pe 3.18-21). Nesse período, é como se ele estivesse sepultado, como diz o apóstolo Paulo: *Fomos, pois, sepultados com ele* [Cristo] *na morte pelo batismo...* (Rm 6.4). A Palavra de Deus considera a entrada e a saída de Noé na arca como uma morte e ressurreição. Nós também, de igual modo, diz o apóstolo Paulo, *Fomos, pois, sepultados com* [Cristo] *na morte pelo batismo; para que, como Cristo foi ressuscitado dentre os mortos pela glória do Pai, assim também andemos também nós em novidade de vida* (Rm 6.4).

Notas

[1] WIERSBE, Warren W. *Comentário bíblico expositivo*, vol. 1, 2006, p. 60.
[2] WALTKE, Bruce K. *Gênesis*, 2010, p. 169.
[3] BRÄUMER, Hansjörg. *Gênesis*, vol. 1, 2016, p. 145.
[4] Ibidem, p. 146.
[5] WIERSBE, Warren W. *Comentário bíblico expositivo*, vol. 1, 2006, p. 61.
[6] LIVINGSTON, George H. *O livro de Gênesis*, in: *Comentário bíblico Beacon*, vol. 1, 2015, p. 51.
[7] WALTKE, Bruce K. *Gênesis*, 2010, p. 169.
[8] KIDNER, Derek. *Gênesis: introdução e comentário*, 2006, p. 86.
[9] BRÄUMER, Hansjörg. *Gênesis*, vol. 1, 2016, p. 148.
[10] WIERSBE, Warren W. *Comentário bíblico expositivo*, vol. 1, 2006, p. 62.
[11] KIDNER, Derek. *Gênesis: introdução e comentário*, 2006, p. 87.
[12] BOICE, James Montgomery. *Genesis*, vol. 1, 1998, p. 374.
[13] MORRIS, Henry M. *The Genesis Record*, 2006, p. 216.
[14] BRÄUMER, Hansjörg. *Gênesis*, vol. 1, 2016, p. 151.
[15] WIERSBE, Warren W. *Comentário bíblico expositivo*, vol. 1, 2006, p. 63.
[16] Ibidem.
[17] WALTKE, Bruce K. *Gênesis*, 2010, p. 172.
[18] WIERSBE, Warren W. *Comentário bíblico expositivo*, vol. 1, 2006, p. 64.
[19] BRÄUMER, Hansjörg. *Gênesis*, vol. 1, 2016, p. 152.

Capítulo 11

O governo humano no novo mundo
(Gn 9.1-17)

DEUS LEMBROU-SE DE NOÉ para salvá-lo (8.1), e Noé lembrou-se de Deus para adorá-lo (8.20). Como resultado do culto que Noé prestou a Deus, agora ele recebe de Deus, como um segundo Adão, o mandato de ser fecundo, multiplicar-se e encher a terra. Deus dá a ele provisão e proteção, ao mesmo tempo que firma uma aliança com ele e as demais criaturas, prometendo nunca mais destruir a terra com um dilúvio. Destacamos quatro pontos importantes aqui.

A multiplicação da vida (9.1,7)

Noé e seus filhos recebem o mandato cultural de se multiplicarem e encher a terra. Os filhos de Noé seriam os progenitores das nações e, por meio deles, Deus repovoaria a terra. Não consta na Bíblia que Noé, que saiu da arca com seiscentos anos, mesmo tendo vivido mais 350 anos, tenha tido mais filhos (9.28,29). Coube a seus filhos (9.1,7) cumprir, novamente, o mandato dado incialmente a Adão e Eva (1.28,29), e, por meio deles, a raça humana se multiplicou e nações foram formadas.

Vale destacar também que da linhagem de Sem nasceria Abraão, o homem que Deus escolheu para fundar a nação judaica. Abraão gerou Isaque, e Isaque gerou Jacó, do qual procedeu as doze tribos de Israel e, na plenitude dos tempos, nasceu o Messias, a semente da mulher, que esmagou a cabeça da serpente.

O sustento da vida (9.2-4)

Deus dá aqui um novo mandato sobre os animais, ampliando seu domínio do ser humano sobre eles; a partir de então, a submissão dos animais ao domínio humano muda a relação entre homem e animal.[1]

Destacamos aqui alguns pontos:

Em primeiro lugar, *os animais e as aves passam a temer os homens* (9.2). O homem, como mordomo de Deus na terra, agora não apenas domina sobre os animais e as aves, mas essas criaturas passam a temê-lo, visto que os animais e as aves são entregues nas mãos do homem, e este, por sua vez, homem tem ascendência sobre as demais criaturas. O homem tem o poder de domar e usar os animais de acordo com sua conveniência.

Em segundo lugar, *os animais e as aves passam a fazer parte da cadeia alimentar do homem* (9.3). Quando Deus colocou Adão e Eva no jardim, deu-lhes frutas e plantas para alimento (1.29; 2.9,16), mas, depois do dilúvio, ampliou a dieta dos seres humanos, incluindo a carne;[2] ou seja, Deus inclui na dieta humana a proteína animal. Não temos informação sobre se antes do dilúvio os homens se alimentavam de carne, contudo, se o faziam, não tinham permissão divina. Deus estabelece que, além da erva verde de que o homem já desfrutava, agora tudo o que se move e vive lhe é dado como alimento. Bruce Waltke diz que Deus acrescenta animais à dieta do homem para proteger a vida humana, e agora a humanidade tem o poder de vida e morte sobre o reino animal.[3]

Em terceiro lugar, *Deus estabelece um limite na alimentação do homem* (6.4). É vetado ao homem comer a carne com vida, ou seja, com sangue. A vida animal está no sangue, e a sacralidade da vida, mesmo da vida animal, é aqui estabelecida por Deus. É importante destacar que o sangue é equiparado à vida no Antigo Testamento. Nas palavras de Henry Morris, "a carne foi dada para alimento, mas a vida da carne, o sangue, era dada para o sacrifício" (Lv 17.11).[4] Bruce Waltke diz: "Ao proibir comer o sangue, essa regulamentação instila respeito pela sacralidade da vida e a protege contra abuso licencioso" (Lv 3.17; 7.2-27; 19.26; Dt 12.1-24).[5]

Bräumer diz que, por causa desse conceito, o judaísmo elaborou regras especiais para o abate de animais, a assim chamada *shechita*, um corte transversal que atravessa a traqueia e o esôfago, além das artérias carótidas e das veias jugulares. Dessa forma, o animal é exanguinado.[6] O Novo Testamento ratifica as orientações dadas a Noé. Primeiro, o apóstolo Paulo referenda a legitimidade de comer carne:

> *Ora, o Espírito afirma expressamente que, nos últimos tempos, alguns apostatarão da fé, por obedecerem a espíritos enganadores e a ensinos de demônios, pela hipocrisia dos que falam mentiras e que têm cauterizada a própria consciência, que proíbem o casamento e exigem abstinência de alimentos que Deus criou para serem recebidos, com ações de graças, pelos fiéis e por quantos conhecem plenamente a verdade; pois tudo que Deus criou é bom, e, recebido com ações de graças, nada é recusável, porque, pela palavra de Deus e pela oração, é santificado* (1Tm 4.1-5).

Segundo, a igreja apostólica, por questão de consciência, recomenda a abstinência do sangue como alimento: *Pelo que, julgo eu, não devemos perturbar aqueles que, dentre os gentios, se convertem a Deus, mas escrever-lhes que se abstenham das contaminações dos ídolos, bem como das relações sexuais ilícitas, da carne de animais sufocados e do sangue* (At 15.19,20).

A proteção da vida (9.5,6)

Deus se apresenta não apenas como o Criador, mas também como o Juiz, e assim estabelece leis que hão de governar as relações dali em diante. Até mesmo um animal que matar um homem deve morrer, então, se um indivíduo matar um homem, pela vítima o seu próprio sangue será derramado. E considerando que o homem foi feito à imagem de Deus, atentar contra sua vida significa atentar contra o próprio Criador. Como diz Livingston, Deus não tolera o pecado além de certa medida, ou seja, há um ponto terminal que resulta em julgamento para o homem.[7] A vida humana deve permanecer intocável, porque, mesmo depois da queda, o homem continua carregando a imagem e semelhança de Deus.

Chamamos atenção para alguns pontos aqui:

Em primeiro lugar, *a vida é uma dádiva de Deus, e ninguém pode tirá-la* (9.5). Deus é o doador e preservador da vida, e só ele tem autoridade para dar e tirar a vida (1Sm 2.6; Jó 1.21). Deus proíbe tanto o assassinato (Êx 20.13) quanto o suicídio (Ef 5.29), ou seja, o homem não tem licença para tirar a vida de seu próximo nem atribuição para tirar sua própria vida; nesse sentido, podemos dizer que o suicídio é assassinato de si mesmo.

Em segundo lugar, *a pena capital passa a vigorar como forma de conter a violência* (9.6). Bruce Waltke, citando N. Sarna, diz: "A destruição do velho mundo reclama a repopulação da terra e a remediação dos males que atraíram o dilúvio. A sociedade, a partir de então, deve repousar em fundamentos mais seguros".[8] Para proteger a vida humana (4.8,23,24) e reprimir a violência (6.11,13), Deus prescreve a pena capital tanto para os animais quanto para os seres humanos culpados (9.5).[9]

A pena de morte é um assunto bastante controverso, tanto que há estudiosos de grande envergadura que o defendem e outros, do mesmo estofo intelectual, que o reprovam. Somos inclinados a pensar que a pena capital é inegável tanto no Antigo como no Novo Testamentos. Jesus, por exemplo, não negou o direito que Pilatos tinha de condená-lo à morte, apenas mostrou-lhe que essa autoridade não vinha dele mesmo, mas de Deus. *Respondeu Jesus: Nenhuma autoridade terias sobre mim, se de cima não te fosse dada...* (Jo 19.11). Jesus ainda disse a Pedro: ... *Embainha a tua espada; pois todos os que lançam mão da espada à espada perecerão* (Mt 26.52). Também o apóstolo Paulo falou que o Estado é ministro de Deus, vingador. Vejamos:

> *Porque os magistrados não são para temor, quando se faz o bem, e sim quando se faz o mal. Queres tu não temer a autoridade? Faze o bem e terás louvor dela, visto que a autoridade é ministro de Deus para teu bem. Entretanto, se fizeres o mal, teme; porque não é sem motivo que ela traz a espada; pois é ministro de Deus, vingador, para castigar o que pratica o mal* (Rm 13.3,4).

Fica evidente que exigir retribuição não é uma questão pessoal, mas uma obrigação social (1Pe 2.13,14). Deus proíbe a vingança pessoal, como esclarece o apóstolo Paulo,

> *Não vos vingueis a vós mesmos, amados, mas dai lugar à ira; porque está escrito: A mim me pertence a vingança; eu é que retribuirei, diz o* SENHOR. *Pelo contrário, se o teu inimigo tiver fome, dá-lhe de comer; se tiver sede, dá-lhe de beber; porque, fazendo isto, amontoarás brasas vivas sobre a sua cabeça. Não te deixes vencer do mal, mas vence o mal com o bem* (Rm 12.19-21).

Concordo com Hansjörg Bräumer quando diz que essa referência à pena de morte em Gênesis 9.5,6 não é uma ordem genérica para que o ser humano se vingue, nem uma procuração geral para matar criminosos, mas sim uma procuração dada por Deus, um direito emprestado, pois somente Deus pode demandar compensação por uma vida roubada, apenas ele tem direito sobre a vida e a morte. Portanto, quando uma comunidade pratica a pena de morte por motivos nacionais, raciais, filosóficos ou ideológicos, essa ação não é um direito emprestado por Deus; nesse caso, não é pena de morte, mas assassinato.[10]

A Palavra de Deus faz ainda uma clara distinção entre o homicídio doloso (intencional) e o homicídio culposo (involuntário), conforme pode ser visto na instrução que Deus deu a Moisés: *Quem ferir a outro, de modo que este morra, também será morto. Porém, se não lhe armou ciladas, mas Deus lhe permitiu caísse em suas mãos, então, te designarei um lugar para onde ele fugirá. Se alguém vier maliciosamente contra o próximo, matando-o à traição, tirá-lo-ás até mesmo do meu altar; para que morra* (Êx 21.12-14).

Quando um homem matava o seu próximo sem a intenção de fazê-lo, podia fugir para uma cidade de refúgio (Nm 35.9-15; Dt 4.41-43; 19.1-3; Js 20.1-9) e esconder-se lá dos vingadores de sangue. Contudo, se o crime era doloso, ou seja, com a intenção deliberada de praticá-lo, o assassino era entregue aos vingadores de sangue.

A aliança da vida (9.8-17)

Deus fez muitas alianças ao longo dos séculos: com Adão, Noé, Abraão, Moisés, Davi e Jesus. O pacto noaico foi firmado com ele, Noé, sua descendência e todos os seres viventes. Embora Deus tenha firmado um pacto com Adão, o pacto das obras, aqui é a primeira vez que aparece a palavra hebraica *berith*, "aliança". Sobre isso, vale destacar três pontos importantes aqui:

Em primeiro lugar, *os destinatários da aliança* (9.8-10). A aliança de Deus é com Noé, sua descendência e todos os seres viventes, tanto aves, animais domésticos e animais selváticos, ou seja, com todos os animais da terra.

Em segundo lugar, *a promessa da aliança de Deus* (9.11). O conteúdo da promessa do pacto era claro: *não será mais destruída toda carne por águas de dilúvio, nem mais haverá dilúvio para destruir a terra* (9.11). Certamente, essa promessa trouxe para Noé e seus filhos, bem como para as futuras gerações, um grande consolo. Não precisariam temer um novo cataclismo universal toda vez que vissem uma tempestade se formando no horizonte. Essa aliança não era uma espécie de contrato, uma vez que é unilateral; ou seja, Deus faz a aliança, faz as promessas e dá garantias de seu cumprimento, sem contrapartida do homem. Não há aqui mutualidade. Como diz Derek Kidner, "não há aqui obrigações lançadas sobre os beneficiários".[11]

Em terceiro lugar, *o sinal da aliança de Deus* (9.12-17). O arco-íris é o símbolo da aliança de Deus com Noé. Os arcos-íris são formados pela luz solar filtrada pela água no ar, e cada gota transforma-se num prisma e separa as cores presentes na luz branca do Sol.[12] O sinal é mais que um símbolo; é o penhor da graça divina.[13] Waltke diz que Deus certifica suas alianças por meio de sinais: para a aliança com Noé, o arco-íris (9.13); para a aliança com Abraão, a circuncisão (17.11); com Israel no Sinai, os sábados (Êx 31.13,17); com Cristo e o novo Israel, o cálice (Lc 22.20).[14]

Nesse caso, Deus fez a aliança e escolheu um símbolo tanto para Ele como para que os homens pudessem relembrar o teor da aliança. O arco-íris foi colocado nas nuvens para que todos pudessem ver, e foi colocado no mesmo lugar de onde jorraram chuvas copiosas para inundar a terra, e tinha as cores variadas para expressar a multiforme graça (1Pe 4.10). Esse sinal não seria apenas para aquela geração, pois se tratava de uma aliança eterna (9.16). Até que Jesus volte, o arco-íris, o sinal dessa aliança, será visto em todo o mundo. Nas palavras de Bräumer, "nenhuma catástrofe e nenhuma destruição em massa poderão anular essa bênção".[15]

O arco-íris aparece em três circunstâncias importantes nas Escrituras. Primeiro, para Noé, que viu o arco-íris depois da tempestade; segundo, para o profeta Ezequiel, que viu o arco-íris no meio da tempestade (Ez 1.28); e, terceiro, para o apóstolo João, que viu o arco-íris antes de vir a tempestade (Ap 4.3). Warren Wiersbe diz que a lição para o povo de Deus é esta: durante as tempestades da vida, olhe sempre para o arco-íris da promessa da aliança de Deus. Assim como João, pode ser que você veja o arco-íris antes da tempestade; como Ezequiel, pode ser que você o veja no meio da tempestade. Ou, como Noé, pode ser que tenha de esperar até depois da tempestade. No entanto, sempre verá o arco-íris da promessa de Deus se olhar com os olhos da fé.[16]

NOTAS

[1] BRÄUMER, Hansjörg. *Gênesis*, vol. 1, 2016, p. 153.
[2] WIERSBE, Warren W. *Comentário bíblico expositivo*, vol. 1, 2006, p. 67.
[3] WALTKE, Bruce K. *Gênesis*, 2010, p. 174.
[4] MORRIS, Henry M. *The Genesis Record*, 2006, p. 223.
[5] WALTKE, Bruce K. *Gênesis*, 2010, p. 174.
[6] BRÄUMER, Hansjörg. *Gênesis*, vol. 1, 2016, p. 154.
[7] LIVINGSTON, George H. O livro de Gênesis, in: *Comentário bíblico Beacon*, vol. 1, 2015, p. 52.
[8] WALTKE, Bruce K. *Gênesis*, 2010, p. 173.
[9] Ibidem.
[10] BRÄUMER, Hansjörg. *Gênesis*, vol. 1, 2016, p. 155.
[11] KIDNER, Derek. *Gênesis: introdução e comentário*, 2006, p. 95.
[12] WIERSBE, Warren W. *Comentário bíblico expositivo*, vol. 1, 2006, p. 69.
[13] BRÄUMER, Hansjörg. *Gênesis*, vol. 1, 2016, p. 156.
[14] WALTKE, Bruce K. *Gênesis*, 2010, p. 176.
[15] BRÄUMER, Hansjörg. *Gênesis*, vol. 1, 2016, p. 158.
[16] WIERSBE, Warren W. *Comentário bíblico expositivo*, vol. 1, 2006, p. 70.

Capítulo 12

Maldições e bênçãos na família de Noé
(Gn 9.18-29)

NOÉ FOI UM DOS HOMENS mais importantes da história humana, e, por meio dele, Deus preservou a criação do dilúvio e povoou a terra. Noé era um homem de vida irrepreensível e de conduta ilibada. Ele andou com Deus, obedeceu-o e foi pregador da justiça, no entanto, Noé era um homem sujeito ao pecado, e, mesmo depois de ter andado com Deus durante seiscentos anos, caiu em pecado ao embriagar-se e mostrar-se nu dentro de sua tenda. Os grandes homens têm também os pés de barro, então, antes de julgarmos Noé por esse deslize vergonhoso, deveríamos pensar no que o apóstolo Paulo escreveu: *Aquele, pois, que pensa estar em pé veja que não caia* (1Co 10.12).

O texto em apreço fala-nos dos três filhos de Noé que saíram com ele da arca, e, por meio deles, Deus povoou toda a terra (9.18,19). Vamos agora destacar três fatos exarados na passagem em tela.

Uma grande tragédia na família de Noé (9.20-24)

Noé era um lavrador. Depois que saiu da arca, ele passou a plantar uma vinha (9.20). A vinha e seu fruto tornaram-se símbolos da vida plena no tempo messiânico: *Mas assentar-se-á cada um debaixo da sua videira* [...] *e não haverá quem o espante, porque a boca do* SENHOR *dos Exércitos o disse* (Mq 4.4). Já no Antigo Testamento, a videira era um símbolo para Israel: *Trouxeste uma videira do Egito...* (Sl 80.8).

A primeira referência, porém, que temos sobre o cultivo de uvas e a primeira menção bíblica ao vinho já trazem a informação de que o uso deste foi imoderado, e, como resultado, vemos a embriaguez e a nudez de Noé. No Antigo Testamento, a nudez implica indignidade e desonra, e a pessoa nua perde sua dignidade humana e social.[1] Boice diz que a queda de Noé ensina que todos podem pecar e que ninguém está acima e além da tentação; também ensina que não apenas todos podem pecar, mas todos realmente pecam. Por fim, ensina que somente o poder e a graça de Deus podem nos ajudar.[2]

Sobre isso, vale destacar aqui três pontos:

Em primeiro lugar, *uma desgraça vergonhosa* (9.21). Noé, depois de uma longa jornada com Deus, caiu em desgraça, embriagando-se. O resultado da embriaguez é a falta de pudor: Noé, embriagado, pôs-se nu dentro de sua tenda. Embriaguez e nudez caminham juntas, colhendo vergonha e desonra.

Maldições e bênçãos na família de Noé

A Bíblia não condena o cultivo nem o consumo de uvas, tampouco o hábito de beber vinho. Diz Warren Wiersbe: "As uvas, passas e vinho eram elementos importantes da dieta dos povos do Oriente. Na verdade, na sociedade do Antigo Testamento, o vinho era considerado uma bênção de Deus (Sl 104.14,15; Dt 14.26) e era usado até mesmo nos sacrifícios (Lv 23.13; Nm 28.7)".[3] Por outro lado, a Bíblia condena a embriaguez tanto no Antigo quanto no Novo Testamentos (Pv 20.1; 23.19-35; Is 5.11; Hc 2.15; Rm 13.13; 1Co 6.10; Ef 5.18). Como bem pontuou Bruce Waltke, "o vinho pode trazer alegria, quando ingerido em moderação; lassidão moral e tristeza, se ingerido em excesso".[4]

Vale destacar que o álcool não é um estimulante, mas um depressivo, um ladrão de cérebro. Concordo com Bräumer quando diz que o álcool pode anestesiar as pessoas, enfraquecer seus sentidos, debilitar suas forças e roubar-lhes a dignidade.[5] A Bíblia diz que o vinho é escarnecedor (Pv 20.1), e, nesse sentido, a sensualidade, o vinho e o mosto tiram o entendimento (Os 4.11). A embriaguez tira do indivíduo o pudor (Lm 4.21), por isso a Escritura estabelece que o santo nazireu (Nm 6.3,4), os sacerdotes oficiantes (Lv 10.9) e os governantes, quando tomavam decisões (Pv 31.4,5), deviam abster-se do vinho.

A embriaguez e a nudez de Noé foram atos vergonhosos, e as duas coisas, como já afirmamos, com frequência andam juntas (9.21; 19.30-38; Hc 2.15,16; Lm 4.21). Embora esses dois pecados de Noé tenham ocorrido no interior de sua tenda, tais fatos foram registrados e trombeteados aos ouvidos da história para nos alertar do perigo insidioso do pecado (1Co 10.6-13). Na verdade, Deus nunca permite que os seus filhos pequem com sucesso. Warren Wiersbe pontua isso quando escreve:

Em duas ocasiões, Abraão mentiu sobre sua esposa (12.10-20; 20.1-18), e o filho, Isaque, seguiu seu mau exemplo (26.6-16). Moisés perdeu a calma e, como resultado, foi privado do privilégio de entrar na Terra Santa (Nm 20.7-13). Josué tirou conclusões precipitadas e acabou defendendo o inimigo (Js 9-10). Davi cometeu adultério com Bate-Seba e providenciou para que o marido dela fosse morto na guerra (2Sm 11); a espada trouxe sofrimento à sua família nos anos que se seguiram.[6]

Em segundo lugar, *um desrespeito clamoroso* (9.22). Cam, o filho mais novo de Noé, flagrou seu pai nu e, em vez de protegê-lo, o expôs ao ridículo, fazendo-o saber aos seus irmãos. Livingston diz que Cam, vendo o pai, não o ajudou, mas irreverentemente desdenhou a seus irmãos a condição de Noé, seu pai.[7] Derek Kidner diz que o ato de Cam foi flagrantemente antifilial, o anverso do quinto mandamento.[8]

Bruce Waltke chama a atenção para o fato de que aqui o hebraico *ra'a* significa observar detidamente, não um olhar inocente ou acidental.[9] Por outro lado, Boice está correto quando afirma que o texto não sugere que Cam tenha tido qualquer comportamento libidinoso com seu pai, pois o texto não diz que ele descobriu a nudez de Noé, o que poderia sinalizar uma relação sexual, mas apenas que viu a nudez de seu pai.[10]

Nessa mesma linha de pensamento, Bräumer diz que alguns estudiosos, açodadamente, defendem que Cam tenha despido completamente seu pai, mas há também aqueles que até mesmo afirmam que Cam tenha abusado sexualmente dele. No entanto, não há indício concreto para nenhuma dessas especulações, pois o texto bíblico diz apenas que Cam, vendo o pai deitado nu em sua tenda, não o cobre, deixando-o como estava, e sai para contar tudo a seus irmãos. O pecado de Cam está no fato de não ajudar seu pai. Ele considera o pai indigno e desonrado, por isso fala sobre ele com os seus irmãos. Sendo assim, fica evidente, portanto, que o pecado de Cam não era a homossexualidade ou o incesto.[11]

Enfatizo mais uma vez o fato de Cam, em vez de proteger o pai, ter contado a seus irmãos os pecados de Noé. Boice chega a dizer: "A única coisa pior do que cometer um pecado específico é o demoníaco prazer de descobri-lo na vida de alguém e revelar esse pecado aos outros".[12] Em outras palavras, pior do que pecar, é espalhar os pecados dos outros. A Palavra de Deus adverte: *O que encobre a transgressão adquire amor, mas o que traz o assunto à baila separa os maiores amigos* (Pv 17.9).

Em terceiro lugar, *uma decência protetora* (9.23). Longe de Sem e Jafé darem curso ao desrespeito manifestado por Cam, expondo o pecado do pai, tomaram medidas rápidas para cobrir a nudez do pai. A Palavra de Deus diz: *o amor cobre multidão de pecados* (1Pe 4.8) e ainda: *o prudente oculta a afronta* (Pv 12.16). Concordo com Warren Wiersbe quando diz: "Quando uma pessoa peca e ficamos sabendo, nossa tarefa não é sair por aí expondo a pessoa e incentivando outros a espalhar más notícias, mas ajudar a restaurar a pessoa em sua fraqueza espiritual (Gl 6.1,2)".[13]

Uma reveladora profecia sobre a família de Noé (9.24-27)

Quando Noé retornou à lucidez, ficou sabendo da atitude inconveniente de Cam, seu filho mais novo, e, por essa razão, proferiu maldição sobre Canaã, o filho mais novo de Cam, e ao mesmo tempo bênçãos sobre seus filhos Sem e Jafé. Warren Wiersbe pensa que Noé está proferindo profecias sobre seus filhos e netos com base no que via no caráter deles.[14]

Vamos destacar aqui três pontos:

Em primeiro lugar, *a maldição sobre Canaã* (9.25). Noé deixou Cam sem bênção e concentrou sua reprimenda em Canaã, cujos descendentes historicamente se tornaram um povo marcado por uma imoralidade sórdida e principal fonte de corrupção para os israelitas, tanto que a adoração cananeia a Baal desceu às mais baixas profundezas da degradação moral.[15] Bruce Waltke destaca que, como o filho mais jovem de Noé injuria seu pai, assim a maldição recaiu sobre seu filho mais jovem, que presumivelmente herda sua decadência moral (Lv 18.3; Dt 9.3). Em adição aos cananeus, os descendentes de Cam incluem alguns dos inimigos mais ferrenhos de Israel: Egito, Filístia, Assíria e Babilônia (10.6-13).[16] Fica evidente que os descendentes de Cam se destinavam a sofrer a maldição e a servidão não em decorrência dos pecados de Cam, mas porque eles mesmos agiam como ele em decorrência de suas próprias transgressões.[17]

Ao olhar para os séculos futuros, Noé predisse que os descendentes de Canaã tornar-se-iam servos desprezíveis (10.15-19), e os cananeus são justamente as nações que Israel conquistou e em cujas terras habitou (15.18-21; Êx 3.8,17; Nm 13.29; Js 3.10; 1Rs 9.20). O povo cananeu tornou-se um povo degenerado tanto religiosa como sexualmente.

Derek Kidner diz que a limitação da maldição a esse único ramo dentre os camitas demonstra que aqueles que julgam que os povos camitas em geral estão condenados à inferioridade entenderam mal tanto o Antigo como o Novo Testamentos.[18]

Warren Wiersbe fortalece esse argumento corrigindo duas ideias equivocadas sobre essa maldição de Canaã. A

Maldições e bênçãos na família de Noé

primeira delas é que os descendentes de Cam não eram membros da raça negra, mas sim caucasianos, de modo que não há qualquer fundamento para a instituição da escravidão nessa chamada "maldição de Canaã". A segunda é que, apesar de seus caminhos maus, alguns desses povos descendentes de Cam formaram grandes civilizações avançadas, como a dos babilônios, dos assírios e dos egípcios.[19] Nessa mesma esteira de pensamento, Bräumer esclarece:

> Concluir que a escravidão dos negros, o tráfico de escravos e a política do *apartheid* podem ser derivadas da maldição e da servidão imposta a Cam é um erro fatal. É impossível sancionar o estabelecimento de uma raça de dominadores com base nas palavras de Noé a Sem e Jafé. Deus não tinha desistido definitivamente dos camitas. A história de Deus com eles é viva! Ela encontra um ponto de virada decisivo quando Deus dirige seu amor a todos os povos, por meio de Jesus.[20]

Em segundo lugar, *a exaltação do Deus de Sem* (9.26). O texto não diz que Noé abençoou Sem, mas exaltou o Senhor Deus de Sem por aquilo que faria com os descendentes deste. Bruce Waltke tem razão em dizer que Sem é identificado por sua relação com Deus, e "o Senhor" é identificado por ser ele o Deus de Sem. O bendito Criador de toda a vida e Senhor de toda a história se compromete com Sem, e essa é a primeira indicação de que Deus elege a linhagem de Sem para governar a terra (1.26-29) e esmagar a cabeça da serpente (3.15; 4.26).[21]

Livingston diz que essa bênção tem forte tônica religiosa, e essa linhagem dos descendentes de Sem teve papel importante na transmissão da mensagem de redenção para o mundo.[22] É importante destacar que Abraão, descendente de Sem (11.10-32), fundou a nação hebraica. Deus prometeu abençoar por meio de Abraão todas as famílias da terra (12.1-3). É por intermédio de Israel que temos o conhecimento do verdadeiro Deus, que nos foi dada a Palavra de Deus e recebemos o Salvador Jesus Cristo.[23]

Em terceiro lugar, *o engrandecimento de Jafé* (9.27). Noé usa o nome pessoal de Deus, "SENHOR", para sua relação pactual com Sem, porém, usa "Deus" para sua transcendência sobre os jafitas.[24] Jafé foi o ancestral das nações chamadas "gentias". Os descendentes de Cam construíram grandes civilizações no leste, e os semitas assentaram-se nas terras de Canaã e territórios vizinhos. Já os descendentes de Jafé espalharam-se para lugares muito mais distantes que seus parentes e chegaram até as regiões que conhecemos hoje como Ásia e Europa.[25]

Livingston diz que a bênção dada a Jafé envolvia um jogo de palavras, pois o nome significa "que aumenta". A linhagem de Jafé se multiplicou e desempenhou um papel superior, como portadores de poder político, por meio dos persas, gregos e romanos. Evangelizado por Paulo e outros, de todos os povos este foi o mais receptivo ao cristianismo e, assim, veio habitar *nas tendas de Sem*.[26]

Como o Senhor Deus é o Deus de Sem, os descendentes de Jafé encontraram Deus *nas tendas de Sem*. Isso significa que Deus escolheu Israel para ser luz para os gentios (Is 42.6; 49.6), pois a *salvação vem dos judeus* (Jo 4.22). Quando Jesus veio ao mundo, ele trouxe luz para os gentios (Lc 2.32), e os apóstolos da igreja primitiva levaram essa luz às nações (At 13.47). Derek Kidner diz que o cumprimento das palavras *habite ele nas tendas de Sem*, portanto, é procurado em vão no Antigo Testamento, mas salta à vista no Novo Testamento, na colheita dos gentios (Ef 3.6), predominantemente do Ocidente.[27]

Uma carreira abençoada completada por Noé (9.28,29)

Sobre este tópico, destacamos dois pontos:

Em primeiro lugar, *uma vida longeva* (9.28). Noé viveu seiscentos anos antes do dilúvio (7.11). Um ano e dez dias dentro da arca (8.14-16) e, depois que saiu da arca, ou seja, depois do dilúvio, viveu mais 350 anos (9.28). Se computarmos esses anos, teremos 951 anos, contudo, somos informados de que Noé morreu com 950 anos. Como já esclarecemos, o autor sagrado não computou o ano que Noé esteve na arca em sua idade. Era como se Noé tivesse sido sepultado nesse tempo e ressurgido para uma nova vida depois do dilúvio, uma vez que sua experiência na arca foi um símbolo da morte e ressurreição que acontece com o homem em seu batismo (Rm 6.4; 1Pe 3.20,21).

Em segundo lugar, *uma morte natural* (9.29). Os grandes homens, e até mesmo os mais piedosos, morrem. A sentença proferida por Deus no Éden atingiu todos os descendentes de Adão (3.19; Rm 5.12). O grande personagem do dilúvio tomba 350 anos depois do dilúvio na terra renovada e repovoada.

NOTAS

[1] BRÄUMER, Hansjörg. *Gênesis*, vol. 1, 2016, p. 159.
[2] BOICE, James Montgomery. *Genesis*, vol., 1998, p. 396.
[3] WIERSBE, Warren W. *Comentário bíblico expositivo*, vol. 1, 2006, p. 71.

[4] WALTKE, Bruce K. *Gênesis*, 2010, p. 179.
[5] BRÄUMER, Hansjörg. *Gênesis*, vol. 1, 2016, p. 159.
[6] WIERSBE, Warren W. *Comentário bíblico expositivo*, vol. 1, 2006, p. 72.
[7] LIVINGSTON, George H. *O livro de Gênesis*, in: *Comentário bíblico Beacon*, vol. 1, 2015, p. 52.
[8] KIDNER, Derek. *Gênesis: introdução e comentário*, 2006, p. 97.
[9] WALTKE, Bruce K. *Gênesis*, 2010, p. 180.
[10] BOICE, James Montgomery. *Genesis*, vol. 1, 1998, p. 398.
[11] BRÄUMER, Hansjörg. *Gênesis*, vol. 1, 2016, p. 160.
[12] BOICE, James Montgomery. *Genesis*, vol. 1,1998, p. 399.
[13] WIERSBE, Warren W. *Comentário bíblico expositivo*, vol. 1, 2006, p. 72.
[14] Ibidem, p. 73.
[15] LIVINGSTON, George H. *O livro de Gênesis*, in: *Comentário bíblico Beacon*, vol. 1, 2015, p. 52.
[16] WALTKE, Bruce K. *Gênesis*, 2010, p. 181.
[17] Ibidem.
[18] KIDNER, Derek. *Gênesis: introdução e comentário*, 2006, p. 97.
[19] WIERSBE, Warren W. *Comentário bíblico expositivo*, vol. 1, 2006, p. 73.
[20] BRÄUMER, Hansjörg. *Gênesis*, vol. 1, 2016, p. 161.
[21] WALTKE, Bruce K. *Gênesis*, 2010, p. 182.
[22] LIVINGSTON, George H. *O livro de Gênesis*, in: *Comentário bíblico Beacon*, vol. 1, 2015, p. 52.
[23] WIERSBE, Warren W. *Comentário bíblico expositivo*, vol. 1, 2006, p. 73.
[24] WALTKE, Bruce K. *Gênesis*, 2010, p. 182.
[25] WIERSBE, Warren W. *Comentário bíblico expositivo*, vol. 1, 2006, p. 74.
[26] LIVINGSTON, George H. *O livro de Gênesis*, in: *Comentário bíblico Beacon*, vol. 1, 2015, p. 53.
[27] KIDNER, Derek. *Gênesis: introdução e comentário*, 2006, p. 98.

Capítulo 13

A tábua das nações
(Gn 10.1-32)

JAMES MONTGOMERY BOICE, pregador de alto nível, diz que o capítulo 10 de Gênesis é único na literatura antiga, sem paralelo, mesmo entre os gregos. Nele encontramos a mais próxima abordagem para uma distribuição dos povos em suas respectivas árvores genealógicas. Essa tábua das nações permanece ainda hoje como um fascinante e confiável documento.[1] Na mesma linha de pensamento, o cientista Henry Morris escreve: "Até mesmo os mais destacados críticos têm geralmente admitido que o capítulo 10 de Gênesis é um importante e confiável documento histórico. Não há nenhum outro catálogo paralelo disponível nas nações antigas oriundo de qualquer outra fonte".[2]

O capítulo 10 de Gênesis apresenta-nos a tábua das nações a partir dos três filhos de Noé (10.1). Desses três troncos surgiram nações que foram disseminadas na terra, depois do dilúvio (10.32). Setenta nações são apresentadas: 14 de Jafé, 30 de Cam e 26 de Sem. Como diz Bräumer, "não se trata de uma sequência de gerações de pai para filho, mas do relato de como as nações se espalharam pela terra".[3]

Nem todas as nações conhecidas do Antigo Testamento estão arroladas aqui, mas constam do rol em número suficiente para firmar o ponto de que a humanidade é uma só, com toda a sua diversidade, sob o único Criador.[4] Alinhado a esse pensamento, Bräumer diz que: 1) O próprio Deus impulsiona a multiplicação das nações por toda a terra; 2) Não há — e nunca haverá — uma nação no mundo que não tenha alguma relação com o povo de Israel, uma vez que as nações são apresentadas como um macrocosmo imenso, dentro do qual Israel é um minúsculo microcosmo; 3) Assim como a humanidade pré-diluviana, também a humanidade do pós-dilúvio descende de um único casal de seres humanos (At 17.26). Isso significa que todas as nações são povos irmãos.[5]

Warren Wiersbe reforça que essa listagem não é uma genealogia típica, que apresenta apenas o nome dos descendentes, como pode se constatar em Gênesis 10.31: *São estes os filhos de Sem, segundo as suas famílias, segundo as suas línguas, em suas terras, em suas nações*. A listagem não está completa, uma vez que não encontramos menção de nações importantes como Edom, Amom e Moabe. Além disso, o fato de haver setenta nações na lista sugere que sua organização pode ser intencionalmente artificial, pois havia também setenta pessoas na família de Jacó quando esta foi para o Egito (46.27; Êx 1.5), e o Senhor Jesus enviou setenta discípulos para pregar a Palavra (Lc 10.1). Por fim, é difícil identificar algumas dessas nações e dar-lhes nomes modernos.[6]

É curioso que, das três primeiras famílias da humanidade, trata-se primeiro de Jafé (10.2-5) e de Cam (10.6-20), deixando campo livre para a história de Sem no restante do livro.[7]

Os descendentes de Jafé (10.2-5)

Jafé é o ancestral das nações gentias que se assentaram ao norte e oeste da terra de Canaã, as quais viriam a ser as nações que representariam os "confins da terra" para a maior parte dos judeus do Antigo Testamento (Sl 72.8-10).[8]

Derek Kidner diz que os povos desse parágrafo alinham-se desde pontos tão distantes, como o mar Egeu, até as cercanias do mar Cáspio, estendendo-se num amplo e impetuoso movimento ao norte do Crescente Fértil. Mas são classificados não apenas geograficamente (suas terras, conforme 10.5), como também pelos vários critérios de língua, raça e nação, levando em conta as migrações e as miscigenações a que estão sujeitos os grupos humanos.[9]

O autor sagrado registra o nome dos sete filhos de Jafé (10.2) e os nomes dos sete netos, filhos de Gômer (10.3) e Javã (10.4).

Destacamos alguns pontos importantes acerca dos sete filhos de Jafé e seus sete netos da linhagem de Gômer e Javã.

Em primeiro lugar, *Gômer* (10.2; Ez 38.6). Geralmente é identificado com os cimérios e também mencionado para designar os galeses.[10] Trata-se de um povo nômade ao norte do mar Negro, que mais tarde invadiu grande parte da região da Anatólia, no século VII a.C.

Em segundo lugar, *Magogue, Tubal e Meseque* (10.2). *Magogue* é provavelmente o termo para designar todos os que provêm das partes extremas do norte (Ez 38.2,6; 39.1,2,6), mas particularmente os habitantes da Turquia oriental, onde aparentemente situavam-se Tubal e Meseque.[11] Bruce Waltke diz que *Magogue* é a Lídia.[12] *Tubal* é mencionado com frequência pelos profetas como *Meseque*, Frígia (Ez 27.13; 38.2).

Em terceiro lugar, *Madai, Javã e Tiras* (10.2). *Madai* refere-se à antiga nação da Média, que, no século VI a.C., associou-se aos persas para formar o império persa. Eles já se encontravam a oeste do mar Cáspio no século IX a.C. Waltke diz que *Madai* são os medos posteriores, que habitaram o noroeste do moderno Irã (2Rs 17.6; Jr 51.11; Dn 5.28).[13] *Javã* era a nação grega jônica que foi proeminente nas obras de Homero. É provável que *Tiras* relacionava-se aos tirsenos gregos, que viviam nas ilhas do mar Egeu. Há quem pense que eles possam ter sido os etruscos,[14] mas há também quem os relacione com a Trácia.

Em quarto lugar, *os filhos de Gômer e Javã* (10.3,4). Os filhos de Gômer são Asquenaz, Rifate e Togarma. *Asquenaz*, citianos, ficava situado possivelmente na cadeia de montanhas do Cáucaso, perto dos mares Negro e Cáspio (Jr 51.27). *Rifate* vivia na Anatólia ou Turquia. *Togarma*, situado perto de Carquêmis, próximo ao rio Eufrates. Os filhos de Javã são Elisá, Társis, Quitim e Dodanim. *Elisá* consta em listas como *Elashiya*, antigo nome de Chipre. *Társis* também pode ter sido Chipre em tempos mais antigos, mas os gregos situavam os *tartesos* na costa sul da Espanha imediatamente a oeste de Gibraltar. *Quitim*, igual ao grego *Kition*, estava situado em Chipre. *Dodanim* podem ter sido os troianos da Anatólia ou os habitantes de Rodes, ilha do mar Egeu.[15]

Em quinto lugar, *as ilhas repartidas aos descendentes de Jafé* (10.5). As ilhas são um termo que designa as partes distantes da terra, em particular o Ocidente. O versículo 5 afirma claramente que essa lista está baseada não só em divisões familiares, mas em distinções nacionalistas e linguísticas.[16]

Os descendentes de Cam (10.6-20)

Bruce Waltke diz que os filhos de Cam sãos os progenitores dos egípcios, babilônios, assírios e cananeus, os mais amargos e influentes vizinhos de Israel.[17]

Geograficamente, essas são principalmente as nações situadas de Canaã para o sul. Mas não são simplesmente as raças africanas, o que os versículos 8-12 bastam para demonstrar. O esquema a que o parágrafo obedece consiste em mencionar quatro povos primários no versículo 6 (Cuxe, Mizraim, Pute e Canaã) e delinear os ramos de três deles: *Cuxe* (10.7-12), *Mizraim* (10.13,14), *Canaã* (10.15-19).[18] Cuxe é o nome dado à antiga Etiópia, Mizraim corresponde ao Egito e Pute, possivelmente, à Líbia. Canaã se refere ao Levante Sul, desde o sul da Síria, assim incluindo Fenícia e todo o ocidente palestino do Jordão. Essas são as nações que Israel conquistou e em cujas terras habitou.[19]

Gênesis 10.7 fala sobre os cinco filhos de Cuxe e dois de seus netos, filhos de Raamá: *Sebá*, nordeste da África, antiga capital da Etiópia. *Havilá*, sudoeste da Arábia. *Sabtá*, sul da Arábia. *Raamá*, sul da Arábia, na região de Najran. *Sabtecá*, área desconhecida ao sul da Arábia. *Sheba*, região ao sul da Arábia que provavelmente tinha colônias comerciais ao norte da Arábia. *Dedã*, norte da Arábia.[20]

Resumindo, Warren Wiersbe diz que os descendentes de Cam assentaram-se em regiões que identificamos como Egito, Palestina, Sudão, Arábia Saudita e Iêmen.[21]

Em Gênesis 10.8-12, temos uma espécie de parêntese, para apresentar um neto de Cam, filho de Cuxe, chamado Ninrode. Bräumer esclarece que esse homem não descende dos deuses e também não tem nada a ver com o deus babilônico Niurta, o deus da caça e da guerra. Ninrode é um homem sem origem mítica. Ele é filho de Cuxe e seu nome significa "forte, capaz, poderoso".[22]

Ninrode foi poderoso na terra (10.8). Foi um valente e poderoso caçador (10.9) e o fundador de um grande reino de cidades-estados proeminentes: Babel (Babilônia), Ereque, Acade e Calné, na terra de Sinar (10.10-12). Waltke diz que *Babilônia* representava para Jerusalém a antítese espiritual e política.[23] *Ereque* é a moderna Warka, situada no sul do Iraque, onde os arqueólogos situam o nascimento da civilização. *Assíria* — os assírios constituem um dos mais cruéis conquistadores, se não o mais cruel deles, conhecidos na história antiga. *Nínive*, grande cidade situada à margem oriental do Tigre, fronteira a Mosul, no norte do Iraque.

Embora alguns estudiosos, como Bräumer, entendam que Ninrode era apenas um caçador no sentido restrito da palavra,[24] concordo com Boice quando diz que Ninrode era um guerreiro, um caçador de homens.[25] Warren Wiersbe corrobora, afirmando que o texto não retrata Ninrode como um esportista caçando, mas sim como um tirano em suas conquistas impiedosas no processo da fundação de um império. Ninrode construiu quatro cidades em Sinar (Babilônia) e outras quatro na Assíria, e tanto a Babilônia quanto a Assíria tornaram-se inimigas de Israel e foram usadas por Deus para disciplinar seu povo desobediente.[26]

Bruce Waltke ainda esclarece:

> A nota biográfica seguinte prefigura a Torre de Babel e explica a origem racial, política e espiritual de Babilônia e Assíria, as duas grandes potências mesopotâmicas que venceram Israel e o mantiveram nos exílios. Ninrode funda seu império em evidente agressão (10.8). Seu poder é tão imenso que se torna proverbial em Israel (10.9). Seu império incluía toda a Mesopotâmia, tanto a Babilônia ao sul (10.10) quanto a Assíria ao norte (10.10-12). Como principais centros de seu império, ele funda a grande cidade de Babilônia, mais notavelmente Babel (10.10); e, subsequentemente, tendo mudado para a Assíria, fundou Nínive ainda maior (10.11).[27]

Em Gênesis 10.13,14, temos os descendentes de Mizraim, ou seja, os netos de Cam. *Mizraim* é o nome hebraico para aludir ao Egito, que teve sua origem no vale do Nilo. A oeste do Egito está a terra de *Ludim*, os líbios. Os outros povos listados no versículo 13 (Anamim, Leabim e Naftuim) não foram ainda identificados. Sabe-se hoje que *Patrusim* (10.14) era o povo de Patros, no alto Egito. *Casluim* era a pátria dos filisteus, de quem a Palestina obteve o nome. *Caftorim* era o povo de Creta, que também era a pátria original dos filisteus.[28] Waltke diz que os filisteus poderiam ter migrado de Caftor (Creta) e dali se estabelecido a sudoeste de Canaã por volta de 1200 a.C. Amós 9.7 diz que o Senhor trouxe os filisteus de Creta da mesma forma que trouxe os israelitas do Egito, pressupondo que Creta não poderia ter sido o último lugar de origem dos filisteus.[29]

Os descendentes de Canaã (10.15-20) são os cananeus. Eles se tornaram um povo de fala semítica e eram conhecidos pelos gregos como fenícios. Suas cidades principais foram *Sidom* (10.15) e *Tiro*, que ainda existe no moderno Líbano. Por muito tempo, os cananeus foram politicamente dominados pelos egípcios. *Hete* seriam os hititas, que construíram um centro de poder na Anatólia central (Turquia), mas alguns deles fundaram colônias na Palestina, sendo que a mais conhecida estava em Hebrom. No período patriarcal, os hititas viviam no território de Judá, especialmente na circunvizinhança de Hebrom, e sua imoralidade causa repulsa em Isaque e Rebeca, porém Esaú se casa em seu meio (26.34,35; 27.46). O *jebuseu* (10.16) representa os habitantes hurrianos de Jerusalém antes de ser tomada pelo rei Davi (2Sm 5.6-10). O clã do *amorreu* ocupou os altiplanos da Palestina e da Transjordânia. *Heveu* (10.17) também era um nome para se referir aos colonos hurrianos da Palestina, mas o grupo *girgaseu* é desconhecido na história.[30]

Sodoma, Gomorra, Admá e Zeboim (10.19). Sodoma e Gomorra ficam a leste ou sudeste do mar Morto e são mencionadas quinze vezes juntas, em ligação com Admá e Zeboim, aqui aparece em Gênesis 14.2,8; e Deuteronômio 29.23. Admá e Zeboim também são mencionadas juntas em Oseias 11.8. As quatro são destruídas quando Deus faz chover fogo e as deixa calcinadas (19.23-29).[31]

Os descendentes de Sem (10.21-31)

Fica limpa a área para a família de maior interesse para o Antigo Testamento. Como bem destaca Warren Wiersbe, normalmente Sem é mencionado primeiro, mas desta vez ele aparece em último lugar, de modo que a narrativa possa entrar diretamente na história de Babel e na genealogia de Abraão, um dos descendentes de Sem.[32]

A tábua das nações

Os filhos de *Héber* (10.21), nome que mais tarde ficou restrito somente ao povo hebreu, aqui designam o povo de fala semítica no deserto da Arábia e em torno dele. Contudo, *Elão* (10.22), que está a leste do vale da Mesopotâmia, não era semita. O povo de *Assur* (Assíria) venceu os sumérios, o povo de Sinar, por volta do ano 2200 a.C., e se tornou um império poderoso.[33]

Livingston diz que *Arfaxade* parece situar-se no nordeste dos assírios. *Lude* se tornou a nação da Lídia e *Arã* se tornou o influente povo aramaico (Síria), cujo idioma e cuja escrita se tornaram o meio de comunicação internacional durante o período dos impérios assírio, babilônico e persa. Damasco era a capital da Síria. *Uz* (10.23) fica a leste do rio Jordão, ao longo do deserto da Arábia – Jó pertencia a esse grupo (Jó 1.1). Nada sobre *Hul, Geter* e *Más*. A maioria dos povos mencionados com *Joctã* (10.25) é desconhecida, mas inscrições árabes falam de *Hazar-Mavé* (10.26), de *Obal, Abimael* e *Sabá* (10.28), de *Ofir* e *Havilá* (10.29). *Sabá* é famosa porque sua rainha viajou a Jerusalém para ver o rei Salomão (1Rs 10.1-13).[34]

Há outro parêntese em Gênesis 10.25 para discutir a ocasião em que se *repartiu a terra* durante os dias de Pelegue, cujo nome significa "divisão". Trata-se, possivelmente, da divisão e dispersão das nações descritas no capítulo 11. No entanto, alguns estudiosos acreditam que esse fato refere-se a uma divisão específica dos continentes e reposicionamento de grandes porções de terra.[35]

Warren Wiersbe, corretamente, afirma que essa lista de nomes e de lugares enseja-nos algumas verdades teológicas importantes: 1) Javé é o Senhor das nações. Apesar de déspotas como Ninrode, Javé é o Deus acima da geografia e da história, e é Ele quem está no controle. 2) Todas as nações pertencem à mesma família humana: *de um só* [Deus] *fez toda a raça humana...* (At 17.26). Consequentemente, nenhum povo ou etnia pode afirmar ser superior a qualquer outra parte da raça humana. O fato de existirem nações mais ricas que outras não significa que são melhores ou superiores (Pv 22.2). 3), pois Deus tem um propósito para ser cumprido pelas nações. Conquanto Deus tenha escolhido Israel como seu povo para, por intermédio dele, trazer ao mundo o Messias, Ele também usou o Egito, a Assíria, a Babilônia, a Média-Pérsia e Roma para cumprir Seus propósitos. Deus pode usar governantes pagãos como Nabucodonosor, Ciro, Dario e até mesmo César Augusto. 4) Deus ama todas as nações. O propósito de Deus é que todas as nações O conheçam e O adorem (Sl 66.1-8; 67.1-7). Por isso, o Senhor Jesus ordena sua igreja a fazer discípulos de todas as nações (Mt 28.18-20). 5). Todos os fatos anteriores devem ter servido de incentivo a Israel quando conquistaram Canaã, pois os israelitas sabiam que eram o povo escolhido de Deus. A conquista de Canaã foi uma vitória de fé nas promessas de Deus.[36]

Concluo conduzindo-o ao último versículo: *São estas as famílias dos filhos de Noé, segundo as suas gerações, nas suas nações; e destes foram disseminadas as nações na terra, depois do dilúvio* (10.32). Bräumer tem razão em dizer que o grande alvo da genealogia das nações é a constatação de que todos os povos são da mesma família, com a mesma dignidade e o mesmo destino, entre si irmãos e parentes. Consequentemente, um povo não pode dizer que a outra nação não é humana. Portanto, termos depreciativos como "bárbaros, selvagens, gentios e estrangeiros" e todo tipo de racismo e antissemitismo são inapropriados para quem entende a mensagem da genealogia das nações.[37]

Notas

[1] BOICE, James Montgomery. *Genesis*, vol. 1, 1998, p. 402.
[2] MORRIS, Henry M. *The Genesis Record*, 2006, p. 245.
[3] BRÄUMER, Hansjörg. *Gênesis*, vol. 1, 2016, p. 165.
[4] KIDNER, Derek. *Gênesis: introdução e comentário*, 2006, p. 98.
[5] BRÄUMER, Hansjörg. *Gênesis*, vol. 1, 2016, p. 163.
[6] WIERSBE, Warren. *Comentário bíblico expositivo*, vol. 1, 2006, p. 74.
[7] KIDNER, Derek. *Gênesis: introdução e comentário*, 2006, p. 99.
[8] WIERSBE, Warren W. *Comentário bíblico expositivo*, vol. 1, 2006, p. 74.
[9] KIDNER, Derek. *Gênesis: introdução e comentário*, 2006, p. 99.
[10] Ibidem.
[11] LIVINGSTON, George H. O livro de Gênesis, in: *Comentário bíblico Beacon*, vol. 1, 2015, p. 53.
[12] WALTKE, Bruce K. *Gênesis*, 2010, p. 201.
[13] Ibidem.
[14] LIVINGSTON, George H. O livro de Gênesis. In: *Comentário bíblico Beacon*, vol. 1, 2015, p. 53.
[15] Ibidem.
[16] Ibidem.
[17] WALTKE, Bruce K. *Gênesis*, 2010, p. 202.
[18] KIDNER, Derek. *Gênesis: introdução e comentário*, 2006, p. 100.
[19] WIERSBE, Warren W. *Comentário bíblico expositivo*, vol. 1, 2006, p. 73, 75.
[20] WALTKE, Bruce K. *Gênesis*, 2010, p. 203.
[21] WIERSBE, Warren W. *Comentário bíblico expositivo*, vol. 1, 2006, p. 75.
[22] BRÄUMER, Hansjörg. *Gênesis*, vol. 1, 2016, p. 168.
[23] WALTKE, Bruce K. *Gênesis*, 2010, p. 204.
[24] BRÄUMER, Hansjörg. *Gênesis*, vol. 1, 2016, p. 168.
[25] BOICE, James Montgomery. *Genesis*, vol. 1, 1998, p. 410.
[26] WIERSBE, Warren W. *Comentário bíblico expositivo*, vol. 1, 2006, p. 75.
[27] WALTKE, Bruce K. *Gênesis*, 2010, p. 203.
[28] LIVINGSTON, George H. O livro de Gênesis, in: *Comentário bíblico Beacon*, vol. 1, 2015, p. 54.
[29] WALTKE, Bruce K. Gênesis, 2010, p. 205.
[30] LIVINGSTON, George H. O livro de Gênesis, in: *Comentário bíblico Beacon*, vol. 1, 2015, p. 54.
[31] WALTKE, Bruce K. *Gênesis*, 2010, p. 207.
[32] WIERSBE, Warren W. *Comentário bíblico expositivo*, vol. 1, 2006, p. 75.
[33] LIVINGSTON, George H. O livro de Gênesis, in: *Comentário bíblico Beacon*, vol. 1, 2015, p. 54.
[34] Ibidem.

[35] WIERSBE, Warren W. *Comentário bíblico expositivo*, vol. 1, 2006, p. 75.
[36] Ibidem, p. 75-76.
[37] BRÄUMER, Hansjörg. *Gênesis*, vol. 1, 2016, p. 175.

Capítulo 14

Uma cidade, uma torre e uma família
(Gn 11.1-32)

O CAPÍTULO 11 DE GÊNESIS inicia-se informando que em toda a terra havia apenas uma linguagem e uma só maneira de falar (11.1). Isso parece estar em aberta contradição com o que fora dito em Gênesis 10.5,20,31. O capítulo 10 fala sobre setenta povos, cada qual, possivelmente, com sua língua. Uma explicação para isso é que o registro não está em ordem cronológica, uma vez que a divisão dessas nações com sua respectiva língua sucedeu a Babel, não o contrário. Derek Kidner pensa que o episódio deu-se logo depois do dilúvio.[1] Nessa linha de pensamento, Warren Wiersbe diz que é bem provável que os acontecimentos do capítulo 11 tenham ocorrido antes daqueles que se encontram no capítulo 10 e que a dispersão descrita no capítulo 10 tenha sido consequência do julgamento de Deus em Babel. Sendo assim, a organização do texto é literário, não cronológico.[2]

Outro fator digno de destaque é que essas setenta nações vieram dos três filhos de Noé, e irmãos falam a mesma língua. Isso fica ainda mais claro quando vemos que, na genealogia das nações, a palavra hebraica para língua é *laschon*, enquanto o relato da dispersão usa *sapha*. Bräumer diz que *sapha* é a língua falada, e no hebraico bíblico o termo é usado apenas no singular. A palavra *laschon* caracteriza uma língua em sua relação com outra, apontando para as diferenças entre os diversos idiomas. *Sapha* aponta para a singularidade de uma língua e também é o termo técnico para a única língua universal da pré-história e para a "língua pura" do tempo do fim (Sf 3.9).[3]

A torre de Babel é um emblema da arrogância humana e do juízo divino. Ninrode edificou um império e fundou cidades-estado (10.8-12), e essa geração ímpia quis tornar o seu nome célebre e inverter o propósito de Deus de repovoar a terra (cp. 9.1 com 11.4). Vemos aqui um projeto arrogante e um juízo certo, mas desse episódio podemos tirar algumas lições.

O humanismo idolátrico alimenta projetos arrogantes (11.1-4)

O texto bíblico nos informa que os homens se uniram não para construir uma cidade e uma torre, mas para construir uma cidade e uma torre em rebelião contra Deus. Seus planos excluem Deus e estão em oposição a Ele, e tanto a torre quanto a cidade eram chamadas de Babel, o "portal dos deuses". Esse projeto odioso foi uma declaração de guerra a Deus, uma expressa rebelião contra o Altíssimo. Eles se unem não para cumprir o projeto divino, mas para substituir o plano de Deus pelos seus projetos. Além disso, querem banir Deus e se colocarem no centro da história, e não apenas se opõem a Deus, mas querem ser como Deus e até mesmo ocupar o lugar do Todo-poderoso.

Mas quais foram suas motivações para isso?

Em primeiro lugar, *notoriedade* (11.4a), ou seja, eles querem tornar célebre o seu nome, querem fama, desejam os holofotes e aspiram a ser o centro de todas as coisas. O antropocentrismo idolátrico não morreu; na verdade, ele está em voga em nossa geração. As nações têm virado as costas para Deus e tentado bani-lo de sua história; além disso, têm substituído Deus por outros deuses e, também, têm escarnecido do nome de Deus e cultuado a si mesmas. As nações têm feito monumentos a si mesmas, buscando fama para si. É o homem tentando esquecer-se do céu na mesma medida que busca imortalidade aqui na terra, onde tudo é passageiro. James Montgomery Boice diz que Babel não era a cidade de Deus, mas a cidade dos homens, construída pelo homem e para a glória do homem.[4]

Bräumer ilustra esse ponto quando menciona o fato de várias cidades receberem o nome de reis, para que eles continuassem na memória das pessoas, como Cidade de Davi, Alexandria, Constantinopla e muitas outras.[5]

Em segundo lugar, *contrariar a vontade de Deus* (11.4b). A ordem de Deus era para encher a terra, ou seja, uma visão centrífuga, e eles não querem ser espalhados, por isso adotaram uma perspectiva centrípeta. Bruce Waltke diz que esse arranha-céu, a torre de Babel, é símbolo de sua sociedade unificada e titânica que se autoafirma contra Deus, o qual lhes ordena que encham a terra (cf. 9.1). Esses pecadores presunçosos, como Caim, temem a perda do lugar em sua alienação de Deus e talvez entre si (4.14), e, como ele, encontram sua solução para o significado numa cidade permanente que rivalize com Deus.[6]

Sempre que o homem tenta estabelecer seus próprios planos fora da vontade de Deus, invertendo o projeto do SENHOR, demonstra sua desobediência arrogante e sua jactância demoníaca (Tg 4.16). Conforme escreveu Bräumer, "o objetivo declarado dos povos pré-históricos era construir algo que lhes trouxesse fama e os protegesse da dispersão".[7]

Em terceiro lugar, *estabelecer uma nova religião* (11.4). É óbvio que os construtores não eram tão tolos a ponto de pensar que poderiam construir uma torre cujo topo chegasse literalmente aos céus. Essa torre era um zigurate, um monumento com propósito religioso, a fim de estabelecer contato com os deuses e buscar orientação nos astros. O objetivo deles era estabelecer uma ligação entre o céu e a terra. A torre de Babel é um símbolo da apostasia declarada e afrontosa, é a tentativa de tirar Deus do centro da vida e colocar em seu lugar outros deuses, bem como uma aberta rebelião contra Deus. A palavra "Babel" significa "o portal de Deus", contudo, o Senhor o transformou num lugar de confusão e separação. Henry Morris diz que a identidade essencial de vários deuses e deusas de Roma, da Grécia, da Índia, do Egito e de outras nações com o panteão original dos babilônios está aqui bem estabelecido. Ninrode deificou a si mesmo como o deus-chefe, "Merodaque" ou "Marduque", da Babilônia.[8]

Bräumer diz que, dado o significado trágico que a cidade da Babilônia adquiriu para o povo de Israel, a Babel da pré-história tornou-se símbolo de todos os impérios que tentaram se levantar contra Deus e Seu povo. A Grande Babilônia é a Grande Meretriz, cuja imoralidade e magia seduziu as nações. A Babilônia, aliada de Satanás, do Dragão e do Anticristo e também da besta será destruída, afundada no mar, queimada no fogo eterno.[9]

O juízo de Deus sobre os que desafiam Seu poder (11.5-9)

Os homens de Babel fizeram uma torre para os deuses descerem, mas quem desceu foi o Deus todo-poderoso, o Deus da aliança, para exercer sobre eles o seu juízo. Nas palavras de Waltke, "os construtores do zigurate se imaginaram subindo aos céus e seus deuses descendo em sua escadaria. Não esperavam que o Deus verdadeiro descesse".[10]

Deus entra em conselho com as pessoas da Trindade (11.5,6) para frustrar aquele projeto arrogante de autonomia absoluta e colocar o ser humano no seu devido lugar como criatura. Bräumer diz que, do ponto de vista do Criador, a "torrezinha" do ser humano é patética e *ri-se aquele que habita nos céus* (Sl 2.4). O relato de como Deus desce tem traços de sarcasmo, ironia mordaz e zombaria merecida.[11] Warren Wiersbe diz que, por causa do julgamento de Deus, Babel, "o portal dos deuses", transformou-se na "porta para a confusão".[12] Wiersbe ainda diz: "Na cidade de Babel, as pessoas queriam construir uma torre que chegasse até o céu, mas na Babilônia de Apocalipse 17 e 18 o pecado da cidade é que chegou até o céu (Ap 18.5)".[13] Waltke diz que, ironicamente, a torre é tão insignificante que Deus tem que descer para vê-la. Esse uso figurado implica não limitação na onipotência de Deus, pois o "descer" divino pressupõe conhecimento antecipado das atividades humanas, lá do alto, e a oposição subsequente de Deus irrestritamente exibe sua soberania absoluta.[14]

Nessa mesma linha de pensamento, Bräumer faz o seguinte registro:

> A descida de Deus é uma descrição figurada da intervenção direta de Deus. As Escrituras do Antigo Testamento fazem dez referências a uma descida de Deus, sempre em momentos decisivos: no Paraíso, na confusão das línguas, em Sodoma, junto à sarça ardente, no monte Sinai, duas vezes na fenda da rocha, duas vezes na Tenda do Encontro e uma vez no fim dos tempos. Somente a ocorrência no Paraíso propositadamente não usa a palavra "descer".[15]

Mas como Deus exerceu o Seu juízo?

Em primeiro lugar, *confundiu a linguagem deles* (11.7). Até então, havia apenas uma linguagem e uma só maneira de falar (11.1). Ao confundir a linguagem deles, não puderam mais entender uns aos outros, e sua comunicação foi interrompida. Seus planos foram frustrados, sua soberba foi golpeada e sua arrogante pretensão tornou-se nula. Deus desbancou, num só golpe, tanto o humanismo idolátrico como o panteão dos deuses aos quais queriam invocar de sua torre malfadada. Cada grupo desenvolveu-se dali para a frente *segundo as suas famílias, segundo as suas línguas, em suas terras* (10.5,20,31).

Em segundo lugar, *dispersou-os pela superfície da terra* (11.8,9). Apesar de sua rebelião, o Soberano cumpre Seu desígnio de o povo encher a terra. Deus impediu que eles continuassem a edificar a cidade da rebelião. É impossível lutar contra Deus e prevalecer. A torre de Babel é um símbolo da soberania inquestionável de Deus, que, ao mesmo tempo que exerce Seu juízo, também demonstra Sua misericórdia. Deus os dispersou para que não tivessem todos que perecer nesse ajuntamento de rebelião e apostasia. Bräumer escreveu: "Deus decidiu acabar com a unidade da língua para evitar que as pessoas continuassem a andar pelo caminho da rebelião e da impiedade".[16] Concordo com Derek Kidner quando escreveu: "É melhor a divisão do que a apostasia coletiva" (Lc 12.51).[17]

A dispersão, ao mesmo tempo que foi um juízo divino, foi também uma demonstração de que o plano de Deus não pode ser frustrado e que Sua graça triunfará. Deus formará, por meio de Abraão, uma nova nação e, com ele, todas as famílias da terra serão abençoadas.

Babel está em contraste com o Pentecoste em Jerusalém. Mesmo que os povos falassem línguas diferentes, cada um ouvia falar na sua própria língua o que os discípulos de Jesus falavam sobre os grandes feitos de Deus (At 2.5-8). Em Jerusalém, aconteceu o milagre da compreensão renovada, mas esses limites linguísticos só serão removidos no tempo final, pois, depois da volta de Jesus, haverá uma língua transformada, única e "pura" (Sf 3.9).[18]

A salvação de Deus vinda por intermédio da família de Sem (11.10-32)

A história da redenção tem continuação com os descendentes de Sem. Assim como temos dez gerações de Sete até Noé, temos também dez gerações de Sem até Abraão. Em Gênesis 11.10-32, não temos uma genealogia das nações, como registrado em Gênesis 10, mas uma árvore genealógica que vai de Sem até Abraão. A menção dos três filhos de Tera — Abraão, Naor e Hará, — igualando, assim, com o trio formado pelos filhos de Noé, deu ocasião para supor que Tera fosse o último membro da genealogia de Sem. O autor sagrado, dessa forma, retoma a genealogia de Sem (10.21-31; 11.10-32) para nos levar até Abraão, o pai da nação de Israel e pai de todos os cristãos. Isso significa, ainda, que a genealogia de Sem leva à formação de um povo histórico e, dessa forma, à transição para a história. Concordo, portanto, com Bräumer quando diz que o alvo da genealogia não é Tera, e sim Abraão.[19]

Nessa linhagem, ocorreram mudanças importantes, como passaremos a ver:

Em primeiro lugar, *nessa linhagem biográfica não há registro da totalidade de anos vividos*. As dez biografias aqui registradas falam da idade de cada personagem quando gerou o indivíduo que daria continuidade à família e depois menciona a quantidade de anos que o personagem viveu, quando gerou filhos e filhas. Não há menção de morte, exceto da morte de Tera, em Harã, com 250 anos (11.32).

Em segundo lugar, *nessa linhagem pós-diluviana constatamos a diminuição drástica de expectativa de vida*. Antes do dilúvio, alguns chegaram a viver mais de novecentos anos; agora, ninguém chegou aos quinhentos, e a maioria nem chegou a trezentos anos. Os efeitos do pecado já se refletiam mais na expectativa de vida. Matthew Henry esclarece:

> Houve uma diminuição gradual, mas notável, no número de anos da vida deles. Sem viveu 600 anos. Os três seguintes chegaram a 500 anos. Os três seguintes não chegaram a 300 anos. Depois deles, não lemos que ninguém tenha vivido 200 anos, exceto Tera. E, não muitas gerações depois, Moisés registrou que a idade dos homens chegaria a 70 anos ou em haver vigor a 80 anos.[20]

Em terceiro lugar, *nessa linhagem os homens começaram a gerar filhos com idade bem mais jovem*. Noé gerou seus filhos quando tinha quinhentos anos. Agora, porém,

Arfaxade gerou Salá com 35 anos (11.12). Salá gerou Héber com trinta anos (11.14). De igual modo, Pelegue gerou Reú com trinta anos (11.18). O mesmo aconteceu com Serugue, que gerou Naor aos trinta anos (11.22). É digno de destaque que Naor gerou Tera com 29 anos (11.24).

Em quarto lugar, *nessa linhagem Deus preparou o cenário para o nascimento de Abraão, o pai da nação de Israel* (11.10-32). Destacaremos aqui os dez membros da família de Sem, chegando a Abraão, o pai da nação de Israel.

1. *Sem* (11.10,11). Sem é a transliteração grega da palavra hebraica *Schem*, "nome". Ele é o pai dos semitas, e, embora Sem tivesse outros filhos, como Elão, Assur, Lude e Arã (10.22), essa lista biográfica destaca o nome de Arfaxade. Sem gerou Arfaxade com a idade de cem anos, dois anos depois do dilúvio (11.10), e sem ainda viveu mais quinhentos anos depois que Arfaxade nasceu, tempo em que gerou filhos e filhas (11.11).

2. *Arfaxade* (11.12,13). A informação relevante que temos sobre Arfaxade aqui é que ele foi o pai de Salá.

3. *Salá* (11.14,15). Ele aparece como indivíduo, mas, como tribo, deixou de ser identificável.

4. *Héber* (11.16,17). Héber é um indivíduo, o antepassado de uma tribo muito específica.

5. *Pelegue* (11.18,19). O entendimento de Pelegue como nome de uma pessoa é apoiado pela observação que o acompanhou: *porquanto em seus dias se repartiu a terra*. Nesse contexto, terra pode ser interpretada também como "população mundial", "humanidade".

6. *Reú* (11.20,21). Provavelmente, uma abreviação de Reuel, de forma que significa "amigo". No Antigo Testamento, Reú também é mencionado em Crônicas (1Cr 1.25), além de ter sido incluído na genealogia de Jesus na forma grega Regaú (Lc 3.35).[21]

7. *Serugue* (11.22,23). O nome do sétimo membro da genealogia de Sem é aparentado com Sarugi (da língua arcádia), um lugar perto de Harã. Possivelmente, esse local seja Sarugue, mais tarde um importante centro cristão, que existe até hoje com o nome de Serudsch, situado entre Harã e o Eufrates. Na história oriental, é muito comum que uma cidade receba o nome de uma tribo ou de uma pessoa específica. Serugue também aparece na genealogia de Jesus (Lc 3.35).

8. *Naor* (11.24,25). O nome Naor significa "roncador", e tanto o avô quanto o irmão de Abrão chamavam-se Naor.

9. *Tera* (11.26-32). Tera morava em Ur dos caldeus, uma terra idólatra (Js 24.1,2). Ele foi pai de três filhos: Abrão, Naor e Harã. Harã foi pai de Ló e Milca, que veio a casar-se com seu tio Naor. Harã morreu antes de Tera, seu pai, e Ló acompanhou seu tio Abrão rumo a Canaã. Abrão casou-se com Sarai, sua meia-irmã.

10. *Abrão, Naor, Harã* (11.27-31). O nome *Abrão* significa "pai exaltado" ou "ele é exaltado por seu relacionamento com o pai". Quando Deus estabelece sua aliança com Abrão, ele recebe o nome de Abraão, "pai de uma grande nação". Bräumer diz que, antes de receber um novo nome, Abrão é um homem

dos primórdios de Israel, mas, quando a aliança é estabelecida e confirmada pela circuncisão, Abrão se torna pai de Israel.[22] *Naor*, o irmão de Abrão, recebe o nome do avô. Ele tornou-se o pai das tribos aramaicas, e, assim como Jacó e Ismael, também ele teve doze filhos, entre os quais Betuel, pai de Labão e Rebeca (22.20-24; 24.15,24,47). Hará, o irmão mais novo de Abrão, é o pai de Ló, Milca e Iscá. Milca tornou-se esposa de seu tio Naor, e sobre Iscá não temos mais nenhuma informação no Antigo Testamento. Ele morreu em Ur dos caldeus antes mesmo de Tera, seu pai. Depois da morte de seu pai, Ló tornou-se representante da família. Portanto, as três linhas que partem de Tera são: Abrão, Naor e Ló. Quando Abrão saiu de Hará, Ló seguiu seu tio em direção a Canaã, estabelecendo sua residência na planície do Jordão, ao lado de Sodoma, de onde foi resgatado por Abrão com suas filhas, vindo a ser pai de seus netos e avô de seus filhos Amom e Moabe. *Milca*, cujo significado é "rainha", concebeu oito dos doze filhos de Naor (22.20-23), e um deles foi Betuel, pai de Rebeca (24.15,24,47). *Sarai*, meia-irmã de Abrão (20.12), tornou-se esposa de Abrão. Ela também era filha de Tera, portanto, irmã de Abrão por parte de pai. O nome Sarai é um título que significa "princesa" ou "senhora". Aos noventa anos, apesar de ser estéril e ainda de avançada idade, Sarai recebe o nome de Sara, com a promessa de ser mãe do filho da promessa.

A pré-história introduz a história dos patriarcas por meio de duas indicações geográficas: Ur dos caldeus e Hará. *Ur dos caldeus* ficava no sul da Mesopotâmia, perto da foz do rio Eufrates, e era um grande centro cultural, religioso e comercial. Ur dos caldeus foi uma das cidades-estado mais ricas já desenterradas das culturas mais antigas do vale da Mesopotâmia. O deus-Lua Nanar era adorado ali, e um dos mais famosos reis de Ur foi Ur-Namu. Josué 24.2 declara que a família de Tera adorava ídolos. A cidade foi destruída em cerca de 2100 a.C., e, logo em seguida, ocorreu grande migração para o oeste.[23] Ali Abrão nasceu e foi o ponto de partida de sua caminhada (15.7; Ne 9.7). *Hará* ficava situada no norte da Mesopotâmia e era o último posto civilizado antes do vasto deserto arábico. Em decorrência da migração do clã de Tera, Hará se torna a cidade de Abrão e, mais tarde, também de Jacó (27.43; 28.10; 29.4). Em Hará, Tera, pai de Abraão, morreu aos 205 anos de idade.[24]

Warren Wiersbe resume a biografia desses renomados personagens da seguinte maneira Naor foi o homem que ficou (11.31), Tera foi o homem que parou (11.31), Ló foi o homem que se desviou (13.10-13; 14.12; 19.1-38) e Abrão foi o homem que obedeceu (12.1).[25]

Notas

[1] KIDNER, Derek. *Gênesis: introdução e comentário*, 2006, p. 103.
[2] WIERSBE, Warren W. *Comentário bíblico expositivo*, vol. 1, 2006, p. 77.
[3] BRÄUMER, Hansjörg. *Gênesis*, vol. 1, 2016, p. 177.
[4] BOICE, James Montgomery. *Genesis*, vol. 1, 1998, p. 421.
[5] BRÄUMER, Hansjörg. *Gênesis*, vol. 1, 2016, p. 180.

[6] WALTKE, Bruce K. *Gênesis*, 2010, p. 217.
[7] BRÄUMER, Hansjörg. *Gênesis*, vol. 1, 2016, p. 179.
[8] MORRIS, Henry. The *Genesis* Record, 2006, p. 264.
[9] BRÄUMER, Hansjörg. *Gênesis*, vol. 1, 2016, p. 184.
[10] WALTKE, Bruce K. *Gênesis*, 2010, p. 218.
[11] BRÄUMER, Hansjörg. *Gênesis*, vol. 1, 2016, p. 181.
[12] WIERSBE, Warren W. *Comentário bíblico expositivo*, vol. 1, 2006, p. 78.
[13] Ibidem, p. 79.
[14] WALTKE, Bruce K. *Gênesis*, 2010, p. 218.
[15] BRÄUMER, Hansjörg. *Gênesis*, vol. 1, 2016, p. 181.
[16] Ibidem, p. 182.
[17] KIDNER, Derek. *Gênesis: introdução e comentário*, 2006, p. 103.
[18] BRÄUMER, Hansjörg. *Gênesis*, vol. 1, 2016, p. 184-185.
[19] Ibidem, p. 186.
[20] HENRY, Matthew. *Comentário bíblico — Antigo Testamento (Gênesis a Deuteronômio)*, vol. 1, 2010, p. 74.
[21] BRÄUMER, Hansjörg. *Gênesis*, vol. 1, 2016, p. 187.
[22] Ibidem, p. 189.
[23] LIVINGSTON, George H. O livro de Gênesis, in: *Comentário bíblico Beacon*, vol. 1, 2015, p. 57.
[24] BRÄUMER, Hansjörg. *Gênesis*, vol. 1, 2016, p. 191.
[25] WIERSBE, Warren W. *Comentário bíblico expositivo*, vol. 1, 2006, p. 80-81.

Capítulo 15

Uma caminhada de fé
(Gn 12.1-20)

A HISTÓRIA DA REDENÇÃO e a história da criação começam da mesma maneira, com Deus falando. Deus é o agente de ambas. James Montgomery Boice diz, com acerto, que, exceto Jesus Cristo, Abraão é, provavelmente, a pessoa mais importante na Bíblia, uma vez que todos os cristãos são justificados pela fé como Abraão e chamados filhos de Abraão.[1]

Dos capítulos 12 a 50, veremos a semente e a posteridade prometida, destacando-se quatro personagens: Abraão, Isaque, Jacó e José. A vida dos patriarcas desenrola-se no chamado istmo sírio-palestino. Essa pequena terra da Bíblia é o ponto de encontro de três continentes: Europa, África e Ásia. Esse istmo não fica em algum lugar isolado do mundo, mas é o ponto central entre dois mares e a encruzilhada de grandes rotas comerciais.² O istmo sírio-palestino é a área entre as grandes potências Mesopotâmia e Egito. No período de 1600 a 1200 a.C., houve também uma terceira potência, o império hitita.³

Derek Kidner diz que a promessa de um filho domina os capítulos 12 a 20 por sua angustiante demora, enquanto Abrão a põe em risco, ora por falta de fibra, ora por falta de esperança (caps. 12, 16, 20), sustentando-a, porém, pela fé (caps. 15, 17, 18).⁴

No texto apresentado, dois capítulos retratam a vida de Abrão, o triunfo da fé que obedece e o fracasso da fé que teme.

O triunfo da fé que obedece (12.1-9)

O Deus que fala com Abrão é o Deus Javé, o Deus da aliança. Destacamos aqui alguns pontos:

Em primeiro lugar, *uma ordem* (12.1). *Ora, disse o SENHOR a Abrão: Sai da tua terra, da tua parentela e da casa de teu pai e vai para a terra que te mostrarei.* Não há novo começo nem coisa nova no mundo se Deus não falar. Deus falou a Abrão, e isso bastava para ele mudar o rumo de sua história e o rumo da história da humanidade.

O pretérito perfeito *disse* é usado porque Deus chama Abrão não em Harã, antes da morte de seu pai, mas em Ur (11.28,31; 15.7; At 7.4), quando ele e sua família estavam afundados na lama da idolatria (Js 24.2). Deus chama Abrão por Sua livre e graciosa misericórdia, não havendo nada nele mesmo que pudesse recomendá-lo a Deus.

Waltke diz que a mesma palavra que chamou o cosmos à existência agora chama Abrão a trazer uma nação à existência.⁵ Bräumer destaca que Abrão deixa a região da Mesopotâmia antes de Hamurabi (1792-1750 a.C.) estabelecer seu império. O império de Hamurabi, com sede na Babilônia, ia do golfo Pérsico ao deserto Sírio.⁶ Abrão sai de Ur (sul da Mesopotâmia) para Hará (norte da Mesopotâmia) em direção ao istmo sírio-palestino, esse pequeno espaço de terra entre vários grandes impérios. Essa foi a terra que Deus prometeu a Abrão e, nela, ele tornou-se pai de todo o Israel.

Essa ordem implica vários estágios. A primeira ordem é sair: da terra, da parentela, da casa do pai. O chamamento é ouvido pela primeira vez em Ur (At 7.2-4). A segunda ordem é: vai para a terra *que te mostrarei*. Antes de Abrão ir, ele precisa romper com sua terra pagã, com sua parentela que adora outros deuses e com a casa de seu pai. Ló acompanha seu tio Abrão, porém, na jornada da fé ninguém deve ir de carona, e Ló foi sempre um crente a reboque.

Só depois do rompimento com o passado é que existe uma caminhada rumo ao futuro. Conforme já afirmamos, os ancestrais de Abrão viviam em Ur dos caldeus e adoravam outros deuses (Js 24.2). O Senhor o tirou não só de sua terra, mas também do politeísmo idolátrico, para ser o grande representante do monoteísmo na história. Abrão deixou para trás sua terra, seu povo, sua cultura, sua religião. Concordo com Warren Wiersbe quando diz que Abrão obedeceu quando não sabia onde (Hb 11.9,10), como (Hb 11.11,12), quando (Hb 11.13-16) nem por que (Hb 11.17-19).⁷

Abrão tinha 75 anos quando Deus o chamou, o que mostra que a idade não é um obstáculo para aceitar novos e grandes desafios na vida. Ele morreu aos 175, vivendo, portanto, cem anos na presença de Deus e para a glória dEle.

Em segundo lugar, *uma promessa* (12.2,3). Depois da ordem dada vem a promessa, e esta possui várias etapas de bênçãos:

1. *... de ti farei uma grande nação* (12.2). Waltke diz que a magnitude da promessa a um esposo com uma mulher estéril testa a fé de Abrão ao limite máximo. Ao não entregar-se à incredulidade, Abrão serve como um modelo para o povo pactual: *Olhai para Abraão, vosso pai, e para Sara, que vos deu à luz; porque era ele único, quando eu o chamei, o abençoei e o multipliquei* (Is 51.2).[8]

2. *... te abençoarei* (12.2b). A palavra "abençoar" ocorreu apenas cinco vezes em Gênesis 1 a 11, e agora ocorre cinco vezes apenas em Gênesis 12.1-3. A bênção traz poder para a vida, bem como o fortalecimento e o crescimento desta.[9] Bräumer diz que "bênção" é a garantia de proteção e cuidado, a promessa de graça e o presente da paz.[10]

3. *... te engrandecerei o nome* (12.2c). No antigo Oriente Médio, um nome não era meramente um rótulo, mas a revelação do caráter e este equivale à pessoa ou personalidade. Assim, um grande nome acarreta não só fama, mas alta estima social, como um homem de caráter superior.[11] Deus quer fazer de Abrão uma personalidade inigualável. Os construtores de Babel quiseram tornar o seu nome grande e foram desbaratados. Abrão, porém, teve seu nome engrandecido por Deus e entrou para a história com seis títulos de honra: 1) pai de numerosas nações (17.5); 2) confidente de Deus (18.17-19); 3) profeta (20.7); 4) príncipe de Deus (23.6); 5) servo de Deus (Sl 105.6); 6) amigo de Deus (2Cr 20.7).[12]

4. ... *sê tu uma bênção* (12.2d). Deus abençoa Abrão para que ele fosse portador de sua bênção (Sl 67.7), e isso está de acordo com o que diz a Escritura: *A memória do justo é abençoada, mas o nome dos perversos cai em podridão* (Pv 10.7).

5. ... *abençoarei os que te abençoarem* (12.3). A força abençoadora vale para todos aqueles para quem Abraão é pai. Waltke diz que isso se refere aos que, por meio da oração, buscam mediar a bênção de Deus nesse agente de bênção, Abraão, e seus fiéis descendentes. Até que Cristo venha, Abraão e seus descendentes exercerão um papel messiânico representativo e prefiguram Cristo. A promessa hoje não pertence a um "Israel" étnico e incrédulo (Rm 9.6-8; Gl 6.15), mas a Jesus Cristo e sua igreja (12.7; 13.16; Gl 3.16,26-29; 6.16).[13]

6. ... *amaldiçoarei os que te amaldiçoarem* (12.3b). Quem se opuser a Abrão está se voltando contra a promessa que Deus fez a Abrão, de ser o pai de numerosas nações, o pai dos cristãos. O Novo Testamento conhece uma exclusão da comunhão da igreja que começa com a fórmula: "Que seja amaldiçoado" (*anathema*). *Se alguém não ama o Senhor, seja anátema...* (1Co 16.22). Quem não ama a Jesus está exposto à ira de Deus e é publicamente excluído da igreja e entregue ao juízo de Deus.[14]

7. ... *em ti serão benditas todas as famílias da terra* (12.3c). A bênção pessoal de Abrão é ao mesmo tempo uma bênção para outros. "Abrão se torna uma fonte de bênção, que jorra a bênção da qual ele mesmo está repleto."[15] O apóstolo Paulo chama o Messias de descendente de Abraão (Gl 3.16). A promessa feita

a Abrão cumpriu-se em Cristo, e aqueles que creem em Jesus são *filhos de Abraão* (Gl 3.7). Os da fé é que são abençoados com o crente Abraão (Gl 3.9). Os verdadeiros filhos de Abraão não são aqueles que têm o sangue de Abraão correndo em suas veias, mas os que têm a fé de Abraão habitando em seu coração.

Em terceiro lugar, *uma obediência* (12.4-7). Abrão não discute nem protela a ação; em vez disso, obedece a Deus imediatamente, pois a fé confia e obedece. Bräumer tem razão em dizer que fé e obediência formam uma unidade, e não há fé sem obediência, nem obediência sem fé.[16] Derek Kidner diz que Abrão deve permutar o conhecido pelo desconhecido (Hb 11.8) e ver sua recompensa naquilo que ele não viveria para ver (uma grande nação) em algo intangível (o nome) e em algo que ele teria de dar (bênção).[17]

Por ter Harã, pai de Ló, morrido em Ur dos caldeus, Ló acompanha seu tio, como um barco a reboque. Abrão sai com sua mulher, seu sobrinho e seus bens rumo à terra prometida. Diferente de Tera, seu pai, ele partiu rumo a Canaã e lá chegou. Quando Abrão chega à terra, em Siquém e ao carvalho de Moré, ela está sendo habitada pelos cananeus. Então, o Senhor lhe apareceu e fez mais uma promessa: *Darei à tua descendência esta terra* (12.7).

Em quarto lugar, *um altar* (12.7b-9). Abrão responde à promessa do Senhor edificando-lhe um altar. De Siquém, ele vai a Betel, onde arma sua tenda, edifica um altar ao Senhor e invoca o nome dEle (12.8). De Betel, ele segue caminhando, sempre rumo ao Neguebe, o maior deserto da Judeia, e atualmente uma área árida a sudoeste do mar Morto. Derek Kidner diz que as únicas estruturas que Abrão deixava para trás eram altares; nada que lembrasse as suas riquezas.[18]

O fracasso da fé que teme (12.10-20)

A fé de Abrão é provada pelas circunstâncias, pela fome (12.10), pelas pessoas e pelos egípcios (12.11,14,15). Durante as secas, os beduínos da região asiática buscavam socorro no Egito, o celeiro da Antiguidade. Num período de fome, poderia bem parecer providencial a Abrão a proximidade do Egito, banhado pelas torrentes do Nilo. Entretanto, tudo indica que Abrão não parou para perguntar, mas prosseguiu por sua própria iniciativa, levando tudo em conta, menos Deus.[19]

James Montgomery Boice, citando Robert Candlish, lista sete provas que levaram Abrão ao fracasso: 1) Sarai, sua mulher, era estéril; 2) seu destino era incerto; 3) ele estava deixando o seu povo; 4) no caminho, seu pequeno grupo foi diminuindo; 5) ele não encontrou um lar; 6) os cananeus estavam habitando a terra que Deus lhe havia prometido; 7) havia fome na terra.[20]

Warren Wiersbe diz que Abrão deu quatro passos errados em virtude de sua falta de fé: 1) Abrão deixou de confiar para tramar; 2) deixou de confiar e começou a temer; 3) deixou de preocupar-se com os outros e passou a preocupar-se consigo mesmo; 4) e, por fim, deixou de trazer bênção e começou a trazer julgamento.[21] Abrão não consulta Deus, e, assim, sai da bênção. Não há nesse tempo que ficou no Egito nenhuma interação direta de Deus com Abrão, o que implicitamente significa a desaprovação divina e a repreensão vinda de um rei pagão.[22]

Neste momento, vale destacar alguns pontos:

Em primeiro lugar, *uma mentira* (12.10-13). Abrão é movido pelo medo dos homens, o que é incompatível com a fé em Deus. O temor de Abrão demonstra ainda falta de confiança nas recentes promessas de Deus,[23] o que fica evidente quando ele acovardou-se e usou sua mulher para proteger-se em vez de protegê-la. Abrão expôs Sarai, sua mulher, para se livrar da morte. Ele colocou sua mulher no balcão dos desejos pelo medo de perder a vida, quando o verdadeiro amor do marido deveria dar a vida para proteger a esposa amada (Ef 5.25). Abrão usou o atributo da beleza de sua mulher para blindar-se. O medo fê-lo pensar no pior, por isso fez provisão para se livrar da morte, na mesma medida em que ficou preso no cipoal da mentira. Concordo com Derek Kidner quando diz que empregar meia-verdade para eliminar a outra metade é mentira tão patente que, nessa ocasião, Abrão sequer tentou defender--se.[24] Bräumer diz que Abrão torna-se duplamente culpado: a primeira culpa é a falta de fé e segunda a meia-verdade.[25]

Em segundo lugar, *um harém* (12.14,15). Sarai era sobremaneira formosa, e não tardou para que os príncipes do faraó observassem a chegada da estrangeira e o informassem. O resultado: Sarai foi levada para a casa do faraó (12.15), para ser mulher dele (12.19). O temor de Abrão deu-lhe o fruto de seus preságios, e justamente porque agiu sem fé foi que aconteceu exatamente o que ele temia.

Em terceiro lugar, *uma falsa recompensa* (12.16). O faraó toma Sarai e recompensa a Abrão. Abrão foi recompensado pelo faraó por causa de Sarai, e ele passou a ter ovelhas, bois, jumentos, escravos e escravas, jumentas e camelos. Esses aparentes benefícios levaram aos conflitos com os pastores de Ló, e mais tarde Agar, a serva egípcia, tornou-se um elemento desagregador no casamento de Abrão e Sarai. Por causa dessa descida ao Egito, mais tarde Abrão, por orientação de Sarai, e se relacionará sexualmente com Agar e como fruto dessa relação Ismael nascerá.

Em quarto lugar, *uma maldição* (12.17). *O SENHOR puniu Faraó e a sua casa com grandes pragas, por causa de Sarai, mulher de Abrão*. Aquele que foi chamado para ser uma bênção e abençoar todas as famílias da terra está sendo uma maldição na casa do faraó. Derek Kidner diz que aqui, ao primeiro toque da fome, do medo e das riquezas, perdeu-se a visão, e a empresa toda correu perigo: foram necessárias pragas para reencaminhar Sarai ao seu destino (12.17) e deportação (12.20) para levar Abrão de volta a Canaã.[26] Livingston diz que a viagem de Abrão ao Egito não foi bênção para ninguém.[27]

Em quinto lugar, *uma reprimenda* (12.18,19a). O ímpio faraó está repreendendo o piedoso Abrão, e este não tem defesa nem atreve-se a defender-se. O silêncio de Abrão é a confissão de sua culpa. O pecado deixa o homem mudo e sem argumentos. Derek Kidner diz: "Porque Abrão fez uma transição do plano da fé para o do medo, foi incapaz de responder à contundente repreensão de Faraó".[28]

Em sexto lugar, *uma expulsão* (12.19b,20). *Agora, pois, eis a tua mulher, toma-a e vai-te. E Faraó deu ordens aos seus homens a respeito dele; e acompanharam-no, a ele, a sua mulher e a tudo que possuía*. Abrão desce ao Egito por medo e vai embora dele expulso pelo faraó. Para garantir que Abrão e sua família deixarão o Egito, o faraó ordena que a caravana seja escoltada até a fronteira. Abrão deixa o Egito como um homem envergonhado por Deus e humilhado pelas pessoas.[29]

Notas

1. BOICE, James Montgomery. *Genesis*, vol. 2, 1998, p. 435-436.
2. BRÄUMER, Hansjörg. *Gênesis*, vol. 1, 2016, p. 198.
3. Ibidem, p. 205.
4. KIDNER, Derek. *Gênesis: introdução e comentário*, 2006, p. 105.
5. WALTKE, Bruce K. *Gênesis*, 2010, p. 246.
6. BRÄUMER, Hansjörg. *Gênesis*, vol. 1, 2016, p. 209.
7. WIERSBE, Warren W. *Comentário bíblico expositivo*, vol. 1, 2006, p. 87.
8. WALTKE, Bruce K. *Gênesis*, 2010, p. 247.
9. Ibidem.
10. BRÄUMER, Hansjörg. *Gênesis*, vol. 1, 2016, p. 218.
11. WALTKE, Bruce K. *Gênesis*, 2010, p. 247.
12. BRÄUMER, Hansjörg. *Gênesis*, vol. 1, 2016, p. 219.
13. WALTKE, Bruce K. *Gênesis*, 2010, p. 248.
14. BRÄUMER, Hansjörg. *Gênesis*, vol. 1, 2016, p. 220.
15. Ibidem.
16. Ibidem, p. 222.
17. KIDNER, Derek. *Gênesis: introdução e comentário*, 2006, p. 106.
18. Ibidem, p. 107.
19. Ibidem, p. 108.
20. BOICE, James Montgomery. *Genesis*, vol. 2, 1998, p. 472-473.
21. WIERSBE, Warren W. *Comentário bíblico expositivo*, vol. 1, 2006, p. 92-93.
22. WALTKE, Bruce K. *Gênesis*, 2010, p. 256.
23. Ibidem, p. 257.
24. KIDNER, Derek. *Gênesis: introdução e comentário*, 2006, p. 108.
25. BRÄUMER, Hansjörg. *Gênesis*, vol. 1, 2016, p. 233.
26. KIDNER, Derek. *Gênesis: introdução e comentário*, 2006, p. 108.
27. LIVINGSTON, George H. *O livro de Gênesis*, in: *Comentário bíblico Beacon*, vol. 1, 2015, p. 59.
28. KIDNER, Derek. *Gênesis: introdução e comentário*, 2006, p. 108.
29. BRÄUMER, Hansjörg. *Gênesis*, vol. 1, 2016, p. 235.

Capítulo 16

A vida é feita de escolhas e decisões
(Gn 13.1-18)

A VIDA É FEITA DE RECOMEÇOS. Abrão desceu ao Egito, fora da vontade de Deus, e ali adquiriu riquezas à custa da verdade. No Egito, não levantou altares. Do Egito, saiu envergonhado, mas saiu de lá rumo ao Neguebe e, do Neguebe, a Betel, onde havia erigido um altar (12.8), e ali invocou Deus. Abrão recomeça sua jornada com Deus, e Deus renova com ele Sua aliança. Vamos destacar alguns pontos importantes na exposição do texto em tela.

Uma volta ao altar (13.1-4)

Mesmo quando os servos de Deus tropeçam e caem, Deus lhes dá a oportunidade de recomeçarem uma nova caminhada. Veremos aqui quatro pontos importantes:

Em primeiro lugar, *a saída de Abrão do Egito* (13.1). Abrão não apenas sai do Egito com sua mulher, mas sai rumo ao Neguebe, até Betel. Ele retorna para o lugar de onde nunca deveria ter saído, e retorna com as mãos cheias de bens, mas com a necessidade imperativa de acertar sua vida com Deus. Warren Wiersbe está correto quando diz que a única coisa certa a fazer é voltar para o lugar onde deixamos o Senhor para trás e recomeçar. Abrão voltou para sua tenda e seu altar e para uma vida de peregrino e estrangeiro.[1]

Em segundo lugar, *a riqueza de Abrão* (13.2). Ele sai do Egito mais rico do que quando lá chegou, e agora, era um homem muito rico, pois possuía gado, prata e ouro. Enquanto no Egito esteve, recebeu os favores do faraó, por causa de Sarai. No Egito, ele veio a ter rebanhos, escravos e escravas (12.16), mas essas riquezas não foram bênção em sua vida; na verdade, foram o motivo da desavença entre seus pastores e os pastores de Ló, e mais tarde uma serva, Agar, veio a tornar-se concubina de Abrão, sob a orientação de Sarai, relacionamento este que gerou Ismael. A história é testemunha de quantas dores geraram para Abrão e sua descendência essa relação apressada, fruto da impaciência e da incredulidade. Agar, a serva egípcia, trouxe divisão e tristeza para o lar de Abrão.

Em terceiro lugar, *a jornada de Abrão* (13.3). Abrão demonstra arrependimento de seus deslizes no Egito, retornando para o lugar onde havia feito um altar para invocar o Senhor. Ele faz uma jornada pela estrada da obediência, faz um retorno não apenas para a geografia do recomeço, mas para o Senhor dos recomeços. Waltke diz que Abrão socialmente é um nômade rico e um estranho residente entre os cananeus. Espiritualmente, ele é um peregrino em busca da visão celestial de uma terra e cidade santas.²

Em quarto lugar, *a adoração de Abrão* (13.4). Abrão retorna para Betel e, novamente ali, invoca o nome do Senhor. Há esperança para aquele que cai, há perdão para aquele que peca e há restauração para aquele que se arrepende. Por isso, nunca abandone o altar, pois é na presença de Deus que temos segurança e plenitude de alegria.

Um conflito familiar (13.5-7)

No Egito, Abrão e Ló aumentaram suas riquezas, traduzidas em rebanhos numerosos. A região, que não tinha pastagens tão luxuriantes como o Egito ou as campinas do Jordão e, ainda, povoada pelos cananeus e ferezeus, tornou-se insuficiente para atender a toda a demanda. Isso gerou um sério conflito entre os pastores de Abrão e os pastores de Ló, desembocando num conflito familiar. James Montgomery Boice diz que a briga que causou a separação entre Abrão e Ló teve três causas: 1) O espaço era pequeno demais para os dois clãs, que tinham enriquecido; 2) Abrão e Ló tinham que dividir a terra com os cananeus e ferezeus; 3) Briga declarada havia surgido entre os pastores de Abrão e os pastores de Ló.³

As páginas da história estão cheias de tristes testemunhos de brigas de família causadas pelo amor ao dinheiro. Quantas disputas judiciais por causa de herança! Quantos crimes dentro das famílias por causa do apego aos bens materiais! Quantas lágrimas vertidas e quanto sangue derramado por causa de herança! Warren Wiersbe diz que Abrão ensina-nos a lidar com conflitos ao decidir se tornar um pacificador em vez de um encrenqueiro.⁴

Destacaremos aqui três pontos:

Em primeiro lugar, *pouco espaço* (13.5,6). Ló andava de carona com seu tio Abrão, mas era um barco rebocado pelo tio. À sombra do tio, Ló também adquiriu riquezas: rebanhos, gado e tendas, e, em virtude da abundância de seus bens, não tardou para que notassem que não havia espaço para eles conviverem sem conflitos. Assim, a convivência tornara-se impraticável.

Em segundo lugar, *servos tensionados* (13.7). A gota d'água que transbordou, produzindo o conflito familiar, foi a contenda entre os pastores de gado de Abrão e os pastores de gado de Ló. Como uma casa dividida não pode prevalecer, o problema estava posto e exigia uma solução.

Em terceiro lugar, *concorrentes ao lado* (13.7b). Não bastasse a tensão familiar, naquela mesma terra habitavam os cananeus e os ferezeus, os quais também disputavam a mesma terra para alimentar seus rebanhos. Nesse sentido, uma briga familiar seria um desgaste imenso para Abrão e um elemento desagregador em seu testemunho.

Um acordo de paz (13.8,9)

Abrão toma a dianteira na solução do problema, pois, além de ser o líder do clã, ele também tem experiência e sabedoria para resolver a tensão. Derek Kidner diz que a sabedoria de Abrão brotou da sua fé. Pela fé, ele já tinha renunciado a tudo, e também pela fé tinha optado pelo que não se vê; não tinha necessidade de julgar, baseado na visão de seus olhos, como fez Ló.[5] Waltke diz que a situação espiritual de Ló não é mencionada, embora se possa presumi-la pela sua escolha miserável.[6]

Destacamos aqui três pontos:

Em primeiro lugar, *a paz na família é mais importante do que o lucro* (13.8). Abrão entende que a contenda entre ele e seu sobrinho ou entre os seus pastores e os pastores de Ló é uma opção descartada na negociação de paz. A defesa que faz em favor da paz é que irmãos e parentes chegados não devem brigar, pois a paz na família é um bem mais precioso do que os bens materiais. Waltke tem razão em dizer que Abrão trata seu sobrinho órfão como um igual, estabelecendo a paz no seio da família antes da prosperidade.[7]

Em segundo lugar, *a generosidade é mais importante do que o direito pessoal* (13.9). Abrão, como líder do clã, tinha o direito de escolher e decidir, e cabia a Ló obedecer. Contudo, Abrão, por amor à paz, abre mão de seus direitos e concede a Ló, seu sobrinho, a prioridade na escolha, renunciando seus direitos e oferecendo a Ló a nata da terra. O homem manso é aquele que, mesmo tendo direitos, abdica deles por amor ao próximo e, para manter paz, prefere sofrer o dano.

Em terceiro lugar, *a separação harmoniosa é melhor do que o convívio conflituoso* (13.9). Abrão não ordena, mas pede a seu sobrinho para se apartar dele, dando-lhe primazia nas escolhas: [...] *se fores para a esquerda, irei para a direita; se fores para a direita, irei para a esquerda*. A magnanimidade do patriarca do clã e tio do órfão é realmente notável. O socialmente superior se humilha diante do inferior com o intuito de preservar a paz, provando, assim, ser espiritualmente superior. A fé de Abrão lhe deu a liberdade de ser generoso.[8] Bräumer destaca que a proposta de conciliação de Abrão inclui a separação. A separação é a solução mais responsável. Para Abrão, não existe apenas a possibilidade de *viverem unidos os irmãos* (Sl 133.1), mas também uma segunda opção, a da separação pacífica e amigável.[9] A separação harmoniosa é melhor do que o convívio conflituoso.

Abrão não considera a possibilidade de resolver o conflito na base da violência. Às vezes, irmãos devem separar-se em prol da paz (At 15.39; 1Co 7.10-16). O coração de Ló estava nas riquezas e realizações do mundo, enquanto Abrão só desejava agradar a Deus. *Andarão dois juntos, se não houver entre eles acordo?* (Am 3.3).

Uma escolha perigosa (13.10-13)

Abrão enxerga com os olhos da fé, ao passo que Ló enxerga com os olhos da cobiça. Ló não tem a nobreza de seu tio para devolver-lhe a primazia da escolha, e então escolhe pelo que vê, pela mera aparência, e faz uma escolha perigosa. Vejamos dois pontos:

Em primeiro lugar, *a cobiça dos olhos* (13.10). Ló levanta os olhos de Betel (880 metros acima do nível do mar), de onde se tem uma magnífica visão do vale do Jordão a sudeste e vê toda a campina do Jordão. Ele descortina com entusiasmo essa região de pastagens verdejantes a ponto de compará-la com o Éden ou com as terras férteis do delta do Nilo, de onde tinha recentemente saído com seu tio.

Em segundo lugar, *a escolha insensata* (13.11-13). Ló escolheu para si não parte, mas toda a campina do Jordão, e seu egoísmo é notório nessa escolha, porque pensou em si mesmo e nas suas vantagens pessoais, com a desvantagem do seu tio. Então, separa-se de Abrão, partindo para o oriente e dando as costas para Betel (Casa de Deus). Enquanto Abrão habitou nos altiplanos de Canaã, Ló é um nômade seduzido pela cidade da destruição. Ele foi morar nas cidades da campina, armando suas tendas até Sodoma, onde os homens eram maus e grandes pecadores contra o Senhor. Waltke destaca que a tenda de Abrão está junto ao altar de Betel;

o acampamento de Ló aponta para a perversa Sodoma.[10] Warren Wiersbe comenta sobre a escolha insensata de Ló:

> Ló possuía uma tenda, mas não tinha um altar, o que significa que não invocava o Senhor, pedindo sabedoria em suas decisões. Em vez de levantar os olhos para o céu, Ló levantou os olhos para a campina do Jordão e fixou-se lá. Os olhos veem o que o coração ama [...]. Os olhos de Abrão estavam voltados para a cidade santa de Deus (Hb 11.13-16), e ele caminhou com o Senhor até herdar suas bênçãos. Os olhos de Ló estavam voltados para as cidades pecaminosas dos homens, e ele obteve o sucesso do mundo, a falência espiritual e um fim vergonhoso.[11]

James Montgomery Boice diz que o fracasso de Ló aconteceu porque escolheu coisas em lugar de Deus. O primeiro degrau da queda de Ló é que ele olhou para as bandas de Sodoma (13.10). Em segundo lugar, ele armou suas tendas na direção de Sodoma (13.12). Terceiro, ele foi viver em Sodoma (13.12). Por fim, ele assentou-se à porta de Sodoma como um ancião da cidade, sendo um de seus líderes políticos e comerciais.[12]

Uma promessa maravilhosa (13.14-18)

Porque Abrão era apegado ao Senhor e desapegado das coisas e porque contemplava o futuro com os olhos da fé, não com o olhar da cobiça, Deus o honrou. A confiança de Abrão não estava na geografia de suas terras, mas em Deus; não confiava na provisão, mas no provedor; e não tinha os olhos postos nos campos da terra, mas no Senhor do céu.

Destacamos aqui cinco pontos:

Em primeiro lugar, *uma ordem divina* (13.14). Abrão poderia ter se sentido injustiçado pela escolha de Ló, pois é como se humanamente ele fosse passado para trás. Todavia, o Senhor fala com ele e lhe ordena que olhe para os quatro pontos cardeais. O olhar de Abrão está em um contraste silencioso, mas consciente, com o olhar cobiçoso de Ló. Warren Wiersbe diz que, depois que Ló partiu, Abrão teve outro encontro com o Senhor. Ló havia levantado seus olhos e visto o que o mundo tinha a oferecer; então, Deus convidou Abrão a levantar os olhos e ver o que o céu tinha a oferecer. Ló escolheu um pedaço de terra, que acabou perdendo, mas Deus deu a Abrão toda a terra que ainda pertence a ele e a seus descendentes. Ló *escolheu para si* as terras que desejava. Deus disse a Abrão *eu ta darei*. Contraste![13]

Em segundo lugar, *uma dádiva sublime* (13.15). Bräumer diz acertadamente que, quando Deus fala, *dabar*, o que ele diz se torna fato e história.[14] Abrão ganha o que não cobiçou, e Ló perde o que desejou. Deus promete dar a Abrão e sua descendência toda aquela terra para sempre. Ló perdeu sua família, mas Abrão recebeu a promessa de uma família tão grande que não poderia ser contada. Derek Kidner diz que tanto a visão como a ação seguiram-se à fé: sua escolha cega (13.9) foi recompensada por estas palavras de Deus: *Ergue os olhos* (13.14); e o que os seus olhos abrangeram no panorama, os seus passos haveriam de explorar minuciosamente (13.17).[15]

Em terceiro lugar, *uma descendência numerosa* (13.16). Um homem cuja esposa era estéril e que tinha sobre os ombros a promessa de que nele seriam benditas todas as famílias da terra recebe, agora, um adendo na promessa divina: *Farei a tua descendência como o pó da terra...* (13.16).

Em quarto lugar, *uma posse pela fé* (13.17). Aquilo que Deus promete precisa ser primeiro apropriado pela fé (Dt 11.24; Js 1.1-3). Deus ordena que Abrão percorra toda aquela terra que seria sua e de sua descendência. Warren

Wiersbe diz que é a sua fé em Deus que determina quanto das bênçãos dele você vai desfrutar.[16]

Em quinto lugar, *um altar ao SENHOR* (13.18). Abrão então vai mudando suas tendas para habitar nos carvalhos de Manre, junto a Hebrom. Essa região, uns trinta quilômetros ao sul de Belém, veio a ser o principal centro dos movimentos de Abrão, perto do qual ele ia comprar sua única propriedade, a caverna-cemitério de Macpela. No ínterim, tenda e altar sintetizam o seu modo de viver.[17] Na Bíblia, Manre só é citado em Gênesis. Abrão está em Manre quando sai para salvar seu sobrinho Ló (14.13). Três mensageiros de Deus visitam Abrão em Manre (18.1). O sepulcro de Macpela, comprado por Abrão, fica defronte de Manre (23.17,19; 25.9; 49.30; 50.13). Jacó visita seu pai, Isaque, em Manre (25.27). Depois da morte de Isaque, Jacó habitou em Manre.[18]

O mais importante de se notar aqui é que, em Manre, Ele levantou um altar ao Senhor. Abrão não construiu monumentos para perpetuar sua memória; em vez disso, levantou altares para exaltar a Deus.

NOTAS

[1] WIERSBE, Warren W. *Comentário bíblico expositivo*, vol. 1, 2006, p. 93.
[2] WALTKE, Bruce K. *Gênesis*, 2010, p. 266.
[3] BOICE, James Montgomery. *Genesis*, vol. 2, 1998, p. 237.
[4] WIERSBE, Warren W. *Comentário bíblico expositivo*, vol. 1, 2006, p. 93.

⁵ KIDNER, Derek. *Gênesis: introdução e comentário*, 2006, p. 110.
⁶ WALTKE, Bruce K. *Gênesis*, 2010, p. 263.
⁷ Ibidem, p. 267.
⁸ Ibidem.
⁹ BRÄUMER, Hansjörg. *Gênesis*, vol. 1, 2016, p. 238.
¹⁰ WALTKE, Bruce K. *Gênesis*, 2010, p. 268.
¹¹ WIERSBE, Warren W. *Comentário bíblico expositivo*, vol. 1, 2006, p. 94.
¹² BOICE, James Montgomery. *Genesis*, vol. 2, 1998, p. 483.
¹³ WIERSBE, Warren W. *Comentário bíblico expositivo*, vol. 1, 2006, p. 95.
¹⁴ BRÄUMER, Hansjörg. *Gênesis*, vol. 1, 2016, p. 239.
¹⁵ KIDNER, Derek. *Gênesis: introdução e comentário*, 2006, p. 110.
¹⁶ WIERSBE, Warren W. *Comentário bíblico expositivo*, vol. 1, 2006, p. 95.
¹⁷ KIDNER, Derek. *Gênesis: introdução e comentário*, 2006, p. 110.
¹⁸ BRÄUMER, Hansjörg. *Gênesis*, vol. 1, 2016, p. 241.

Capítulo 17

Crise no vale
(Gn 14.1-24)

NA OPINIÃO DO ERUDITO Hansjörg Bräumer, o capítulo 14 de Gênesis trata de uma das matérias mais difíceis e controversas da história dos patriarcas, até mesmo de toda a história do Antigo Testamento. O texto fala da campanha militar dos quatro reis do Oriente, da punição aos rebeldes, da libertação empreendida por Abrão e do encontro no vale do Rei.[1]

Esse capítulo retrata o ataque maldoso de uma coalizão de quatro reis do norte, representando cidades da área do rio Eufrates, aos cinco reis cananeus, representando as cidades do baixo vale do Jordão, nas cercanias do mar Salgado.[2] Esse mar, conhecido hoje como mar Morto, tem 85 quilômetros de comprimento por 17,5 quilômetros de largura. Situado a 440 metros abaixo do nível do mar, o mar Morto é o lugar mais baixo do planeta. O mar Morto é chamado de mar Salgado porque a média de seu conteúdo é de 32% de salinidade, uma média dez vezes maior que a dos oceanos.[3] A região do mar Morto é rica em minério, e nos tempos romanos o mar era conhecido como Asfaltite, em razão dos blocos de betume com frequência vistos flutuando em sua superfície, principalmente na área sul.[4]

Aqueles quatro reis babilônios declararam guerra aos cinco reis das cidades cananeias e tornaram esses reis vassalos por doze anos. Como diz Bräumer, seu objetivo era garantir acesso às rotas que ligavam o norte da Síria ao Egito e ao sul da península Arábica, passando por Elate.[5]

No décimo segundo ano de vassalagem, os cinco reis do vale do Jordão se rebelaram, mas, em vez de se libertarem do poder opressor dos reis dominadores, foram derrotados, massacrados e espoliados por eles. Pelo fato de Ló morar em Sodoma, ele foi sequestrado, e seus bens foram pilhados e levados para a terra dos opressores.

Abrão, ao tomar conhecimento de que seu sobrinho Ló tinha sido sequestrado pelos reis do Oriente, forma um exército, composto de 318 homens treinados em sua casa, com seus aliados — Aner, Escol e Manre (14.24). Valendo-se de uma estratégia militar eficaz, ele triunfa sobre os reis dominadores, libertando Ló e o povo das cinco cidades, bem como todos os bens que haviam sido saqueados.

No retorno, Abrão tem um encontro com Melquisedeque, de quem recebe pão e vinho e a quem dá o dízimo. O rei de Sodoma oferece a Abrão os despojos de guerra, reivindicando apenas o povo, mas Abrão rejeita a sua oferta.

Vamos examinar mais detidamente a passagem em tela.

A guerra (14.1-4a)

A passagem é uma espécie de desdobramento da separação de Abrão e Ló. Este, movido pelo amor às coisas materiais, escolhe as campinas do Jordão e muda-se para Sodoma. Era residente na cidade do pecado quando a referida guerra ocorreu. Os quatro reis da região do Oriente — Anrafel, Arioque, Quedorlaomer e Tidal —, de quatro cidades-estados, ajuntaram-se e desceram para a região do vale do Jordão, nas cercanias do mar Salgado, conhecido hoje como mar Morto, para declarar guerra contra os reis Bera, Birsa, Sinabe, Semeber e Bela. A força dos quatro reis orientais (14.5-7) prevalece sobre a fraqueza dos cinco reis do mar Morto (14.8-12), tornando-os seus vassalos.

Como já afirmamos, a motivação econômica dessa guerra devia-se ao fato de que essa região era a principal rota comercial entre a Mesopotâmia e o Egito. Essa região era rica em minas de cobre, portanto, economicamente, o controle dessa região era muito estratégico.

A rebelião (14.4b-7)

Depois de doze anos de jugo, os cinco reis do vale do Jordão rebelaram-se contra os quatro reis do Oriente. Todavia, longe de ficarem livres do domínio estrangeiro, foram derrotados, humilhados e feridos. A rebelião fracassou. Quedorlaomer encabeça a confederação oriental e prevalece sobre os reis do vale do Jordão, e, como a campanha dos reis orientais marcha para o vale de Sidim, é também vitoriosa sobre quatro povos na Transjordânia, ou seja, os refains, zuzins, emins e horeus (14.5,6). De volta, ainda passaram em Cades e feriram toda a terra dos amalequitas e dos amorreus (14.7).

A derrota (14.8-11)

Os reis de Sodoma, Gomorra, Admá, Zeboim e Belá se uniram e levantaram batalha contra os quatro reis confederados — Quedorlaomer, Tidal, Anrafel e Arioque — no vale de Sidim. Nessa batalha, os rebeldes foram massacrados. O exército das cidades da planície do Jordão foi completamente derrotado pelos reis invasores. Na fuga, os reis de Sodoma e Gomorra caíram nos poços de betume no vale de Sidim, e outros precisaram fugir para um monte. Os invasores prevaleceram, e as cidades de Sodoma e Gomorra foram saqueadas, suas riquezas foram pilhadas e o povo foi levado cativo. Os reis do Oriente saquearam as cidades rebeldes e deportaram a população.

O resgate (14.12-17)

Um sobrevivente desse ataque avassalador, por obra da mão invisível da Providência, foi a Manre e informou a Abrão que seu sobrinho Ló estava preso entre as pessoas sequestradas.

Deixe-me fazer uma breve digressão para explanar um resumo da vida de Ló depois de sua separação do tio. A relação de Ló com Sodoma foi progressiva: ele a escolhe (13.11), arma acampamento perto dela (13.12), passa a viver nela (14.12) e se torna um respeitável cidadão dela (19.1,6). Quando a cidade foi condenada por Deus, ele foge para Zoar (19.18-23), habita numa caverna (19.30) e, embriagado, comete incesto com suas duas filhas, gerando Moabe e Amom (19.31-38).[6]

Voltando ao assunto de que estamos tratando, a prisão de Ló faz Abrão surgir em cena, e ele acaba sendo envolvido nesse acontecimento da política mundial. Mesmo Ló tendo feito más escolhas, Abrão, ao saber que ele estava cativo nas mãos do inimigo, sem detença, convoca 318 homens nascidos em sua casa, bem como os aliados amorreus Aner, Escol e Manre, e partem para resgatar Ló numa verdadeira campanha militar. Warren Wiersbe diz que, apesar de Abrão ser um homem pacífico, estava preparado para a guerra. Ele não lutou por motivos egoístas nem em benefício próprio; lutou porque amava Ló e desejava libertá-lo.[7]

Abrão, o homem do altar, é agora o homem da espada. O pastor de ovelhas é agora um general de guerra que comanda um exército. O homem que abre mão de seus direitos em favor de seu sobrinho não abre mão de seu sobrinho e, mesmo correndo riscos, enfrenta reis poderosos para libertá-lo.[8] Waltke diz que o homem de paz, com referência a seu parente, torna-se um homem de guerra, com referência aos que o espoliam.

Abrão adota uma sábia estratégia de guerra e de súbito. Quando menos se esperava, à noite, feriu-os e perseguiu-os até as proximidades de Damasco. Abrão recuperou todos os bens saqueados das cinco cidades e conduziu de volta para casa a população dessas cidades deportadas pelos reis do Oriente, incluindo Ló e sua família. Com um ataque noturno, realizado de surpresa, Abrão impôs uma acachapante derrota aos reis do Oriente. O texto bíblico deixa claro que os reis depredadores foram derrotados de uma maneira não convencional; na verdade, o próprio Deus entregou-os nas mãos de Abrão, como no futuro entregaria os midianitas nas mãos de Gideão (14.20).

O encontro (14.18-20)

Warren Wiersbe diz, com razão, que às vezes enfrentamos os maiores perigos após vencer uma batalha. Foi depois de haver tomado Jericó que a autoconfiança dos israelitas levou-os à derrota em Ai. Foi depois de seu sucesso no monte Carmelo que Elias entrou em pânico e fugiu amedrontado.[9]

Quando Abrão retorna da guerra para Hebrom vitorioso, passou pelo vale de Savé, conhecido hoje como vale do Cedrom, na antiga Jerusalém. Bera, o rei de Sodoma, sai ao seu encontro, e, nesse momento, Melquisedeque, cujo nome significa "rei de justiça", rei de Salém, traz a Abrão pão e vinho. Esse Melquisedeque, como sacerdote do Deus Altíssimo, abençoa a Abrão e exalta o Deus Altíssimo pela sua campanha vitoriosa na guerra. Melquisedeque reconhece que Abrão não venceu por sua força militar: [...] *o Deus Altíssimo, que entregou os teus adversários nas tuas mãos* (14.20).

Destacamos aqui algumas lições:

Em primeiro lugar, *Melquisedeque, o rei-sacerdote, é um tipo de Cristo* (14.18). O nome Melquisedeque significa "rei de justiça", e ele era rei de Salém, a cidade da paz. O texto diz ainda que ele era sacerdote do Deus Altíssimo, e esse rei-sacerdote apontava para Cristo (Sl 110.4; Hb 7.1-10). As características seguintes a respeito de Melquisedeque ilustram o caráter de Cristo como o verdadeiro Sacerdote daquela ordem divina: 1) Melquisedeque era sacerdote por seu próprio direito, não em virtude de suas relações com os outros. 2) Era sacerdote para sempre, sem substituto nem sucessor. 3) Ele não foi ungido com óleo, mas com o Espírito Santo, como sacerdote do Altíssimo. 4) Não ofereceu sacrifícios de animais, mas pão e vinho, símbolos da ceia que Cristo instituiu. 5) Ele reuniu em si as funções sacerdotais e reais, algo estritamente proibido em Israel, mas a ser manifestado em Cristo, Sacerdote no seu reino (Zc 6.13).

À luz de Hebreus 7.1-10, podemos compreender que Melquisedeque é um personagem importantíssimo, porém enigmático. Philip Hughes diz, corretamente, que ele não é uma figura alegórica, mas tipológica.[10] Como já declaramos, o nome Melquisedeque só aparece nas Escrituras do Antigo Testamento duas vezes, ou seja, em Gênesis 14.18-20 e Salmos 110.4. No entanto, ele foi o mais perfeito tipo do sacerdócio de Cristo. Orton Wiley diz que esse salmo profético é o único elo entre o evento histórico em Gênesis e sua aplicação em Hebreus.[11] Seguindo as pegadas de Raymond Brown, destacaremos aqui quatro características desse rei-sacerdote:[12]

A elevada posição de Melquisedeque (Hb 7.1). Ele é chamado de sacerdote do Altíssimo e não herdou esse *status* de sua família, nem foi nomeado por homem algum; na verdade, ele recebeu seu sacerdócio das próprias mãos do Altíssimo e em Seu nome exerceu-o.

A destacada autoridade de Melquisedeque (Hb 7.1). Ele abençoou Abrão e era maior do que ele, o pai da nação de Israel e de todos os cristãos. Logo, o sacerdócio de Melquisedeque, que precedeu o sacerdócio levítico, era superior ao sacerdócio levítico, uma vez que Levi era bisneto de Abrão, e Abrão era maior que Levi.

A dupla função de Melquisedeque (Hb 7.1,2). Melquisedeque é sacerdote e rei. De acordo com seu nome, é rei de justiça e, de acordo com o nome de sua cidade, é rei de paz, e somente nele e em Cristo justiça e paz andam juntas.[13]

Melquisedeque é sacerdote do Altíssimo e também rei de justiça e rei de paz. Nenhum sacerdote da ordem levítica ocupou a função de rei, e nenhum rei de Israel exerceu o ministério sacerdotal.

Warren Wiersbe está correto em dizer que, no sistema do Antigo Testamento, o trono e o altar eram separados.[14] Melquisedeque é um tipo de Cristo, que é rei e sacerdote. Sacerdote para sempre e rei de justiça e de paz. Justiça e paz caminham de mãos dadas na história da redenção (Is 32.17; Sl 85.10; Sl 72.7; Tg 3.17,18). A própria carta aos Hebreus traz a mesma ênfase (12.10,11). Hughes diz que, em Cristo, vemos a aparência do esperado rei eterno prometido da linhagem de Davi, sob quem justiça floresce e paz transborda (Sl 72.7; 97.2; 98.3,9). Jesus é o Príncipe da Paz (Is 9.6).[15]

A singularidade de Melquisedeque (Hb 7.3a). Melquisedeque aparece sem falar de onde veio e vai embora sem deixar qualquer rastro. Ele não tem predecessor nem sucessor.[16] Concordo com David Stern quando diz que o texto em tela não quer dizer que Melquisedeque não tivesse pai, mãe, antepassados, nascimento ou morte, mas que a lei não contém o registro deles.[17]

A Bíblia não informa a genealogia de Melquisedeque, mas é óbvio que ele foi uma pessoa real e que viveu no tempo dos patriarcas, uma vez que abençoou Abraão e recebeu dele o dízimo. Kistemaker está certo quando diz que tanto a narrativa de Gênesis quanto a da epístola aos Hebreus descrevem Melquisedeque como uma figura histórica contemporâneo de Abraão.[18]

Estou de pleno acordo com o que diz Warren Wiersbe ao afirmar que Melquisedeque era um homem de verdade, um rei de verdade e um sacerdote de verdade em uma cidade de verdade. No que se refere aos registros, ele nunca nasceu nem morreu, e nada sabemos sobre sua genealogia: seus pais, seu nascimento e sua morte. Nesse sentido, ele é um retrato do Senhor Jesus Cristo, o Filho eterno de Deus.

Concordo com Stuart Olyott quando escreve: "A realidade é Cristo; Melquisedeque é simplesmente figura do Filho de Deus que não herdou seu sacerdócio (porque o tem por direito) nem possui sucessor (porque é sacerdote para sempre)".[19] Nessa mesma linha de pensamento, Philip Hughes diz que, quando a Bíblia menciona que Melquisedeque não tinha princípio de dias nem fim de existência, isso apontava positivamente para Cristo, seu antítipo, não para ele mesmo. Somente Cristo não tem começo nem fim, só Ele é eterno. Melquisedeque era apenas uma figura, mas Cristo é a realidade.[20]

A perpetuidade de seu sacerdócio (Hb 7.3b). O seu sacerdócio permanece para sempre. Isso significa que, por ser ele um tipo de Cristo, permanece para sempre em Cristo, o qual é sacerdote para sempre segundo a ordem de Melquisedeque.

Em segundo lugar, *Melquisedeque, o abençoador de Abrão* (14.19,20). Melquisedeque, sendo superior a Abrão, abençoa-o e exalta o Deus Altíssimo, o Deus de Abrão, o Deus que possui os céus e a terra, que entregou nas mãos dele, Abrão, os seus adversários. Melquisedeque não destaca a engenhosidade de Abrão em sua estratégia de guerra, mas declara que sua vitória foi uma intervenção divina, e não uma estratégia humana.

Em terceiro lugar, *Melquisedeque, o rei-sacerdote que recebe o dízimo de Abrão* (14.20b). Mais uma vez o autor aos Hebreus lança luz sobre esse texto, uma vez que, depois de mostrar a singularidade de Melquisedeque, fala sobre a superioridade de seu sacerdócio em relação ao sacerdócio levítico. Três são as verdades que devem ser destacadas: *Melquisedeque é grande porque recebeu dízimo de Abraão, o pai da nação de Israel* (Hb 7.4,5). Se os sacerdotes, filhos de Levi, por meio de mandamento, recebem dízimos de seus irmãos, Melquisedeque recebeu dízimos de Abraão, o pai da nação de Israel, de quem os levitas procederam.

John Wesley diz que os levitas são maiores que seus irmãos, os sacerdotes são maiores que os levitas, o patriarca Abraão é maior que os sacerdotes, e Melquisedeque, tipo de Cristo, é maior do que Abraão.[21] Abraão reconheceu Melquisedeque como representante de Deus, portanto, ao dar a Melquisedeque o dízimo, ele deu o dízimo a Deus.[22] Fica evidente que o sacerdócio de Melquisedeque não é apenas anterior ao sacerdócio levítico, mas também superior a ele. Se os levitas receberam dízimos de seus irmãos, aquele que é da ordem de Melquisedeque recebe dízimos dos cristãos, os filhos de Abraão.

Craig Keener diz que o dízimo já era um costume do antigo Oriente Médio antes que fosse designado no Antigo Testamento e uma forma dele também é atestada na literatura greco-romana. Nesse versículo, o autor recorre a Gênesis 14.20, a primeira ocorrência de dízimo na Bíblia.[23]

O termo *dízimo* significa "um décimo". O povo de Israel deveria entregar o dízimo de suas colheitas, de seu gado e de seus rebanhos (Lv 27.30-32). Esses dízimos eram entregues aos levitas (Nm 18.21-32), no tabernáculo e, posteriormente, no templo (Dt 12.5-14). Se a viagem era longa demais para transportar cereais, frutos e animais, o dízimo poderia ser convertido em uma soma em dinheiro (Dt 14.22-27). Está claro que a prática do dízimo não teve origem em Moisés, pois Abraão pagou o dízimo a Melquisedeque mais de quatrocentos anos antes da lei ser dada.

Melquisedeque é maior do que Abraão porque recebeu dízimos dele e o abençoou (14.19,20; Hb 7.6-8). Como já deixamos claro, o sacerdócio de Melquisedeque não vem de uma família sacerdotal, no entanto, recebeu dízimo de Abraão e o abençoou. Não resta dúvidas de que o inferior é abençoado pelo superior. Logo, Melquisedeque é superior a Abraão, que é maior do que os levitas, seus descendentes. Os levitas que recebem dízimos de seus irmãos são homens mortais, mas aquele que recebeu dízimos de Abraão, por ser tipo de Cristo, *não teve princípio de dias, nem fim de existência* (Hb 7.3), ou seja, é aquele *de quem se testifica que vive* (Hb 7.8). Se Abraão, o pai dos cristãos, pagou dízimo a Melquisedeque, nós, filhos de Abraão, devemos pagar os dízimos a Jesus, o Sacerdote segundo a ordem de Melquisedeque. Os dízimos foram pagos antes da lei, durante a lei e também no tempo da graça. A prática dos dízimos é ensinada nos livros da lei, nos livros históricos, nos livros poéticos, nos livros proféticos, nos Evangelhos e nas epístolas. Essa prática não cessou com a caducidade do sacerdócio levítico, porque é anterior e posterior a ele.

Melquisedeque é superior a Levi (Hb 7.9,10). Quando Abraão pagou dízimos a Melquisedeque, Levi só existia nos lombos de Abraão, pois era seu bisneto. Mas, como Levi é descendente de Abraão, em Abraão ele também pagou dízimos a Melquisedeque. Logo, Melquisedeque é maior do que Levi, o pai da tribo dos levitas e sacerdotes. Matthew Henry, nessa mesma linha de pensamento, diz que Levi pagou dízimos a Melquisedeque como um maior e mais alto sacerdote do que ele mesmo.[24] Corroborando esse pensamento, Warren Wiersbe escreve: "Quando seu pai, Abraão, reconheceu a grandeza de Melquisedeque, a tribo de Levi também foi incluída. O povo de Israel acreditava firmemente em uma 'solidariedade racial'. O pagamento dos dízimos envolveu não apenas o patriarca Abraão, mas também as gerações nascidas de seus descendentes".[25]

A renúncia (14.21-24)

Quando Abrão retornou da guerra, depois de ferir Quedorlaomer e os reis aliados que estavam com ele, saiu-lhe ao encontro o rei de Sodoma, no vale de Savé (14.17). Este fez uma proposta a Abrão. Queria que Abrão lhe desse as pessoas e ficasse com os bens do espólio da guerra (14.21). Abrão recusou com juramento sua proposta, justificando sua decisão (14.22,23), porém estabelecendo a possibilidade de recompensar os aliados que com ele estavam (14.24). Desse episódio, podemos extrair duas lições:

Em primeiro lugar, *Abrão não tem apego a dinheiro, pois seu compromisso é com Deus* (14.21). O rei de Sodoma pediu as pessoas e ofereceu os bens, mas o que enchia os olhos de Ló não atraía Abrão.[26] Além, do mais, como bem argumenta Waltke, o vencedor, não um rei derrotado, tem o direito de estipular a disposição dos espólios de guerra. Além disso, a atitude do rei de Sodoma é fraudulenta e invejosa, pois ele não saúda Abrão com alegria festiva. Abrão antecipa que, se viesse a aceitar a oferta, o rei de Sodoma alegaria que ele ficava em desvantagem para que Abrão tivesse vantagem.

Em segundo lugar, *Abrão não negocia seu testemunho para auferir vantagens financeiras* (14.22-24). Abrão não estende suas mãos para o rei da Babilônia para ajuntar os bens resgatados na guerra, mas ergue suas mãos ao Senhor, o Deus Altíssimo, o que possui os céus e a terra. Ele rejeita com juramento a oferta do rei de Sodoma e não se dispõe a tomar para si nem sequer um fio ou correia de sandália. Sua riqueza não deve vir da cidade do pecado, mas das mãos do Deus Altíssimo. Waltke diz que Abrão prefere pairar acima de qualquer censura aos olhos de seus vizinhos pagãos e não permitirá que o nome de seu Deus seja denegrido por ambiguidade moral.[27]

Estou de pleno acordo com o que escreveu Warren Wiersbe:

> Abrão não impôs sua convicção a seus aliados. Deixou a critério deles resolver se desejavam tomar para si a parte que lhes cabia dos espólios. Também não esperou que dessem o dízimo a Melquisedeque. Abrão era um peregrino e estrangeiro, enquanto os aliados eram homens do mundo, cuja conduta era governada por um conjunto diferente de valores. "Os outros podem, você não deve".[28]

NOTAS

[1] BRÄUMER, Hansjörg. *Gênesis*, vol. 1, 2016, p. 243.
[2] BOICE, James Montgomery. *Genesis*, vol. 2, p. 493.
[3] WALTKE, Bruce K. *Gênesis*, 2010, p. 278.
[4] KIDNER, Derek. *Gênesis: introdução e comentário*, 2006, p. 112.
[5] BRÄUMER, Hansjörg. *Gênesis*, vol. 1, 2016, p. 242.

[6] WALTKE, Bruce K. *Gênesis*, 2010, p. 280.
[7] WIERSBE, Warren W. *Comentário bíblico expositivo*, vol. 1, 2006, p. 97.
[8] WALTKE, Bruce K. *Gênesis*, 2010, p. 274.
[9] WIERSBE, Warren W. *Comentário bíblico expositivo*, vol. 1, 2006, p. 98.
[10] HUGHES, Philip E. *A Commentary on the Epistle the Hebrews*, 1990, p. 247.
[11] WILEY, Orton H. *Comentário exaustivo da carta aos Hebreus*, 2013, p. 316.
[12] BROWN, Raymond. *The Message of Hebrews*, 1988, p. 128.
[13] WESLEY, John. *Hebrews*, in: *The Classic Bible Commentary*, 1999, p. 1450.
[14] WIERSBE, Warren W. *Comentário bíblico expositivo*, vol. 6, 2006, p. 387.
[15] HUGHES, Philip E. *A Commentary on the Epistle to the Hebrews*, 1990, p. 247.
[16] PETERSON, David G. *Hebrews*, in: *New Bible Commentary*, 1994, p. 1337.
[17] STERN, David H. *Comentário judaico do Novo Testamento*, 2008, p. 739.
[18] KISTEMAKER, Simon. *Hebreus*, 2003, p. 260.
[19] OLYOTT, Stuart. *A carta aos Hebreus*, 2012, p. 67.
[20] HUGHES, Philip E. *A Commentary on the Epistle to the Hebrews*, 1990, p. 248.
[21] WESLEY, John. *Hebrews*, in: *The Classic Bible Commentary*, 1999, p. 1450.
[22] KISTEMAKER, Simon. *Hebreus*, 2003, p. 261.
[23] KEENER, Craig S. *Comentário histórico-cultural da Bíblia*, 2017, p. 769.
[24] HENRY, Matthew. *Matthew Henry's Commentary*, 1961, p. 1917.
[25] WIERSBE, Warren W. *Comentário bíblico expositivo*, vol. 6, 2006, p. 388.
[26] WALTKE, Bruce K. *Gênesis*, 2010, p. 286.
[27] Ibidem, p. 289.
[28] WIERSBE, Warren W. *Comentário bíblico expositivo*, vol. 1, 2006, p. 100.

Capítulo 18

A noite escura da alma
(Gn 15.1-21)

ESSE TEXTO APRESENTA ABRÃO como um profeta, uma vez que essa é a primeira vez que a expressão *veio a palavra do SENHOR a...* é usada na Bíblia e, doravante, frequentemente usada para Deus comunicar-se com os seus profetas.

Deus fala com Abrão quando este está tomado de medo e encoraja-o, dando-lhe uma palavra de confiança e esperança; confiança em Deus e esperança na promessa (15.1). Deus fala da posteridade dele, que será tão numerosa como as estrelas do céu (15.2-6), e da terra que sua descendência vai possuir depois de passar quatro gerações em amargo cativeiro (15.7-17). Então, conclui, fazendo com ele uma aliança (15.18-21). O texto se desenrola numa espécie de diálogo entre Deus e Abrão.

Vamos examinar, então, o texto apresentado.

Uma palavra de encorajamento (15.1)

Destacamos aqui duas lições:

Em primeiro lugar, *as circunstâncias da vida podem trazer temores ao nosso coração* (15.1). O texto começa dizendo que a palavra do Senhor veio a Abrão, *depois destes acontecimentos*. Que acontecimentos são esses? No capítulo 12, ele sai da sua terra e do meio de sua parentela. No capítulo 13, ele desce ao Egito sem consultar a Deus, e ali, por medo de morrer, mente acerca de sua mulher, e ela é levada para o harém do faraó. Ele recebe no Egito riquezas, servos e servas, mas sua mentira é descoberta e ele é expulso do Egito, saindo, envergonhado, da terra das pirâmides milenares. As riquezas que ali adquiriu precipitaram a separação entre ele e Ló, seu sobrinho. Das servas que trouxe do Egito, uma delas, Agar, por sugestão insensata de Sarai, tornou-se sua concubina e mãe de Ismael, abrindo uma ferida na relação familiar. No capítulo 14, em virtude de os quatro reis do vale do Eufrates terem prevalecido sobre os cinco reis do vale do Jordão, impondo-lhes derrota acachapante e levando até mesmo Ló cativo com seus bens sequestrados, Abrão reúne 318 homens treinados em sua casa e, numa coalizão com seus aliados de Manre, ataca os reis do Eufrates com perita estratégia de guerra e vence-os, tomando de volta o povo cativo, seus bens pilhados, e também Ló e seus pertences.

Por que Abrão estaria com medo? Muito provavelmente, porque sabia que esses poderosos reis do Eufrates viriam em represália contra ele, com mão forte, para se vingarem.

Além do mais, sendo ele um homem muito rico, ainda não tinha um filho para herdar sua riqueza, o descendente prometido por Deus por meio do qual Ele cumpriria Suas promessas. Se todos esses fatos não bastassem, Deus lhe havia prometido uma terra, mas Abrão ainda era um peregrino e forasteiro no meio dos cananeus.

Em segundo lugar, *a Palavra de Deus pode vencer os temores do nosso coração* (15.1b). Deus dá uma ordem a Abrão, *Não temas*, e em seguida os motivos pelos quais não temer: *eu sou o teu escudo, e teu galardão será sobremodo grande*. Sobre isso, vale destacar esses três pontos:

1. Vencemos o medo quando obedecemos à ordem de Deus para não temer, pois Ele nos conhece e sabe que somos susceptíveis ao medo. O medo é mais do que um sentimento, é um espírito; todavia, o apóstolo Paulo diz que Deus não nos deu espírito de medo (2Tm 1.7). A ordem mais repetida em toda a Bíblia é *não temas*. As circunstâncias adversas podem produzir temor em nosso coração e transtornar nossa alma, por isso precisamos ouvir a voz de Deus, pois só ela pode acalmar os vendavais de nossa alma.

2. Vencemos o medo quando reconhecemos que Deus é o nosso protetor. A confiança de Abrão não estava em sua força de guerra nem em seus aliados, e sua proteção vinha de Deus, que é quem nos protege e dá vitória, e é também o nosso escudo. James Montgomery Boice diz que Deus é o nosso protetor contra os inimigos, contra Satanás e contra a tentação.[1]

3. Vencemos o medo quando reconhecemos que as recompensas de Deus são melhores do que os tesouros

do mundo. Abrão rejeitou os espólios de guerra oferecidos pelo rei de Sodoma e agora Deus declara que seu galardão será sobremodo grande, pois as honras de Deus são superiores àquelas oferecidas pelos homens. Bruce Waltke tem razão em dizer que a fidelidade de Abrão é recompensada não com um saque corrupto, mas com as riquezas incomensuráveis de Deus.[2] Deus assim trata dos temores de Abrão, prometendo-lhe proteção e provisão.[3]

Uma descendência numerosa (15.2-6)

Destacamos aqui quatro lições importantes:

Em primeiro lugar, *uma pergunta inquietante* (15.2,3). Em resposta às declarações do Senhor, Abrão entra no diálogo e pergunta a Deus o que Ele poderia lhe dar se não tinha sequer um filho para ser seu herdeiro (15.2). Diz ainda que Deus não lhe tinha dado uma descendência (15.3), conforme lhe havia sido prometido (12.2,3; 13.16).

Em segundo lugar, *uma resposta esclarecedora* (15.4). A esses dois questionamentos de Abrão, Deus afirma categoricamente a ele que seu herdeiro não seria o servo Eliezer, mas um filho de sangue, gerado dele mesmo (15.4). É como diz Warren Wiersbe: "Abrão estava procurando a solução para o problema a seu redor, mas a resposta era buscar a solução lá do alto".[4]

Em terceiro lugar, *uma demonstração poderosa* (15.5). Para lhe dar uma demonstração da veracidade dessa promessa, Deus conduz Abrão para fora de sua tenda e diz a ele: *Olha para os céus e conta as estrelas, se é que o podes. E lhe disse: Será assim a tua posteridade* (15.5). Deus já havia dito a Abrão que sua descendência seria incontável como o pó da terra (13.16) e agora diz, com outra imagem, que será incontável como as estrelas do céu (15.5). Essa promessa foi repetida a Abraão (22.17) e reafirmada a Isaque (26.4). É óbvio que Deus não está falando aqui de uma descendência hereditária, mas da descendência espiritual; em outras palavras, Ele não está falando daqueles que têm o sangue de Abrão em suas veias, mas daqueles que têm a fé de Abrão em seu coração, e essa multidão contável para Deus (Ap 7.1-8) é incontável para os homens (Ap 7.9-17). Assim como o homem não pode contar o pó da terra, também não pode contar as estrelas, pois há mais estrelas no firmamento do que todos os grãos de areia de todas as praias e de todos os desertos do nosso planeta.

Em quarto lugar, *uma fé salvadora* (15.6): *Ele creu no* SENHOR, *e isso lhe foi imputado para justiça*. Pela primeira vez na Bíblia ocorre o verbo "crer". Deus computa a fé de Abrão na promessa como justiça.[5] Está aqui a semente bendita de onde brotou a árvore frondosa da doutrina da justificação pela fé. Abrão foi salvo pela fé, ou seja, ele creu, e isso lhe foi imputado para justiça. Esse versículo foi muito importante para o apóstolo Paulo, que o usou para demonstrar, em Romanos 4 e Gálatas 3, que a fé em Cristo é a base para obter a salvação e que a justiça é um dom de Deus.[6] O apóstolo recorre a essa passagem para provar a doutrina da justificação pela fé (Rm 4; Gl 3), tendo em vista que Abraão é o pai de todo aquele que crê (Rm 4.3,11; Gl 3.6,7; Tg 2.23).

Abrão creu no Senhor, e a justiça lhe foi imputada. "Imputar" é atribuir a alguém, colocar na conta de alguém. Na cruz, nossos pecados foram atribuídos a Jesus (Is 53.12) quando ele sofreu o castigo que nos era devido (Is 53.6); sendo assim, ao confiar em Cristo, a justiça dEle nos é atribuída (2Co 5.21), e, desse modo, somos declarados justos e perdoados diante do tribunal de Deus.[7] Esse é um termo legal e forense. A justificação é um ato, não um processo, e também não tem graus, o que significa que todo aquele que crê em Cristo está justificado e tem paz com Deus, acesso à graça e expectativa da glória (Rm 5.1-3).

Uma terra prometida (15.7-17)

O diálogo entre o Senhor e Abrão prossegue com afirmações do Senhor e perguntas de Abrão. Vejamos:

Em primeiro lugar, *uma declaração* (15.7). O Senhor apresenta-se a Abrão, mostrando-lhe dois êxodos: o seu êxodo de Ur dos caldeus (15.7) e o êxodo de sua descendência depois de quatrocentos anos de cativeiro no Egito (15.14). O Senhor o tira de Ur dos caldeus para lhe dar por herança a terra das nações que ocupavam Canaã (Ne 9.7,8).

Em segundo lugar, *uma pergunta* (15.8). A pergunta de Abrão não é fruto de incredulidade; na verdade, ele quer saber como possuiria a terra de Canaã, tendo em vista que ela estava habitada por outros povos.

Em terceiro lugar, *uma orientação* (15.9-11). Em resposta à pergunta de Abrão, o Senhor o orienta a tomar três animais de três anos — uma novilha, uma cabra e um cordeiro — e uma rola e um pombinho. Abrão parte esses animais ao meio, exceto as aves, pondo em ordem suas metades. As aves de rapina desciam sobre as carcaças, porém Abrão as enxotava. Essa era uma espécie de aliança de sangue, em que os contratantes assumiam um compromisso que não podia ser rompido. Warren Wiersbe diz que esse ritual solene incluía a morte dos animais e o compromisso das pessoas com uma promessa. As partes envolvidas caminhavam pelo meio do sacrifício declarando que, se deixassem de cumprir sua promessa, mereciam o mesmo fim que aqueles animais (Jr 34.18,19).[8] O mesmo afirma Bruce Waltke quando escreve: "Uma vez que o animal era morto, aquele com quem se fazia a aliança podia esperar o mesmo destino do animal caso quebrasse a aliança".[9] Nessa mesma linha de pensamento, Derek Kidner diz que as duas partes aliançadas deveriam passar entre os animais partidos para chamar a si mesmo o destino caso rompessem o seu compromisso. Aqui, porém, a participação de Abrão consiste apenas em compor o cenário e impedir que o violassem (15.11,17).[10]

Em quarto lugar, *uma profecia* (15.12-16). Cansado dessa atividade, ao pôr do sol Abrão caiu em um sono profundo, e um grande pavor tomou conta dele, sobrevindo-lhe cerradas trevas. Bruce Waltke diz que essas trevas densas e apavorantes eram um símbolo da escravatura e maus-tratos de Israel no Egito.[11] Enquanto Abrão estava vivendo a noite escura da alma, Deus lhe dá mensagens proféticas:

Primeira, sua posteridade seria peregrina e escravizada (15.13). Sua posteridade seria não apenas peregrina e reduzida à escravidão no Egito por quatrocentos anos, que é um número redondo para a figura mais precisa de quatrocentos e trinta anos (Êx 12.40,41; At 7.6; 13.20). Derek Kidner diz também que não há conflito entre o número redondo, *quatrocentos anos* (15.13), e a *quarta geração* (15.16), visto que geração poderia significar "duração da vida".[12]

Segunda, Deus julgaria o Egito antes de sua posteridade ser libertada (15.14; Êx 6.6; 7.4; 12.12). A sua descendência veria o juízo de Deus vir sobre seus opressores, o que de fato aconteceu quando o Senhor enviou dez pragas sobre o Egito, desbancando seus deuses. Depois disso, o povo hebreu saiu do Egito cumulado de riquezas.

Terceira, Abrão morreria em paz, em ditosa velhice (15.15). Abrão só comprou em Canaã o campo de Macpela, onde sepultou Sara. Ele era um peregrino que *aguardava a cidade que tem fundamentos, da qual Deus é o arquiteto e edificador* (Hb 11.10).

Quarta, o Senhor aguardaria quatro gerações até encher a medida da iniquidade dos amorreus (15.16). Essa profecia demonstra tanto a paciência como a justiça de Deus. O Senhor esperou quatrocentos anos para dar a terra aos hebreus, porque na sua paciência deu oportunidade aos habitantes de Canaã. Quando Josué entrou na terra, não era apenas o cumprimento da promessa da terra a Israel, mas também um juízo divino aos amorreus. Bruce Waltke diz que Deus só desapossará as nações quando elas vierem a ser totalmente saturadas com a iniquidade (Lv 18.24-28; 20.23), assim como não enviou o dilúvio enquanto a terra não estava saturada de corrupção (6.5,12) e nem destruiu Sodoma e Gomorra enquanto não percebeu que nessas cidades não havia sequer um quórum de justos. A conquista e o estabelecimento de Israel em Canaã têm por base a equidade absoluta de Deus, não a agressão franca, e mais tarde, quando as iniquidades de Israel chegarem à plenitude, Deus expulsará da terra até mesmo sua nação eleita (Dt 28.36,37; 2Rs 24.14; 25.7).[13]

Em quinto lugar, *uma teofania* (15.17). Depois dessas profecias, houve densas trevas e a visão de um fogareiro fumegante e de uma tocha de fogo que passou entre aqueles pedaços dos animais partidos. Isso foi uma teofania, uma manifestação de Deus, por meio do fogo. É digno de nota que só o Senhor passou entre os pedaços dos animais, o que significa que Deus comprometeu-se consigo mesmo em cumprir suas promessas a Abrão. Esta é a aliança da graça, que precede a aliança da lei dada no Sinai (Gl 3.17-22). Warren Wiersbe diz que aqueles que depositam a fé em Jesus Cristo entram nessa aliança e recebem salvação eterna (Hb 5.9; 9.12), herança eterna (Hb 9.15) e glória eterna (1Pe 5.10).[14]

Uma aliança inquebrantável (15.18-21)

Depois da manifestação divina, mostrando que o Senhor, não tendo ninguém maior do que Ele por quem jurar, jura por Si mesmo, arrogando para Si maldição, caso descumprisse Sua aliança, e firma com Abrão uma aliança perpétua.

James Montgomery Boice diz que a aliança que Deus fez com Abrão tem algumas características: 1) É uma aliança unilateral. Somente Deus passou no meio das partes dos animais (15.17). A Abrão, não foi permitido participar. Deus confirmou o pacto por Si mesmo, enquanto Abrão nada falou e nada fez. Foi exatamente isso que o autor aos Hebreus disse: *Pois, quando Deus fez a promessa a Abraão, visto que não tinha ninguém superior por quem jurar, jurou por si mesmo, dizendo: Certamente, te abençoarei e te multiplicarei. E assim, depois de esperar com paciência, obteve Abraão a promessa* (Hb 6.13-15). 2) É uma aliança eterna. As promessas de Deus são sempre eternas. Elas não mudam. Quando Deus diz que vai fazer, ele não muda de ideia. 3) É uma aliança de graça. As promessas de Deus são imerecidas, por isso são procedentes da graça. O que havia feito Abrão para merecer o chamado de Deus? Nada! Antes de Deus chamá-lo, ele era um adorador de ídolos (Js 24.2). O que ele fez para merecer as promessas de Deus? Nada! O que ele poderia fazer? Nada! Ele não tinha nada para oferecer a Deus em retorno. 4) É uma aliança que aponta para uma aliança maior. Assim como Deus fez uma aliança com Abrão, ele também fez uma aliança com todos os que creem como Abrão. Ele guardará essa aliança para sempre. Se Deus não tivesse firmado Sua aliança conosco unilateralmente, ninguém poderia crer. Se a aliança de Deus não fosse eterna, todos nós nos desviaríamos. Se a aliança de Deus não fosse totalmente pela graça, ninguém teria ouvido as promessas, porque nenhum de nós tem qualquer merecimento. No entanto, o imutável, eterno e gracioso Deus estabeleceu Seu pacto e o confirmou não com o sangue de animais, mas com o sangue do Seu Filho, Jesus Cristo, nosso Senhor. Durante as três horas de trevas, quando Jesus estava dependurado na cruz, Deus moveu-se na escuridão para ratificar a aliança. E, por causa da morte de Cristo, jamais pereceremos. Nossa segurança depende somente de Deus, que estabeleceu uma eterna, imutável e graciosa aliança.[15]

Destacaremos aqui dois pontos:

Em primeiro lugar, *a terra é delineada em termos geográficos* (15.18). Deus estabelece os limites geográficos da terra, extensão essa só alcançada nos dias de Davi. Bruce Waltke diz que, em seu apogeu, o império davídico exerceu controle político e econômico sobre o Eufrates (2Sm 8.1; 1Cr 18), mas Israel não tentou desapossar os povos dalém das fronteiras geográficas de Canaã (10.19).[16]

Em segundo lugar, *a terra é delineada em termos etnográficos* (15.19-21). Deus mesmo dá à descendência de Abrão a terra habitada pelos dez povos, cuja medida da iniquidade já estava cheia. A lista de povos, desde os queneus e quenezeus, logo absorvidos pela família de Israel, até os jebuseus, subjugados por Davi, com a cidadela de Jerusalém que lhes pertencia, indica a diversidade de grupos que habitavam na terra naquele tempo.[17]

Notas

[1] BOICE, James Montgomery. Genesis, vol. 2, 1998, p. 528-529.
[2] WALTKE, Bruce K. Gênesis, 2010, p. 291.
[3] WIERSBE, Warren W. Comentário bíblico expositivo, vol. 1, 2006, p. 103.
[4] Ibidem, p. 104.
[5] WALTKE, Bruce K. Gênesis, 2010, p. 294.
[6] LIVINGSTON, George H. O livro de Gênesis, in: Comentário bíblico Beacon, vol. 1, 2015, p. 62.
[7] WIERSBE, Warren W. Comentário bíblico expositivo, vol. 1, 2006, p. 104.
[8] Ibidem, p. 105.
[9] WALTKE, Bruce K. Gênesis, 2010, p. 298.
[10] KIDNER, Derek. Gênesis: introdução e comentário, 2006, p. 116.
[11] WALTKE, Bruce K. Gênesis, p. 296.
[12] KIDNER, Derek. Gênesis: introdução e comentário, 2006, p. 116.
[13] WALTKE, Bruce K. Gênesis, 2010, p. 297.
[14] WIERSBE, Warren W. Comentário bíblico expositivo, vol. 1, 2006, p. 106.
[15] BOICE, James Montgomery. Genesis, vol. 2, 1998, p. 562-566.
[16] WALTKE, Bruce K. Gênesis, 2010, p. 299.
[17] KIDNER, Derek. Gênesis: introdução e comentário, 2006, p. 117.

Capítulo 19

Fracasso nas provas
(Gn 16.1-16)

JÁ HAVIA DEZ ANOS desde que Abrão havia saído de sua terra. Deus lhe havia prometido uma numerosa descendência como o pó da terra (13.16) e como as estrelas do céu (15.5). Contudo, Sarai já está agora com 75 anos, e, além de estéril, sua ovulação já havia cessado. Sarai compreendeu que tinha chegado para ela o fim da linha da esperança de ser a mãe do herdeiro. Desesperançada, ela arquiteta um plano para "cooperar" com Deus na consecução de Seu propósito. Desse expediente irrefletido, surge o primeiro relato de barriga de aluguel da história. Agar, serva de Sarai, será entregue a Abrão para suscitar o herdeiro da promessa. Este, porém, não era o plano de Deus, nem frustrou o plano de Deus, porém trouxe muitas dores de cabeça para a família de Abrão e seus descendentes ao longo da história. Warren Wiersbe destaca que aquilo que os jornalistas chamam hoje de "conflito árabe-israelense" começou com esse desvio de Abrão e Sarai.[1]

Vamos examinar a passagem em tela.

Quando a esperança falha (16.1,2a)

A mulher de Abrão, Sarai, já está com 75 anos. Por ser estéril e muito provavelmente por ter chegado à menopausa, ela concluiu que seria impossível o filho da promessa nascer de seu ventre. Sarai chega a expressar uma ponta de mágoa ao afirmar: *Eis que o SENHOR me tem impedido de dar à luz filhos* (16.2). Então, ela, em conformidade com sua cultura, mas completamente fora do propósito divino, propõe entregar a Abrão sua serva Agar, para que dela fosse suscitado filhos a Abrão. Vale lembrar que serva é uma escrava pessoal adquirida por uma mulher rica, não uma jovem escrava responsável por seu senhor. A relação de Agar com Sarai lembra a de Eliezer com Abrão (15.2); ela é responsável por Sarai. O Anjo do Senhor reafirmará essa identificação (16.8).[2] Sarai deixou morrer em seu coração a esperança do cumprimento da promessa, e essa esperança que se adia adoece o coração (Pv 13.12).

Bruce Waltke diz que a atitude de Sarai contrasta-se com a atitude de Abrão, que indaga a Deus sobre a opção de adotar um filho (15.2,3). Tivesse Sarai também buscado o conselho de Deus, ela teria sido poupada de uma maternidade substitutiva (15.1-4; 17.19; 18.9-15).[3]

Por que Deus demorou tanto para dar o filho da promessa? Por que ainda se passaram mais quinze anos até que a promessa fosse cumprida? Deus queria que Abraão e Sara estivessem "amortecidos" (Hb 11.12), a fim de que a glória fosse dada somente ao Senhor. Aquilo que é verdadeiramente feito pela fé é realizado para a glória de Deus (Rm 4.20), não para a exaltação do homem.

Quando a fé vacila (16.2b-4a)

Abrão deslizou-se na fé para deixar-se guiar pela razão e pelo conselho de Sarai. Abrão, em vez de encorajar sua mulher a crer nas promessas de Deus, aquiesceu, por incredulidade, à sua proposta e possuiu Agar, serva de Sarai, e ela concebeu. Abrão não ministrou ao coração de Sarai, e ele, que já tinha caído nas provas ao descer ao Egito, cai, agora, nas provas de sua mulher com uma serva egípcia. Abrão imita Adão ao agir sob a sugestão de sua mulher em vez de agir de acordo com a Palavra de Deus.

Matthew Henry diz que uma das artimanhas de Satanás é nos tentar por meio dos nossos parentes mais próximos, uma vez que a tentação é mais perigosa quando é enviada por uma mão que é menos suspeita.[4] Nessa mesma linha de pensamento, Derek Kidner diz que é uma ironia que, depois das alturas atingidas por Abrão nos dois últimos capítulos, ele houvesse de capitular ante a pressão doméstica, mostrando-se maleável sob o plano e a censura de sua mulher e rápido em lavar as mãos quanto ao resultado.[5]

Bruce Waltke tem razão em dizer que, quando a fome golpeia a terra prometida, Abrão a deixa sem autorização divina; quando Deus se delonga em dar-lhe a semente prometida, Abrão dá ouvidos ao plano de Sarai, uma vez mais sem consultar a vontade de Deus.[6]

O expediente adotado por Sarai e Abrão é conhecido como barriga de aluguel, e naquela época, a prática de substituir a maternidade de uma esposa infértil por meio de sua serva parecia ser uma prática social aceitável (30.3-12) e havia sido sancionada no Código de Hamurabi (1700 a.C.).[7] Todavia, nem tudo o que é lícito é moral, e nem tudo o que é moral aos olhos da sociedade está de acordo com os preceitos divinos.

Quando as providências humanas se complicam (16.1-4)

Sem uma palavra de Deus a autorizar seus planos, Sarai e Abrão foram culpados de sinergismo, a tentativa independente de ajudar Deus a concretizar Seu propósito. Abrão e Sarai tentam ajudar Deus no cumprimento de Seus planos, porém, Deus não precisa nem aceita ajuda humana para cumprir Seus propósitos, pois Ele é soberano e realiza todas as coisas conforme o conselho da Sua vontade (Ef 1.11).

Bruce Waltke tem razão em dizer que o sinergismo só leva ao desastre. Agar e Ismael funcionam como um contraste da vida pela fé nas promessas de Deus; o resultado imediato é desavença no lar, e sua consequência, a longo prazo, é a bênção mista de numerosa progênie que herdará o espírito insolente de Agar. Por meio do sinergismo, toda a família perde: Sarai perde o respeito, Agar perde um lar e Abrão experimenta dor de cabeça pela perda de uma esposa e a rejeição de um filho. Essa geração natural traz hostilidade às gerações futuras, não paz.[8]

Sarai chegou à conclusão de que o descendente que o Senhor havia prometido a Abrão não viria de seu corpo, e o resultado dessa falta de fé é que Abrão e Sarai fracassaram nessa prova. Eles não tiveram paciência de esperar o tempo de Deus e a forma dEle de agir, apressando-se para fazer as coisas do seu jeito, no seu tempo; no entanto, pagaram um alto preço por isso. O Novo Testamento assemelha o filho de Agar, nascido *segundo a carne*, aos produtos dos esforços próprios do homem quanto à religião (Gl 4.22), sempre incompatíveis com os do Espírito (Gl 4.29).

Quando a soberba aparece (16.4b)

A jactância de Agar faz desmoronar os planos de Sarai. Agar não era serva de Abrão, mas de Sarai, e estava a serviço desta, não de Abrão. Ao perceber que tinha concebido e que seu filho seria o herdeiro de Abrão, passou a desprezar sua senhora e deixou seu coração ser enganado pela soberba. Arrogantemente, ela se voltou contra aquela que solicitou seu auxílio e tentou ocupar o lugar de sua senhora. Esse era um pecado intolerável naquela cultura, que fazia a terra estremecer: *Sob três coisas estremece a terra* [...] *sob a serva quando se torna herdeira da sua senhora* (Pv 30.21,23).

Quando a liderança enfraquece (16.5,6a)

Sarai, tomada de uma suspeita ciumenta, culpa injustamente Abrão pelo comportamento de Agar, como se ele compactuasse com a insolência da serva. Para ratificar seu engano e absolver-se, Sarai irrefletidamente apela a Deus: *Julgue o* SENHOR *entre mim e ti*, como se Abrão tivesse se recusado a lhe dar razão. Concordo com Matthew Henry quando diz: "Não estão sempre certos aqueles que se apressam a apelar a Deus em altos brados. As imprecações impensadas e ousadas normalmente são evidências de culpa e de maus motivos".[9]

Abrão, em vez de assumir a liderança de sua família para resolver o conflito, transfere para sua mulher a solução do problema: *A tua serva está nas tuas mãos, procede segundo melhor te parecer* (16.6). Bruce Waltke diz que, como Eva, Sarai transfere a culpa; e, como Adão, Abrão se desvencilha da responsabilidade. Assim, Abrão é o único que tem autoridade para efetuar uma mudança e, então, não agiu para proteger seu casamento.[10]

Abrão se acovarda e se omite. O guerreiro valente que enfrenta uma coalizão de reis beligerantes do Eufrates apequena-se diante de sua mulher em Hebrom. Por transferir a solução do problema para as mãos de Sarai, abriu para ela, tomada pelo sentimento de desprezo, o caminho da violência e da injustiça.

Quando a opressão aparece (16.6b)

A atitude de Sarai é descrita em poucas palavras, mas há uma tonelada de intolerância e crueldade em suas atitudes. Sarai humilhou Agar, mostrando a ela quem mandava naquela casa e fazendo que Agar ficasse sem vez, sem voz e sem espaço naquela família. Se os costumes daquela época permitiam que uma esposa sem filhos oferecesse ao marido uma criada para servir no lugar dela e a descendência dessa relação seria sua, esse mesmo costume que permitia uma esposa substituta não permitia a expulsão dessa esposa depois que ela ficasse grávida, qualquer que fosse sua atitude.[11]

Bruce Waltke tem razão em dizer que a reação de Sarai é muito severa. Vitimada pela esterilidade e por Agar, Sarai se converte em algoz, e nem ela nem Agar, porém, portam-se bem aqui, uma vez que a senhora é cruel e despótica, e a serva, impenitente e insubordinada.[12]

Warren Wiersbe é mais abrangente ao mencionar a forma errada como cada pessoa envolvida agiu nesse episódio. A solução de Sarai foi expressar toda a sua raiva, culpando o marido e maltratando sua serva. Parecia ter se esquecido de que a ideia daquela união havia partido dela. A solução de Abrão foi ceder à esposa e abdicar da liderança espiritual do seu lar. Deveria ter se compadecido de uma serva desamparada e grávida, mas permitiu que Sarai a maltratasse. Deveria ter chamado todos para o altar, mas não o fez. A solução de Agar foi fugir do problema, uma tática que todos nós aprendemos com Adão e Eva (3.8).[13] Derek Kidner ainda corrobora: "Cada uma das três personagens exige a inverdade, que faz parte do pecado, com falso orgulho (16.4), acusação falsa (16.5) e falsa neutralidade" (16.6).[14]

Quando a fuga parece a única saída (16.6b-8)

Agar reage às afrontas e humilhações de sua senhora, fugindo da presença de Sarai. Nas palavras de Hansjörg Bräumer, Agar sente que a única possibilidade de ser liberta é fugir para a desesperança, e, assim, arrisca a própria vida e a vida do filho que cresce dentro dela.[15] Foge para onde? Foge para o seu lar no Egito! Ela toma a direção de sua terra e chega até junto a uma fonte de água no deserto, no caminho de Sur. Essa é uma região não apenas na direção do Egito, mas nas proximidades do Egito. O nome *Sur* significa "muro", provavelmente uma referência às fortificações na fronteira egípcia ao longo da linha do canal de Suez, que protegiam o Egito da incursão dos asiáticos (25.18).[16]

Agar enfrenta sozinha aquele inóspito deserto, carregando em seu ventre um filho que ela não buscou. Saiu do

Egito como uma escrava e tenta voltar para o Egito como uma serva desprezada.

Quando o Anjo do Senhor intervém (16.9-12)

Deus sai em busca da pecadora e rejeitada Agar junto à fonte no caminho de Sur, do mesmo modo que Jesus saiu em busca da mulher samaritana no poço de Jacó. Boice diz, corretamente, que, assim como o Senhor saiu ao encontro de Adão e Eva depois de terem pecado no Éden, agora também sai ao encontro de Agar. Ela não estava procurando pelo Senhor, e sim fugindo de todos, mas Deus a viu. Esse episódio, portanto, nos ensina que Deus está mais interessado em nós do que podemos estar interessados nEle ou em nós mesmos.[17]

Essa é a primeira vez que aparece na Bíblia a expressão *o Anjo do SENHOR*. A maioria dos estudiosos acredita que se trata de uma aparição da segunda Pessoa da Trindade. Também pela primeira vez a Divindade chama uma mulher no Antigo Testamento pelo nome, sendo essa mulher estrangeira, escrava e desprezada. O Anjo do Senhor a chama pelo nome, fazendo-lhe duas perguntas: [...] *donde vens e para onde vais?...* Ele não lhe pergunta por que precisava daquela informação, mas sim para lhe falar ao coração e mostrar seu valor, apesar da humilhação que sofrera.

O Anjo do Senhor faz duas perguntas, dá uma ordem e faz duas promessas a Agar.

Em primeiro lugar, *as duas perguntas* (16.8). O Anjo do Senhor faz duas perguntas à fugitiva, a respeito de seu passado e de seu futuro. [...] *donde vens e para onde vais?...* Sem hesitar, Agar responde à primeira pergunta, porém não sabe que resposta dar à segunda; por isso, o Anjo do Senhor passa a cuidar tanto de seu passado quanto de seu futuro.[18]

Em segundo lugar, *uma ordem* (16.9). O Anjo do Senhor ordena a Agar voltar e humilhar-se. Uma serva não vence rompendo as fronteiras sociais, mas honrando-as: *O que trata da figueira comerá do seu fruto; e o que cuida do seu senhor será honrado* (Pv 27.18).

Em terceiro lugar, *duas promessas* (16.10-12). O Anjo do Senhor faz duas promessas a Agar: que seus descendentes são parte de Seus planos para a história. Ela deveria dar o nome de Ismael a seu filho, que, traduzido, significa "Deus ouviu". Ismael é o patriarca de uma tribo nômade com doze subtribos (25.13-16). Os ismaelitas espalharam-se da fronteira do Egito até o golfo Pérsico (25.18). Na tradição islâmica, Ismael é considerado o patriarca dos árabes.[19] Vejamos as duas promessas:

Uma numerosa descendência (16.10). A ordem divina a Agar de sujeitar-se é graciosamente acompanhada de uma promessa, a qual é reafirmada (17.20) e cumpriu-se (25.13-16). Seu filho teria um caráter incomum: ele não se ajustaria bem à família tranquila de Abrão, e amaria a vida selvagem e livre do deserto.[20] Abrão gerará muitos descendentes (13.16), tanto eleitos quanto não eleitos. Os não eleitos também serão protegidos por Deus e transformados em grande nação (17.20).[21] Deus prometeu multiplicar os descendentes de Ismael e transformá-los numa grande nação (21.18; 25.12-18), e assim o fez, pois de Ismael originaram-se os povos árabes.[22]

Um filho que será poderoso na terra (16.11,12). O comprometimento de Deus com Abrão não anula Seus comprometimentos com os não eleitos, que também têm um futuro dentro dos planos de Deus. O Senhor vela pelos oprimidos (29.32; Êx 3.7; 4.31; Dt 26.7; 1Sm 1.11), redime o erro humano e protege o injustiçado.[23]

A expressão profética usada para Ismael, *jumento selvagem*, retrata seu destemor e ligeireza, metáfora usada para um estilo de vida individualista e indomado (Jó 24.5-8; 39.5-8; Jr 2.24; Os 8.9), e sua paixão por liberdade o levará a conflitos com todos. A agressão feroz dos ismaelitas é contrastada com o estilo de vida nômade dos patriarcas.

No final da narrativa abraâmica, Ismael e Isaque vivem separados (25.18).[24] O Anjo do Senhor, ao dizer que Ismael seria *como um jumento selvagem* (16.12), nessa descrição identificava-o com o deserto onde ele viveu, usando de sua grande habilidade como flecheiro (21.20,21; Jó 24.5). Também revelava sua natureza independente e belicosa.[25] Ismael seria um homem odiado, vivendo *fronteiro a todos os seus irmãos*; e mais: a hostilidade entre judeus e árabes ao longo dos séculos são por demais conhecidas para ser ignoradas.[26]

Quando a humilhação é transformada em adoração (16.13-16)

A resposta de Agar à visitação do Anjo do Senhor foi gratidão e adoração. Ela invoca o nome do Senhor que lhe falava junto à fonte no caminho de Sur e dá um novo nome a Deus: [...] *Tu és Deus que vê...* (16.13). Agora, ela exulta não por estar grávida, mas se maravilha com o cuidado do Senhor por ela. Agar também deu nome ao poço: *Beer-Laai-Roi*, que significa "o poço daquele que vive e me vê". Isso nos mostra que Deus pessoal importa-se com as vítimas do abuso e com os bebês ainda não nascidos, além de conhecer o futuro e cuidar daqueles que nEle confiam.[27]

> Fracasso nas provas
>
> Agar refez o caminho de volta à tenda de Sarai e humilhou-se diante da sua senhora. Embora o texto não tenha dito qual foi a reação de Sarai, ao que tudo indica ela acreditou no relato de Agar e aceitou-a de volta como sua serva. É provável que Sarai não tenha voltado a maltratá-la, pois, afinal de contas, Deus estava vendo! Agar, então, é recebida, e Ismael, seu filho, nasce. Abrão o legitima como filho ao referendar o nome Ismael, dado pelo Anjo do Senhor. Nesse tempo, Abrão tinha 86 anos e ainda haveria de esperar mais catorze anos até nascer o filho da promessa.

NOTAS

[1] WIERSBE, Warren W. *Comentário bíblico expositivo*, vol. 1, 2006, p. 107.
[2] WALTKE, Bruce K. *Gênesis*, 2010, p. 306.
[3] Ibidem, p. 305.
[4] HENRY, Matthew. *Comentário bíblico — Antigo Testamento (Gênesis a Deuteronômio)*, vol. 1, 2010, p. 94.
[5] KIDNER, Derek. *Gênesis: introdução e comentário*, 2006, p. 117.
[6] WALTKE, Bruce K. *Gênesis*, 2010, p. 305.
[7] Ibidem, p. 307.
[8] Ibidem, p. 312.
[9] HENRY, Matthew. *Comentário bíblico — Antigo Testamento (Gênesis a Deuteronômio)*, vol. 1, 2010, p. 95.
[10] WALTKE, Bruce K. *Gênesis*, 2010, p. 308.
[11] LIVINGSTON, George H. *O livro de Gênesis*, in: *Comentário bíblico Beacon*, vol. 1, 2015, p. 63.
[12] WALTKE, Bruce K. *Gênesis*, 2010, p. 308-309.
[13] WIERSBE, Warren W. *Comentário bíblico expositivo*, vol. 1, 2006, p. 109.
[14] KIDNER, Derek. *Gênesis: introdução e comentário*, 2006, p. 118.

[15] BRÄUMER, Hansjörg. *Gênesis*, vol. 1, 2016, p. 267.
[16] WALTKE, Bruce K. *Gênesis*, 2010, p. 309.
[17] BOICE, James Montgomery. *Genesis*, vol. 2, 1998, p. 572.
[18] BRÄUMER, Hansjörg. *Gênesis*, vol. 1, 2016, p. 268.
[19] Ibidem, p. 269.
[20] LIVINGSTON, George H. *O livro de Gênesis*, in: *Comentário bíblico Beacon*, vol. 1, 2015, p. 65.
[21] WALTKE, Bruce K. *Gênesis*, 2010, p. 310.
[22] WIERSBE, Warren W. *Comentário bíblico expositivo*, vol. 1, 2006, p. 109.
[23] WALTKE, Bruce K. *Gênesis*, 2010, p. 310.
[24] Ibidem, p. 311.
[25] WIERSBE, Warren W. *Comentário bíblico expositivo*, vol. 1, 2006, p. 109.
[26] Ibidem, p. 100.
[27] Ibidem, p. 110.

Capítulo 20

Promessas renovadas
(Gn 17.1-27)

TREZE ANOS SE PASSARAM, e nenhum altar foi erigido. Abrão e Sarai já se contentavam em ter Ismael como o herdeiro das promessas. O corpo de Abrão já estava amortecido, e Sarai, além de estéril, já não tinha mais a menstruação das mulheres. Agora, a expectativa de uma criança naquele lar só mesmo por um milagre, e foi exatamente isso que aconteceu. Depois de treze anos, Deus aparece novamente a Abrão e retoma o assunto das suas promessas. O que se destaca nesse brilhante texto são os nomes dos personagens centrais. Warren Wiersbe diz que temos aqui quatro nomes novos e um nome que sempre será antigo, pois não pode ser mudado.[1]

O Deus Todo-poderoso, o Deus do impossível, revela-se (17.1-3)

Sempre quem toma a iniciativa no relacionamento pactual é Deus, ele aparece a Abrão no seu dia natalício para renovar Suas promessas e firmar uma aliança eterna. Sobre esse assunto, destacaremos aqui quatro lições:

Em primeiro lugar, *a revelação* (17.1). Aquele era um dia especial para Abrão, pois era seu aniversário, e Deus apareceu na festa e fez uma revelação inédita. Apresentou-se pela primeira vez na história da redenção como o Senhor Todo-poderoso, o *El-Shadai*. Para um homem que dependia de um milagre para as promessas de Deus se cumprirem em sua vida e por meio de sua vida, o Senhor revela a ele Seu poder ilimitado. Derek Kidner diz que, no livro de Gênesis, o nome *El-Shadai* tende a combinar-se a situações em que os servos de Deus estão deprimidos e necessitados de restabelecimento da certeza (17.1; 28.3; 35.11; 43.14; 48.3; 49.25).[2] Bruce Waltke diz que *El-Shadai* é o nome principal de Deus no período pré-mosaico (Êx 6.2,3),[3] uma vez que o nome que se destaca na aliança dos patriarcas.[4] Warren Wiersbe lança luz sobre esse nome de Deus ao escrever:

> *El* é o nome de Deus e refere-se a poder, mas o que significa *Shaddai*? Os estudiosos não são unânimes quanto a isso. Alguns dizem que vem de uma palavra hebraica que significa "ser forte"; outros preferem uma palavra que quer dizer "montanha" ou "seio". Em termos metafóricos, uma montanha é um "seio" que se eleva da planície e, certamente, constitui um símbolo de força. Sem combinarmos todas essas ideias, podemos dizer que *El-Shaddai* é o nome do Deus Todo-poderoso e absoluto, que pode fazer qualquer coisa e suprir qualquer necessidade.[5]

Harold Willmington corrobora essa ideia dizendo que a palavra *shadd* refere-se ao seio da mãe lactante e significa "aquele que é forte". Neste momento, vale ressaltar que Deus confortou Abraão (17.1), Jacó (35.10,11) e José (49.25) com esse nome.[6]

A grande questão é por que Deus se apresentou a Abrão com esse novo nome treze anos depois do nascimento de Ismael? A resposta é simples: porque estava prestes a realizar o grande milagre de suscitar de um homem com o corpo amortecido e de uma mulher estéril e já sem a menstruação das mulheres o filho da promessa. Concordo com Waltke quando diz: "Este nome de Deus evoca a ideia de que Deus é capaz de fazer a estéril fértil e de cumprir suas promessas".[7] *El-Shadai* é o Deus que dá limites a tudo e todos e que é suficiente para tudo e todos.[8]

Em segundo lugar, *a responsabilidade* (17.1b). A revelação sempre traz consigo responsabilidade. Depois de revelar-se a Abrão, o Senhor da a ele uma dupla ordem: [...] *anda na minha presença e sê perfeito*. Abrão devia seguir as pegadas de homens como Enoque e Noé, andando na presença de Deus e buscando uma vida inteira, íntegra, sem os desvios que marcaram alguns momentos de sua jornada. Trata-se de um chamado à integridade, e é evidente que a palavra *perfeito* aqui significa perfeição de relacionamento e integridade, e não sem pecado (6.9), pois a palavra hebraica traduzida por *perfeito, tamim,* significa "consumado, pronto, completo, íntegro e inimputável".[9]

Em terceiro lugar, *o relacionamento pactual* (17.2). A expressão *minha aliança* é usada oito vezes nesse capítulo e define o relacionamento de Deus com Abraão. As três divisões dessa aliança — "de minha parte" (17.4,8), "de sua parte" (17.9-14) e "da parte de Sara" (17.15,16)

— reconhecem as obrigações de todos os parceiros. Deus promete comprometimento com Abraão e com sua descendência (17.4-8,15,16); eles seguem Seus mandamentos (17.9-14). Essa parceria singular depende sempre da presença de Deus e das Suas provisões,[10] e a promessa de ser o seu Deus implica que os descendentes em pauta participarão da nova aliança (Jr 24.7; 31.31-34).

Não era outra aliança, diferente da que Deus já havia feito com ele (12.1-3; 15.1-21), mas sim uma reafirmação daquela aliança, com o acréscimo importante da circuncisão, o sinal e selo da aliança.[11] Deus promete fazer uma aliança com Abrão e multiplicar a descendência dele extraordinariamente. Deus já havia dito a ele que sua descendência seria como o pó da terra (13.16) e como as estrelas do céu (15.5), porém agora, quando seu corpo já está amortecido, Deus promete multiplicar sua descendência de forma exponencial. Warren Wiersbe diz que essas duas comparações — terra e céu — sugerem que Abraão teria uma família material, os judeus (Mt 3.9), e uma família espiritual, constituída de todos os que cressem em Jesus Cristo (Gl 3.26-29).[12]

Em quarto lugar, *a adoração* (17.3). Abrão curvou-se até o chão e se prostrou com o rosto em terra, o que é um ato típico de culto (Lv 9.24). Essa é a atitude de adoração diante da Majestade que reconhece a condição básica de participante de uma aliança com o Senhor (17.3; 17.17). Bräumer diz que essa é uma expressão de profunda reverência e confiança dedicada, mas também de alegria arrebatadora, uma vez que, ao se prostrar diante de Deus, o ser humano aceita o caminho escolhido por Deus. A prostração é a expressão física do "amém" por meio do qual a pessoa aceita a promessa de Deus.[13]

Abraão, o pai de uma multidão (17.4-14,23-27)

Deus renova Sua aliança com Abrão e acrescenta que ele será pai de numerosas nações. Sobre isso, vale destacar aqui quatro pontos:

Em primeiro lugar, *o novo nome* (17.5). O Senhor Todo-poderoso muda o nome de Abrão, "grande pai", para Abraão, "pai de uma multidão". Seu nome anterior expressa sua eminência pessoal, ao passo que seu novo nome expressa sua prole numerosa. Hansjörg Bräumer diz que, com a mudança do nome, Deus transformou Abrão, o pai de uma família da pré-história, em Abraão, o pai do povo de Israel e patriarca de muitos povos.[14] A mudança do nome vem antes do cumprimento da promessa, visto que a promessa de Deus e a realidade são a mesma coisa.

Em segundo lugar, *a descendência* (17.4-7). Deus acrescenta ao que já tinha dito a Abraão, isto é, que ele será pai de numerosas nações. A um homem cujo corpo já estava amortecido, Deus promete fazê-lo fecundo extraordinariamente, a fim de que dele pudesse proceder nações e reis. Waltke diz que a promessa de Deus de que reis procederiam de Abraão prefigura aquele Rei verdadeiro, o Messias, Jesus Cristo, que reinará no monte Sião celestial (Hb 12.22-24) e será adorado por todos os reis (Is 52.15).[15] Deus ainda promete ser o Seu Deus e o Deus de sua descendência para sempre.

Em terceiro lugar, *a terra prometida* (17.8). Deus promete dar a Abraão e sua descendência a terra de suas peregrinações e toda a terra de Canaã em possessão perpétua.

Em quarto lugar, *o selo da aliança* (17.9-14). A aliança de Deus com Abraão e sua descendência deveria ser guardada por todas as gerações. Nas palavras de Boice, a aliança de Deus é unilateral, eterna e graciosa.[16] O selo dessa aliança foi a circuncisão de todo macho, e isso incluía a família de Abraão e todos os membros de sua casa, fossem livres ou servos.

A circuncisão era amplamente praticada no antigo Oriente Médio.[17] Bräumer diz que, na Antiguidade, a circuncisão era praticada em quase todos os continentes: no Oriente Médio, na África, na América, na Austrália, mas não entre os indo--germânicos e os mongóis. No entorno de Israel, a circuncisão era conhecida no Egito, em Canaã e entre os povos semitas ocidentais, porém não era praticada na Babilônia, na Assíria e entre os filisteus.[18] A circuncisão era o ritual de entrada na família da fé. Derek Kidner chegou a afirmar que, da mesma forma que o Pentecostes é o natalício da igreja, a circuncisão é o natalício da igreja no Antigo Testamento.[19]

Concordo com Waltke quando diz que a circuncisão foi o símbolo crucial da aliança abraâmica (21.4; Lc 1.59; Fp 3.5), e esta era efetuada no órgão de procriação em virtude de a aliança pertencer aos descendentes separados para Deus. Entretanto, a circuncisão na carne não teria nenhum valor espiritual se não fosse acompanhada por um coração circuncidado — a realidade que ela simbolizava (Dt 10.16; 30.6; Jr 4.4; Ez 44.7-9).[20] O apóstolo Paulo deixa claro que a circuncisão era um ritual físico, mas com um significado espiritual:

> *E recebeu o sinal da circuncisão como selo da justiça da fé que teve quando ainda incircunciso; para vir a ser o pai de todos os que creem, embora não circuncidados, a fim de que lhes fosse imputada a justiça, e pai da circuncisão, isto é, daqueles que não são apenas circuncisos, mas também andam nas pisadas da fé que teve Abraão, nosso pai, antes de ser circuncidado* (Rm 4.11,12).

Ainda recorro às palavras de Waltke quando afirma que hoje Deus define Seu povo não em termos da ascendência física de Abraão, mas de sua relação com Jesus Cristo, o único descendente de Abraão que cumpriu, sem transgressão, a aliança divina. Além disso, Ele concede a Seu povo o Seu Santo Espírito e escreve a lei em sua mente e em seu coração, garantindo sua circuncisão (Jr 31.31-34; Rm 2.28,29; 2Co 3.2-6; Gl 6.15). A circuncisão, o antigo sinal de iniciação na comunidade pactual, é substituída por um novo sinal, o batismo. Esse rito simboliza que o santo é circuncidado no despojar da natureza pecaminosa, não com uma circuncisão feita pelas mãos dos homens, mas com a circuncisão feita por Cristo (Cl 2.11). O batismo é o símbolo da inclusão na igreja de Cristo, a nova expressão do povo pactual de Deus e o símbolo da lavagem do pecado (Rm 6.1-14; 11.16; 1Co 7.14; Cl 2.11,12; 1Pe 3.20). Visto que no corpo de Cristo não há macho nem fêmea, todos podem vir: macho, fêmea, pai e filho (Gl 3.26-29).[21] A circuncisão é o selo da justiça da fé (Rm 4.11,12) que marca a entrada no pacto; nesse sentido, o circuncidado se torna membro da comunidade com a qual Deus tem um relacionamento perpétuo.[22]

Em quinto lugar, *a obediência imediata de Abraão* (17.23-27). Logo que o Senhor Deus Todo-poderoso falou com Abraão, ele prontamente obedeceu. Circuncidou-se aos 99 anos, circuncidou Ismael aos treze anos, bem como a todos os homens de sua casa. Esse rito era o sinal da aliança, e quem não tivesse esse sinal seria eliminado.

Sara, a mãe de nações (17.15-18,20)

O Senhor não apareceu a Sarai, mas deu uma mensagem a Abraão para ser transmitido a ela. Qual o conteúdo dessa mensagem?

Em primeiro lugar, *o novo nome* (17.15). Assim como o Senhor havia trocado o nome de Abrão para Abraão, também trocou o nome de Sarai para Sara, cujo significado é "princesa". Um novo nome, com uma nova perspectiva de vida e com um novo futuro. Embora Sara tenha tido momentos de fraqueza, foi uma mulher de fé (Hb 11.11) e também um modelo para as mulheres cristãs (1Pe 3.6).

Em segundo lugar, *a promessa* (17.16). Deus promete abençoar Sara e dela dar um filho a Abraão, e também promete que ela se tornará nações; reis e povos procederão dela, o que, para uma mulher idosa e estéril, é uma promessa fascinante.

Em terceiro lugar, *a rendição* (17.17). Essa é a segunda vez que Abraão se prostra nesse episódio. Logo que Deus revelou-se a ele como o Todo-poderoso, fazendo com ele uma aliança e prometendo multiplicá-lo extraordinariamente (17.3), e agora, quando Deus promete abençoar Sara e lhe dar um filho, além de fazer dela nações, uma vez que reis de povos seriam seus descendentes.

Em quarto lugar, *a súplica* (17.18). Abraão já convivia com seu filho Ismael há treze anos e o coração do velho patriarca estava apegado a esse filho. Então, ele suplica em favor de Ismael usando as seguintes palavras: [...] *Tomara que viva Ismael diante de ti*. Waltke diz que Abraão reage não com alegria e celebração, mas com consternação; é uma complicação em sua vida.[23]

Em quinto lugar, *a resposta* (17.20). A resposta a Abraão é comovente: *Quanto a Ismael, eu te ouvi: abençoá-lo-ei, fá-lo-ei fecundo e o multiplicarei extraordinariamente; gerará doze príncipes, e dele farei uma grande nação*. Deus confirma a Abraão o que havia dito a Agar no deserto (16.11,12), ou seja, que Ismael gerará uma nação, com doze tribos correspondentes às doze tribos de Israel (25.12-16).

Isaque, o herdeiro das promessas (17.19,21,22)

Conquanto Deus, na Sua misericórdia, tenha destinado bênçãos a Ismael, a bênção do Senhor para suscitar uma descendência santa que traria ao mundo a Escritura e o Messias se viabilizaria por intermédio de Isaque, o herdeiro das promessas. Sobre isso, três verdades devem ser aqui destacadas:

Em primeiro lugar, *Isaque, o filho da promessa* (17.19). Deus é categórico com Abraão, mostrando-lhe que o herdeiro da promessa não é o filho da serva Agar, mas o filho de Sara: *Deus lhe respondeu: De fato, Sara, tua mulher, te dará um filho, e lhe chamarás Isaque; estabelecerei com ele a minha aliança, aliança perpétua para a sua descendência.*

Em segundo lugar, *Isaque, o filho do riso* (17.19). O nome Isaque significa "riso", e ele é o riso do milagre. É digno de nota que, quando Abraão recebeu do Senhor a mensagem de que Sara lhe daria um filho, ele riu (17.17), e o mesmo aconteceu com Sara (18.12). Abraão e Sara primeiro dão vazão à incredulidade com riso, mas, quando Isaque nasceu, Sara riu de alegria em meio à obra sobrenatural da graça (21.6). Então, o que parecia impossível aconteceu: nasceu o "riso" para ressuscitar as esperanças do casal e para trazer a luz da esperança à sua posteridade.

Em terceiro lugar, *Isaque, o beneficiário da aliança* (17.19, 21,22). Deus foi absolutamente claro quando afirmou que a Sua aliança seria com Isaque, o filho que haveria de nascer de Sara dentro de um ano. Concordo com Derek Kidner quando diz que o absoluto direito de escolha que a Deus pertence confronta-nos por toda parte no livro de Gênesis.[24] Deus escolhe Sem, Isaque, Jacó, Judá. Ele é soberano em Sua escolha.

Dada a mensagem e as instruções, Deus encerra a conversação (17.22). Waltke diz, corretamente, que o Senhor elege Isaque movido pelo conselho de Sua própria soberania, mostrando que a raça escolhida do Senhor não procederá de uma geração natural, mas da graça sobrenatural, no tempo designado (Rm 9.6-9).[25]

Notas

[1] WIERSBE, Warren W. *Comentário bíblico expositivo*, vol. 1, 2006, p. 112.
[2] KIDNER, Derek. *Gênesis: introdução e comentário*, 2006, p. 120.
[3] WALTKE, Bruce K. *Gênesis*, 2010, p. 315.
[4] BRÄUMER, Hansjörg. *Gênesis*, vol. 1, 2016, p. 280.
[5] WIERSBE, Warren W. *Comentário bíblico expositivo*, vol. 1, 2006, p. 112.
[6] WILLMINGTON, Harold L. *Guia de Willmington para a Bíblia*, 2015, p. 29.
[7] WALTKE, Bruce K. *Gênesis*, 2010, p. 316.
[8] BRÄUMER, Hansjörg. *Gênesis*, vol. 1, 2016, p. 282.
[9] Ibidem, p. 283.
[10] WALTKE, Bruce K. *Gênesis*, 2010, p. 316.
[11] WIERSBE, Warren W. *Comentário bíblico expositivo*, vol. 1, 2006, p. 113.
[12] Ibidem.
[13] BRÄUMER, Hansjörg. *Gênesis*, vol. 1, 2016, p. 285.
[14] Ibidem, p. 286.
[15] WALTKE, Bruce K. *Gênesis*, 2010, p. 323.
[16] BOICE, James Montgomery. *Genesis*, vol. 2, 1998, p. 581.
[17] KIDNER, Derek. *Gênesis: introdução e comentário*, 2006, p. 121.
[18] BRÄUMER, Hansjörg. *Gênesis*, vol. 1, 2016, p. 287.
[19] KIDNER, Derek. *Gênesis: introdução e comentário*, 2006, p. 122.
[20] WALTKE, Bruce K. *Gênesis*, 2010, p. 322.
[21] Ibidem, p. 322-323.
[22] Ibidem, p. 318.
[23] Ibidem, p. 320.
[24] KIDNER, Derek. *Gênesis: introdução e comentário*, 2006, p. 121.
[25] WALTKE, Bruce K. *Gênesis*, 2010, p. 320-321.

Capítulo 21

Quando Deus visita a nossa casa
(Gn 18.1-33)

O EPISÓDIO REGISTRADO NESSE TEXTO ocorreu logo depois da aparição do Senhor a Abrão, mudando o seu nome. Abraão já tinha 99 anos, e agora, nessa nova aparição, o Senhor vem acompanhado de dois anjos, um ano antes de Sara dar à luz. Uma vez que Isaque nasceu quando Abraão tinha cem anos, podemos saber que o ocorrido aqui aconteceu no mesmo período da outra aparição.

Vamos destacar algumas lições preciosas no texto apresentado.

Abraão, o anfitrião (18.1-8)

Abraão continua vivendo próximo aos carvalhais de Manre, em Hebrom, quando mais uma vez o Senhor aparece a ele, na hora mais quente do dia, enquanto estava à entrada de sua tenda. Abraão levanta os olhos e vê três homens de pé diante dele, e, ao vê-los, corre ao encontro deles, prostrando-se em terra. Trata-se aqui de uma teofania, uma aparição do Senhor.[1]

Há autores que dizem que os três homens mensageiros são uma manifestação da própria Trindade, como defenderam alguns pais da igreja, por exemplo, Lutero e Bräumer.[2] Contudo, como podemos depreender de Gênesis 18.13,14,17,22 e 19.1, um dos três homens é o próprio Senhor Javé, e os outros dois são anjos do Senhor (19.1). Bruce Waltke, nessa mesma linha de pensamento, diz: "Este é realmente o Senhor e dois anjos. A identificação posterior dos 'homens' (18.10,13,16,17,33; 19.1) confirma sua manifesta diferença".[3] Aquele que foi ordenado a andar na presença de Deus (17.1) é agora visitado por Deus (18.1,2).

Abraão reconhece que esses três homens não são homens comuns, por isso se prostra e logo se apressa em recebê-los, oferecendo-lhes uma fidalga hospitalidade beduína. A hospitalidade é parte importante da vida cristã (Rm 12.13; 1Pe 4.9), tanto que ser hospitaleiro tornou-se um requisito para os líderes da igreja (1Tm 3.2; Tt 1.8).

É muito provável que o autor aos Hebreus estivesse se referindo a essa passagem quando escreveu: *Não negligencieis a hospitalidade, pois alguns, praticando-a, sem o saber, acolheram anjos* (Hb 13.2). O Senhor Jesus também retrata essa possibilidade assim: *Porque tive fome, e me destes de comer; tive sede, e me destes de beber; era forasteiro, e me hospedastes* (Mt 25.35). Os gestos de Abraão retratam sua alegria em receber o Senhor em sua casa e imediatamente ele toma algumas atitudes:

Em primeiro lugar, *convida-os a ficar com ele* (18.3). Esse foi o mesmo pedido que os dois discípulos de Emaús fizeram ao Cristo ressurreto (Lc 24.29). Muitos hospedaram anjos sem saber, mas Abraão hospeda-os tendo consciência de quem eram.

Em segundo lugar, *água para lavar os pés* (18.4a), que era um gesto de cortesia oferecido aos hóspedes. No cenáculo, os discípulos de Jesus não se dispuseram a lavar os pés uns dos outros, e Jesus fez da bacia e da toalha símbolos de serviço humilde em seu reino (Jo 13.4-15).

Em terceiro lugar, *repouso restaurador* (18.4b). O hospedeiro gentil sempre providencia meios para que seus hóspedes tenham descanso restaurador.

Em quarto lugar, *refeição abundante* (18.5-8). A refeição beduína é muito farta, e Abraão se apressa para oferecer aos seus hóspedes a melhor e a mais farta refeição. Como ele serviu aos seus hóspedes?

Serviu imediatamente (18.4). Abraão não ignorou aqueles três homens nem pediu que eles esperassem; em vez disso, ele diligenciou para que os cuidados aos seus hóspedes fossem providenciados imediatamente após sua chegada. Abraão era um homem de fé, e a fé não protela para servir ao Senhor.[4]

Serviu pessoalmente (18.5). Ele tinha muitos servos em sua casa e, mesmo sendo um ancião de 99 anos, em vez de delegar essa honrada missão aos seus subordinados, fez questão de servir seus hóspedes pessoalmente, pois sabia que estava diante do Senhor e de Seus anjos.

Serviu rapidamente (18.6). Abraão tem pressa em servir. Ele colocou a casa inteira para correr com a sua agitação — ele vê, corre, prostra-se, fala e serve —, pois quer oferecer o seu melhor e da forma mais rápida. Abraão foi ao encontro de seus visitantes (19.1), apressou-se para a tenda de Sara e pediu que ela fizesse pão (19.6). Correu ao gado, escolheu um novilho e deu-o ao criado, que se apressou em prepará-lo (19.7). Abraão só parou depois que havia servido seus visitantes (19.8).

Serviu generosamente (18.6-8). Abraão, na verdade, preparou um banquete, e a provisão era muito mais farta do que a demanda exigia. Em sua farta refeição beduína, tinha pão, carne do novilho mais tenro, coalhada e leite. Warren Wiersbe destaca que Abraão deu o melhor daquilo que tinha. Sara preparou o pão da *flor de farinha* (18.6), e o novilho era tenro e bom (18.7). Em outras palavras, ele não ofereceu o resto, como fizeram mais tarde os sacerdotes do tempo de Malaquias (Ml 1.6-14).[5]

Serviu cooperativamente (18.6,7). Abraão mobilizou toda a sua casa para preparar a refeição para seus hóspedes. Sara assou os pães, e Abraão pessoalmente correu ao gado para escolher o novilho tenro e bom. O criado se apressou para preparar a carne e, sem dúvida, outros servos levaram a coalhada e o leite. Concordo com Warren Wiersbe quando diz que servos dedicados ao Senhor incentivam e inspiram outros a servir a Deus.[6]

Serviu humildemente (18.2,3,5,8). Ele prostrou-se em terra diante de seus visitantes (18.2) e chamou a si mesmo de servo (18.3,5). Disse: [...] *traga-se um pouco de água...* (18.4). Quanto ao banquete, disse tratar-se apenas de um *bocado de pão* (18.5). Abraão, pessoal e humildemente, colocou toda essa provisão diante dos seus hóspedes e permaneceu de pé junto a eles enquanto comiam. Concordo com Bräumer quando diz que Abraão deseja diminuir ao máximo a impressão de que sua hospitalidade lhe traria incômodos.[7]

Abraão, o marido (18.9-15)

A visita do Senhor e de Seus anjos a Abraão tinha uma dupla finalidade: exercer graça na família de Abraão (18.9-15) e juízo às cidades ímpias de Sodoma e Gomorra (18.16-33).

Depois que terminaram a refeição, o Senhor revela a Abraão o propósito de Sua visita. Tinham vindo para renovar, mais uma vez, a promessa de que Sara teria um filho.

Destacaremos aqui alguns pontos importantes:

Em primeiro lugar, *uma pergunta* (18.9). *Então, lhe perguntaram: Sara, tua mulher, onde está? Ele respondeu: Está aí na tenda.* A pergunta é retórica, pois eles não só sabiam o nome de Sara, como também sabiam onde ela estava, o que estava no coração dela e o que estavam fazendo por ela. A razão da pergunta é porque, de acordo com o costume, as mulheres do acampamento não se mostravam enquanto as visitas estivessem presentes.[8]

Em segundo lugar, *uma promessa* (18.10). *Disse um deles: Certamente voltarei a ti, daqui a um ano; e Sara, tua mulher, dará à luz um filho. Sara o estava escutando, à porta da tenda, atrás dele.* Na promessa, não há dúvida, uma vez que o tempo é definido, a pessoa contemplada é nomeada e o milagre, especificado. Waltke diz: "O Senhor pode prometer fielmente vida da esterilidade e decadência".[9]

Em terceiro lugar, *uma realidade* (18.11). *Abraão e Sara eram já velhos, avançados em idade; e a Sara já lhe havia cessado o costume das mulheres.* O corpo de Sara já estava morto para a maternidade, e o corpo de Abraão também já estava amortecido. Como que por meio de uma ressurreição, Deus traz ao mundo Isaque, o filho da promessa (Rm 4.19; Hb 11.11,12).

Em quarto lugar, *uma reação* (18.12). *Riu-se, pois, Sara no seu íntimo, dizendo consigo mesma: Depois de velha, e velho também o meu senhor, terei ainda prazer?* Ambos, Abraão e Sara, inicialmente riem incredulamente das promessas de Deus (17.17). O riso de Sara se deveu à completa impossibilidade de ser mãe, uma vez que isso não poderia ocorrer mais por meios naturais. A palavra hebraica *balah*, "velha", é usada para roupas (Js 9.13) ou para ossos envelhecidos (Sl 32.3), sendo essa a única passagem em que é aplicada a uma mulher.[10]

Em quinto lugar, *uma interpelação* (18.13). *Disse o SENHOR a Abraão: Por que se riu Sara, dizendo: Será verdade que darei ainda à luz, sendo velha?* Agora é expressamente o Senhor Javé que interpela Abraão sobre o riso incrédulo de Sara, sua mulher.

Em sexto lugar, *uma declaração* (18.14). *Acaso, para o SENHOR há coisa demasiadamente difícil? Daqui a um ano, neste mesmo tempo, voltarei a ti, e Sara terá um filho.* Em face da incredulidade de Sara, o Senhor faz uma das mais fascinantes declarações acerca da onipotência divina. Para ele, não há coisa demasiadamente difícil, isto é, não há impossíveis, e prova disso é que o ventre estéril e morto de Sara para a maternidade vai conceber e dar à luz o filho da promessa. O mesmo Deus que leu os seus pensamentos abriu a sua madre. Derek Kidner diz que esse grande pronunciamento do Senhor mais tarde veio a ser o ponto de partida de um penetrante colóquio sobre a onipotência (Jr 32.17,27) e foi retomado em Zacarias 8.6.[11] Se alguém ainda precisa de provas de que o Senhor é onipotente, veja o que disseram Jó (Jó 42.2), Jeremias (Jr 32.17,27), o anjo Gabriel (Lc 1.37) e o apóstolo Paulo (Ef 3.21).

Em sétimo lugar, *um confronto* (18.15). *Então, Sara, receosa, o negou, dizendo: Não me ri. Ele, porém, disse: Não é assim, é certo que riste*. O medo concebeu a mentira, e a mentira foi desmascarada pela onisciência divina. Concordo com Waltke quando escreve: "A Bíblia não disfarça os pecados de seus heróis e heroínas da fé".[12]

Abraão, o profeta (18.16-18)

O Senhor e seus anjos, chamados aqui de *aqueles homens*, deixam a casa de Abraão para a sua segunda missão, o juízo sobre a cidade de Sodoma. Abraão, o anfitrião, presta um último serviço: ele os acompanha no caminho que escolheram em direção a Sodoma.[13] É nessa conjuntura que o Senhor disse: *[...] Ocultarei a Abraão o que estou para fazer, visto que Abraão certamente virá a ser uma grande e poderosa nação, e nele serão benditas todas as nações da terra?* (18.17,18). Abraão é mais do que o detentor de uma grande promessa e o pai de uma grande nação: é também um profeta de Deus, por isso, o profeta Amós declara: *Certamente, o SENHOR Deus não fará coisa alguma, sem primeiro revelar o seu segredo aos seus servos, os profetas* (Am 3.7). O Senhor revela a Abraão o agravamento do pecado de Sodoma e o juízo que está para derramar sobre aquela cidade ímpia.

Abraão, o educador das futuras gerações (18.19)

Abraão é portador da promessa, fonte de bênção, confidente de Deus e mestre do povo.[14] Deus o escolheu para que ele instruísse seus descendentes. Waltke diz que não há registro de uma escola em Israel antes do período intertestamentário, o que significa que as famílias eram a fonte de toda a educação.[15]

Deus tem um propósito para cada indivíduo na história. O propósito de Noé foi construir uma arca, livrar sua família da destruição do dilúvio e, por meio de seus filhos, povoar novamente a terra. O propósito de Moisés foi libertar o povo de Israel da escravidão do Egito. O propósito de Josué foi introduzir o povo de Israel na terra prometida. O propósito de Davi foi edificar um grande reino. O propósito de Salomão foi construir o templo de Jerusalém. O propósito de João Batista foi preparar o caminho do Senhor, como precursor de Cristo. O propósito de Paulo foi levar o evangelho aos confins da terra.

Contudo, qual foi o grande propósito de Abraão, o pai da nação de Israel e o pai dos cristãos? Aqui está a resposta: *Porque eu o escolhi para que ordene a seus filhos e a sua casa depois dele, a fim de que guardem o caminho do SENHOR e pratiquem a justiça e o juízo; para que o SENHOR faça vir sobre Abraão o que tem falado a seu respeito* (18.19). Quando Isaque nasceu, Abraão tinha 100 anos. Quando Isaque casou, Abraão tinha 140 anos. Quando os netos de Abraão — Esaú e Jacó — nasceram, ele tinha 160 anos. Abraão morreu com 175 anos, portanto, ele conviveu com os netos apenas quinze anos. Mas, como podemos entender que ele foi escolhido por Deus para ordenar a seus filhos e a sua casa depois dele para guardarem o caminho do Senhor e praticarem a justiça e o juízo? A resposta está na carta aos Hebreus:

> *Por isso, também de um, aliás já amortecido, saiu uma posteridade tão numerosa como as estrelas do céu e inumerável como a areia que está na praia do mar. Todos estes morreram na fé, sem ter obtido as promessas; vendo-as, porém, de longe, e saudando-as, e confessando que eram estrangeiros e peregrinos sobre a terra* (Hb 11.12,13).

Abraão comprometeu-se com as futuras gerações, a fim de que elas guardassem o caminho do Senhor e praticassem a justiça e o juízo. Precisamos de pais que se comprometam com as futuras gerações (Sl 78.3-8) e não sejam como

Ezequias, que não colocou sua casa em ordem nem investiu na vida de seu filho Manassés (2Rs 20.12-21; 21.1-9).

Abraão, o intercessor (18.20-33)

O Abraão hospedeiro, marido, profeta e pedagogo é, agora, o Abraão intercessor. Ele conhece o poder da intercessão, por isso luta com Deus. Henry Morris diz que temos nesse episódio o mais notável exemplo de oração intercessora na Bíblia.[16] Seu nome pode ser visto ao lado de grandes intercessores, como Moisés, Samuel, Elias, Jeremias, Daniel, os apóstolos e o próprio Senhor Jesus. Diante do iminente juízo lavrado sobre Sodoma, ele, que já havia lutado para salvar seu sobrinho da invasão da cidade, intercede, agora, para que as cidades de Sodoma e Gomorra, e, por conseguinte, seu sobrinho, sejam poupados. Warren Wiersbe diz que Abraão sentia um peso no coração por Ló e sua família, bem como pelos pecadores perdidos das cinco cidades da planície, e precisa compartilhar esse peso com o Senhor.[17]

Destacamos aqui sete pontos importantes:

Em primeiro lugar, *o agravamento do pecado* (18.20). Os pecados das duas cidades principais situadas às margens do mar Morto, Sodoma e Gomorra, haviam se multiplicado e se agravado muito. Aquelas cidades eram extremamente perversas (13.13), pois os homens dessas cidades eram dados a práticas sexuais contrárias à natureza (19.5; Jd 7; Rm 1.27); além disso, os homens não tentaram esconder seus pecados (Is 3.9) nem se arrependeram deles (Jr 23.14).[18] Derek Kidner diz que *o clamor de Sodoma e Gomorra* pode significar o brado contra ela ou simplesmente o mal gritante do lugar.[19] Essa palavra é um termo técnico da linguagem judicial que designa o pedido de socorro emitido por alguém cujos direitos estão sendo violentamente desrespeitados. Deus então ouve o grito dos violentados e interfere como juiz.[20]

Em segundo lugar, *a investigação realizada* (18.21). A interferência começa com uma investigação, um inquérito judicial, a respeito da veracidade das queixas.[21] Deus, como o reto juiz, não pune o inocente nem inocenta o culpado. Os pecados de Sodoma e Gomorra são averiguados e constatados. Waltke, nessa mesma linha de pensamento, diz que a expressão *descerei e verei* é a forma figurada de o narrador dizer que Deus investiga sempre e plenamente o crime antes de lavrar a sentença (3.11-13; 4.9-12; 11.5).[22] Nas palavras de Livingston, Deus não executa julgamentos baseado em rumores.[23]

Em terceiro lugar, *o intercessor permanece na presença do* SENHOR (18.22). A ação dos hóspedes de Abraão começa e termina com esperança e vida para Abraão e Sara e juízo e morte para o povo de Sodoma e Gomorra. Enquanto os dois anjos saem da casa de Abraão rumo a Sodoma, o patriarca permanece na presença do Senhor, pois tem uma causa a defender e uma súplica a fazer. Para isso, ele precisa se agarrar ao Senhor.

Em quarto lugar, *o intercessor apela para o caráter justo de Deus* (18.23,25). Abraão compreende que Deus não pode negar a si mesmo nem agir contra Seus próprios atributos, e, por ser justo, Deus não pode condenar o justo com o ímpio, como se o justo fosse igual ao ímpio. Em outras palavras, sua intercessão está baseada na justiça de Deus. Waltke diz que Abraão propõe que o futuro de todos seja determinado não pelos perversos no seio da comunidade, mas pelos justos.[24]

Em quinto lugar, *o intercessor insiste com Deus* (18.24-32). Abraão apresenta seis pedidos a Deus. Começou pedindo que, se houvesse 50 justos na cidade, o Senhor pouparia a cidade (18.24-26). Depois baixou o número para 45 (18.27,28), e, em seguida, para 40 (18.29). Insistiu com 30 (18.30), com 20 (18.31) e, por fim, com 10 (18.32), o menor número para designar um grupo. A petição de Abraão encontra seu limite natural no número dez, e, então, ele para de pedir. Vale ressaltar que, diante das insistentes petições de Abraão, o Senhor responde favoravelmente a todas. Bräumer diz, com razão, que as orações de Abraão não ficam sem resposta; pelo contrário, Deus responde a cada um dos seis pedidos de Abraão, levando-nos a crer que essa condescendência de Deus é a base de todas as respostas às nossas orações.[25]

Em sexto lugar, *o intercessor demonstra ousadia e humildade* (18.27). Abraão é ousado ao atrever-se em falar insistentemente com Deus, mas ao mesmo tempo reconhece que é pó e cinza. Como diz Bräumer, Abraão não exige nada de Deus. Seus pedidos são submissos, apresentados a Deus com o coração muito dolorido, por isso pede várias vezes: *Não se ire o* SENHOR.

Em sétimo lugar, *o intercessor se rende ao propósito soberano de Deus* (18.33). Abraão cessa de falar, o Senhor se retira, e ele volta para o seu lugar. As cidades iníquas tinham ido longe demais para serem poupadas, e ali não se viu qualquer sinal de arrependimento, portanto, juízo tornar-se inevitável. Warren Wiersbe diz que a destruição repentina de Sodoma e Gomorra é usada nas Escrituras como exemplo do julgamento justo de Deus sobre os pecadores (Is 1.9; 3.9; Lm 4.6; Sf 2.9; 2Pe 2.6), e Jesus a usou como advertência ao povo no fim dos tempos (Lc 17.28-32).[26]

NOTAS

[1] LIVINGSTON, George H. *O livro de Gênesis*, in: *Comentário bíblico Beacon*, vol. 1, 2015, p. 65.
[2] BRÄUMER, Hansjörg. *Gênesis*, vol. 1, 2016, p. 296.
[3] WALTKE, Bruce K. *Gênesis*, 2010, p. 326.
[4] WIERSBE, Warren W. *Comentário bíblico expositivo*, vol. 1, 2006, p. 117.
[5] Ibidem, p. 118.
[6] Ibidem.
[7] BRÄUMER, Hansjörg. *Gênesis*, vol. 1, 2016, p. 297.
[8] LIVINGSTON, George H. *O livro de Gênesis*, in: *Comentário bíblico Beacon*, vol. 1, 2015, p. 66.
[9] WALTKE, Bruce K. *Gênesis*, 2010, p. 327.
[10] BRÄUMER, Hansjörg. *Gênesis*, vol. 1, 2016, p. 299.
[11] KIDNER, Derek. *Gênesis: introdução e comentário*, 2006, p. 123.
[12] WALTKE, Bruce K. *Gênesis*, 2010, p. 328.
[13] BRÄUMER, Hansjörg. *Gênesis*, vol. 1, 2016, p. 300.
[14] Ibidem, p. 302.
[15] WALTKE, Bruce K. *Gênesis*, 2010, p. 329.
[16] MORRIS, Henry M. *The Genesis Record*, 2006, p. 343.
[17] WIERSBE, Warren W. *Comentário bíblico expositivo*, vol. 1, 2006, p. 119.
[18] Ibidem.
[19] KIDNER, Derek. *Gênesis: introdução e comentário*, 2006, p. 123.
[20] BRÄUMER, Hansjörg. *Gênesis*, vol. 1, 2016, p. 302.
[21] Ibidem.
[22] WALTKE, Bruce K. *Gênesis*, 2010, p. 329.
[23] LIVINGSTON, George H. *O livro de Gênesis*, in: *Comentário bíblico Beacon*, vol. 1, 2015, p. 67.
[24] WALTKE, Bruce K. *Gênesis*, 2010, p. 330.
[25] BRÄUMER, Hansjörg. *Gênesis*, vol. 1, 2016, p. 306.
[26] WIERSBE, Warren W. *Comentário bíblico expositivo*, vol. 1, 2006, p. 119.

Capítulo 22

Ló, um crente a reboque
(Gn 19.1-38)

Ló, FILHO DE HARÃ, sobrinho de Abraão, mais do que um personagem histórico é um emblema, um símbolo de crente a reboque, que, enquanto viveu à sombra do tio, caminhou em segurança. Ló acompanha Abraão desde Ur dos caldeus, e aonde Abraão vai, Ló vai atrás. Abraão andava com Deus, e Ló vivia à sombra de Abraão (11.31), seguindo à sombra de Abraão (12.4; 13.1; 13.5).

Abraão levanta altares a Deus; Ló nunca levantou um altar a Deus. Aliás, Ló armava suas tendas para as bandas de Sodoma. Você vê o veleiro com as velas enfunadas? Vê a canoa presa a ele? Ela não faz esforços; simplesmente deixa-se puxar, sem lutar contra as forças das ondas. Segue no rastro de seu "trator". Por pouco não se gloria de avançar tão bem quanto o outro. O primeiro barco me faz pensar em Abraão, e o segundo, em Ló.

Ló é o retrato de um crente rebocado. Cortada a amarra que liga os dois botes, um prossegue em sua corrida e o outro avança ainda um pouco sob o impulso, mas depois para, entregue apenas ao sabor das ondas.

Triste imagem do Ló moderno: por tanto tempo "puxado" e rebocado por um cônjuge fiel e por pais piedosos. Se é privado desse convívio, perde o entusiasmo, cede logo ao desânimo, abandona finalmente a corrida. Quando Ló ficou sozinho, ele foi em direção a Sodoma, onde afligiu a sua alma e mergulhou sua família num lugar tenebroso.

O texto em apreço apresenta várias comparações e contrastes entre Ló e Abraão:[1]

1. Abraão promete aos visitantes um bocado de pão, mas oferece um pródigo e lauto banquete; Ló promete um banquete aos convidados, mas só oferece pão.

2. Depois da refeição oferecida por Abraão, os visitantes perguntam sobre Sara; depois da refeição de Ló, os visitantes perguntam se ele tem alguns parentes adicionais além daqueles na casa.

3. Sara ri quando escuta os mensageiros; os genros de Ló pensaram que ele estava gracejando.

4. Enquanto Abraão corria para servir seus hóspedes, os homens de Sodoma correm para abusar dos hóspedes de Ló.

5. A incredulidade de Sara foi um incidente na vida de uma mulher que exibiu sua fé e piedade chamando

seu esposo de *senhor* (cf. 1Pe 3.1-6); a incredulidade da mulher de Ló faz dela uma estátua de sal.

6. Abraão é aprovado como anfitrião, marido, profeta, educador e intercessor; Ló falha como anfitrião, cidadão, esposo e pai.

Vamos examinar a passagem apresentada, observando sete aspectos da vida de Ló.

Ló, cidadão de Sodoma (19.1)

Ló amou Sodoma antes de armar sua tenda para as bandas daquela cidade iníqua, e ele não somente cobiçou a cidade, como também levou sua família para Sodoma e passou a morar nela. Deixou de ser um peregrino para se estabelecer na cidade do pecado. Tornou-se um cidadão de Sodoma, pois, como um juiz da cidade, estava à sua porta, onde os assuntos eram tratados (Rt 4.1-12). Waltke diz que o portão era o símbolo físico de autoridade e poder coletivos, e a presença de Ló aqui sugere que, politicamente, ele havia se tornado um dos sodomitas, se não um líder entre eles.[2]

Mesmo sendo sequestrado pelos reis do norte e resgatado pelo tio Abraão, retornou para a cidade que não tinha limites em seu açodamento no pecado.

Ló vai criando raízes em Sodoma, tanto que agora, já faz parte da estrutura da cidade, sendo, inclusive, juiz da cidade. Suas filhas namoram com jovens da cidade e sua mulher ama as riquezas e o pecado da cidade. Em suma, o coração da família de Ló está em Sodoma.

Ló torna-se juiz da cidade, mas não a influencia (19.1), a despeito de não apreciar os seus costumes (2Pe 2.7,8).

Derek Kidner diz que seu fracasso público deve ser contrastado com a carreira de José e Daniel, cujo alto cargo foi uma vocação.[3]

Poderíamos pensar: "Que bênção! Ló está prosperando. Ele tem projeção na cidade e exerce uma função de prestígio", mas não influencia, não testemunha, não faz a diferença. O clamor da cidade aumenta, o pecado da cidade cresce, mas Ló não ora, não intercede, não testemunha. Pelo contrário, ele se mistura, pois está anestesiado espiritualmente e não se apercebe de que o juízo de Deus está prestes a cair sobre a cidade. Em resumo, ele é um crente acomodado, dormindo o sono da morte entre os mortos espirituais.

Ló, anfitrião dos mensageiros do juízo (19.1-3)

Os dois anjos do Senhor, em figura humana, entraram na cidade de Sodoma ao anoitecer. Quando Ló os viu, levantou-se da porta da cidade, foi ao encontro deles e prostrou-se com o rosto em terra (19.1), pois tinha uma percepção de que não eram homens comuns. Ló convidou-os para passar a noite em sua casa, mas os anjos não aceitaram a sua hospedagem, afirmando que passariam a noite na praça (19.2). Depois que Ló instou muito com eles, entraram em sua casa, e Ló ofereceu-lhes um banquete com pães asmos.

Alguns estudiosos defendem que Ló acolheu-os porque sabia da depravação dos homens da cidade e já antevia o que poderia acontecer se aqueles dois estranhos passassem a noite na praça. Embora o texto afirme que Ló deu a eles um banquete, fica evidente que ficou longe da mesa beduína farta que Abraão ofereceu aos seus convidados em Manre.

Ló, desrespeitado pelos sodomitas (19.4-11)

Ló vive uma vida dupla. Quando os anjos de Deus chegam, *ele se prostra com o rosto em terra*, e quando os libertinos e devassos sodomitas cercam a sua casa para abusarem de seus hóspedas, ele os chama de *meus irmãos*. Ló quer ficar bem dos dois lados, mas os sodomitas descobrem a hipocrisia de Ló e o chamam de *estrangeiro*. Ló os chama de *irmãos*, mas eles o chamam de *estrangeiro*. Triste coisa é fazer concessão ao mundo. O mundo tem faro. A Pedro, disseram: [...] *Verdadeiramente, és também um deles, porque o teu modo de falar o denuncia* (Mt 26.73).

Os homens de Sodoma, velhos e jovens, cercaram a casa de Ló naquela noite com o propósito de abusar sexualmente dos visitantes. A decadência moral de Sodoma era terrível: a) desnatural (Rm 1.26,27); b) desavergonhada (em público); c) violenta (querem abusar dos estrangeiros); d) obstinada (mesmo depois de cegos, procuram a porta para atacar Ló); e) generalizada (velhos e moços). George Livingston diz que aquela multidão estava inflamada por luxúria bestial, e o famoso pecado da cidade estava se mostrando em toda a sua feiura. Os homens queriam que os estranhos lhes fossem entregues para manter atos homossexuais com eles, pecado que veio a ser conhecido por sodomia.[4] Bräumer chama a atenção para o fato de que a casa de Ló foi atacada não por uma gentalha estranha. Eram os nativos, os homens de Sodoma, velhos e jovens, homens de todo nível social.[5]

Derek Kidner diz que o pecado da sodomia é estigmatizado como particularmente odioso, tanto que a lei haveria de fazer dele um crime capital, incluído ao lado do incesto e da bestialidade (Lv 18.22; 20.13), e o Novo Testamento mostra igualmente sua repulsa quanto a isso (Rm 1.26,27; 1Co 6.9; 1Tm 1.10).⁶

William MacDonald trata desse mesmo assunto com estas palavras:

> Deus condena o pecado da homossexualidade tanto no Antigo Testamento (19.1-26; Lv 18.22; 20.13) como no Novo Testamento (Rm 1.24-28; 1Co 6.9; 1Tm 1.10). Ele mostrou sua ira contra esse pecado, destruindo as cidades de Sodoma e Gomorra. Sob a lei de Moisés, a sodomia era punida com morte. Aqueles que vivem na prática da homossexualidade não herdarão o reino de Deus (1Co 6.9). Aqueles que vivem na prática desse pecado pagarão um alto preço. O apóstolo Paulo diz que eles receberão em si mesmos a merecida punição do seu erro (Rm 1.27). Mas, como qualquer outro pecado, a prática da homossexualidade também pode ser perdoada. Essas pessoas podem ser salvas, arrependendo-se e crendo em Jesus Cristo como Salvador pessoal (1Co 6.10).⁷

Destacamos aqui alguns pontos:

Em primeiro lugar, *uma sociedade completamente rendida à devassidão* (19.4). Os homens velhos e jovens de Sodoma estavam num estágio tão avançado de sua depravação moral que se ajuntaram de todos os lados para cercar a casa de Ló com propósitos libidinosos.

Em segundo lugar, *uma sociedade completamente rendida à violência sexual* (19.5). Os homens de Sodoma não respeitam a privacidade do lar de Ló, não respeitam o direito sagrado das pessoas de irem e virem, não respeitam a honra dos indivíduos e querem promover publicamente um espetáculo horrendo de sua sexualidade depravada. Bräumer diz que eles, como animais selvagens, tinham ido atrás dos hóspedes de

Ló e comportavam-se como um bando desenfreado e selvagem: ávidos como hienas atrás de um pedaço de carne.[8]

Em terceiro lugar, *uma sociedade completamente rendida à falta de valores morais* (19.6-8). Ló demonstra sua fraqueza moral quando chama os sodomitas de *meus irmãos* e quando tenta pacificá-los fazendo uma proposta desesperada de entregar suas filhas virgens para serem abusadas sexualmente por eles. Ló tenta evitar um desatino com outro maior ainda, e, em vez de proteger suas filhas dos depravados arruaceiros, capitula-se ao relativismo moral da cidade.

Em quarto lugar, *uma sociedade completamente rendida aos seus apetites bestiais* (19.9). Os homens de Sodoma se voltam contra Ló para abusar dele e arrombar-lhe a porta. O desejo dos homens de Sodoma era, nitidamente, uma "tentativa de cometer imoralidade homossexual". Bräumer diz que exegetas homótropos tentam dessexualizar o pecado dos sodomitas, interpretando a palavra "conhecer", *jada*, da forma convencional, como "encontrar alguém pela primeira vez". O termo *homotropia* significa "estar direcionado para o mesmo lado" (gr., *homoion* = igual; *tropon* = direcionamento). De forma correspondente, a atração sexual entre sexos diferentes é chamada de *heterotropia* (gr., *heteron* = diferente). As duas situações, tanto a homotrópica quanto a heterotrópica, envolvem três níveis: o pessoal, o erótico e o sexual. Na homotropia, o nível pessoal é a homofilia, o nível erótico é o homoerotismo e o nível sexual é a homossexualidade. O termo "homotropia" abrange tanto o relacionamento entre dois homens quanto entre duas mulheres.[9]

Em quinto lugar, *uma sociedade que não se emenda nem mesmo com o juízo divino* (19.10,11). Os homens de Sodoma, mesmo feridos de cegueira pelos anjos do Senhor, não desistiram de sua paixão desenfreada. A palavra hebraica empregada com o sentido de "cegueira", *sagar*, provavelmente indica um estado de ofuscação, como o de Saulo no caminho de Damasco. A mesma palavra reaparece em 2Reis 6.18, também num contexto de anjos.[10] Bräumer diz que essa palavra descreve uma falha temporária de visão. Portanto, os sodomitas que atacaram a casa de Ló não ficaram permanentemente cegos, mas ofuscados, confusos. Eles se limitaram a ficar tateando, sem encontrar a porta, e por fim foram embora.[11]

Ló, advertido pelos anjos (19.12-14)

Os anjos de Deus alertam Ló sobre a necessidade urgente de comunicar aos membros de sua família que saiam da cidade, pois eles iriam destruí-la. Destacaremos alguns pontos:

Em primeiro lugar, *a família precisa sair da cidade da destruição* (19.12). Deus deseja salvar toda a família. A misericórdia de Deus se revela a Ló, dando-lhe a oportunidade de tirar sua família da cidade da destruição. Não há segurança no pecado, ou seja, não há livramento permanecendo em Sodoma, portanto, sair desse lugar é a única possibilidade de livramento. Ló, porém, torna-se juiz da cidade, mas não é sacerdote do seu próprio lar; ele era homem de projeção, cuidava dos problemas dos outros, mas não orava com a família nem ensinava as coisas de Deus à sua família.

Em segundo lugar, *o pecado sem arrependimento acarreta juízo inevitável* (19.13). O pecado de Sodoma não era apenas degradante, mas também ascendente, e esse açodamento no pecado leva Deus a enviar Seus anjos para destruir a cidade.

Em terceiro lugar, *um testemunho frágil não produz impacto* (19.14). Ló, mesmo sendo um homem justo, tinha um testemunho frágil. Abraão mandou buscar uma esposa para Isaque entre seu povo, ao passo que Ló entregou suas filhas para casar com jovens sodomitas. Seus genros não acreditaram em suas palavras nem atenderam à sua voz. Ló prega para os genros, mas não vive o que prega. Manda-os sair da cidade condenada, mas ele mesmo está agarrado a ela e só sai rebocado!

Ló, rebocado pelos anjos (19.15-22)

Tudo o que Ló tem está em Sodoma. Seu coração está apegado à cidade. Ele hesita em sair de Sodoma. Os anjos de Deus chegam a Sodoma para destruir a cidade, porque lá não havia nem dez justos, e pressionam Ló, mas ele demora. Os anjos o arrastam, o despejam, o tiram à força da cidade condenada. E, quando já estavam fora da cidade, um anjo lhe disse: [...] *Livra-te, salva a tua vida; não olhes para trás, nem pares em toda a campina; foge para o monte, para que não pereças* (19.17).

Não há segurança para Ló onde ele estava, e, do mesmo modo, se você não sair da sua Sodoma, se não deixar o seu pecado, se não se converter, você vai perecer. Não há segurança para você em seus pecados não perdoados, assim como não há esperança para você: ou foge deste mundo tenebroso, da ira vindoura, ou, então, morrerá nos seus pecados. Não há segurança para você no seus pecados não abandonados. A alternativa que lhe resta é se arrepender e viver, ou não se arrepender e morrer. Não há salvação para o bêbado se este não deixar a bebida; não há salvação para o impuro se este não deixar a impureza; e tambbém não há salvação para o mentiroso se este não abandonar a mentira.

Se Ló quiser ser salvo, ele precisa sair da cidade condenada às pressas, precisa deixar seus antigos companheiros, seus antigos confortos e não pode parar para argumentar. Ficar em Sodoma é perder tudo: os bens, a família, os amigos, a própria vida. Ficar em Sodoma é perecer depois de ter sido avisado. A mensagem para Ló veio na última hora, e naquela mesma manhã que ele saiu da cidade, ela foi destruída pelo fogo de Deus. Mais um dia em Sodoma e teria sido tarde demais!

Ló só saiu de Sodoma rebocado, à força, na marra, mas seu coração ficou lá, porque lá estavam os seus tesouros, e seus bens pereceram lá, bem como seus amigos e seus genros. Sua mulher olhou para trás e foi transformada numa estátua de sal. Ló saiu de Sodoma na última hora. Foi salvo com cheiro de fumaça.

Destacaremos alguns pontos:

Em primeiro lugar, *os anjos pressionam Ló enquanto ele se demora* (19.15,16a). Oh, quão terrível é a possibilidade de o homem demorar-se no pecado e adiar a mais urgente e necessária decisão da vida!

Em segundo lugar, *os anjos arrancam Ló à força, com sua mulher e filhas* (19.16b). Deus não castiga os justos com os perversos. Muito ao contrário, ele poupa os perversos por causa dos justos.[12]

Em terceiro lugar, *os anjos dão instruções sobre a urgência da saída* (19.17). *Havendo-os levado fora, disse um deles: Livra-te, salva a tua vida; não olhes para trás, nem pares em toda a campina; foge para o monte, para que não pereças.* Livra-te + salva a tua vida + não olhes para trás + nem pares em toda a campina + foge para o monte, para que não pereças. As instruções do anjo são claras, urgentes e necessárias.

Em quarto lugar, *Ló, tomado pelo medo, tenta mudar a orientação dos anjos* (19.18-22). Ló se sentia mais seguro dentro da cidade do que fora dela com Deus, e o medo dele ilustra a irracionalidade da descrença. Deus enviou Seus anjos para que resgatassem Ló, e este tem medo de não ser protegido.[13]

Ló, poupado da destruição (19.23-29)

Tendo Ló chegado em Zoar, o próprio Senhor fez chover enxofre e fogo sobre Sodoma e Gomorra. As cidades e todas as coisas que nelas haviam foram subvertidas. Sobre isso, destacamos três pontos:

Em primeiro lugar, *o Deus da graça é também o Deus do juízo* (19.23-25). Deus fez chover enxofre e fogo sobre Sodoma e Gomorra, e elas foram subvertidas. Derek Kidner diz que os elementos naturais da destruição eram abundantes nessa região de petróleo, betume, sal e enxofre; mas sua natureza foi de um julgamento, não de uma desgraça casual.[14] Nessa mesma linha de pensamento, Bruce Waltke diz que, cientificamente, o fogo e a destruição cataclísmica de Sodoma e Gomorra podem ser explicados por um terremoto. Calor, gases, enxofre e betume teriam sido espalhados no ar por meio de fissuras formadas durante um violento terremoto (14.10), e os relâmpagos que frequentemente acompanham um terremoto teriam inflamado os gases e o betume.[15] Bräumer corrobora com essa ideia quando escreve:

> Pela descrição, a catástrofe era um terremoto tectônico. Gases (enxofre), betume e petróleo jorraram para a superfície. Uma faulha que acendesse esses minerais poderia, em questão de segundos, facilmente incendiar toda a atmosfera acima das fendas abertas. Até hoje é possível encontrar traços desta catástrofe na beira do mar Morto, na forma de depósitos de betume e enxofre. Eles apontam para o fato de que, no passado, houve ali um incêndio alimentado por gases subterrâneos.[16]

Sodoma e Gomorra tornaram-se proverbiais para o juízo de Deus na época dos patriarcas, e o motivo era a maldade generalizada. Além da tentativa de estupro homossexual contra os mensageiros de Deus (19.1-25), em Sodoma havia também violência social (Is 1.10), adultério, mentira e encorajamento aos malfeitores (Jr 23.14), soberba, fartura e próspera tranquilidade (Ez 16.49).

Em segundo lugar, *o pecado da desobediência produz morte inevitável* (19.26). A mulher de Ló tinha seu coração em Sodoma, por isso, desobedecendo a ordem expressa dos enviados de Deus, olhou para trás e foi transformada numa estátua de sal, no monumento da desobediência. Concordo com Bräumer quando diz que a mulher de Ló não sofreu uma morte lendária. Seu corpo foi coberto por uma crosta de enxofre, betume e sal, e ela literalmente se transformou numa estátua de sal (Lc 9.62).[17]

Em terceiro lugar, *Deus salva Ló por causa de Sua misericórdia e em razão das orações de Abraão* (19.16,27-29). Ló é rebocado de Sodoma por causa da misericórdia de Deus e das orações de seu tio. No capítulo 14, Abraão salva Ló pela espada, ao passo que, no capítulo 19, ele salva Ló pela oração. Enquanto você lê este livro, seus pais, seu cônjuge, seus filhos e seus amigos estão orando por você.

Ló, pai de duas nações ímpias (19.30-38)

O caminho descendente de Ló levou-o para uma caverna, o que é o oposto da prosperidade e dos prospectos de Ló em Gênesis 13.1-13. Marcado pelo medo, não quis ir para o monte (19.17), e sim para a cidade de Zoar (19.22). Agora, com medo da cidade, habita numa caverna (19.30). Derek Kidner diz que a intranquilidade do medo tem exemplo clássico na atitude de Ló para com Zoar. O medo o levou para lá (19.19); o medo cego o tira de lá (19.30).[18]

Enquanto Abraão ensinará os seus filhos a guardarem o caminho do Senhor (18.19), Ló, embriagado por suas filhas (a primogênita e a caçula), sem o saber, comete incesto e coabita com elas, suscitando uma descendência ímpia. Ló torna-se pai de seus netos e avô de seus filhos, e da relação incestuosa com suas filhas nasce duas nações ímpias: Moabe e Amom. Derek Kidner diz que seu legado, Moabe e Amom, estava destinado a contribuir com a pior sedução carnal ocorrida na história de Israel (a de Baal-Peor), conforme registrado em Números 25, e com a mais brutal perversão religiosa (a de Moloque), conforme registrado em Levítico 18.21.[19] Bruce Waltke corrobora essa ideia dizendo que as filhas de Ló agem pelo impulso da imoralidade de Sodoma, e seus descendentes seguem na mesma esteira dessa imoralidade sexual.[20] Pela graça de Deus, da descendência de Moabe vem Rute, e desta vem Obede, pai de Jessé, pai de Davi, bem como o Messias.

Tudo aquilo em que Ló investiu sua vida – inclusive seus bens – pereceu. Ló não salvou nem um cabrito. Péssimo investimento para quem colocou o coração na riqueza da terra e não ajuntou tesouros no céu. A família de Ló terminou em grande tragédia: sua mulher virou uma estátua de sal; seus genros viraram cinza e pereceram no juízo da cidade; suas filhas tornaram-se suas mulheres; sua descendência, os moabitas e os amonitas, foram um pesadelo ao longo dos séculos para o povo de Deus e prostraram-se diante de deuses falsos. Triste herança para um crente rebocado, que amou o mundo e perdeu tudo, exceto a salvação, por causa da misericórdia de Deus.

Notas

[1] WALTKE, Bruce K. *Gênesis*, 2010, p. 334-335.
[2] Ibidem, p. 337.
[3] KIDNER, Derek. *Gênesis: introdução e comentário*, 2006, p. 124.
[4] LIVINGSTON, George H. *O livro de Gênesis*, in: *Comentário bíblico Beacon*, vol. 1, 2015, p. 67.
[5] BRÄUMER, Hansjörg. *Gênesis*, vol. 1, 2016, p. 307.
[6] KIDNER, Derek. *Gênesis: introdução e comentário*, 2006, p. 124-25.
[7] MACDONALD, William. *Believer's Bible Commentary*, 1995, p. 56.
[8] BRÄUMER, Hansjörg. *Gênesis*, vol. 1, 2016, p. 310.
[9] Ibidem, p. 308.
[10] KIDNER, Derek. *Gênesis: introdução e comentário*, 2006, p. 125.
[11] BRÄUMER, Hansjörg. *Gênesis*, vol. 1, 2016, p. 309.
[12] WALTKE, Bruce K. *Gênesis*, 2010, p. 344.
[13] Ibidem, p. 340.
[14] KIDNER, Derek. *Gênesis: introdução e comentário*, 2006, p. 126.
[15] WALTKE, Bruce K. *Gênesis*, 2010, p. 341.
[16] BRÄUMER, Hansjörg. *Gênesis*, vol. 1, 2016, p. 312.
[17] Ibidem, p. 311.
[18] KIDNER, Derek. *Gênesis: introdução e comentário*, 2006, p. 126.
[19] Ibidem.
[20] WALTKE, Bruce K. *Gênesis*, 2010, p. 343.

Capítulo 23

A infidelidade do homem e a fidelidade de Deus
(Gn 20.1-18)

DEPOIS DE QUASE VINTE ANOS de morar em Manre, aos 99 anos de idade Abraão resolve mudar para Gerar com sua mulher, Sara. Não há qualquer registro dos motivos dessa mudança. Talvez porque, das alturas de Hebrom, Abraão pudesse avistar a grande devastação ocorrida em Sodoma e Gomorra, na região sul do mar Morto. Talvez o pesar pelo triste fim de seu sobrinho Ló. Ou, ainda, os possíveis comentários negativos entre os cananeus acerca do que acontecera a seu sobrinho. O certo é que Abraão toma a decisão de sair de Manre, dentro do mesmo ano em que o filho da promessa nasceria, conforme promessa do Senhor (18.10).

Destacamos alguns pontos importantes na exposição do texto em tela.

Abraão, o nômade (20.1,2)

Abraão é um homem rico, mas nômade. É um peregrino, uma espécie de forasteiro em terra estranha. Agora, ele sai de Manre para a terra do Neguebe, a fim de habitar entre Cades e Sur, passando a morar em Gerar. Abraão se estabelece num oásis no extremo sul de Canaã nas pastagens régias ao redor de Gerar, entre o oásis em Cades e o muro de defesa egípcia em Sur. Gerar era, naquele tempo, a capital dos filisteus, próxima à borda do Egito. Era uma cidade próspera, que controlava as rotas lucrativas das caravanas.[1]

Destacamos aqui dois pontos:

Em primeiro lugar, *os motivos de sua mudança para Gerar* (20.1). Gerar era uma cidade rica, governada por um rei poderoso. O que Abraão buscava? Segurança? Novos ares? Riquezas? Alívio das tensões entre os cananeus? Apagar as lembranças tristes acerca de Ló? Há muitas especulações, mas nenhuma garantia. As motivações de Abraão são incognoscíveis para nós.

Em segundo lugar, *as estratégias perigosas em Gerar* (20.2). Abraão torna-se reincidente na prática da mentira e repete o mesmo pecado que cometeu no Egito, reagindo novamente pelo medo, não pela fé, e mentindo acerca de sua mulher e de sua relação conjugal. Essa mentira não era casual, mas um ato planejado e acordado entre ele e Sara (20.13); contudo, é oportuno ressaltar que o fato de o casal estar em acordo não justifica o erro. Cumplicidade não é virtude, mas pecado. Ananias e Safira também estavam de acordo quando mentiram ao Espírito Santo (At 5.1-11). A mentira do casal levou Sara para o harém de Abimeleque. Derek Kidner diz que, à beira da história do nascimento de Isaque, aqui está a própria promessa posta em perigo, dada em troca de segurança pessoal. Se há de cumprir-se algum dia, muito pouco se deverá ao homem. Moralmente, bem como fisicamente, é evidente que terá de ser realizada pela graça de Deus.[2]

Abimeleque, o advertido por Deus (20.3-7)

De acordo com as leis daquela época, o rei podia levar para seu harém qualquer mulher não casada de suas terras.[3] Como Sara continuava linda, apesar dos seus noventa anos de idade (12.14), ela vai parar exatamente no harém desse poderoso rei por causa da mentira de Abraão. O próprio Deus corrige o pecado contumaz de Abraão e evita uma tragédia ao revelar-se em sonhos ao rei de Gerar. Sobre isso, vale ressaltar aqui cinco pontos importantes:

Em primeiro lugar, *Deus restabelece a verdade acerca de Sara* (20.3). *Deus, porém, veio a Abimeleque em sonhos de noite e lhe disse: Vais ser punido de morte por causa da mulher que tomaste, porque ela tem marido.* Deus expõe a Abimeleque a mentira de Abraão acerca de Sara e ameaça puni-lo com a morte por a ter tomado para seu harém.

Em segundo lugar, *Abimeleque apresenta sua defesa diante de Deus* (20.4). Abimeleque não havia ainda tido relações sexuais com Sara e, por esse motivo, pleiteia sua inocência ressaltando o caráter justo de Deus.

Em terceiro lugar, *Abimeleque acusa Abraão e Sara diante de Deus* (20.5). *Não foi ele mesmo que me disse: É minha irmã? E ela também me disse: Ele é meu irmão. Com sinceridade de coração e na minha inocência, foi que eu fiz isso.* Abraão e Sara eram cúmplices na mentira e, nesse quesito, ambos eram culpados, ao passo que Abimeleque, era inocente.

Em quarto lugar, *Deus isenta Abimeleque de culpa* (20.6). Deus aceita a defesa de Abimeleque e afirma sua inocência nesse imbróglio. Por isso, não lhe permitiu pecar contra o Senhor nem tocar em Sara.

Em quinto lugar, *Deus dá instruções a Abimeleque para sanar o problema* (20.7). Abimeleque deveria fazer duas coisas: (1) devolver Sara a Abraão, seu marido; e (2) receber a oração intercessora de Abraão, profeta de Deus, para que pudesse viver. Não atender a essas instruções acarretaria a morte do rei e de tudo o que era seu. Derek Kidner está certo quando diz que Deus luta pelos seus servos, restaurando Abraão de sua loucura.[4] Abraão é chamado por Deus de profeta, e essa é a primeira vez que a palavra "profeta" aparece na Bíblia. Em vez de Deus desqualificar Abraão, enaltece-o ainda mais.

Abimeleque, o confrontador de Abraão (20.8-10)

Abimeleque responde à revelação de Deus com pronta obediência e, sem tardança, toma as medidas necessárias.

Em primeiro lugar, *ele convoca uma reunião de emergência* (20.8). Abimeleque não espera um dia ou uma semana para agir. Ele age sem detença. Levanta-se naquela madrugada e convoca uma reunião de emergência, com todos os seus servos, para comunicar a eles o que havia acontecido. O resultado foi que todo o conselho ficou grandemente atemorizado.

Em segundo lugar, *ele repreende Abraão* (20.9,10). Abimeleque convoca Abraão, exigindo dele explicações; além disso, faz a ele três perguntas: [...] *Que é isso que nos fizeste? Em que pequei eu contra ti, para trazeres tamanho pecado sobre mim e sobre o meu reino?* [...] *Que estavas pensando para fazeres tal coisa?* Depois faz uma solene reprimenda ao patriarca: *Tu me fizeste o que não se deve fazer.* Abraão é repreendido por um rei pagão por deixar de confiar em Deus. Matthew Henry tem razão em dizer que Abimeleque considera uma ofensa muito grande, a si mesmo e à sua família, que Abraão tivesse desonrado o seu próprio casamento e os tivesse exposto ao pecado dessa maneira.[5]

Deus não permite que os seus servos pequem com vantagens. Ele não ocultou o pecado da embriaguez de Noé, a mentira de Abraão, a falta de paciência de Moisés, o adultério de Davi ou a negação de Pedro. Essas coisas não foram registradas para nos incentivar a pecar, mas sim para nos advertir do pecado.[6]

O que essa mentira custou a Abraão? (1) Custou-lhe seu caráter. Ele parou de perguntar: "O que é certo?" e começou a perguntar: "O que é seguro?", e isso, o levou à queda. (2) Custou a perda de seu testemunho. Ló perdeu seu testemunho em Sodoma e Abraão, em Gerar. Abraão, aos 99 anos de idade, foi confrontado por um rei pagão, e, em vez de ser fonte de bênção (12.1-3), foi motivo de julgamento. (3) Ele perdeu sua influência positiva sobre o filho Isaque (26.7-11). É triste quando nossos pecados são imitados por nossa própria família.

Abraão apresenta sua defesa (20.11-13)

Diante do tribunal do rei Abimeleque, Abraão apresenta uma frágil defesa. Vejamos:

Em primeiro lugar, *Abraão faz um mau juízo do rei e do seu povo* (20.11). Abraão considerava Abimeleque um pagão sem Deus e sem moral e via nele não apenas um rei impulsionado por uma inescrupulosa luxúria sexual, mas também uma pessoa sem nenhum temor a Deus. Sem conhecer Abimeleque, Abraão temia sua maldade, mostrando que seus pensamentos e suas ações eram determinados por um conceito limitado de amigo e inimigo.[7]

O rei de Gerar e seu povo, porém, demonstraram mais temor a Deus do que Abraão. Eles temeram muito, enquanto Abraão vivia sem desconforto com sua mentira. Waltke diz que os heróis bíblicos, parceiros pactuais de Deus, nunca são super-homens; seus grandes atos de fé às vezes são envolvidos por fracassos e temores.[8] Em sua tentativa de mitigar sua culpa, Abraão tacitamente admite seu pecado e exime Abimeleque. Ele falhou em investigar a situação e confiar em Deus.[9]

Em segundo lugar, *Abraão apresenta uma falsa justificativa* (20.12). Abraão, à semelhança do que fez no Egito, usa uma meia-verdade para justificar seu pecado de plena mentira, uma vez que o fato de Sara ser sua meia-irmã não anulava o fato de que ela era plenamente sua mulher. Waltke afirma que Abraão cria que o sequestro de mulheres estrangeiras era normal nos países pelos quais tinha que passar, por isso ele orquestrou esse malfadado plano com sua mulher.[10]

Em terceiro lugar, *Abraão e Sara fizeram um acordo mal costurado* (20.13). Eles combinaram mentir aos reis pagãos acerca da natureza de sua relação conjugal; eles estavam juntos e eram coniventes nesse pecado, além de solidários e cúmplices no erro. Derek Kidner diz que Abraão e Sara tinham feito dessa precaução a sua política,[11] e não haviam dado provas de arrependimento porque fizeram provisão para o pecado e reincidiram nele; porque temeram os homens, armaram ciladas (Pv 29.25); e, por fim, porque tiveram medo dos homens e, com isso, perderam o temor do Senhor.

Abimeleque, o anfitrião generoso (20.14-16)

Abimeleque paga o mal com o bem e, em vez de expulsar Abraão de sua cidade, como fez o faraó (12.18-20), oferece--lhe fidalga hospitalidade. Sobre essa atitude, vale ressaltar quatro pontos importantes:

Em primeiro lugar, *Abimeleque dá presentes a Abraão* (20.14a). Longe de punir Abraão pela sua atitude reprovável, Abimeleque dá ovelhas, bois, servos e servas a ele. O faraó enriqueceu Abraão com servos e gado no Egito, mas, quando descobriu a verdade de que Sara era sua esposa, os expulsou das ricas pastagens do Egito. Entretanto, Abimeleque, quando descobriu a verdade, além de dar a Abraão e Sara servos e gado, ainda adiciona uma fantástica quantia em dinheiro (20.14,16). Em vez de Deus punir Abraão e Sara, Deus pune os reis do Egito e de Gerar, demonstrando que, ainda que Seus santos sejam infiéis, o Senhor permanece fiel.[12] Waltke diz que Deus não só livra Seus eleitos do terrível perigo, mas os abençoa com riquezas inesperadas e imerecidas.[13]

Em segundo lugar, *Abimeleque restitui a mulher de Abraão* (20.14b). Abimeleque, mesmo sendo um rei pagão, tinha plena consciência de que adultério é um pecado contra o cônjuge e contra Deus (20.6,9). Por isso, devolve Sara a seu marido.

Em terceiro lugar, *Abimeleque convida Abraão para morar em sua terra* (20.15). E ele não só convida Abraão para morar em sua terra, mas dá a ele a oportunidade de escolher o que melhor lhe convier, demonstrando, assim, sua fidalga generosidade.

Em quarto lugar, *Abimeleque compensa Sara com grande riqueza* (20.16). Abimeleque dá a Abraão mil siclos de prata em compensação por tudo quanto Sara passou; ou seja, o objetivo desse presente era restituir a honra de Sara, e esse era um valor astronômico. Waltke diz que essa é uma soma fabulosamente grande. Um trabalhador babilônio, a quem geralmente se pagava meia peça de prata por mês, teria que trabalhar 167 anos para ganhar tal soma.[14]

Bräumer diz que a palavra hebraica "compensação" (lit., "um véu sobre os olhos") é um termo do sistema judicial da época e não pode mais ser explicado com clareza. O objetivo do véu sobre os olhos ou a cobertura do rosto é tornar o observador "cego para o que aconteceu". Não fica claro se os olhos a serem encobertos por esse véu são os de Sara ou os das pessoas à sua volta, mas é possível que essa metáfora se aplique às duas opções. As pessoas não devem desprezá-la; seus olhos não devem ver nada de desfavorável em Sara; e a própria Sara deve se sentir como se isso nunca tivesse acontecido. Isso é indicado pela palavra dirigida a Sara: *perante todos estás justificada*.[15]

Abraão, o profeta intercessor (20.17,18)

Abraão, apesar de suas fraquezas, era um profeta de Deus e um intercessor (20.7), tanto que a ordem de interceder por Abimeleque veio do próprio Deus. Abraão ora, e Deus sara Abimeleque, sua mulher e suas servas, de sorte que elas pudessem ter filhos. Essas mulheres não eram estéreis como Sara, mas haviam se tornado estéreis em virtude da punição de Deus por causa de Sara. Todavia, o final desse episódio realça a verdade bíblica de que a eleição é incondicional, e, de certo modo, fica claro que Deus escolheu Abraão e Sara não pelos seus méritos, mas apesar de seus deméritos. Na verdade, a salvação depende da fidelidade de Deus, não da fidelidade de seus servos.

Concordo com Warren Wiersbe quando diz que, apesar de Deus não defender o pecado de Abraão, Ele defendeu Abraão e controlou as circunstâncias, de modo que Seu servo não fosse completamente abatido. Deus não rejeita Seus filhos quando pecam, assim como um pai não rejeita um filho desobediente (Is 49.13-16).[16]

Boice destaca que, em todas as referências que temos sobre Abraão nas Escrituras, nunca mais essa experiência vivida em Gerar foi mencionada. As Escrituras não enfatizam essa queda de Abraão nem em Romanos, nem em Gálatas, nem em Hebreus. Abraão é exaltado pela fé que demonstrou em quatro situações: 1) saindo de Ur dos caldeus para uma terra desconhecida; 2) permanecendo na terra mesmo em tempos de grandes privações e perigos; 3) crendo que Deus poderia lhe dar um filho quando ele e Sara já tinham passado da idade de gerar; 4) estando pronto para oferecer Isaque, na esperança de que Deus poderia ressuscitá-lo.[17]

NOTAS

[1] MORRIS, Henry M. *The Genesis Record*, 2006, p. 360.
[2] KIDNER, Derek. *Gênesis: introdução e comentário*, 2006, p. 128.
[3] BRÄUMER, Hansjörg. *Gênesis*, vol. 2, 2016, p. 317.
[4] KIDNER, Derek. *Gênesis: introdução e comentário*, 2006, p. 128.

[5] HENRY, Matthew. *Comentário bíblico — Antigo Testamento (Gênesis a Deuteronômio)*, vol. 1, 2010, p. 113.
[6] WIERSBE, Warren W. *Comentário bíblico expositivo*, vol. 1, 2006, p. 123.
[7] BRÄUMER, Hansjörg. *Gênesis*, vol. 2, 2016, p. 319.
[8] WALTKE, Bruce K. *Gênesis*, 2010, p. 348.
[9] Ibidem, p. 352.
[10] Ibidem.
[11] KIDNER, Derek. *Gênesis: introdução e comentário*, 2006, p. 128.
[12] WALTKE, Bruce K. *Gênesis*, 2010, p. 347.
[13] Ibidem, p. 352.
[14] Ibidem, p. 353.
[15] BRÄUMER, Hansjörg. *Gênesis*, vol. 2, 2016, p. 319.
[16] WIERSBE, Warren W. *Comentário bíblico expositivo*, vol. 1, 2006, p. 126.
[17] BOICE, James Montgomery. *Genesis*, vol. 2, 1998, p. 653.

Capítulo 24

Alegrias e lágrimas
(Gn 21.1-21)

A PASSAGEM APRESENTADA TRATA do nascimento de Isaque e da despedida de Agar e Ismael. Alegria e choro marcam o mesmo dia. Os fatos ocorrem quando Abraão está morando entre os filisteus. George Livingston diz que podemos ver aqui o cumprimento da promessa (21.1-8), o problema do ciúme (21.9-11), a instrução divina (21.12,13), a separação (21.14-16), a promessa divina (21.17,28) e o cumprimento da promessa (21.29-31).[1]

A alegria do nascimento (21.1-7)

Abraão e Sara esperaram 25 anos pela promessa do filho, e, nesses anos, houve muitos altos e baixos na vida desse casal. Várias vezes Deus confirmou a eles Sua promessa, mas agora havia chegado o momento do cumprimento. Isaque, o filho da promessa, vai nascer por um milagre divino. Destacamos aqui alguns pontos importantes:

Em primeiro lugar, *Deus cumpre a Sua promessa* (21.1,2). Promessa de Deus e realidade são a mesma coisa, pois nenhuma de Suas promessas jamais caiu por terra. Ele vela pela sua palavra em a cumprir, e que Ele promete, cumpre; o que Ele faz, ninguém pode estorvar. O Senhor visita Sara, e ela concebe, mesmo sendo estéril (11.30). Sara concebe e dá à luz um filho a Abraão na sua velhice (17.17,24; 18.11-14), no tempo determinado sobre o qual Deus lhe havia falado. A palavra hebraica *paqad*, "visitar" (21.1), inclui entregar, confiar, cuidar, levantar, verificar, instituir (em cargo). A visita a Sara é a atenção que Deus lhe dispensa, abrindo um novo futuro a ela e pondo fim à dor de sua infertilidade ao lhe agregar o que lhe tinha prometido.[2]

Warren Wiersbe diz que o nascimento de Isaque significa o cumprimento da promessa, a recompensa da paciência, a revelação do poder de Deus e um passo decisivo no processo de cumprir o propósito de Deus na história da redenção.[3] Boice diz que o nascimento de Isaque revela três verdades solenes: Deus cumpre a Sua promessa, demonstra ser onipotente e ensina que Seus planos são cumpridos não de acordo com a nossa pressa, mas conforme o Seu tempo determinado.[4]

Em segundo lugar, *Abraão cumpre as exigências da aliança* (21.3-5). Abraão coloca o nome de Isaque em seu filho, obedecendo à orientação que o Senhor lhe deu anteriormente (17.19; 21.3). Outrossim, circuncida-o no oitavo dia, cumprindo a aliança que Deus havia firmado com ele (17.10-12; 21.4).

Em terceiro lugar, *Sara exulta de alegria* (21.6,7). Tanto Abraão quanto Sara riram quando Deus lhes comunicou que teriam um filho na velhice (17.17; 18.15), mas aquele era o riso da dor das impossibilidades humanas (Pv 14.13). Quando Isaque nasce, seu nome é o reverso do riso deles, pois aquele primeiro riso expressava a impossibilidade humana, enquanto o nascimento de Isaque é a expressão do riso das possibilidades infinitas de Deus. Em outras palavras, o riso de Sara traduz a bondade de Deus, tanto que o nome Isaque significa "ele ri".[5]

Waltke enfatiza que Sara credita a Deus o fato de transformar seu riso de incredulidade em alegria (17.17-19; 18.12-15), e todos agora rirão de alegria com ela.[6] Matthew Henry chega a dizer que a promessa de que Isaque não era apenas o filho, mas também o herdeiro, seria a alegria de todos os santos, em todas as gerações, e encheria de riso a sua boca.[7]

Boice faz sete comparações entre o nascimento de Isaque e o nascimento de Jesus: 1) Tanto Isaque como Jesus foram a semente prometida; 2) houve um período de espera entre a promessa e o cumprimento; 3) quando Sara ouviu a promessa do nascimento de Isaque, ela riu e perguntou como aquilo poderia acontecer, uma vez que já era velha (18.13). O Senhor lhe respondeu: *Acaso, para o SENHOR há coisa demasiadamente difícil?* (18.14); quando o anjo Gabriel avisou Maria que ela seria a mãe do Salvador, ela perguntou: *Como será isso, uma vez que sou virgem?* (Lc 1.34). O anjo lhe respondeu: [...] *para Deus não haverá impossíveis* (Lc 1.37); 4) os nomes das crianças eram simbólicos e foram dados antes de nascerem (17.19; Mt 1.21). 5) o nascimento de ambos aconteceu no tempo determinado por Deus (17.21; 18.10,14; 21.2; Gl 4.4); 6) tanto o nascimento de Isaque como o de Jesus requereram um milagre, uma vez que Sara já estava velha demais e Maria era uma virgem; e 7) tanto o nascimento de Isaque quanto o de Jesus foram motivo de alegria para suas respectivas mães (21.3; Lc 1.46,47).[8]

A dor da despedida (21.8-10)

Quando Isaque nasceu, Ismael tinha catorze anos. Naquele tempo, as crianças eram desmamadas com três anos.[9] Abraão deu um banquete para comemorar esse fato. O termo hebraico *gamal*, traduzido aqui por "desmamado", originariamente era usado para se referir a árvores que amadureciam seus frutos, pois, quando os frutos amadurecem, eles não precisam mais da seiva da árvore que os alimentaram até então.[10] Vale destacar que Ismael era um adolescente de dezessete anos quando foi flagrado por Sara rindo zombeteiramente de Isaque. Esse episódio desembocou na despedida sumária de Agar com seu filho.

Destacamos cinco pontos importantes:

Em primeiro lugar, *a crise muitas vezes é gerada em meio à celebração da vida* (21.8,9). O que se vê nesse texto é que existe espaço no meio do sagrado para celebrar as coisas mais comuns da vida. Abraão deu um grande banquete no dia em que Isaque foi desmamado. Livingston diz que essa ocasião era comemorada com um banquete, costume que ainda é comumente observado no Oriente Médio.[11] Abraão celebra o comum, o que demonstra que ele tem tempo na sua agenda sacrossanta para dedicar ao filho. Abraão se deleita em cada fase da vida do filho e compartilha com os outros a sua alegria.

Agora, vamos ver que existe um fio muito tênue entre o projeto da celebração da vida e o projeto de converter a vida numa coisa má, seca, árida e totalmente violenta na relação com os outros. No meio do grande banquete que Abraão estava dando, surgiu uma coisa que não estava agendada, que azedou a festa, estragou a celebração. Quando todos estavam se alegrando, Sara flagra Ismael fazendo uma brincadeira de mau gosto com Isaque, e, naquele momento, seu mundo ruiu, pois aquilo era mais do que Sara poderia suportar. Ela ficou cheia de uma fúria colérica e de um ciúme incontido, exigindo a expulsão sumária e imediata da serva e de seu filho.

George Livingston destaca que o nascimento de Isaque foi um sério golpe para Agar e Ismael, pois este, sendo até então o filho único de Abraão, era o herdeiro de tudo que seu pai possuía e da posição de liderança no clã; contudo, essa posição de herdeiro foi negada pelo nascimento de Isaque.[12] O resultado de todas essas tensões é que Ismael estava rindo malevolamente de Isaque na festa do seu desmame, ou seja, não era uma mera brincadeira inocente. A palavra hebraica *zachak*, traduzida aqui por *caçoava* (21.9), significa "tratar o outro de forma maldosa" (Gl 4.29), portanto não era uma brincadeira inocente de duas crianças, mas de uma maldade objetiva e consciente do mais velho com mais novo.[13] Sara, então, percebe uma ameaça real na reação zombeteira do adolescente à sua alegria e esperança, e a resposta do Senhor de despachar o menino valida essa interpretação. O filho da escrava persegue o filho da livre (Gl 4.29), e seu desdém contra Isaque imita o de sua mãe contra Sara.[14]

Em segundo lugar, *a crise é gerada por um profundo sentimento de rejeição* (21.10). Surge aqui a crise de ser descartável diante da vida. A palavra de Sara a Abraão, seu marido, foi: REJEITA *essa escrava*. A rejeição é a forma mais violenta de ferir e agredir uma pessoa, visto que dói muito, desarticula a saúde psicológica e provoca uma desestabilização psicossomática, jogando a pessoa num poço fundo de desvalorização humana. Introjeta-se o sentimento de monturo existencial e começa, a partir daí, o registro do descartável diante da vida. Não há nada que fere mais alguém do que ser rejeitado. É o abraço que não pode ser dado, é o toque que não é aceito, é o telefone que é desligado na cara.

Em terceiro lugar, *a crise é gerada quando o outro é tratado como sujeito indefinido da história (21.10). Rejeita ESSA escrava*. Sara omite o nome de Agar. Para ela, Agar não tem nome nem valor. Sara só trabalha com a linguagem do desprezo humano, por isso usa *essa escrava, seu filho, dessa*; e só se dispõe a usar o nome do seu filho: *Porque o filho dessa escrava não será herdeiro com Isaque, meu filho* (21.10).

Em quarto lugar, *a crise é gerada quando a pessoa despedida se sente sem direito, sem vez e sem voz (21.10). Rejeita essa ESCRAVA*. Agar, por ser escrava, não pode se manifestar, nem opinar, nem falar. Assim, não podendo expressar o que sente, ela tem de se conformar.

Em quinto lugar, *a crise é gerada quando o apego à herança suplanta o amor familiar (21.10). Rejeita essa escrava e seu filho; PORQUE O FILHO DESSA ESCRAVA NÃO SERÁ HERDEIRO COM ISAQUE, MEU FILHO*. Para Sara, Ismael é apenas o filho da escrava (21.10); para Abraão, Ismael era seu filho (21.11,14); mas, para Deus, Ismael era o menino (21.12,17,18,20). Toda a questão tem a ver com herança, contudo, no plano de Deus, isso apontava para verdades espirituais (Gl 4.29; Rm 9.6-9).

O propósito divino na despedida (21.11-14a)

Sara está tomada de um ciúme doentio ao falar a seu marido, Abraão, para despedir a escrava e seu filho, e isso parece um discurso duro demais a Abraão, que tinha profunda afeição pelo seu filho Ismael. A palavra traduzida do hebraico por *penoso* (21.11) significa "sacudido violentamente", como cortinas agitando-se com o vento.[15] No entanto, Deus fala a Abraão para não ver essa atitude radical de Sara com Ismael e Agar com maus olhos; em vez disso, ele deveria atender Sara em tudo, pois ela estava, naquele momento, tendo uma percepção mais profunda; em outras palavras, ela estava sendo um instrumento nas mãos de Deus para apontar para uma realidade espiritual (Gl 4.29; Rm 9.6-9). Sendo assim, Abraão deveria olhar para aquela crise com os olhos de Deus, por isso sua obediência é imediata (21.14; 22.3). Agar tinha de sair da família para que a posição de Isaque ficasse cristalinamente clara. Não obstante, Deus cuidaria de Agar e seu filho, fazendo deles uma grande nação (21.13). Hoje, o mundo árabe é uma potência digna de reconhecimento, e tudo começou com Ismael.

Concordo com Bräumer quando diz que a voz de Deus a Abraão confirma o que Sara somente pressentia, pois, ainda que Ismael fosse filho de Abraão, a verdadeira descendência estava ligada ao nome de Isaque, portanto, aqueles que carregarão o nome de Abraão serão os descendentes de Isaque. Em sua visão profética, Amós chama Israel de *casa de Isaque* (Am 7.16). Jacó, o filho de Isaque, é o "descendente eleito de Abraão" (Is 41.8). O povo escolhido por Deus tem seu ponto de partida em Isaque. Sara planejou o futuro de seu filho, mas os planos de Deus alcançam distâncias históricas ainda maiores.[16]

Wiersbe ainda corrobora essa ideia ao dizer que Sara estava errada quando disse a Abraão para ter relação com Agar (Gn 16.1,2), mas estava certa quando pediu Abraão que expulsasse Agar e Ismael do acampamento. O apóstolo Paulo considerou esse acontecimento uma alegoria envolvendo a lei de Moisés e a graça de Deus (Gl 4.21-31). Sara representa a graça (a Jerusalém celestial), ao passo que Agar representa a lei (a Jerusalém terrestre em escravidão). Nesse sentido, os filhos de Deus devem viver sob as bênçãos da graça, não sob a escravidão da lei.[17]

Deus, por amor a Abraão, fará também de Ismael uma grande nação, contudo, as promessas de Deus atingirão seu cumprimento por meio da descendência sobretural, não por meio de esquemas naturais (Rm 9.7,8).

Sobre este assunto, Waltke escreve:

> Não serão os filhos naturais a herdar a promessa (Rm 9.8); antes, perseguem os filhos da promessa (21.9; Gl 4.29,30). Estão em oposição à semente de Abraão por meio de Sara. Os descendentes de Ismael, ainda que descendentes de Abraão, em sua hostilidade para com os descendentes de Israel, pertencem à semente da serpente.[18]

A dor de sentir-se sem rumo na caminhada (21.14b)

Sobre este ponto, é importante ressaltarmos três fatos aqui:

Em primeiro lugar, *Agar saiu* (21.14b). Ela sente agora o gemido da ruptura, a morte do passado, e já não podia mais ficar ali, pois não tinha mais espaço para ela. Por isso, saiu. Na crise, não se vê com clareza, isto é, fica tudo cinzento. Agar sai na direção de lugar nenhum, sai na direção de onde não se chega, pois, se você não sabe aonde vai, já está perdido antes mesmo de partir. Agar saiu. Cortou as raízes. Rompeu os laços.

Em segundo lugar, *Agar saiu andando errante* (21.14b). Andar pressupõe um caminho, pois, sem um caminho, não se pode andar e não há direção. Por isso, ela anda errante, porque está andando na direção do nada; em outras palavras, ela está desgovernada na história e não sabe se direcionar.

Em terceiro lugar, *Agar saiu andando errante pelo deserto de Berseba* (21.14b). O deserto é perigoso, é seco, árido, ameaçador. É prenúncio de morte, e, sendo assim, andar com um menino no deserto é algo que traz medo e grande aflição.

A dor de esperar o que só faz desesperar (21.15-17)

A dor de esperar o que só faz desesperar pode ser visto aqui de duas formas:

Em primeiro lugar, *o esgotamento dos recursos humanos diante da necessidade imediata pela permanência da vida* (21.15). Enquanto existia água, existia a luta pela sobrevivência da vida, visto que água significa resistência ao caos. No deserto, a água é a maior riqueza, portanto, quando acaba a água, acaba a esperança. Sem água, não se caminha pelo deserto. Sem água, não se chega a lugar nenhum. Agar chegou ao fim do túnel, ao fundo do poço, e todos os recursos esgotaram-se. Surge então o cansaço da caminhada, e ela não se consegue ficar de pé. Os passos estão trôpegos. Ismael já está desidratado, desmaiando de sede. O Sol é implacável. As areias esbraseantes ferem seus pés, e o cenário é de desespero. Ela só espera o fim, a morte. Agar arrasta o filho e o coloca debaixo de um arbusto, e faz daquele lugar sua unidade de terapia intensiva. Coloca Ismael no leito da morte e se afasta. E, pela primeira vez, ela fala.

A fala de Agar é negativa e pessimista: [...] *Assim, não verei morrer o menino...* (21.16). O *não* é a sonegação de todo sonho. Agar verbaliza um futuro carimbado de desesperança, revelando, assim, sua fragilidade. Ela chora, e o choro é o discurso silencioso da fragilidade. Agar perdeu tudo: o lar, o abrigo, o nome, o direito, o pão, a água, o teto, o sentido da vida e, agora, o filho.

Em segundo lugar, *a incapacidade de ver Deus nas situações mais desesperadoras da vida* (21.17). *Deus, porém, ouviu a voz do menino; e o Anjo de Deus chamou do céu a Agar e lhe disse: Que tens, Agar? Não temas, porque Deus ouviu a voz do menino, daí onde está.* Agar chora, mas não ora. Quem olha para a vida como se fosse tragada pela morte não ora; só chora. Todavia, chorar sem orar é a configuração do mais alto pessimismo humano; em outras palavras, Agar não trabalhou para a reversão da situação.

A dor é curada quando entendemos o projeto libertador de Deus na vida (21.17-21)

Deus permitiu que Agar chegasse ao fim da linha para mostrar a ela Seu socorro. Sobre isso, destacamos aqui quatro pontos:

Em primeiro lugar, *Deus afasta o sentimento de desprezo e de rejeição de Agar* (21.17). *O Anjo de Deus chamou do céu a Agar e lhe disse:* [...] *Que tens, Agar?* Durante toda a caminhada pelo deserto, Agar sentira-se ninguém, sem nome, sem identidade, sem direitos, sem voz. Era apenas *essa escrava*. Era só uma coisa, uma matéria descartável. De repente, tudo se inverte. Existe alguém que sabe que Agar não é uma pessoa sem importância. Deus sabe o valor de Agar, importa-se com ela e tem um arquivo vivo de Agar.

Alegrias e lágrimas

Deus pronuncia seu nome. Para Deus, Agar tem nome, valor. Para Deus, Agar faz diferença. A pergunta é eloquente: *Que tens, Agar?* Agar, que estava calada até aquele momento sufocada, sem vez, sem voz, agora pode falar, pode desabafar. Deus quer ouvi-la – isso é terapia divina. Ela recebe a cura da "escravização do silêncio imposto": *Que tens?* é a carta de alforria de que ela tanto precisava. O nome de Agar é pronunciado do céu, num contexto de milagre. Deus mostrou que Agar é importante para a história. É o Senhor do universo que dá valor a ela. Para Deus, Agar tem nome, cor, voz e vez! Você não precisa se sentir esse ou essa. Você tem valor para Deus!

Em segundo lugar, *Deus encontra Agar exatamente onde sua história parecia ter chegado ao fim* (21.17,18). *Deus, porém, ouviu a voz do menino...* O *porém* faz total dirença em tudo que está acontecendo, pois significa mudança radical no rumo de tudo. Deus intervém no caos, na crise. Esse *porém* indica que Deus chegou na crise, que acaba de bater na porta do caos e que está chegando para reverter o processo da morte em vida. Como?

1. Com uma mudança posicional de Agar (21.18). *Ergue-te.* É preciso reagir diante do caos. Sair da posição de pessimismo e derrota.

2. Com uma mudança de atitude com relação ao filho (21.18). [...] *levanta o rapaz...* Lute pelo seu filho, não o entregue à morte – resumindo, salve o seu filho.

3. Com uma mudança de atitude em relação ao futuro (21.18). [...] *farei dele um grande povo.* Agar olhou para o futuro do seu filho e viu o fim imediato: a morte. Deus olhou para o seu filho e viu

um grande povo! Deus pode também mudar o seu futuro. Mesmo que você já tenha decretado falência, Ele pode fazer grandes milagres em sua vida.

Em terceiro lugar, *Deus providencia escapes milagrosos para Agar quando seus recursos tinham falido* (21.19). Deus abriu um poço no deserto, convertendo terra seca em manancial. Ele é *Javé Jiré*: Ele abre o mar vermelho, tira água da rocha, com um toque derruba as muralhas de Jericó, abre os olhos ao cego, faz que a mulher estéril seja alegre mãe de filhos, transforma dilúvios em arco-íris e vales em mananciais.

Em quarto lugar, *Deus cuida do futuro de Agar enquanto ela pensava que só tinha passado* (21.20,21). Por ser filho de Abraão, Deus abençoou Ismael e fez dele um grande povo. O Senhor estava com ele, e ele cresceu e habitou no deserto de Parã. Parã é a região do Neguebe a oeste da Arabá, que ao sul faz fronteira com o Egito. Ismael tornou-se flecheiro, e sua mãe o casou com uma mulher egípcia, membro de sua raça, e dele procederam doze povos. Formou-se, assim, uma nação de nômades, com doze subtribos, aparentada com os descendentes de Isaque, mas ainda assim separada destes. Ismael viveu 137 anos (25.12-18), e, conforme o Senhor havia prometido a Agar antes mesmo de Ismael nascer, ele se estabeleceu fronteiro a todos os seus irmãos.

Alegrias e lágrimas

NOTAS

[1] LIVINGSTON, George H. *O livro de Gênesis*, in: *Comentário bíblico Beacon*, vol. 1, 2015, p. 70.
[2] BRÄUMER, Hansjörg. *Gênesis*, vol. 2, 2016, p. 323.
[3] WIERSBE, Warren W. *Comentário bíblico expositivo*, vol. 1, 2006, p. 128-129.
[4] BOICE, James Montgomery. *Genesis*, vol. 2, 1998, p. 655-656.
[5] WALTKE, Bruce K. *Gênesis*, 2010, p. 359.
[6] Ibidem, p. 360.
[7] HENRY, Matthew. *Comentário bíblico — Antigo Testamento (Gênesis a Deuteronômio)*, vol. 1, 2010, p. 115.
[8] BOICE, James Montgomery. *Genesis*, vol. 2, 1998, p. 657-658.
[9] WALTKE, Bruce K. *Gênesis*, 2010, p. 360.
[10] BRÄUMER, Hansjörg. *Gênesis*, vol. 2, 2016, p. 324.
[11] LIVINGSTON, George H. *O livro de Gênesis*, in: *Comentário bíblico Beacon*, vol. 1, 2015, p. 70.
[12] Ibidem.
[13] BRÄUMER, Hansjörg. *Gênesis*, vol. 2, 2016, p. 325.
[14] WALTKE, Bruce K. *Gênesis*, 2010, p. 361.
[15] WIERSBE, Warren W. *Comentário bíblico expositivo*, vol. 1, 2006, p. 132.
[16] BRÄUMER, Hansjörg. *Gênesis*, vol. 2, 2016, p. 326-327.
[17] WIERSBE, Warren W. *Comentário bíblico expositivo*, vol. 1, 2006, p. 130.
[18] WALTKE, Bruce K. *Gênesis*, 2010, p. 365.

Capítulo 25

Uma aliança da paz
(Gn 21.22-34)

ABRAÃO ESTAVA MORANDO AINDA na terra dos filisteus quando Isaque nasceu, foi desmamado e Ismael foi despedido da casa de seu pai com sua mãe. Abraão torna-se um homem rico e poderoso, a ponto de o próprio Abimeleque vir ao seu encontro, com Ficol, seu comandante, reconhecendo que ele era um abençoado de Deus e propondo fazer uma aliança com ele. Esse é o primeiro pacto entre iguais registrado nas Escrituras.

Bruce Waltke diz que esse segundo conflito com Abimeleque gera uma lacuna em torno da narrativa de Isaque. Enquanto o primeiro conflito (20.1-18) se ocupou dos perigos que cercam a semente, o segundo conflito (21.22-34) se ocupa dos riscos que cercam a terra.[1]

A narrativa em apreço consiste em dois acordos: no primeiro deles, Abimeleque firma uma aliança de não agressão em termos perpétuos com Abraão (21.22-24). No segundo, Abraão firma uma aliança com Abimeleque para que o rei reconheça e garanta o direito de Abraão ao poço de Berseba (21.25-34).[2]

Esse episódio traz a lume cinco fatos dignos de destaque:

O juramento (21.22-24)

O rei dos filisteus e seu comandante foram a Abraão com o propósito de firmar com ele uma aliança. Nessa conversa com o patriarca, em que um juramento foi firmado, destacam-se duas coisas:

Em primeiro lugar, *o reconhecimento da bênção de Deus sobre Abraão* (21.22). Abraão, quando veio para a terra dos filisteus, já era um homem muito rico, mas, em Gerar, tornou-se ainda mais rico. Agora, eles reconhecem que Deus era com ele em tudo que fazia. A Palavra de Deus diz: *Sendo o caminho dos homens agradável ao* SENHOR, *este reconcilia com eles os seus inimigos* (Pv 16.7).

Em segundo lugar, *o pedido para Abraão usar de bondade para com ele e sua terra* (21.23.24). Abimeleque quer firmar um pacto com Abraão para que este o trate e à sua sua terra com bondade. Mas, antes de Abraão proferir qualquer discurso, exige dele, sob juramento, o uso da verdade. Abraão entrou em Gerar mentindo sobre Sara, porém, esse testemunho negativo não pode ser repetido. Pactos devem ser feitos sobre o fundamento da verdade. Abraão jura não mentir (21.24).

A repreensão (21.25,26)

Antes de avançarem na negociação, Abraão repreende Abimeleque acerca de um poço que os servos deste haviam tomado dele à força. Abimeleque se defende dizendo que não tinha conhecimento do ocorrido nem Abraão havia feito a ele qualquer notificação. A água, tão essencial para a sobrevivência do gado, era uma preciosidade naquele tempo, por isso, a disputa pelos poços.

A aliança (21.27-32)

Sobre este tópico, destacamos aqui quatro lições:

Em primeiro lugar, *a natureza da aliança* (21.27). As alianças naquele tempo eram firmadas entre dois parceiros, abatendo animais e partindo-os ao meio. Então, os dois pactuantes passavam entre as metades dos animais cortados ao meio, posicionadas uma de frente para a outra no chão (15.9-11,17,18). Eles expressavam, assim, uma maldição sobre si mesmos: em caso de quebra do contrato, o transgressor deveria sofrer o mesmo destino dos animais cortados.[3]

Em segundo lugar, *o testemunho da integridade* (21.28-30). Abraão, além de firmar uma aliança permanente com Abimeleque, oferece ao rei sete cordeiras como testemunhas de que estava falando a verdade quando falou do poço que havia cavado e que os servos de Abimeleque haviam tomado à força. Daqui para a frente, não há mais qualquer menção de fraquezas de Abraão. A mentira não faz mais parte de sua vida.

Em terceiro lugar, *o local do juramento mútuo* (21.31). O local onde os pactuantes firmaram a aliança passou a ser chamado de Berseba, cujo significado é "o poço das sete"[4] ou "o poço do juramento".[5] O nome do poço testifica o acordo entre os dois homens e o direito de Abraão ao poço. Berseba marcava a fronteira sul de Israel durante a monarquia.[6]

Em quarto lugar, *a aliança da paz estabelecida* (21.32). Feita a aliança entre Abraão e Abimeleque e Ficol, estes retornaram para as terras dos filisteus, e Abraão permaneceu em Berseba, onde viveu por vários anos.

Warren Wiersbe lança luz sobre essa aliança ao escrever:

> A transação toda envolveu três elementos: sacrifícios (21.27), testemunhas (21.28-30) e promessas (21.31,32). Podemos encontrar esses mesmos elementos na aliança de Deus conosco por intermédio de Jesus Cristo, conforme vemos em Hebreus 10.1-18. Em primeiro lugar, temos o sacrifício de Jesus Cristo na cruz (10.1-14); depois, o testemunho do Espírito Santo dentro do cristão (10.15), e, por fim, a promessa da Palavra de Deus (10.16-18). A aliança de Abraão com Abimeleque apenas garantia a posse de um poço, o qual oferece água para sustentar a vida. A aliança de Deus com seu povo nos garante a água viva, que dá vida eterna a todo aquele que confia no Salvador.[7]

A adoração (21.33,34)

Depois da aliança firmada com Abimeleque e Ficol, Abraão estabelece-se junto ao poço de Berseba, plantando ali tamargueiras e também invocando o nome do Senhor, Deus eterno.

Destacaremos dois pontos aqui:

Em primeiro lugar, *Abraão invoca o Senhor, dando-lhe novo nome* (21.33). Abraão é o homem do altar, ele cava poços e levanta altares (12.7,8; 13.4,18; 21.33). Ele tem momentos de fraquezas, mas não permanece no erro, pois sempre se voltou de suas quedas para o altar. Ele reiteradamente invoca o nome do Senhor, e aqui ele dá a Deus um novo nome:

El-Olam, o Deus eterno. Derek Kidner diz que esse nome de Deus pertence a uma série que inclui *El-Elion* (14.18), *El-Roi* (16.13), *El- Shadai* (17.1), *El-elohe-Israel*, (33.20), *El-Betel* (35.7), cada qual dando um aspecto da autorrevelação de Deus.[8] Warren Wiersbe é oportuno quando diz que é um grande encorajamento conhecer o "Deus eterno". Os poços desapareceriam, as árvores seriam cortadas, as cordeiras cresceriam e morreriam, os altares ruiriam e os tratados se extinguiriam, mas o Deus eterno permaneceria.[9]

Em segundo lugar, *Abraão vive entre os filisteus como um homem de Deus* (21.34). Ele é uma luz a brilhar na terra dos filisteus, é um homem abençoado por Deus entre os pagãos e uma bênção para os povos (12.1-3). Ali Abraão permanece. Ali Isaque cresce. Dali Deus o leva à mais profunda prova, mas trataremos disso no capítulo seguinte.

Concluo este capítulo recorrendo ao que diz Boice quando vê nessa aliança de Abraão com Abimeleque uma espécie de cooperação entre crentes e descrentes ou entre o Estado e a Igreja, os quais devem demonstrar mútuo respeito e cooperar em alvos comuns como paz e justiça. Todavia, o fato de Abimeleque ter retornado para sua terra e Abraão ter permanecido em Berseba, onde invocou o nome de Deus, revela que Abraão e Abimeleque são diferentes e que a igreja deve ser diferente do mundo.[10]

Notas

[1] WALTKE, Bruce K. *Gênesis*, 2010, p. 366.
[2] Ibidem.
[3] BRÄUMER, Hansjörg. *Gênesis*, vol. 2, 2016, p. 329-330.
[4] KIDNER, Derek. *Gênesis: introdução e comentário*, 2006, p. 132.
[5] WALTKE, Bruce K. *Gênesis*, 2010, p. 368.
[6] Ibidem.
[7] WIRSBE, Warren W. *Comentário bíblico expositivo*, vol. 1, 2006, p. 127.
[8] KIDNER, Derek. *Gênesis: introdução e comentário*, 2006, p. 132.
[9] WIERSBE, Warren W. *Comentário bíblico expositivo*, vol. 1, 2006, p. 127.
[10] BOICE, James Montgomery. *Genesis*, vol. 2, 1998, p. 674.

Capítulo 26

Quando o amor a Deus é a maior prova da fé
(Gn 22.1-24)

POR MUITOS ANOS, DEUS manteve-se em silêncio, sem falar com Abraão. Entretanto, quando rompe o silêncio, cada palavra proferida por Deus é como uma faca afiada que entra profundamente em seu coração.[1] Abraão, que já havia passado por várias provas, agora enfrenta a mais difícil delas, a entrega de Isaque, seu filho amado – a coroa de todas as provações.[2] Esse épico episódio aponta para o maior gesto de amor da história, o amor de Deus pelos pecadores e a dádiva de Seu Filho unigênito para morrer pelos nossos pecados. Concordo com William MacDonald quando diz que talvez nenhuma cena na Bíblia, exceto o próprio Calvário, é mais pungente do que essa e que nenhuma prefigura de forma tão vívida a morte do único e amado Filho de Deus na cruz.[3]

O texto apresentado enseja-nos algumas lições preciosas:

A prova (22.1,2)

Está escrito: *Depois dessas coisas, pôs Deus Abraão à prova e lhe disse: Abraão! Este lhe respondeu: Eis-me aqui!* (22.1). Deus põe Abraão à prova não para tentá-lo ou destruí-lo, mas para demonstrar aos olhos do mundo e aos pósteros a sua fé. Bräumer diz que essa é a única vez no livro de Gênesis em que o nome de Deus aparece como agente em conjunto com a palavra "provar". Por trás da provação de Abraão não está o inimigo, mas somente Deus.[4] Abraão, com pronta obediência, apresenta-se antes mesmo de saber o que Deus vai exigir dele. O que Deus requer dele é seu filho, seu único filho, Isaque, a quem Abraão ama. Deus pede a Abraão mais do que sua vida: pede seu amor; pede seu filho em sacrifício. Abraão crê em Deus e lhe obedece sem tardança, porque sabe que a loucura de Deus é sabedoria ainda não descoberta.

Preciso concordar com Waltke quando diz que esse é um dos textos moral e teologicamente mais difíceis do Antigo Testamento. Kierkegaard, no seu livro *Temor e tremor*, chega a dizer que a ordem de Deus a Abraão para oferecer seu único filho, a quem amava, em holocausto, era ilógica e absurda.[5]

Não podemos entrar nessa passagem sem levar em conta a confiança inabalável de Abraão em Deus. Sua fé era autêntica aos olhos do Senhor, mas agora precisava ser demonstrada diante do mundo. A fé verdadeira sempre é provada e não se enfraquece nas provas, antes, torna-se ainda mais robusta e combativa. A fé não testada é fé insegura, e o que Abraão revela não é credince, não é fé infantil, imatura, mas fé adulta e guerreira. A qualidade do metal é comprovada por aquilo que pode suportar. A coragem do soldado se evidencia na luta. Só uma casa edificada sobre a rocha enfrenta a fúria da tempestade sem desabar. As provas não só testam a fé, mas a revigoram. Os músculos exercitados tornam-se mais rijos, por isso o corredor bem treinado tem melhor desempenho na corrida. As tribulações produzem paciência, e esta conduz a ricas e profundas experiências.

Na escola da fé, teremos provas ocasionais, ou jamais saberemos onde estamos na caminhada espiritual.[6] Abraão enfrentou várias provas na caminhada com Deus: 1) a prova da família, quando Deus lhe ordenou sair do meio da sua parentela para uma terra desconhecida (11.27—12.5); 2) a prova da fome, na qual fracassou porque duvidou de Deus, descendo ao Egito para buscar ajuda (12.10—13.4); 3) a prova da cordialidade, quando precisou apartar-se de seu sobrinho Ló e deu a este a oportunidade de fazer a escolha primeiro, abrindo mão de sua preeminência e preferência (13.5-18); 4) a prova do resgate do sobrinho, quando derrotou os reis confederados que sequestraram Ló (14.1-16); 5) a prova da riqueza, quando disse "não" às riquezas de Sodoma (14.17-24); 6) a prova da paciência, quando fracassou ao ceder às pressões de Sara, arranjando um filho com a serva Agar (16.1-16); e 7) a prova do amor, que foi a suprema prova que Abraão enfrentou na jornada da vida (22.1-19).

Por que esperaria Abraão 25 anos por um filho? Por que daria Deus um filho a Abraão para depois pedi-lo em sacrifício num altar? Aqui parece que as coisas de Deus estavam lutando contra as coisas de Deus, a fé contra a fé e o mandamento contra a promessa.

O que podemos aprender com essa prova de Abraão?

Em primeiro lugar, *a prova exige uma fé que não questiona* (22.2). *Acrescentou Deus: Toma teu filho, teu único filho, Isaque, a quem amas, e vai-te à terra de Moriá; oferece-o ali em holocausto, sobre um dos montes, que eu te mostrarei.* Abraão esperou 25 anos até Isaque nascer, esperou vários anos até Isaque crescer, e agora Deus pede Isaque a Abraão em sacrifício. Parece que Deus está contra Deus. Parece que a Sua exigência está contra Suas promessas. Deus exige de Abraão mais do que sua vida; exige seu filho único. Deus pede o sacrifício máximo do amor. Bräumer destaca que a ordem de Deus a Abraão foi tripla: *toma — vai — sacrifica*.[7]

Em segundo lugar, *a prova exige a prioridade da devoção* (22.2). Isaque não podia ser um ídolo na vida de Abraão, e seu amor por Deus precisava estar indisputavelmente no topo de sua agenda. Abraão precisava abrir mão daquele a quem seu coração estava apegado, pois Isaque é o próprio futuro de Abraão.

Em terceiro lugar, *a prova exige obediência inegociável* (22.2). Abraão deve oferecer Isaque em holocausto sobre um dos montes que Deus lhe mostraria na terra de Moriá. Abraão não discute com Deus nem adia a decisão; ele obedece prontamente, sem questionar, por entender que Deus era poderoso para ressuscitar o seu filho (Hb 11.19). Sem fé, esse ato é loucura e paranoia. Sem fé, o gesto de Abraão é um atentado criminoso. Sem fé, Abraão é um homem cruel, não um herói; um carrasco sem coração, não um gigante de Deus.

As providências (22.3,4)

Está escrito:

> *Levantou-se, pois, Abraão de madrugada e, tendo preparado o seu jumento, tomou consigo dois dos seus servos e a Isaque, seu filho;*

rachou lenha para o holocausto e foi para o lugar que Deus lhe havia indicado. Ao terceiro dia, erguendo Abraão os olhos, viu o lugar de longe (22.3,4).

Ao ouvir as palavras mais duras de sua vida, Abraão não se revolta contra Deus nem faz provisão para a desobediência como o profeta Jonas, mas toma todas as providências para obedecer a Deus: levanta-se de madrugada, prepara o jumento, toma consigo dois servos, toma Isaque, racha lenha para o holocausto e põe os pés na estrada rumo à terra de Moriá, o lugar indicado por Deus.

Concordo com Bräumer quando diz que, com Isaque, Abraão começou a caminhada mais difícil que um pai já fez com seu filho.[8] O percurso de Berseba a Moriá era de mais de oitenta quilômetros. Foram três dias de viagem, tempo suficiente para Abraão sentir uma martelada na consciência a cada passo que dava, mas ele não vacilou, e sua prontidão em andar pela fé revelou-se inabalável. Quando Abraão viu o lugar do sacrifício, não retrocedeu; ao contrário, tomou decisões ainda mais firmes para cumprir o propósito de Deus.

Abraão pôs os olhos nas promessas, não nas explicações. Nossa fé não será realmente testada até que Deus nos peça para suportar o que parece insuportável, a fazer o que parece exagerado e a esperar o que parece impossível. Se você olhar para Abraão caminhando para Moriá com seu filho Isaque; para José na prisão; para Moisés e Israel defronte do mar Vermelho; para Davi na caverna de Adulão; ou para Jesus no Calvário, a lição é a mesma: vivemos pelas promessas, não pelas explicações.

Abraão precisou vencer várias dificuldades para obedecer. Há sete dificuldades que Abraão deve ter enfrentado para obedecer a Deus nesse assunto:

Primeira, a ordem de Deus parece contrária à lei antecedente de Deus (9.5,6). Há momentos em que a palava de Deus parece estar em contradição, pois Ele nos pede coisas que parecem estar na contramão da Sua própria verdade revelada. Todavia, essa contradição é apenas aparente, pois Deus é luz, e não há nEle treva nenhuma.

Segunda, a ordem de Deus era contrária à grande afeição que Abraão tinha pelo filho. Isaque representava o maior bem que Abraão possuía, ele era o seu próprio coração pulsando em seu peito; ou seja, entregar Isaque era dar tudo, dar a si mesmo.

Terceira, a ordem de Deus era contrária ao bom senso. Sacrificar Isaque, seu único herdeiro, frustraria todos os sonhos de Abraão, mas ele levou sua razão cativa à obediência da fé e entregou seu filho amado.

Quarta, a ordem de Deus era contrária à promessa de Deus. O Senhor havia dito a Abraão: [...] *por Isaque será chamada a tua descendência* (21.12). Quando Deus parece entrar em conflito consigo mesmo e Sua ordem parece entrar em conflito com Sua promessa, precisamos descansar na Sua soberania e obedecer sem duvidar.

Quinta, Deus não lhe deu nenhum motivo para ele cumprir essa ordem: Ele simplesmente lhe deu uma ordem sem qualquer justificativa. A fé não busca razões; ela se contenta em obedecer. Ela não olha para a plausibilidade da ordenança, mas para aquele que ordena. Abraão conhecia a Deus, por isso confiava nEle.

Sexta, como ele poderia olhar novamente para o rosto de Sara? Aquela decisão atingia diretamente Sara, uma vez que Isaque também pertencia a ela. No entanto, sua confiança em Deus afastou dele todo o temor de uma crise conjugal, por isso ele não caminhou inseguro nem nutriu qualquer dúvida em seu coração, pois não laborava com a possibilidade da tragédia, mas com a certeza do milagre.

Sétima, como ficaria sua reputação diante dos egípcios, filisteus e cananeus? Isso seria uma eterna reprovação a Abraão e seus altares. Mas, porque agiu por fé, seu testemunho tem iluminado o caminho de milhões de pessoas em todo o mundo por séculos sem conta.

Abraão ouviu a palavra de Deus e imediatamente obedeceu pela fé. Nós sabemos que a vontade de Deus jamais contradiz a sua promessa. Abraão já tinha escutado: [...] *por Isaque será chamada a tua descendência* (21.12). Hebreus 11.17-19 nos informa que Abraão se dispôs a sacrificar o seu filho, na certeza de que Deus o ressuscitaria dentre os mortos. A fé não exige explicações; a fé descansa nas promessas.

A confiança (22.5,6)

A confiança inabalável de Abraão pode ser vista por meio de uma fé que crê no impossível:

Em primeiro lugar, *uma fé capaz de transformar as provas em adoração* (22.5a). *Então, disse a seus servos: Esperai aqui, com o jumento; eu e o rapaz iremos até lá e, havendo adorado...* Abraão fez da prova um ato de adoração, e ele esperava nada menos do que um milagre, o milagre da ressurreição, pois sabia que Deus é totalmente confiável.

Em segundo lugar, *uma fé que vê a ressurreição de todas as promessas de Deus* (Gn 22.5b). [...] *voltaremos para junto de vós*. Abraão disse a seus servos antes de subir ao monte Moriá para sacrificar o seu filho: *voltaremos*. Hebreus 11.19 diz que Abraão cria que Deus ressuscitaria Isaque, o filho da promessa, pois Ele nos prova não para nos derrubar, mas para nos fortalecer.

Em terceiro lugar, *uma fé que caminha sozinho com seu filho rumo ao altar* (22.6,8b). *Tomou Abraão a lenha do holocausto e a colocou sobre Isaque, seu filho; ele, porém, levava nas mãos o fogo e o cutelo. Assim, caminhavam ambos juntos* [...] *e seguiam ambos juntos*. Abraão em momento algum se aparta de seu filho. A aliança de amor entre Abraão e Isaque não foi rompida. Ele ama o seu filho mais do que a si mesmo, porém, seu amor por Deus é ainda maior e sua lealdade a Ele, incondicional. Abraão conhece o caráter de Deus, por isso oferece-Lhe seu filho. A lenha para o holocausto é colocada sobre Isaque, mas o fogo e o cutelo estão nas mãos de Abraão.

Enquanto subia com seu filho para o local do sacrifício, Abraão não podia depender dos seus sentimentos. A Bíblia não nos informa em nenhum momento o sofrimento de Abraão, apenas a sua prontidão para obedecer sem discutir e a confiança na provisão divina. De igual forma, Abraão não podia depender das pessoas. Sara havia ficado em casa. Os dois servos estavam agora aguardando no campo, e somente Abraão e Isaque caminham juntos rumo a Moriá. Abraão aprendeu a depender totalmente da promessa e da provisão de Deus. Ele já tinha experimentado o poder da ressurreição de Deus em seu corpo (Rm 4.19-21), por isso sabia que Deus era poderoso para levantar Isaque da morte (Hb 11.19). Não havia registro até então de ressurreição na história, mas Abraão cria no impossível, via o invisível e tomava posse do intangível. Quando estivermos no monte Moriá, nas provas mais profundas, precisamos saber que para Deus não há impossíveis e que podemos todas as coisas nAquele que nos fortalece (Fp 4.13).

Abraão já tinha aprendido a crer em Deus e obedecer-Lhe quando não sabia onde (Hb 11.8), quando (Hb 11.9,10,13-16), como (Hb 11.11,12) e por que (Hb 11.17-19).

O sacrifício (22.7-10)

Destacamos aqui quatro pontos importantes:

Em primeiro lugar, *a pergunta de Isaque* (22.7). *Quando Isaque disse a Abraão, seu pai: Meu pai! Respondeu Abraão: Eis-me aqui, meu filho! Perguntou-lhe Isaque: Eis o fogo e a lenha, mas onde está o cordeiro para o holocausto?* Quando Abraão e Isaque caminhavam juntos rumo ao monte do sacrifício, ele fez a seu pai a pergunta mais emblemática desse episódio: [...] *Eis o fogo e a lenha, mas onde está o cordeiro para o holocausto?* Isaque até então não sabia que ele mesmo seria oferecido como holocausto. Nesse ponto, não há conexão entre Isaque e Jesus, pois a Escritura diz que o Cordeiro de Deus foi morto desde a fundação do mundo (Ap 13.8). Ele caminhou deliberadamente para a cruz, como um rei caminha para sua coroação.

Em segundo lugar, *a resposta de Abraão* (22.8). *Respondeu Abraão: Deus proverá para si, meu filho, o cordeiro para o holocausto; e seguiam ambos juntos.* Abraão é homem de fé e crê na providência divina. Ele não sabe como, mas crê que Deus vai fazer algo extraordinário. Aquele homem que já havia experimentado uma ressurreição em seu corpo para a paternidade, para gerar Isaque, agora crê que Deus pode levantar o seu filho da morte, pela ressurreição.

Em terceiro lugar, *a edificação do altar* (22.9a). *Chegaram ao lugar que Deus lhe havia designado; ali edificou Abraão um altar...* Abraão é o autor do altar do sacrifício, e foi ele quem fez provisão para a obediência. Como já destacamos, a Escritura em momento nenhum acentua as emoções de Abraão nos três dias de caminhada rumo a Moriá, nem mesmo nessa jornada com seu filho rumo à colina. A Bíblia nada nos fala quanto a Abraão ter molhado com suas lágrimas as pedras do altar e a lenha debaixo de seu filho enquanto erigia o altar do sacrifício de seu filho amado. A Bíblia apenas drapeja o estandarte de sua fé inabalável no Deus da promessa e da ressurreição. George Livingston olha para essa cena e diz que todo detalhe preparatório para o sacrifício foi deliberado e meticuloso. Era como se cada pedra do altar tivesse como argamassa o sangue do pai, e cada madeira da pira estivesse impregnada com suas lágrimas não choradas.[9]

Em quarto lugar, *o sacrifício do altar* (22.9b,10). [...] *sobre ele* [altar] *dispôs a lenha, amarrou Isaque, seu filho, e o deitou no altar, em cima da lenha; e, estendendo a mão, tomou o cutelo para imolar o filho.* Esse gesto de Abraão é loucura sem o componente da fé, uma vez que a ação de Abraão seria um crime hediondo, não uma demonstração de confiança no Deus da provisão. Abraão entrega o filho do seu amor, o filho da promessa, no maior símbolo do que aconteceria dois mil anos depois, quando Deus não poupou o Seu próprio Filho; antes, por todos nós, O entregou (Rm 8.32).

O substituto (22.11,12)

Três verdades são aqui ressaltadas:

Em primeiro lugar, *a intervenção vem do céu* (22.11). *Mas do céu lhe bradou o Anjo do S*ENHOR*: Abraão! Abraão! Ele respondeu: Eis-me aqui!* Abraão é um homem que tem intimidade com Deus. Obedece à Sua voz quando Deus exige dele o sacrifício de seu filho e atende à Sua voz quando

Deus o proíbe de sacrificar o seu filho. Abraão é governado pelo céu, e suas decisões são fundamentadas na orientação divina.

Em segundo lugar, *a intervenção do Senhor poupa Isaque* (22.12a). *Então, lhe disse: Não estendas a mão sobre o rapaz e nada lhe faças...* Deus não queria o sacrifício de Isaque, mas o amor indisputável de Abraão, por isso Ele poupa Isaque e providencia um cordeiro substituto. O mesmo Deus que ordena Abraão a sacrificar Isaque é o Deus que proíbe Abraão de imolar seu filho. O mesmo Deus que pede Isaque em sacrifício providencia o substituto. O mesmo Deus que pede o filho providencia o cordeiro. O cordeiro substituto é símbolo de Cristo. No monte Moriá, Deus poupou Abraão e Isaque, ou seja, poupou o pai e o filho, contudo, dois mil anos depois, Deus não poupou a Si mesmo nem ao seu próprio Filho; antes, por todos nós, O entregou (Rm 8.32). Aquele cordeiro sacrificado em lugar de Isaque apontava para Jesus, o Cordeiro de Deus que tira o pecado do mundo (Jo 1.29). A Bíblia diz que *Abraão [...] alegrou-se por ver o meu dia* [de Cristo]*, viu-o e regozijou-se* (Jo 8.56).

Em terceiro lugar, *a intervenção do Senhor destaca o temor de Abraão por Deus* (22.12b). *[...] pois agora sei que temes a Deus, porquanto não me negaste o filho, o teu único filho.* Deus prova Abraão não para destruí-lo, mas para fortalecê-lo e enaltecê-lo. Abraão então é exaltado. Deus diz: *[...] agora sei...* Não que Deus não soubesse antes, pois a firmeza de Abraão não surpreendeu Deus, mas foi um testemunho para o mundo. Deus provou Abraão para que seu exemplo se tornasse uma fonte de encorajamento para milhões de outras pessoas, e, como Abraão obedeceu, Deus o exaltou e fez dele o pai e o paradigma de todos os que creem. Nessa mesma linha de pensamento, Waltke diz que o narrador não tem dificuldade com a onisciência divina, no sentido de que ele conhecia de antemão a fé comprometida de Abraão. Ao contrário, ele focaliza a realidade de que Deus não experimenta a qualidade da fé de Abraão até que o põe no palco da história.[10]

O monumento da provisão (22.13,14)

Vejamos o registro bíblico:

> *Tendo Abraão erguido os olhos, viu atrás de si um carneiro preso pelos chifres entre os arbustos; tomou Abraão o carneiro e o ofereceu em holocausto, em lugar de seu filho. E pôs Abraão por nome àquele lugar — O SENHOR Proverá. Daí dizer-se até ao dia de hoje: No monte do SENHOR se proverá* (22.13,14).

Deus proveu o Cordeiro, e este tomou o lugar de Isaque (22.13). Essa é a primeira menção explícita na Bíblia de sacrifício substitutivo, de uma vida por outra, ainda que estivesse implícita no sacrifício de Noé (8.20-22).[11] Assim, Abraão descobriu um novo nome para Deus: *Javé Jiré*. Abraão batiza aquele lugar com esse novo nome de Deus – o Senhor proverá no monte de Deus. Warren Wiersbe diz que esse nome de Deus nos ajuda a entender algumas verdades sobre a provisão do Senhor:[12]

Em primeiro lugar, *onde o Senhor provê* às *nossas necessidades?* Deus provê às nossas necessidades no lugar onde designa que estejamos. Abraão estava no lugar que Deus designou que ele estivesse, do jeito que Deus ordenou, na hora em que Deus mandou, por isso Deus proveu para ele. A estrada da obediência é a porta aberta da provisão, o que nos ensina que não temos o direito de esperar a provisão de Deus se não estamos no centro da vontade dEle.

Em segundo lugar, *quando o Senhor provê às nossas necessidades?* Exatamente quando temos a necessidade, nem um minuto antes. Do ponto de vista humano, isso pode parecer muito tarde, mas Deus nunca chega atrasado. O relógio de Deus não se atrasa.

Em terceiro lugar, *como o Senhor provê às nossas necessidades?* Por caminhos naturais e também sobrenaturais. Deus não enviou um anjo com um sacrifício, mas mostrou um cordeiro preso pelos chifres. Abraão só precisava de um cordeiro, por isso Deus não lhe mostrou um rebanho. Mas, ao mesmo tempo, Abraão ouviu a voz de Deus, o que fez com que o natural se misturasse com o sobrenatural.

Em quarto lugar, *a quem Deus dá a Sua provisão?* A todos aqueles que confiam nEle e obedecem às Suas instruções. Quando você está onde Deus mandou que estivesse, fazendo o que Deus mandou você fazer, então pode esperar a provisão de Deus em sua vida. Quando a obra de Deus é feita do modo que Deus ordena, nunca falta a provisão dEle. O Senhor não tem obrigação de abençoar as minhas ideias e os meus projetos, mas Deus é fiel em cumprir as Suas promessas.

Em quinto lugar, *por que Deus provê às nossas necessidades?* Para a glória do Seu próprio nome. Deus foi glorificado no monte Moriá porque Abraão e Isaque fizeram a vontade dEle. Esse episódio é uma antecipação da expressão mais profunda do amor de Deus por nós: a entrega do Seu Filho unigênito para morrer em nosso lugar. Deus poupou Isaque, mas não poupou o Seu próprio Filho. A Palavra de Deus diz que Deus prova o Seu próprio amor para conosco pelo fato de Cristo ter morrido por nós, sendo nós ainda pecadores (Rm 5.8).

A promessa (22.15-18)

Depois da prova vem a promessa. Deus faz menção da obediência de Abraão como consideração do pacto (22.16) e agora confirma a promessa do pacto (Hb 6.13). Deus promete a Abraão uma numerosa descendência, e ele, além de não perder o filho, ainda ganha milhares de milhares de outros filhos. Sobre isso, vale destacar três fatos relevantes:

Em primeiro lugar, *a origem da promessa* (22.15*). Então, do céu bradou pela segunda vez o Anjo do* SENHOR *a Abraão.* A promessa procede do céu, da parte do Senhor. É sempre Deus quem toma a iniciativa, pois tudo vem dEle, é por meio dEle e para Ele.

Em segundo lugar, *o juramento da promessa* (22.16). *E disse: Jurei, por mim mesmo, diz o* SENHOR*, porquanto fizeste isso e não me negaste o teu único filho.* Deus, não tendo ninguém maior do que Ele por quem jurar, jura por Si mesmo. Bruce Waltke diz que, havendo caminhado por entre os cadáveres para confirmar a aliança, e havendo designado a circuncisão para afirmá-la, Deus agora jura por Sua promessa pactual.[13]

Em terceiro lugar, *o conteúdo da promessa* (22.17,18). Vejamos o registro bíblico:

> *Que deveras te abençoarei e certamente multiplicarei a tua descendência como as estrelas dos céus e como a areia na praia do mar; a tua descendência possuirá a cidade dos seus inimigos, nela serão benditas todas as nações da terra, porquanto obedeceste à minha voz* (22.17,18).

Existe sempre um fim glorioso depois das provas de Deus. Ele não desperdiça sofrimento. Warren Wiersbe destaca as várias bênçãos de Deus que Abraão recebeu por causa da sua obediente fé:[14]

Ele recebeu uma nova aprovação de Deus (22.11,12). Abraão descreveu toda aquela dramática experiência como adoração (22.5). Ele obedeceu à vontade Deus e procurou agradar a Ele. Deus lhe disse: [...] *Agora sei que temes a Deus...* Ele é um homem aprovado pelo céu.

Ele recebeu de volta um novo filho. Abraão e Isaque estiveram juntos no altar, mas Isaque era agora um sacrifício vivo. Deus deu Isaque para Abraão, e Abraão deu Isaque de volta para Deus. Precisamos ter cuidado para que os dons de Deus não tomem o lugar do doador.

Ele recebeu uma nova segurança (22.16-18). Abraão já tinha ouvido essas promessas, mas agora elas têm um toque especial para ele, ensinando-nos que as promessas de Deus jamais são tão brilhantes como na fornalha da aflição.

Ele recebeu a revelação de um novo nome de Deus (22.14). No monte Moriá, Abraão conheceu a Deus como aquele que provê na hora da aflição, por isso O chamou de *Javé Jiré, O SENHOR Proverá* [...] *no monte do SENHOR se proverá.*

O retorno (22.19)

Abraão retorna de onde partiu, ou seja, de Berseba: *Então, voltou Abraão aos seus servos, e, juntos, foram para Berseba, onde fixou residência* (22.19). Esse episódio é um divisor de águas na história do patriarca. Ele foi de Berseba para Moriá como um homem de fé e volta de Moriá para Berseba como um homem de garantias. Se a viagem de ida foi, provavelmente, com o coração partido de dor, a viagem de volta foi com uma exultação indizível.

Concluo este capítulo, destacando que essa experiência de Abraão e Isaque é o mais belo tipo da Bíblia sobre a caminhada do Pai e do Filho ao Calvário.

Jesus disse aos judeus: *Abraão, vosso Pai, alegrou-se por ver o meu dia, viu-o e regozijou-se* (Jo 8.56). No miraculoso nascimento de Isaque, Abraão viu o dia do nascimento de Cristo; no casamento de Isaque, ele viu o dia da segunda vinda de Cristo para a Sua noiva, a igreja; mas, no monte Moriá, quando Isaque foi colocado no altar, Abraão viu o dia da morte e da ressurreição de Cristo. Várias analogias entre Isaque e Jesus podem ser contempladas nesse texto:

Em primeiro lugar, *Isaque foi o filho do coração, como Jesus foi o Filho amado* (22.2; Jo 3.16). Assim como Isaque era o filho da promessa, o filho amado de Abraão, Jesus é o Filho amado em quem Deus tem todo o seu prazer.

Em segundo lugar, *Isaque foi a Moriá sem reclamar; Jesus, como ovelha muda, foi obediente até a morte, e morte de cruz*. A atitude de Isaque caminhando três dias para o monte Moriá lança luz sobre a postura de Jesus caminhando para o Calvário sem abrir a boca e sem lançar maldição sobre seus exatores.

Em terceiro lugar, *Isaque foi filho de profecias; Jesus é o Filho de Profecias*. Isaque foi prometido por Deus, e seu nascimento não apenas foi profetizado, como também ocorreu por uma intervenção milagrosa de Deus, no tempo oportuno de Deus. Assim também Jesus veio ao mundo para cumprir um propósito do Pai. Sua vinda foi prometida, preparada, e Ele então nasceu para cumprir um plano perfeito do Pai.

Em quarto lugar, *o Pai e o Filho agiram juntos* (22.2,8). Somos informados de que o Pai e o Filho andaram juntos. A Bíblia diz que Deus amou o mundo (Jo 3.16), e Jesus amou aqueles por quem morreu (1Jo 3.16). Mas a Bíblia também diz que o Pai amava o Filho, e o Filho amava o

Pai (Mt 3.17; Jo 14.31). Abraão não negou o seu único filho (22.16), e o Pai não poupou o Seu próprio Filho, mas O entregou por todos nós (Rm 8.32).

Em quinto lugar, *o Filho tinha que morrer.* Abraão pegou o cutelo e o fogo, ambos instrumentos de morte. No caso de Isaque, houve um substituto, mas ninguém poderia tomar o lugar de Cristo na cruz, uma vez que só Ele podia morrer por nós na cruz, só Ele podia oferecer um sacrifício perfeito em nosso lugar, pois só Ele é o Cordeiro de Deus que tira o pecado do mundo. O fogo é símbolo da santidade e do juízo de Deus. Na cruz, Jesus experimentou mais do que a morte; experimentou o juízo de Deus pelos pecados do mundo. Isaque não suportou nem o cutelo nem o fogo, mas Jesus suportou ambos. O pai de Isaque estava lá, mas o Pai de Jesus O desemparou na cruz, quando Ele se fez pecado por nós. Que tremendo amor!

Em sexto lugar, *o Filho teve que carregar o fardo do pecado sobre os Seus ombros.* Abraão colocou sobre Isaque, seu filho, a lenha do holocausto (22.6), porém Deus fez cair sobre Jesus a iniquidade de todos nós. Ele foi transpassado pelas nossas transgressões; em outras palavras, Jesus carregou o lenho maldito sob os apupos de uma multidão enlouquecida e foi pregado no lenho e exposto ao ridículo público. Resumindo, Jesus carregou a cruz e nela morreu.

Em sétimo lugar, o *Filho foi levantado da morte.* Isaque morreu apenas no sentido figurado (Hb 11.19), mas Jesus realmente morreu e ressuscitou. Não diz o texto que Isaque retorna com Abraão aos seus dois servos (22.19), e a próxima vez que ouvimos falar em Isaque é quando ele se encontra com sua noiva (24.62). Isso mostra-nos que o próximo glorioso evento no calendário de Deus é o retorno de Jesus Cristo para se encontrar com a sua noiva, a igreja.

Notícias da família de Naor (22.20-24)

Chegando em Berseba, Abraão recebe notícias sobre os filhos de Naor, seu irmão. O patriarca não tinha perdido os vínculos com sua família que havia ficado na Mesopotâmia. Os doze filhos de Naor se chamam: Uz, Buz, Quemuel, Quésede, Hazo, Pildas, Jidlafe, Betuel, o pai de Rebeca, Teba, Gaã, Taás, Maaca. Bräumer diz que, dos doze nomes dos filhos de Naor, somente três — Uz, Buz e Maaca — fazem referência às áreas geográficas em que viviam os clãs que descendiam especificamente dos filhos de Naor. Uz ficava em Edom; Buz, provavelmente, nas proximidades de Edom – Jó era da terra de Uz (Jó 1.1-3). Eliú era de Buz, e Maaca era uma região próxima do Hermom.[15]

É digno de nota que a proporção numérica dos filhos de Naor é a mesma dos filhos de Jacó: oito filhos com Milca (Jacó teve oito filhos com Lia e Raquel) e quatro com a concubina Reumá (assim como com as concubinas Bila e Zilpa). Ismael também teve doze filhos (25.13-16).[16]

George Livingston diz que essa árvore genealógica é interessante por causa de Rebeca, filha de Betuel (22.23), a qual, no capítulo 24 de Gênesis, torna-se personagem central como esposa de Isaque. O filho de Abraão vai casar-se com uma neta de seu irmão Naor.[17]

Notas

1. Morris, Henry M. *The Genesis Record*, 2006, p. 373.
2. Bräumer, Hansjörg. *Gênesis*, vol. 1, 2016, p. 332.
3. MacDonald, William. *Believer's Bible Commentary*, 1995, p. 58.
4. Bräumer, Hansjörg. *Gênesis*, vol. 1, 2016, p. 332.
5. Waltke, Bruce K. *Gênesis*, 2010, p. 376.
6. Wiersbe, Warren W. *Comentário bíblico expositivo*, vol. 1, 2006, p. 133.
7. Bräumer, Hansjörg. *Gênesis*, vol. 1, 2016, p. 333.
8. Ibidem, p. 342.
9. Livingston, George H. *O livro de Gênesis*, in: *Comentário bíblico Beacon*, vol. 1, 2015, p. 72-73.
10. Waltke, Bruce K. *Gênesis*, 2010, p. 378.
11. Ibidem, p. 379.
12. Wiersbe, Warren W. *Comentário bíblico expositivo*, vol. 1, 2006, p. 135.
13. Waltke, Bruce K. *Gênesis*, 2010, p. 379.
14. Wiersbe, Warren W. *Comentário bíblico expositivo*, vol. 1, 2006, p. 137.
15. Bräumer, Hansjörg. *Gênesis*, vol. 1, 2016, p. 356.
16. Ibidem.
17. Livingston, George H. *O livro de Gênesis*, in: *Comentário bíblico Beacon*, vol. 1, 2015, p. 73.

Notas

1. Morris, Henry M. *The Genesis Record*, 2006, p. 373.
2. Bräumer, Hansjörg. *Gênesis*, vol. 1, 2016, p. 332.
3. MacDonald, William. *Believer's Bible Commentary*, 1995, p. 58.
4. Bräumer, Hansjörg. *Gênesis*, vol. 1, 2016, p. 332.
5. Waltke, Bruce K. *Gênesis*, 2010, p. 376.
6. Wiersbe, Warren W. *Comentário bíblico expositivo*, vol. 1, 2006, p. 133.
7. Bräumer, Hansjörg. *Gênesis*, vol. 1, 2016, p. 333.
8. Ibidem, p. 342.
9. Livingston, George H. *O livro de Gênesis*, in: *Comentário bíblico Beacon*, vol. 1, 2015, p. 72-73.
10. Waltke, Bruce K. *Gênesis*, 2010, p. 378.
11. Ibidem, p. 379.
12. Wiersbe, Warren W. *Comentário bíblico expositivo*, vol. 1, 2006, p. 135.
13. Waltke, Bruce K. *Gênesis*, 2010, p. 379.
14. Wiersbe, Warren W. *Comentário bíblico expositivo*, vol. 1, 2006, p. 137.
15. Bräumer, Hansjörg. *Gênesis*, vol. 1, 2016, p. 356.
16. Ibidem.
17. Livingston, George H. *O livro de Gênesis*, in: *Comentário bíblico Beacon*, vol. 1, 2015, p. 73.

Capítulo 27

A morte de uma princesa
(Gn 23.1-20)

SE O CAPÍTULO ANTERIOR tratou da "ressurreição" de Isaque aos olhos de Abraão, seu pai, este capítulo fala da morte de Sara, sua mulher, a única mulher na Bíblia que tem seus anos mencionados na sua morte. Sara, a mãe de Isaque, era uma mulher proeminente e que exerceu um papel absolutamente importante não apenas como uma alegoria da Jerusalém celeste, como também dos crentes gerados pelo Espírito, para a liberdade (Gl 4.21-31). Ela é um exemplo de mulher piedosa e submissa (1Pe 3.1-6).

O texto em pauta fala de quatro fatos: a morte de Sara, o choro de Abraão por ela, a compra da sepultura e o sepultamento da mãe de Isaque. Vejamos esses quatro fatos.

A morte de Sara (23.1,2a)

Sara é a primeira pessoa a morrer na família de Abraão, e sua morte ocasionou a primeira aquisição de propriedade na terra prometida. Destacamos aqui quatro pontos importantes:

Em primeiro lugar, *Sara, uma princesa* (23.1). Não apenas Abraão era considerado um príncipe de Deus entre o povo (23.6), mas ele viveu longos anos casado com uma princesa (17.15) – esse é o significado do seu nome. Embora Sara não tenha sido uma mulher perfeita, ela viveu pela fé e morreu na fé. O próprio Deus a colocou na galeria dos heróis da fé (Hb 11.11).

Em segundo lugar, *Sara, uma mulher influente* (23.1). Se Abraão é o pai dos hebreus e o pai dos cristãos, Sara é a mãe da nação de Israel e um exemplo de vida tanto para o povo de Israel (Is 51.1,2) como para as mulheres cristãs (1Pe 3.1-6), visto que é um símbolo da salvação pela graça em contraste com a escravidão da lei (Gl 4.21-31).

Em terceiro lugar, *Sara, uma mulher que viveu pela fé* (Hb 11.11,12). Conquanto Sara tenha tido fraquezas de dúvidas e incredulidade acerca do cumprimento da promessa de ser a progenitora de uma numerosa descendência, tanto no caso da serva Agar como no seu riso incrédulo ela apropriou-se da promessa pela fé e foi colocada no seleto grupo daqueles que andaram pela fé.

Em quarto lugar, *Sara, uma mulher que enfrenta a morte* (23.1,2). Sara, aos 89 anos de idade, já se considerava velha antes de Isaque nascer, tanto que, ao morrer, com 127 anos, seu filho Isaque já estava com 37. Ela morreu três anos antes do casamento de seu filho. Depois da morte de Sara, Abraão vive ainda cerca de 38 anos (25.7). A vida pode ser longeva, mas a morte é certa; entretanto, para os que creem a morte não é o fim e a sepultura não é nosso último endereço. Morrer para o cristão é deixar o corpo e habitar com o Senhor (2Co 5.8), é partir para estar com Cristo, o que é incomparavelmente melhor (Fp 1.23). A morte, o rei dos terrores, o último inimigo a ser vencido, já foi vencida; seu aguilhão foi arrancado, e ela foi tragada pela vitória (1Co 15.54,55). Cristo, o descendente de Abraão, matou a morte e ressuscitou gloriosamente, como primícias de todos os que dormem.

Sara morreu em Quiriate-Arba, que é Hebrom, local onde casal já havia morado depois que saiu do Egito e antes de ir para Gerar. Hebrom tornou-se cidade real no tempo de Davi (1Sm 30.31; 2Sm 2.1-7), uma vez que, depois que este conquistou Jerusalém, ele a transformou em cidade real. Absalão fez de Hebrom seu quartel-general para conspirar contra seu pai, Davi. Hoje, Hebrom está sob o domínio palestino, e o local da caverna de Macpela é coberto pela mesquita Hará El-Khalil, a nordeste de Hebrom.[1]

O choro de Abraão por Sara (23.2b)

Desde que Abraão e Sara saíram de Ur dos caldeus até o dia em que Sara morreu, foram 62 anos. Provavelmente, eles já eram casados antes de sua saída, e, portanto, eles viveram como marido e mulher por mais de seis décadas. Abraão tinha um acendrado amor por Sara, e ela o tratava como senhor (1Pe 3.6). Destacamos aqui três pontos:

Em primeiro lugar, *Abraão lamenta a morte de Sara, sua mulher* (23.2). De acordo com o entendimento judaico, o lamento é a forma de honrar os mortos, uma vez que lamentar significa "atribuir a alguém as conquistas obtidas em vida, valorizá-lo".[2] Embora não fosse um marido perfeito e tenha cometido erros com relação a Sara, em sua mentira tanto no Egito como em Gerar, e conquanto tenha cedido ao pedido dela em relação a coabitar com a serva Agar, Abraão foi um marido zeloso, que sempre honrou sua mulher. Por isso, seu lamento e seu choro são a expressão de seu amor por ela. A expressão *veio Abraão lamentar Sara*, segundo Henry Morris, sugere que Abraão não estava presente durante o tempo de sua enfermidade e na hora de sua morte. Possivelmente, isso sugere que a morte dela foi misericordiosamente rápida e sem sofrimento.[3]

Em segundo lugar, *Abraão chora a morte de Sara, sua mulher* (23.2). O choro é uma demonstração de tristeza, mas este, porém, não é o choro do desespero nem da incerteza (1Ts 5.13). O dia do luto, porém, é dia de choro, não de riso. Até Jesus chorou (Jo 11.35). Concordo com Wiersbe quando diz que Abraão demonstrou seu amor e sua tristeza ao chorar no funeral de sua mulher.[4] Concordo com Boice quando diz que não chorar é um grande fracasso, mas chorar indefinidamente é igualmente um erro. A vida deve seguir. Portanto, a maneira adequada de o cristão lidar com a morte de alguém é chorar, então se levantar e continuar a viver. Abraão fez isso.[5]

Em terceiro lugar, *Abraão age depois da morte de sua mulher* (23.3). É legítimo chorar na hora do luto, mas não é conveniente ficar prisioneiro dessa dor. Aqueles que têm esperança levantam-se do luto; e foi o que Abraão fez.

Precisou ter lucidez para adquirir um lugar apropriado para sepultar sua mulher.

A compra da sepultura de Sara (23.3-18)

Abraão levanta-se do luto para providenciar um sepultamento digno de sua mulher, e, embora tivesse a promessa divina de que toda aquela terra lhe pertencia, bem como a seus descendentes, ele não tinha tomado posse sequer de um palmo de terra. Abraão humildemente procura os filhos de Hete com vistas à aquisição de um lugar para sepultar Sara, local este que deveria ser a sepultura da família patriarcal. Três lições podem ser aprendidas:

Em primeiro lugar, *a humildade de Abraão* (23.3,4). Abraão era um homem muito rico e influente, e toda aquela terra lhe pertencia por promessa divina. Mas ele não utiliza esse direito para auferir vantagens; ao contrário, ele fala aos filhos de Hete, declarando-lhes que era um estrangeiro e morador entre eles, precisando adquirir uma sepultura entre eles para sepultar Sara. Derek Kidner diz que a palavra hebraica *ger*, "estrangeiro", era um forasteiro residente, com alguma base na comunidade, mas com direitos limitados. Para eles, não se assegurava o direito de propriedade particular.[6] Wiersbe tem razão em dizer que, assim como aconteceu com Abraão, o povo de Deus hoje é também peregrino e forasteiro (1Pe 1.1; 2.11). Vivemos em um tabernáculo (2Co 5.1-8) que, um dia, será desfeito quando nos mudarmos para a glória. Quando o apóstolo Paulo escreveu *o tempo da minha partida é chegado* (2Tm 4.6), usou um termo militar que significa "desarmar a tenda e avançar". O corpo que temos agora é temporário, mas, na segunda vinda de Cristo, receberemos um corpo semelhante ao corpo da glória do Senhor Jesus Cristo (Fp 3.20,21; 1Jo 3.1-3).[7]

Em segundo lugar, *o testemunho de Abraão* (23.5,6). Os filhos de Hete não veem Abraão como um estrangeiro residente entre eles, mas como o príncipe de Deus no meio deles. Enquanto Abraão se humilha, os heteus o exaltam. Eles, então, oferecem a Abraão a melhor sepultura, mas Abraão queria a posse definitiva de um lugar, não o empréstimo de uma sepultura. Wiersbe tem razão em dizer que, apesar de o mundo não ser nosso lar, como peregrinos e estrangeiros devemos ter o cuidado de dar bom testemunho para os de fora (1Ts 4.12; Cl 4.5).[8]

Em terceiro lugar, *a aquisição da sepultura* (23.7-16). A forma com que Abraão, num dia de luto, consegue comprar a sepultura e ter o direito de posse, mediante a presença de testemunhas, revela o seu tato e a sua habilidade. Ele é um príncipe de Deus e age como tal. Vejamos:

O príncipe de Deus se inclina (23.7). Esse é um gesto de humildade. Além de um homem velho, rico, influente, é considerado pelos heteus um príncipe de Deus, mas em vez de exigir continência, é ele quem se inclina.

O príncipe de Deus pede ajuda (23.8,9). Abraão roga aos filhos de Hete que intercedam por ele a Efrom, o proprietário da caverna de Macpela, a fim de que a transação de compra e posse seja feita com agilidade e eficácia mediante justo pagamento.

O príncipe de Deus ouve a proposta de Efrom (23.10,11). Abraão não quer apenas sepultar Sara; ele quer a posse de uma sepultura na terra que Deus lhe havia prometido para a família patriarcal. A oferta, portanto, de Efrom, embora a princípio pareça generosa, não atendia ao seu propósito.

Tudo faz crer que a oferta de Efrom a Abraão era apenas uma astuta manobra.

O príncipe de Deus faz uma nova proposta a Efrom (23.12,13). Pela segunda vez, Abraão inclina-se reverentemente diante do povo da terra e fala a Efrom, com tato irretocável, mas com firmeza granítica, deixando claro que seu propósito é comprar e pagar um preço justo pela aquisição e posse do campo, onde sua morta possa ser sepultada. Abraão quer uma compra de propriedade final e irrevogável.

O príncipe de Deus acata a proposta de Efrom e fecha a compra do terreno (23.14-16). A resposta que Efrom deu a Abraão tem duas informações: Efrom estava disposto a vender, mas queria fechar o negócio com a propriedade toda, não somente a caverna. Abraão paga a Efrom um valor colossal pelo terreno, ou seja, quatrocentos siclos de prata, moeda corrente entre os mercadores. George Livingston diz que não há como saber o valor exato da prata no dinheiro de hoje, mas, comparado com os dezessete siclos de prata que Jeremias pagou pela herança em Anatote (Jr 32.9), o preço parece altíssimo.[9] Bräumer, nessa mesma linha de pensamento, diz que naquele tempo o salário anual de um trabalhador era de seis a oito siclos. A área inteira comprada por Onri para a construção de Samaria custou seis mil siclos. Para Abraão, a compra incontestável da sepultura era tão importante que ele estava disposto a pagar qualquer quantia por ela.[10]

O príncipe de Deus estabelece as garantias da compra (23.17,18,20). Primeiro, a área do terreno comprado é delineada: o campo onde estava Macpela, fronteiro a Manre, o campo, a caverna e todo o arvoredo que nele havia, bem como todo o limite ao redor (23.17). Segundo, a posse do terreno é garantida mediante pagamento na presença de testemunhas (23.18). Derek Kidner diz que as minúcias sobre a propriedade e a menção de testemunhas indicam que foi um contrato plenamente garantido.[11] Com isso, a caverna e o campo de Efrom são transferidos a Abraão como um local permanente de sepulturas para os patriarcas. Waltke diz que essa pequena porção de terra gera promessa de toda a terra e deixa claro que os estranhos e estrangeiros estão buscando uma pátria (Hb 11.13,14).[12]

Em Atos 7.15,16, Estêvão parece entrar em contradição com o relato de Gênesis ao dizer que Abraão comprou a propriedade de Hamor, situada em Siquém, não em Hebrom; no entanto, certamente se tratava de duas sepulturas diferentes. É provável que Abraão tivesse comprado de Hamor outra propriedade para usar como sepultura e que, anos mais tarde, Jacó teve de comprá-la de volta (33.18,19). Uma vez que Abraão, Isaque e Jacó mudavam-se com frequência, era difícil para os moradores daquela terra saber exatamente onde estavam aqueles estrangeiros e quais eram suas propriedades.[13]

Warren Wiersbe destaca que Abraão era dono de toda aquela terra, mas a única propriedade que lhe pertencia legalmente era uma sepultura. Se o Senhor Jesus não voltar para nos levar para o céu, a única propriedade que cada de um nós terá neste mundo será um pequeno lote no cemitério; ou seja, não levaremos nada conosco; deixaremos tudo para trás (1Tm 6.7).[14]

O sepultamento de Sara (23.19)

Terminadas as negociações, Abraão sepultou Sara, sua mulher, na caverna do campo de Macpela, fronteiro a Manre, que é Hebrom, na terra de Canaã. Como convém à mãe da nação, seu túmulo era impressionante, um memorial digno de uma grande mulher.[15] Nessa mesma caverna de Macpela também foram sepultados Abraão (25.9), Isaque (35.29), Rebeca e Lia (49.29-31), e, posteriormente, Jacó (50.13). Bräumer diz que Abraão e seus descendentes, a quem a terra havia sido prometida, não precisaram descansar em terra estranha. Na morte, já foram herdeiros, não mais "estrangeiros"; na morte, confessaram sua fé na promessa. Para os cristãos, que veem o Antigo Testamento como a sombra dos bens vindouros (Hb 10.1), a compra do campo para o túmulo em Hebrom aponta para a sepultura de Cristpo, o começo da vida.[16]

NOTAS

[1] WALTKE, Bruce K. *Gênesis*, 2010, p. 392.
[2] BRÄUMER, Hansjörg. *Gênesis*, vol. 1, 2016, p. 360.
[3] MORRIS, Henry M. *The Genesis Record*, 2006, p. 386.
[4] WIERSBE, Warren W. *Comentário bíblico expositivo*, vol. 1, 2006, p. 143.
[5] BOICE, James Montgomery. *Genesis*, vol. 2, 1998, p. 712.
[6] KIDNER, Derek. *Gênesis: introdução e comentário*, 2006, p. 135.
[7] WIERSBE, Warren W. *Comentário bíblico expositivo*, vol. 1, 2006, p. 144.
[8] Ibidem.
[9] LIVINGSTON, George H. *O livro de Gênesis*, in: *Comentário bíblico Beacon*, vol. 1, 2015, p. 74.
[10] BRÄUMER, Hansjörg. *Gênesis*, vol. 1, 2016, p. 361.
[11] KIDNER, Derek. *Gênesis: introdução e comentário*, 2006, p. 135.
[12] WALTKE, Bruce K. *Gênesis*, 2010, p. 396.
[13] WIERSBE, Warren W. *Comentário bíblico expositivo*, vol. 1, 2006, p. 145.

[14] Ibidem.
[15] WALTKE, Bruce K. *Gênesis*, 2010, p. 396.
[16] BRÄUMER, Hansjörg. *Gênesis*, vol. 1, 2016, p. 356-357.

Capítulo 28

Lá vem a noiva de Isaque, e ela é linda!
(Gn 24.1-67)

Estava na hora de fazer a transição de liderança do clã de Abraão para Isaque, o herdeiro de sua fortuna e o filho da promessa. Sara já havia morrido, Abraão já estava velho, e Isaque precisava se casar para assumir a liderança do clã. Warren Wiersbe diz que Isaque era o próximo elo vivo da cadeia de bênção que culminaria no nascimento do Salvador, Jesus Cristo. Portanto, tudo aquilo que acontecia com Isaque era de suma importância no plano de Deus para a salvação.[1]

Henry Morris tem razão em dizer que, sendo Isaque um tipo de Cristo, de acordo com o Novo Testamento, é fascinante observar os vários paralelos entre a história do servo de Abraão procurando uma noiva para Isaque e o ministério do Espírito Santo buscando dentre os gentios um povo para o Seu nome (At 15.14), uma noiva para Cristo (2Co 11.2).[2]

Naquela época, os pais providenciavam o casamento dos filhos. Abraão não quer que Isaque se case com uma mulher cananeia, pois os cananeus tinham outros deuses e princípios. Sua parentela, porém, ficara em Harã, no norte da Mesopotâmia, a mais de oitocentos quilômetros distante de Hebrom.

Abraão planeja, então, uma missão ousada e a confia ao seu servo mais fiel e experiente, o qual deveria seguir em comitiva rumo à sua parentela com o propósito de trazer de lá uma mulher para se casar com seu filho.

Esse é o mais longo capítulo de Gênesis e talvez o mais simpático e gracioso relato da história dos patriarcas. Nessa linda história das providências, podemos aprender algumas preciosas lições.

Abraão toma medidas para buscar uma noiva para Isaque, seu filho (24.1-9)

Abraão tem plena consciência de que a promessa divina de abençoar por intermédio dele as nações da terra passaria por Isaque, por isso a linhagem não poderia ser contaminada; daí sua atitude ousada de buscar uma esposa para seu filho dentro de sua parentela. Abraão estava convencido de que Deus é quem dá a esposa prudente (Pv 19.14; 18.22).

Que expedientes Abraão usou?

Em primeiro lugar, *ele comissiona o servo mais antigo da casa* (24.2a). Abraão não escolhe o jovem mais atento à beleza de uma jovem, mas o servo mais velho, um homem mais experiente, mais maduro, mais fiel, mais consagrado a

Deus, pois Abraão sabe que seu filho não pode errar nessa área do casamento. O texto não cita o nome desse servo, mas muito provavelmente era o damasceno Eliézer (15.2,3) o calmo herói dessa história.[3] Esse servo, no cumprimento de sua missão, demonstra vida piedosa (24.26,52), intimidade com Deus na oração (24.12), dedicação a Abraão (24.14,27) e firmeza em completar bem seu trabalho (24.33,54).[4]

Em segundo lugar, *ele exige do servo um solene juramento* (24.2b-9). Colocar a mão sob a coxa significa jurar pelos seus descendentes (47.29), pois a coxa é o símbolo de toda a descendência. O juramento vale para os descendentes e deve ser mantido em benefício deles. Nesse juramento, os descendentes são conclamados a vigiar o juramento e a vingar o seu rompimento.[5] Nesse juramento, algumas coisas precisavam ficar claras:

1. O servo não podia tomar nenhuma esposa para Isaque dentre as filhas dos cananeus amaldiçoados (24.3; 9.24-27; 15.16; 18.18,19; Dt 7.1-4), mas entre os semitas abençoados, cananeus serviam a outros deuses, e isso desviaria da verdadeira fé os descendentes. Esse mesmo princípio é seguido ao longo das Escrituras, tanto do Antigo Testamento (Dt 7.3,4; 1Rs 11.4; Ed 9.1-15) como do Novo Testamento (1Co 7.39; 2Co 6.14-18).

2. O servo deveria tomar uma esposa para Isaque dentre as moças de sua parentela (24.4,5a). Abraão entende que a mulher de seu filho precisa ser do mesmo tronco familiar, com a mesma fé e os mesmos valores. O perigo aqui não é de uma miscigenação racial, mas de uma apostasia religiosa. Waltke diz que a ordem de Abraão a seu servo, *vá e tome uma esposa* (24.4), é

respondida por Labão e Betuel, *eis aqui Rebeca, tome-a e vá* (24.51), e cumprida com a afirmação: *Assim o servo tomou Rebeca e se foi* (24.61).[6]

3. O servo não deveria levar Isaque para a Mesopotâmia, onde estava sua parentela (24.5b,6). Abraão permaneceu fiel à vocação divina de deixar para trás sua pátria (12.1,7; 23.19). Agora, ele faz de tudo para assegurar que seus descendentes também ajam assim.[7] A parentela de Abraão muito provavelmente deveria viver ainda em Harã, no norte da Mesopotâmia, uma terra idólatra. Deus havia mandado Abraão sair, e ele não cogita nenhum retorno; ou seja, ele quer caminhar na direção da ordem e da promessa de Deus.

4. O servo deveria crer na providência divina em sua missão (24.7). Abraão é um homem de fé, que vive pela fé, e sabe que o Deus do céu que o havia tirado da sua terra e o conduziu até ali enviará Seu anjo à frente de seu servo, a fim de que sua missão seja bem-sucedida.

5. O servo ficaria desobrigado caso a mulher não quisesse segui-lo (24.8). Abraão está convicto de que as coisas de Deus, feitas do jeito de Deus, no tempo de Deus, darão certo, por isso o servo deveria partir fazendo provisão para o êxito de sua missão, não para o fracasso.

6. O servo jurou fazer segundo o resolvido (24.9). Feito o juramento, era hora de pôr a comitiva na estrada e caminhar mais de oitocentos quilômetros rumo à Mesopotâmia em busca de uma noiva para Isaque.

O servo de Abraão vai à procura da noiva de Isaque (24.10-27)

Que aventura! Um homem já velho coloca na estrada dez camelos carregados de muitos bens e caros presentes rumo à Mesopotâmia, para a cidade de Naor, irmão de Abraão. Essa cidade pode ter sido Harã ou mesmo a cidade onde Naor morava. Ele é acompanhado por outros homens, que servem de protetores na viagem longa e perigosa (24.32). Vale destacar aqui alguns pontos:

Em primeiro lugar, *uma longa viagem* (24.10). Abraão tinha saído de Ur dos caldeus, no sul da Mesopotâmia, para Harã, no norte, de onde ele havia partido rumo à terra prometida. Seus parentes continuaram por lá, e, agora, ele envia seu servo à casa de seu irmão, a fim de buscar uma noiva para seu filho. Essa era uma viagem longa, perigosa e desafiadora, e a rota não é mencionada, mas apenas os preparativos, a saída e o destino da viagem.

Em segundo lugar, *uma sábia estratégia* (24.11). O texto bíblico omite a saga da longa viagem. O servo de Abraão já está na cidade de Naor, junto ao poço, onde, na viração da tarde, as moças vinham tirar água. O servo faz uma parada estratégica num lugar estratégico. Bräumer diz que, assim como os homens se reuniam no portão da cidade (19.1), as mulheres e as moças se encontravam junto ao poço.[8]

Em terceiro lugar, *uma fervorosa oração* (24.12-14). O servo faz uma oração silenciosa, pedindo o socorro divino e Sua bondade. Ele pede um sinal a Deus: a moça que lhe desse de beber e aos dez camelos seria a escolhida para se casar com Isaque. O servo estava no lugar certo, no momento certo, e submeteu suas necessidades a Deus.[9] Bräumer diz que o servo pede um sinal não para fortalecer sua fé, mas para reconhecer a vontade de Deus.[10]

Em quarto lugar, *uma jovem que preenche as exigências* (24.15-20). Destacamos aqui algumas qualificações de Rebeca:

1. A jovem tem as qualificações familiares requeridas (24.15). Deus respondeu tão rápido à oração do servo que ele ainda não tinha dito "amém" à sua prece quando surge Rebeca, filha de Betuel, filho de Milca, mulher de Naor, irmão de Abraão, trazendo um cântaro no ombro (24.16). É óbvio que o servo de Abraão ainda não tem essas informações, ou seja, esse currículo de Rebeca ainda lhe é desconhecido.

2. A jovem é formosa e virgem (24.16a). Rebeca era uma jovem bela e pura, bonita tanto por fora quanto por dentro.

3. A jovem é trabalhadora (24.16b). Rebeca não era uma moça mimada, frágil como uma peça de porcelana. Era dada ao trabalho, tanto que tinha vigor para ir à fonte com o cântaro no ombro.

4. A jovem é generosa (24.17,18). O servo de Abraão pediu-lhe um pouco de água de seu cântaro, e ela prontamente abaixou o cântaro e lhe deu de beber. Isso demonstra sua disposição de, generosamente, atender à necessidade de um estrangeiro.

5. A jovem é prestativa (24.19,20). Rebeca espontaneamente, depois de ter dado de beber ao servo, prontifica-se a tirar água da fonte para dar de beber aos dez camelos. Esse era um trabalho gigantesco, pois cada camelo tem a capacidade de beber até 150 litros de água.[11] Concordo com Wiersbe quando diz que Rebeca não fazia ideia de que realizar uma tarefa tão

simples para um desconhecido faria dela a noiva de um homem rico, que desfrutava de um relacionamento de aliança com Deus. Ela se tornaria a mãe de Jacó, que seria o pai das doze tribos de Israel.[12] Vale a pena pensar nisto: "Faça de toda ocasião uma grande ocasião, pois você nunca sabe quando alguém o está avaliando para algo mais elevado".[13]

Em quinto lugar, *uma observação meticulosa* (24.21). O servo de Abraão acompanha a cena de Rebeca com vívida expectativa. Todos as exigências feitas por Abraão e todos os sinais que ele havia pedido a Deus estavam ali estampados diante dos seus olhos na figura daquela bela jovem.

Em sexto lugar, *uma recompensa generosa* (24.22). O servo de Abraão presenteia Rebeca com um pendente e duas pulseiras de ouro, joias preciosas de grande valor. Esses presentes eram apenas um penhor de presentes maiores e melhores que estavam por vir.

Em sétimo lugar, *uma descoberta surpreendente* (24.23,24). Ao inquirir da moça sobre sua família e a possibilidade de pernoitar em sua casa com sua comitiva, fica sabendo que ela era filha de Betuel, neta de Naor, irmão de Abraão. Tudo estava se encaixando. De fato, o anjo do Senhor tinha ido à sua frente preparando os detalhes da providência divina.

Em oitavo lugar, *uma hospitalidade beduína* (24.25). A moça conhece a cultura beduína e responde pela sua família, oferecendo ao velho desconhecido amável hospitalidade. A vontade de Deus pode ser vista nas circunstâncias favoráveis e nas atitudes fidalgas.

Em nono lugar, *uma adoração cheia de gratidão* (24.26,27). O servo de Abraão estava contemplando o milagre da Providência e, em resposta, inclina-se e adora ao Senhor, exaltando o Deus de Abraão por tê-lo guiado à casa dos parentes de seu senhor. Waltke diz que "o Senhor", que nunca fala nesse ato, é, não obstante, o ator principal. Ele é mencionado um considerável número de vezes nessa cena: duas vezes por Abraão (24.3,7), três vezes pelo narrador (24.1,26,52), dez vezes pelo servo (24.12,27 [2x],35,40,42,44,48 [2x],56) e notavelmente três vezes por Labão e Betuel, que confessam a bênção do Senhor sobre Abraão (24.31,50,51).[14]

O servo de Abraão chega à casa da noiva (24.28-61)

Vamos destacar aqui vários fatos importantes nessa linda história da providência divina.

Em primeiro lugar, *o testemunho de Rebeca à sua família* (24.28). Rebeca tem energia para, depois de tirar água da fonte para dar de beber a dez camelos, ainda correr e contar aos da casa de sua mãe todos os acontecimentos.

Em segundo lugar, *o interesse financeiro de Labão* (24.29-32). Quando Labão viu as joias de ouro que sua irmã havia recebido, correu ao encontro do servo de Abraão para enaltecê-lo e oferecer-lhe fidalga hospedagem e à sua comitiva.

Em terceiro lugar, *o propósito da viagem é declarado* (24.33). A mesa estava posta, mas o servo de Abraão disse que nada comeria até expor os motivos de sua viagem. Ele coloca sua missão acima de sua necessidade e conforto.[15] Essa viagem não era uma peregrinação de negócios, mas uma jornada para buscar uma noiva para o filho único e herdeiro de toda a riqueza de seu senhor.

Em quarto lugar, *uma história comovente* (24.34-48). O servo de Abraão, como um exímio narrador, conta com vívida eloquência a história da família de Abraão e os motivos de sua viagem: 1) sua riqueza (24.35); 2) o nascimento milagroso de Isaque (24.36); 3) Isaque, o herdeiro de toda a riqueza de seu pai (35.36b); 4) o juramento que havia feito a Abraão para buscar uma esposa para seu filho entre sua parentela (24.37-41); 5) a oração que havia feito junto à fonte (24.42-44); 6) a resposta imediata à sua oração (24.45-47); 7) a sua adoração por ter Deus atendido à sua oração (24.48).

Em quinto lugar, *o pedido de casamento é feito pelo servo de Abraão* (24.49). Depois de contar os detalhes da providência divina, o servo de Abraão formalmente faz o pedido de casamento à família de Rebeca.

Em sexto lugar, *o pedido de casamento é aceito pela família de Rebeca* (24.50,51). O discurso do servo de Abraão é tão convincente que a família de Rebeca enxerga em seu relato que isso procedia do Senhor, e eles nada poderiam fazer contra a verdade. Então, oferecem Rebeca, dizendo: *Eis Rebeca na tua presença; toma-a e vai-te; seja ela a mulher do filho do teu senhor; segundo a palavra do* SENHOR (24.51).

Em sétimo lugar, *um tributo de adoração ao Senhor* (24.52). O servo de Abraão encara essa missão como um culto que presta a Deus, e, diante da resposta da família de Rebeca, mais uma vez ele se prostra, certamente agora para agradecer o favor do Senhor.

Em oitavo lugar, *os presentes da noiva e os dotes para sua família* (24.53). O servo de Abraão descarrega os dez camelos, ofertando a Rebeca as joias de ouro e de prata, bem como os vestidos. Oferece também, como dote, a seu irmão Labão e à sua mãe ricos presentes.

Em nono lugar, *a despedida da noiva* (24.54-61). Todas as coisas aconteceram com a comida sobre a mesa, mas só agora eles comeram e beberam. O servo de Abraão e os homens de sua comitiva pernoitaram na casa de Betuel aquela noite.

Neste ponto, três fatos importantes:

1. A decisão do servo de Abraão (24.54-57). Ele não quer atrasar nem mais um dia, pois tem pressa para voltar ao seu senhor com as boas-novas da missão cumprida. Os camelos viajavam cerca de 38 quilômetros por dia; podiam percorrer até oitenta quilômetros diariamente, se fosse necessário, enquanto a média de uma pessoa a pé era de cerca de trinta quilômetros por dia. Uma caravana de dez camelos, com servos e guardas, podia facilmente fazer a viagem de ida e volta entre Hebrom e a Mesopotâmia em menos de dois meses. O servo era o tipo de homem que não permitia atrasos e estava ansioso para cumprir com sucesso a sua incumbência. Certamente, Abraão e Isaque estavam orando por ele e por sua missão, e suas orações foram atendidas.[16]

2. A decisão de Rebeca (24.58). Quando consultaram Rebeca se queria ir imediatamente com o servo de Abraão, ela respondeu: *Irei*. Rebeca é uma mulher decidida. É amada por sua família, mas está pronta a partir e cumprir o projeto de Deus em sua vida. Se Rebeca tivesse ficado na Mesopotâmia e se casado com um dos homens da região, nunca mais teríamos ouvido falar dela.

3. A despedida de Rebeca (24.59). A família de Rebeca despede-a com sua ama, Débora (35.8), a fim de seguir viagem com a caravana enviada por Abraão rumo à terra prometida. Débora havia amamentado

a Rebeca e fielmente esteve a serviço da família durante duas gerações, falecendo ao final em Betel, no seio da família de Jacó (35.8).
4. A bênção da família de Rebeca (24.60). A bênção da família de Rebeca está sintonizada com o que Deus havia prometido a Abraão e sua descendência (22.17). Ela seria a mãe de Jacó, de onde procedeu as doze tribos de Israel, de onde, por sua vez, procedeu o Messias e por meio de quem todas as famílias da terra são abençoadas.
5. A partida de Rebeca de seu lar (24.61). Rebeca monta nos camelos com suas moças e segue a caravana do servo de Abraão rumo à terra prometida.

A recepção do noivo e a consumação do casamento de Isaque e Rebeca (24.62-67)

Isaque era um homem de quarenta anos (25.20) e herdeiro de uma grande fortuna (24.35,36). Como ele viveu 180 anos (35.28,29), casou-se muito jovem, no auge do seu vigor físico. Nesse tempo, estava morando no Neguebe, a terra do sul, na região próxima à fonte Beer-Laai-Roi, onde Deus se encontrou com a marginalizada Agar e lhe falou de uma nação que nasceria (16.14). Waltke diz que a narrativa reflete uma mudança de liderança e de foco para Isaque. Abraão, que havia tido a iniciativa da viagem, já não é mencionado nem se apresenta explicação para a residência de Isaque no Neguebe. O servo reportará agora a Isaque como seu senhor (24.65; veja também 24.36,39,42,44,48).[17]

Antes de expor os últimos versículos desse mais longo e fascinante capítulo de Gênesis, destaco o caráter cristocêntrico dessa passagem. Isaque é um tipo de Cristo esperando a união com sua noiva. Enquanto ela vem para ele, está preparando um lugar para recebê-la (Jo 14.3). Rebeca representa a igreja, a noiva imaculada (2Co 11.2), que está sendo preparada para o noivo celestial (Jo 3.29; Rm 7.4).

Henry Morris é oportuno quando traça um paralelo entre Rebeca e os crentes: 1) Seu casamento foi planejado antes que ela tomasse conhecimento dele (Ef 1.3,4); 2) ela era necessária para o cumprimento dos propósitos de Deus (Ef 1.23); 3) ela tinha a missão de demonstrar a glória do filho (Jo 17.22,23); 4) ela aprendeu acerca do filho por meio de seu emissário; 5) ela imediatamente deixou tudo para trás e foi para o filho, amando-o antes de vê-lo e alegrando-se com alegria indizível (1Pe 1.80); 6) ela viajou pelo deserto para encontrá-lo, guiada pelo servo (1Pe 1.3-9); 7) por fim, ela foi amada por ele e unida a ele para sempre (Ef 5.26,27; Ap 19.7; 1Ts 4.17).[18]

Morris destaca também um paralelo entre Isaque e Cristo: 1) Ele foi prometido antes de Sua vinda (Lc 1.70); 2) apareceu na plenitude dos tempos (Gl 4.4); 3) foi concebido e nasceu miraculosamente (Lc 1.35); 4) seu nome apropriado foi designado por Deus antes de Seu nascimento (Mt 1.21); 5) Ele oferecido em sacrifício pelo Seu Pai (1Jo 2.2); 6) foi obediente até a morte (Fp 2.8); 7) Ele foi trazido de volta da própria morte (Ef 1.19-23), para ser o cabeça de uma grande nação e abençoar todos os povos.[19]

Vejamos cinco pontos importantes aqui:

Em primeiro lugar, *Isaque, um homem de oração* (24.62,63). Quando a caravana do servo de Abraão está chegando, Isaque está saindo ao cair da tarde para o seu tempo de meditação. Enquanto ele sai para buscar a Deus, o Senhor traz a ele uma jovem fascinante, que, além de bonita (24.16), era também trabalhadora (24.15), prestativa (24.20), amada (24.55), decidida (24.57,58) e recatada (24.65).

Em segundo lugar, *Rebeca, uma jovem recatada* (24.64,65). Quando Rebeca viu Isaque, ela apeou do camelo e cobriu-se com o véu. Esse era o costume das noivas. O véu era um distintivo de noivado ou casamento. Rebeca cobriu-se com o véu porque Isaque só poderia vê-la no casamento. Rebeca era uma mulher recatada, que, em vez de expor a beleza de seu corpo para seduzir o noivo, cobre o rosto.

Em terceiro lugar, *Isaque conduziu Rebeca para a tenda de Sara, sua mãe* (24.66,67). Isaque, ao ouvir o relato da providência de Deus sobre Rebeca, imediatamente a introduz na tenda de Sara, aceitando-a como sua mulher e entregando-lhe o domínio da casa, e também reconhecendo que ela dará continuidade à história da promessa. Assim como Isaque é apresentado pelo narrador como senhor e sucessor de Abraão, Rebeca é apresentada como mãe e sucessora de Sara.[20]

Em quarto lugar, *Isaque recebe Rebeca como sua mulher, amando-a* (24.67). Isaque consuma o seu casamento com Rebeca. Foi amor à primeira vista. Um casamento sem namoro, mas com muita orientação do Senhor. Bräumer diz que o casamento não é o auge, mas a semente de onde brota o amor. Enquanto hoje se dá mais importância ao amor que leva ao casamento, aqui se fala de um amor que dura uma vida inteira. Por mais significativo que seja o amor que leva ao casamento, é mais significativo ainda que ele cresça depois do casamento.[21]

Em quinto lugar, *Isaque é consolado por Rebeca* (24.67). Rebeca não é apenas alvo do amor de Isaque, mas fonte de consolo para seu coração. Ela é uma aliviadora de tensões, um bálsamo para seu marido. Concluo, com as palavras de Bruce Waltke: "Como a história se iniciou com o pai de Isaque em seus últimos momentos ativos, ela termina com a memória de sua mãe. Isaque continua sua própria história".[22]

Notas

[1] WIERSBE, Warren W. *Comentário bíblico expositivo*, vol. 1, 2006, p. 138.
[2] MORRIS, Henry M. *The Genesis Record*, 2006, p. 391.
[3] WALTKE, Bruce K. *Gênesis*, 2010, p. 402.
[4] KIDNER, Derek. *Gênesis: introdução e comentário*, 2006, p. 136.
[5] BRÄUMER, Hansjörg. *Gênesis*, vol. 1, 2016, p. 364.
[6] WALTKE, Bruce K. *Gênesis*, 2010, p. 398.
[7] Ibidem, p. 403.
[8] BRÄUMER, Hansjörg. *Gênesis*, vol. 1, 2016, p. 365.
[9] LIVINGSTON, George H. *O livro de Gênesis*, in: *Comentário bíblico Beacon*, vol. 1, 2015, p. 75.
[10] BRÄUMER, Hansjörg. *Gênesis*, vol. 1, 2016, p. 365.
[11] WIERSBE, Warren W. *Comentário bíblico expositivo*, vol. 1, 2006, p. 140.
[12] Ibidem, p. 139.
[13] Ibidem, p. 140.
[14] WALTKE, Bruce K. *Gênesis*, 2010, p. 401.
[15] Ibidem, p. 407.
[16] WIERSBE, Warren W. *Comentário bíblico expositivo*, vol. 1, 2006, p. 141-142.
[17] WALTKE, Bruce K. *Gênesis*, 2010, p. 410.
[18] MORRIS, Henry M. *The Genesis Record*, 2006, p. 405.
[19] Ibidem.
[20] WALTKE, Bruce K. *Gênesis*, 2010, p. 411.
[21] BRÄUMER, Hansjörg. *Gênesis*, vol. 1, 2016, p. 373.
[22] WALTKE, Bruce K. *Gênesis*, 2010, p. 411.

trabalhadora (24.15), prestativa (24.20), amada (24.55), decidida (24.57,58) e recatada (24.65).

Em segundo lugar, *Rebeca, uma jovem recatada* (24.64,65). Quando Rebeca viu Isaque, ela apeou do camelo e cobriu-se com o véu. Esse era o costume das noivas. O véu era um distintivo de noivado ou casamento. Rebeca cobriu-se com o véu porque Isaque só poderia vê-la no casamento. Rebeca era uma mulher recatada, que, em vez de expor a beleza de seu corpo para seduzir o noivo, cobre o rosto.

Em terceiro lugar, *Isaque conduziu Rebeca para a tenda de Sara, sua mãe* (24.66,67). Isaque, ao ouvir o relato da providência de Deus sobre Rebeca, imediatamente a introduz na tenda de Sara, aceitando-a como sua mulher e entregando-lhe o domínio da casa, e também reconhecendo que ela dará continuidade à história da promessa. Assim como Isaque é apresentado pelo narrador como senhor e sucessor de Abraão, Rebeca é apresentada como mãe e sucessora de Sara.[20]

Em quarto lugar, *Isaque recebe Rebeca como sua mulher, amando-a* (24.67). Isaque consuma o seu casamento com Rebeca. Foi amor à primeira vista. Um casamento sem namoro, mas com muita orientação do Senhor. Bräumer diz que o casamento não é o auge, mas a semente de onde brota o amor. Enquanto hoje se dá mais importância ao amor que leva ao casamento, aqui se fala de um amor que dura uma vida inteira. Por mais significativo que seja o amor que leva ao casamento, é mais significativo ainda que ele cresça depois do casamento.[21]

Em quinto lugar, *Isaque é consolado por Rebeca* (24.67). Rebeca não é apenas alvo do amor de Isaque, mas fonte de consolo para seu coração. Ela é uma aliviadora de tensões, um bálsamo para seu marido. Concluo, com as palavras de Bruce Waltke: "Como a história se iniciou com o pai de Isaque em seus últimos momentos ativos, ela termina com a memória de sua mãe. Isaque continua sua própria história".[22]

Notas

[1] WIERSBE, Warren W. *Comentário bíblico expositivo*, vol. 1, 2006, p. 138.
[2] MORRIS, Henry M. *The Genesis Record*, 2006, p. 391.
[3] WALTKE, Bruce K. *Gênesis*, 2010, p. 402.
[4] KIDNER, Derek. *Gênesis: introdução e comentário*, 2006, p. 136.
[5] BRÄUMER, Hansjörg. *Gênesis*, vol. 1, 2016, p. 364.
[6] WALTKE, Bruce K. *Gênesis*, 2010, p. 398.
[7] Ibidem, p. 403.
[8] BRÄUMER, Hansjörg. *Gênesis*, vol. 1, 2016, p. 365.
[9] LIVINGSTON, George H. *O livro de Gênesis*, in: *Comentário bíblico Beacon*, vol. 1, 2015, p. 75.
[10] BRÄUMER, Hansjörg. *Gênesis*, vol. 1, 2016, p. 365.
[11] WIERSBE, Warren W. *Comentário bíblico expositivo*, vol. 1, 2006, p. 140.
[12] Ibidem, p. 139.
[13] Ibidem, p. 140.
[14] WALTKE, Bruce K. *Gênesis*, 2010, p. 401.
[15] Ibidem, p. 407.
[16] WIERSBE, Warren W. *Comentário bíblico expositivo*, vol. 1, 2006, p. 141-142.
[17] WALTKE, Bruce K. *Gênesis*, 2010, p. 410.
[18] MORRIS, Henry M. *The Genesis Record*, 2006, p. 405.
[19] Ibidem.
[20] WALTKE, Bruce K. *Gênesis*, 2010, p. 411.
[21] BRÄUMER, Hansjörg. *Gênesis*, vol. 1, 2016, p. 373.
[22] WALTKE, Bruce K. *Gênesis*, 2010, p. 411.

Capítulo 29

Histórias de família
(Gn 25.1-34)

O CAPÍTULO ANTERIOR ENCERROU-SE com o casamento de Isaque e Rebeca, e este abre com o segundo casamento de Abraão. Encontramos aqui histórias de família.

A história de Abraão e Quetura (25.1-11)

Abraão tinha 75 anos quando saiu do meio de sua parentela. Quando Ismael nasceu, ele tinha 86 anos, e, quando Isaque nasceu, ele tinha 100 anos. Quando Sara, sua mulher, morreu, ele tinha 137 anos. Quando Isaque casou-se, ele tinha 140 anos. Após passar o luto de Sara e ver o filho da promessa casado, Abraão casou-se novamente.

Sobre esse assunto, destacamos aqui alguns pontos importantes:

Em primeiro lugar, *o segundo casamento de Abraão* (25.1). Abraão casa-se com Quetura, chamada de sua mulher (25.1) e também de concubina (25.6). Waltke defende a ideia de que esse evento é anacrônico, por entender que o corpo de Abraão já estava amortecido para a paternidade aos cem anos. Quando Sara morreu, Abraão estava com 137 anos; além do mais, Quetura, que é chamada de esposa (25.1), é também chamada de concubina (25.6; 1Cr 1.32).[1] Contudo, a tese de que Abraão tivesse outra esposa além de Sara enquanto ela estava viva empalidece o caráter de Abraão e deslustra o seu amor por Sara.

A Bíblia não proíbe casar-se na viuvez nem mesmo em idade avançada, e o mesmo Deus que vivificou o corpo de Abraão aos cem anos para gerar fê-lo novamente depois para gerar os seis filhos com Quetura. Aliás, para Deus não há coisa demasiadamente difícil (18.14). Concordo com Henry Morris quando diz que é certamente possível que uma das razões de Abraão ter se casado com Quetura foi a profecia de Gênesis 17.4: *Quanto a mim, será contigo a minha aliança; serás pai de numerosas nações.*[2] Ainda vale a pena destacar que, embora a poligamia fosse praticada por homens piedosos no Antigo Testamento, não foi o preceito conjugal instituído por Deus (2.24) nem o padrão reafirmado no Novo Testamento por Jesus (Mt 19.1-9), bem como pelo apóstolo Paulo (1Tm 3.2,12).

Em segundo lugar, *os descendentes de Abraão* (25.2-4). Com Quetura, ele teve seis filhos: Zinrã, Jocsã, Medã, Midiã, Isbaque e Suá. Jocsã deu-lhe dois netos: Seba e Dedã. Por sua vez, Dedã, seu neto, deu-lhe três bisnetos: Assurim, Letusim e Leumim. Seu filho Midiã deu-lhe três netos, Efá, Efer, Enoque, e duas netas, Abida e Elda. Os filhos de Abraão com Quetura tornaram-se tribos árabes. Bräumer chama Quetura de a mãe dos povos árabes.[3]

Em terceiro lugar, *o testamento de Abraão* (25.5,6). Conquanto Abraão tenha gerado Ismael da serva egípcia Agar e mais seis filhos de Quetura (chamadas de concubinas), ele deu tudo o que possuía a Isaque. Ao filho de Agar e aos filhos de Quetura, chamadas de concubinas, Abraão deu presentes. Ele ainda empenhou-se em separar seus outros filhos de Isaque, enviando-os para a terra oriental. Preventivamente, Abraão cuidou para não haver desavença entre seus filhos nem interferência no cumprimento da promessa de Deus por meio de Isaque.

A herança que Abraão deixou para Isaque pertence também aos filhos da promessa. Mas o que ele deixou de herança para nós? 1) o testemunho claro da salvação pela fé (15.6; Rm 4.1-5); 2) o exemplo de uma vida fiel (Tg 2.14-16); 3) a nação judaica (Jo 4.22); 4) o Salvador (12.1-3; Mt 1.1).[4] Nas palavras do apóstolo Paulo, Ismael nasceu escravo, mas Isaque nasceu livre (Gl 4.21-31; 5.1,2), portanto, todo aquele que crê em Jesus Cristo compartilha de todas as bênçãos do Espírito em Cristo (Ef 1.3) e é parte da gloriosa herança de Cristo. Concordo, portanto, com as palavras de Wiersbe quando diz que a parte mais importante do legado de Isaque não era a grande riqueza material, mas sim a riqueza espiritual.[5]

Em quarto lugar, *a longevidade de Abraão* (25.7). Abraão teve uma vida longeva. Ele não apenas teve quantidade, mas, sobretudo, qualidade de vida. Viveu 175 anos. Uma vez que foi chamado por Deus aos 75 anos, ele teve a oportunidade de viver cem anos na presença de Deus. Foi um século de bênção. Nesse tempo, ele morou em tendas e construiu altares, bem como andou pela fé e demonstrou seu acendrado amor a Deus. A Palavra de Deus diz que a velhice é boa quando se anda no caminho da justiça: *Coroa de honra são as cãs, quando se acham no caminho da justiça* (Pv 16.31). É conhecida a expressão do maior evangelista do século XX, Billy Graham: "A velhice não é para os fracos". A velhice é tempo oportuno para compartilhar com as futuras gerações os preceitos divinos (Sl 48.13,14; 78.5-7).

Em quinto lugar, *a morte de Abraão* (25.8). A morte de Abraão é descrita em três palavras: *expirou — morreu — foi reunido ao seu povo*. Abraão não morreu de velhice, mas sim em ditosa velhice, avançado em anos. Bräumer diz, com razão, que *avançado em anos* não é uma fase da vida em que o corpo está cansado, os olhos baços, as mãos tremendo e os membros inseguros; antes, significa maduro e realizado.[6] Portanto, Abraão expirou depois de completar sua vida e cumprir todos os propósitos de Deus.

A expressão *foi reunido ao seu povo* não significa que seu corpo foi levado para a Mesopotâmia, onde morava sua parentela, nem que foi enterrado com outros membros de sua família, pois apenas Sara havia morrido em sua família. A expressão significa que ele foi levado para junto daqueles que já haviam morrido na fé, e isso significa a imortalidade dos salvos ou a continuidade da existência dos mortos.[7] Nas palavras de Warren Wiersbe, isso significa ir para onde estão aqueles que morreram, referindo-se ao espírito, não ao corpo.[8] Deus já havia prometido a Abraão: *E tu irás para os teus pais em paz...* (15.15), e isso aconteceu na sua morte. Ir para os seus pais em paz ou ser reunido a seu povo não é somente uma reunião de corpos, mas das pessoas, e a reunião com os pais é a entrada na imortalidade.

Hansjörg Bräumer corrobora essa ideia dizendo que o além é o verdadeiro lar do ser humano, e o lado de cá são os anos da difícil peregrinação estrangeira, da qual o espírito volta para encontrar morada no círculo dos seus, que o aguardam. É o retorno do espírito para Deus, diferente do enterro, no qual o corpo é devolvido à terra: *e o pó volte à terra, como o era, e o espírito volte a Deus, que o deu* (Ec 12.7).[9] No Novo Testamento, o lugar de bem-aventurança dos salvos é chamado de *seio de Abraão* (Lc 16.22).

Em sexto lugar, *o sepultamento de Abraão* (25.9,10). Abraão foi sepultado pelos seus filhos Isaque e Ismael, na caverna de Macpela, no terreno que ele comprou para sepultar Sara. A ordem do nome de seus filhos aqui não é cronológica, mas teológica.[10] A reunião de Isaque e Ismael teria paralelo com a de Jacó e Esaú por ocasião da morte de Isaque (35.29).

Em sétimo lugar, *o herdeiro de Abraão* (25.11). Tendo Abraão morrido, a história da redenção continua na pessoa de Isaque, o herdeiro das promessas. A aliança de Deus foi estabelecida com Isaque (17.21; Rm 9.6-13). Deus o abençoou, e ele continuou habitando no mesmo lugar onde consumou seu casamento com Rebeca, próximo ao poço de Beer-Laai-Roi (16.14; 24.62).

A história de Ismael e seus descendentes (25.12-18)

Destacaremos três fatos importantes:

Em primeiro lugar, *os progenitores de Ismael* (25.12). Ismael é o filho mais velho de Abraão com Agar, a serva de Sara, sua mulher. Por catorze anos Abraão chegou a pensar que Deus cumpriria Sua promessa por intermédio dele, contudo, Deus cumpriu Sua palavra. Quando Abraão e Sara já estavam com o corpo amortecido para a paternidade e a maternidade, Deus lhes deu Isaque, o filho da promessa.

Em segundo lugar, *os filhos de Ismael* (25.13-16). Deus prometeu tanto a Abraão como a Agar fazer de Ismael um grande povo e cumpriu Sua promessa. Ele tornou-se pai de doze príncipes, que, por sua vez, tornaram-se pai de doze povos: Nebaiote, Quedar, Abdeel, Mibsão, Misma, Dumá, Massá, Hadade, Tema, Jetur, Nafis e Quedemá.

George Livingston diz que a genealogia aqui registrada é uma demonstração de que as promessas de Deus a Agar se cumpriram (16.12; 21.18). Os doze filhos de Ismael não só foram príncipes, mas seus seguidores encheram muitos acampamentos de tendas e se espalharam por vasto território. Foram nômades e percorreram a terra da fronteira leste do Egito (25.18), atravessando a Arábia Central, até a fronteira sul de Assur (Assíria) ao longo do rio Tigre.[11]

Hansjörg Bräumer diz ainda que os doze filhos de Ismael correspondem a doze chefes de tribos políticos e religiosos. Eles lideram as doze tribos ismaelitas, que eram, em parte, sedentárias e, em parte, nômades (25.16). Alguns tinham cidades fixas, moravam em vilas, e outros andavam de um lado para outro em acampamentos beduínos.[12] As tribos de Ismael guerrearam contra todas as tribos e povos com os quais elas tiveram contato. Os ismaelitas sempre afrontaram todos os seus inimigos, conforme profetizado pelo mensageiro de Deus antes mesmo do nascimento de Ismael (16.12).[13]

Em terceiro lugar, *a morte de Ismael* (25.17,18). Ismael viveu 137 anos; ao morrer, foi reunido ao seu povo. Embora tenha sido mandado embora da casa de Abraão com sua mãe quando tinha dezessete anos, conheceu o Deus de

Abraão e morreu nessa fé. Sua descendência habitou desde Havilá até Sur, nas proximidades do Egito, na rota que vai para a Assíria. Eles se estabeleceram fronteiros a todos os seus irmãos.

A história de Isaque e Rebeca (25.19-26)

No livro de Gênesis, a vida de Isaque é ofuscada pela fé ousada de seu pai, Abraão, e pelas qualidades dramáticas da vida de seu filho, Jacó. Boice, citando Griffith Thomas, diz que Isaque era o filho ordinário de um grande pai e o ordinário pai de um grande filho.[14] Dos patriarcas Abraão, Isaque e Jacó, Isaque é o mais passivo; entretanto, ele foi uma ponte sólida entre essas duas gerações.[15]

Destacaremos alguns pontos:

Em primeiro lugar, *a oração de Isaque por Rebeca* (25.19-21). Isaque casou-se com Rebeca quando tinha quarenta anos de idade e orou por ela vinte anos até que ela concebesse. Isaque é o único patriarca monogâmico. Rebeca era estéril. O Senhor ouviu-lhe as orações, e Rebeca concebeu. Se Abraão esperou 25 anos para que Deus abrisse a madre de Sara, Isaque orou vinte anos para que Deus fizesse o mesmo com Rebeca, o que mostra que a paciência e a perseverança na oração era uma marca de Isaque. Jacó teve de trabalhar catorze anos para conseguir Raquel, e José precisou esperar 22 anos para encontrar sua família. Nosso tempo está nas mãos de Deus, como diz o salmista: *Nas tuas mãos, estão os meus dia*s... (Sl 31.15).

Em segundo lugar, *a angústia de Rebeca* (25.22,23). Rebeca não apenas ficou grávida, mas grávida de gêmeos. Os filhos lutavam dentro do seu ventre, a ponto de angustiá-la e levá-la a desesperar-se da própria vida. Nesse caudal de dor, Rebeca consulta o Senhor, buscando discernimento por intermédio da oração. Deus lhe responde, dizendo que havia duas nações no seu ventre, dois povos nascidos dela, que haveriam de se dividir. Deus disse ainda que um povo seria mais forte que o outro e que o mais velho serviria ao mais moço. Essa revelação expressa a soberana escolha de Deus, como esclarece o apóstolo Paulo em Romanos 9.11,12.

Em terceiro lugar, *os filhos gêmeos de Isaque e Rebeca* (25.24-26). No dia de Rebeca dar à luz, o primogênito nasceu ruivo, revestido de pelo; então, deram-lhe o nome de Esaú. Depois nasceu o segundo, segurando no calcanhar de Esaú, por isso lhe deram o nome de Jacó. A essa altura, Isaque já era um homem de sessenta anos, e Abraão, seu pai, o avô de Esaú e Jacó, já atingira a fascinante idade de 160 anos.

A história de Esaú e Jacó (25.27-34)

A vida de Jacó, que abrange quase todo o restante do livro de Gênesis, é resumida com muita propriedade em Oseias 12.3.[16]

Sobre isso, destacamos cinco pontos:

Em primeiro lugar, *as diferenças entre Esaú e Jacó* (25.27). Esses dois irmãos, Esaú e Jacó, embora nascidos do mesmo ventre, gêmeos, eram muito diferentes, tanto na personalidade como nas habilidades e no destino. Esaú tornou-se um perito caçador e gostava da aventura de matar animais selvagens. Jacó, por sua vez, homem pacato, habitava em tendas. Tornou-se, à semelhança de seu avô e seu pai, um pastor de ovelhas. George Livingston diz que o caráter contrastante dos rapazes despertou gostos e desgostos nos pais, que tenderam a colocar uma cunha emocional entre eles.[17]

Derek Kidner, por sua vez, diz que as duas personalidades são opostos absolutos, como eventualmente o seriam as duas nações.[18] Esaú é o pai da nação de Edom, ao passo que Jacó é o pai da nação de Israel.

Em segundo lugar, *o erro de Isaque e Rebeca na criação de Esaú e Jacó* (25.28). Isaque e Rebeca cometeram um erro primário na educação de seus filhos, isto é, tiveram predileção por um filho em detrimento do outro, e, assim, jogaram um filho contra o outro. Colocaram uma cunha no relacionamento deles e abriram uma fenda de animosidade entre os filhos, dividindo, assim, seu próprio lar.

Em terceiro lugar, *a esperteza de Jacó* (25.29-34). Jacó demonstra esperteza, falta de compaixão e falta de hospitalidade com seu irmão, que chega do campo faminto e pede-lhe um bocado de seu cozido vermelho. Jacó, que já buscava uma oportunidade para comprar o direito de primogenitura, faz duas investidas contra o irmão: requer primeiro que o irmão lhe venda o direito de primogenitura e, depois, que faça isso sob juramento. O preço? Um mísero prato de lentilhas. Jacó aproveita a fraqueza de seu irmão e sua urgente necessidade para, astuciosamente, comprar o seu direito de primogenitura.

Bruce Waltke tem razão em dizer que o primogênito mantinha a posição de honra no seio da família, tanto que Israel, como primogênito de Deus, recebe uma posição de honra entre as nações (Êx 4.22; Jr 31.9). O primogênito da madre (Êx 13.2; Dt 15.19) e as primícias do solo (Dt 18.4; Ne 10.38,39) pertencem singularmente ao Senhor. O primogênito desfruta de *status* privilegiado (43.33; 49.3) e o direito de sucessão (2Cr 21.3); assim, por sua primogenitura, ele recebe uma porção dobrada da herança paterna (Dt 21.17).[19]

Em quarto lugar, *o desprezo fatal de Esaú* (25.29-34). Se Jacó revelou-se cruel na compra do direito de primogenitura, Esaú revelou-se fraco e, de forma irreverente, julgou mal o valor de sua primogenitura. Concordo com as palavras de George Livingston: "Esaú comerciou valores eternos por satisfação temporal" (25.31,32).[20]
Esaú era um homem profano. Jacó suplanta Esaú, e Esaú despreza o seu direito de primogenitura. Dava mais valor à satisfação de seu apetite do que aos valores espirituais. Ao trocar seu privilégio por um prato de comida, revelou que o que vendeu a Jacó não tinha real valor para ele. O autor aos Hebreus registra esse fato da seguinte maneira: *nem haja algum impuro ou profano, como foi Esaú, o qual, por um repasto, vendeu o seu direito de primogenitura. Pois sabeis também que, posteriormente, querendo herdar a bênção, foi rejeitado, pois não achou lugar de arrependimento, embora, com lágrimas, o tivesse buscado* (Hb 12.16,17).

Em quinto lugar, *a eleição da graça* (25.23). Henry Morris diz que os homens normalmente pensam que os filhos primogênitos deveriam receber maior honra e herança, mas Deus não necessariamente trabalha por essas vias. Na linhagem messiânica, é significativo que nem Sete, nem Isaque, nem Jacó, nem Judá, nem Davi foram primogênitos.[21] Essa trama familiar, portanto, longe de frustrar o propósito divino, apenas a confirma. A eleição divina é incondicional. Deus amou a Jacó e aborreceu a Esaú (Ml 1.2,3). O apóstolo Paulo deixa isso claro:

> *E não ela* [Sara] *somente, mas também Rebeca, ao conceber de um só, Isaque, nosso pai. E ainda não eram os gêmeos nascidos, nem tinham praticado o bem ou o mal (para que o propósito*

de Deus, quanto à eleição, prevalecesse, não por obras, mas por aquele que chama), já fora dito a ela: O mais velho será servo do mais moço. Como está escrito: Amei Jacó, porém me aborreci de Esaú (Rm 9.10-13).

Concluo este capítulo com as palavra de Bruce Waltke, quando diz que Deus exibe Seu soberano controle sobre Adão e Eva (3.15), os descendentes de Noé (9.25-27), a carreira de Abraão (12.1-3), Jacó e Esaú (27.27-29,39,40) e José (37.1-11). O comando divino da história patriarcal é também uma afirmação a nós de que Deus controla toda a históriap, incluindo a nossa.[22]

Notas

[1] WALTKE, Bruce K. *Gênesis*, 2010, p. 414.
[2] MORRIS, Henry M. *The Genesis Record*, 2006, p. 408.
[3] BRÄUMER, Hansjörg. *Gênesis*, vol. 2, 2016, p. 41.
[4] WIERSBE, Warren W. *Comentário bíblico expositivo*, vol. 1, 2006, p. 147-148.
[5] Ibidem, p. 150.
[6] BRÄUMER, Hansjörg. *Gênesis*, vol. 2, 2016, p. 42.
[7] KIDNER, Derek. *Gênesis: introdução e comentário*, 2006, p. 139.
[8] WIERSBE, Warren W. *Comentário bíblico expositivo*, vol. 1, 2006, p. 146.
[9] BRÄUMER, Hansjörg. *Gênesis*, vol. 2, 2016, p. 43.
[10] WALTKE, Bruce K. *Gênesis*, 2010, p. 421.
[11] LIVINGSTON, George H. *O livro de Gênesis*, in: *Comentário bíblico Beacon*, vol. 1, 2015, p. 78.
[12] BRÄUMER, Hansjörg. *Gênesis*, vol. 2, 2016, p. 44.
[13] Ibidem, p. 45.

[14] BOICE, James Montgomery. *Genesis*, vol. 2, 1998, p. 745.
[15] LIVINGSTON, George H. *O livro de Gênesis*, in: *Comentário bíblico Beacon*, vol. 1, 2015, p. 79.
[16] KIDNER, Derek. *Gênesis: introdução e comentário*, 2006, p. 140.
[17] LIVINGSTON, George H. *O livro de Gênesis*, in: *Comentário bíblico Beacon*, vol. 1, 2015, p. 80.
[18] KIDNER, Derek. *Gênesis: introdução e comentário*, 2006, p. 141.
[19] WALTKE, Bruce K. *Gênesis*, 2010, p. 447.
[20] LIVINGSTON, George H. *O livro de Gênesis*, in: *Comentário bíblico Beacon*, vol. 1, 2015, p. 80.
[21] MORRIS, Henry M. *The Genesis Record*, 2006, p. 413.
[22] WALTKE, Bruce K. *Gênesis*, 2010, p. 441.

Capítulo 30

Deus transforma crises em triunfo
(Gn 26.1-35)

A CRISE ESTÁ PRESENTE nas cortes, nos palácios, nos parlamentos, na indústria, no comércio, nas instituições, nas famílias e nas igrejas. Os desastres naturais provocados pelas secas, pelas enchentes, pelos maremotos, pelos terremotos e pelas pandemias deixaram marcas profundas, prejuízos incalculáveis e centenas de milhares de pessoas mortas.

A terra prometida a Abraão e seus descendentes, destinada a transbordar leite e mel, era repetidamente assolada pela seca e pela fome.[1] O texto apresentado fala de Isaque enfrentando uma fome que assolava a terra. Nesse tempo, o Egito era o celeiro do mundo, e era nas terras férteis irrigadas do Nilo que as pessoas buscavam refúgio nesses tempos. Deus, porém, ordena a Isaque não descer ao Egito, mas a permanecer na terra de Gerar.

Isaque obedece a Deus e permanece na terra de Gerar, e ali semeia no deserto e colhe a cento por um. Cava poços, encontra água no deserto e torna-se um homem rico. Depois lida com a inveja e a intriga e precisa sair, mas sai em paz, e Deus o honra, fazendo que seus inimigos o procurem para se reconciliarem com ele.

Bruce Waltke diz que a cena registrada nessa passagem progride desde a existência precária até a segurança e riquezas, movendo-se da fome (26.1) para um poço de abundância (26.33), do medo de violência da parte dos homens de Gerar (26.6,7) para um pacto com eles (26.28-31) e do conflito para a paz (26.31).[2]

O texto em apreço ensina-nos importantes princípios:

Siga a orientação de Deus em vez de fugir (26.1-6)

Destacamos aqui quatro fatos:

Em primeiro lugar, *na crise somos desafiados a lutar pela própria sobrevivência* (26.1). A fome forçou Isaque a sair da terra semiárida do sul e oeste de Canaã para buscar pastagem ao longo da planície costeira a leste do mar Mediterrâneo.[3] A crise medonha cerca-o por todos os lados. Ele está enfrentando um problema real, grave e aparentemente insolúvel. A terra está assolada pela fome e a seca severa se instala. A semente não germina, e a terra se transforma numa cova de morte em vez de num cenário de vida. Nesse tempo, ele devia habitar em Beer-Laai-Roi (24.62). Isaque não ficou lamentando; ele saiu, moveu-se e foi ter com Abimeleque, rei dos filisteus, em Gerar.

Em segundo lugar, *na crise, não podemos buscar atalhos sedutores* (26.2). Fugir na hora da crise pode ser perigoso. Isaque é exortado por Deus a não descer ao Egito, até porque fugir nem sempre é a solução. Abraão, seu pai, desceu ao Egito e lá quase perdeu sua família. José, seu neto, mais tarde seria tentado no Egito pela mulher de Potifar. Elimeleque, em tempo de fome, saiu de Belém, a Casa do Pão, e encontrou a doença e a morte em Moabe (Rt 1.1-5). Isaque foi tentado a descer ao Egito, lugar de fartura e riquezas fáceis. Queremos soluções rápidas, fáceis e sem dor, mas Deus diz a ele: [...] *Não desças ao Egito*... (26.2).

Concordo com Warren Wiersbe quando diz que o lugar mais seguro do mundo é dentro da vontade de Deus, pois a vontade de Deus nunca nos conduz a um lugar em que Sua graça deixe de prover o que necessitamos. A incredulidade pergunta: "Como posso sair dessa situação?", enquanto a pergunta da fé é: "O que posso aprender com essa situação?"[4]

Cuidado para não transigir com os valores de Deus na hora da crise. Cuidado para não tapar os ouvidos à voz de Deus na hora do aperto. É melhor você desistir dos seus planos para seguir o projeto de Deus. Recusar a imediata abundância do Egito por bênçãos das mais invisíveis (26.3) e remotas (26.4) exigiu de Isaque a espécie de fé exaltada em Hebreus em 11.9,10 e comprovou que ele era um verdadeiro filho de seu pai.[5] Estou de acordo com o que diz Waltke: "Visto que o Egito é uma tradicional fonte de alimento, permanecer em Gerar é questão de fé".[6]

Em terceiro lugar, *na crise, precisamos tirar os olhos das circunstâncias e pô-los nas promessas de Deus* (26.2-5). Essa é a primeira vez que Deus aparece a Isaque. Deus não apenas lhe deu uma ordem expressa de não descer ao Egito e ficar na terra que Ele lhe dissesse, mas também lhe fez ricas promessas. Bräumer diz que a ordem para "habitar", *schachan* (26.3), significa "morar temporariamente", diferente de "morar definitivamente", *jaschab*. Isaque era estrangeiro na terra de Gerar, isto é, morou temporariamente ali, sem os direitos dos nativos.[7]

Na crise, é tempo de ser orientado pelas promessas de Deus, não pelos prognósticos pessimistas. É como diz Bräumer: "Na época da fome, Isaque teve que aprender: Deus anula as obviedades e confirma sua promessa".[8] Deus faz três promessas a Isaque (26.2-4): 1) Eu serei contigo (presença); 2) Eu te abençoarei (providência); 3) Eu te multiplicarei (descendência). Depois, Deus lhe dá a razão pela qual está lhe fazendo promessas: [...] *Abraão obedeceu à minha palavra e guardou os meus mandamentos, os meus preceitos, os meus estatutos e as minhas leis* (26.5).

Em quarto lugar, *na crise, precisamos obedecer a Deus sem racionalizações* (26.6). Deus tem duas ordens para Isaque: *Não desças ao Egito* (26.2) e *fica na terra de Gerar* (26.2,6). Isaque não discute, não questiona, não racionaliza, não duvida. Isaque obedece prontamente, pacientemente. Ele aprendeu com Abraão, seu pai. Deus lhe dissera: Abraão, sai da sua terra e do meio de sua parentela, e ele saiu. Abraão, vá a Moriá, e ele foi. Abraão, ofereça seu filho em sacrifício, e ele ofereceu. Abraão, não estenda a mão sobre o menino, e ele obedeceu. O caminho da obediência é o caminho da bênção, portanto, na crise, não fuja de Deus; obedeça-Lhe!

Não transija com os valores absolutos de Deus (26.7-11)

Alguns estudiosos acreditam que essa história é anacrônica, pois, se Isaque e Rebeca tivessem filhos, seu casamento teria sido evidente aos filisteus desde o início. Bruce

Waltke é da opinião de que o narrador amiúde arranja as cenas por meio de interesses poéticos e teológicos em vez de cronologia.⁹ Dois pontos são dignos de destaque:

Em primeiro lugar, *a mentira contada* (26.7). Os grandes homens também têm os pés de barro. Isaque repete o mesmo pecado de mentira que Abraão, seu pai, praticou na mesma geografia e sob as mesmas circunstâncias (12.10-13; 20.1,2). Isaque mentiu para salvar a sua pele, demonstrando que amava mais a si do que à esposa. A Palavra de Deus diz: *No amor não existe medo; antes, o perfeito amor lança fora o medo. Ora, o medo produz tormento; logo, aquele que teme não é aperfeiçoado no amor* (1Jo 4.18). Isaque estava preocupado com a sua segurança, não com os sentimentos da sua mulher, uma vez que negou o mais sagrado dos relacionamentos: a união conjugal. Isaque foi covarde na hora em que precisava ser mais corajoso e colocou a sua mulher no balcão dos desejos e na vitrine da cobiça, usando um dote físico da esposa, a beleza dela, como um fator de risco para ela. Ao contrário de Sara, Rebeca não foi sequestrada para o harém do rei filisteu, mas isso não tornou Isaque menos culpado que seu pai.

Em segundo lugar, *a mentira descoberta* (26.8,9). A mentira contada (26.7) tornou-se mentira descoberta (26.8,9). A mentira tem pernas curtas; é manca e não consegue ir muito longe. É sempre fraca, não importa quão forte pareça.

Os grandes homens têm os pés de barro e também podem ser incoerentes. As carícias na intimidade eram uma contradição da negação do compromisso em público. Isaque só era marido dentro do quarto. Fora dos portões, não tinha coragem de assumir a sua mulher, o que certamente feriu o coração de Rebeca. Daí para a frente, o diálogo morreu na vida desse casal, e eles passaram a velhice na solidão. Jogaram um filho contra o outro e sofreram amargamente as consequências. A velhice de Isaque foi vivida com a ausência de Jacó, a revolta de Esaú e a falta de diálogo com Rebeca.

Isaque tinha acabado de ouvir lindas promessas de Deus referentes à sua família (26.3-5) e, em seguida, comete três graves pecados contra sua esposa: mentira, egoísmo e medo. As vitórias de ontem não servem para hoje, portanto, é preciso vigiar sempre!

Em terceiro lugar, *a mentira reprovada* (26.10,11). A mentira contada (26.7) tornou-se mentira descoberta (26.8,10), e a mentira descoberta tornou-se mentira reprovada (26.10). Grandes homens podem ser corrigidos até mesmo pelos ímpios. Isaque, o patriarca, é exortado e corrigido pelo rei dos filisteus. Em vez de ser um exemplo, é motivo de escândalo, e, em vez de dar testemunho para os ímpios, é disciplinado por eles. A proteção de Isaque não advém de seus méritos, mas apesar de seus deméritos (26.11).

Faça o ordinário e espere o extraordinário de Deus (26.12-14)

Isaque semeou na terra ordinariamente e fez uma colheita extraordinária. Nesse aspecto, destacamos dois pontos:

Em primeiro lugar, *semeia na sua terra ordinariamente* (26.12). Muitos podiam dizer: Aqui não chove. A terra é seca. Aqui não tem água. Não vai dar certo. Outros já tentaram e fracassaram. Não tem jeito, jamais vamos sair dessa crise. Isaque recusou-se a aceitar passivamente a decretação do fracasso e desafiou o tempo, as previsões, os prognósticos, a lógica: *Semeou Isaque naquela terra...* (26.12). Pare de reclamar! Semeie na sua terra, no seu casamento, nos seus filhos, no seu trabalho e também na sua igreja, não importa se hoje o cenário é de um deserto.

Lance suas redes em nome de Jesus. Lance o seu pão sobre as águas. Ande pela fé.

Em segundo lugar, *espere uma colheita extraordinária de Deus* (26.12-14a). Isaque colheu a cento por um (26.12), mas não porque a terra era fértil ou porque ele havia aplicado as melhores técnicas da agricultura, mas *porque o* SENHOR *o abençoava* (26.12b). Está escrito: *Enriqueceu-se o homem, prosperou, ficou riquíssimo; possuía ovelhas e bois e grande número de servos* ... (26.13,14a). Isaque tornou-se um próspero empresário rural. A razão? Porque o Senhor o abençoava (26.12b). A intervenção sobrenatural de Deus não anula a ação natural do homem: Isaque experimentou o milagre de Deus na crise. Mas ele não prosperou na passividade, pois cavou poços, plantou, investiu, trabalhou – resumindo, ele foi um empreendedor. É hora de parar de falar em crise e arregaçar as mangas. É hora de parar de reclamar e começar a trabalhar com afinco. Há uma profunda conexão entre a diligência humana e a bênção de Deus, entre trabalho e prosperidade (Pv 10.4; 13.4; 28.19).

Proteja o seu coração da amargura em vez de brigar pelos seus direitos (26.14b-17,20,21)

O seu crescimento vai incomodar alguém. As pessoas à sua volta não se alegrarão com o seu sucesso, pois é mais fácil chorar com os que choram do que alegrar-se com os que se alegram. Isaque tinha controle de seus sentimentos, e sua paz de espírito era melhor do que riqueza. Isaque enfrentou: 1) a inveja dos filisteus (26.14,15); 2) a suspeição e rejeição de Abimeleque (26.16); e 3) a contenda dos pastores de Gerar (26.20,21).

Isaque vive a realidade de uma cidade hostil e de campos sem água. Os poços antigos foram entulhados e os novos são disputados. O rei dos filisteus o expulsa da cidade de Gerar, e, além disso, a inveja dos filisteus e a rejeição do rei Abimeleque trazem a Isaque grandes desafios. George Livingston destaca que, em vez de os filisteus aprenderem os novos e importantes métodos de agricultura com Isaque, tolamente foram entulhando os seus poços e expulsando o patriarca para outro lugar.[10]

As pessoas normalmente não se alegram quando você prospera, ou seja, inveja, rejeição e contenda são tensões que você precisa enfrentar. Como Isaque enfrentou a inveja, a rejeição e a contenda? Com paciência! Quando Abimeleque mandou-o sair, ele saiu. Quando os filisteus encheram os seus poços de entulho, ele saiu e abriu outros poços. Quando os pastores de Gerar contenderam para tomar os dois poços novos, ele não discutiu e seguiu em frente para abrir o terceiro poço. Ele teve uma reação transcendental (Mt 5.39-42). Isaque nos ensina que é melhor sofrer o dano do que entrar numa briga buscando os nossos direitos (1Co 6.7) e que também é impossível ser verdadeiramente próspero sem saúde emocional. Não há coração pacificado sem o exercício do perdão.

Isaque não é homem de briga, por isso prefere sair do lugar do conflito e buscar novos horizontes (26.17). A paz de espírito é melhor do que riquezas. Vencer um embate e perder a paz é consumada derrota.

Na crise, busque velhas e novas possibilidades (26.18-22)

Destacamos aqui quatro importantes lições:

Em primeiro lugar, *reabra os poços antigos* (26.18). Isaque aprende com a experiência dos mais velhos. Ele não chama especialistas para cavar poços; em vez disso, reabriu as fontes de vida que abasteceram os seus pais. Precisamos redescobrir as fontes de vida que nossos pais beberam e que foram entulhadas pela corrupção dos tempos e cavar esses poços outra vez, pois lá tem água boa, tem mananciais. Precisamos voltar a reunir a família em torno da Palavra, precisamos orar juntos, precisamos voltar a fazer o culto doméstico e, também, precisamos voltar às antigas veredas em vez de ficar flertando com as novidades do modernismo teológico. Não estamos precisando de novidades, de correr atrás de cisternas rotas. Precisamos do antigo evangelho.

Warren Wiersbe, nessa mesma linha de pensamento, escreve:

> A igreja vive buscando alguma coisa nova quando, na verdade, tudo o que precisamos é cavar novamente os antigos poços de vida espiritual que têm sustentado o povo de Deus desde o começo — a Palavra de Deus, a oração, a adoração, a fé, o poder do Espírito, o sacrifício e o serviço —, poços que permitimos que o inimigo tapasse. Sempre que houve um reavivamento espiritual de poder na história da igreja, foi porque alguém cavou novamente os velhos poços, de modo que o Espírito vivificador de Deus tivesse liberdade de operar.[11]

Isaque tirou os entulhos dos filisteus para que a água pudesse jorrar. Isaque compreende uma verdade sublime: havia água nos poços, mas ela não podia ser aproveitada. Primeiro, era preciso tirar o entulho dos filisteus. Deus tem para nós fontes, rios de água viva, e nós não os recebemos porque há entulho para ser tirado.

Em segundo lugar, *cave novos poços* (26.19). Isaque tornou-se um especialista em cavar poços. Quando estamos vivendo num deserto, precisamos nos tornar especialistas em derrotar crises. Isaque começou a cavar poços – cavou sete poços. Ele se especializou no que fazia, busca um milagre, mas está pronto a suar a camisa; enfim, ele vai à luta e se torna doutor em cavar poços no deserto, prosperando quando todo mundo está reclamando da crise e da fome.

Em terceiro lugar, *abra mão de seus direitos* (26.20,21). Os filisteus entulharam os poços antigos que Abraão havia cavado (26.18) e os novos poços que Isaque havia cavado (26.19-21). Isaque cavava poços, e os filisteus entulhavam seus poços. Eles estavam decididos a roubar sua riqueza, sua posição e sua reputação, mas Isaque ia para a frente e cavava novos poços, e os filisteus vinham atrás entupindo seus poços. Quando os servos de Isaque acharam um poço de água nascente no vale, os pastores de Gerar contenderam com os pastores de Isaque, reivindicando o direito de posse da água. O poço recebeu o nome de *Eseque*, porque contenderam com ele (26.19,20). Eseque significa o poço do conflito ou negócio conflituoso.[12] Então, os servos de Isaque cavaram outro poço e, de igual modo, por causa desse poço os filisteus voltaram a contender. Por isso, o poço recebeu o nome de *Sitna* (26.21), que *Sitna* tem parentesco com "Satanás", "acusador", "inimigo". Portanto, esse poço chama-se *lugar da inimizade*.[13] Em vez de Isaque entrar no conflito, defendendo seus direitos, ele foi adiante para cavar novos poços.

Em quarto lugar, *a prosperidade vem de Deus* (26.22). Isaque partiu dali e cavou um novo poço e encontrou água. Os filisteus desistem de contender com ele. É como diz o adágio popular: "Quando um não quer, dois não brigam". Ao novo poço, deu-lhe o nome de *Reobote*, dizendo: [...] *Porque agora nos deu lugar o* SENHOR, *e prosperaremos na terra* (26.22). O nome Reobote é religioso, e seu significado literal é "amplos espaços".[14]

Isaque abriu novos poços, mostrando que não se contentava com as experiências do passado; ele queria mais (26.32). Isaque era um homem empreendedor e queria mais. Precisamos aspirar a mais do que os nossos pais aspiraram e precisamos avançar mais do que eles avançaram. Os melhores dias não ficaram para trás; estão pela frente, portanto, nada de saudosismo. Não podemos deixar que as experiências do passado sejam o limite máximo das nossas buscas e não podemos jogar o passado fora nem idolatrá-lo. A história é dinâmica, e isso significa que devemos aprender com o passado, viver no presente, com os olhos no futuro.

Isaque saiu da terra dos filisteus e foi para o vale de Gerar. Depois foi para Reobote e, então, para Berseba. Mas, aonde vai, cava poços, pois quer água no deserto. Berseba antes era um deserto, mas agora é uma cidade, porque Isaque achou água ali. Não idolatre o passado; faça novos investimentos para o futuro. Isaque não ficou limitado a reabrir os poços antigos; em vez disso, ele abriu novos poços. Somos uma igreja histórica, mas não vivemos só de história. Nossas raízes estão no passado, mas nossos olhos estão no futuro. Somos gratos pelo passado, mas precisamos fazer novos avanços para o futuro, e o melhor de ontem deve ser a medida mínima para o futuro.

Na crise, é tempo de levantar altares, não apenas de cavar poços (26.23-25).

De volta à vida seminômade, Isaque chegou com sua caravana a Berseba, o lugar onde Abraão tinha feito um acordo com Abimeleque, de Gerar (21.22-34). Em Berseba, Deus apareceu pela segunda vez a Isaque, renovando-lhe Suas promessas por amor a Abraão (26.23,24). Isaque responde a Deus, levantando ali um altar para invocar o nome do Senhor (26.25). Em Berseba, Isaque armou sua tenda, e mais um poço foi aberto. Ele erige o altar antes mesmo de armar sua tenda. Primeiro, adora a Deus e, depois, vem o seu conforto. Isaque não era apenas um homem próspero, mas também um homem piedoso que misturava liturgia e trabalho. Ele levantava altares no seu trabalho, levava Deus para o seu trabalho e trazia o seu trabalho para Deus. Tudo que você faz na vida precisa ser um ato litúrgico, ou seja, você precisa trafegar da igreja para o trabalho com a mesma devoção. Sua segunda-feira precisa ser tão cúltica quando o culto de domingo, e, antes de receber o seu culto, Deus precisa se deleitar com a sua vida. Se no seu escritório, balcão, comércio, campo você não levanta altares a Deus, seu culto na igreja é vazio.

George Livingston lança luz sobre essa passagem quando diz que nos versículos 24 e 25 identificamos alguns elementos da felicidade humana: 1) adoração — *levantou ali um altar* (26.25); 2) vida familiar — *armou a sua tenda* (26.25); 3) segurança financeira — *os servos de Isaque abriram ali um poço* (26.25). 4) a presença de Deus — *Não temas, porque eu sou contigo* (26.24); 5) a bênção de Deus — *abençoar-te-ei* (26.24); 6) a promessa de Deus — *multiplicarei a tua descendência* (24.25).[15]

Na crise, é tempo de ver aqueles que lutaram contra você reconciliando-se com você (26.26-33)

O reaparecimento dos nomes Abimeleque e Ficol depois desse longo intervalo pode significar que eram nomes oficiais (20.2). A comitiva que vai a Berseba é composta de Abimeleque, Ausate e Ficol. *Ausate* significa "confidente", "amigo". Aqui não se trata de relacionamento pessoal, mas "oficial". Ausate era o conselheiro pessoal de Abimeleque. *Ficol* era o comandante de seu exército. *Ficol* pode ser traduzido por "porta-voz de todos", título dado aos comandantes do exército em Gerar. *Ausate* e *Ficol* não são nomes próprios, assim como *Abimeleque* é um título dos reis de Gerar. Ausate e Ficol são "nomes de cargos".[16]

Os filisteus procuram Isaque para se reconciliarem com ele e reconhecer que ele era o abençoado do Senhor (26.28). A situação tinha mudado desde a expulsão de Isaque, mas agora, Abimeleque queria "se proteger contra a imprevisibilidade de um homem abençoado pelo Deus Todo-poderoso e, por isso, pede um acordo de paz a Isaque".[17] É a primeira vez que a história dos patriarcas registra um acordo de paz formal.

Quando entregamos nossas causas nas mãos de Deus, não precisamos nos defender, pois Deus nos defende. Quando cuidamos da nossa piedade, Deus cuida da nossa reputação. Quando você teme a Deus, Ele reconcilia com você os seus inimigos (26.26-33). Abimeleque o expulsa, mas agora o procura, pede perdão e reconhece que ele é *o abençoado do* SENHOR (26.29), e Isaque o perdoa e firma com ele uma aliança, oferecendo um fidalgo banquete, o qual era um meio geralmente aceito para consolidar uma aliança (31.54).

O clímax desse tratado de paz foi a descoberta feliz de água em um poço recentemente escavado (26.32), fato que deu ensejo para Isaque ratificar o nome que Abraão dera ao lugar: Berseba, ou seja, o poço do juramento (26.33; 21.30,31).[18]

As vitórias fora dos portões nem sempre nos livram de tristezas dentro da família (26.34,35)

Isaque estava em paz com seus vizinhos, mas seu lar encontrava-se em pé de guerra. Esaú, o filho profano, aos quarenta anos de idade desligou-se conscientemente de seus pais, agiu deliberadamente contra eles e casou-se com duas mulheres pagãs, que deram muita tristeza a Isaque e Rebeca, exatamente no ano em que Isaque comemorava seu centenário de vida. As mulheres de Esaú chamavam-se Judite e Basemate. Mais tarde, só para provocar os pais, ele se casou com uma terceira mulher pagã (29.8,9). A decisão de Esaú, contrária à tradição de sua família (24.3), levou-o a separar-se conscientemente da "casa de Abraão" e das bênçãos espirituais da família. As mulheres de Esaú opuseram-se rebeldemente a Isaque e Rebeca, trazendo-lhes grande amargura de alma.

Tendo em vista a vida pecaminosa que Esaú levava, é de se perguntar por que Isaque desejava dar-lhe a bênção patriarcal 31 anos depois.[19] Certamente seus sentidos e apetites físicos sobrepujaram o discernimento espiritual. Derek Kidner diz que nessa informação há mais coisas do que os olhos podem ver, pois acentua a loucura de Isaque ao favorecer ainda Esaú com a chefia da família e prepara o terreno para o envio de Jacó a seus primos de Padã-Arã (27.46).[20] Esaú casou-se com quarenta anos. Trinta e sete anos depois é que Jacó saiu de casa, ou seja, aos 77 anos, ao trair seu irmão e enganar seu pai.

Notas

[1] BRÄUMER, Hansjörg. *Gênesis*, vol. 2, 2016, p. 59.
[2] WALTKE, Bruce K. *Gênesis*, 2010, p. 449.
[3] LIVINGSTON, George H. *O livro de Gênesis*, in: *Comentário bíblico Beacon*, vol. 1, 2015, p. 81.
[4] WIERSBE, Warren W. *Comentário bíblico expositivo*, vol. 1, 2006, p. 152.
[5] KIDNER, Derek. *Gênesis: introdução e comentário*, 2006, p. 142.
[6] WALTKE, Bruce K. *Gênesis*, 2010, p. 453.
[7] BRÄUMER, Hansjörg. *Gênesis*, vol. 2, 2016, p. 59.
[8] Ibidem, p. 60.
[9] WALTKE, Bruce K. *Gênesis*, 2010, p. 452.
[10] LIVINGSTON, George H. *O livro de Gênesis*, in: *Comentário bíblico Beacon*, vol. 1, 2015, p. 81.
[11] WIERSBE, Warren W. *Comentário bíblico expositivo*, vol. 1, 2006, p. 154.
[12] BRÄUMER, Hansjörg. *Gênesis*, vol. 2, 2016, p. 62.
[13] Ibidem, p. 63.
[14] Ibidem.
[15] LIVINGSTON, George H. *O livro de Gênesis*, in: *Comentário bíblico Beacon*, vol. 1, 2015, p. 82.
[16] BRÄUMER, Hansjörg. *Gênesis*, vol. 2, 2016, p. 65.
[17] Ibidem
[18] LIVINGSTON, George H. *O livro de Gênesis*, in: *Comentário bíblico Beacon*, vol. 1, 2015, p. 82.
[19] WIERSBE, Warren W. *Comentário bíblico expositivo*, vol. 1, 2006, p. 155.
[20] KIDNER, Derek. *Gênesis: introdução e comentário*, 2006, p. 144.

Capítulo 31

Uma família em conflito
(Gn 27.1-46; 28.1-9)

No dia 29 de julho de 1981, o príncipe Charles de Gales casou-se com *lady* Diana Spencer. O casamento ocorreu na Catedral de São Paulo, em Londres, Reino Unido. O noivo era o herdeiro do trono britânico e a noiva, uma jovem da família Spencer. Foi considerado o maior casamento real do século 20, transmitido pela televisão para milhões de pessoas em todo o mundo, mas aquele casamento glamoroso foi marcado por diversos desentendimentos, que culminaram no divórcio, em 1996. O casamento de Isaque e Rebeca também tinha tudo para dar certo, porém, o casal e seus filhos colocaram as próprias tramas e intrigas no lugar da fé.[1]

O sogro de Rebeca era Abraão, o pai da nação de Israel, amigo de Deus, profeta e herdeiro de uma grande promessa. Isaque, o marido, era homem pacato, piedoso, herdeiro único de uma grande fortuna e donatário das promessas da aliança. Rebeca, a esposa, era bela, trabalhadora, determinada, serva de Deus. O casamento deles foi fruto de oração e houve amor à primeira vista; além disso, oraram vinte anos até nascerem os filhos gêmeos. O plano de Deus para os seus filhos, progenitores de duas nações, foram anunciados aos pais antes mesmo de os filhos nascerem. A partir daí, porém, Isaque passou a ter predileção por Esaú, e Rebeca, por Jacó; assim, colocaram uma cunha de ciúmes e inimizades entre os filhos; além disso, agora Isaque já está velho, praticamente privado da visão, preso a um leito em sua tenda. O diálogo já havia cessado naquela família, e Rebeca escuta seu marido atrás da porta, mas já não mantém com ele uma conversa saudável. Isaque, desajuizadamente, quer interferir no plano de Deus e dar a bênção que pertence a Jacó a Esaú. Esse é o pano de fundo dessa narrativa. Vamos destacar cinco lições principais no texto:

ISAQUE — Quando a velhice não é sinal de sabedoria (27.1-4)

Isaque estava velho e não podia mais ver (27.1). Qual era a sua idade? Ele devia ter nesse tempo 137 anos, isso porque, quando Jacó saiu de casa, fugido de seu irmão, Esaú já tinha 37 anos de casamento com as filhas de Hete, tempo suficiente para Rebeca estar muito desgastada com suas noras (27.46).

Por que podemos dizer que Jacó tinha 77 anos de idade quando saiu de casa? Vejamos: ele passou vinte anos em Padã-Arã. Depois de servir catorze anos a Labão, nasceu José. Ainda serviu a Labão mais seis anos por seus rebanhos, voltando a Canaã quando seu filho José tinha 6 anos; portanto, Jacó tinha 97 anos quando retornou para a terra de seus pais.

Onze anos depois, José foi levado cativo para o Egito, aos 17 anos; então, Jacó estava nesse tempo com 108 anos. José passou treze anos sofrendo agruras no Egito, porém depois foi elevado ao governador daquela terra, passando sete anos de fartura e mais dois anos de fome, até levar sua família para o Egito. Se somarmos 13 + 7 + 2 = 22 anos. Se Jacó tinha 108 anos quando José foi para o Egito, agora ele tem 130 anos ao descer ao Egito com sua família (47.9), onde viveu dezessete anos e morreu com 147 anos (47.28).

Vale destacar que, mesmo estando Isaque já envelhecido e privado da sua visão aos 137 anos, quando abençoou Jacó, ele ainda viveu mais quarenta e três anos, pois morreu com 180 anos. É triste constatar que a cegueira física de Isaque se equipara à sua cegueira espiritual (25.23; 26.35; 27.3).

Feitos esses registros, voltemos à exposição da passagem apresentada. Destacamos aqui três pontos:

Em primeiro lugar, *Isaque tenta manipular os planos de Deus* (27.1-4). Isaque bem sabia o que Deus havia dito antes de Esaú e Jacó nascerem, há 77 anos, a saber, que *o mais velho servirá ao mais moço* (25.23). A despeito desse conhecimento, Isaque quer mudar o propósito de Deus, chamando Esaú à sua tenda para selar com ele uma bênção ao arrepio do plano divino.

Em segundo lugar, *Isaque tenta dar a Esaú a bênção de forma privativa e secreta, quando essa cerimônia era feita em público* (27.4). Isaque não só quer manipular Deus, mas também fazer isso longe dos olhos de Rebeca e Jacó, mesmo tendo ciências de que a bênção era uma ação pública

(49.1,28; 50.24,25; Dt 33.1). Bruce Waltke diz que o plano clandestino de Isaque (27.36) põe fogo numa floresta e transtorna a sua família.[2]

Henry Morris tem razão em dizer que a natureza secreta dos planos de Isaque demonstra que ele estava com vergonha do que estava fazendo, sabendo que Rebeca não aprovaria seu ato, por isso tinha pressa em abençoar Esaú antes que Rebeca fizesse qualquer interferência.[3] Isso nos mostra que a velhice de Isaque não lhe traz maturidade espiritual, mas rebeldia e subterfúgios. Derek Kidner diz que a frivolidade de Isaque é um escândalo, pois já fazia muito tempo que o seu paladar governava o seu coração (25.28) e silenciava a sua língua; porém, agora ele propõe-se a fazer de seu paladar o árbitro entre povos e nações (27.29).[4]

Em terceiro lugar, *Isaque coloca seu apetite acima dos valores espirituais* (27.3,4). Isaque sabia apreciar uma boa comida, e Esaú sabia agradar o apetite do pai. Assim, movido pelo apetite mais do que pelas coisas espirituais, Isaque quer criar a circunstância de um lauto banquete privado para abençoar o profano Esaú em lugar de Jacó, o escolhido de Deus. Nesse sentido, Waltke destaca que a palavra *caça* é repetida oito vezes, e *comida saborosa*, seis vezes, o que pressupõe que o foco do narrador é sobre a sensualidade de Isaque, não sobre o papel da refeição envolvida na bênção ritual, tendo em vista que a expressão *como aprecio* é geralmente usada para relações pessoais, tais como o amor de um homem por uma mulher (24.67; 29.18,20,30,32; 34.3).[5]

REBECA — Quando os fins justificam os meios (27.5-17)

Rebeca demonstra valores espirituais sólidos (25.23,29-34; 26.35; 27.46), mas seu método é deplorável. Deus não precisa de "ajuda" humana para cumprir Seus propósitos, tampouco referenda nossos métodos heterodoxos só porque nossos fins são legítimos. George Livingston faz uma retrospectiva da vida de Rebeca que lança luz sobre o assunto em pauta.

O papel de Rebeca na vida de Isaque começou em alto nível, mas deteriorou até chegar às profundezas do engano e do medo. Quando Rebeca aparece nas páginas da Bíblia, ela brilha como modelo de pureza (24.16), hospitalidade (24.18), boa vontade em trabalhar sem pensar em recompensa (24.18,20), capacidade de tomar decisões segundo a vontade manifesta de Deus (24.58). Além disso, ela foi corajosa ao trilhar caminhos não percorridos, dando-se a um noivo desconhecido (24.67), e hábil em consolar um homem solitário (24.67). Porém, conforme os filhos cresciam, Rebeca foi mudando e acabou reagindo à preferência de Isaque por Esaú concentrando seu afeto em Jacó (25.28). Na hora da dificuldade, quando ouviu os planos de Isaque abençoar Esaú, ela caiu moralmente aos pedaços, e então, toda a sua desenvoltura, a capacidade de tomar decisões rápidas e planejar um curso de ação foi deformada pelo medo — medo de que o seu filho preferido não fosse devidamente reconhecido. Assim, entregou-se aos dispositivos do engano (27.6-17) e aos estratagemas inteligentes perfeitamente camuflados por professa preocupação em uma companheira adequada para Jacó (27.46), pois, na realidade, sua ação era motivada por interesses egoístas: "Por que hei de eu perder os meus dois filhos" (27.45). Planejava chamar Jacó de volta para casa (27.45), mas a visão que teve do filho favorito indo embora foi a última imagem dele.[6]

Destacamos aqui três fatos:

Em primeiro lugar, *Rebeca não tem mais diálogo com o marido* (27.5). O casamento de Isaque e Rebeca havia se deteriorado; ou seja, não havia mais diálogo entre o casal, o que fica evidente pelo fato de que Rebeca escuta seu marido furtivamente atrás da porta. Isso nos ensina que comunicação é vital para um casamento saudável.

Em segundo lugar, *Rebeca busca a bênção legítima por meios ilegítimos* (27.6-10). Tendo Rebeca escutado atrás da porta a conversa de Isaque com Esaú, e sabendo que Isaque estava para dar iminentemente a bênção a Esaú, não a Jacó, rapidamente concebe um audacioso plano, tomando os destinos dessa providência em suas mãos e traça um plano ardiloso para alterar os fatos. Sua esperteza denuncia a fraqueza de sua fé, e seu expediente põe em cheque sua confiança na soberania de Deus. Ela quer a coisa certa, a bênção sobre Jacó, conforme o propósito de Deus, mas usa meios ilegítimos para alcançar seu objetivo, demonstrando que a ética que a governa é a de que os fins justificam os meios.

Rebeca envolve Jacó na trama, pedindo a ele que fosse ao rebanho e trazer dois bons cabritos para que ela mesma fizesse uma saborosa refeição para Isaque, como ele gostava. Em 97 anos de casada, ela conhecia bem os gostos do marido e intentava que, fazendo assim, Isaque abençoaria Jacó antes que Esaú chegasse de sua caçada. A Palavra de Deus é clara em dizer que esses expedientes usados por Rebeca retratam uma sabedoria terrena, não a sabedoria do alto: *Quem entre vós é sábio e inteligente? Mostre em mansidão de sabedoria, mediante condigno proceder, as suas obras. Se, pelo contrário, tendes em vosso coração inveja amargurada e sentimento faccioso, não vos glorieis disso, nem mintais contra a verdade. Esta não é a sabedoria que desce lá do alto; antes, é terrena, animal e demoníaca* (Tg 3.13-15).

Em terceiro lugar, *Rebeca induz Jacó à mentira e à traição*, assumindo toda responsabilidade das consequências

(27.11-17). Jacó tenta esquivar-se do plano de sua mãe, mostrando-lhe que seu pai descobriria a trama, uma vez que, mesmo Isaque não enxergando direito, poderia apalpá-lo e, nesse caso, ele receberia maldição, não bênção. Na verdade, Jacó não está com medo de pecar, e sim das consequências do pecado; não está com medo do flagrante, mas sim de ser apanhado na prática do crime (27.11,12). Sua mãe, entretanto, prossegue no plano e arrasta para si a possível maldição (27.13a; Mt 27.25), arriscando sua vida por suas convicções, ao mesmo tempo que insta com ele para a obedecer sem tardança (27.13b).

É digno de nota que o narrador perpetua a memória de Débora, sua ama, não a de Rebeca (35.8), e não deixa nenhuma nota da morte desta (23.1,2). No final de Gênesis, contudo, ele observa que foi dado a ela um honroso sepultamento com os demais patriarcas e matriarcas na caverna de Macpela (49.30).[7]

Bruce Waltke diz que aquele que mais tarde é capaz de lutar com Deus se digladia bem pouco com sua mãe ou com sua consciência.[8] Jacó faz sua parte no plano e traz os dois cabritos, e sua mãe prepara a refeição (27.14). Agora, era a hora do teatro: Jacó precisa se passar por Esaú, e, para isso Rebeca toma a melhor roupa de Esaú que ainda guardava em sua casa e veste Jacó (27.15); além disso, ela usa não apenas a carne do cabrito para a refeição, mas a pele dos dois cabritos para cobrir as mãos de Jacó e a lisura de seu pescoço (27.16). Então, Jacó ocupa a posição de um garçom e recebe de sua mãe a comida saborosa para levar a seu pai. Rebeca e Jacó estão mancomunados, agindo sinergisticamente, tentando dar uma ajuda a Deus, como se o Todo-poderoso dependesse de nossos frágeis e duvidosos meios de agir para cumprir Seus planos soberanos.

Boice diz que o complô de Rebeca e Jacó trouxe a ambos três consequências trágicas: primeira, Rebeca precisou enviar Jacó, seu filho favorito, a Labão, pensando que isso duraria apenas alguns dias, porém, ela nunca mais o viu; segunda, Jacó e Rebeca enganaram Isaque, e Jacó mais tarde foi duramente enganado tanto pelo seu sogro, com relação a Raquel, como pelos seus próprios filhos, no tocante a José; terceira, Jacó, que era o herdeiro das grandes riquezas de Abraão, seu avô, e de Isaque, seu pai, vai trabalhar como empregado de Labão por longos anos.[9] Resumindo, o pecado pode até ser perdoado, mas deixa suas cicatrizes.

JACÓ — Quando a mentira busca o que dá certo, não o que é certo (27.18-29)

As cortinas se abrem e o ator entra no palco; esse ator precisar mentir sobre seu nome, sobre os desejos de seu pai, sobre a sua "caça", sobre a providência do Senhor, sobre sua real identidade, sobre seu beijo. Nas palavras de Hansjörg Bräumer, Jacó se emaranhou numa teia de mentiras e enganos.[10] Algumas lições devem ser observadas no texto:

Em primeiro lugar, *Jacó mentiu sobre o seu nome* (27.18,19a). Jacó entra na tenda de seu pai e o saúda, e o cego Isaque, que dependia de sua audição, tato e olfato, logo faz uma primeira pergunta que é como uma espada em seu peito: *Quem és tu, meu filho?* (27.18). A resposta de Jacó é uma mentira gritante: *Sou Esaú, teu primogênito* (27.19).

Em segundo lugar, *Jacó mentiu sobre a comida* (27.19b). [...] *fiz o que me ordenaste. Levanta-te, pois, assenta-te e come da minha caça, para que me abençoes.* Há duas mentiras aqui: primeira, Isaque não havia dado nenhuma ordem a Jacó; segunda, Jacó não trazia uma caça para seu pai, mas a carne de dois cabritos; resumindo, ele mente sobre seu nome e também sobre a comida.

Em terceiro lugar, *Jacó mentiu sobre o Senhor* (27.20). Isaque questiona-o sobre a rapidez com que havia conseguido a caça, ao que Jacó, com a consciência fraca e de forma blasfema, responde com uma mentira em nome do Senhor, dizendo: [...] *Porque o* SENHOR, *teu Deus, a mandou ao meu encontro.*

Em quarto lugar, *Jacó mentiu por meio de seus disfarces* (27.21-23). Isaque, que já tinha sido enganado pela visão (27.1,18,19), agora é enganado pelo tato (27.21,23) e pela audição (27.21,22), mostrando que os disfarces de Jacó lograram êxito com seu pai e ele conseguiu arrancar sua bênção, mesmo Isaque imaginando que estava abençoando Esaú.

Em quinto lugar, *Jacó mentiu mais uma vez sobre sua identidade* (27.24,25). *E lhe disse: És meu filho Esaú mesmo? Ele respondeu: Eu sou* (27.24). Depois da dupla afirmação da identidade do "garçom" como Esaú, não como Jacó, Isaque passa a saborear o rico repasto: *Então, disse: Chega isso para perto de mim, para que eu coma da caça de meu filho; para que eu te abençoe. Chegou-lho, e ele comeu; trouxe-lhe também vinho, e ele bebeu* (27.25).

Em sexto lugar, *Jacó mentiu com um beijo* (27.26,27). Isaque, que já havia sido enganado pela visão, pelo tato e pela audição, agora é enganado pelo olfato, uma vez que, enquanto Jacó deposita em sua face o beijo da mentira, Isaque aspira ao cheiro da roupa de Esaú que Jacó trajava e passa a abençoá-lo.

Em sétimo lugar, *Isaque abençoa verdadeiramente a Jacó* (27.28,29). Dentro dessa tenda, tudo era mentira, exceto a bênção de Isaque a Jacó. Mesmo quando os homens tramam, o plano de Deus não pode ser frustrado, e ainda que os homens usem expedientes ilícitos, sofrerão certamente a consequência de seus atos insensatos; todavia, Deus sempre cumpre Sua soberana vontade. Vejamos a bênção de Isaque:

> *Deus te dê do orvalho do céu, e da exuberância da terra, e fartura de trigo e de mosto. Sirvam-te povos, e nações te reverenciem; sê senhor de teus irmãos, e os filhos de tua mãe se encurvem a ti; maldito seja o que te amaldiçoar, e abençoado o que te abençoar* (27.28,29).

Quais são as particularidades dessa bênção?

1. Prosperidade (27.28). Deus promete orvalho do céu, exuberância da terra e fartura de trigo e de mosto, os quatro elementos que simbolizam a prosperidade do campo nas riquezas agropastoris.

2. Domínio (27.29). Israel haveria de se tornar uma nação poderosa, e muitos povos haveriam de servir a ele.

3. Liderança (27.29b). O povo de Israel seria cabeça, não cauda, seria servido em vez de servir; em suma, os descendentes de Esaú seriam servos dos descendentes de Jacó.

4. Proteção (27.29c). A bênção abraâmica é aqui repetida (12.3). Jacó e seus descendentes teriam a proteção divina, de modo que aqueles que os abençoassem seriam abençoados; aqueles que os amaldiçoassem seriam amaldiçoados.

ESAÚ — Um choro tardio de remorso, não de arrependimento (27.30-40)

A narrativa bíblica dá a entender que foi só Jacó sair da tenda de seu pai que Esaú chegou de sua caçada. Ele também fez uma comida saborosa para seu pai e levou a ele, dizendo: [...] *Levanta-te, meu pai, e come da caça de teu filho, para que me abençoes* (27.31). Destacamos aqui cinco fatos:

Em primeiro lugar, *o estremecimento de Isaque* (27.30-33). Isaque é tomado de uma profunda e violenta comoção ao perceber que havia sido enganado, que Jacó havia se passado por Esaú e sido abençoado em seu lugar, e que essa bênção era irrevogável. Derek Kidner diz que as palavras *e ele será abençoado* expressam mais que mera crença em que a palavra falada se faz cumprir; ele sabe que tem lutado contra Deus, como Esaú, e aceita a derrota.[11]

Em segundo lugar, *a amargura de Esaú* (27.34). Essa cena é marcada pelas explosões de raiva de Esaú.[12] Os gritos de terror de Esaú continham profundo amargor, pois ele sabe que a bênção sobre Jacó não pode ser revogada. Então, pede apenas *outra* bênção.[13] O autor aos Hebreus interpreta esse momento assim: *Nem haja algum impuro ou profano, como foi Esaú, o qual, por um repasto, vendeu o seu direito de primogenitura. Pois sabeis também que, posteriormente, querendo herdar a bênção, foi rejeitado, pois não achou lugar de arrependimento, embora, com lágrimas, o tivesse buscado* (Hb 12.16,17).

Em terceiro lugar, *a acusação a Jacó* (27.35,36). Jacó vira alvo da pesada acusação tanto do pai como do irmão. Isaque diz*:* [...] *Veio teu irmão astuciosamente e tomou a tua bênção* (27.35). Já Esaú acentuou: [...] *Não é com razão que se chama ele Jacó? Pois já duas vezes me enganou: tirou-me o direito de primogenitura e agora usurpa a bênção que era minha...* (27.36). Bruce Waltke está correto quando diz que Esaú se recusa a aceitar sua culpabilidade da mesma forma que Adão culpou a mulher (3.12).[14]

Em quarto lugar, *a reafirmação da bênção a Jacó* (27.37).
Esaú, amargurado, transforma suas queixas em súplicas e pergunta se o pai não havia reservado para ele nenhuma bênção, ao que Isaque lhe responde, reafirmando a bênção dada a Jacó: [...] *Eis que o constituí em teu senhor, e todos os seus irmãos lhe dei por servos; de trigo e de mosto o apercebi; que me será dado fazer-te agora, meu filho?*

Em quinto lugar, *o futuro destinado a Esaú e sua descendência* (27.38-40). Esaú, sem a bênção esperada do pai, chora, mas não de arrependimento, uma vez que toda a sua vida havia sido de desprezo à primogenitura e seu estilo de vida e suas escolhas eram uma demonstração de que era um homem profano (Hb 12.16,17). Seu pai não lhe priva de bênção, mas descortina diante dele o seu futuro: [...] *Longe dos lugares férteis da terra será a tua habitação, e sem orvalho que cai do alto. Viverás da tua espada e servirás a teu irmão; quando, porém, te libertares, sacudirás o seu jugo da tua cerviz* (27.39,40).

Esaú e seus descendentes, os edomitas, passarão sua vida como guerreiros. Hansjörg Bräumer lança luz sobre o futuro dos edomitas ao escrever:

> Antes da tomada da terra prometida pelas tribos de Israel, Edom era uma tribo independente e forte. Na época dos juízes em Israel, os edomitas tentaram se estabelecer no sul de Judá. Saul lutou contra os edomitas (1Sm 14.47). Davi conquistou Edom e transformou a região em um de seus domínios.
>
> Salomão casou-se com mulheres edomitas (2Rs 11.1). Edom conquistou uma relativa independência (1Rs 11.14,17-25), mas logo a perdeu novamente (1Rs 22.48). Sob o rei Josafá, os edomitas, aliados aos moabitas e amonitas (descendentes de Ló), foram derrotados (2Rs 3.8-12). Na época de Jeorão,

Edom libertou-se do domínio de Judá (2Rs 8.20-22), mas foi derrotado depois por Amazias (2Rs 14.7-10). Na guerra sírio--efraimita, Edom conquistou a cidade de Elate (2Rs 16.6). Edom desempenhou um papel decisivo na conquista de Jerusalém e na destruição do primeiro templo em 586 a.C. Edom invadiu Judá e saqueou a população. Chegou assim ao auge da inimizade entre Edom e seu povo irmão, os israelitas. Os profetas anunciaram o juízo vingativo de Deus sobre o arqui-inimigo.

Depois da queda de Jerusalém, os edomitas ocuparam todo o sul até Hebrom. Nessa época, impôs-se o nome grego "idumeus" para Edom. Judas Macabeu liderou várias campanhas militares contra os idumeus. João Hircano venceu os idumeus, forçou-os a se circuncidarem e incorporou-os ao Estado judeu.

O trágico papel dos edomitas/idumeus não terminou por aí. O rei Herodes, o Grande, era filho de um idumeu com uma princesa árabe. Herodes Antipas, um dos filhos de Herodes, o Grande, mandou decapitar João Batista. Além disso, ele planejava matar Jesus (Lc 13.31). Jesus chamou Herodes Antipas de raposa (Lc 13.32; Mc 8.15). Herodes Agripa I ordenou a decapitação de Tiago e a prisão de Pedro (At 12.1-11,19). Herodes Agripa II, filho de Herodes Agripa I, mandou trazer a si o prisioneiro Paulo. Depois de ouvi-lo, defendeu sua libertação (At 25.13—26.32).

A história de Edom é uma constante alternância entre submissão, libertação e nova submissão. Até a época do Império Romano, os edomitas, ou seja, os descendentes de Esaú, estiveram envolvidos na destruição do Estado judeu. As palavras de Isaque sobre Jacó e Esaú eram proféticas, e se concretizaram ao longo da história.[15]

ISAQUE E REBECA — A estratégia para tirar Jacó de casa (27.41-46; 28.1-9)

As artimanhas de Isaque e Rebeca revelaram-se trágicas para a saúde emocional da família, tendo em vista que sublimaram a relação conjugal, concentrando-se preferencialmente nos filhos e promovendo emulação entre eles. Agora, os dois já estão velhos e viverão sem a companhia dos filhos e a harmonia na família. Sobre isso, vale destacar quatro pontos aqui:

Em primeiro lugar, *o plano de Esaú de matar Jacó* (27.41). O fratricídio no coração de Esaú o identifica como a semente da serpente tão certamente como marcou a Caim e a Lameque (3.15; 4.8,23; Jo 8.44).[16] Porque Esaú não tem a bênção, quer impedir que seu irmão desfrute dela, desejando, assim, entrar pelo mesmo caminho de Caim e de Lameque.

Em segundo lugar, *o plano de Rebeca para proteger a vida de Jacó* (27.42-45). Rebeca está sempre bem informada sobre o que acontece na família. Ela sempre escuta as coisas e alerta Jacó sobre os planos assassinos de Esaú; além disso, ela, que não chama Esaú de seu filho, apenas de irmão de Jacó, e que havia sido a mentora de Jacó na trama contra o pai e o irmão, agora lidera novamente a decisão de tirá-lo de casa e enviá-lo a Harã, onde morava Labão, seu irmão. Rebeca pensa estar no controle da situação, e, em sua limitada visão, essa fuga deveria ser apenas por alguns dias, até que o furor de Esaú passasse, e depois ela mesma providenciaria o regresso de Jacó ao lar. O plano de Rebeca para a fuga do filho amado que era apenas para "alguns dias" durou vinte anos e ela nunca mais viu o rosto dele, pois, quando Jacó retornou, Rebeca já havia morrido (35.27).

O temor de Rebeca era perder os dois filhos num só dia, pois, se Esaú matasse Jacó, ele seria morto também, por ser culpado de crime de sangue (9.6). É digno de destaque, como já deixamos claro, que Jacó não é um adolescente nesse tempo, mas um homem de 77 anos, mas mesmo assim sua mãe, como matriarca, controlava seus passos e definia suas ações.

Em terceiro lugar, *o plano de Isaque e Rebeca de encontrar uma esposa adequada para Jacó* (27.46; 28.1-5). Rebeca dá uma tacada de mestre quando aproveita o momento para fazer uma censura velada a seu marido por seu injustificado favoritismo por Esaú e alertá-lo de que, se Jacó permanecesse em casa, com o risco de casar-se com uma das filhas de Hete, como fizera Esaú, sua vida estaria completamente acabada (27.46). Com isso, ela coloca no colo de Isaque a responsabilidade da decisão, e ele, então, chama Jacó e dá-lhe algumas orientações:

1. *Não tomarás esposa dentre as filhas de Canaã* (28.1). As mulheres de Esaú, cananeias, eram para Isaque e Rebeca amargura de espírito (26.34,35). A proibição de realizar casamentos mistos entre cristãos e não cristãos continua valendo para a igreja do Novo Testamento (2Co 6.14; 1Co 7.39).[17]

2. Ordena-o: *vai a Padã-Arã* [...] *e toma lá por esposa uma das filhas de Labão* (28.2). Nesse momento, a lucidez toma conta de Isaque, e ele dá uma sábia orientação a Jacó, seu filho. O intento de Rebeca é que Jacó não parta de casa como um fugitivo, mas contando com o apoio do pai no lar que deixa trás em direção ao abrigo da família da mãe.[18]

3. Reafirma a Jacó a bênção de Deus (28.3,4). A bênção que ele invoca sobre Jacó não é sua bênção, mas

> a bênção do Deus Todo-poderoso, ou seja, a bênção da aliança, que havia passado por Abraão, por ele e agora é transferida a Jacó como o portador da esperança messiânica.
> 4. Despede a Jacó rumo à terra de sua parentela (28.5). Jacó sai de casa com a bênção dos pais, ainda que fugido de seu irmão Esaú, e não sai sem rumo, mas com destino certo: a casa de Labão, onde haveria de passar seus próximos vinte anos.

Em quarto lugar, *o plano de Esaú para agradar tardiamente a seu pai* (28.6-9). Esaú mostra a tolice de uma percepção tardia. Ao cair a ficha de que seu casamento com duas mulheres cananeias desagradara a seus pais e era tormento para eles (26.34,35; 27.46), tenta reparar a situação casando-se com Maalate, uma parenta, filha de Ismael, meio-irmão de Isaque (28.9), mas isso, porém, tornou sua situação ainda pior. Matthew Henry diz que, com esse casamento, Esaú se uniu a uma família à qual Deus tinha rejeitado, procurando fortalecer, assim, as suas próprias pretensões com a ajuda de outra pretendente. E mais: ele tomou uma terceira esposa quando as outras ainda estavam vivas, e fez isso para agradar a seu pai, não a Deus.[19] Warren Wiersbe diz que a reação de Esaú ao fato de Jacó ter ido à casa de Labão para buscar uma esposa foi mais uma prova de que ele desprezava tudo o que era espiritual, pois saiu e tomou para si outra esposa, e uma vez que Jacó estava procurando uma esposa dentre as filhas de seu tio Labão, Esaú escolheu sua mulher da família de seu tio Ismael.[20]

Bruce Waltke ainda acrescenta que, a despeito dos desejos de Esaú serem de agradar a seu pai, faltava-lhe a perspicácia espiritual que o conectaria com sua família. Incrédulo, somente agora ele reconhece que casar com mulheres cananeias não é apropriado em sua família; na verdade, Esaú é um membro da família fora de prumo.[21]

Concluímos este capítulo dizendo que os quatro personagens da trama são culpados: Isaque sabia do oráculo pró-nascimento (25.33) e mesmo assim tentou frustrá-lo (27.29); Esaú, havendo concordado com o plano, quebrou seu juramento (25.33); e, por fim, Rebeca e Jacó, tendo justa causa, não se aproximaram de Deus nem do homem, não fizeram nenhum gesto de fé ou de amor e colheram o fruto do próprio ódio. Esses estratagemas rivais, entretanto, só conseguiram fazer *tudo o que a* [...] *mão e o* [...] *propósito* [de Deus] *predeterminaram* (At 4.28).[22]

Notas

[1] WIERSBE, Warren W. *Comentário bíblico expositivo*, vol. 1, 2006, p. 156.
[2] WALTKE, Bruce K. *Gênesis*, 2010, p. 464.
[3] MORRIS, Henry M. *The Genesis Record*, 2006, p. 430.
[4] KIDNER, Derek. *Gênesis: introdução e comentário*, 2006, p. 145.
[5] WALTKE, Bruce K. *Gênesis*, 2010, p. 464.
[6] LIVINGSTON, George H. *O livro de Gênesis*, in: *Comentário bíblico Beacon*, vol. 1, 2015, p. 85.
[7] WALTKE, Bruce K. *Gênesis*, 2010, p. 466-467.
[8] Ibidem, p. 466.
[9] BOICE, James Montgomery. *Genesis*, vol. 2, 1998, p. 761-762.
[10] BRÄUMER, Hansjörg. *Gênesis*, vol. 2, 2016, p. 73.
[11] KIDNER, Derek. *Gênesis: introdução e comentário*, 2006, p. 145.
[12] BRÄUMER, Hansjörg. *Gênesis*, vol. 2, 2016, p. 74.

[13] WALTKE, Bruce K. *Gênesis*, 2010, p. 469.
[14] Ibidem.
[15] BRÄUMER, Hansjörg. *Gênesis*, vol. 2, 2016, p. 76.
[16] WALTKE, Bruce K. *Gênesis*, 2010, p. 470.
[17] BRÄUMER, Hansjörg. *Gênesis*, vol. 2, 2016, p. 84-85.
[18] KIDNER, Derek. *Gênesis: introdução e comentário*, 2006, p. 146.
[19] HENRY, Matthew. *Comentário bíblico — Antigo Testamento (Gênesis a Deuteronômio)*, vol. 1, 2010, p. 145-146.
[20] WIERSBE, Warren W. *Comentário bíblico expositivo*, vol. 1, 2006, p. 160.
[21] WALTKE, Bruce K. *Gênesis*, 2010, p. 473.
[22] KIDNER, Derek. *Gênesis: introdução e comentário*, 2006, p. 144.

Capítulo 32

A revelação de Deus a Jacó e a resposta de Jacó a Deus
(Gn 28.10-22)

ANTES DE ENTRARMOS na exposição dessa passagem, deixo registrado aqui uma linha do tempo da vida de Jacó.

1. Ele sai da casa dos pais com 77 anos (28.10).
2. Serve a Labão durante catorze anos pelas duas mulheres (Lia e Raquel (31.41), quando nasce José e ele pede a Labão a permissão para voltar à sua terra (30.25,26). Quando José nasce, portanto, Jacó tem 91 anos.
3. Serve a Labão mais seis anos pelo seu rebanho, completando então vinte anos em Padã-Arã, quando então retorna à terra de seus pais

quando Jacó sai de Padã-Arã, ele está com 97 anos e José, com seis (31.41).

4. José é vendido por seus irmãos aos mercadores midianitas (37.28) com 17 anos (37.2). Se ele já tinha 6 anos quando saíram de Padã-Arã e agora tem 17, concluímos que entre a chegada de Jacó à terra prometida, com 97 anos, e a ida de José para o Egito, onze anos depois, que Jacó tinha 108 anos nesse tempo.

5. José sofre 13 anos no Egito, como mordomo de Potifar e prisioneiro, sendo levado ao poder do Egito com 30 anos (41.46). Depois temos sete anos de fartura (41.47) e mais dois anos de fome (45.6), quando sua família é levada por ele ao Egito (41.7-15). Se Jacó tinha 108 anos quando José foi para o Egito e vinte e dois anos depois Jacó sobe ao Egito, significa que ele tem 130 anos nesse tempo (47.9). Ou seja, 108 + 13 + 7 + 2 = 130.

6. Jacó fica mais dezessete anos no Egito e morre aos 147 anos (47.28). Quando Jacó morre, portanto, José tem 56 anos, pois nasceu quando seu pai tinha 91 anos.

7. Quando Jacó sai da casa de seus pais para Padã-Arã, com 77 anos, Esaú já tinha 37 anos de casado (26.34) e Isaque já estava com 137 anos de idade e com 97 anos de casado com Rebeca. Quando Jacó retorna, vinte anos depois, Rebeca já estava morta, e Isaque tinha 157 anos. Como Isaque morreu com 180 anos (35.28), Jacó ainda conviveu com seu pai mais 23 anos.

Voltemos, agora, à exposição do texto em pauta. Jacó não era um jovem imaturo quando saiu de casa (28.10),

A revelação de Deus a Jacó e a resposta de Jacó a Deus

deixando para trás a ameaça de morte de Esaú, seu irmão, e tendo pela frente um possível casamento com uma jovem de sua parentela. Deixa para trás o ódio do irmão para caminhar rumo à exploração de Labão, o seu futuro sogro. Bruce Waltke diz que, ficando em Berseba, Esaú se põe à sua espera como um furioso leão. Adiante, em Harã, Labão está à espera com sua rede para apanhar e sugar a vida de sua vítima.[1]

A jornada de Berseba a Harã, no norte da Mesopotâmia, é longa: são mais de oitocentos quilômetros – uma jornada de três dias. A primeira parada de Jacó é em Betel, que dista 112 quilômetros de Berseba,[2] onde Jacó pernoita.

A peregrinação de Jacó é muito angustiante, pois ele deixa para trás uma família em crise e um pai já velho e praticamente cego. Ele tem consciência de que enganou o pai e traiu o irmão, e a mãe protetora, sem sua presença e com a mágoa de Esaú, amargaria grande solidão. Jacó sai de casa sem saber se voltaria a tempo de ver sua mãe, e, assim, caminha na solidão do deserto com a mente atordoada e a alma encharcada de dor.

Já exausto da viagem, ele deita para dormir, fazendo da escuridão da noite sua cortina; da abóbada celeste, bordejada de estrelas, o seu teto; da terra fria, o seu leito; e da pedra desconfortável, o seu travesseiro. Jacó nem podia imaginar que aquela seria uma noite memorável em sua vida, na qual Deus apareceria a ele em sonho, fazendo-lhe ricas promessas e nenhuma censura, e revelando-lhe Seu amor incondicional e Sua graça imerecida.

Jacó foi escolhido por Deus antes de nascer. O apóstolo Paulo diz: *E ainda não eram os gêmeos nascidos, nem tinham praticado o bem ou o mal (para que o propósito de Deus, quanto à eleição, prevalecesse, não por obras, mas por aquele que chama), já fora dito a ela: O mais velho será servo do mais moço. Como está escrito: Amei Jacó, porém me aborreci de Esaú* (Rm 9.11-13).

Deus não escolheu Jacó por causa dos seus privilégios legais, pois ele não era o primogênito, muito menos por causa do seu caráter, visto que ele era um mentiroso, um enganador; também não foi por causa das suas obras ou de seus méritos; na verdade, ele ainda nem havia nascido quando Deus o escolheu, pois a eleição é incondicional. O apóstolo Paulo diz que Deus *nos salvou e nos chamou com santa vocação; não segundo as nossas obras, mas conforme a sua própria determinação e graça que nos foi dada em Cristo Jesus, antes dos tempos eternos* (2Tm 1.9).

A eleição divina é eterna, soberana, livre, incondicional, graciosa e cristocêntrica. Não fomos eleitos por causa das nossas boas obras, mas para as boas obras, ou seja, as obras não são a causa, mas a consequência da nossa eleição (Ef 2.10). Não fomos eleitos por causa da nossa santidade, mas para a santidade e irrepreensibilidade (Ef 1.4), assim como não fomos eleitos por causa da nossa fé, mas para a fé (At 13.48). Do mesmo modo, não fomos eleitos porque elegemos Deus, pois foi Ele quem nos escolheu (Jo 15.16), tampouco fomos eleitos porque amamos a Deus, e sim porque Ele quem nos amou primeiro (1Jo 4.19).

Observando a vida de Jacó, aprendemos que Deus escolhe soberanamente, tendo em vista que Jacó foi escolhido antes de nascer. A causa do amor eletivo de Deus é um sublime mistério, pois Jacó não tinha razões que pudesse despertar o prazer de Deus, mas, mesmo assim, Deus o

A revelação de Deus a Jacó e a resposta de Jacó a Deus

escolhe, assim como também nos escolheu apesar de sermos pecadores.

Contudo, olhando a vida de Jacó, aprendemos também que Deus abençoa incompreensivelmente. Jacó fugia da sua casa depois de ter mentido para seu pai, traído seu irmão e blasfemado contra Deus, e, em vez de destruí-lo, Deus o abençoa e lhe faz promessas gloriosas em Betel, pois Ele não nos trata segundo os nossos pecados, mas consoante a Sua imensa misericórdia.

Destacamos, na análise do texto em pauta, preciosas lições:

A revelação de Deus a Jacó (28.10-15)

É sempre Deus quem toma a iniciativa de buscar o homem. É Deus quem nos escolhe, não nós a Ele. É Deus quem nos ama primeiro, portanto, nosso amor por Deus é apenas um refluxo do fluxo do amor de Deus por nós. Vamos examinar alguns pontos aqui:

Em primeiro lugar, *um pernoite* (28.10,11). Essa ação de deixar seu pai e, especialmente, sua mãe marca o início da peregrinação de Jacó, peregrinação esta que seu avô, Abraão, havia feito em ordem inversa 156 anos atrás.[3] Jacó não tinha noção do lugar onde estava depois de andar mais de cem quilômetros. Naquele cansaço o venceu e já era impossível prosseguir. Ali mesmo, a céu aberto, depois do pôr do sol, tomou uma pedra, a fez de travesseiro e se deitou para dormir. Vale ressaltar que Jacó não estava dormindo num colchão macio, deitado numa confortável cama, coberta de lençóis de fios egípcios, nem usando um travesseiro de pena de ganso. O patriarca estava com o corpo latejando de fadiga, com a mente açoitada pela culpa e a alma atordoada pela angústia, contudo, na solidão daquela noite, os céus desceram à terra, e a terra chegou aos céus. Os anjos de Deus estavam ao seu redor, e o próprio Senhor, Deus dos patriarcas, falou com ele numa memorável teofania, não lhe dando sequer uma simples palavra de repreensão, mas somente concedendo-lhe ricas bênçãos e benditas promessas.

Deus continua imutavelmente o mesmo. Não importa suas dores do passado nem seus temores futuros; não importa se seus amigos voltaram as costas para você ou se você perdeu o seu emprego; não importa se você está sofrendo alguma enfermidade ou se sua autoestima está baixa. O importante é saber que, onde quer que você esteja, ali Deus pode abrir para você a porta do céu.[4]

Em segundo lugar, *um sonho* (28.12,13a). O sonho de Jacó foi uma espécie de divisor de águas em sua vida. Bruce Waltke diz que o sonho não é uma visão mórbida de um passado vergonhoso, mas sim a apresentação de uma alternativa futura com Deus.[5] Em seu sonho, é posta na terra uma escada cujo topo atingia o céu, e os anjos de Deus subiam e desciam por ela; e, o mais importante: o próprio Senhor Deus estava perto dele para lhe falar.

Vejamos aqui quatro fatos:

1. A escada (28.12). Essa escada é um símbolo de Cristo, o caminho de acesso a Deus (Jo 14.6) e o Mediador entre Deus e os homens (1Tm 2.5). Henry Morris diz que o Senhor Jesus Cristo reivindicou que Ele mesmo é a escada de Jacó, o caminho para Deus e a porta do céu, de modo que as hostes de anjos lhe estão sujeitas, pois Ele é o criador, o sustentador e o redentor.[6]

2. O topo da escada (28.12). A base da escada estava na terra, mas seu topo atingia o céu. A terra e o céu

estavam conectados pela escada, e pela escada a terra tinha acesso ao céu. Concordo com Waltke quando diz que a comunhão entre o céu e a terra é estabelecida por uma iniciativa que parte de cima, de Deus, ou seja, o contato entre o céu e a terra existe pela graça de Deus.[7]

3. Os anjos subiam e desciam pela escada (28.12). É digno de nota que os anjos não desciam e subiam, mas subiam e desciam, o que significa que os anjos estão conosco e ministram a nosso favor. A Escritura diz que, embora os anjos sejam invisíveis aos nossos olhos, eles são incontáveis hostes (Hb 12.22), valorosos em poder, que executam as ordens de Deus e obedecem à Sua palavra (Sl 103.20). Eles são espíritos ministradores, enviados para serviço a favor dos que hão de herdar a salvação (Hb 1.14). Os anjos têm especial interesse no povo de Deus e trabalham para os que herdam a salvação, visando ao seu crescimento na graça (Lc 15.10; 1Co 4.9; Ef 3.10; 1Pe 1.12; Sl 34.7; 91.11).[8]

4. O Senhor está no topo da escada e no pé da escada, perto de Jacó (28.13a). O Senhor habita no alto e sublime trono, mas também habita com o contrito e abatido de coração (Is 57.15). Se queremos contemplar Deus com os olhos da fé, podemos olhar não apenas para as alturas, mas também ao nosso redor, pois ele está conosco todos os dias, em todas as circunstâncias.

Em terceiro lugar, *uma promessa* (28.13b-15). Deus se apresenta a Jacó e faz-lhe várias promessas.

Primeira: Deus se apresenta a Jacó (28.13b). [...] *Eu sou o SENHOR, Deus de Abraão, teu pai, e Deus de Isaque...* Deus se apresenta a Jacó como o Deus da aliança, o Deus de seus pais, e, embora Deus não tenha dito a Jacó: "[...] e também o teu Deus", o Senhor garante a ele as promessas feitas a Abraão e Isaque. Waltke diz que a teofania lembra as promessas que capacitaram uma mulher infértil (Sara) a gerar um filho (21.1-3) e um fugitivo sem terra (Isaque) a tornar-se forte e rico (26.12,13).[9]

Segunda: Deus promete a Jacó a terra de Canaã (28.13b). [...] *A terra em que agora estás deitado, eu ta darei, a ti e à tua descendência.* Embora os patriarcas não tenham tomado posse da terra, ela pertencia a eles e à sua descendência, e Deus garante a Jacó que ele terá uma descendência que herdará a terra.

Terceira: Deus promete a Jacó uma numerosa descendência (28.14). *A tua descendência será como o pó da terra; estender-te-ás para o Ocidente e para o Oriente, para o Norte e para o Sul. Em ti e na tua descendência serão abençoadas todas as famílias da terra.* As bênçãos prometidas a Jacó são as mesmas que Deus já havia prometido a Abraão (12.1-7; 15.1-21; 17.1-21; 22.15-18) e a Isaque (26.2-5).

Quarta: Deus promete a Jacó Sua companhia e proteção (28.15a). *Eis que eu estou contigo, e te guardarei por onde quer que fores...* Presença e proteção são garantidas a Jacó em todo lugar, em todo tempo, em todas as circunstâncias.

Quinta: Deus promete trazer Jacó de volta para casa e cumprir Suas promessas (28.15b). [...] *e te farei voltar a esta terra, porque te não desampararei, até cumprir eu aquilo que te hei referido.* Harã é lugar de Jacó constituir família e enriquecer, mas não lugar para permanecer.

A resposta de Jacó a Deus (28.16-22)

A revelação de Deus produziu no coração de Jacó um profundo senso de sua pecaminosidade, ao mesmo tempo que o levou a adorar a Deus. Nesse sentido, vale destacar alguns pontos:

Em primeiro lugar, *Jacó adora a Deus* (28.16,17). As primeiras palavras que Jacó fala ao acordar são de temor, espanto e adoração, e mesmo que Deus lhe tenha dito palavras de consolo e encorajamento, Jacó sentia temor, mas não aquele terror que toma o ímpio quando Deus se apresenta a ele, e sim o temor que leva à submissão devota. Jacó vê o seu lugar noturno de descanso como um local onde o céu estava aberto para ele, por isso a sua reação é adorar.[10] Nessa mesma linha de pensamento, Waltke opina que é provável que o medo de Jacó seja inspirado por sua consciência de que havia prejudicado seu pai e seu irmão, e, então, na presença de Deus, Jacó compreende o seu pecado. Por outro lado, esse temor é também um contraste apropriado à fuga em prol de sua vida, uma vez que há forças maiores que as de seu irmão que precisam ser levadas em conta.[11] Quem teme a Deus não tem medo dos homens, e quem anda pela fé não precisa tramar.

Em segundo lugar, *Jacó edifica um memorial* (28.18a). *Tendo-se levantado Jacó, cedo, de madrugada, tomou a pedra que havia posto por travesseiro e a erigiu em coluna...* Bräumer diz que a única testemunha de Jacó foi a pedra protetora atrás de sua cabeça. Ele transformou o seu duro travesseiro em memorial. A palavra hebraica *mazzebe,* distinto de altar, significa um memorial para "um evento que deve ser guardado na lembrança. Há memoriais assim em Mispa (Gn 31.45,49), em Ebenézer (1Sm 7.12), no Sinai (Êx 24.4), em Gilgal (Js 4) e em Ofra (Jz 6.24). O memorial tem como propósito impedir que o homem se esqueça do que Deus fez".[12]

Em terceiro lugar, *Jacó unge o memorial com óleo* (28.18b). A unção do memorial com azeite é um ato de consagração, tendo em vista que a consagração com óleo representa a separação e dedicação a Deus. A pedra erigida por Jacó deve servir exclusivamente como memorial para Javé, o Deus da aliança, e como o azeite é um líquido que não se mistura com nenhum outro, o objeto ungido com azeite é, assim, separado e elevado acima de todos os outros. No tabernáculo, o altar e outros objetos de culto são ungidos com óleo; do mesmo modo, Arão e seus filhos foram ungidos com óleo ao serem separados como sacerdotes para o serviço de Javé (Êx 30.30).[13]

Em quarto lugar, *Jacó dá ao lugar o nome de Betel* (28.19). Betel, que significa "casa de Deus", é mencionado quando Abraão sai de sua terra e ali edificou um altar (12.8) e quando retorna do Egito (13.3). Com Jacó, Betel passa a ser o lugar da revelação de Deus, a casa de Javé, o lugar em que Javé assumiu o cuidado por Jacó. A escada, cujo topo alcança o céu, toca a terra em Betel.[14]

Em quinto lugar, *Jacó faz um voto e promessas a Deus* (28.20-22). Esse voto de Jacó é o primeiro mencionado na Bíblia. James Montgomery Boice diz que um voto é uma solene promessa de se comportar de certo modo, realizar certos atos, atingir certos alvos e oferecer certos dons.[15] O voto de Jacó é o eco da promessa, pois é um voto condicional, o mais abrangente de todos os votos condicionais encontrados no Antigo Testamento.[16] Waltke tem razão em dizer que o voto de Jacó reorienta a sua jornada, uma vez que a viagem teve como origem a fuga para evitar um assassinato e uma trajetória para achar uma esposa que fosse do agrado dos seus pais. Agora, no entanto, a viagem de Jacó se torna uma peregrinação com conteúdo teológico, pois ele viaja como um portador das promessas de Deus e com a certeza da ajuda divina; além disso, ele também se compromete a viver com o Senhor como o seu Deus (28.21). A promessa e o voto transformam a viagem de Jacó tão indubitavelmente quanto o encontro com Deus muda um lugar pedregoso num santuário.[17]

Warren Wiersbe destaca que o "se" que aparece em várias traduções no versículo 20 também pode ser entendido como "uma vez que". Assim, Jacó não estaria negociando com Deus, mas sim afirmando sua fé em Deus.[18]

O que Jacó requer de Deus?

1. Sua companhia (28.20a). *Fez também Jacó um voto, dizendo: Se Deus for comigo...* Deus já estava com Jacó quando ele nem o percebia. Deus vai conosco ainda que não O percebamos ou creiamos.

2. Sua proteção (28.20b). [...] *e me guardar nesta jornada que empreendo...* Deus já havia protegido Jacó e haveria de protegê-lo dali para a frente.

3. Sua provisão (28.20c). [...] *e me der pão para comer e roupa que me vista.* Jacó não pede luxo, mas o necessário, o suficiente.

4. Seu retorno (28.21a). *De maneira que eu volte em paz para a casa de meu pai...* Jacó sai fisicamente de casa, mas seu coração continuava em seu lar, pois ele conhece a promessa divina e quer manter-se fiel a ela.

O que Jacó promete a Deus?

1. O Senhor será o seu Deus (28.21b). [...] *então, o* SENHOR *será o meu Deus.* Deus havia se apresentado a ele como o Deus de Abraão, seu pai, e o Deus de Isaque (28.13). Só vinte anos depois, quando Jacó retorna, é que ele tem, de fato, uma experiência profunda com

Deus, uma experiência de rendição (32.30). James diz, acertadamente, que o Senhor era o Deus de Jacó, quer Jacó o soubesse, quer não, querendo Jacó ou não. Deus não depende de nós O conhecermos para ele ser Deus ou mesmo para ser o nosso Deus (25.23; Ml 1.2,3; Rm 9.10-13).[19]

2. A pedra que ele erigiu será a Casa de Deus (28.22a). *E a pedra, que erigi por coluna, será a Casa de Deus...* Betel passa a ter um novo significado dali em diante, lembrando que a casa de Deus é a porta do céu.

3. Ele dará o dízimo (28.22b). *[...] e, de tudo quanto me concederes, certamente eu te darei o dízimo.* A promessa de Jacó de um dízimo marca um importante momento em sua transformação, pois ele não será mais um ganancioso, mas um doador. Aquilo que Jacó se empenha em fazer, entregar o dízimo, é em si mesmo definido e só é possível por meio daquilo que Deus faz e dá. Aqui, Jacó imita a seu avô Abraão, quando este deu o dízimo a Melquisedeque (14.20); todavia, ele pretende dar o dízimo regularmente, não apenas uma oferta votiva uma única vez.[20] Nessa mesma toada, Derek Kidner capta o sentido correto do texto ao dizer que Jacó entendeu que o seu dízimo não era uma oferta, mas uma devolução.[21]

NOTAS

[1] WALTKE, Bruce K. *Gênesis*, 2010, p. 479.
[2] MORRIS, Henry M. *The Genesis Record*, 2006, p. 446.
[3] ABRAÃO saiu de Harã com 75 anos. Quando Isaque nasceu, Abraão tinha 100 anos. Quando Jacó nasceu, Abraão tinha 160 anos. Jacó saiu de casa com 71 anos. Logo, a viagem de Abraão ocorrera havia 156 anos.
[4] BOICE, James Montgomery. *Genesis*, vol. 2, 1998, p. 766.
[5] WALTKE, Bruce K. *Gênesis*, 2010, p. 480.
[6] MORRIS, Henry M. *The Genesis Record*, 2006, p. 449
[7] WALTKE, Bruce K. *Gênesis*, 2010, p. 481.
[8] MORRIS, Henry M. *The Genesis Record*, 2006, p. 448.
[9] WALTKE, Bruce K. *Gênesis*, 2010, p. 482.
[10] BRÄUMER, Hansjörg. *Gênesis*, vol. 2, 2016, p. 87.
[11] WALTKE, Bruce K. *Gênesis*, 2010, p. 484.
[12] BRÄUMER, Hansjörg. *Gênesis*, vol. 2, 2016, p. 88.
[13] Ibidem, p. 88-89.
[14] Ibidem, p. 89.
[15] BOICE, James Montgomery. *Genesis*, vol. 2, 1998, p. 773.
[16] BRÄUMER, Hansjörg. *Gênesis*, vol. 2, 2016, p. 89.
[17] WALTKE, Bruce K. *Gênesis*, 2010, p. 486.
[18] WIERSBE, Warren W. *Comentário bíblico expositivo*, vol. 1, 2006, p. 161.
[19] BOICE, James Montgomery. *Genesis*, vol. 2, 1998, p. 777.
[20] WALTKE, Bruce K. *Gênesis*, 2010, p. 486-487.
[21] KIDNER, Derek. *Gênesis: introdução e comentário*, 2006, p. 147.

Capítulo 33

A família de Jacó
(Gn 29.1-35; 30.1-43)

DEPOIS DE UMA LONGA JORNADA de Berseba a Hará, no norte da Mesopotâmia, Jacó chega à terra do Oriente (29.1). Muito provavelmente, por ter escutado a história de como o servo de Abraão havia encontrado sua mãe, Rebeca, junto a um poço, fora da cidade (24.11-24), Jacó olha um poço, no campo, coberto por uma grande pedra, onde estavam ovelhas deitadas. Providencialmente, à beira desse poço, 97 anos depois, na mesma cidade, Jacó vai conhecer Raquel, por quem nutrirá amor sincero. Aqui, Jacó vai ter três encontros: com os pastores (29.1-8), com Raquel (29.9-12) e com Labão (29.13,14).

O texto em apreço enseja-nos três verdades centrais: o casamento de Jacó, seus filhos e o enriquecimento dele.

O casamento de Jacó (29.1-30)

O narrador apresenta cinco fatos interessantes:

Em primeiro lugar, *um poço* (29.1-8). Os poços eram pontos centrais da vida naquela época, de modo que nativos e estrangeiros se encontravam junto ao poço, um ponto de encontro natural.[1] Jacó chega ao Oriente e vê um poço, coberto por uma grande pedra, onde ovelhas estavam deitadas e os pastores se reuniam para dar de beber elas. Jacó pergunta aos pastores acerca de sua procedência e se conheciam Labão, o filho de Naor, ao que eles informam que eram de Harã e que conheciam Labão. Jacó quer saber como Labão está e recebe a melhor notícia: sua filha Raquel, que é pastora, se juntaria aos demais pastores para dessedentar suas ovelhas, uma vez que o poço só era aberto quando todos os rebanhos já estavam reunidos, isso porque os vários grupos tinham direitos iguais ao poço. Por isso, havia o acordo de que a pedra só seria removida quando todos estivessem presentes.

Em segundo lugar, *um encontro* (29.9-12). Enquanto Jacó entabula a conversa com os pastores, chega Raquel, cujo nome significa "ovelha",[2] com as ovelhas de seu pai. Ao ver Raquel chegando, Jacó apressa-se a remover a pedra da boca do poço para dar de beber ao rebanho de Labão, irmão de sua mãe. Jacó, mesmo exausto da viagem, não é um pedinte, mas um benfeitor, e demonstra força, disposição de servir e comunicação dramática. Nas palavras de Derek Kidner, essa foi uma entrada soberba[3] e, com isso, Jacó ganha atenção da pastora, sua parente, e, não podendo conter sua emoção, beija Raquel e chora ruidosamente, apresentando-se a ela como filho de Rebeca, irmã de seu pai. Raquel, como havia feito Rebeca 97 anos atrás, corre para casa e conta ao pai o que lhe havia acontecido junto ao poço. Waltke destaca o deslumbrante contraste entre o comboio de camelos bem carregados do avô e o Jacó solitário e de mãos vazias que chega a pé. As ações do mordomo-chefe de Abraão são caracterizadas por oração; as de Jacó, por seus esforços.[4]

Em terceiro lugar, *uma recepção* (29.13,14). Labão, ao ouvir as novas sobre Jacó, correu ao seu encontro, o abraçou e beijou, e, em seguida, conduziu-o para a sua casa. Depois que Jacó contou a Labão as experiências que havia tido na viagem, Labão lhe diz: [...] *De fato, és meu osso e minha carne...* (29.14). Carne e osso é a expressão do Antigo Testamento usada para o parentesco de sangue direto.[5] Jacó, então, permanece com Labão durante um mês, contudo, este é um indivíduo avaro e ambicioso que vai saber explorar ao máximo a força de Jacó como seu empregado; essa situação era bem diferente de outrora, quando foram as joias de ouro do servo de Abraão atraíram sua atenção (24.30).

Em quarto lugar, *uma história de amor* (29.15-20). Labão propõe pagar um salário a Jacó para cuidar de suas ovelhas, mas este, por sua vez, rejeita o salário, porém declara seu amor por Raquel e oferece sete anos de trabalho como dote para ter o direito de casar-se com ela. Raquel era a filha mais nova de Labão; já Lia, a mais velha, não tinha os mesmos atributos de beleza da irmã caçula. A proposta de Jacó foi imediatamente aceita por Labão: [...] *Melhor é que eu ta dê, em vez de dá-la a outro homem; fica, pois, comigo* (29.19). A fala mansa de Labão reduz Jacó a um humilde operário sob contrato, e sua relação pelos próximos vinte anos será a de um senhor opressor sobre um servo contratado quitando o preço de uma noiva, não de um tio ajudando a seu genro consanguíneo.[6] O amor de Jacó por Raquel, porém, era tão profundo que esses sete anos lhe pareceram como poucos dias (29.20).

Em quinto lugar, *uma trama ardilosa* (29.21-27). Findos os sete anos de trabalho por Raquel, Jacó reivindica-a para o legítimo casamento (29.21). Labão arma um cenário de pompa, convida todos os homens do lugar para um banquete e à noite, ardilosamente, introduz Lia, sua filha primogênita, na câmara nupcial. Jacó coabita com ela, pensando estar se relacionando com Raquel, mas, quando o dia amanheceu, ele percebeu que tinha passado a noite com a mulher errada e que seu sogro o havia enganado. No entanto, numa ironia dramática, a filha e esposa preterida será usada por Deus para dar à luz Judá, de quem procederá o Salvador do mundo.

Bruce Waltke diz que Labão engana a Jacó e reduz sua família a uma trama econômica.[7] Derek Kidner diz que as palavras *viu que era Lia* (29.25) constituem o própria encarnação do anticlímax, tendo em vista que o enganador Jacó foi enganado, e a desprezada Lia, exaltada, vindo a ser mãe das tribos sacerdotal e real de Levi e Judá, além de outras tribos.[8] Como Jacó enganou seu pai em referência à visão ótica, assim agora ele será enganado. Em Gênesis 27, dois irmãos são trocados mediante estratagema diante de um homem cego; em Gênesis 29, duas irmãs são trocadas mediante estratagema nas trevas da noite e por trás do véu, o qual ofusca a visão de Jacó.[9]

Warren Wiersbe, nessa mesma linha de pensamento, diz que o homem que enganou o pai foi enganado pelo sogro, e o homem que se passou por primogênito recebeu a primogênita como esposa. É uma lei inescapável da vida que cedo ou tarde colhemos aquilo que semeamos (Gl 6.7,8), pois, em Sua graça, Deus perdoa nossos pecados quando os confessamos (1Jo 1.9), mas, em Sua justiça, permite que arquemos com as consequências desses pecados.[10]

Ao confrontar Labão, este disse a Jacó que o costume de sua terra era nunca dar a filha caçula em casamento antes da primogênita. Ele até poderia ter Raquel como sua mulher dentro de uma semana, mas teria que trabalhar por ela mais sete anos – todavia, vale ressaltar que, mais tarde, proibiu-se o casamento com duas irmãs durante a vida de ambas (Lv 18.18). Jacó está lidando com um tio e sogro astuto, fraudulento, ambicioso e avarento.

Jacó está escolhendo o que havia plantado no passado, isto é, ele enganou seu pai e seu irmão, e agora está sendo enganado pelo seu sogro. Derek Kidner diz que, em Labão, Jacó encontrou o seu competidor e o seu meio de disciplina. Vinte anos (31.41) de penoso labor e de atritos haveriam de domar o seu caráter, e, por intermédio de Labão, Jacó sorveu sobremaneira o seu próprio remédio de duplicidade.[11]

Em sexto lugar, *um amor sacrificial* (29.28-30). Labão deu a Jacó não apenas suas duas filhas, Lia e Raquel, mas também suas duas servas respectivas, Zilpa e Bila. O amor de Jacó por Raquel era notório, tanto que continuou servindo a Labão por mais sete anos. Jacó foi empurrado por Labão para uma bigamia involuntária e acabou tendo filhos com quatro mulheres. É digno de nota que Labão não enganou apenas Jacó, mas também suas filhas, pois, mais tarde, tanto Lia quanto Raquel disseram que o pai as havia tratado como mercadoria: *Não nos considera ele como estrangeiras? Pois nos vendeu e consumiu tudo o que nos era devido* (31.15). Bruce Waltke diz que o tratamento preferencial de um membro da família acima de outro na primeira família é agora reiterado na geração seguinte, tendo em vista que a família de Jacó também veio a dividir-se.[12]

Os filhos de Jacó (29.31-35; 30.1-15)

A poligamia de Jacó não foi por sua culpa, assim como as tensões do seu lar não foram geradas por ele. Por outro lado, o homem que havia crescido num lar competitivo e dividido (25.28) acaba formando uma família igualmente dividida e competitiva.[13]

Lia, ao perceber que o amor de Jacó era por sua irmã Raquel, não por ela, sentiu-se desprezada, contudo, o Senhor a abençoou com a fecundidade, enquanto Raquel era estéril. Justamente como Sara e Rebeca, Raquel, a esposa amada de Jacó, também é estéril. Como diz Waltke: "Não há caminho fácil e natural para o futuro. O futuro não será operado por maquinações humanas, nem mesmo por uma mandrágora".[14]

A palavra *desprezada* (29.31) não implica abuso da parte de Jacó; significa simplesmente que Jacó amava a Raquel mais do que a Lia e que dava mais atenção e carinho a Raquel.[15] Nas palavras de Boice, "Lia era frustrada pela falta do amor do marido, mas era fértil e frutífera; Raquel era bela, mas estéril".[16] Uma tem filhos, mas não tem o coração do marido; a outra tem o coração do marido, mas não tem filhos. Derek Kidner diz que a narrativa, no plano humano, demonstra a sede que os seres humanos têm de amor e reconhecimento e o preço que se tem de pagar por frustrá-la; porém, em nível divino, mostra uma vez mais a graça de Deus escolhendo material difícil e nada promissor.[17]

Bräumer diz, com razão, que o nascimento dos filhos de Jacó acontece sob os augúrios do conflito entre as duas mulheres, Lia e Raquel.¹⁸ Lia se tornará mãe de sete filhos de Jacó, seis homens e uma mulher: Rúben, Simeão, Levi, Judá, Issacar, Zebulom e Diná; Bila, a serva de Raquel, mãe de dois: Dã e Naftali; Zilpa, serva de Lia, mãe de dois filhos: Gade e Aser; e Raquel, a mulher amada por Jacó, mãe de dois filhos: José e Benjamim. Jacó tem doze filhos e uma filha.

Em primeiro lugar, *os filhos de Lia* (29.31-35; 30.17-21). Todos os filhos de Lia recebem nomes que refletem as tensões e vitórias domésticas imediatas. Mais tarde, na bênção de Jacó, os nomes e os incidentes ligados a eles farão surgir oráculos prospectivos para as doze tribos (49.1-33).¹⁹ Waltke diz que Lia dá nome a três de seus primeiros quatro filhos em referência *ao Senhor* (29.32,33,35). Ao pôr neles tais nomes, ela confessa sua fé no Deus de Abraão, Isaque e Jacó, não nos deuses de Labão, e assim valida a fé e a razão de Rebeca e Isaque enviarem Jacó para o exílio.²⁰ Quais são os filhos de Lia?

1. Rúben (29.32). Lia chamou seu primogênito de Rúben, que significa "Veja — um filho!" Na língua hebraica, o nome soa como "Ele [Deus] viu a minha aflição".²¹ Lia tinha a expectativa de que Jacó passaria a amá-la depois de dar à luz Rúben, mas sua expectativa foi frustrada. Embora Rúben tivesse perdido seu direito de primogenitura por ter coabitado com Bila, concubina de seu pai (35.22), ele é o primeiro a ser abençoado por Jacó (49.3). A bênção de Moisés sobre ele é: *Viva Rúben e não morra; e não sejam poucos os seus homens!* (Dt 33.6).

2. Simeão (29.33). O nome Simeão significa "aquele que ouve" e sugere que Lia havia falado com Deus sobre

seu sofrimento. Anos depois, Jacó colocaria no lugar de Rúben e de Simeão os dois filhos de José, Efraim e Manassés (48.1-6), que foram substituídos porque Rúben cometeu um pecado sexual (35.22; 49.3,4; 1Cr 5.1,2) e Simeão participou do massacre do povo de Siquém (34.24-31; 49.5-7).[22] Em sua bênção final, Jacó prevê que os descendentes de Simeão, seu segundo filho, e de Levi não teriam território próprio (49.5-7). Bräumer diz que, ainda que a tribo de Simeão não tivesse terra própria e não fosse mencionada na bênção mosaica, Simeão não desapareceu da memória do povo de Israel. De acordo com a visão de Ezequiel, um dia Simeão receberá terra entre Benjamim e Issacar (Ez 48.2-29). Entre os 144.000 selados são mencionados 12.000 da tribo de Simeão (Ap 7.7).[23]

3. Levi (29.34). Lia chamou o terceiro filho de Levi, que significa "apegado" ou "aquele que une", pois ela ainda tinha esperanças de que Jacó a amaria por causa dos filhos que lhe havia dado;[24] contudo, Jacó entregava seu corpo a Lia, mas não seu coração. Levi veio a ser o pai da tribo dos levitas, de onde procederam os sacerdotes que trabalhavam na Casa de Deus. Arão, irmão de Moisés, ocupou um lugar de destaque nessa tribo, sendo o primeiro sumo sacerdote, e seus descendentes são os únicos sacerdotes legítimos. No Novo Testamento, Zacarias e Isabel, pais de João Batista, eram descendentes de Arão (Lc 1.5-22,59-64), ao passo que Barnabé, de Chipre, era um levita da Dispersão (At 4.36).

4. Judá (29.35). O quarto filho de Lia é chamado de Judá, cujo significado é "louvor". A forma abreviada

Judá significa "Ele é louvado! Ele é exaltado!" [25] Em vez de queixar-se ao Senhor por causa da falta de amor do marido, ela estava dando graças a Deus por Suas bênçãos: *Esta vez louvarei o Senhor*. Da tribo de Judá procederam os reis que governaram em Jerusalém, bem como o Messias. O apóstolo João chama o Cristo exaltado de Leão da tribo de Judá (Ap 5.5).

5. Issacar (30.17,18). Lia passou um tempo sem conceber, porém, Deus permitiu que ela tivesse ainda mais dois filhos e uma filha. O quinto filho de Lia é chamado de Issacar, que significa "recompensa".[26] O nome Issacar deriva de um verbo (*sakar*) que significa "pagar o salário", por isso Lia via esse filho como uma recompensa. Jacó chama seu filho Issacar de jumento de ossos fortes, que repousa entre os rebanhos (49.14), enquanto Moisés abençoa Issacar com Zebulom (Dt 33.18,19). A tribo de Issacar é considerada corajosa e inteligente, e os homens dessa tribo se destacavam por conseguir interpretar os sinais da época, pois sabiam *o que Israel devia fazer* (1Cr 12.32).

6. Zebulom (30.19,20). O sexto e o mais novo filho de Lia é Zebulom, que significa "honra". Mais uma vez, Lia renova sua esperança de ter o amor de Jacó. Tanto a bênção de Jacó (49.13) quanto a de Moisés (Dt 33.18) permitem supor que Zebulom um dia morará no litoral. A pequena e muito fértil região de Zebulom, na parte sul da Galileia, abrange uma parte da planície de Jezreel, entre os montes Carmelo e Tabor.[27]

7. Diná (30.21). *Depois disto, deu à luz uma filha e lhe chamou Diná*. Diná era a filha caçula de Lia, que tem acima dela seis irmãos para a proteger. Diná vai

ser desonrada pelo príncipe de Siquém, e seus irmãos Simeão e Levi vão, traiçoeiramente, matar todos os homens de Siquém numa sangrenta chacina.

Em segundo lugar, *os filhos de Bila* (30.1-8). Ao ver Raquel que sua irmã já havia dado a Jacó seis filhos e uma filha e que, mesmo sendo amada por Jacó, este não lhe dava filhos, teve ciúmes de sua irmã e disse a Jacó: [...] *Dá-me filhos, senão morrerei* (30.1). Jacó, mesmo amando Raquel, fica irado contra ela, pois seu pedido era descabido. Dar filhos a ela, sendo ela estéril, não era de sua alçada (30.2), pois só Deus pode fazer que a mulher estéril seja alegre mãe de filhos (Sl 113.9). Raquel, então, oferece a Jacó a sua serva Bila para que, por meio dela, ela pudesse trazer filhos ao seu colo. Os filhos nascidos da serva pessoal, gerados pelo marido da senhora, eram considerados filhos da senhora, e [28] de acordo com essa regra, os filhos de Bila eram filhos de Raquel. Jacó coabitou com a serva de Raquel, e ela lhe deu dois filhos:

1. Dã (30.3-6). O primeiro filho de Bila é chamado por Raquel de Dã, que significa "vindicação, julgamento".[29] Literalmente, Dã significa "Deus fez valer o direito". Na tomada de terra, Dã é a última tribo a receber seu território. Sansão, o último grande combatente pela libertação do povo antes da época dos reis de Israel, era de uma família de Dã (Jz 13.2,24).

2. Naftali (30.7,8). O segundo filho de Bila é chamado por Raquel de Naftali, "minha luta" ou "aquele que foi obtido com muito esforço",[30] por causa das dificuldades que havia suportado em decorrência das bênçãos desfrutadas pela irmã fértil. Na sua bênção, Jacó compara Naftali com uma gazela solta (49.21), e Moisés diz sobre essa tribo: [...] *Naftali goza de*

favores e, cheio da bênção do SENHOR, possuirá o lago e o Sul (Dt 33.23). Cafarnaum, o quartel-general do ministério de Jesus, ficava no antigo território de Naftali, local onde Jesus chamou Seus discípulos e realizou grandes sinais.

Em terceiro lugar, *os filhos de Zilpa* (30.9-13). Uma vez que Lia cessara de conceber, toma também Zilpa, sua serva, e a dá a Jacó por mulher. Lia, que já era mãe de vários filhos, aumentou sua prole por meio da serva pessoal que recebera no casamento. Zilpa deu a Jacó dois filhos:

1. Gade (30.9-11). O primeiro filho de Zilpa é chamado Gade, "a sorte veio, afortunada". Gade é o filho da sorte, ou da felicidade inesperada.[31] Na sua bênção, Jacó chama Gade de guerreiro que permanece colado na retaguarda dos inimigos (49.19). Também Moisés previu, em sua bênção, os conflitos armados que Gade precisou enfrentar repetidamente ao longo da história (Dt 33.20,21).

2. Aser (30.12,13). Aser é o nome que Lia dá ao segundo filho de sua serva Zilpa, nome este que decorre das felicitações que Lia esperava receber das outras mulheres (30.13). O nome Aser significa "trazer felicidade" ou "feliz",[32] e tanto Jacó quanto Moisés preveem em suas bênçãos que os descendentes de Aser terão terra fértil (49.20; Dt 33.24-29).

Em quarto lugar, *os filhos de Raquel* (30.14-16,22-25). A mandrágora, conhecida como "fruto do amor", era usada como um afrodisíaco no mundo antigo (Ct 7.13). Afrodite, deusa grega do amor, bela e sensual, era chamada "Dama da Mandrágora".[33] Cria-se que as mandrágoras davam fertilidade, daí a avidez de Raquel por elas. O resultado foi irônico: as mandrágoras nada fizeram por Raquel, ao passo que, utilizando-as, Lia teve outro filho (30.14-16).[34] Raquel não é curada da esterilidade pelas mandrágoras, ou seja, os frutos mágicos de nada adiantaram, porém, ela é curada pelo Senhor: *Lembrou-se Deus de Raquel, ouviu-a e a fez fecunda* (30.22). Raquel não recebe seu filho José por meio de seus recursos humanos, mas pela graça de Deus, e, assim, dá à luz dois filhos: José e Benjamim.

1. José (30.23-25). José é o primeiro filho da esposa preferida de Jacó. Deus ouviu Raquel, dando-lhe José e tirando o seu vexame (30.23). O nome José significa "Que ele [Deus] ainda acrescente (outros filhos)".[35] José seria o filho usado por Deus para salvar a família toda quando veio uma terrível fome. Raquel, no mesmo ato do parto de José, pede a Deus mais um filho (30.24). Ela havia pedido a Jacó: [...] *Dá-me filhos, senão morrerei* (30.1). Ela não sabia o que estava pedindo, porque, ao ter o segundo filho, morre no parto (35.16-22). Ela, que pensava não poder viver sem filhos, ao tê-los, deixa de viver; em outras palavras, aquilo que lhe parecia vida constitui-se sua morte.

2. Benjamim (35.16-19). Benjamim é o décimo segundo filho de Jacó, o único de seus filhos a nascer na terra prometida (35.16). Com o nascimento de Benjamim, Raquel teve atendida a sua oração: [...] *Dê-me o SENHOR ainda outro filho* (30.24). O atendimento a esse desejo, entretanto, causou sua morte.[36] Raquel dá a luz seu filho caçula nas proximidades de Efrata. Ao agonizar durante o parto, Raquel

chama o recém-nascido de Benoni, "filho da dor" (35.18). Esse nome deveria manter viva a lembrança da morte prematura de Raquel. Jacó temia que seu filho sofresse a vida inteira à sombra desse nome, por isso inverte seu sentido, dando a seu filho o nome de Benjamim, "filho da felicidade", literalmente "filho da mão direita".[37] Em sua bênção, Jacó chama Benjamim de *lobo que despedaça* (49.27), e Moisés o chama de *o amado do* SENHOR (Dt 33.12). O apóstolo Paulo descenderia da tribo de Benjamim (Fp 3.5).

O enriquecimento de Jacó (30.26-43)

Durante vinte anos, Jacó viveu na dependência de Labão, e, desse período, catorze anos foram só para pagar por suas duas esposas, Lia e Raquel. Apesar do parentesco e do casamento, Labão tratava Jacó como um escravo, sem direitos; aliás, para ele as mulheres e os filhos de Jacó lhe pertenciam (31.43; Êx 21.4-6). Mas já era hora de Jacó começar a trabalhar para ele, a fim de fazer o seu "pé de meia".

Sobre esse ponto, vale destacar algumas lições:

Em primeiro lugar, *o pedido de Jacó* (30.25,26). Ao nascer José, Jacó vai a seu sogro, Labão, e pede permissão para voltar à sua terra, ou seja, humildemente ele pede seus filhos e suas mulheres, pelas quais havia servido a seu sogro fielmente por catorze anos. A essa altura, Jacó tinha onze filhos e uma filha, então, já era hora de sua liberdade, já não dava mais para ser um empregado, pois precisava começar a construir sua própria segurança para o futuro.[38]

Em segundo lugar, *a proposta de Labão* (30.27,28). O ardiloso Labão, trapaceiro e egoísta, não estava disposto a perder o genro que lhe havia servido há tantos anos; em outras palavras, ele quer continuar explorando Jacó ou despedi-lo de mãos vazias (31.42). Labão tinha plena consciência de que tinha sido abençoado pelo Senhor por intermédio de Jacó, então, astuciosamente, pede ele: [...] *Fixa o teu salário, que te pagarei* (30.28). Bräumer diz que, nesse momento, Labão age como "um maroto e piedoso patife", pois, para ele, Jacó não passa de um escravo, sem direito sequer a suas mulheres e filhos.[39] Waltke diz que, justamente como os egípcios tentarão manter Israel escravizado, Labão busca frustrar o regresso de Jacó à sua terra natal, onde jurou adorar o Senhor, mas, assim como Israel despojará os egípcios, também agora Jacó despojará Labão.[40]

Em terceiro lugar, *o testemunho de Jacó* (30.29,30). Jacó aproveita o ensejo para destacar a maneira fiel e zelosa como havia servido a seu sogro e cuidado do seu gado. Seu testemunho é eloquente: *Porque o pouco que tinhas antes da minha vinda foi aumentado grandemente; e o* SENHOR *te abençoou por meu trabalho. Agora, pois, quando hei de eu trabalhar também por minha casa?* (30.30).

Em quarto lugar, *o salário de Jacó* (30.31-33). Jacó estabeleceu seu salário, mas não em moedas; em vez disso, ele estabelece que os cordeiros salpicados, malhados e negros passem a lhe pertencer, bem como as cabras malhadas e salpicadas. Em geral, os cordeiros e cabras possuem apenas uma cor: as ovelhas são brancas e as cabras, marrons ou pretas; já os animais malhados ou listrados são raros. Para Labão, era uma proposta clara, controlável e sem qualquer risco, contudo, para se garantir, o próprio Labão, astuciosamente, faz a "limpeza" do rebanho, impedindo que Jacó tivesse acesso ao rebanho malhado durante o seu trabalho, e determina que haja uma distância de três dias entre os rebanhos de seus filhos e o de Jacó.[41]

Em quinto lugar, *a esperteza de Labão* (30.34-36). Labão aceita a proposta de Jacó, mas urde um plano para novamente passar a perna em seu genro, pois naquele mesmo dia separou Labão os bodes listados e malhados e todas as cabras salpicadas e malhadas, todos os que tinham alguma brancura e todos os negros entre os cordeiros; e os passou às mãos de seus filhos, a três dias de distância de Jacó.

Em sexto lugar, *a estratégia de Jacó* (30.37-42). Jacó, enganado por Labão, contra-ataca. Bräumer diz que não há como explicar em detalhes o artifício usado por Jacó, mas se tratava de um truque frequentemente usado na criação de gado no mundo antigo.[42] Waltke diz que essas três árvores (álamo, aveleira e plátano), que contêm substâncias tóxicas, usadas medicinalmente no mundo antigo, possivelmente tinham o efeito de apressar o início do ciclo do cio e, assim, corroborar a prontidão dos animais para a cópula. Não obstante, Jacó está pensando em termos da disposição orgânica mágica, como fez Raquel com as mandrágoras. Nenhuma superstição, senão apenas Deus, produz a geração, como ambos confessam (30.23,24; 31.5).[43]

Derek Kidner ainda corrobora essa ideia dizendo que Jacó, dispondo as varas listadas por ocasião do acasalamento, agiu baseado na crença generalizada de que, se algo impressionar vivamente a visão durante a concepção ou a gravidez, deixará sua marca no embrião. Mas é evidente que isso não tem fundamento algum, pois sem dúvida parte do seu sucesso veio do acasalamento seletivo (30.40-42).[44] Resta, portanto, afirmar que o esquema dá certo por causa da graça soberana de Deus, não em razão de mágica pagã ou de falaciosa pretensão de influência pré-natal ou de características herdadas (31.10-13).[45]

Em sétimo lugar, *a riqueza de Jacó* (30.43). Jacó tornou-se um homem extremamente rico, possuindo muitos rebanhos, servas e servos, camelos e jumentos, por causa da bênção do Senhor. A enumeração de seus bens lembra a riqueza de Abraão (12.16) e de Isaque (26.14), porém Jacó formou essa riqueza num período de seis anos (31.41). Quando Jacó havia chegado a Padã-Arã, vinte anos antes, tudo o que tinha era seu cajado (32.10). No entanto, com trabalho extenuado e não pouco sofrimento constituiu uma grande família e amealhou uma riqueza colossal com a bênção de Deus. James Montgomery Boice diz que a riqueza de Jacó decorreu de três princípios que ele seguiu: (1) Jacó não tinha ganância pela riqueza (30.25,26); (2) Jacó colocou o trabalho antes do lazer. Ele, trabalhando árdua e fielmente pelo seu empregador (31.38-42); (3) Jacó colocou a fé antes da preocupação, confiando em Deus para sua prosperidade (30.33; 31.42).[46]

NOTAS

[1] BRÄUMER, Hansjörg. *Gênesis*, vol. 2. Curitiba: Editora Esperança, 2016, p. 91.
[2] Ibidem.
[3] KIDNER, Derek. *Gênesis: introdução e comentário*. São Paulo: Editora Vida Nova, 2006, p. 148.
[4] WALTKE, Bruce K. *Gênesis*. São Paulo: Cultura Cristã, 2010, p. 492.
[5] BRÄUMER, Hansjörg. *Gênesis*, vol. 2, 2016, p. 92.
[6] WALTKE, Bruce K. *Gênesis*, 2010, p. 500.

[7] Ibidem, p. 498.
[8] KIDNER, Derek. *Gênesis: introdução e comentário*, 2006, p. 149.
[9] WALTKE, Bruce K. *Gênesis*, 2010, p. 498.
[10] WIERSBE, Warren W. *Comentário bíblico expositivo*, vol. 1. Santo André: Geográfica Editora, 2006, p. 164.
[11] KIDNER, Derek. *Gênesis: introdução e comentário*, 2006, p. 148.
[12] WALTKE, Bruce K. *Gênesis*, 2010, p. 502.
[13] WIERSBE, Warren W. *Comentário bíblico expositivo*, vol. 1, 2006, p. 165.
[14] WALTKE, Bruce K. *Gênesis*, 2010, p. 506.
[15] WIERSBE, Warren W. *Comentário bíblico expositivo*, vol. 1, 2006, p. 165.
[16] BOICE, James Montgomery. *Genesis*, vol. 2. Michigan: Baker Books, 1998, p. 787-789.
[17] KIDNER, Derek. *Gênesis: introdução e comentário*, 2006, p. 150.
[18] BRÄUMER, Hansjörg. *Gênesis*, vol. 2, 2016, p. 95.
[19] KIDNER, Derek. *Gênesis: introdução e comentário*, 2006, p. 150.
[20] WALTKE, Bruce K. *Gênesis*, 2010, p. 506.
[21] WIERSBE, Warren W. *Comentário bíblico expositivo*, vol. 1, 2006, p. 165.
[22] Ibidem.
[23] BRÄUMER, Hansjörg. *Gênesis*, vol. 2, 2016, p. 99.
[24] WIERSBE, Warren W. *Comentário bíblico expositivo*, vol. 1, 2006, p. 165.
[25] BRÄUMER, Hansjörg. *Gênesis*, vol. 2, 2016, p. 101.
[26] WIERSBE, Warren W. *Comentário bíblico expositivo*, vol. 1, 2006, p. 165.
[27] BRÄUMER, Hansjörg. *Gênesis*, vol. 2, 2016, p. 106.
[28] Ibidem.
[29] WIERSBE, Warren W. *Comentário bíblico expositivo*, vol. 1, 2006, p. 166.
[30] BRÄUMER, Hansjörg. *Gênesis*, vol. 2, 2016, p. 103.
[31] Ibidem, p. 104.
[32] Ibidem.
[33] WALTKE, Bruce K. *Gênesis*, 2010, p. 510.
[34] KIDNER, Derek. *Gênesis: introdução e comentário*, 2006, p. 150.
[35] BRÄUMER, Hansjörg. *Gênesis*, vol. 2, 2016, p. 106.
[36] Ibidem, p. 108.
[37] Ibidem.
[38] WIERSBE, Warren W. *Comentário bíblico expositivo*, vol. 1, 2006, p. 166.
[39] BRÄUMER, Hansjörg. *Gênesis*, vol. 2, 2016, p. 110.
[40] WALTKE, Bruce K. *Gênesis*, 2010, p. 517.
[41] BRÄUMER, Hansjörg. *Gênesis*, vol. 2, 2006, p. 111.
[42] Ibidem, p. 112.
[43] WALTKE, Bruce K. *Gênesis*, 2010, p. 519.
[44] KIDNER, Derek. *Gênesis: introdução e comentário*, 2006, p. 151-152.

[45] WALTKE, Bruce K. *Gênesis*, 2010, p. 520.
[46] BOICE, James Montgomery. *Genesis*, vol. 2, 1998, p. 794-797.

Capítulo 34

De volta para casa
(Gn 31.1-55)

JACÓ É UMA DAS figuras mais emblemáticas da Bíblia. Escolhido por Deus no ventre de sua mãe, filho de Isaque, irmão de Esaú, neto de Abraão, pai das doze tribos de Israel.

Por orientação de sua mãe, engana o seu pai, trai o seu irmão e rouba astuciosamente a bênção. Atrai o ódio de Esaú e precisa fugir de casa para não ser morto pelo irmão. Foge do irmão, e agora, vinte anos depois, foge do sogro. Quando saiu de casa, não tinha nada, porém agora, vinte anos depois, quando foge do sogro, é um homem rico. Agora, é Deus quem o manda voltar, e suas mulheres o aconselham a voltar. Ele precisa voltar e sabe que tem negócios pendentes para resolver tanto com o pai quanto com o irmão.

Sobre este assunto, vale destacar aqui alguns pontos:

A decisão de voltar (31.1-16)

A decisão de Jacó sair de Padã-Arã rumo à terra prometida está ancorada em quatro motivos robustos:

Em primeiro lugar, *por causa das acusações levianas dos cunhados* (31.1). Os cunhados falam mal dele e o acusam de ter se enriquecido ilicitamente, roubando tudo que era de Labão, seu sogro. A inveja gananciosa é a alavanca que move os cunhados de Jacó. Como sabemos, Labão trapaceou Jacó, mas agora é o Senhor quem despoja Labão (31.4-9).

Em segundo lugar, *por causa do semblante desfavorável do sogro* (31.2,5). Jacó reparou que o rosto de seu sogro não lhe era favorável, pois seu enriquecimento e o comentário dos filhos levaram Labão a uma hostilidade gelada com ele e, por esse motivo, seu semblante não era mais o mesmo. Rompeu a comunhão. Perdeu a espontaneidade. Acabou o diálogo. O amor foi suplantado pela desconfiança e amargura, e agora o olhar frio e ranzinza de Labão havia tornado o relacionamento desconfortável. Jacó já havia servido a Labão por catorze anos pelas suas filhas, e Labão confessa que Deus o havia abençoado por amor a Jacó (30.27). Contudo, ele enganou Jacó e por dez vezes mudou seu salário (31.7). Jacó reconhece que Labão está contra ele, mas o Deus de seu pai está com ele (31.5). Waltke diz que a atitude de Labão é como a dos invejosos filisteus contra Isaque (24.14).[1]

Em terceiro lugar, *por causa da ordem expressa de Deus* (31.3,13). Deus dá uma ordem e faz uma promessa, que é a mesma que havia sido feita vinte anos atrás, quando Jacó passou por Betel (28.13; 31.13). A ordem divina é para voltar à terra de seus pais e à sua parentela. O que era uma terra desconhecida para Abraão (12.1), agora se torna a terra dos pais. Aqui, vale ressaltar que essa ordem divina prefigura o êxodo. Além disso, a promessa divina era a garantia de sua companhia. O desenrolar do plano de Deus dar-se-ia no meio de sua parentela, em Canaã. A ordem de Deus é clara, e Jacó não deve desobedecer; sendo assim, com a promessa da direção e proteção de Deus, Jacó deve voltar.

Wiersbe destaca que Deus falou a Jacó em todas as crises importantes de sua vida: ao sair de casa (28.12-15), ao voltar para casa (31.3-13), ao encontrar-se com Esaú (32.24-32), ao visitar Betel (35.1-7) e ao mudar-se para o Egito (46.1-4).[2]

Em quarto lugar, *por causa do conselho de suas mulheres* (31.4-16). Jacó mandou vir Raquel e Lia ao campo, para junto do seu rebanho. Waltke diz que a ordem, dando prioridade à esposa amada, pressupõe que Jacó está agora no comando de seu lar. Na cena de concepção, ele não passa de figura decorativa, manipulado por suas esposas competitivas, mas agora sua voz ativa demonstra que ele finalmente assumiu a liderança espiritual de sua família.[3]

Raquel e Lia também sabiam da esperteza do pai para prejudicar Jacó, mas também sabiam que o próprio Deus havia revertido isso em favor de Jacó. A Bíblia ensina: *O homem de bem deixa herança aos filhos de seus filhos, mas a riqueza do pecador é depositada para o justo* (Pv 13.22). As mulheres de Jacó sabiam que seu pai estava sendo injusto também com elas e com seus filhos (31.14-16), tendo em vista que, no passado, Labão as vendeu e gastou o que foi pago por elas; no presente, ele as considera estrangeiras;

sendo assim, seu futuro e o de seus filhos depende da riqueza que agora têm e que justamente lhes pertence.[4] Henry Morris corrobora a ideia dizendo que Raquel e Lia revelam, em suas palavras, que tinham um antigo ressentimento pela maneira como o pai as havia vendido a Jacó, tratando-as como estrangeiras em vez de filhas. Nesse sentido, o exorbitante preço que Jacó pagou por elas, catorze anos de trabalho, fizeram-nas amar o marido, mas a ficar ressentidas com o pai.[5]

Raquel e Lia aconselham Jacó a obedecer a Deus e voltar!

O diálogo de Jacó com Raquel e Lia começa, prossegue e termina com as vitórias de Deus sobre Labão: este é contra ele, porém Deus é por ele (31.5); Labão o trapaceou, porém Deus não permitiu que ele fosse prejudicado (31.6,7); Labão mudou seus salários, porém Deus mudou seus rebanhos (31.8,9).[6]

Jacó compartilha com Raquel e Lia o seu sonho, descrevendo como Deus havia revertido a esperteza de Labão em seu enriquecimento (31.10-16), contudo, ele não faz nem uma única menção ao seu artifício das varas (30.37-39) nem à sua manipulação na criação (30.40-43); fala somente dos truques sujos de Labão (31.7).

A saída clandestina (31.17-24)

Aqui, encontramos a fuga de Jacó e a perseguição de Labão. Para o sogro, o genro é apenas um escravo, sem direito e liberdade. Labão via Jacó como uma ferramenta viva de trabalho; sendo assim, no entendimento de Jacó, para escapar das garras do sogro explorador, era preciso fugir clandestinamente, como se fosse um criminoso driblando a justiça. Nas palavras de Wiersbe, foi um ato de medo e de incredulidade, não um ato de fé, pois *aquele que crer não foge* (Is 28.16).[7] Jacó prefere o subterfúgio ao enfrentamento, agindo pela razão, não pela fé e temendo o sogro em vez de confiar na providência divina.

Sobre esse acontecimento, vale destacar dois pontos: Em primeiro lugar, *a fuga de Jacó* (31.17-21). Jacó fugiu de forma prudente, pois Labão estava tosquiando suas ovelhas a três dias de viagem, e fugiu sem avisar porque imaginava que, do contrário, não poderia sair. Na fuga, levou consigo seus filhos, suas mulheres, todo o seu gado e todos os seus bens, retornando à terra de seus pais por ordem divina e indo para Isaque, seu pai.

Nessa fuga, Raquel roubou os ídolos do lar de seu pai sem que Jacó soubesse, e este, por sua vez, logrou Labão, ocultando dele a fuga, e atravessou o rio Eufrates rumo à montanha de Gileade. Esses ídolos do lar ou *terafins*, que pode ser traduzido por "bonecos dos antepassados"[8], provavelmente eram esculturas dos deuses dos antepassados de Labão. Derek Kidner diz que, ao roubar os *terafins*, ou ídolos do lar, Raquel pode até ter tido um motivo religioso (35.2,4), porém, é muito mais provável que ela os tenha pegado porque a posse deles poderia fortalecer a reivindicação da herança (como o revelam as lâminas de Nuzi). Retinem nesse feito as suas palavras (31.14-16) e se pode imaginar Raquel dizendo a si mesma que não estava se apropriando de nada mais do que era seu de direito.[9] Nessa mesma linha de pensamento, MacDonald diz que a possessão desses ídolos do lar implicava a liderança da família e, no caso de uma filha casada, assegurava ao seu marido o direito da propriedade do pai.[10]

Em segundo lugar, *a perseguição de Labão* (31.22-24). Labão, o sogro de Jacó, só fica sabendo da fuga do genro três dias depois da partida deste, e então, vai atrás dele levando consigo seus irmãos, numa perseguição de sete dias, com o propósito de trazê-lo de volta para o trabalho escravo, e o alcança na montanha de Gileade. Contudo, de noite, o próprio Deus vem a Labão, o arameu, em sonho, e lhe diz: [...] *Guarda-te, não fales a Jacó nem bem nem mal* (31.24). Assim, Deus freia a fúria de Labão no caminho (31.24,29,42).

A perseguição era motivada por três causas: 1) material — acabou a fonte de riqueza; 2) emocional — acabou a chance de conviver com as filhas e netos; 3) religiosa — seus deuses foram roubados. Wiersbe diz que o fato de Labão ter ficado tão perturbado com o roubo dos ídolos do lar mostra que depositava sua fé em ídolos, não no verdadeiro Deus a quem Jacó servia.[11]

A acusação de Labão (31.25-35)

Apesar de ter oprimido Jacó por vinte anos, Labão ainda se faz de vítima, como veremos a seguir.

Em primeiro lugar, *as acusações de Labão* (31.25-30). Labão faz duas acusações contra Jacó. Na primeira delas, ele acusa Jacó de irresponsável (31.26-29), imputando a ele criminosa irresponsabilidade. Ele faz diversas acusações, entre elas a de ter sequestrado suas filhas, levando-as cativas pela espada (31.26). Além disso, ele também acusa Jacó de tê-lo enganado com sua fuga oculta, impedindo-o de fazer uma despedida festiva (31.27) e de insensatez, por não lhe ter dado a oportunidade de beijar suas filhas e seus netos nessa despedida (31.28). Em resumo, o que Labão não havia feito nos vinte anos em que conviveram queria fazer no dia da despedida. O narrador deixa exposta aqui

De volta para casa

vividamente a hipocrisia de Labão, que explorou o genro, surrupiou as filhas e os netos, e, agora quer passar a imagem de um pai, sogro e avô amável. Labão, sendo sincero, diz a Jacó que há poder em suas mãos para lhe fazer o mal, mas só não o faz porque foi impedido por Deus (31.29), o que deixa claro que, até então, toda a disposição de Labão era para fazer o mal a Jacó. Aquela jornada de sete dias até a montanha de Gileade não era com bandeiras brancas para celebrar a paz, mas uma caçada impiedosa para fazer o mal ao genro, e ele só não executa o seu projeto maligno porque Deus o impede.

Na segunda acusação, Labão chama Jacó de ladrão (31.30-35). Ele acusa o genro de ter furtado seus deuses (31.30). Quão tolo é um homem cujos deuses podem ser roubados! À primeira acusação, Jacó responde que fugiu por medo: [...] *tive medo; pois calculei: não suceda que me tome à força as suas filhas* (31.31). Jacó sabia do que Labão é capaz, por isso não subestimou o poder de seu sogro de fazer o mal. Fica claro, portanto, que ele está agindo ainda de acordo com seus métodos, pois foge justamente porque teme e porque não crê que Deus é poderoso para cumprir Sua vontade, engendrando, assim, seus próprios planos.

À segunda acusação, Jacó responde com o conforto de uma boa consciência (31.32-35). Derek Kidner diz que a venturosa ignorância de Jacó torna insuportavelmente tensa a procura e o seu contra-ataque, devastador.[12] Ele é acusado inocentemente, embora Raquel, sua mulher amada, seja culpada, visto que roubou e escondeu os deuses de seu pai, os ídolos do lar, na sela de um camelo. Labão vasculhou a tenda de Jacó, de Lia, das servas e, por fim, a tenda de Raquel, porém esta, assentada na sela onde estavam escondidos os ídolos do lar, cobre-os com sua saia e, dizendo-se menstruada, pede ao pai permissão para não se levantar (Lv 19.32). Nenhum homem podia chegar perto de uma mulher no seu período de impureza; além disso, o que ela usava para sentar ou deitar também era impuro (Lv 15.19-23); sendo assim, Labão não podia fazer a busca na sela de Raquel, e também não haveria mais motivo para ele fazer isso, pois seria impossível que seus *terafins* estivessem impuros ou profanados.[13] Waltke, analisando esse episódio, diz que o contraste entre o Deus de Jacó e os ídolos de Labão é risível (Is 46.1,2).[14] Esse relato contém um veredito severo sobre a nulidade desses deuses que nada podem fazer por si mesmos nem em favor de seus adoradores, tendo em vista que uma mulher em sua impureza sentou-se sobre os deuses de Labão!

O desabafo de Jacó (31.36-42)

Jacó foi vítima de vinte anos de esperteza, exploração e trabalho escravo, mas agora o caldo havia entornado. Irado, ele desabafa, fazendo com que aqueles sentimentos que haviam ficado guardados em seu coração durante vinte anos viessem à tona; neste momento, aquilo que estava represado há tanto tempo vaza e explode. Vejamos.

Em primeiro lugar, *Jacó fica irado com seu sogro* (31.36). Ele sai da defensiva e parte para o ataque. Sua altercação com o sogro é cheia de ira, e ele quer saber qual é o seu pecado para que Labão o persiga tão furiosamente e por tanto tempo.

Em segundo lugar, *Jacó defende sua integridade* (31.37,38). Ele nada sabe do furto de Raquel, por isso defende sua inocência e integridade, ao mesmo tempo que desafia o sogro a apresentar qualquer utensílio que ele tivesse furtado de sua casa (31.37). Em seguida, Jacó presta um relatório dos vinte anos em que esteve com Labão, cuidando zelosamente de seus rebanhos, para que não se perdesse as crias das cabras, ao mesmo tempo que faz uma denúncia velada de não ter tido o direito de comer sequer um carneiro de seu rebanho nesses longos anos de trabalho (31.38).

Em terceiro lugar, *Jacó presta conta de seus anos de serviço* (31.39,40). Ele fala sobre seu trabalho sem descanso, uma vez que seu sogro exigia dele o ressarcimento pelos animais despedaçados pelas feras, bem como os animais que eram furtados de dia ou de noite (31.39). Jacó relata que seu trabalho era sem pausa e descanso, pois precisava enfrentar o calor do dia e a geada da noite, sem poder desfrutar do sono reparador (31.40).

Em quarto lugar, *Jacó perde a calma e joga na cara do sogro sua injustiça* (31.41). Jacó é contundente: *Vinte anos permaneci em tua casa; catorze anos te servi por tuas duas filhas e seis anos por teu rebanho; dez vezes me mudaste o salário.* A paciência de Jacó se esgota, e ele ataca o sogro com palavras candentes, dizendo que viveu vinte anos numa espécie de trabalho escravo, sendo injustiçado. Essa atitude de Jacó nos ensina que explodir por qualquer coisa é ruim, mas represar por muito tempo é perigoso.

Em quinto lugar, *Jacó perde a paciência com o sogro, mas não a consciência de que Deus sempre esteve no controle* (31.42). Jacó perde a paciência com o sogro, mas tem plena consciência de que o Deus de Abraão e o temor de Isaque o livrou de ser despedido de mãos vazias. Assim, ele atribui a Deus a sua riqueza, dizendo que foi Ele [Deus] quem atendeu ao seu sofrimento e ao trabalho de suas mãos, e ainda destaca a repreensão que o próprio Deus havia feito a Labão na noite anterior.

A reconciliação (31.43-55)

Não existe família perfeita, ou seja, toda família está sujeita a conflitos, e é quase impossível evitar grandes tensões e conflitos dentro de nossa família. Destacamos aqui dois pontos.

Em primeiro lugar, *a decisão de reconciliação parte de Labão* (31.43,44). A cultura da época podia até favorecer Labão, ao afirmar que Jacó, como um escravo, podia até partir, mas sem direito a suas mulheres, filhos e bens (Êx 21.4), porém, isso estava em total desacordo com o fato de que Jacó havia pago com catorze anos de trabalho pelas suas mulheres e seis anos pelos seus rebanhos (31.41). Não é verdade, portanto, que todo aquele rebanho que estava com Jacó pertencia a Labão, uma vez que Jacó havia trabalhado vinte anos, e Deus o recompensara. Ele trabalhou por aquelas filhas de Labão, e por vinte anos o sogro as tratou como estrangeiras (31.15).

Jacó prefere não se defender aqui, para estabelecer uma aliança de paz, ensinando-nos que, no que depender de nós, devemos ter paz e fazer a paz. Tanto Labão quanto Jacó sabiam do valor da família, e é isso que importa! O melhor caminho para a família é o da reconciliação, pois só temos uma família e precisamos valorizá-la. Labão sabe que não é bom que Jacó e nem suas filhas voltem para sua terra magoados.

Em segundo lugar, *uma aliança de reconciliação é firmada entre Labão e Jacó* (31.45-55). Três realidades são dignas de destaque.

Primeira, a essência da aliança (31.49-52). Labão requer de Jacó duas coisas: que ele fosse um bom marido para suas filhas (31.49,50) e que Jacó fosse um bom vizinho para ele, ou seja, um acordo de não agressão (31.51,52). O Labão que vendeu as filhas e explorou o genro assume agora o papel de conselheiro matrimonial, aquele que julgava ser dono de tudo quer agora adotar uma política de boa vizinhança, estabelecendo um marco de fronteira e combinando que um deve respeitar o limite do outro.

Segunda, a cerimônia da aliança (31.45,46,49,53,54). A cerimônia da aliança foi constituída de quatro atos: 1) uma coluna foi erigida (31.45,46); 2) um sacrifício foi oferecido (31.54); 3) eles comeram pão juntos (31.46,54); 4) invocaram Deus como testemunha (31.49,53). Ao monte de pedras, Labão chamou Galeede e Mispa, cujo significado é "torre de vigia" ou "torre de observação".[15] Labão disse: [...] *Vigie o Senhor entre mim e ti e nos julgue quando estivermos separados um do outro* (31.49). Boice diz que essas palavras não são uma invocação de bênção, mas uma imprecação de juízo.[16] Já Morris diz que, na verdade, o que Labão está dizendo é que Jacó era alguém que precisa ser vigiado e que essa era a responsabilidade de Javé.[17]

Concordo com Bräumer quando diz que o encontro de Jacó e Labão não representa apenas o encontro de duas culturas diferentes, mas também de representantes de diferentes religiões. Labão propõe um juramento em nome do Deus de Abraão e do Deus de Naor, o Deus do pai deles (31.53), porém Jacó não acompanha essa sugestão, jurando somente pelo Deus de seu pai, Isaque. Ele recusa a mistura das religiões e não faz nenhuma menção sequer ao Deus de Naor, pois não considera nenhuma ligação entre o Deus de Abraão e o Deus de Naor. E mais: Jacó sabe que o seu compromisso é com o único Deus verdadeiro.[18]

Terceira, o resultado da aliança (31.54,55). O que acontece quando a reconciliação é firmada? Primeiro, o perdão vence o ódio (31.54); segundo, há motivo para festa e comunhão (31.54); terceiro, renovação dos afetos e a volta para casa em paz (31.55).

Diante do exposto, podemos extrair como grande ensinamento deste capítulo o seguinte: resolva as pendências em sua família! Proponha uma reconciliação! Promova a paz! Você só tem uma família! Depois de tudo isso, e restaurados os relacionamentos, Jacó seguiu o seu caminho (32.1)!

Notas

[1] WALTKE, Bruce K. *Gênesis*, 2010, p. 524.
[2] WIERSBE, Warren W. *Comentário bíblico expositivo*, vol. 1, 2006, p. 167.
[3] WALTKE, Bruce K. *Gênesis*, 2010, p. 525.
[4] Ibidem, p. 527.
[5] MORRIS, Henry M. *The Genesis Record*, 2006, p. 481.
[6] WALTKE, Bruce K. *Gênesis*, 2010, p. 525.
[7] WIERSBE, Warren W. *Comentário bíblico expositivo*, vol. 1, 2006, p. 168.
[8] BRÄUMER, Hansjörg. *Gênesis*, vol. 2, 2016, p. 115.
[9] KIDNER, Derek. *Gênesis: introdução e comentário*, 2006, p. 153-154.
[10] MACDONALD, William. *Believer's Bible Commentary*, 1995, p. 67.
[11] WIERSBE, Warren W. *Comentário bíblico expositivo*, vol. 1, 2006, p. 168.
[12] KIDNER, Derek. *Gênesis: introdução e comentário*, 2006, p. 154.
[13] BRÄUMER, Hansjörg. *Gênesis*, vol. 2, 2016, p. 118.
[14] WALTKE, Bruce K. *Gênesis*, 2010, p. 533.
[15] LIVINGSTON, George H. *O livro de Gênesis*, in: *Comentário bíblico Beacon*, vol. 1, 2015, p. 94.
[16] BOICE, James Montgomery. *Genesis*, vol. 2, 1998, p. 805.
[17] MORRIS, Henry M. *The Genesis Record*, 2006, p. 490.
[18] BRÄUMER, Hansjörg. *Gênesis*, vol. 2, 2016, p. 121.

Capítulo 35

Jacó não, Israel!
(Gn 32.1-32)

LABÃO VOLTOU PARA SUA CASA (31.55), e Jacó também seguiu o seu caminho (32.1). Um monumento de paz tinha sido deixado para trás, mas agora Jacó tinha novos desafios pela frente, pois precisava enfrentar seu irmão e seu pai. Os vinte anos que havia ficado em Padã-Arã não foram suficientes para pacificar sua consciência. Os pecados do passado ainda assustavam seu coração e eram um tormento para sua alma. Warren Wiersbe diz que, depois de vinte anos, o passado de Jacó o estava alcançando.[1]

Pelo fato de a eleição de Deus ser incondicional (25.23; Ml 1.2,3; Rm 9.11-13), Deus amou Jacó não por causa de suas virtudes, mas apesar de seus pecados; não por causa de seus méritos, mas apesar de seus deméritos. Jacó, ao sair de casa, recebe uma poderosa visitação de Deus em Betel, onde o Senhor faz-lhe sublimes promessas. Vinte anos depois, o Senhor apareceu para ele em Padã-Arã e deu-lhe ordens para voltar à terra de seus pais. Agora que Jacó e Labão resolveram suas pendências e firmaram um acordo de paz, o patriarca, com suas mulheres, suas filhas, seus servos, suas servas e seus rebanhos, está pronto para atravessar a fronteira.

Nessa jornada, Jacó tem três encontros: com os anjos de Deus, com o próprio Deus e com seu irmão, Esaú. No texto apresentado, vamos destacar três pontos importantes: o encontro com os anjos, a preparação para o encontro com Esaú e o encontro com Deus.

Jacó tem um encontro com os anjos de Deus (32.1,2)

Há vinte anos, quando passava por Betel, Jacó em sonhos teve a visão dos anjos de Deus que subiam e desciam a escada que ligava a terra ao céu. Os anjos são espíritos ministradores em favor dos que herdam a salvação (Hb 1.14), e, embora não possamos vê-los, eles estão presentes; embora nem sempre tomemos conhecimento de sua ajuda, eles estão nos servindo e nos protegendo; e mesmo que nem sempre tenhamos consciência da mão invisível da Providência, os anjos estão obedecendo às ordens de Deus para acampar ao nosso redor e nos livrar de tropeços (Sl 91.11,12). Quando Jacó segue o seu caminho, em obediência a Deus, os anjos de Deus lhe saíram ao encontro.

Aqui os anjos de Deus se deixam ser vistos por Jacó (32.2). Ao ver os mensageiros de Deus, Jacó batiza aquele lugar de Maanaim, acampamento de Deus, cujo significado literal é "dois acampamentos", ou seja, o acampamento de Deus e o de Jacó. O patriarca recebia mais uma confirmação do cuidado divino, o que significava que Deus estava com ele e Seus anjos estavam acampados ao redor dele para guardá-lo. Bräumer diz que, nesse lugar de descanso temporário de Jacó e seu povo, Deus tinha montado Seu acampamento defronte ao de Jacó.[2]

Jacó tem três encontros com anjos, e em cada caso ele memoriza o local: Betel (28.19), Maanaim (32.2) e Peniel (32.30). Como Betel era o portão do céu (28.17), Maanaim é o acampamento de Deus na terra (32.2).[3]

Jacó se prepara para um encontro com Esaú (32.3-21)

Havia chegado o grande momento de Jacó enfrentar o seu passado e buscar uma reconciliação com Esaú. Ele sabia que o tempo não cura as feridas nem acalma os vendavais da consciência e que só o perdão pode pacificar a alma e restaurar a vida. Nessa busca da reconciliação com seu irmão, seis ações de Jacó merecem destaque:

Em primeiro lugar, *uma postura humilde* (32.3-5). Assim diz a Escritura:

> *Então, Jacó enviou mensageiros adiante de si a Esaú, seu irmão, à terra de Seir, território de Edom, e lhes ordenou: Assim falareis a meu senhor Esaú: Teu servo Jacó manda dizer isto: Como peregrino morei com Labão, em cuja companhia fiquei até agora. Tenho bois, jumentos, rebanhos, servos e servas; mando comunicá-lo a meu senhor, para lograr mercê à sua presença (32.3-5).*

Justamente como Deus enviou anjos a Jacó, este agora envia mensageiros a Esaú.[4] Bräumer diz, corretamente, que a mensagem em si constitui um relatório e um pedido. Jacó manda dizer a seu irmão que o tempo passado com Labão foi tudo, menos o cumprimento da bênção do primogênito: não me tornei príncipe; sobrevivi com muito esforço. Para Labão, nunca deixei de ser um peregrino. Com essas palavras, Jacó narra toda a amargura e dificuldade do seu passado, e segue-se, então, o relatório sobre a riqueza adquirida. A intenção é despertar em Esaú a expectativa por bons presentes, porém o relatório é seguido por um pedido por misericórdia, em que Jacó chama Esaú de seu senhor, alguém hierarquicamente superior.[5]

Jacó tinha conhecimento de que Esaú estava em Seir, no território de Edom. Bruce Waltke diz que, durante os vinte anos do exílio de Jacó, Esaú já havia desapossado os horeus de Seir, pressupondo seu poderio militar.[6] Jacó enviou mensageiros à sua frente, com o propósito de abrandar o coração ferido do irmão. Embora usando estratégias humanas, Jacó revela aqui humildade; e mais: ele não quer confronto, mas paz, não quer briga, mas reconciliação. Como Abraão com Ló, Jacó dá o primeiro passo para renunciar os direitos de sua eleição à bênção (13.1-12), confiando que Deus cumpriria a promessa. Sua rivalidade com Esaú está no fim.[7]

Os mensageiros de Jacó, como emissários de paz, deviam apresentar o seu senhor, Jacó, como servo de Esaú, bem como falar a Esaú sobre a peregrinação do irmão nos últimos vinte anos na casa de Labão e os bens que granjeara. Esse relatório tinha como único propósito lograr mercê na presença de Esaú.

Em segundo lugar, *um medo perturbador* (32.6,7a). Quando os mensageiros de Jacó retornaram a ele, informaram-no que Esaú também vinha encontrar-se com ele, escoltado por quatrocentos homens, levado Jacó a ficar aterrorizado diante do enorme contingente de seu irmão. Bräumer diz que Esaú havia se tornado líder de mercenários, e a bênção de seu pai tinha se cumprido em sua vida: *Viverás da tua espada* (27.40).[8]

Embora muito provavelmente Esaú não tivesse más intenções, porque enviou de volta, incólumes e em paz, os servos de Jacó, essa informação caiu como uma bomba no coração de Jacó. Ele teve medo da supremacia ameaçadora de seu irmão e se perturbou, pois não podia lutar com o irmão e prevalecer, tampouco podia depender de sua força. Resumindo, as circunstâncias lhe eram desfavoráveis, e, nesse momento, as promessas de Deus, como uma luz bruxuleante, apagaram-se em seu coração, e o medo tomou as rédeas de sua vida. Então, Jacó voltou ao antigo hábito de traçar seus próprios planos.[9] Estou inclinado, porém, a pensar como Bruce Waltke: "Esaú estava vindo com quatrocentos homens não para matar Jacó, mas para escoltá-lo" (33.12).[10]

Derek Kidner, por outro lado, entende que a reação de Jacó é caracteristicamente enérgica: planeja (32.7,8), ora (32.9-12), planeja (32.13-21), ora (32.22-32), planeja (33.1-3). Nessa perspectiva, seria abuso condenar os seus elaborados movimentos como expressando falta de fé, pois a Escritura aprova a estratégia quando é instrumento, não um substituto de Deus (Js 8.1,2; Ne 4.9).[11]

Em terceiro lugar, *uma estratégia prudente* (32.7b,8). O medo de Jacó o empurrou para um plano de ação de emergência, e, então, dividiu o povo que estava com ele em dois grupos, pois, no caso de Esaú vir e ferir um grupo, o outro tinha a chance de escapar. Jacó esperava o pior, e seu coração, cheio de presságio, sentia que uma tragédia estava a caminho.

Em quarto lugar, *uma oração fervorosa* (32.9-12). O que mais Jacó faz além de sua estratégia? Ele ora! Essa é a primeira vez que o texto bíblico relata o patriarca Jacó orando. Ele ora quando todos os seus recursos entram em colapso, quando a crise bate à sua porta, quando a morte mostra sua carranca e, também, quando sua vida, sua família e seus bens são ameaçados. Destacaremos aqui alguns pontos importantes sobre a oração de Jacó:

1. A quem ora (32.9). Jacó ora ao Deus de seus pais, o Deus da aliança. Ele ora ao Deus de promessas. Foi com base na aliança que Deus havia firmado com Abraão (12.1-3) e com seu pai, Isaque (21.12), que Jacó orou fervorosamente a Deus.

2. Como ele ora (32.10a). Pela primeira vez na vida, Jacó reconhece que é pecador e indigno de todas as misericórdias e de toda a fidelidade que Deus usou com ele.

3. O que ele reconhece em sua oração (32.10b). Ele reconhece a generosa providência de Deus em sua vida, pois saiu de casa vinte anos atrás apenas com um cajado e, agora, retorna com uma numerosa família e muitos bens.

4. O que ele pede em sua oração (32.11). Ele pede livramento das mãos de Esaú, admitindo que está com medo de seu irmão. Seu temor é que seu irmão o mate e tire a vida de suas mulheres e dos seus filhos; no entanto, se Jacó estivesse descansando nas promessas de Deus, saberia que os planos de Deus não podem

ser frustrados, uma vez que ele daria continuidade ao propósito divino de trazer ao mundo o Messias. De fato, o Salvador veio da tribo de Judá para morrer pelos nossos pecados, e Paulo viria da tribo de Benjamim para levar o evangelho aos gentios.[12]

5. O que ele lembra a Deus em sua oração (32.12). Ele lembra a Deus as promessas dEle (28.12-15). Orar vitoriosamente é falar para Deus o que Deus falou a nós, e orar eficazmente é orar fundamentado nas promessas divinas, isso porque em todas as promessas de Deus nós temos o sim e o amém e nenhuma delas cai por terra, pois Deus vela pela Sua palavra para cumpri-la, tanto que podemos ter certeza de que promessa de Deus e realidade são a mesma coisa.

Em quinto lugar, *um presente pacificador* (32.13-21a). Jacó passa a noite no acampamento. Depois de orar, resolve separar parte de seus bens para oferecer um presente a seu irmão, tendo em vista que um presente abre caminho para a paz e, também, a voz do amor. Em outras palavras, um presente é mais eloquente do que um discurso, e o presente de Jacó é generoso. Mas quais são as características do presente de Jacó?

1. É um presente generoso (32.13-15). Jacó não é mesquinho, tanto que seu presente é muito generoso: trata-se de 580 animais de grande valor.

2. É um presente estratégico (32.16,17). Jacó entrega os presentes nas mãos de seus servos, para que eles fossem à sua frente, deixando espaço entre rebanho e rebanho. Havia três grupos de servos levando os rebanhos para Esaú (32.19).

3. É um presente amigável (32.18). Jacó tem como propósito abrandar a temida ira de Esaú, pacificar o coração dele e despertar sua curiosidade ao enviar, em grupos, seus servos com os rebanhos. Esaú deveria tomar conhecimento de que esses rebanhos eram um presente de seu irmão e que Jacó estava vindo atrás deles. Jacó está marchando atrás de seu presente com uma bandeira branca hasteada.

4. É um presente para selar a paz (32.19-21). Jacó dá instruções a todos os grupos que conduzem os presentes que devem ser entregues a Esaú, presentes estes cujo propósito era aplacar Esaú, a fim de que este aceitasse sua presença.

Em sexto lugar, *uma solidão necessária* (32.21b). Depois de enviar todas as comitivas com os presentes, Jacó ficou só no acampamento naquela noite, a noite em que sua vida foi salva.

Jacó tem um encontro com Deus (32.22-32)

Quão longa foi aquela noite para Jacó! Ele orou e separou presentes para Esaú, e estrategicamente dividiu os grupos para levarem à sua frente seu rico presente ao irmão. Depois disso, ele resolve transpor o vau de Jaboque, um afluente do rio Jordão, a meio caminho do mar da Galileia e a quarenta quilômetros do mar Morto[13], com suas mulheres, suas servas e seus onze filhos (32.22). Diná é omitida em virtude de não exercer nenhum papel na fundação da nação. De igual modo, também Jacó atravessou o ribeiro tudo o que lhe pertencia (32.23).

Depois da travessia do vau de Jaboque, naquela noite decisiva de sua vida, Jacó ficou só (32.24a). A solidão é a sala de audiência de Deus,[14] e ali Jacó vai ter o encontro mais importante de sua vida, o encontro com Deus. O Jacó que viveu a vida fugindo precisa agora enfrentar a situação, uma vez que não pode fugir de si mesmo, por isso fica só. Ele tem de olhar no espelho da sua própria alma e contemplar de fato quem ele é: um suplantador. Warren Wiersbe diz que Jacó havia passado a maior parte de sua vida adulta lutando com as pessoas — Esaú, Isaque, Labão e até mesmo com suas esposas — de modo que Deus se manifestou como um lutador.[15]

Destacaremos aqui alguns pontos importantes:

Em primeiro lugar, *Deus começa a lutar com Jacó* (32.24b). [...] *e lutava com ele um homem, até ao romper do dia.* Esse homem que luta com Jacó é o próprio Deus (32.28-30). É Deus quem toma a iniciativa da luta. Deus quer transformar Jacó e não abre mão da vida dele, por isso o encontro de Jacó com Deus não pode ser mais adiado. Ter as bênçãos de Deus não é suficiente, porque o que Jacó precisava era ter uma experiência pessoal e profunda com o próprio Deus. Como diz Waltke: "Jacó deve encontrar Deus sozinho, sem posses e sem proteção".[16]

Em segundo lugar, *Deus não desiste de Jacó, a despeito de sua resistência* (32.25a). *Vendo este que não podia com ele...* Jacó lutou a noite toda, pois não queria ceder, não queria entregar os pontos. Ele mediu força com força, poder com poder, destreza com destreza. Jacó era um caso difícil, tinha coração duro, o que fazia dele um homem difícil de se converter, mas Deus não o abandonou por isso, e, assim, o mesmo Deus que vinha abençoando Jacó a vida toda luta agora com ele a noite toda.

Deus tem lutado com você também e tem colocado intercessores no seu caminho e pregadores diante de você; portanto, se tem escutado muitas vezes a voz de Deus, então, não endureça o coração.

Em terceiro lugar, *Deus feriu Jacó, a fim de não perdê-lo para sempre* (32.25b). [...] *tocou-lhe na articulação da coxa; deslocou-se a junta da coxa de Jacó, na luta com o homem*. Com extrema misericórdia, Deus desloca a coxa de Jacó, o pivô da força do lutador. Uma vez mirrada sua força natural, Jacó deve agarrar-se devotamente à graça de Deus.[17] Na verdade, Deus deixou Jacó aleijado para que este não fosse condenado por toda a eternidade. Deus foi às últimas consequências para salvar Jacó. Deus usou um método radical: Ele venceu Jacó ao enfraquecê-lo, pois a vocação de Deus é irresistível e Ele empregará todos os meios para o salvar. Se preciso for, ele tocará em seu corpo e em seus bens para que você se quebrante, se humilhe. Deus, às vezes, usa uma enfermidade, um acidente, uma perda significativa para render os que recalcitram contra os aguilhões. Deus, porém, jamais desiste de salvar aqueles a quem Ele escolheu desde a eternidade. A. W. Tozer diz: "O Senhor não pode abençoar plenamente um homem enquanto não o tiver vencido".[18]

Em quarto lugar, *Deus salva Jacó quando este reconhece sua necessidade de Deus* (32.26). *Disse este* [Deus]: *Deixa-me ir, pois já rompeu o dia. Respondeu Jacó: Não te deixarei ir se não me abençoares*. Jacó fisicamente está alquebrado. Agora, é uma batalha de palavras, e ele se empenha por uma bênção. Jacó, que já havia experimentado a bênção da prosperidade, agora luta para experimentar a bênção de uma vida com Deus. Jacó tem dinheiro, família, direito de primogenitura, mas agora ele quer Deus, ou seja, sua maior necessidade é de Deus, pois ele entende que sem Deus é nada, que sem a bênção de Deus é vazio, e ele agora tem pressa para ser transformado por Deus, por isso ora com intensidade e com senso de urgência, pois não pode perder a oportunidade. Ele anseia por Deus mais do que por qualquer outra coisa na vida.

Em quinto lugar, *Deus salva Jacó quando este chora diante de Deus, buscando a transformação de sua vida* (Os 12.3,4). *No ventre, pegou do calcanhar de seu irmão; no vigor da sua idade, lutou com Deus; lutou com o anjo e prevaleceu; chorou e lhe pediu mercê...* Derek Kidner diz que temos aqui derrota e vitória numa coisa só. "Lutou com Deus e prevaleceu" — esta é a linguagem da força; "chorou e lhe pediu mercê" — esta é a linguagem da fraqueza.[19] Jacó agora tem o coração quebrantado e agarra-se a Deus com senso de urgência e os olhos molhados de lágrimas. Ele se quebranta, se humilha, chora e reconhece que não pode mais viver sem um encontro profundo e transformador com Deus. Jacó expressa o choro do arrependimento. Ele instou com Deus em lágrimas, pediu a bênção de Deus com pranto. Seus olhos estão molhados e sua alma, ajoelhada diante do Senhor. E por que Jacó chora? O que ele pede com tanta urgência e sofreguidão? Ele não pede coisas; pede que Deus mude a sua própria vida, ou seja, ele quer Deus e vida nova!

Em sexto lugar, *Deus salva Jacó quando este confessa seu pecado e toca no ponto nevrálgico de sua vida* (32.27). *Perguntou-lhe, pois: Como te chamas? Ele respondeu: Jacó.* Deus não queria nem precisava de uma informação, pois bem sabia quem era Jacó. A resposta de Jacó, portanto, não foi uma mera resposta, mas uma confissão. Waltke diz que a resposta de Jacó é uma admissão de culpa, uma vez que seu nome está associado a fraude (27.36).[20] Como diz Hansjörg Bräumer, "no nome está a essência do nomeado".[21] Jacó não podia ser transformado sem antes reconhecer quem era, ou seja, não podia ser convertido sem antes sentir convicção de pecado, não podia ser uma nova criatura sem antes reconhecer que era um enganador, um suplantador. Jacó era um patriarca, conhecia a aliança de Deus e tinha as promessas de Deus, mas não vivia como um filho de Deus. O engano era a marca da sua vida, seu nome era um espelho da sua vida, era aquilo que ele era e vivia, mas, agora, ele abre o coração, admite o seu pecado e toca no ponto de tensão, no nervo exposto da sua alma. Vinte anos atrás seu pai lhe perguntou: *Quem és tu, meu filho?*, e ele respondeu: *Sou Esaú, teu primogênito* (27.18,19). Desconfiado, seu pai, Isaque, perguntou-lhe novamente: *És meu filho Esaú mesmo? Ele respondeu: Eu sou* (27.24). Agora, quando o próprio Deus lhe pergunta: *Qual te chamas?*, ele não quer mais enganar. Ele admite sua identidade, reconhece que é um suplantador e confessa o seu pecado.

Em sétimo lugar, *Deus salva Jacó quando este prevalece com Deus, e seu nome é mudado* (32.28). Então, disse: *Já não te chamarás Jacó, e sim Israel, pois como príncipe lutaste com Deus e com os homens e prevaleceste.* George Livingston diz que a mudança de nome, como se deu com Abraão e Sara, indicava mudança de *status* e do ser interior.[22] Já Derek Kidner acrescenta que o novo nome seria um atestado da sua nova posição; foi um sinal da graça, apagando uma antiga repreensão (27.36), e um investimento honroso pelo qual viver. Dessa vez, a bênção foi sem mancha, no receber e no dar: era dele mesmo, não tramada e sem intermediário.[23] Deus muda seu nome, seu coração, sua mente, sua vida, seu futuro. Até então, Jacó apenas tinha declarado que o Senhor era o Deus de Abraão e o Deus de Isaque, seu pai, mas nunca afirmado ser ele o seu Deus (28.21; 31.53).

Contudo, a partir de agora, Deus será conhecido como o Deus de Abraão, Isaque e Jacó.

Jacó perdeu a luta com Deus e ganhou a vitória, e tornou-se forte ao reconhecer-se fraco, deixando de ser um suplantador para se tornar um príncipe de Deus, aquele que luta com Deus e prevalece. Waltke diz que a transformação de Jacó pertence ao modo com que ele prevalece. Até aqui, ele havia prevalecido sobre as pessoas pelo uso da astúcia, mas, agora, ele prevalece com Deus, e então com os humanos, por suas palavras, não pelos dotes físicos conferidos a ele no nascimento ou adquiridos por meio do esforço humano. Sua ambição de prevalecer não foi mudada, mas apropriadamente reorientada (Os 12.4).[24] Charles Haddon Spurgeon, nessa mesma linha de pensamento, diz que o poder de Jacó não podia ser força física; não podia ser energia mental; não podia ser um poder mágico; não podia ser um poder independente. Esse poder vem da natureza de Deus, das promessas de Deus, do relacionamento com a graça de Deus e dos próprios atos divinos, e é exercido com profundo senso de fraqueza (2Co 12.10).[25]

Em oitavo lugar, *Deus salva Jacó quando este quer conhecê-lo e por Deus é abençoado (32.29)*. *Tornou Jacó: Dize, rogo-te, como te chamas? Respondeu ele: Por que perguntas pelo meu nome? E o abençoou ali.* Jacó tinha nascido num lar temente a Deus, e, ao longo de sua vida, viu o cuidado de Deus. Já estava com mais de noventa anos, mas ainda não conhecia Deus pessoalmente. Deus era apenas o Deus de Abraão e o Deus de Isaque, seu pai, mas agora quer conhecer o nome de Deus, e ali o Senhor o abençoa. Que bênção era essa? Jacó foi salvo de um grande perigo; foi perdoado de um grande pecado; recebeu um novo nome e estava agora sob uma nova unção.[26]

Em nono lugar, *Deus salva Jacó quando este vê a Deus face a face* (32.30). *Àquele lugar chamou Jacó Peniel, pois disse: Vi a Deus face a face, e a minha vida foi salva.* Até esse tremendo encontro, Deus era apenas o Deus de seu avô, Abraão, e de seu pai, Isaque, mas agora Deus passa a ser conhecido como o Deus de Jacó, o qual tem os olhos da sua alma abertos e vê a Deus face a face. Jacó tem seus pecados perdoados, sua alma liberta, seu coração transformado, sua vida salva, enfim, tudo se fez novo na vida de Jacó. Mais uma vez, ele deu um nome especial a um lugar importante: Luz tornou-se Betel, *a casa de Deus* (28.19), Maanaim tornou-se *acampamento de Deus* (32.1,2) e Peniel quer dizer *a face de Deus*, uma forma abreviada de *Eu vi Deus face a face* (32.30). Hansjörg Bräumer lança luz sobre essa experiência de Jacó no vau de Jaboque ao escrever:

> A luta junto ao Jaboque foi um novo começo na vida de Jacó. No Jaboque, encerrou-se a crônica dos escândalos de Jacó. Foi a noite da sua conversão. Ao informar seu nome, Jacó, ele foi obrigado a revelar todo o seu passado. Diante de Deus, nem Jacó consegue mais se blindar. Ele estava diante de Deus, desnudado de toda justiça, indefeso como qualquer pecador. Mas Deus lhe deu um novo nome. Por sua graça, concedeu-lhe a vitória. Jacó fora justificado. Desde aquele momento, Jacó vivia um relacionamento novo com Deus.[27]

Em décimo lugar, *Jacó, depois de salvo, tem um novo futuro: luz e reconciliação* (32.31,32;33.4). *Nasceu-lhe o sol, quando ele atravessava Peniel; e manquejava de uma coxa.* Depois de ter vivido uma vida de trevas, o sol nasceu para Jacó e a luz brilhou em seu caminho, deixando as trevas para trás. Tudo se fez novo na vida dele: um novo coração, uma nova mente, uma nova vida. Agora, Jacó tem um novo nome, um novo jeito de andar e um novo relacionamento com Deus. Ele saiu manquejando, mas sua alma estava livre. Esse foi um manquejar recompensador.

Esaú deve ter perguntado:

— Por que você está manquejando, Jacó?

— Ah! meu irmão, Deus me salvou. Hoje eu sou um novo homem, tenho uma nova vida! Aquele velho Jacó morreu e foi sepultado no vau de Jaboque. Agora, sou uma nova criatura. O sol nasceu para mim!

O encontro decisivo com Deus e a transformação de Israel são corroborados e memorizados tanto pelo nome do lugar, Peniel (32.30,31), quanto pelo ritual dietético de Israel, de não comer o nervo ciático, o nervo central da região lombar (32.32).[28]

Deus transformou o ódio de Esaú em amor; o medo de Jacó, em alegria. E aquele encontro temido, que acenava uma briga, uma contenda, uma guerra, transformou-se numa cena de choro, abraços, beijos e reconciliação. É isso que veremos no capítulo seguinte.

NOTAS

[1] WIERSBE, Warren W. *Comentário bíblico expositivo*, vol. 1, 2006, p. 170.
[2] BRÄUMER, Hansjörg. *Gênesis*, vol. 2, 2016, p. 122-123.
[3] WALTKE, Bruce K. *Gênesis*, 2010, p. 547.
[4] Ibidem.

[5] BRÄUMER, Hansjörg. *Gênesis*, vol. 2, 2016, p. 124.
[6] WALTKE, Bruce K. *Gênesis*, 2010, p. 547.
[7] Ibidem, p. 548.
[8] BRÄUMER, Hansjörg. *Gênesis*, vol. 2, 2016, p. 124.
[9] WIERSBE, Warren W. *Comentário bíblico expositivo*, vol. 1, 2006, p. 171.
[10] WALTKE, Bruce K. *Gênesis*, 2010, p. 549.
[11] KIDNER, Derek. *Gênesis: introdução e comentário*, 2006, p. 156.
[12] WIERSBE, Warren W. *Comentário bíblico expositivo*, vol. 1, 2006, p. 171.
[13] BRÄUMER, Hansjörg. *Gênesis*, vol. 2, 2016, p. 128.
[14] WIERSBE, Warren W. *Comentário bíblico expositivo*, vol. 1, 2006, p. 172.
[15] Ibidem, p. 173.
[16] WALTKE, Bruce K. *Gênesis*, 2010, p. 552.
[17] Ibidem, p. 553.
[18] TOZER, A. W. *A conquista divina*. São Paulo: Editora Mundo Cristão, 1984, p. 35.
[19] KIDNER, Derek. *Gênesis: introdução e comentário*, 2006, p. 158.
[20] WALTKE, Bruce K. *Gênesis*, 2010, p. 553.
[21] BRÄUMER, Hansjörg. *Gênesis*, vol. 2, 2016, p. 131.
[22] LIVINGSTON, George H. O livro de Gênesis, in: *Comentário bíblico Beacon*, vol. 1, 2015, p. 97.
[23] KIDNER, Derek. *Gênesis: introdução e comentário*, 2006, p. 158.
[24] WALTKE, Bruce K. *Gênesis*, 2010, p. 554.
[25] SPURGEON, Charles H. *Spurgeon's Sermon Notes*. Peabody, MA: Hendrickson Publishers, 1997, p. 4-5.
[26] Ibidem, p. 7.
[27] BRÄUMER, Hansjörg. *Gênesis*, vol. 2, 2016, p. 133.
[28] WALTKE, Bruce K. *Gênesis*, 2010, p. 556.

Capítulo 36

A história de uma reconciliação
(Gn 33.1-17)

JACÓ JÁ TINHA SE RECONCILIADO com Labão, seu sogro (31.43-55), com Deus (32.22-33) e, agora, é hora de reconciliar-se com Esaú, seu irmão (33.1-17). Vinte anos haviam se passado, mas a consciência de Jacó ainda era açoitada pela culpa. Livingston destaca que outras histórias do livro de Gênesis já haviam descrito conflitos fatais entre irmãos, como no caso de Caim e Abel (4.1-8), e profundas diferenças entre irmãos, como no caso de Sem, Cam e Jafé (9.22,23), bem como de Ismael e Isaque (21.9-14). Esse é o primeiro exemplo registrado de reconciliação entre irmãos separados por discórdia (33.4).[1]

Em Peniel, Jacó viveu a noite mais importante de sua vida (32.22-32); agora, ele vai viver o dia mais emocionante de sua história (33.1-17). A história da reconciliação de Jacó com Esaú enseja-nos nove lições importantes.

Uma visão aterrorizante (33.1)

Jacó tinha visto Deus em Peniel durante a noite, mas, quando o sol desponta no pico dos montes, depois da travessia do vau de Jaboque, ele levanta os olhos e vê seu irmão vindo em sua direção com quatrocentos homens. Jacó não sabe o que está no coração de Esaú nem quais são seus planos. Rebeca, sua mãe, havia dito vinte anos atrás que o furor no coração de Esaú passaria em alguns dias (27.44), mas a culpa não havia cessado de arder na consciência de Jacó nesses vinte anos; todavia o ódio no coração de Esaú já havia cessado!

O medo é um carrasco da alma e nos leva sempre a pensar o pior do outro. Além disso, quem teme arma ciladas e não descansa. Quando Jacó levanta os olhos e vê Esaú e sua milícia vindo ao seu encontro, sente que o confronto fatídico havia chegado.

Uma ação estratégica (33.2,3a)

O mesmo Jacó que já havia enviado três comboios com seus presentes a Esaú, ao ver agora seu irmão se aproximando com quatrocentos homens, se vale de dois expedientes:

Em primeiro lugar, *Jacó divide sua família em três grupos* (33.2), colocando na linha de frente as servas com os filhos, depois Lia com os filhos e, por fim, Raquel com José. Waltke diz que a família de Jacó ainda é perseguida pelo favoritismo.[2] Essa divisão era uma evidência de que Jacó tinha um amor diferenciado por Raquel e José, e certamente, essa preferência trouxe grande sofrimento para José e Jacó.

Em segundo lugar, *Jacó lidera sua família* (33.3a). Liderar sua família mostra que ele mudou sua tática, pois, quando enviou os três comboios de servos com os presentes a Esaú, ficou atrás (32.18,20), mas, agora, Jacó, mesmo mancando, passa à frente de todos e se curva ao chão sete vezes. O novo Israel é um líder, não um covarde, um líder que, depois de seu encontro com Deus, assume sua família e passa a comandá-la não por meio de uma liderança arrogante, mas de uma liderança humilde.

Uma humildade sincera (33.3b)

Jacó adiantou-se e prostrou-se em terra sete vezes até aproximar-se de seu irmão. Bräumer diz que, ao prostrar-se sete vezes, Jacó reconhece sua culpa e pede por reconciliação — tudo sem dizer uma única palavra.[3] Waltke diz que Jacó, com seu rosto no pó, está desfazendo seu comportamento manipulador com relação à bênção que ele havia tomado de Esaú pelo uso de embuste (27.29).[4] Sua postura física era um retrato de seu coração quebrantado e sua atitude humilde construiu pontes de contato com o coração de Esaú, pois a humildade precede a honra e abre avenidas para a reconciliação. Jacó não apenas foi humilde, mas exigiu isso de toda a sua família, o que pode ser verificado quando a Palavra de Deus diz: *A resposta branda desvia o furor, mas a palavra dura suscita a ira* (Pv 15.1).

Bräumer destaca que, no primeiro momento, nenhum dos dois irmãos fala. Tudo o que Jacó e Esaú sentem nesse reencontro é expresso por gestos, os quais têm grande significado e são elementos essenciais e indispensáveis na comunicação.⁵

Uma reconciliação emocionante (33.4)

A ação humilde de Jacó provocou a reação amável de Esaú. Está escrito: *Então, Esaú correu-lhe ao encontro e o abraçou; arrojou-se-lhe ao pescoço e o beijou; e choraram.* Esaú também não diz nada sobre o passado, pois seus gestos são suficientes: ele correu, abraçou, arrojou-se ao pescoço de Jacó e o beijou. Ambos choraram, e essas boas-vindas tão calorosas incluem o perdão.⁶ Waltke diz que as lágrimas são uma catarse para anos de emoções negativas.⁷ Esse encontro dos dois irmãos separados durante vinte anos é tão emocionante que o Senhor Jesus usou essa atitude de Esaú para retratar o amor perdoador do pai ao filho pródigo: [...] *Vinha ele ainda longe, quando seu pai o avistou, e, compadecido dele, correndo, o abraçou, e beijou* (Lc 15.20).

Ali nas proximidades do vau de Jaboque, o muro da inimizade foi quebrado, a ponte da amizade foi construída e a paz com Esaú foi selada. O mesmo Deus que havia mudado a vida de Jacó na noite anterior (32.30) muda, no dia seguinte, as disposições do coração de Esaú.

Waltke destaca que o narrador representou o ato de Esaú desprezar seu direito de primogenitura com cinco verbos sucintos: *comeu + bebeu + levantou + saiu + desprezou* (25.34); agora, representa a reconciliação com outros cinco verbos: *correu + abraçou + arrojou + beijou + chorou* (33.4).⁸

Uma apresentação humilde (33.5-7)

Jacó levantou os olhos e viu Esaú (33.1), e este levanta os olhos e vê a comitiva que acompanha Jacó (33.5). Ele quer saber quem são, e, então, Jacó apresenta sua família, com dois destaques:

Em primeiro lugar, *Jacó reconhece seus filhos como expressões da graça de Deus* (33.5). Deus havia agraciado Jacó com filhos, e ele vê sua família como um presente da graça de Deus, um conceito que mais tarde vai ficar mais claro: *O que acha uma esposa acha o bem e alcançou a benevolência do* SENHOR (Pv 18.22) e *Herança do* SENHOR *são os filhos* (Sl 127.3).

Em segundo lugar, *Jacó requer que sua família o imite na postura de humildade* (33.6,7). As servas e seus filhos, Lia e seus filhos, José e Raquel, sua mãe, todos vêm e todos se prostram como Jacó diante de Esaú. O anseio por essa reconciliação não era apenas um desejo de Jacó, mas um projeto e uma necessidade de toda a família; além disso, é digno de nota que o nome de José precede o nome de sua mãe nessa narrativa (33.7).

Um presente generoso (33.8-11)

Esaú pergunta, curioso, acerca do propósito de Jacó em ter enviado todos os grupos à sua frente com mais de quinhentos animais, ao que ele esclarece que o único propósito foi lograr mercê na presença de Esaú, seu senhor (33.8). Sobre isso, vale destacar aqui alguns pontos:

Em primeiro lugar, *presentes falam mais do que discursos* (33.8). Jacó não faz discurso; ele dá presentes, e seus presentes são generosos e propositais, pois ele quer alcançar o coração de seu irmão, ressarcir o que, astuciosamente, roubou no passado e, também, reparar os erros que serviram de cunha no seu relacionamento com o irmão.

Em segundo lugar, *presentes devem ser dados de todo o coração* (33.9,10a). Esaú recusa-se a receber os presentes, dizendo a Jacó para guardá-los, uma vez que já é um homem rico, que possui muitos bens. Neste trecho, Esaú, sem qualquer fingimento, chama Jacó de seu irmão, mas este insiste com Esaú, seu irmão, para receber seu presente, pois aceitá-lo seria a prova de que a pendência entre eles estava resolvida, que o muro de inimizade tinha sido derrubado, que a ponte da amizade tinha sido construída e que o amor desbancaria a mágoa.

É importante ressaltar que Jacó atribui a Deus a existência de seus filhos (33.5), bem como a responsabilidade por poupar sua vida (33.10) e por sua prosperidade (33.11), ao passo que Esaú não atribui a Deus sua fortuna (33.9).

Em terceiro lugar, *presentes materiais podem abrir caminhos para bênçãos espirituais* (33.10). Jacó pede a Esaú para aceitar o seu presente, porquanto tinha visto o seu rosto como se tivesse contemplado o semblante de Deus, e compara seu encontro com Esaú como uma extensão do encontro que havia tido com Deus na noite anterior, onde viu Deus face a face (32.30). Bräumer diz que Jacó vê uma misteriosa correspondência entre o encontro com seu irmão e a luta noturna no Jaboque. Para ele, o rosto de Esaú era um reflexo da bondade de Deus. É como se, no encontro com seu irmão, o próprio Deus tivesse aparecido a ele.[9] Derek Kidner, nessa mesma linha de pensamento, diz que a linguagem de Jacó mostra que ele via os dois encontros, com o Senhor e com seu irmão, como dois níveis de um único acontecimento.[10] Jacó não vê seu irmão como rival, mas como a própria expressão do rosto de Deus, e, como diz Waltke: "Jacó identifica o rosto pacificado de Esaú com o rosto pacificado de Deus".[11]

Em quarto lugar, *presentes devem ser expressão da generosidade de Deus em nossa vida* (33.11). Jacó insta com seu irmão para receber seu presente, não porque Esaú, seu irmão, precise, mas porque ele, Jacó, tem sido alvo da generosidade de Deus e de Sua farta providência. Derek Kidner diz que, ao aceitar o presente, Esaú, de sua parte, mostrou boa vontade, apegando-se à reconciliação.[12]

Uma oferta altruísta (33.12-15)

Em resposta ao presente de Jacó, Esaú oferece a seu irmão uma escolta militar, mostrando que ele não veio para matar o irmão, mas para protegê-lo. Sobre isso, vale destacar dois pontos:

Em primeiro lugar, *duas ofertas amáveis* (33.12,15). Esaú não apenas abraça seu irmão no caminho, mas lhe estende a destra de companhia, dizendo a Jacó: [...] *Partamos e caminhemos; eu seguirei junto de ti* (33.12). Como Jacó jeitosamente recusou a oferta, Esaú propõe-lhe uma segunda alternativa: [...] *Então, permite que eu deixe contigo da gente que está comigo...* Esaú mostra a pureza de seus propósitos e a boa intenção de seu coração em acolher Jacó de volta à sua terra.

Em segundo lugar, *dois agradecimentos gentis* (33.13, 14,15b). À primeira oferta, Jacó justifica que em sua caravana há meninos tenros, ovelhas, vacas de leite que não poderiam ser forçadas. Além do mais, era prudente que ele fosse guiando-os pouco a pouco, no passo do gado e dos meninos. Jacó é cauteloso nas palavras e gentil nos agradecimentos. À segunda oferta, Jacó diz que não precisa de escolta porque ele já havia alcançado o que mais desejava e necessitava, a misericórdia aos olhos de Esaú.

Hansjörg Bräumer diz, com razão, que para Jacó a reconciliação representa o fim e a eliminação da culpa antiga, mas não a convivência e a confraternização a qualquer preço, o que mostra que a reconciliação também é possível quando as partes decidem se separar. A separação definitivamente pacífica entre Jacó e Esaú é combinada em uma conversa, de modo que Jacó não corta relações com Esaú de forma abrupta, dizendo que eles poderão se reencontrar em Seir.[13] A próxima e a última vez que vemos esses dois irmãos juntos é no sepultamento de Isaque, seu pai (35.29).

Uma separação amigável (33.16,17a)

Feita toda a diplomacia do encontro, da reconciliação e das gentilezas de ambas as partes, Esaú volta naquele mesmo dia para a fortaleza escarpada e montanhosa de Seir, pelo caminho de onde viera, e Jacó partiu para o norte rumo a Sucote. Bruce Waltke diz que o texto em análise descreve dois incidentes: a reconciliação dos irmãos (33.1-11) e sua desobrigação (33.12-17). No primeiro, Esaú abraça seu agora humilde irmão (33.1-7) e aceita o presente de Jacó como prova de sua reconciliação (33.8-11), ao passo que, no segundo, Esaú oferece a Jacó a provisão de uma escolta de volta (33.12-15), porém, Jacó delicadamente se separa (33.16,17).[14]

Há autores que veem as atitudes de Jacó como mais uma estratégia para enganar seu irmão, dentre os quais menciono A. W. Pink, James Montgomey Boice e Warren Wiersbe. Há outros autores, porém, que elogiam Jacó por sua postura, não vendo qualquer malícia nele nesse episódio. Dentre esses autores, menciono Henry Morris, Matthew Henry, Hansjörg Bräumer, Derek Kidner e Bruce Waltke. Incluo-me entre os últimos!

Um estabelecimento prolongado (33.17b)

Ao chegar Jacó em Sucote, deixa de habitar em tendas e edifica para si uma casa, fazendo também palhoças para o seu gado – daí o nome Sucote. Ali Jacó fica muitos anos, pois na próxima cena, quando ele chega em Siquém, seus filhos já são homens adultos.

Derek Kidner está correto quando diz que permanecer em Sucote era dar um passo atrás, espiritual e geograficamente, pois é difícil conciliar o chamamento para Betel com a prologanda permanência envolvida na construção de abrigos para o gado e de uma casa, a leste do Jordão. A idade da filha de Jacó e dos filhos mais velhos deste, implícita no próximo incidente em Siquém, revela que se haviam passado vários anos, num destes lugares, ou em ambos, visto que evidentemente Diná era uma criança de cerca de sete anos quando a família saiu de Padã-Arã (30.19-25; 31.41).[15]

Warren Wiersbe ainda corrobora a interpretação de Kidner quando diz que Deus havia ordenado que Jacó voltasse a Betel (31.13) e, depois, a seu lar em Hebrom, onde Isaque ainda vivia (35.27). Em vez disso, Jacó primeiramente se demorou em Sucote e depois assentou-se em Siquém. Em Sucote, o peregrino que deveria viver numa tenda (11.9-16) construiu para si uma casa e abrigos para seus rebanhos. Quando se mudou para as cercanias de Siquém, Jacó comprou uma propriedade e tornou-se um "estrangeiro residente". Estava assentando-se naquela terra.

Pelo fato de haver se demorado nessa parte da terra, Diná, sua filha, foi violentada, e dois de seus filhos, Simeão e Levi, tornaram-se assassinos, o que mostra que esse desvio do caminho custou muito caro a Jacó.[16]

Boice destaca o fato de que Jacó era um homem transformado e ainda não transformado. Quando Deus mudou o nome de Abrão para Abraão, a partir dali nunca mais se usou o velho nome para nominá-lo. Contudo, o mesmo não ocorreu com Jacó, o qual recebeu o nome Israel como evidência de sua transformação, porém, de Gênesis 33 a 50, o velho nome Jacó aparece 45 vezes, enquanto o novo nome Israel aparece apenas 23 vezes, mostrando-nos que, aparentemente, ainda havia muito do velho homem no novo patriarca.[17] Todavia, antes de censurarmos Jacó, devemos olhar para o Jacó que mora debaixo de nossa pele!

NOTAS

[1] LIVINGSTON, George H. *O livro de Gênesis*, in: *Comentário bíblico Beacon*, vol. 1, 2015, p. 98.
[2] WALTKE, Bruce K. *Gênesis*, 2010, p. 562.
[3] BRÄUMER, Hansjörg. *Gênesis*, vol. 2, 2016, p. 134.
[4] WALTKE, Bruce K. *Gênesis*, 2010, p. 562-563.
[5] BRÄUMER, Hansjörg. *Gênesis*, vol. 2, 2016, p. 134.
[6] Ibidem.
[7] WALTKE, Bruce K. *Gênesis*, 2010, p. 563.
[8] Ibidem.
[9] BRÄUMER, Hansjörg. *Gênesis*, vol. 2, 2016, p. 135.

[10] KIDNER, Derek. *Gênesis: introdução e comentário*, 2006, p. 159.
[11] WALTKE, Bruce K. *Gênesis*, 2010, p. 565.
[12] KIDNER, Derek. *Gênesis: introdução e comentário*, 2006, p. 159.
[13] BRÄUMER, Hansjörg. *Gênesis*, vol. 2, 2016, p. 136.
[14] WALTKE, Bruce K. *Gênesis*, 2010, p. 559.
[15] KIDNER, Derek. *Gênesis: introdução e comentário*, 2006, p. 160.
[16] WIERSBE, Warren W. *Comentário bíblico expositivo*, vol. 1, 2006, p. 175.
[17] BOICE, James Montgomery. *Genesis*, vol. 2, 1998, p. 824.

Capítulo 37

Uma tragédia na família
(Gn 33.18-20; 34.1-31)

Quando Jacó estava fugindo de Esaú, fez um voto a Deus em Betel (28.20-22). Depois de vinte anos, quando estava retornando da casa de Labão, Deus aparece a ele como o Deus de Betel e lhe ordena voltar para a terra de sua parentela (31.13), contudo, quando ele volta, se estabelece em Sucote e Siquém (33.17-20). Neste último local, Diná, a filha de Jacó, vai ser desonrada (34.2), e Simeão e Levi, filhos do patriarca, vão se tornar assassinos (34.25-29).

À luz do texto apresentado, abordaremos seis fatos solenes.

Desobediência (33.18-20)

Jacó deixou de ser um nômade, o peregrino que habitava em tendas (Hb 11.9-16), para construir uma casa em Sucote (33.17), na margem oriental do rio Jordão. Ele chega em Siquém, nos planaltos a oeste, onde havia pastos abundantes, e ali, junto da cidade, arma sua tenda (33.18). Desejando permanecer na cidade, ele compra o campo onde tinha levantado sua tenda (33.19), e, mesmo em oposição ao voto que havia feito a Deus e à ordem que o Senhor lhe havia dado, levantou em Siquém um altar e o chamou Deus, o Deus de Israel, pois queria marcar o lugar com a experiência que teve em Jaboque e estabelecer uma relação estreita entre seu novo nome e Deus.

Jacó constrói uma casa, arma uma tenda, compra um campo e levanta um altar, mas tudo isso não reparava sua desobediência, tendo em vista que ele deveria cumprir seu voto em Betel e, depois, seguir para Hebrom, onde estava sua parentela (31.13). Waltke diz que Jacó fracassa em manter seu voto de construir seu altar em Betel e, então, quase perde sua casa em Siquém; em outras palavras, por não estar no lugar onde propusera estar, traz sobre nações uma espada, não uma bênção.[1] Jacó leva sua família para as proximidades de uma cidade corrompida, e, longe de colocar seus filhos em lugar seguro, por vantagens financeiras expõe sua família a riscos e perdas imensamente maiores.

Derek Kidner diz que Siquém ofereceu a Jacó as atrações de uma transigência, visto que a cidade ficava atrativamente no entroncamento das rotas comerciais. Ele foi chamado para ser estrangeiro e peregrino; mas, enquanto comprava seu lote de terra ali (33.19), podia arrazoar que estava dentro das fronteiras da terra que lhe fora prometida. Não foi nada menos que desobediência, e seu ato piedoso, erigindo um altar e reivindicando o seu novo nome, Israel (33.20), não poderia disfarçar o fato. O capítulo 34 mostra o preço disso, pago em estupro, traição e massacre — uma cadeia de males logicamente decorrentes da desigual associação com a comunidade cananeia. Nesse sentido, foi somente o medo por sua vida abriu-lhe de novo os ouvidos para o chamado de Deus para Betel.[2]

Descuido (34.1)

O tempo havia passado, pois, quando Jacó retorna de Padã-Arã, Diná devia ter sete anos; agora, ela já era uma jovem (34.3,4,12). Duas coisas devem ser aqui observadas:

Em primeiro lugar, *o perigo da curiosidade* (34.1). Diná saiu da tenda de sua mãe para ver as filhas da terra. Ela é jovem, e talvez até ingênua e curiosa, e seus irmãos estão no campo, cuidando de ovelhas. Ela, como o pródigo, quer sentir a pulsação que vibra fora de sua casa, e, então, atraída por essa curiosidade, sai de casa para dar uma volta, para ver as filhas da terra.

Em segundo lugar, *o perigo da atração de uma sociedade sem Deus* (34.1). Diná, diferente de sua avó Rebeca e de sua tia Raquel, não era uma pastora, que saía de casa para cuidar dos rebanhos; na realidade, ela saiu para ver as filhas da terra. Os filisteus tinham outros valores e regiam-se por outros parâmetros morais, além de não ter a mesma fé em Deus. Diná é atraída por uma sociedade que não subscreve os mesmos princípios espirituais de sua família, e, assim como Ló, que foi armando suas tendas para as bandas de Sodoma e levando sua família para a cidade do pecado (13.12,13), Jacó também vai se estabelecendo em Siquém, levando sua família para um lugar perigoso e fora da vontade de Deus.

Wiersbe destaca que o nome de Deus não é mencionado nenhuma vez no capítulo 34 de Gênesis e também a sabedoria do Senhor não estava presente. Quando desobedecemos ao Senhor, colocamos a nós e aos nossos entes queridos em perigo. Considere o que aconteceu a Abraão no Egito (12.10-20) e em Gerar (20.1-18), a Ló em Sodoma (19.1-29), a Isaque em Gerar (26.6-16), a Sansão na Filístia (Jz 14; 16), a Elimeleque e Noemi em Moabe (Rt 1.1-22) e a Pedro no pátio da casa do sumo sacerdote (Mt 26.69-75).[3]

Desonra (34.2-4)

Neste ponto, vale destacar duas coisas:

Em primeiro lugar, *um estupro desonroso* (34.2). Siquém, o filho de Hamor, príncipe da terra, viu Diná, tomou-a, relacionou-se sexualmente com ela e, assim, a humilhou. Os quatro verbos: *viu + tomou + possuiu + humilhou* são uma síntese da perversidade moral de Siquém e da crueldade com Diná. Sobre isso, Bräumer tem razão em dizer que os verbos tomar, possuir e humilhar descrevem que Siquém foi o único responsável pelo acontecido,[4] isto é, Diná foi apanhada como uma presa e tomada à força. O estupro é um pecado sexual hediondo, é uma violência ao mais íntimo e sagrado direito do ser humano, o direito de compartilhar sua intimidade voluntariamente com a pessoa certa, no tempo certo. Matthew Henry destaca o fato de que Siquém, escravo de sua própria luxúria, por ser uma "pessoa importante", o mais destacado de sua família, príncipe do seu povo, acreditava que podia fazer qualquer coisa.[5]

Wiersbe destaca que por três vezes nessa passagem a palavra "violada" é usada para descrever o ato perverso de Siquém (34.5,13,27),[6] o qual impôs a Diná e à sua família uma tripla injustiça: 1) sequestro — ele pegou Diná na estrada e levou-a para casa, mantendo-a presa até que seus irmãos a buscaram, depois do massacre realizado em Siquém (34.26); 2) desonra — por causa do estupro, Diná tinha sido degradada moral e socialmente; e 3) violência — É direito do ser humano entregar ou recusar seu corpo e, especialmente, sua sexualidade; em outras palavras, a sexualidade humana não deve ser submetida a nenhuma forma de violência.[7] Nesse tempo, em casos de estupro, os irmãos da moça eram os responsáveis por tomar uma providência – por exemplo, Tamar, estuprada por Amnom, foi vingada por seu irmão Absalão (2Sm 13.28,29).[8]

Em segundo lugar, *uma paixão possessiva* (34.3,4). Paixão é diferente de amor, pois o amor é paciente, benigno, não se conduz inconvenientemente nem se alegra com a injustiça, ao passo que a paixão é doentia, egoísta, possessiva. O jovem príncipe afirmou que a tomou para si porque a amava e queria que ela fosse sua esposa, mas violentar e manter a moça confinada numa casa (34.26) era uma forma muito estranha de declarar seu amor.[9]

Vale aqui destacar alguns aspectos dessa paixão possessiva de Siquém:

1. Uma paixão profunda (34.3a). *Sua alma se apegou a Diná, filha de Jacó, e amou a jovem...* O sexo é legítimo no casamento, não antes dele, o que significa que o homem só deve unir-se à sua mulher para tornar-se uma só carne com ela depois que deixa pai e mãe (2.24); nesse sentido, entendemos que o sexo

antes do casamento é demonstração de paixão, não de amor, pois o amor sabe esperar.
2. Um consolo raso (34.3b). [...] *e falou-lhe ao coração*. Depois que Siquém desonrou Diná, tentou consolá-la. Mas a questão é que ele primeiro a violenta e a estupra, para depois acalmar sua alma turbulenta. Tendo em vista que Diná não poderia mais ter um casamento digno, ele então se propõe a casar-se com ela.
3. Um poder irresponsável (34.4). *Então, disse Siquém a Hamor, seu pai: Consegue-me esta jovem para esposa*. Siquém, por ser príncipe, pensa que sua vontade é soberana e, em decorrência disso, vê as pessoas como coisas que podem ser adquiridas – ele vê a própria Diná como uma mercadoria que podia ser comprada. Em sua cabeça, seus desejos precisam ser satisfeitos e, pior, julga que o poder está nas mãos de sua família.
4. Um cativeiro humilhante (34.26). Diná não foi devolvida à sua família no período das tratativas para tê-la como esposa, mas, em vez disso, ela foi mantida refém na casa de Hamor, ou seja, estava em cativeiro privado nesse tempo.

Dissimulação (34.5-24)

Nas tratativas do casamento de Siquém com Diná, houve duas simulações graves: a primeira delas nas negociações com a família de Jacó e a segunda, com os homens de Siquém. Vejamos.

Em primeiro lugar, *negociações com a família de Jacó* (34.5-19). Destacamos aqui seis pontos, os quais expomos a seguir.

1. Um silêncio estratégico (34.5). Jacó deixa de lutar com Deus e com os homens para prevalecer e é vencido por um silêncio profundo, calando-se e não demonstrando nenhuma reação de revolta ou tristeza com o que aconteceu com Diná. Alguns censuram Jacó por esse silêncio e por não expor em momento nenhum seus sentimentos com relação ao ultraje que sua filha sofreu; outros, porém, pensam que o silêncio de Jacó não é covardia, mas apenas um sinal de prudência.[10]

2. Uma indignação profunda (34.6,7). Os filhos de Jacó, ao ouvirem sobre a desonra de Diná, indignaram-se e muito se iraram; a verdade é que eles tiveram uma percepção do desatino moral desse ato cruel e reconheceram que essa era uma prática intolerável em Israel. Sobre isso, Kidner escreve: "Talvez já estivesse aí em embrião a noção da diferença entre a igreja e o mundo".[11]

3. Um pedido veemente (34.8). Hamor tenta remediar a situação, declarando que seu filho está fortemente enamorado de Diná e emenda fazendo o pedido de casamento: [...] *peço-vos que lha deis por esposa*. O problema é que não há aqui nenhuma palavra de lamento de Hamor, nem mesmo qualquer pedido de desculpas pelo ocorrido.

4. Uma proposta dissimulada (34.9,10). Hamor propõe uma aliança, isto é, quer aparentar-se com a família de Jacó por meio de casamentos inter-raciais, e, para isso, oferece hospitalidade, negócios e posses. Mas, quando vai conversar com os homens da cidade, Hamor revela suas verdadeiras intenções: *O seu gado, as suas possessões, e todos os seus animais não serão*

nossos? (34.23). MacDonald diz que a proposta pacífica de Hamor de casamentos inter-raciais entre israelitas e cananeus era uma das investidas de Satanás para poluir a linhagem santa.[12]

5. Uma oferta subornadora (34.11,12). Agora, Siquém, que acompanha Hamor, seu pai, entra na negociação e oferece a Jacó e aos irmãos de Diná o que eles determinarem. Por ser o princípe da cidade, tenta impressionar a família de Diná com uma vultosa oferta: *Majorai de muito o dote de casamento e as dádivas, e darei o que me pedirdes; dai-me, porém, a jovem por esposa* (34.12).

6. Uma trama ardilosa (34.13-19). Os filhos de Jacó assumiram a liderança nas tratativas, tendo em vista que Jacó está em silêncio. Assim, eles fazem de sua proposta uma trama ardilosa e concordam em fazer uma aliança com Hamor e Siquém com uma única condição: que todos os homens sejam circuncidados. Com isso, passam a ideia de que são zelosos de sua religião, mas usam "o sacramento da circuncisão" para cometerem um crime covarde, cruel e hediondo. Como diz Warren Wiersbe, eles sabiam que a circuncisão não seria suficiente para transformar cananeus em membros do povo de Deus, uma vez que não estavam presentes quaisquer outras das condições da aliança.[13] Na verdade, eles tentam reparar um crime com outro crime ao tentar fazer justiça com as próprias mãos, pois planejam matar não apenas o rapaz que estuprou Diná, mas também seu pai e todos os homens de sua cidade. Em resumo, eles foram longe demais em sua vingança!

Em segundo lugar, *negociações com os homens de Siquém* (34.20-24). Destacamos aqui quatro pontos:
1. Uma proposta de aliança (34.20-22). Hamor e Siquém vão à porta da cidade, onde os assuntos eram tratados, e ali, para resolver um problema familiar, convidam os homens a fazer aliança com a família de Jacó, mostrando a eles as vantagens desse acordo. Waltke diz, com razão, que a palavra "circuncisão" é esvaziada de significação teológica, uma vez que não tem a intenção de abraçar a visão de mundo que Israel tem simbolizada pela circuncisão, sendo, portanto, apenas um meio de lucro financeiro e visando reforçar sua própria cultura.[14]
2. Uma esperteza sutil (34.23). Hamor e Siquém revelam que a intenção deles era lesar Jacó e seus filhos, o que nos mostra que os cananeus viram nesse acordo uma oportunidade de assimilar Israel e de, aos poucos, tomar para si as terras e riquezas de seu povo.
3. Uma concordância imediata (34.24). Os homens de Siquém anuiram à proposta de aliança e decidiram que todos os homens da cidade seriam submetidos à cirurgia da circuncisão, pois estão dispostos a aceitar o sinal da santa aliança como um meio de tirar vantagens pessoais sem conversão.[15]

Vingança (34.25-29)

Sobre o ato da vingança, é importante ressaltar aqui quatro pontos:

Em primeiro lugar, *uma chacina* (34.25,26). Simeão e Levi sabiam que homens recém-circuncidados não podiam lutar, por isso, tendo os homens de Siquém sido circuncidados, no terceiro dia, quando a dor era mais aguda, Simeão e Levi, os irmãos de Diná, tomaram cada um a sua espada e, muito provavelmente com alguns servos do acampamento de Jacó, entraram inesperadamente na cidade e mataram os homens todos, passando a fio de espada, inclusive, Hamor e o príncipe Siquém. Eles não pouparam ninguém, praticando uma chacina, um holocausto, um derramamento de sangue e agindo com violência sem trégua e com cínica barbárie.

Em segundo lugar, *um resgate* (34.26b). Toda essa violência traiçoeira e implacável não era apenas para vingar a honra de Diná, mas também para resgatá-la da casa de Siquém (34.17b), visto que durante, todo esse tempo entre o estupro de Diná e as negociações para o casamento, Diná estava, como refém, retida na casa de Siquém, como que sequestrada por ele.

Em terceiro lugar, *uma pilhagem* (34.27-29a). Somente Simeão e Levi acionaram a espada assassina, mas, na hora de saquear a cidade, os demais irmãos de Diná entraram no bando. A motivação não era ganância, mas lavar a honra da irmã violada, e, nessa pilhagem, levaram os rebanhos e o que havia na cidade e no campo, ou seja, todos os seus bens. Bräumer diz que o assassinato dos siquemitas, incluindo Hamor e Siquém, ainda teve um poslúdio cruel, porque, depois de matar os homens incapazes de se movimentar por causa da circuncisão, todos os filhos de Jacó atacaram a cidade, saquearam tudo o que lhes caiu nas mãos e levaram crianças e mulheres prisioneiras.[16]

Em quarto lugar, *um sequestro* (34.29b). Não bastasse o sequestro dos bens, os irmãos de Diná também levaram cativos todos os seus meninos e as suas mulheres, pilhando tudo o que havia nas casas. Os pastores deixaram o cajado e pegaram a espada, e se transformaram em assassinos frios e calculistas. Tornaram-se sequestradores cruéis e estenderam sua vingança até mesmo a pessoas inocentes, e nisso se tornaram culpados! Concordo com Wiersbe quando diz que Simeão e Levi foram longe demais ao assassinar os cananeus, saquear sua cidade e sequestrar crianças e mulheres, a fim de vingar a irmã; e Jacó nunca se esqueceu disso (49.5-7).[17] Nessa mesma linha de pensamento, Livingston diz que Jacó percebeu nitidamente que o episódio desqualificava Simeão e Levi como aptos para assumir as responsabilidades do concerto no futuro. Ele não esqueceu o fato, mas reservou a punição maior para depois:

> *Simeão e Levi são irmãos; as suas espadas são instrumentos de violência. No seu conselho, não entre minha alma; com o seu agrupamento, minha glória não se ajunte; porque no seu furor mataram homens, e na sua vontade perversa jarretaram touros. Maldito seja o seu furor, pois era forte, e a sua ira, pois era dura; dividi-los-ei em Jacó e os espalharei em Israel* (49.5-7).[18]

Medo (34.30)

Enquanto os filhos de Jacó estão ainda indignados por causa da desonra sofrida pela irmã, Jacó só demonstra aflição pelo que eles fizeram aos siquemitas. Como ele havia ficado com medo de que Esaú, seu irmão, pudesse eliminar sua família, agora ele teme que os cananeus e ferezeus o destruam e à sua casa.

Seus filhos estão indignados pelo desatino da violação da irmã, e Jacó está indignado com seus filhos e com medo dos filisteus e ferezeus. Os filhos de Jacó estão indignados com a perda da honra, mas Jacó está com medo de ser alvo de vingança. Derek Kidner diz que a explosão de Jacó (34.30) sugere maior preocupação pela paz do que pela honra (30.5).[19] O patriarca reprova os filhos por sua imprudência; e eles o repreendem por sua falta de indignação moral. As preocupações de Jacó são táticas e estratégicas, longe de éticas.[20] Salta aos olhos nessa narrativa que Diná seja mencionada como "sua filha" desde o começo da história em Gênesis 34.1. Esse é outro símbolo da terrível fenda familiar.[21]

Impenitência (34.31)

Em face da amarga reação de Jacó a seus filhos, eles responderam: [...] *Abusaria ele de nossa irmã, como se fosse prostituta?* (34.31). Os filhos de Jacó não demonstram nenhum arrependimento, tampouco sentem qualquer remorso pelo que fizeram – em suma, são impenitentes. Concordo com Derek Kidner quando escreve: "O apaziguador [Jacó] e os vingadores [Simeão e Levi] mutuamente exasperados, e dominados respectivamente pelo medo e pelo furor, talvez se vissem equidistantes da verdadeira justiça. Exemplificam duas perenes, mas estéreis reações ao mal".[22]

Concluímos este capítulo evocando quatro lições do texto apresentado, expostas por Boice: Primeira, o nosso lar não deve ser apenas onde está nosso coração, mas, sobretudo, onde está o Senhor. Segunda, os pais devem ter mais cuidado com os seus filhos. Diná vai sozinha à cidade de Siquém; claro, sabemos que seus irmãos estavam trabalhando, mas onde estavam seus pais? Muito provavelmente, houve negligência no cuidado com Diná.

Terceira, o mundo em que vivemos é realmente muito mal, o que se prova pelo fato de que uma moça é apanhada, estuprada, humilhada e levada refém para a casa do rapaz que dela abusou. Quarta, os crimes dos filhos de Jacó são ainda mais bárbaros e perversos do que o crime dos cananeus, fazendo-nos pensar que aqueles que deveriam ser luz no meio das trevas também são suceptíveis às maiores atrocidades.[23]

NOTAS

[1] WALTKE, Bruce K. *Gênesis*, 2010, p. 581.
[2] KIDNER, Derek. *Gênesis: introdução e comentário*, 2006, p. 160.
[3] WIERSBE, Warren W. *Comentário bíblico expositivo*, vol. 1, 2006, p. 175.
[4] BRÄUMER, Hansjörg. *Gênesis*, vol. 2, 2016, p. 140.
[5] HENRY, Matthew. *Comentário bíblico — Antigo Testamento (Gênesis a Deuteronômio)*, vol. 1, 2010, p. 170.
[6] WIERSBE, Warren W. *Comentário bíblico expositivo*, vol. 1, 2006, p. 175.
[7] BRÄUMER, Hansjörg. *Gênesis*, vol. 2, 2016, p. 140.
[8] Ibidem, p. 141.
[9] WIERSBE, Warren W. *Comentário bíblico expositivo*, vol. 1, 2006, p. 175.
[10] Ibidem.
[11] KIDNER, Derek. *Gênesis: introdução e comentário*, 2006, p. 161.
[12] MACDONALD, William. *Believer's Bible Commentary*, 1995, p. 69.
[13] WIERSBE, Warren W. *Comentário bíblico expositivo*, vol. 1, 2006, p. 176.
[14] WALTKE, Bruce K. *Gênesis*, 2010, p. 579.
[15] Ibidem.
[16] BRÄUMER, Hansjörg. *Gênesis*, vol. 2, 2016, p. 144.
[17] WIERSBE, Warren W. *Comentário bíblico expositivo*, vol. 1, 2006, p. 176.
[18] LIVINGSTON, George H. *O livro de Gênesis*, in: *Comentário bíblico Beacon*, vol. 1, 2015, p. 100.

[19] KIDNER, Derek. *Gênesis: introdução e comentário*, 2006, p. 161.
[20] WALTKE, Bruce K. *Gênesis*, 2010, p. 580-581.
[21] Ibidem, p. 581.
[22] KIDNER, Derek. *Gênesis: introdução e comentário*, 2006, p. 162.
[23] BOICE, James Montgomery. *Genesis*, vol. 2, 1998, p. 830-832.

Capítulo 38

Um tempo novo na família
(Gn 35.1-29)

A VIDA É FEITA de muitos recomeços. Jacó, mesmo depois de sua conversão no vau de Jaboque, viveu dias tenebrosos em Siquém, onde sua filha foi desonrada, e seus filhos tornaram-se como feras de rapina. No capítulo anterior, o nome de Deus não aparece nenhuma vez, ensinando-nos que, quando Deus está ausente em nossa vida, o fracasso é inevitável. Agora, Deus mais uma vez toma a iniciativa de restaurar Jacó e salvar sua família. Se no capítulo 34 o nome de Deus não aparece nenhuma vez, no capítulo 35 o nome de Deus aparece em todo lugar, cerca de onze vezes.[1] Como diz Wiersbe: "É como sair de um deserto e ir para um jardim engrinaldado de flores".[2]

Veremos na passagem em apreço nove lições importantes.

Um tempo de restauração (35.1-7)

A restauração é obra de Deus. Jacó não tinha forças morais e espirituais para se reerguer das cinzas, pois estava desmoralizado em Siquém e seus filhos censuraram seu silêncio e sua omissão no caso de Diná; além disso, uma vingança iminente por parte dos cananeus e dos ferezeus poderia varrer do mapa sua família (34.30). Em suma, Jacó está encurralado por uma crise medonha e atordoado pelo medo. Porém, quando tudo parecia perdido, Deus entrou mais uma vez em sua história para restaurá-lo. É como diz Livingston: "Deus encontrou Jacó na intensidade do vívido sofrimento espiritual produzido pelo crime contra Diná e pelos crimes cometidos por seus filhos contra Siquém".[3]

Destacaremos aqui cinco pontos preciosos:

Em primeiro lugar, *a restauração é obra de Deus* (35.1). *Disse Deus a Jacó: Levanta-te, sobe a Betel e habita ali; faze ali um altar ao Deus que te apareceu quando fugias da presença de Esaú, teu irmão.* O parceiro pactual divino toma a iniciativa de renovar a aliança com seu parceiro humano mais fraco.[4] Em Betel, Jacó tinha feito um voto a Deus, porém, vinte anos depois do voto, quando estava saindo de Padã-Arã, Deus deu uma ordem expressa a ele para voltar a Betel. Jacó descumpriu o voto e desobedeceu a Deus, estabelecendo-se em Siquém, mas agora, Deus está novamente ordenando Jacó que retorne ao caminho da obediência e cumpra o voto que lhe havia feito. Os altares a Deus de Abraão, Isaque e Jacó sempre foram erguidos de modo espontâneo (12.7,8; 13.18; 22.9; 26.5; 33.20), e esse é o primeiro altar que Deus exige que seja levantado (35.1)!

Em segundo lugar, *a restauração passa pelo rompimento com o pecado* (35.2). *Então, disse Jacó à sua família e a todos os que com ele estavam: Lançai fora os deuses estranhos que há no vosso meio, purificai-vos e mudai as vossas vestes.* O primeiro requerimento da aliança é um compromisso exclusivo com o Senhor,[5] por isso os ídolos tinham que ser lançados fora. A idolatria sempre seduziu o povo de Israel (31.19), tanto que Moisés precisou adverti-los da idolatria antes de entrarem na terra prometida (Dt 7.25,26) e Josué teve de desafiar os israelitas a abandonar seus deuses depois que haviam conquistado a terra (Js 24.14,23,24). Os profetas repreenderam a nação, em várias ocasiões, por edificar santuários em lugares altos e ali servir a falsos deuses.[6] Os ídolos são uma nulidade, são ouro, prata, pedra, madeira, barro, forjados pelas mãos do homem e não têm vida nem podem dar vida; além disso, eles não carregam; precisam ser carregados. Bräumer diz que os ídolos são figuras às quais as pessoas, de uma forma blasfema, atribuem poder.[7] As pessoas do clã de Jacó tinham transferido expectativas de poder para esses ídolos e amuletos, deixando, assim, de colocar sua esperança somente no Senhor Deus e a depositando em objetos feitos de madeira ou metal.[8]

Mudar as vestes significa recomeço, pois, assim como a sujeira, o pecado nos contamina e deve ser removido. As vestes velhas e sujas retratam a antiga vida e seus erros (Is 64.6), ao passo que vestes novas e limpas falam de uma nova vida (Lc 15.22; Ap 3.18).

Concordo com Wiersbe quando diz que não precisamos permanecer do jeito que somos, portanto, não importa quantas vezes fracassamos em nossa jornada com o Senhor, podemos sempre voltar para casa se nos arrependermos e obedecermos de coração. Foi o que aconteceu com Abraão

(13.1-4), Isaque (26.17), Davi (2Sm 12), Jonas (Jn 3.1-3), Pedro (Jo 21.15-19) e, então, com Jacó.[9]

Em terceiro lugar, *a restauração exige disposição e obediência* (35.3). *Levantemo-nos e subamos a Betel. Farei ali um altar ao Deus que me respondeu no dia da minha angústia e me acompanhou no caminho por onde andei.* Jacó mais uma vez está liderando sua família no caminho certo. Ele toma a dianteira e dá uma ordem expressa para todos se levantarem e subir a Betel, dizendo à sua família que lá em Betel, o território da obediência, ele levantará um altar ao Deus que lhe respondeu no dia de sua angústia e o acompanhou no caminho por onde andou. Jacó se afastou de Deus algumas vezes, mas Deus nunca deixou de acompanhá-lo na jornada. É preciso agir. É hora de levantar-se e subir para Betel, mas subir a Betel exige disposição e esforço, ou seja, não dá para subir a Betel levando bagagem extra.

Em quarto lugar, *a restauração requer arrependimento sincero* (35.4). *Então, deram a Jacó todos os deuses estrangeiros que tinham em mãos e as argolas que lhes pendiam das orelhas; e Jacó os escondeu debaixo do carvalho que está junto a Siquém.* Raquel havia roubado os *terafins* de seu pai, Labão (31.19,34,35). Tera e Naor, pai e avô de Labão, respectivamente, viviam em Ur dos caldeus, uma terra idólatra (Js 24.2). A família de Labão e os servos e servas que o acompanhavam ainda eram devotos desses deuses estrangeiros. Em face da exigência de Jacó de lançar fora os deuses estranhos, todos tomam a decisão de fazer uma faxina espiritual e romper com as práticas idólatras. O arrependimento sincero é demonstrado pelo rompimento com o pecado, uma vez que a bênção de Deus não flui onde o pecado está aninhado no coração. Primeiro, vem o arrependimento sincero e, depois, a bênção da restauração. Jacó recolheu todos esses ídolos e amuletos e enterrou-os debaixo do carvalho de Siquém, pois não era possível subir para Betel com o coração dividido; em outras palavras, eles deviam servir apenas ao Senhor.

Em quinto lugar, *a restauração torna-se evidente no favor de Deus* (35.5,6). *E, tendo eles partido, o terror de Deus invadiu as cidades que lhes eram circunvizinhas, e não perseguiram aos filhos de Jacó. Assim, chegou Jacó a Luz, chamada Betel, que está na terra de Canaã, ele e todo o povo que com ele estava.* Deus não somente ordena Jacó a subir a Betel, mas também coloca terror nas cidades próximas para não perseguirem os filhos de Jacó. Assim, Jacó e toda a sua comitiva chegaram sãos e salvos a Betel. Quando mais tarde Josué liderou a conquista da terra, o terror de Deus, igualmente, era a proteção de Israel (Êx 23.27; Js 2.9).

Em sexto lugar, *a restauração é fruto de uma profunda experiência com Deus* (35.7). *E edificou ali um altar e ao lugar chamou El-Betel; porque ali Deus se lhe revelou quando fugia da presença de seu irmão.* Jacó renova sua aliança com Deus e deixa de construir casas em Siquém para construir um altar em Betel. Ele dá o nome de El-Betel ao lugar, pois não basta conhecer a casa de Deus; é preciso conhecer o Deus da casa de Deus. Como diz Wiersbe, "o importante não era o lugar, mas sim o Deus do lugar e o que ele havia feito em favor de Jacó".[10]

Jacó teve três profundas experiências com Deus em sua jornada, sendo a primeira delas aconteceu quando fugia de seu irmão rumo a Padã-Arã, onde, em Luz, Deus se revelou a ele durante a noite numa escada que ligava a terra ao céu. Ali Deus fez promessas a Jacó, e este fez votos a Deus e chamou aquele lugar de Betel, "casa de Deus". A segunda experiência aconteceu no vau de Jaboque, quando ele voltava de

Padã-Arã, vinte anos depois. Nesse local, o Senhor lutou com Jacó e o deixou manquejando, para lhe salvar a vida. No vau de Jaboque, Jacó viu Deus face a face, e sua vida foi salva; então, ele chamou aquele lugar de Peniel, "a face de Deus". A terceira experiência de Jacó com Deus ocorre aqui neste episódio, quando Ele restaura Jacó, o qual levanta um altar a Deus e chama o lugar de El-Betel, "o Deus da casa de Deus". Em Betel, Jacó conheceu o Deus de seus pais; em Peniel, ele conheceu o Deus de sua salvação; por fim, em El-Betel, ele conheceu o Deus de sua restauração.

Um tempo de gratidão (35.8)

O narrador insere um fato assaz curioso no meio de dois episódios sublimes na vida de Jacó, o altar da adoração e a renovação das promessas divinas: a morte de Débora. Vejamos: *Morreu Débora, a ama de Rebeca, e foi sepultada ao pé de Betel, debaixo do carvalho que se chama Alom-Bacute* (35.8). A Bíblia não registra a morte de Rebeca ou quando a ama se uniu ao círculo familiar de Jacó, mas é evidente que ela estava com eles tempo suficiente para ganhar o afeto da família. Chamaram o local do sepultamento Alom-Bacute, que quer dizer "carvalho do choro".[11] Débora era para Rebeca, mãe de Jacó, o que Eliézer, era para Abraão, avô de Jacó. Ela veio com Rebeca, quando esta aceitou casar-se com Isaque (24.59) e era sua ama de leite. Mais do que uma serva em sua casa, era uma ama que cuidava de Rebeca. Certamente Jacó conviveu com ela longos anos, porque saiu de casa com 77 anos, quando Débora estava ainda em companhia de sua mãe.

Vale destacar que Deus quer honrar essa mulher, pois o narrador não faz registro da morte de Rebeca, mas destaca a morte e o sepultamento de Débora, sua ama. Jacó presta a essa mulher extraordinária, que certamente ajudou a cuidar dele por tantos anos, as suas últimas homenagens, dando-lhe um sepultamento digno.

Um tempo de renovo da aliança (35.9-13)

Tendo Jacó cumprido o que Deus lhe havia ordenado, o Senhor renova a ele suas promessas. Vejamos:

Em primeiro lugar, *a presença e a bênção de Deus concedida* (35.9). *Vindo Jacó de Padã-Arã, outra vez lhe apareceu Deus e o abençoou*. Oh, como Deus é compassivo com as fraquezas de Seus servos. Deus aparece outra vez a Jacó para abençoá-lo, mostrando que a presença e a bênção de Deus são as maiores necessidades da vida.

Em segundo lugar, *o novo nome reafirmado* (35.10). *Disse-lhe Deus: O teu nome é Jacó. Já não te chamarás Jacó, porém Israel será o teu nome. E lhe chamou Israel*. O suplantador será um príncipe, provando que não somente seu nome, mas sua vida é mudada. As vestes sujas de Jacó são mudadas, e agora ele se cobre com o manto de um novo homem, Israel.

Em terceiro lugar, *as promessas da aliança renovadas* (35.11-13). *Disse-lhe mais: Eu sou o Deus Todo-Poderoso; sê fecundo e multiplica-te; uma nação e multidão de nações sairão de ti, e reis procederão de ti. A terra que dei a Abraão e a Isaque dar-te-ei a ti e, depois de ti, à tua descendência. E Deus se retirou dele, elevando-se do lugar onde lhe falara*. Deus fala a Jacó como *El-Shadai*, o Deus Todo-poderoso, que cumpre Suas promessas. Nessa teofania, as promessas feitas a Abraão e a Isaque estão de pé e se cumprirão em Jacó e em sua descendência.

O Todo-poderoso lhe promete fecundidade, multiplicação, proeminência e a dádiva da terra de Canaã.

Um tempo de consagração (35.14,15)

Então, Jacó erigiu uma coluna de pedra no lugar onde Deus falara com ele; e derramou sobre ela uma libação e lhe deitou óleo. Ao lugar onde Deus lhe falara, Jacó lhe chamou Betel. Em resposta à renovação das promessas da aliança, outrora feitas a Abraão e a Isaque e, agora, uma vez mais a Jacó, este erige uma coluna de pedra no lugar onde Deus lhe falou, derramando ali óleo, como libação ao Senhor. A esse lugar, Jacó chamou Betel.

Um tempo de choro (35.16-21)

Passamos agora da voz de Deus para o choro de um bebê e para as últimas palavras de sua mãe.[12] A peregrinação neste mundo é marcada por alegrias e tristezas, altares e túmulos, celebrações e pranto. Jacó sai com sua comitiva de Betel e, no caminho, nas proximidades de Efrata, Raquel, sua mulher amada, que estava grávida, morre no parto, prematuramente. Destacaremos aqui alguns pontos:

Em primeiro lugar, *um parto penoso* (35.16,17). *Partiram de Betel, e, havendo ainda pequena distância para chegar a Efrata, deu à luz Raquel um filho, cujo nascimento lhe foi a ela penoso. Em meio às dores do parto, disse-lhe a parteira: Não temas, pois ainda terás este filho.* Jacó caminhava com seu clã para o sul quando Raquel, em estado adiantado de gestação, dá à luz e morre no parto. A cidade de Efrata, que também é chamada Belém (Mq 5.2), mencionada no contexto da morte de Raquel fica ao norte de Jerusalém, entre

Ramá e Gibeá. Essa cidade vai se tornar muito conhecida, pois tanto o rei Davi (1Sm 17.12) como Jesus, o Messias, nasceram em Belém (Lc 2.4-7).

Raquel era estéril e viveu vários anos entristecida por ter o amor do marido, mas não filhos dele. Chegou ao extremo de pedir a Jacó: [...] *Dá-me filhos, senão morrerei* (30.1). Deus lembrou-se dela, ouviu-a e a fez fecunda, de modo que ela concebeu e deu à luz um filho e lhe chamou José, dizendo: *Dê-me o S*ENHOR *ainda outro filho* (30.22-24). Raquel, ao ter seu desejo cumprido, no mesmo ato de ter sua oração respondida sofre e morre no parto do segundo filho.

Em segundo lugar, *uma morte prematura* (35.18). *Ao sair-lhe a alma (porque morreu), deu-lhe o nome de Benoni...* Alguns estudiosos dizem que Raquel não sabia o que exigia de seu marido ao dizer: *Dá-me filhos, senão morrerei* (30.1), e que também não sabia o que pedia a Deus ao nascer José, seu primogênito: *Dê-me o S*ENHOR *ainda outro filho* (30.24). Pois, ao ter seu desejo cumprido, pensando não poder viver sem filhos, morre exatamente no momento do parto do segundo filho. Outros estudiosos ainda pensam que Raquel morre precocemente porque Jacó, sem saber, pronuncia uma maldição de morte sobre ela, que escondia os deuses de seu pai na sela do seu camelo: *Não viva aquele com quem achares os teus deuses...* (31.32). Contudo, o texto, ao registrar a morte de Raquel, não a vincula a esses fatos precedentes.

O clamor de Jeremias combina com esta descrição: [...] *Ouviu-se um clamor em Ramá, pranto e grande lamento; era Raquel chorando por seus filhos e inconsolável por causa deles, porque já não existem* (Jr 31.15). O profeta vê a matriarca Raquel em pé sobre o monte junto a Ramá, contemplando seus filhos, a população de Jerusalém, sendo levada para o cativeiro babilônico. Raquel inicia um lamento fúnebre, pois, para ela, os presos são como mortos. Depois do infanticídio em Belém, ordenado por Herodes, a matriarca Raquel lamenta mais uma vez a morte de seus filhos, chorando sua dor com as mães de Belém que choravam e mostrando-nos que, do começo ao fim, a igreja de Deus é uma unidade fortemente ligada.[13]

Em terceiro lugar, *uma mudança de nome* (35.18). [...] *mas seu pai lhe chamou Benjamim*. Benoni significa "filho da minha aflição ou da minha tristeza", e Benjamim significa "filho da minha destra". MacDonald diz que esses dois nomes prefiguram os sofrimentos de Cristo e as glórias que os seguiriam.[14] Jacó rejeita a escolha de Raquel e tira um peso das costas do seu filho caçula, dando-lhe um nome que abre para ele as cortinas da esperança. Benoni não é um nome muito agradável para um homem levar consigo ao longo de toda a vida, lembrando-o de que seu nascimento havia contribuído para a morte da mãe. Jacó, porém, estava sempre pronto a dar novos nomes, de modo que chamou seu filho de Benjamim, que significa "filho da minha destra", ou seja, um filho a ser honrado. O primeiro rei de Israel, Saul, viria da tribo de Benjamim (1Sm 9.1,2), bem como o apóstolo Paulo (Fp 3.5).[15] Concordo com Derek Kidner quando diz que foi um belo gesto de fé alterar o nome de "filho da minha tristeza" para o de "filho da minha destra" — aspecto positivo de uma experiência tão sombria.[16]

Em quarto lugar, *um sepultamento honroso* (35.19,20). *Assim, morreu Raquel e foi sepultada no caminho de Efrata, que é Belém. Sobre a sepultura de Raquel levantou Jacó uma coluna que existe até ao dia de hoj*e. Mais de vinte anos antes, Jacó erguera uma coluna de pedra em Betel para comemorar seu encontro com Deus (28.18). Então, colocou outra coluna para servir de memorial à sua amada esposa, Raquel (35.20).

Jacó tem agora a ausência da esposa amada e um bebê recém-nascido para cuidar, e, no mesmo instante, misturam-se lágrimas e esperança. Um presente doloroso e um futuro esperançoso se entrelaçam.

Em quinto lugar, *um recomeço necessário* (35.21). *Então, partiu Israel e armou a sua tenda além da terra de Éder.* Jacó não enterrou seu coração no túmulo de Raquel. O luto tem seu tempo determinado; depois é hora de recomeçar a caminhada e marchar rumo ao futuro.

Um tempo de decepção (35.22)

Está escrito: *E aconteceu que, habitando Israel naquela terra, foi Rúben e se deitou com Bila, concubina de seu pai; e Israel o soube. Eram doze os filhos de Israel.* Com a morte de Raquel, Bila, sua serva, sente-se mais livre para se aproximar de Jacó novamente. Ao mesmo tempo, José, o filho primogênito de Raquel, ganha ainda mais atenção de Jacó. Rúben, o primogênito de Jacó, filho de Lia (29.31,32), quer demarcar seu espaço e reivindicar seu direito de primogenitura como o sucessor e o herdeiro do pai e o chefe do clã (1Sm 12.8; 2Sm 3.6-11; 16.20-23; 1Rs 2.13-25); com esse intuito, acaba cometendo incesto com Bila, concubina de seu pai. Bruce Waltke diz que o vergonhoso ato de Rúben é motivado mais por política do que por concupiscência,[17] porém, a intenção de Rúben de assumir a liderança da família torna seu ato ainda mais vil. Nas palavras de Livingston, o incesto de Rúben não só era flagrante pecado contra a santidade do casamento, mas também desdenhoso desafio da autoridade tribal do seu pai.[18]

Rúben escolhe o caminho errado para atingir o seu propósito, usando a ética de que os fins justificam os meios. Mais tarde, a lei determina que o contato sexual do filho com a mulher do pai deveria ser punido com a morte e os dois envolvidos, executados (Lv 18.8; 20.11). Jacó não pune Rúben no ato de seu delito, mas em sua velhice, uma vez que expôs o pecado de Rúben e destituiu-o de seu direito de primogenitura, dando-o a José (49.3,4; 1Cr 5.1,2).

Durante esse tempo de restauração, Jacó sepultou Débora, a ama de sua mãe, bem como Raquel, sua esposa amada, e também seu pai. Se não bastassem esses três funerais, Jacó é golpeado pela decepção de ver Rúben, seu filho primogênito, profanando seu leito e coabitando com Bila, sua concubina.

A vida cristã não é uma colônia de férias nem uma estufa, onde ficamos blindados das vicissitudes da vida. Aqui temos vales escuros, pântanos perigosos, mares revoltos, tempestades devastadoras. No percurso do berço à sepultura, enfrentamos muitos percalços; em resumo, essa jornada é feita com lágrimas nos olhos e dores na alma.

Um tempo de ver a herança do Senhor (35.23-26)

O narrador registra a descendência de Jacó e destaca seus nomes com base em suas esposas e concubinas. O nome de Diná, filha de Lia, não é mencionado, porque ela não fará parte das doze tribos de Israel, que vai dar continuidade à história do povo de Deus. Vejamos:

1. Os filhos de Lia: Rúben, Simeão, Levi, Judá, Issacar e Zebulom (35.23).

2. Os filhos de Raquel: José e Benjamim (35.24). O nome do décimo segundo filho de Jacó se completa

com o nacimento de Benjamim. Em todo o Antigo Testamento, bem como no Novo Testamento, doze será o número que simboliza o "Israel de Deus" completo, ou seja, as doze tribos e os doze apóstolos (Ap 21.12,14).[19]

3. Os filhos de Bila, serva de Raquel: Dã e Naftali (35.25).
4. Os filhos de Zilpa, serva de Lia: Gade e Aser (35.26).

A expressão *São estes os filhos de Jacó, que lhe nasceram em Padã-Arã* (35.26) é generalizadora, uma vez que Benjamim nasceu na terra dos patriarcas, em Efrata (35.16-19).[20]

Um tempo de luto (35.27-29)

Chegou a hora de Jacó retornar a Manre, a Quiriate-Arba (que é Hebrom), terra em que peregrinaram Abraão e Isaque, para ver o seu idoso pai, a quem muitos anos antes havia enganado. É claro que as velhas feridas tinham sido curadas, e a volta ao lar foi em paz. Waltke diz que a peregrinação de Jacó completou o ciclo. O relato de Isaque termina com a reconciliação de Jacó com ele.[21] Agora, o velho patriarca está pronto para morrer.

Isaque morreu aos 180 anos, o mais longevo dos patriarcas (35.28). Esaú veio das montanhas de Seir e se juntou a Jacó para sepultar o pai na caverna de Macpela (35.29; 49.29-33). Wiersbe tem razão em dizer que a morte de Isaque mudou a situação de Jacó: ele passou a ser o chefe da família e herdeiro das bênçãos da aliança. Não apenas adquiriu a enorme riqueza de Isaque, como também herdou tudo o que fazia parte da aliança com Abraão. Doravante, seu Deus seria conhecido como o Deus de Abraão, Isaque e Jacó.[22]

Duas lições podem ser destacadas aqui:

Em primeiro lugar, *Jacó vem a seu pai antes de ele morrer* (35.27,28). *Veio Jacó a Isaque, seu pai, a Manre, a Quiriate-Arba (que é Hebrom), onde peregrinaram Abraão e Isaque.* Isaque já estava praticamente cego e perto de sua morte quando Jacó saiu de casa com 77 anos (27.1,2). Nesse tempo, Isaque tinha 137 anos. Quando Jacó retornou de Padã-Arã, vinte anos depois, Isaque tinha 157 anos. Ele ainda viveu mais 23 anos; todavia, embora ele tenha sido o patriarca de vida mais longa, fica à sombra tanto de Abraão, seu pai, quanto de Jacó, seu filho.

A morte de Isaque nessa passagem é anacrônica, porque Isaque, que viveu 180 anos, ainda existia até um ano antes de José ser promovido a governador do Egito. Como sabemos disso? Quando Jacó nasceu, Isaque tinha sessenta anos (25.26). Quando José foi vendido para o Egito, com 17 anos (37.2), Jacó tinha 108 anos e seu pai, Isaque, 168 anos. José foi elevado ao cargo de governador do Egito com trinta anos, ou seja, treze anos depois de ter sido vendido pelos seus irmãos. Nesse tempo, Jacó tinha 121 anos. Como Isaque morreu com 180 anos, ainda estava vivo doze anos depois que José foi levado ao Egito, ou seja, Isaque morreu um ano antes de José tornar-se governador do Egito.

Em segundo lugar, *Esaú e Jacó se unem pela última vez para sepultarem Isaque* (35.29). A reconciliação de Esaú e Jacó é demonstrada mais uma vez quando esses dois irmãos se unem para sepultar Isaque, seu pai, na caverna de Macpela, em Hebrom. A partir daqui, cada um segue seu caminho, pois, embora sejam irmãos, têm destinos e vocações diferentes e separadas. A partir desse ponto, diz Bräumer, a história dos patriarcas fala apenas de Jacó, conquanto os edomitas sejam ainda chamados de irmãos (Nm 20.14). A ordem expressa de Deus era: *Não aborrecerás o edomita, pois é teu irmão...* (Dt 23.7).[23]

NOTAS

[1] BOICE, James Montgomery. *Genesis*, vol. 2, 1998, p. 836.
[2] WIERSBE, Warren W. *Comentário bíblico expositivo*, vol. 1, 2006, p. 177.
[3] LIVINGSTON, George H. *O livro de Gênesis*, in: *Comentário bíblico Beacon*, vol. 1, 2015, p. 100.
[4] WALTKE, Bruce K. *Gênesis*, 2010, p. 586.
[5] Ibidem, p. 587.
[6] WIERSBE, Warren W. *Comentário bíblico expositivo*, vol. 1, 2006, p. 178.
[7] BRÄUMER, Hansjörg. *Gênesis*, vol. 2, 2016, p. 147.
[8] Ibidem.
[9] WIERSBE, Warren W. *Comentário bíblico expositivo*, vol. 1, 2006, p. 177.
[10] Ibidem, p. 178.
[11] LIVINGSTON, George H. *O livro de Gênesis*, in: *Comentário bíblico Beacon*, vol. 1, 2015, p. 101.
[12] WIERSBE, Warren W. *Comentário bíblico expositivo*, vol. 1, 2006, p. 179.
[13] BRÄUMER, Hansjörg. *Gênesis*, vol. 2, 2016, p. 151.
[14] MACDONALD, William. *Believer's Bible Commentary*, 1995, p. 70.
[15] WIERSBE, Warren W. *Comentário bíblico expositivo*, vol. 1, 2006, p. 179.
[16] KIDNER, Derek. *Gênesis: introdução e comentário*, 2006, p. 163.
[17] WALTKE, Bruce K. *Gênesis*, 2010, p. 594.
[18] LIVINGSTON, George H. *O livro de Gênesis*, in: *Comentário bíblico Beacon*, vol. 1, 2015, p. 102.
[19] KIDNER, Derek. *Gênesis: introdução e comentário*, 2006, p. 164.
[20] BRÄUMER, Hansjörg. *Gênesis*, vol. 2, 2016, p. 154.
[21] WALTKE, Bruce K. *Gênesis*, 2010, p. 595.
[22] WIERSBE, Warren W. *Comentário bíblico expositivo*, vol. 1, 2006, p. 181.
[23] BRÄUMER, Hansjörg. *Gênesis*, vol. 2, 2016, p. 154.

Capítulo 39

A família de Esaú
(Gn 36.1-43)

DEPOIS DA MORTE DE ISAQUE, Esaú e Jacó se separam definitivamente. O erudito Derek Kidner diz que o fato de Esaú e Jacó serem irmãos, sobrevivendo nas nações de Edom e Israel, nunca é esquecido no Antigo Testamento. O presente capítulo, com os seus pormenores minuciosos, é testemunho desse senso de parentesco, que mais tarde virá à superfície em contextos de diplomacia, lei e sentimento nacional (Nm 20.14; Dt 23.7; Ob 10-12).[1]

Gênesis 36 é um capítulo longo que contém muitos nomes, mas, no que se refere a Esaú, é o fim da história. Os edomitas são citados no Antigo Testamento somente porque fazem parte da história de Israel. "Esaú" e "Edom", inimigos declarados dos israelitas, são mencionados mais de duzentas vezes na Bíblia, mas os nomes "Jacó" e "Israel" aparecem mais de duas mil vezes.[2]

George Livingston diz que esse capítulo de Gênesis é uma compilação de seis listas antigas relacionadas a Esaú e sua posteridade. Desse ponto em diante, a Bíblia descreve os edomitas de certo modo antagônicos aos israelitas.[3]

Hansjörg Bräumer diz que o relato sobre os descendentes de Esaú contém mais de duzentos nomes; todavia, descontando as repetições, restam oitenta, dentre os quais quatro são nomes de países e povos, e seis, de cidades. Dos sentena nomes de pessoas, cinco são de mulheres, e destes, setenta nomes, a metade, são desconhecidos e não aparecem em outros trechos do Antigo Testamento.[4]

No texto apresentado, temos seis listas. A primeira lista (36.1-8) trata das esposas de Esaú e seus filhos e é voltada para Canaã. A segunda (36.9-14) também inclui os netos, mas está ligada à terra de Edom, região sudeste do mar Morto. Já a terceira lista (36.15-19) designa os filhos de Esaú como chefes de clãs, ao passo que a quarta (36.20-30) oferece a árvore genealógica dos horeus, que significa "moradores das cavernas", que ocupavam a terra antes da chegada da família de Esaú. A quinta genealogia (36.31-39) registra um grupo de reis edomitas que precederam o surgimento dos reis em Israel; por fim, a sexta lista (36.40-43) enumera os descendentes de Esaú de acordo com as regiões geográficas que se tornaram, por aproximação, suas respectivas habitações em tempos antigos.[5]

Bräumer diz que as listas de nomes incluem cinco eventos significativos: 1) a separação definitiva entre Esaú e Jacó; 2) a terra dos horeus; 3) a conquista e a miscigenação; 4) o reino de Edom; 5) a fé dos edomitas.[6]

Seguindo o esboço sugerido por George Livingston, vamos examinar essas seis listas:

As esposas de Esaú e seus filhos (36.1-8)

Os textos de Gênesis 26.34 e 28.9 registram que as esposas de Esaú eram: Judite, Basemate e Maalate. Levando em conta que as moças do antigo Oriente Médio tinham o hábito de mudar de nome quando casavam, parece que Basemate (26.34) era igual a *Ada* (36.2) e que Maalate (28.9) era igual a *Basemate* (36.3). A Judite de 26.34 não parece ser a mesma moça *Oolibama* de 36.2. Livingston sugere que Judite, filha de Beeri, heteu (26.34), ou não teve filhos ou morreu em tenra idade, e que Oolibama foi tomada em seu lugar.[7] Derek Kidner, por sua vez, sugere que os nomes das mulheres de Esaú são tomados de um registro de família independente de 26.34 e 28.9. Postula ainda que Esaú teria quatro esposas, não três, pois não há nenhum ponto de contato perceptível entre Judite (26.34) e Oolibama (36.2).[8]

Waltke diz que, até certo ponto, Esaú, o caçador nômade, já havia ocupado Seir antes do regresso de Jacó a Manre (32.3; 33.14,16). Todavia, ele não desocupa a terra de seus pais (35.29) até o regresso de Jacó.[9]

A partida de Esaú para o monte Seir (36.8) revela uma separação pacífica entre ele e Jacó (36.6,7), uma vez que ele tinha consciência de que Canaã pertencia a Jacó e também que ambos eram ricos demais para ocupar o mesmo espaço.

Os filhos de netos de Esaú (36.9-14)

Os descendentes de Esaú, os idumeus, estavam agora habitando no monte Seir (36.9). O narrador faz menção de dois filhos de Esaú: Elifaz e Reuel, filhos de Ada e Basemate, respectivamente (36.10); em seguida, menciona o nome dos três filhos de Esaú de Oolibama: Jeús, Jalão e Corá (36.14). A junção dos nomes *Elifaz* e *Temã* (36.11) indica Edom como o provável cenário do livro de Jó, onde um "Elifaz, o temanita", é proeminente. Temã reaparece várias vezes no Antigo Testamento como tribo e cidade de Edom.[10] É importante destacar que Elifaz tem um filho com a concubina Timna chamado Amaleque (36.12), cujos descendentes, se tornariam inimigos cruéis e implacáveis do povo de Israel.

A proeminência dos descendentes de Esaú (36.15-19)

George Livingston diz que, nesse registro, é notável a presença do termo hebraico *alluf*, traduzido por *príncipes* (36.15). Esse termo é também traduzido por "mil". Esse fato levou alguns a supor que o significado seja "líder de mil", porém outros tradutores preferem "chefe".[11]

Os chefes dos horeus, os filhos dos moradores das cavernas (36.20-30)

Deuteronômio 2.12 registra que o grupo de Esaú desapossou os horeus, como Israel o fez com os cananeus. Derek Kidner diz que o termo "horeus" geralmente parece indicar os hurrianos, povo não semita amplamente disperso no antigo Oriente Médio. Contudo, os nomes semitas presentes nesses versículos sugerem que os horeus do monte Seir eram de tronco diverso. A palavra podia significar habitantes das cavernas, possivelmente mineiros.[12]

Essa lista diz respeito aos *moradores da terra* (36.20), antes da chegada de Esaú. Parece indicar que os descendentes de

Esaú e os filhos de Seir, que já habitavam a região, logo se casaram entre si, formando um só povo,[13] o qual era descendente dos horeus. O termo "horeu" vem da palavra "caverna",[14] e isso aponta para o estilo de vida dos primitivos habitantes de Seir. Bräumer diz que Esaú entrou na terra como conquistador, porém, a conquista não acabou com a população original, mas levou à miscigenação. O próprio casamento de Esaú já demonstrava que ele não tinha restrições à mistura com outros clãs e povos. O nome Timna, por exemplo, aponta para a mistura entre o clã de Esaú e a população natural da região.[15]

Os reis de Edom (36.31-39)

William MacDonald diz que Moisés, o autor de Gênesis, sabia, por divina revelação (35.11), que Israel teria reis no futuro. Entretanto, antes de Israel constituir reis, os edomitas já haviam constituído reis (36.31).[16]

O foco de interesse aqui retorna para os edomitas e para o poder que os descendentes de Esaú conquistaram. Fica evidente, neste ponto, que o ofício de rei não era determinado por hereditariedade, mas concedido a homens que se destacavam como líderes.[17] Derek Kidner corrobora a ideia dizendo que nenhum desses reis é filho do seu antecessor, o que provavelmente indica sucessão mediante eleição.[18]

Bräumer destaca que, no caso de Israel, o cumprimento da promessa dada a Jacó, *reis procederão de ti* (35.11), ainda demoraria muito para se cumprir, mas em Edom desde já surgiu uma casa real após outra. Enquanto os descendentes de Jacó ainda padeciam a escravidão no Egito, antes do nascimento de Moisés, seu primeiro líder, Edom já florescia como nação, com uma série de dinastias reais. Antes de

Saul e Davi iniciarem seus reinados (36.31), Edom já tinha oito reis em seus anais. A lista dos reis descreve a história de Edom anterior a Saul e Davi, quando a "autonomia e a continuidade deste reinado nativo terminaram".[19]

As regiões onde os edomitas habitavam (36.40-43)

Aqui os príncipes de Esaú são mencionados segundo as suas famílias, seus lugares, seus nomes (36.40) e suas habitações (36.43). Concordo com Livingston quando diz que, se o nome *Elá* (36.41) deve ser entendido como forma mais curta da palavra Elate, então todos os nomes mencionados aqui seriam designações de regiões geográficas situadas a sudeste e ao sul do mar Morto.[20]

Bräumer está correto quando diz que a história de Esaú e de seus descendentes não termina com essas seis listas de nomes e as notícias históricas aqui incluídas (veja o capítulo 29 deste livro.) Os descendentes de Esaú vivem até hoje e tornaram guerras do Oriente Médio fratricidas.[21]

Os filhos de Jacó, que viveram exilados em Padã-Arã, pela fé possuem a terra (35.26); e os filhos de Esaú, que nasceram nela, saem dela (36.6). De igual modo, depois do exílio de Israel em Babilônia, a verdadeira semente regressa e possui a terra. A igreja hoje, a eleita (1Pe 2.9,10), vive dispersa, porém possui a Terra Prometida que jamais se desvanecerá (1Pe 1.1-9).[22]

Notas

[1] KIDNER, Derek. *Gênesis: introdução e comentário*, 2006, p. 164-165.
[2] WIERSBE, Warren W. *Comentário bíblico expositivo*, vol. 1, 2006, p. 181.
[3] LIVINGSTON, George H. *O livro de Gênesis*, in: *Comentário bíblico Beacon*, vol. 1, 2015, p. 103.
[4] BRÄUMER, Hansjörg. *Gênesis*, vol. 2, 2016, p. 156.
[5] LIVINGSTON, George H. *O livro de Gênesis*, in: *Comentário bíblico Beacon*, vol. 1, 2015, p. 103.
[6] BRÄUMER, Hansjörg. *Gênesis*, vol. 2, 2016, p. 157-159.
[7] LIVINGSTON, George H. *O livro de Gênesis*, in: *Comentário bíblico Beacon*, vol. 1, 2015, p. 104.
[8] KIDNER, Derek. *Gênesis: introdução e comentário*, 2006, p. 165.
[9] WALTKE, Bruce K. *Gênesis*, 2010, p. 600.
[10] KIDNER, Derek. *Gênesis: introdução e comentário*, 2006, p. 165.
[11] LIVINGSTON, George H. *O livro de Gênesis*, in: *Comentário bíblico Beacon*, vol. 1, 2015, p. 104.
[12] KIDNER, Derek. *Gênesis: introdução e comentário*, 2006, p. 166.
[13] LIVINGSTON, George H. *O livro de Gênesis*, in: *Comentário bíblico Beacon*, vol. 1, 2015, p. 104.
[14] BRÄUMER, Hansjörg. *Gênesis*, vol. 2, 2016, p. 158.
[15] Ibidem.
[16] MACDONALD, William. *Believer's Bible Commentary*, 1995, p. 70.
[17] LIVINGSTON, George H. *O livro de Gênesis*, in: *Comentário bíblico Beacon*, vol. 1, 2015, p. 105.
[18] KIDNER, Derek. *Gênesis: introdução e comentário*, 2006, p. 166.
[19] BRÄUMER, Hansjörg. *Gênesis*, vol. 2, 2016, p. 158.
[20] LIVINGSTON, George H. *O livro de Gênesis*, in: *Comentário bíblico Beacon*, vol. 1, 2015, p. 105.
[21] BRÄUMER, Hansjörg. *Gênesis*, vol. 2, 2016, p. 159.
[22] WALTKE, Bruce K. *Gênesis*, 2010, p. 607.

Capítulo 40

A mão invisível da providência de Deus
(Gn 37.1-36)

DEUS HAVIA REVELADO SEU propósito a Abraão de conduzir a família escolhida ao domínio estrangeiro, até que se enchesse a medida da iniquidade dos amorreus e Canaã estivesse madura para a possessão (15.13-16). A cadeia de acontecimentos que levariam Israel para o Egito é posta aqui em movimento. A providência de Deus está em ação.[1] Esse capítulo abre a história épica de Jacó e seus descendentes (37.1,2). O ator principal dessa cena, porém, não é Jacó, mas José, mencionado duas vezes mais que seu pai nos catorze capítulos a seguir. Essa história está repleta de profundas implicações teológicas. A mão de Deus fica evidente em cada uma das cenas controlando e prevalecendo sobre as decisões das pessoas. No final, Deus constrói um herói, salva uma família e cria uma nação que será bênção para o mundo todo. Por trás dessa história está o Deus da aliança que sempre cumpre Suas promessas.[2]

José é o mais vívido tipo de Cristo em toda a Bíblia, embora não tenha sido mencionado como tal, tanto que Pinsk lista 101 correspondências entre José e Jesus.[3] Ele foi amado pelo pai, odiado pelos irmãos, vendido por vinte siclos de prata, sofreu injustiça, mas foi exaltado com o propósito de livrar seu povo da morte, salvando o mundo da fome e da morte. O faraó deu-lhe o nome de Zafenate-Paneia, cujo significado é "salvador do mundo" (41.45).

Destacaremos no texto apresentado treze preciosas lições:

Amado pelo pai e odiado pelos irmãos (37.1-4)

Com a morte de Isaque, Jacó e Esaú se separam definitivamente, indo o primeiro habitar na terra das peregrinações de seu pai, em Canaã (37.1), onde vai se desenrolar essa história marcada por amor, ódio, traição, tráfico humano, mentiras, lágrimas e dor. Sobre essa história, destacaremos aqui alguns pontos:

Em primeiro lugar, *José, um pastor de ovelhas* (37.2). José tinha dezessete anos e já trabalhava como pastor na companhia de seus irmãos, filhos de Bila e Zilpa. Nos altiplanos de Hebrom, sob o sol escaldante do dia e o frio gelado da noite, esse jovem começa sua história eivada de emoções conflitantes. José viveu com Jacó até os seus primeiros dezessete anos (37.2), e Jacó viveu com José os seus últimos dezessete anos no Egito (47.28).

Em segundo lugar, *José, um delator de seus irmãos* (37.2). Seus irmãos Dã, Naftali, Gade e Aser não eram bons exemplos para ele, por isso trazia más notícias destes a seu pai. Embora José não fosse do mesmo estofo moral de seus irmãos, a postura de bisbilhotá-los e apresentar seus erros diante de Jacó era fruto de sua imaturidade juvenil, uma vez que *o amor cobre todas as transgressões* (Pv 10.12). Essa postura nada elogiável de José foi mais um componente para seus irmãos nutrirem por ele profunda aversão.

Em terceiro lugar, *José, o filho predileto do pai* (37.3). O texto apresentado retrata José sendo alvo do amor preferencial de seu pai, predileção esta que se transformou em favoritismo.[4] José era o filho primogênito e favorito da esposa favorita de Jacó, além de ser o filho de sua velhice e diferente de seus irmãos em caráter e atitude.

É certo que Jacó não agiu de forma prudente ao amar mais a José do que aos outros filhos, pois os pais não devem ter predileção por um filho em detrimento dos outros. Esse mesmo erro foi cometido por Isaque, seu pai, e de geração em geração essa mesma atitude vem sendo repetida, sempre gerando tensões na família.

Jacó não apenas amava mais a José do que a seus irmãos, como também não fazia questão de esconder isso; tanto que ele fez questão de tornar público sua predileção por José ao presenteá-lo com uma túnica talar de mangas compridas. H. C. Leupold diz que "essa túnica tinha mangas e se estendia até os tornozelos".[5] Charles Swindoll diz que, nos dias de José, a roupa de trabalho era uma túnica curta, sem mangas, a qual deixava os braços e as pernas livres para que os trabalhadores pudessem mover-se com facilidade.[6] Essa túnica diferenciada era o emblema do amor de Jacó por José. Waltke diz que a tagarelice, a gabolice e a túnica ostensiva de José inflamaram ainda mais a ojeriza de seus irmãos contra ele.[7]

Em quarto lugar, *José, odiado pelos seus irmãos* (37.4). Era notório que essa distinção dada a José despertava no coração de seus irmãos uma inveja perigosa, um ódio velado e uma hostilidade que desembocou numa clamorosa injustiça. A primeira manifestação desse ódio estava no fato de que já não podiam lhe falar pacificamente. Essa postura de Jacó custou-lhe muito sofrimento, pois ficou privado de seu filho amado durante vinte e dois anos. A crueldade dos irmãos de José foi uma tempestade na alma deles, pois não conseguiram viver em paz, uma vez que a consciência deles bradava sem intermitência, acusando-os de violência ao irmão e mentira ao pai.

As virtudes de José denunciavam os pecados de seus irmãos; a sua luz apontava as trevas em que viviam; sua prontidão em obedecer de todo o coração ao pai apontava para a maldade deles. O sucesso de José era o fracasso deles, que não viam José como um irmão e amigo, mas como um concorrente, e olhavam para ele não com benevolência, mas como um rival que deviam afastar do caminho.

Sonhos que despertaram ódio (37.5-10)

José era também um sonhador e teve dois sonhos metafóricos ou parabólicos com a mesma estrutura e mensagem. O primeiro sonho falava do seu feixe e dos feixes de sua família. José conta para sua família que, enquanto atava feixes no campo, o seu feixe se levantou e ficou em pé, e os feixes de seus irmãos se inclinavam perante o dele (37.5-8). Seus irmãos foram os intérpretes desse sonho. O segundo sonho estava relacionado aos astros celestes, em que o sol,

A mão invisível da providência de Deus

a lua e onze estrelas se inclinavam perante ele (37.9,10); no caso desse segundo sonho, o intérprete foi seu pai. Waltke diz que esses são os primeiros sonhos na Bíblia nos quais Deus não fala (20.3; 28.12-15; 31.11,24).[8]

Os sonhos de José não eram delírios da juventude, mas revelações divinas acerca do que aconteceria no futuro com a família de Jacó e nos quais José é apresentado como o grande líder da família e todos os seus irmãos se curvam perante ele (42.6; 43.26,28; 44.14). Os sonhos de José tornaram-se o pesadelo de seus irmãos, e o fato de ele não guardar esses sonhos apenas para si, mas compartilhá-los com seu pai e seus irmãos, agravaram ainda mais a já difícil relação de seus irmãos com ele, e estes passaram a odiar José ainda mais (37.5). Está escrito: [...] *E com isso tanto mais o odiavam, por causa dos seus sonhos e de suas palavras* (37.8). José chegou a ser repreendido por seu pai, quando este disse: [...] *Acaso, viremos, eu e tua mãe e teus irmãos, a inclinar-nos perante ti em terra?* (37.10).

O ciúme de seus irmãos (37.11)

Seus irmãos tinham ciúmes dele; o pai, no entanto, considerava o caso consigo mesmo (37.11). A virtude desperta mais inveja do que gratidão, e é mais fácil sentir inveja de quem anda corretamente do que seguir seus passos. Os irmãos de José, em vez de imitar seu exemplo, passaram a odiá-lo; e em vez de pedir a Deus discernimento acerca do que estava acontecendo, alimentaram sua alma com o absinto do ciúme. Vale destacar que esse ciúme doentio atingiu a todos os seus irmãos, de modo que ele passou a ser uma espécie de *persona non grata* entre eles.

O ciúme é um sentimento destrutivo. Concordo com Charles Swindoll quando diz que nenhuma reação é mais cruel do que o ciúme.[9] Tal sentimento é duro como a sepultura (Ct 8.6), revela três sintomas: uma pessoa ciumenta vê o que não existe, aumenta o que existe e procura o que não quer achar. Em vez de olharem para José como o instrumento que Deus estava levantando para salvar sua família, viram-no como uma ameaça, e em vez de cuidarem dele, nutriam desejo de destruí-lo. No meio dessa tempestade de ódio e ciúmes dentro de sua casa, Jacó ponderava essas coisas em seu coração, considerando o caso consigo mesmo. Mesmo não tendo discernimento acerca da natureza dos sonhos de José, Jacó entregava-se à reflexão sobre o que poderia ser isso. Com isso, o patriarca nos ensina que há momentos em que devemos nos calar e meditar, pois o silêncio é melhor do que a loquacidade frívola e a meditação, melhor do que palavrórios insensatos. Portanto, não tenha ciúmes de quem Deus está levantando e usando para cumprir Seus propósitos!

José, o enviado do pai (37.12-14)

Jacó era pastor de ovelhas e tinha muitos rebanhos. Seus filhos exerciam a mesma profissão, e todos eles, exceto José, estavam cuidando dos rebanhos do pai em Siquém. O estupro de Diná e a chacina e o rapto em Siquém haviam ocorrido cerca de dois anos antes, quando José tinha cerca de quinze anos; portanto, Jacó tinha toda a razão em preocupar-se com seus filhos em Siquém.[10]

Mesmo Jacó sabendo que os irmãos de José o odiavam e tinham ciúmes dele, envia-o a eles, talvez na tentativa de pacificar os irmãos enciumados ao verem José indo ao encontro deles para saber se estavam em paz. José, mesmo sabendo que alguns de seus irmãos não tinham um bom comportamento, que todos o odiavam por causa do lugar especial que ele ocupava no coração do seus pai e também por causa de seus sonhos e de suas palavras, não hesita em obedecer a seu pai e ir ao encontro de seus irmãos.

José nos ensina aqui a importância da obediência aos pais, pois ele poderia inventar motivos para não ir ou apresentar os riscos de uma jornada solitária de oitenta quilômetros de Hebrom a Siquém; no entanto, ele prontamente obedece a seu pai sem colocar qualquer obstáculo no caminho da obediência. José também nos ensina que a obediência não deve ser tardia, pois ele prontamente obedeceu, mostrando que sua disposição para fazer a vontade do pai é absoluta.

José ainda nos ensina que, a despeito da indisposição de seus irmãos com ele, eles são seus irmãos. Jacó não o envia para o meio de inimigos, mas para o encontro de seus irmãos, imaginando que o laço de sangue era capaz de superar as diferenças entre seus filhos, o que nos mostra que, mesmo sublimando o ódio e o ciúme de seus filhos com respeito a José, Jacó agiu em pleno alinhamento com o propósito eterno de Deus.

José, procurando os irmãos (37.15-17)

[...] *Que procuras? Respondeu: Procuro meus irmãos...* (37.15,16). O propósito de Jacó em enviar José a Siquém era saber notícias de seus filhos e do rebanho. Está escrito: *Disse-lhe Israel: Vai, agora, e vê se vão bem [Shalom] teus irmãos e o rebanho; e traze-me notícias. Assim, o enviou do vale de Hebrom, e ele foi a Siquém* (37.14). A jornada não era fácil, pois se tratava de uma região deserta, com montanhas, vales e muitos perigos. José estava errante pelo campo quando um homem o encontra e lhe pergunta: *Que procuras?* Ele respondeu: *Procuro meus irmãos.* O homem informou a José que seus irmãos não estavam mais em Siquém, mas tinham ido para Dotã, a 21 quilômetros a noroeste de Siquém.[11] Longe de desistir da jornada, José seguiu atrás de seus irmãos e os achou em Dotã. Derek Kidner diz que Dotã fazia parte da imemorial via de comunicação entre Damasco e a estrada costeira para o sul, e as suas especiarias eram produtos básicos do comércio com o Egito.[12]

Esse episódio nos ensina algumas verdades importantes: Primeira, a obediência pode requerer sacrifícios. José poderia ter voltado do campo para casa, dizendo ao pai que eles não estavam mais em Siquém, mas, mesmo estando sem rumo no campo, ele empenha-se em encontrar seus irmãos, fazendo novas peregrinações. Segunda, o amor cobre multidão de pecados. José é odiado por seus irmãos, mas ele os ama e está disposto a ir ao encontro deles, pois quem ama não nutre suspeitas, mas alimenta confiança. Terceira, o caminho da obediência leva-nos sempre mais além para fazermos a vontade dAquele que nos envia. Dotã é lugar perigoso, é cenário de ameaça, mas a obediência não contorna a geografia do perigo; cumpre até o fim o seu mandato. Dotã, onde José gritou em vão (42.21), é o mesmo lugar onde Eliseu foi entrincheirado por inimigos, mas achou-se visivelmente cercado de carros de Deus (2Rs 6.13-17). Quarta, mesmo quando sentimentos hostis são abrigados na família, isso não desfaz a relação de fraternidade; nesse sentido, José não vai ao encontro de algozes, mas ao encontro de seus irmãos.

José, vítima de conspiração (37.18-22)

De longe o viram e, antes que chegasse, conspiraram contra ele para o matar (37.18). José não teve uma boa recepção entre seus irmãos, em cujos corações o ódio já transbordava antes mesmo de José chegar, tanto que eles o viram de longe não como um portador do cuidado do pai, mas como um desafeto que precisava ser eliminado. Esse ocorrido nos ensina algumas lições importantes. Primeira, o ódio paga o bem com o mal. José vai a seus irmãos como um mensageiro de paz, ou seja, vai para demonstrar a eles o cuidado do pai, mas seus irmãos maquinam contra ele antes mesmo de ele chegar, intentando matá-lo. Segunda, o ódio faz alianças malignas para o mal. Conspiração é um acordo feito no subterrâneo da maldade para atingir alguém com violência; nesse sentido, os irmãos de José estão aliançados para o mal, não para o bem. Terceira, o ódio faz registros distorcidos e negativos contra o próximo para prejudicá-lo. Os irmãos de José já tinham rotulado o irmão de *o tal sonhador* (37.19), pois a única coisa que viam nos sonhos de José era o desejo de levantar-se como chefe sobre eles, e estes, por sua vez, sentiam-se ameaçados por José e, assim, faziam uma leitura falsa da realidade. Quarta, o ódio usa toda a sua destreza para fazer o mal e escondê-lo (37.20). Querem matar José e esconder o corpo dele numa cisterna, o que significa praticar um duplo crime: assassinato e ocultação de cadáver. Se não fosse a intervenção de Rúben, José teria sido eliminado precocemente por seus irmãos (37.21,22), mas ele, sendo o irmão mais velho, tinha a obrigação de dar satisfação a seu pai do paradeiro de José; além disso, Rúben tinha a responsabilidade representar o pai na ausência deste.

José, despido da sua túnica (37.23)

Mas, logo que chegou José a seus irmãos, despiram-no da túnica, a túnica talar de mangas compridas que trazia (37.23). A túnica de José era mais que uma veste especial: era um emblema do amor diferenciado de Jacó por ele. Essa túnica perturbava mais os irmãos de José do que cobria o seu corpo, pois, além do sinal da predileção de um pai por um filho em detrimento dos outros, era também uma agressão não apenas aos olhos dos outros filhos de Jacó, mas uma flecha envenenada cravada no coração deles. O simples fato de José usar a túnica já causava um enorme desconforto em seus irmãos, pois isso era como se José não disfarçasse o fato de que era mais amado que seus irmãos.

A predileção de Jacó por José e a túnica que deu a ele eram as causas das maiores desavenças entre seus filhos. Os filhos de Lia, Bila e Zilpa engoliam a seco essa amarga realidade, por isso, quando José chegou em Dotã, o primeiro sinal da vingança deles contra José foi despi-lo da túnica. Não uma túnica qualquer, mas a túnica de mangas compridas que trazia o emblema da acepção de filhos naquela família patriarcal. Como afirma Waltke: "Ao despirem José da túnica, seus irmãos pensaram que estavam destronando o filho régio (37.3)".[13]

É evidente que Jacó não foi sensato em materializar seu amor maior a José naquela túnica, pois um pai nunca deve amar um filho mais do que a outro, tampouco deve provocar ciúmes entre os filhos; ao contrário, deve costurar a amizade entre eles. O sofrimento de Jacó e as injustiças sofridas por José estão estreitamente conectados com essa postura do pai das doze tribos de Israel.

José, lançado na cisterna (37.24)

E, tomando-o, o lançaram na cisterna, vazia, sem água (37.24). A crueldade dos irmãos de José não foi apenas emocional, mas também física, pois ele não apenas o despojaram de sua túnica, mas também o lançaram na cisterna vazia, sem água, tendo em vista que uma cisterna seca forma uma excelente masmorra (40.15; Jr 38.6).[14] Enquanto se assentaram para comer pão (37.25), José, angustiado de alma, rogava a eles para acudi-lo, porém, não atenderam ao seu clamor (42.21).

Num momento, a maldade parece prevalecer sobre o bem, o ódio parece alcançar vantagem sobre o amor e a injustiça parece ganhar de goleada da retidão. Os irmãos de José, por inveja, o jogaram naquele buraco, imaginando que, assim, estariam matando os seus sonhos e que com tal atitude o estariam privando para sempre do pai amoroso e o afastando definitivamente de seu caminho. Aquela cisterna era o símbolo mais vívido da maldade dos irmãos de José, bem como a forma mais grotesca de imporem a ele uma humilhação esmagadora. José sentiu-se agredido por quem devia protegê-lo, sentiu o descaso de seus irmãos diante de seu clamor por socorro, e estes não só foram violentos a José, como também não se enterneceram diante das suas pungentes súplicas. O ódio empurra as pessoas para o buraco, e o ciúme não apenas quer o que é do outro, mas anseia também eliminar o outro. A cisterna de José tornou-se o mais escuro calabouço de seus irmãos, uma vez que o jovem saiu da cisterna, mas seus irmãos viveram 22 anos atormentados na masmorra da culpa.

José, vendido pelos seus irmãos (37.25-30)

Com insensível indiferença ante os gritos de seu irmão naquela nua masmorra (42.21), os irmãos de José desfrutaram de uma refeição (37.25); mal sabiam eles que sua próxima refeição na presença de José seria com este à cabeceira da mesa (43.32-34).[15]

Enquanto comiam, olharam e viram uma caravana de ismaelitas se aproximando. Os ismaelitas (37.25) e os midianitas (37.28,36) são designações alternadas para o mesmo grupo de comerciantes (39.1),[16] e isso fica evidente mais tarde, quando os midianitas são chamados de ismaelitas (Jz 8.24-26). Derek Kidner diz que "ismaelita" era um termo inclusivo, abrangendo os primos nômades, como o termo "árabe" abarca numerosas tribos em nossa maneira de falar. O uso alternado, então, pode ser em parte para variar e, em parte, para registrar que José foi vendido a um povo de fora da aliança.[17] Os ismaelitas são os descendentes de Ismael (filho de Abraão com Agar), e os midianitas eram descendentes de Midiã (filho de Abraão com Quetura), sendo, portanto, uma parte dos ismaelitas.[18]

Nessa negociação, Judá emerge como líder, e seu discurso a seus irmãos no clímax dessa cena se põe em contraste com os discursos ineficientes de Rúben antes (37.21,22) e depois (37.30). Judá argumenta com seus irmãos: [...] *De que nos aproveita matar o nosso irmão e esconder-lhe o sangue?* (37.26).

A proposta de Judá substitui um mal por outro, ou seja, a morte de José pela venda dele: *Vinde, vendamo-lo aos ismaelitas...* (37.27). Rúben já havia intentado, sem sucesso, livrar José da morte, a fim de devolvê-lo a seu pai (37.21,22). Agora, Judá demove seus irmãos de matar

A mão invisível da providência de Deus

José, oferecendo-lhes a proposta de vendê-lo para uma caravana de ismaelitas que vinham de Gileade rumo ao Egito (37.25,16).

Judá argumentou que não havia qualquer proveito em matá-lo nem colocar as mãos nele, uma vez que José era irmão e carne deles. O argumento de Judá prevaleceu, e concordaram com ele em não matar José. Judá, por outro lado, sabe que a presença de José entre eles será sempre uma nuvem interposta no caminho deles; sendo assim, ele conclamou seus irmãos a se unirem para vendê-lo aos ismaelitas, plano este que foi aceito pelos demais irmãos, e José, então, foi vendido. *E, passando os mercadores midianitas, os irmãos de José o alçaram, e o tiraram da cisterna, e o venderam por vinte siclos de prata aos ismaelitas; estes levaram José ao Egito* (37.28). Livingston diz que os vinte siclos de prata não eram moedas, mas peças de metal pesadas em balança.[19] É digno de nota que o preço normal de um escravo no tempo de Moisés era de trinta siclos de prata (Êx 21.32; Zc 11.12; Mt 26.15), ou seja, José foi vendido por um preço inferior ao valor de um escravo.

Os irmãos de José entraram no desumano tráfico de escravos, vendo, portanto, seu irmão como mercadoria a ser vendida, não como pessoa a ser amada. Em outras palavras, eles olharam para José como um objeto a ser comercializado, não como um ente de sangue a ser protegido; como objeto de exploração, não como um indivíduo digno de investimentos; e, assim, fizeram dele um produto para auferirem vantagens, não um alvo de seu amor. A comercialização de escravos tem sido uma mancha horrenda na história das civilizações, e tanto no antigo Egito como nas civilizações ocidentais homens e mulheres foram vendidos como ferramentas vivas para atender à ganância insaciável dos poderosos. Triste saga!

Rúben não participou dessa transação. Ao voltar à cisterna e não encontrar seu irmão, ficou desesperado e, rasgando suas vestes e com perplexidade, disse a seus irmãos: [...] *Não está lá o menino; e, eu, para onde irei?* (37.29,30). Por ser o primogênito, cabia a ele dar explicações a seu pai sobre o paradeiro de José.

Uma túnica molhada de sangue (37.31,32)

Bruce Waltke diz que as fraudes anteriores de Jacó têm um preço terrível. Como Jacó havia enganado a seu pai com as peles de cabrito e as roupas de Esaú (27.9,16), agora será enganado com o sangue de cabrito e a roupa de seu filho.[20]

Está escrito: *Então, tomaram a túnica de José, mataram um bode e a molharam no sangue* (37.31). A venda de José como um escravo para os ismaelitas foi consumada, e seus irmãos embolsaram os valores e viram seu irmão desaparecer nas curvas da estrada rumo ao Egito. Não era tão fácil se livrar de José, porém eles sabiam que mais difícil ainda era encarar Jacó, por isso eles precisariam de um bom álibi para escapar desse crime horrendo.

Então, resolveram enviar a túnica de José a Jacó (37.32). Não tiveram coragem de ir e encarar o pai olho no olho; então, a fim de apagar todas as pistas, os irmãos fizeram a túnica ensanguentada de José passar primeiro por mãos e casas alheios antes que chegasse até o pai. Esse desvio tomado pela túnica manchada de sangue era uma manobra para despistar, de modo que o próprio Jacó deveria concluir que havia ocorrido uma tragédia. Os irmãos queriam ocultar o que tinham feito.[21]

Demonstraram pouca consideração pelo pai e nenhum afeto pelo irmão, porque uma suposta morte violenta de José

A mão invisível da providência de Deus

sequer os tirou de Dotã para irem ao encontro do pai aflito. A túnica de José tingida de sangue não apenas fez Jacó desistir de procurar seu filho, como atormentou seus irmãos por longos anos. Para que José, entretanto, fosse chamado de salvador do mundo, sua túnica precisou ser tingida de sangue.

Dois mil anos depois, Jesus, o Filho amado de Deus, para ser o nosso Salvador, teve sua túnica tingida de sangue, não sangue de bode, mas de Seu próprio sangue, pelo qual recebemos vida, fomos reconciliados com Deus e temos entrada segura no céu.

O lamento do pai de José (37.33,34)

[...] *É a túnica de meu filho* [...] *e lamentou o filho por muitos dias* (37.33,34). Os irmãos de José não foram cruéis apenas com ele, mas, sobretudo, com Jacó, seu pai, e, com a túnica ensopada de sangue, enviaram o seguinte recado: [...] *Achamos isto; vê se é ou não a túnica de teu filho* (37.32). Eles mataram José no coração antes de vendê-lo como escravo, tanto que o chamaram de filho de Jacó, não de "nosso irmão"; em outras palavras, foram desumanos com José e gelados com Jacó. O velho patriarca, que estava nesse tempo com 108 anos, reconheceu a túnica de José e disse: [...] *É a túnica de meu filho; um animal selvagem o terá comido, certamente José foi despedaçado* (37.33). Bräumer diz que Jacó olha fixamente para a túnica ensanguentada e dá três gritos de terror, e em todos eles aparece o nome de José, o filho que ele amava acima de todas as outras coisas.[22]

O luto de Jacó foi doloroso. Assim está escrito: *Então, Jacó rasgou as suas vestes, e se cingiu de pano de saco, e lamentou o filho por muitos dias* (37.34). Do ponto de vista humano, Jacó está colhendo o que plantou, ou seja, ele semeou a cizânia em sua casa e está colhendo a safra dolorosa da ausência do filho amado e da presença indiferente dos filhos mal-amados. Do ponto de vista divino, um plano maior, soberano e eficaz está sendo executado por intermédio de uma providência carrancuda, lembrando que a insensatez e a maldade humanas não podem anular os desígnios de Deus e os planos dEste não podem ser frustrados. A maldade dos filhos de Jacó vai ser revertida em bênção, e o choro de Jacó vai ser transformado em abundante consolo.

Um falso consolo (37.35)

Levantaram-se todos os seus filhos [...] para o consolarem; ele, porém, recusou ser consolado... (37.35). O pecado sempre levará você mais longe do que gostaria de ir, reterá você mais tempo do que gostaria de ficar e custará um preço mais caro do que você gostaria de pagar. Os irmãos de José jamais poderiam imaginar que a ferida que causaram no coração de seu pai seria incurável, jamais pensaram que, depois de 22 anos, o crime que cometeram ainda estaria vivo em sua memória; nunca poderiam ter imaginado que se transformariam em hipócritas contumazes a ponto de ver o sofrimento de Jacó e manter uma mentira por tanto anos.

Vale destacar que todos os filhos de Jacó se levantaram para consolar o velho patriarca. Diná e suas sobrinhas tentaram, também em vão, pacificar a alma atribulada de Jacó. O falso consolo não é consolo. Jacó disse a seus filhos que, chorando, desceria a José até a sepultura, e, de fato, seu pai chorou por ele (37.35). É deplorável que, mesmo diante do sofrimento alheio, alguns corações se endureçam a tal ponto de ser os agentes do mal e, ao mesmo tempo, os pretensos agentes do consolo. Eles fizeram a ferida no coração do pai e querem curá-la com um falso consolo, mas não lograram êxito, pois teriam que conviver com os gritos não ouvidos de José, a tristeza de Jacó e o chicote impiedoso de uma consciência culpada.

José, vendido no Egito (37.36)

Entrementes, os midianitas venderam José no Egito a Potifar, oficial de Faraó, comandante da guarda (37.36). O choro de Jacó por José era infundado, pois este não estava morto, mas abrindo caminho para uma gloriosa história regida pela mão invisível da providência divina, ainda que um caminho juncado de espinhos. José vai ser levantado por Deus, contudo, antes de alçá-lo ao segundo cargo mais importante do Egito, Deus o colocou no deserto da prova, uma vez que, depois de sentir-se um objeto descartável nas mãos de seus irmãos, agora é revendido no Egito como uma mercadoria barata. José era um objeto, uma coisa, um produto comercial e está no balcão da ganância, por isso quem o comprou de seus irmãos lucram ao vendê-lo para Potifar, o oficial do faraó, comandante da guarda.

Aqui fica claro que a mão invisível de Deus está agindo nos bastidores, pois José já se aproxima do centro nevrálgico do poder e vai para a casa de um homem que tem influência no império egípcio, isto é, vai servir a alguém que lidera a soldadesca que protege o afamado faraó. Nos planos de Deus, não há acaso, tampouco há sorte ou azar. Nas palavra do poeta William Cowper, "por trás de toda providência carrancuda, esconde-se a face sorridente de Deus". A casa de Potifar foi o campo do primeiro treinamento de Deus dado a José, pois ali ele se destacou como líder e administrador, mas também foi tentado, provado e aprovado; todavia, mesmo sendo acusado injustamente e lançado no cárcere, saiu vitorioso.

Notas

[1] KIDNER, Derek. *Gênesis: introdução e comentário*, 2006, p. 167.
[2] WIERSBE, Warren W. *Comentário bíblico expositivo*, vol. 1, 2006, p. 182.
[3] PINK, Arthur W. *Gleanings in Genesis*. Chicago: Moody Press, 1922, p. 343-408.
[4] BRÄUMER, Hansjörg. *Gênesis*, vol. 2, 2016, p. 165.
[5] LEUPOLD, H. C. *Exposition of Genesis*, vol. 2. Grand Rapids: Baker Book House, 1959, p. 955.
[6] SWINDOLL, Charles R. *José*. São Paulo: Editora Mundo Cristão, 2016, p. 25.
[7] WALTKE, Bruce K. *Gênesis*, 2010, p. 617.
[8] Ibidem, p. 619.
[9] SWINDOLL, Charles R. *José*, 2016, p. 34.
[10] WALTKE, Bruce K. *Gênesis*, 2010, p. 621.
[11] Ibidem, p. 622.
[12] KIDNER, Derek. *Gênesis: introdução e comentário*, 2006, p. 170.
[13] WALTKE, Bruce K. *Gênesis*, 2010, p. 622.
[14] Ibidem.
[15] Ibidem, p. 622.
[16] Ibidem, p. 622-623.
[17] KIDNER, Derek. *Gênesis: introdução e comentário*, 2006, p. 170.
[18] BRÄUMER, Hansjörg. *Gênesis*, vol. 2, 2016, p. 175.
[19] LIVINGSTON, George H. *O livro de Gênesis*, in: *Comentário bíblico Beacon*, vol. 1, 2015, p. 108.
[20] WALTKE, Bruce K. *Gênesis*, 2010, p. 624.
[21] BRÄUMER, Hansjörg. *Gênesis*, vol. 2, 2016, p. 177.
[22] Ibidem.

Capítulo 41

A graça de Deus prevalecendo sobre a desgraça humana
(Gn 38.1-30)

Os ACONTECIMENTOS DESSE capítulo parecem interromper a história, mas, na verdade, ocorrem simultaneamente à história de José. O jovem sonhador é vendido por seus irmãos aos dezessete anos, e, 22 anos depois, sua família desce ao Egito. Esses 22 anos foram tempo suficiente para Judá apartar-se de sua família, casar-se, ter três filhos, enterrar dois deles, bem como sua mulher, e ainda envolver-se com Tamar, tendo com ela dois filhos. Os fatos narrados aqui, portanto, ocorreram nesse tempo e preparam o cenário para a liderança que Judá ocupará no cenário bíblico, como a família de onde procederá reis e o próprio Messias.

Warren Wiersbe diz que os israelitas foram para o Egito como uma grande família e, quatro séculos mais tarde, voltaram de lá como uma grande nação. Tendo em vista que a tribo de Judá é a tribo da linhagem real, da qual surgiria o Messias (49.10), qualquer coisa que se relacione com ele é de suma importância para a história relatada em Gênesis; além disso, se não existisse esse capítulo, ficaríamos admirados de encontrar Tamar e Perez na genealogia de Cristo (Mt 1.3). Perez foi um antepassado do rei Davi (Rt 4.18-22) e, portanto, um antepassado de Jesus Cristo (Mt 1.1).[1]

O texto em apreço pode ser dividido em sete episódios, como seguem:

Afastamento perigoso (38.1)

Eis o registro bíblico: *Aconteceu, por esse tempo, que Judá se apartou de seus irmãos e se hospedou na casa de um adulamita, chamado Hira* (38.1). Judá distancia-se de sua família e busca novos ares, novas oportunidades, novos horizontes. Porém, é importante dizer o seguinte: mesmo que seus irmãos não fossem homens de refinado comportamento, Judá corre mais riscos longe deles do que em comunhão com os cananeus.

Judá, como membro da família da aliança, na mesma medida em que se aparta de seus irmãos, aproxima-se dos cananeus e ameaça a família por meio de casamentos mistos com esses povos pagãos, uma união profana que vai lhe custar um alto preço. Judá fracassa como marido (38.2), como pai (38.7,10) e como sogro (38.26); nesse sentido, se não fosse a graça soberana de Deus para restaurá-lo, teria afundado na cultura pagã.

Concordo com Wiersbe quando diz que a história dos patriarcas nos lembra a graça de Deus e Sua soberania sobre a vida humana, visto que esses homens não eram perfeitos, e alguns revelaram-se deliberadamente desobedientes, mas, ainda assim, o Senhor os usou para realizar Seus propósitos soberanos. Isso não significa que Deus concordasse com seus pecados, já que esses mesmos pecados acabaram sendo revelados e julgados, mas sim que Deus pode utilizar as coisas fracas deste mundo para cumprir Seus propósitos.[2]

Casamento fora da aliança (38.2)

O narrador registra: *Ali viu Judá a filha de um cananeu, chamado Sua; ele a tomou por mulher e a possuiu* (38.2). Judá quebra a tradição de sua família. Abraão se preocupou com o casamento de Isaque e mandou seu servo Eliézer buscar uma esposa para seu filho no meio de sua parentela; o mesmo fizeram Isaque e Rebeca com respeito a Jacó. Agora, Judá desconsidera esse princípio e, como Sansão (Jz 14.1,2), vê uma jovem cananeia e a toma para si como esposa. O problema desse tipo de casamento não era apenas a questão racial, mas sobretudo o problema espiritual; uma vez que os cananeus tinham outros deuses, costumes e valores; além disso, esses casamentos fora da aliança colocavam em risco a semente de onde deveria proceder o Messias.

Bräumer diz que Judá, ao casar-se com a filha de um cananeu, agiu conscientemente contra o juramento que Abraão havia pedido ao seu servo Eliézer: *para que eu te faça [...] que não tomarás esposa para meu filho das filhas dos cananeus...* (24.3).[3]

Filhos ímpios (38.3-11)

Judá teve três filhos com sua mulher, a filha de Sua – Er, Onã e Selá (38.3-5), porém ela permanece incógnita na narrativa bíblica. Derek Kidner diz que a não especificada perversidade de Er, como a específica de Onã (38.9,10), acentua o abismal declínio moral da família escolhida, contida um pouco somente pela notável piedade de José. Essa tendência para um imediato salto para longe da graça, sempre que a fé deixa de ser força ativa, é evidente mais de uma vez em Gênesis.[4]

Judá tomou Tamar por esposa para Er, seu primogênito, porém este, por ser um homem perverso perante o Senhor, Ele mesmo o fez morrer (38.6,7). O narrador não especifica quais os pecados de Er, mas fica nas entrelinhas que Judá fracassa como pai e Er, como homem. Aqui, vale ressaltar que essa é a primeira vez que a Bíblia menciona de forma direta que Deus faz alguém morrer por causa de sua perversidade.

O segundo filho de Judá, Onã, segundo as leis do levirato, casou-se com Tamar, viúva de seu irmão, para lhe suscitar descendência, porém, ele desonra a lei do levirato, desonra a memória de seu irmão e desonra Tamar, coabitando com ela, mas interrompendo o coito na hora da ejaculação. Dessa forma, Onã mantinha relações sexuais com Tamar, mas impedia a concepção. Como Simeão e Levi profanaram a circuncisão (34.15), Onã profana um dever sagrado, e, desse modo, abusa tanto de seu irmão como da esposa deste;[5] em resumo, Onã cumpriu o levirato apenas na aparência ao casar-se com Tamar, mas praticava com ela o coito interrompido.[6] Kidner ainda acrescenta o seguinte: "A enormidade do pecado de Onã está em seu planejado ultraje à família, à viúva do seu irmão e ao seu próprio corpo".[7] Isso também foi mau perante o Senhor, e também a este o Senhor fez morrer (38.8-10).

O narrador silencia-se a respeito da vida de Selá, contudo, como Judá o sonega a Tamar para cumprir a lei do levirato, tudo faz crer que ele segue a mesma esteira reprovável de sua família (38.11,26). Assim, a associação de Judá com os cananeus lhe rende casamento fora da aliança, filhos perversos e luto precoce. Waltke destaca ainda que a ausência de tristeza em Judá pela morte de seus filhos contrasta flagrantemente com a inconsolável tristeza de Jacó pela perda de José.[8]

Levirato frustrado (38.6-11)

O levirato era uma prática muito comum naquele tempo e perdurou até aos dias de Jesus (Mt 22.23-30); essa prática consiste no seguinte: se um irmão casado morresse sem ter filhos, seu irmão mais velho deveria se casar com a viúva para lhe suscitar descendência (Dt 25.5,6; Rt 4.5,10,17). Como Er morreu antes de ter filhos com Tamar, Onã precisou casar-se com ela para cumprir o papel de suscitar filhos ao seu irmão falecido, contudo, ele escarneceu da lei do levirato, desonrou a memória de seu irmão e afrontou Tamar, pois, todas as vezes que a possuía, deixava o sêmen cair no chão.

Judá dá mais um passo na violação da lei do levirato porque, em vez de acolher Tamar, oferecendo-lhe bem-estar e *status* na comunidade até Selá ter a idade para desposá-la, transfere sua responsabilidade para outros, mandando-a de volta para casa de seu pai (38.11), devendo esta permanecer viúva até que seu terceiro filho viesse a ser homem e tivesse idade adequada para o casamento. O fato é que Selá cresceu, mas Judá não demonstrou nenhum interesse em dá-lo a Tamar como marido (38.14,26). Só de uma coisa Judá não abre mão: manter a autoridade sobre Tamar, mesmo ela morando na casa de seu pai (38.24); todavia, com isso a família de Judá está afrontando a lei do levirato entre os cananeus. Waltke diz que, como Rute, que escolherá como família uma israelita imperfeita, contra suas raízes moabitas, Tamar permanece fiel à sua família israelita a despeito de seus flagrantes fracassos e se deixa absorver por ela.[9]

Estratégia sutil (38.12-23)

Quando Tamar percebeu que os anos se passavam e ela estava ligada à família de Judá apenas com os deveres, mas não desfrutando dos privilégios, pôs-se a agir e arquitetou um plano sutil para fisgar o próprio sogro. O que aconteceu?

Em primeiro lugar, *Judá fica viúvo* (38.12). Judá, que já havia sepultado seus dois filhos mais velhos, agora sepulta também sua mulher. Passados os dias de luto, ele, com seu amigo Hira, vai a Timna para as celebrações festivas da tosquia das ovelhas (1Sm 25.4,11,36). O luto rápido de Judá por sua mulher é contrastado pelo narrador com o longo luto de Tamar por Er, seu marido (38.14), tendo em vista que ela permanece leal ao esposo falecido, tentando suscitar-lhe semente, e, portanto, não se casando com outro cananeu.

Em segundo lugar, *Tamar se despe de suas vestes de viuvez* (38.13-15). Ao ser informada de que Judá subia para Timna, para a tosquia das ovelhas, cuidadosamente ela tirou suas vestes de viuvez, cobriu-se com um véu, disfarçou-se e se assentou à entrada de Enaim, no caminho de Timna. Bräumer diz que o véu servia para lhe dar a aparência de prostituta, pois, naquela época, as prostitutas se vestiam de forma que ninguém soubesse quem elas eram, mas que todos soubessem o que elas faziam (Pv 7.10).¹⁰

O propósito de Tamar era chamar a atenção de Judá e despertar-lhe desejos libidinosos. O viúvo carente afetivamente, mais uma vez atraído pelos olhos (38.2,15), pensou ser ela uma meretriz e logo já se foi enchendo de volúpia, solicitando "seus serviços". Warren Wiersbe destaca que Jacó usou uma túnica para enganar o pai, Isaque, e Judá e seus irmãos também usaram uma túnica para enganar Jacó (37.32); aqui, do mesmo modo, Tamar usa uma túnica para enganar Judá (38.14), provando que sempre colhemos o que semeamos.¹¹

Em terceiro lugar, *Judá quer fazer sexo com a suposta meretriz* (38.16a). *Então, se dirigiu a ela no caminho e lhe disse: Vem, deixa-me possuir-te; porque não sabia que era a sua nora...* Esse episódio contrasta com José, o qual, mesmo a mulher de Potifar se oferecendo a ele, recusa-se a se deitar com ela. Judá é um homem carnal, guiado pelos olhos cheios de luxúria e que age de acordo com a torrente impetuosa de suas paixões. Neste ponto, vale ressaltar que, tanto no caso de Judá como no caso de José, a mulher retém os objetos do homem com o fim de produzir condenatória evidência.¹²

Em quarto lugar, *Tamar estabelece as condições para a relação sexual* (38.16b-18a). A suposta meretriz pergunta a Judá: [...] *Que me darás para coabitares comigo* (38.16b). Ele respondeu: [...] *Enviar-te-ei um cabrito do rebanho...* (38.17a). Tamar, de forma sagaz, pede um penhor até que o cabrito seja enviado (38.17b), e ele, ao interrogá-la sobre que tipo de penhor ela requeria, a resposta foi precisa: [...] *O teu selo, o teu cordão e o cajado que seguras...* (38.18a).

Como a paixão sexual já era um fogaréu em seu coração e ele tinha pressa de possuí-la, prontamente atendeu à exigência dela.

Em quinto lugar, *Tamar engravida de seu sogro* (38.18b). [...] *Ele, pois,* [...] *a possuiu; e ela concebeu dele* (38.18b). A viúva Tamar, enfrentando todos os riscos, alcança seu objetivo o de suscitar descendência a Er. Como os irmãos de seu marido não cumpriram sua obrigação, ela, astuciosamente, consegue engravidar do próprio sogro.

Em sexto lugar, *Tamar se recolhe à sua viuvez* (38.19-23). Tamar volta à casa de seu pai, remove o véu e torna às vestes de sua viuvez, e Judá, para preservar sua "reputação", não vai pessoalmente entregar o cabrito e reaver o penhor, mas envia o pagamento por intermédio de seu amigo adulamita. Este procura-a, mas não a encontra, deixando Judá com uma "pulga atrás da orelha", pois alguma coisa não estava batendo naquela história. Waltke tem razão em dizer que Judá é como um nobre respeitável que não está disposto a "perder" seu cartão de crédito num bordel; assim, a prostituta, delongando-se com seus valiosos pertences, o faz parecer um idiota entregando-os a ele, pois, para o homem, a única coisa que o preocupa é sua reputação pessoal.[13]

Revelação bombástica (38.24-26)

Passados quase três meses, chegou a informação a Judá de que sua nora tinha adulterado e estava grávida. Embora Tamar estivesse na casa de seu pai, Judá ainda exercia poder sobre ela, segundo a lei do levirato, pois cabia a ele providenciar meios para que ela tivesse filhos, a fim de preservar a memória de Er. Sobre esse ocorrido, destacamos aqui alguns pontos:

Em primeiro lugar, *um juízo temerário* (38.24). As notícias, em geral, são espalhadas com graves distorções. Do modo como as informações chegaram a Judá, este entendeu que Tamar tinha desonrado sua família, uma vez que estava comprometida a casar-se com Selá; ou seja, embora estivesse viúva, não estava livre para contrair novas núpcias, portanto, na avaliação prematura de Judá, Tamar tinha quebrado a lei do levirato e desonrado sua família.

Em segundo lugar, *uma condenação sumária* (38.24b). O veredito de Judá é sumário e implacável: [...] *Tirai-a fora para que seja queimada*. Fogueira à adúltera! Eis o brado do sogro "santarrão". Judá se fez juiz de Tamar, condenando-a sem que ela tivesse qualquer chance de defesa; sobre esse caso, vale ressaltar que o veredito da "fogueira" é o pior possível.

Em terceiro lugar, *um álibi poderoso* (38.25). Quando Tamar estava sendo levada para a fogueira, apresenta um álibi que muda o placar do jogo e reverte a situação, tendo em vista que ela tinha retido propositadamente consigo o penhor: o selo, o cordão e o cajado do sogro (38.25). Assim, Tamar tira o sogro do anonimato e revela que sua gravidez não era fruto de um adultério voluptuoso, mas de um resgate da lei do levirato que lhe fora negado por Judá. Bräumer destaca que Tamar não acusa ou envergonha Judá de forma pública, tanto que ela apresenta seu trunfo somente quando é levada para fora para ser queimada. Ela revela os fatos, mas nem mesmo agora ela diz: "Você, Judá, é o pai deste bebê", mas "estou grávida de determinado homem, que é dono destes objetos". Assim, em vez de Tamar acusar o juiz, ela permite que ele decida entre confessar seu pecado ou destruí-la.[14]

George Livingston diz que Tamar conseguiu filhos por meio do homem responsável em providenciar que um parente de seu marido lhe fosse dado como marido substituto. Diante de todos, ficou comprovado que Judá foi negligente em seu dever de dar Selá a Tamar e que ele era o responsável por engravidar a mulher a quem tinha condenado furiosamente à morte. Logicamente, nenhum dos dois está à altura dos sublimes conceitos de justiça na Bíblia, mas Judá estava mais errado que Tamar.[15]

Em quarto lugar, *uma absolvição imediata* (38.26). *Reconheceu-os Judá e disse: Mais justa é ela do que eu, porquanto não a dei a Selá, meu filho. E nunca mais a possuiu.* Judá foi apanhado pelas próprias cordas de seu pecado e pela primeira vez reconhece que pecou. Waltke diz que a confissão de Judá de seu erro com Tamar ocorre mais ou menos no mesmo tempo em que todos os irmãos confessam seu erro contra José (42.21). É provável que a confissão de Judá concernente a Tamar o prepare para a outra.[16] A partir daqui, começa a história de sua restauração e de seu levantamento como líder entre os filhos de Jacó, de quem procederia reis para Israel e o próprio Messias, o Salvador do mundo.

Apesar da atitude de Tamar não ser moralmente aprovada, Waltke diz que Tamar é uma heroína em Israel, porquanto ela arrisca sua vida pela fidelidade familiar. Judá está também sendo preparado para sua restauração (44.1-34; 49.8-12), uma vez que, confrontado com seu fracasso e sua fraude, ele confessa seu pecado.[17] Além de Maria e, indiretamente, Bate-Seba, outras três mulheres são citadas na genealogia de Jesus em Mateus 1.1-17: Tamar (Mt 1.3), Raabe e Rute (Mt 1.5). Tamar era cananeia e se passou por prostituta, Raabe era prostituta em Jericó e Rute era uma moabita que se converteu ao judaísmo. As três eram gentias, e essa é uma expressão eloquente da graça de Deus e do propósito divino de alcançar com Sua salvação também os gentios.

Filhos gêmeos (38.27-30)

Quando Tamar estava para dar à luz, havia gêmeos em seu ventre (38.27). Na hora do parto, um pôs a mão para fora, e a parteira atou um laço vermelho em sua mão, dizendo: este é o primeiro, contudo, recolhendo ele a mão, o outro, rompeu na frente, por isso chamaram-no Perez (38.28,29). O menino que estava com o laço vermelho nasceu em seguida, e o chamaram Zera.

Bruce Waltke destaca que há uma notável similaridade entre os nascimentos de Perez e Zera e de Jacó e Esaú, pois ambos envolvem gêmeos; em ambos, o mais jovem corta caminho ao mais velho e o substitui; e, em ambos, aquele de quem se espera obter a primogenitura e a perde é associado ao vermelho: ensopado vermelho no caso de Esaú; um cordão vermelho no caso de Zera.[18] Perez, cujo significado é aquele "que rompe saída", é considerado o primogênito nas genealogias, e foi a linhagem dele que levou a Davi (Rt 4.18) e, assim, a Cristo (Mt 1.1).[19] A genealogia no fim do livro de Rute, que se encerra com Davi, não começa com Jacó ou Judá, mas com Perez, filho de Tamar (Rt 4.18-22).

O nascimento dos gêmeos Perez e Zera encerra o capítulo que fala sobre a vida de Judá durante o tempo em que viveu longe da casa paterna, como um separatista, e seus filhos, Perez e Zera, ocuparam o lugar de Er e Onã. Daqui para a frente, a história mostra que Judá está novamente reunido com a casa de seu pai e se torna o líder na segunda viagem dos irmãos ao Egito (43.1-34; 44.14-34; 46.28).[20]

Notas

[1] WIERSBE, Warren W. *Comentário bíblico expositivo*, vol. 1, 2006, p. 188.
[2] Ibidem.
[3] BRÄUMER, Hansjörg. *Gênesis*, vol. 2, 2016, p. 184.
[4] KIDNER, Derek. *Gênesis: introdução e comentário*, 2006, p. 174.
[5] WALTKE, Bruce K. *Gênesis*, 2010, p. 632.
[6] BRÄUMER, Hansjörg. *Gênesis*, vol. 2, 2016, p. 186.
[7] KIDNER, Derek. *Gênesis: introdução e comentário*, 2006, p. 174.
[8] WALTKE, Bruce K. *Gênesis*, 2010, p. 629.
[9] Ibidem, p. 630.
[10] BRÄUMER, Hansjörg. *Gênesis*, vol. 2, 2016, p. 188.
[11] WIERSBE, Warren W. *Comentário bíblico expositivo*, vol. 1, 2006, p. 188.
[12] WALTKE, Bruce K. *Gênesis*, 2010, p. 628.
[13] Ibidem, p. 636.
[14] BRÄUMER, Hansjörg. *Gênesis*, vol. 2, 2016, p. 190.
[15] LIVINGSTON, George H. *O livro de Gênesis*, in: *Comentário bíblico Beacon*, vol. 1, 2015, p. 110.
[16] WALTKE, Bruce K. *Gênesis*, 2010, p. 629.
[17] Ibidem, p. 636.
[18] Ibidem, p. 627.
[19] KIDNER, Derek. *Gênesis: introdução e comentário*, 2006, p. 176.
[20] BRÄUMER, Hansjörg. *Gênesis*, vol. 2, 2016, p. 192.

Capítulo 42

Fidelidade inegociável
(Gn 39.1-20)

GÊNESIS 39.1 RECAPITULA a narrativa que havia sido terminada em Gênesis 37.36, fazendo uma transição do "vendido" (37.36) para o "comprado" (39.1). Um adolescente, amado pelo pai, odiado pelos irmãos, vendido por vinte siclos de prata, é arrematado no Egito pelo oficial do faraó, o comandante da guarda real. A mão invisível da providência divina estava tecendo um dos mais belos quadros da história, pois o jovem que vivia no anonimato das montanhas de Hebrom, em Canaã, está agora no centro nevrálgico do mundo, sendo preparado pelo próprio George Livingston destaca que as reações de José ao estresse e infortúnio foram notadamente diferentes das expressadas pelos seus irmãos quando enfrentaram situações difíceis. Eles tinham reagido com fortes sentimentos negativos, envolvendo ciúme, concupiscência e ódio, que resultaram em assassinato (34.25), incesto (35.22), tramas de morte, seguidas da venda à escravidão (37.20-28), empedernido logro de seu pai (37.31-33) e imoralidade irresponsável (38.15-26). Em contraste com os irmãos, José era jovem de extraordinária força moral, que não se entregou à amargura, autopiedade ou ao desespero e venceu as dificuldades com corajoso senso de responsabilidade e altos valores morais.[1]

Waltke tem razão em dizer, entretanto, que o levantamento de José ao poder segue uma via acidentada, pois nessa cena ele é exaltado ao mais alto nível na casa de seu senhor, para, em seguida, ser novamente humilhado.[2]

O texto apresentado enseja-nos várias lições preciosas. Vejamos:

O Senhor dirige as circunstâncias em favor de José (39.1)

José foi levado ao Egito, o presente do Nilo, o celeiro do mundo, a terra das pirâmides milenares, não a outro lugar qualquer. O jovem, passado de mão em mão, é vendido a Potifar, o oficial do faraó, o comandante da guarda real, e colocado no centro nevrálgico do poder do maior império do mundo. Concordo com Waltke quando diz que o título completo de Potifar é dado para enfatizar sua importância e assinalar o primeiro passo na exaltação de José.[3]

O primeiro título de Potifar é "oficial do faraó". A palavra hebraica *saris*, traduzida aqui por "oficial", significa "eunuco" e "funcionário da corte". Bräumer defende a ideia de que Potifar era ao mesmo tempo eunuco e alto oficial da corte (At 8.27), e não era incomum na época eunucos serem também casados.

O segundo título, "comandante da guarda real", *sar chatabachim*, significa literalmente "comandante dos carniceiros" ou "comandante dos carrascos". Ele era o comandante dos soldados responsáveis por executar aqueles que tinham sido condenados à morte, e, em sua função como comandante da guarda, Potifar também era o responsável pela prisão real.[4]

Henry Morris, nessa mesma linha de pensamento, diz que, uma vez que Potifar era um homem casado, é provável que ele tenha consentido em tornar-se eunuco depois de casado para alcançar o alto ofício ou que sua mulher tenha se casado com ele por motivos políticos ou financeiros. Em ambas as possibilidades, isso induzia essa mulher a episódios periódicos de adultério.[5]

O Senhor era com José na casa de Potifar (39.2)

José, guiado pela mão divina, é colocado bem próximo do trono do Egito. O narrador é enfático: *O SENHOR era com José, que veio a ser homem próspero; e estava na casa de seu senhor egípcio* (39.2). A comunhão íntima entre Deus e José é mais do que estar debaixo da proteção divina: é uma ligação que, da parte de José, é retribuída com fé e adoração.[6] Ainda que a situação de José mudasse drasticamente, a relação de Deus com ele permaneceu a mesma, ou seja, o Senhor era com ele. A família patriarcal, a família da aliança, sempre experimentou a benfazeja presença de Deus, e isso nas circunstâncias mais adversas (26.3,24,28; 28.15,29; 31.3).

Nós não enxergamos na curva, isto é, as dobras do futuro estão fora do nosso alcance. O plano humano era rasteiro, nefasto e humilhante para José, tendo em vista que, para seus irmãos, para os ismaelitas e para Potifar, José não passava de uma mercadoria, um objeto de consumo. Contudo, no plano divino, uma história emocionante estava sendo escrita, pois José não era uma vítima, mas o protagonista de um plano maior, traçado pelo próprio Deus; e, não obstante as circunstâncias desfavoráveis, Deus conduzia os passos desse jovem sonhador.

Destacamos aqui quatro pontos.

Em primeiro lugar, *Deus dirige as circunstâncias em favor de José* (39.1). José foi levado para o Egito, o celeiro do mundo, não para outro lugar qualquer. Ele é vendido a Potifar, o oficial do faraó, e colocado no centro nevrálgico do poder do maior império do mundo.

Em segundo lugar, *Deus era com José* (39.2a). Ele enfrentou a carranca de seus irmãos, mas recebeu o sorriso de Deus. Suportou o ódio de seus irmãos, mas foi alvo do amor de Deus. Sofreu as consequências da inveja de seus irmãos, mas recebeu o afago dos braços de Deus de tal modo que, mesmo sendo um escravo no Egito, Deus era com ele.

Em terceiro lugar, *Deus fez de José um homem próspero* (39.2b). Tudo em que José colocava as mãos prosperava, e por intermédio dele bênçãos divinas fluíam às pessoas à sua volta. Fica claro que não é o lugar que faz o homem, mas o homem, o lugar, pois, mesmo debaixo da opressão humana, é possível perceber a presença de Deus e ser próspero.

Em quarto lugar, *Deus fez de José um homem leal* (39.2c). José não se insurgiu contra Potifar, tampouco fugiu ou praguejou; em vez disso, ele floresceu onde foi plantado, sendo um mordomo leal ao seu senhor desde o dia em que entrou em sua casa até o dia em que foi lançado, injustamente, na prisão, tornando sua presença na casa de Potifar abençoadora.

José, mordomo abençoador (39.3-6a)

José honrou a Deus, e Deus honrou José. O testemunho desse jovem escravo na casa de Potifar tornou-se notório. Está escrito: *Vendo Potifar que o* SENHOR *era com ele e que tudo o que ele fazia o* SENHOR *prosperava em suas mãos, logrou José mercê perante ele, a quem servia...* (39.3,4). Potifar tinha ciência das convicções religiosas de José. O fato é que José podia estar sobre a casa de Potifar, mas ele está sob a bênção e a orientação do Senhor.[7]

É a presença de Deus que traz prosperidade, não a prosperidade a que traz a presença de Deus, ou seja, é evidente que Deus vem primeiro e a prosperidade vem como consequência. Hoje muitas pessoas substituem Deus pelas dádivas de Deus e querem as bênçãos mais do que ao abençoador; no entanto, pelo fato de José ter colocado Deus em primeiro lugar em sua vida, as demais coisas lhe foram acrescentadas.

Potifar colocou José como administrador de tudo que tinha em sua casa e no campo, ou seja, lhe foi confiado, de modo que José passou a ser o procurador-geral da casa dele. Antes, José só cumpria ordens; agora, toma decisões. O relacionamento de José com Potifar passou de dependência para equivalência. Deus abençoou a casa de Potifar por amor a José (Gn 39.5), de modo que a bênção de Deus estava não apenas sobre o jovem, mas jorrava por meio dele para a casa de Potifar, o qual não precisava preocupar-se com nada mais, exceto o pão com que se alimentava (Gn 39.6). Isso porque, para os egípcios, comer com os hebreus era considerado uma abominação (43.32). Assim como José, nós também somos mordomos, mordomos de Deus, o que significa que a vida, a família e os bens que estão em nossas mãos pertencem a Deus, e, portanto, devemos ser zelosos nessa administração. Cuidamos daquilo que pertence a Deus e, por isso, devemos saber que Ele requer de nós fidelidade nessa administração (1Co 4.1,2).

José, um jovem tentado (39.6b,7)

Charles Swindoll escreveu que não existe ninguém que tenha passado por esta terra, inclusive Jesus Cristo, que não tenha enfrentado a tentação. E não há uma única pessoa, exceto Cristo, que não tenha cedido a ela uma ou outra vez e sofrido as consequências.[8] Dietrich Bonhoeffer, com clareza diáfana, descreve o poder da tentação nestas palavras:

> Em nossos membros há uma inclinação latente em direção ao desejo, a qual é tanto súbita quanto impetuosa. Com irresistível poder, o desejo domina a carne. De repente, um fogo secreto, sem chamas, se acende [...]. A lascívia assim despertada envolve a mente e a vontade do homem na mais negra escuridão. Os poderes da clara discriminação e da decisão são removidos de nós.[9]

José não passou incólume à tentação. Está escrito: [...] *José era formoso de porte e de aparência. Aconteceu, depois destas coisas, que a mulher de seu senhor pôs os olhos em José e lhe disse: Deita-te comigo* (Gn 39.6b,7). Foi uma abordagem direta. A esposa de Potifar era audaciosa e desavergonhadamente agressiva, e seu apelo a José foi: "Venha para cama comigo. Vamos fazer sexo".[10] A mulher de Potifar, a senhora da casa, é uma escrava de sua própria luxúria ante

Fidelidade inegociável

o escravo de seu esposo.[11] Bräumer destaca que, no antigo Egito, as mulheres usavam um vestido justo com alças, que ia até os tornozelos, que praticamente não escondia o corpo e deixava os seios total ou pelo menos parcialmente descobertos. A liberdade de que a mulher desfrutava no antigo Egito também lhe permitia uma liberalidade maior na área sexual, se assim desejasse.[12] Se a hipótese de o termo "oficial" (39.1) significar eunuco, agrava ainda mais a carência afetiva dessa mulher.

José era um jovem de dezessete anos quando foi levado para o Egito (37.2). Era formoso de porte e de aparência (39.6), além de um líder carismático (39.2-5), e tudo isso despertou a atenção de sua patroa. A mulher de Potifar ficou um longo tempo observando esse jovem estrangeiro e escravo. Via sua destreza na administração da casa e do campo. Via como tudo em suas mãos prosperava. Via como seu marido ia abrindo portas e mais portas para ele, confiando cada vez mais tudo o que possuía em suas mãos. Tudo isso encheu os olhos dessa mulher, de modo que a admiração transformou-se em desejo proibido. O desejo secreto irrompeu como um vulcão no coração dessa mulher, e ela, sem rodeios, joga seus galanteios sobre José, chamando-o para a cama. O escravo José, comprado por dinheiro, agora é cobiçado pela mulher do seu senhor, que não se contenta em alimentar por ele uma admiração platônica e secreta, mas objetivamente convida-o a romper seus princípios e valores e deitar-se com ela. Na verdade, a mulher exigiu que José tivesse relações sexuais com ela.

A tentação é um convite ao pecado, uma oferta de prazer efêmero e uma proposta que apela aos desejos. Não é pecado ser tentado, mas ceder à tentação é a porta de entrada para uma grande tragédia. A tentação sexual é ainda hoje um terreno escorregadio, no qual muitos homens de Deus tropeçam e caem; José, porém, permaneceu inabalável, e então Deus lhe deu escape e vitória!

José poderia elencar várias razões para justificar a sua queda moral com a mulher de Potifar, seu patrão. Vejamos: Em primeiro lugar, *ele era um adolescente* (39.2). Os psicólogos diriam: esse é o tempo da autoafirmação. Os médicos diriam: esse é o tempo da explosão dos hormônios. Os jovens diriam: ele precisa provar que é homem. Ele poderia dizer: o apelo foi irresistível.

Em segundo lugar, *ele era forte e bonito* (39.6). O texto bíblico diz que José era formoso de porte e de aparência. Ele era um jovem belo, inteligente, meigo e líder, por isso, *a mulher pôs os olhos em José* (39.7). José era um moço dotado de características atraentes, ou seja, era belo por fora e por dentro; sendo assim, sua personalidade amável, seu caráter impoluto e sem jaça e sua beleza física exuberante fizeram dele o alvo predileto da cobiça de sua patroa.

Em terceiro lugar, *ele estava longe da família* (39.1). Não tinha ninguém por perto para vigiá-lo. Além disso, ele já havia sofrido com a traição dos irmãos, o pai não estava por perto para cobrar nada e ninguém o conhecia para se escandalizar com suas decisões. O compromisso de José, porém, não era com a opinião pública, pois sua fidelidade não tinha a ver com popularidade ou reputação social; na verdade, seus valores estavam plantados em solo mais firme e seu compromisso era com Deus e consigo mesmo. José não era um ator nem um hipócrita, e seu comportamento era coerente perto ou longe da família; em outras palavras, não tinha duas caras, duas atitudes, e havia consistência em sua vida.

Fidelidade inegociável

Em quarto lugar, *ele era escravo* (39.1). Afinal de contas, era a sua própria patroa que o seduzia. Ele podia pensar que não tinha nada a perder ou, então: "um escravo só tem que obedecer". Entretanto, José entendeu que Potifar lhe havia confiado tudo em sua casa, menos sua mulher, e sabia que a traição conjugal é uma facada nas costas, uma deslealdade que abre feridas incuráveis. Sendo assim, ele estava pronto a perder sua liberdade, mas não a sua consciência pura, estava pronto a morrer, mas não para pecar.

Em quinto lugar, *ele foi tentado diariamente* (39.7,10). Não foi ele quem procurou. Foi a mulher que lhe disse todos os dias: *Deita-te comigo*. Ele poderia ter racionalizado e dito a si mesmo: "Se eu não for para a cama com ela, perco o emprego e ainda posso ser preso". Mas José não cedeu à tentação. Ele agiu de forma diferente de Sansão, que não resistiu à tentação e, por pressão, acabou sendo tomado por uma impaciência de matar e naufragou no abismo do pecado. José não abriu espaço em seu coração para flertar com o pecado, tampouco não ficou paquerando o pecado, acariciando-o no coração; em vez disso, sua atitude foi firme, a despeito da insistência da sua patroa.

Em sexto lugar, *ele foi agarrado* (39.11,12). Ele podia dizer: "Eu fiz o que estava ao meu alcance, mas, se eu não cedesse, o escândalo seria maior". José preferiu estar na prisão com a consciência limpa a estar em liberdade na cama da patroa com a consciência culpada. Ele perdeu a liberdade, mas não a dignidade, resistindo ao pecado até o sangue. José manteve-se firme por entender a presença de Deus (39.2,3) e a bênção de Deus em sua vida (39.5), e também por entender que o adultério é maldade contra o cônjuge traído (39.9) e um grave pecado contra Deus (39.9). Com relação às paixões carnais, o segredo da vitória não é resistir, mas fugir. José fugiu e, mesmo indo para a prisão, escapou da maior de todas as prisões, a prisão da culpa e do pecado.

Boice, nessa mesma toada, abordando a forte tentação que José sofreu, menciona seis razões que a tornaram ainda mais perigosa e fizeram a vitória de José ainda mais significativa: 1) Foi uma tentação forte porque apelou para um desejo natural. Não há pecado em ter desejo sexual, porque sexo em si mesmo é puro, bom e legítimo, mas só deve ser desfrutado no contexto do casamento. 2) Foi uma tentação forte porque veio quando José era jovem, belo e estava fora de casa. 3) Foi uma tentação forte porque veio de uma importante mulher, que, mesmo sendo uma mulher ímpia, era sua patroa. 4) Foi uma tentação forte porque foi depois de uma importante promoção de José; 5) Foi uma tentação forte porque foi constante, feita a ele repetidas vezes. 6) Foi uma tentação forte porque ocorreu numa "perfeita oportunidade", quando José estava tratando dos negócios da casa, sem qualquer outro servo presente.[13]

Razões para não ceder à tentação (39.8,9)

Vejamos o registro bíblico: *Ele, porém, recusou e disse à mulher do seu senhor:* [...] *como, pois, cometeria eu tamanha maldade e pecaria contra Deus?* (Gn 39.8,9). A resposta de José foi um não enérgico. O verbo hebraico *me'en,* traduzido por "recusou", significa um "não querer decidido". José não diz somente "eu não quero", mas fala de forma dura e direta: "Não há a menor possibilidade", "sem chance alguma".[14]

Ser tentado não é pecado; pecado é ceder à tentação. José era jovem e estava longe de casa, e ninguém cobrava dele uma postura de castidade; além disso, dizer não à sua patroa poderia lhe fechar portas, logo agora que estava sendo promovido; contudo, José resistiu à tentação e elencou três razões para não cair:

Em primeiro lugar, *a traição é uma gritante quebra de confiança* (39.8). Não se paga confiança com traição. Potifar havia confiado tudo que tinha em suas mãos, exceto sua mulher, e ele não poderia trair a confiança do seu senhor, pois a lealdade é a porta de entrada da honra. Warren Wiersbe tem razão em dizer que o adultério transforma um rio de água cristalina num esgoto, pessoas livres em escravos e, depois, em animais (Pv 5.15-23; 7.21-23). Em outras palavras, aquilo que começa como "doçura" logo se torna veneno (Pv 5.1-14).[15]

Em segundo lugar, *a traição é uma enorme maldade ao cônjuge inocente* (39.9a). José não poderia pagar o bem com o mal, porque ir para a cama com a mulher de Potifar era magoar ao extremo o homem que o honrava; além disso, a traição abre na alma da pessoa traída uma ferida profunda, de consequências devastadoras. Bräumer diz que a união de duas pessoas no casamento é autorrealização, mas a sedução ao adultério é autoexposição. Portanto, o sexo no casamento é ordenança divina (1Co 7.5), mas fora do casamento é ruína e autodestruição (Pv 6.32).

Em terceiro lugar, *a traição é pecado contra Deus* (39.9b). Todo pecado é contra Deus (Sl 51.4). José não se curva ao poder da sedução nem atende à voz aveludada da tentação por entender que ir para a cama com sua patroa era mais do que trair seu marido; era, sobretudo, conspirar contra o próprio Deus. José não era governado por sentimentos. e não deixou para resolver essa questão na hora da tentação;

na realidade, esses princípios já estavam claros em seu coração, e ele não estava disposto a negociá-los.

Derek Kidner lança luz sobre o assunto quando escreve: "Dando à proposta indecorosa da mulher de Potifar o correto nome de *maldade* (39.9), José fez da verdade sua aliada e, ao relacionar tudo com *Deus* (39.9), plantou a sua lealdade a seu amo bastante fundo para se manter".[16] José não fez provisão para o pecado, mas cultivou a piedade. Concordo com Dag Hammarskjöld quando disse: "Aquele que deseja manter em ordem o seu jardim não prepara um canteiro para as ervas daninhas".[17]

Fugir é ser forte (39.10-12)

José não apenas resistiu à tentação, mas resistiu-a todos os dias. A mulher de Potifar estava determinada a ir para a cama com ele, e José estava determinado a não lhe dar ouvidos. *Falando ela a José todos os dias, e não lhe dando ele ouvidos, para se deitar com ela e estar com ela* (Gn 39.10). Foi isso que atrapalhou Sansão duas vezes em sua carreira (Jz 14.17; 16.16). Como uma víbora peçonhenta espreitando-o, a mulher de Potifar aguardou o momento certo para dar o bote no jovem mordomo, e, tendo em vista que José não escutava suas propostas, ela resolveu atacá-lo em secreto, quando não havia ninguém na casa: *Sucedeu que, certo dia, veio ele a casa, para atender aos negócios; e ninguém dos de casa se achava presente* (Gn 39.11). Ao agarrar José pelas vestes, apelou mais uma vez a ele: *Deita-te comigo; ele, porém, deixando as vestes nas mãos dela, saiu, fugindo para fora* (Gn 39.12).

O mesmo José que já havia sido despido de sua túnica pelos seus irmãos (37.23) tem agora suas vestes arrancadas pela mulher de Potifar (39.12). Waltke diz que a expressão *ela o pegou pelas vestes* descreve um ato de violência. Normalmente, um homem rapta uma mulher pela força com pouco diálogo, e uma mulher violenta um homem com palavras sedutoras (Pv 5; 7). O ataque masculino da mulher de Potifar em cima de José é único na Escritura.[18]

Derek Kidner sintetiza esse episódio assim:

> A primeira abordagem, com adulação e procurando impressionar (39.7); o longo atrito, pela constante reabertura da questão encerrada (39.10); e agora, a cilada final, onde se ganha ou se perde tudo num momento (39.12). A fuga de José, diversa da de um covarde, salvou sua honra à custa das suas perspectivas; atitude que o Novo Testamento recomenda (2Tm 2.22; 2Pe 1.4).[19]

Em certas ocasiões, fugir pode ser sinal de covardia (Sl 11.1,2; Ne 6.11), no entanto, há momentos em que fugir é prova de coragem e integridade.[20] A Palavra de Deus nos ensina a resistir ao diabo (1Pe 5.9) e a fugir das paixões da mocidade (2Tm 2.22). No que concerne à tentação sexual, ser forte é fugir, até porque, nesse caso, dialogar com o tentador e continuar na zona de perigo é insensatez, pois nenhum de nós, por mais maduro na fé que seja, conhece seus limites. José saiu daquele ambiente escorregadio, preferindo correr todos os riscos e fugir com a consciência limpa a ficar prisioneiro nas grossas correntes do pecado. Resumindo, um fiapo frágil pode tornar-se uma corrente grossa, portanto, fuja!

Acusado, mas inocente (39.13-20)

A mulher de Potifar torna-se agora uma acusadora cruel. Charles Swindoll diz que cada centímetro da mulher de Potifar se transformou em fúria e[21] seus desejos não satisfeitos transformam-se em ódio. Ela inverte os fatos, e, sendo a sedutora, faz-se vítima de assédio moral, principalmente porque tinha um álibi forte nas mãos, as vestes de José; no entanto, a verdade não estava do seu lado (Gn 39.13,16); e, embora sua acusação contra o jovem hebreu tenha sido avassaladora, a inocência deste era indubitável. O fato é que sua paixão inflamada por José transformou-se em ódio vulcânico de tal modo que ela colocou os homens de sua casa (Gn 39.14,15) e seu marido contra José (Gn 39.17,18).

Ao mesmo tempo que ela faz uma acusação indireta ao marido por ter trazido José, apimenta a tensão, lançando mão da xenofobia: *Chamou pelos homens de sua casa e lhes disse: Vede, trouxe-nos meu marido este hebreu para insultar-nos; veio até mim para se deitar comigo; mas eu gritei em alta voz* (39.14). É óbvio que a caracterização direta de José como um hebreu é um apelo à inveja e à xenofobia dos servos egípcios. Ela insinua antissemitismo e, em seguida, acusa José de "insultá-la". O verbo aqui traduzido por "insultar", *zachak*, significa "fazer jogos eróticos"; em outras palavras, ela diz que José se aproximou dela de uma forma que seus propósitos sexuais se mostraram inequívocos.[22]

Potifar, ao ouvir o relato de sua mulher acerca do "atentado" que ela havia sofrido da parte de José, ficou extremamente irado (39.19). O resultado foi a prisão imediata de José no cárcere, onde ficavam os prisioneiros do rei (39.20). A lembrança desse episódio preservada no registro bíblico corrige qualquer ideia de que José teve recepção amável: *Adiante deles enviou um homem, José, vendido como escravo; cujos pés apertaram com grilhões e a quem puseram em ferros* (Sl 105.17,18).[23]

A maioria dos comentaristas bíblicos diz que a tentativa de estupro era uma ofensa capital, por isso o castigo mais brando pressupõe que Potifar não acreditava totalmente em sua esposa, provavelmente porque conhecia seu caráter.[24] Bräumer é mais enfático: "Se Potifar tivesse acreditado em sua mulher, teria sido obrigado a condenar José à morte, a mutilá-lo ou, no mínimo, a vendê-lo para um trabalho escravo inferior".[25]

José passou vários anos na prisão, mas preferiu viver como um prisioneiro e ter a consciência limpa a viver em liberdade sob as algemas do pecado e da culpa, até porque o pecado é o mais cruel castigo e a culpa, a mais severa prisão. Transigir com o pecado é uma loucura e ceder à tentação é uma tragédia, pois o prazer imediato do pecado não compensa seu tormento constante. Contudo, o importante é ressaltar que a verdade prevaleceu, e mesmo na prisão José era o mais livre dos homens. Além disso, a inocência de José foi comprovada, e a mentira da mulher de Potifar veio à tona, provando que nada é mais forte do que uma mentira, exceto a verdade!

O Senhor era com José no cárcere (39.21-23)

O mesmo Deus que foi com José, como mordomo, na casa de Potifar, é benigno com ele na prisão, tanto que o jovem se torna o administrador do presídio. Foi Deus quem deu mercê a José perante o carcereiro, e, da mesma forma que Potifar depositou toda a confiança em José como mordomo de sua casa, agora o carcereiro confia a José todos os presos do cárcere. José tornou-se o administrador da prisão com tal eficiência que o carcereiro não precisava mais ter qualquer cuidado (39.22,23).

A razão da eficácia de José estava no fato de Deus estar com ele e o fazer prosperar (39.23b). Porque José foi fiel a

Deus em sua casa, Deus o honrou, e pelo fato de ele ter sido fiel a Deus na casa de seu senhor, Deus o livrou; por fim, por ter honrado a Deus na prisão, ele se destaca dentre seus pares e ganha o respeito de seus superiores.

Waltke diz, com razão, que a narração teológica credita a Deus todas as vantagens de José. Ele controla o futuro de José e, ao ser fiel, ele deve confiar em Deus, mesmo em face de tratamento injusto. Ele está aprendendo a desvencilhar-se dos mantos e a confiar que o Senhor o vestirá com dignidade e honra.[26]

José é bênção por onde passa e floresce onde está plantado. Não é o lugar que determina seus valores, porque ele não é produto do meio. Ao contrário, ele influencia o ambiente onde vive e o transforma. José anda com Deus, e Deus é com ele, nem sempre para livrá-lo das adversidades, mas sempre para livrá-lo nas adversidades, pois estas não vêm para destruí-lo, mas sim para tonificar as musculaturas da sua alma. Resumindo, Deus usa as circunstâncias carrancudas para alçar José a voos mais altos.

Notas

[1] LIVINGSTON, George H. *O livro de Gênesis*, in: *Comentário bíblico Beacon*, vol. 1, 2015, p. 111.
[2] WALTKE, Bruce K. *Gênesis*, 2010, p. 642.
[3] Ibidem, p. 643.
[4] BRÄUMER, Hansjörg. *Gênesis*, vol. 2, 2016, p. 181, 183.

[5] MORRIS, Henry M. *The Genesis Record*, 2006, p. 559.
[6] BRÄUMER, Hansjörg. *Gênesis*, vol. 2, 2016, p. 206.
[7] WALTKE, Bruce K. *Gênesis*, 2010, p. 644.
[8] SWINDOLL, Charles R. *José*, 2016, p. 38.
[9] BONHOEFFER, Dietrich. *Temptation*. New York: Macmillan Publishing Co./Collier Books, 1953, p. 116-117.
[10] SWINDOLL, Charles R. *José*, 2016, p. 43.
[11] WALTKE, Bruce K. *Gênesis*, 2010, p. 645.
[12] BRÄUMER, Hansjörg. *Gênesis*, vol. 2, 2016, p. 208.
[13] BOICE, James Montgomery. *Genesis*, vol. 3, 1998, p. 914-917.
[14] BRÄUMER, Hansjörg. *Gênesis*, vol. 2, 2016, p. 209.
[15] WIERSBE, Warren W. *Comentário bíblico expositivo*, vol. 1, 2006, p. 191.
[16] KIDNER, Derek. *Gênesis: introdução e comentário*, 2006, p. 177.
[17] HAMMARSKJÖLD, Dag. *Markings*. New York: Alfred A. Knopf, 1965, p. 15.
[18] WALTKE, Bruce K. *Gênesis*, 2010, p. 646.
[19] KIDNER, Derek. *Gênesis: introdução e comentário*, 2006, p. 177.
[20] WIERSBE, Warren W. *Comentário bíblico expositivo*, vol. 1, 2006, p. 191.
[21] SWINDOLL, Charles R. *José*, 2016, p. 48.
[22] BRÄUMER, Hansjörg. *Gênesis*, vol. 2, 2016, p. 211.
[23] KIDNER, Derek. *Gênesis: introdução e comentário*, 2006, p. 178.
[24] WALTKE, Bruce K. *Gênesis*, 2010, p. 646.
[25] BRÄUMER, Hansjörg. *Gênesis*, vol. 2, 2016, p. 213.
[26] WALTKE, Bruce K. *Gênesis*, 2010, p. 647.

Capítulo 43

O intérprete de sonhos
(Gn 39.21-23; 40.1-23)

ANTES DE JOSÉ SUBIR ao trono, precisa, primeiro, passar pela escola do quebrantamento. Antes de galgar as alturas do reconhecimento, precisa descer às profundezas da humilhação. Se não bastasse ser mercadoria nas mãos de seus irmãos e escravo no Egito, se não bastasse ser acusado injustamente e jogado na prisão, apertaram seus pés com grilhões e o puseram em ferros (cf. Sl 105.17,18).

José teve que passar pela experiência de que a presença de Deus não pode ser simplesmente equiparada ao sucesso constante e à felicidade permanente. A proximidade de Deus e a ligação com Ele pela fé não equivalem sempre a "proteção contra sofrimentos", mas também podem ser experimentados como "proteção em meio ao sofrimento".¹ Como bem acentua Waltke: "Deus não remove o sofrimento de José, porém permanece com ele em meio ao sofrimento (39.21)".²

As coisas, porém, não estão fora de controle. A providência é carrancuda, mas a face de Deus é sorridente para todas essas experiências que faziam parte do enredo traçado na eternidade pela onipotente mão de Deus. José não foi poupado do sofrimento, mas sim no sofrimento; em outras palavras, Deus o provou para aprová-lo. Suas tribulações tonificaram as musculaturas de sua alma para que ele viesse a ocupar o pedestal de segundo homem mais importante do Egito. Concordo com Warren Wiersbe quando diz que a prisão foi como uma escola onde José aprendeu a esperar no Senhor até que Deus, a seu tempo, fizesse justiça e realizasse seus sonhos. É trágico quando alguém alcança o sucesso antes de estar preparado para ele. É pela fé e paciência que herdamos as promessas (Hb 6.12; 10.36; Rm 5.3,4).³

Vamos examinar o texto apresentado e extrair dele algumas preciosas lições:

José se torna supervisor da prisão (39.21-23)

O mesmo Deus que fora com José, como mordomo, na casa de Potifar, é benigno com ele na prisão. José se torna o administrador do presídio. Foi Deus quem deu graça a José perante o carcereiro. Da mesma forma que Potifar depositou toda a confiança em José como mordomo de sua casa, agora o carcereiro confia a José todos os presos do cárcere. José tornou-se o administrador da prisão e com tal eficiência que o carcereiro não precisava mais ter qualquer cuidado (39.22,23). Waltke diz que, enquanto a esposa de Potifar viu em José uma figura masculina para satisfazer seu desejo sexual, o carcereiro visualizou um prisioneiro modelo e confiável, em quem podia depositar responsabilidade.[4]

A razão da eficácia de José estava no fato de Deus estar com ele, fazendo-o prosperar (39.23b). Pelo fato de José ter sido fiel a Deus em sua casa, Deus o honrou; por ter sido fiel a Deus na casa de seu senhor, Deus o livrou; e por ter honrado a Deus na prisão, José se destaca dentre seus pares e ganha o respeito de seus superiores. Waltke diz, com razão, que a narração teológica credita a Deus todas as vantagens de José. Ele controla o futuro de José e, ao ser fiel, ele deve confiar em Deus mesmo em face de tratamento injusto. Ele está aprendendo a desvencilhar-se dos mantos e a confiar que o Senhor o vestirá com dignidade e honra.[5]

Como já dissemos no capítulo anterior, José é bênção por onde passa e floresce onde está plantado, pois não é o lugar que determina seus valores, visto que ele não é produto do meio; ao contrário, ele influencia o ambiente onde vive e o transforma. José anda com Deus, e Deus é com ele, porém nem sempre para livrá-lo das adversidades, mas sempre para livrá-lo nas adversidades, pois estas não vêm para destruí-lo, e sim para tonificar as musculaturas da sua alma, tendo em vista que Deus usa as circunstâncias carrancudas para alçar José a voos mais altos.

A prisão dos oficiais do faraó (40.1-4)

O narrador não informa quantos anos se passaram desde a chegada de José ao Egito até sua prisão, e também não há registro sobre o tempo que ele ficou na casa de Potifar, nem mesmo sobre quanto tempo passou na prisão.

O jovem sonhador via seus sonhos parecendo pesadelos, pois os anos se passavam e ele continuava no cárcere, uma fortaleza circundada por um muro. De repente, um fato novo acontece. Foram mandados para o cárcere onde José estava preso o copeiro-chefe e o padeiro-chefe do faraó, dois presos que são funcionários de alto escalão. Ambos eram chefes. A palavra hebraica *sarim* significa literalmente "príncipes".[6]

Esses homens ofenderam o seu senhor e foram detidos e enviados exatamente para o mesmo cárcere onde José estava. O comandante da guarda colocou-os a serviço de José na prisão, uma vez que este era o administrador de todos os presos, o supervisor que organizava as atividades diárias dos prisioneiros.

Estes dois, o copeiro-chefe e o padeiro-chefe, eram oficiais altamente considerados[7] e normalmente ricos e influentes, exercendo, também, influência política (Ne 1.11).[8] Eles cuidavam da bebida e da comida do rei, e ambos administravam o alimento do faraó em seus próprios postos domésticos: o copeiro, o vinho em seu copo; o padeiro, o pão e bolos em sua mesa. Ambos tinham íntimo acesso ao faraó e podiam exercer um papel sinistro numa conspiração contra ele.[9] Charles Swindoll diz que o copeiro-chefe era a pessoa que experimenta o vinho do rei antes de ele beber, pois, desse modo, se estivesse envenenado, "adeus, copeiro", mas "vida longa ao faraó!".[10]

Tanto o copeiro-chefe quanto o padeiro-chefe haviam ofendido o seu senhor, o rei do Egito, de modo que o faraó indignou-se contra eles e mandou detê-los na casa do comandante da guarda, no mesmo cárcere onde José estava preso. Como José já tinha sido colocado como administrador da prisão (39.20-23), esses dois oficiais do rei foram entregues para servi-lo. José passa a agir no lugar do carcereiro (39.22), dando assistência àqueles que davam assistência ao faraó.

Os sonhos do copeiro-chefe e do padeiro-chefe do faraó (40.5-8)

Uma das tarefas de José na prisão era verificar, todas as manhãs, como estavam os presos sob seus cuidados e se tinham alguma necessidade. Certa noite, esses dois homens tiveram um sonho enigmático e acordaram perturbados e tristes porque não entenderam o significado dos sonhos nem encontraram ninguém capaz de interpretá-los.

É nesse momento que José chega e os vê entristecidos. José pergunta: [...] *Por que tendes, hoje, triste o semblante?* (40.7). Eles responderam: [...] *Tivemos um sonho, e não há quem o possa interpretar.* Disse-lhes José: *Porventura, não pertencem a Deus as interpretações? Contai-me o sonho* (40.8). Henry Morris diz que, nos dias modernos, psicanalistas como Sigmund Freud têm devotado muito estudo sobre sonhos, considerando-os reflexo dos desejos e frustrações do subconsciente do indivíduo. Do ponto de vista científico, os sonhos ainda estão longe de ser plenamente compreendidos, seja com relação à sua causa, seja com relação ao seu significado.[11]

José, ao ouvir os sonhos dos prisioneiros, não arroga a si a capacidade de interpretação, mas afirma a suficiência de Deus para dar entendimento e interpretação aos sonhos, pois Ele confere o dom a quem Ele quer (41.16; Dn 2.24-49). José compreende que a sabedoria não vem do homem, mas de Deus, e ele é apenas um instrumento para manifestar o poder de Deus, não a fonte desse poder. Assim, José tributa a Deus toda a glória em vez de exaltar a si mesmo, ressaltando que a humildade era o seu distintivo. José havia compreendido o princípio de que Deus não divide a Sua glória com ninguém (39.9; 41.16,51,52; 45.8).

Waltke diz que os três pares de sonhos — José (37.5-11), copeiro e padeiro (40.1-23) e o faraó (41.1-40) — mostram que Deus soberanamente controla o destino (41.28). Aqui está um conhecimento que se acha fora do poder imperial.[12] O mesmo autor destaca, ainda, que a capacidade de José de interpretar sonhos também lhe fornece a capacidade de interpretar a Providência (45.5-8; 50.20). A ele pertence autoridade e poder mais elevados que o próprio faraó (40.8; 41.16,25,28,32).[13]

José interpreta o sonho do copeiro-chefe (40.9-15)

Aqui os sonhos vêm em pares, mas seus significados diferem. O sonho do copeiro é um sonho metafórico ou parabólico, isto é, ele contém informações sem trazer orientação divina direta.[14] O copeiro narra o sonho a José (40.9-11), e este dá a interpretação (40.12,13).

O sonho do copeiro tinha a ver com sua atividade, pois o chefe dos copeiros precisava supervisionar todo o processo de produção do vinho. Bräumer diz que, no sonho do copeiro, da plantação de uvas, do processo de fabricação do vinho, até o momento da entrega do copo ao faraó, tudo acontece como em um filme acelerado. A posição do copeiro-chefe era um cargo de confiança especial em virtude da constante ameaça de tentativas de assassinato por envenenamento, tanto que ele acompanhava o faraó até mesmo nas suas campanhas militares (1Rs 10.5; Ne 1.11; 2.1).[15]

O contexto é a vida profissional do copeiro. Na metáfora, o copeiro vê as uvas amadurecendo, espreme-as no copo do faraó e entrega-o a seu senhor. Com base na metáfora, José retrata uma ação bem-sucedida e constata a inocência do copeiro.[16] Os três ramos da videira representavam três dias, ou seja, dentro de três dias ele seria reconduzido ao seu posto de honra.

Como o sonho do copeiro apontava para sua absolvição em três dias, José aproveita o ensejo para pedir a ele que se lembre de sua causa junto ao faraó, uma vez que estava preso injustamente (40.14,15). No seu pleito, José ressalta o aspecto ilegal da sua escravização, mas sem mencionar o crime da venda, cometido por seus irmãos. José também defende sua inocência com relação ao que aconteceu na casa de Potifar, uma vez que ele não tinha feito nada que justificasse seu encarceramento.[17]

José interpreta o sonho do padeiro-chefe (40.16-19)

O padeiro estava atemorizado, uma vez que sua culpa era real, por isso só contou o seu sonho depois de ver que a interpretação do sonho do copeiro era boa (40.16).

O sonho do padeiro-chefe era também um sonho metafórico, cujo contexto era a vida profissional do padeiro. Na metáfora ou parábola, o padeiro leva três cestos sobre a cabeça, porém os pássaros comem a comida que está no cesto superior, de modo que o padeiro não consegue servir a comida ao rei. José percebe que o sonho contém punição ou medo e vê nisso a culpa do padeiro. Bräumer diz que a padaria real era supervisionada pelo padeiro-chefe, e suas tarefas incluíam supervisionar a moedura do trigo, preparar as massas, moldar pães e bolos e levar os produtos prontos até a corte do faraó.[18]

O sonho do padeiro-chefe tinha a ver, portanto, com sua atividade. Ele transportava três cestos sobre a cabeça, e, no cesto mais alto, havia todos os manjares do faraó, arte de padeiro; porém, antes de o faraó saborear esses manjares que levava no cesto superior, as aves os comiam do cesto na sua cabeça (40.17). Os três cestos também falavam de três dias, contudo, o destino do padeiro-chefe seria diametralmente oposto ao do copeiro-chefe, o que significava que, em três dias, ele seria decapitado por ordem do faraó e seu corpo, exposto numa estaca até que as aves comessem sua carne, enquanto o copeiro-chefe seria reconduzido ao seu posto de honra.

Como José destaca em sua interpretação, para o padeiro-chefe, a cabeça levantada não representa reabilitação, mas execução e vilipêndio de seu cadáver. Bräumer diz que o vilipêndio do cadáver demonstra uma dureza extrema na condenação, justamente entre os egípcios, que costumavam lidar de forma muito cuidadosa com o corpo dos falecidos.[19]

O cumprimento dos sonhos (40.20-22)

O terceiro dia apontado pelos sonhos e interpretado por José era o dia do aniversário do faraó (40.20), quando este deu um banquete a todos os seus servos e, no meio do banquete, reabilitou o copeiro-chefe e condenou o padeiro-chefe. O copeiro-chefe tinha novamente a honra de servi-lo, mas o padeiro-chefe foi enforcado, como José havia interpretado (40.21,22).

O pedido esquecido (40.14,15,23)

O pedido de José ao copeiro-chefe, para se lembrar dele junto ao faraó (40.14,15), caiu no esquecimento (40.23). A gratidão tem memória curta. Lembrar-se de algo, na língua hebraica, *sachar*, significa "guardar uma informação, a fim de agir de acordo com ela no tempo devido". Mas esquecer de alguém, *shachach*, significa "estar tão repleto de algo que não tem espaço para mais nada". O copeiro-chefe ficou tão ocupado com suas tarefas que se esqueceu logo da boa ação que José lhe tinha prestado e do seu pedido feito.[20] Waltke diz que o esquecimento não foi um lapso mental, e sim um lapso moral, visto que egoisticamente ele não se deu ao trabalho de "lembrar-se" de sua condição anterior e do favor que recebeu.[21]

Boice é oportuno quando diz que Deus não se esquece do Seu povo, porém, nós nos esquecemos dos outros e até mesmo do próprio Deus, porém não lembramos de que Deus não se esquece, e, como resultado, ficamos amargos e deixamos de ser maduros como José.[22]

Trago à sua mente esclarecida três lições sugeridas por Boice sobre o esquecimento do copeiro-chefe do faraó: primeira: devemos parar de colocar a nossa confiança nos homens (Is 2.22; Jr 17.5); segunda: a desilusão com os homens deve nos levar para o amor e a fidelidade a Deus (2Tm 2.13; Pv 3.5,6; Sl 118.8; 146.3,5,6); e, por fim, a terceira: devemos esperar em Deus, pois o Seu tempo de agir não é o nosso.[23]

O esquecimento do copeiro-chefe do faraó estava também dentro do cronograma divino. José continuou na prisão mais dois anos (41.1), mas, nesse tempo, Deus estava construindo a rampa do palácio para José sair do cárcere, a fim de ser o governador do Egito.

Notas

[1] BRÄUMER, Hansjörg. *Gênesis*, vol. 2, 2016, p. 213.
[2] WALTKE, Bruce K. *Gênesis*, 2010, p. 650.
[3] WIERSBE, Warren W. *Comentário bíblico expositivo*, vol. 1, 2006, p. 192.
[4] WALTKE, Bruce K. *Gênesis*, 2010, p. 650.
[5] Ibidem, p. 647.
[6] BRÄUMER, Hansjörg. *Gênesis*, vol. 2, 2016, p. 215.
[7] KIDNER, Derek. *Gênesis: introdução e comentário*, 2006, p. 179.
[8] WALTKE, Bruce K. *Gênesis*, 2010, p. 651.
[9] Ibidem.
[10] SWINDOLL, Charles R. *José*, 2016, p. 61.
[11] MORRIS, Henry M. *The Genesis Record*, 2006, p. 570.
[12] WALTKE, Bruce K. *Gênesis*, 2010, p. 652.
[13] Ibidem, p. 655.
[14] BRÄUMER, Hansjörg. *Gênesis*, vol. 2, 2016, p. 217.
[15] Ibidem, p. 218.
[16] Ibidem, p. 217.
[17] Ibidem, p. 219.
[18] Ibidem, p. 220.
[19] Ibidem, p. 221.
[20] Ibidem, p. 222.
[21] WALTKE, Bruce K. *Gênesis*, 2010, p. 654.
[22] BOICE, James Montgomery. *Genesis*, vol. 3, 1998, p. 958.
[23] Ibidem, p. 958-960.

Capítulo 44

Do cárcere à governança
(Gn 41.1-57)

ESSE CAPÍTULO É COMO uma dobradiça na vida de José, uma vez que fecha os anos de humilhação e dá início aos anos de exaltação. José vai sair da masmorra para o palácio; do cárcere para a governança. Em todo esse tempo, Deus esteve trabalhando por José, mesmo quando a providência era carrancuda. Como diz James Montgomery Boice, "nosso Deus é o Deus de todas as circunstâncias".[1] G. Frederick Owen escreveu o seguinte sobre José:

> Uma tentativa de sedução; um plano diabólico; ingratidão ignóbil; a prisão com todos os seus horrores. Todavia, sua impecável varonilidade, sua fidelidade

em fazer o que era reto, sua lealdade ao Deus de seus pais levaram o jovem ao palácio — ele tornou-se governador na terra dos faraós.[2]

Vejamos o caminho que Deus usou para exaltar José.

Os sonhos do faraó (41.1-8)

Dois anos depois que o copeiro-chefe do faraó havia sido libertado da prisão e reconduzido ao seu honroso posto, conforme José havia dito, o faraó teve dois sonhos, ambos da mesma natureza e com os mesmos significados. Assim como os dois sonhos de José, os sonhos do copeiro-chefe e do padeiro-chefe, os dois sonhos do faraó são também metafóricos. Sonhos metafóricos normalmente não têm falas, assim como não contêm uma orientação direta de Deus, e consistem em imagens, figuras e eventos.[3]

No primeiro sonho, o faraó está em pé junto ao rio Nilo quando viu sete vacas formosas à vista e gordas, que subiam do Nilo e pastavam no carriçal; e depois viu sete vacas feias à vista e magras, que pararam junto às primeiras, na margem do rio. Por fim, as vacas feias à vista e magras comiam as sete vacas formosas à vista e gordas. O faraó acordou, tornou a dormir e sonhou outra vez. Agora, de uma só haste saíam sete espigas cheias e boas, e, após elas, nasciam sete espigas miradas, crestadas do vento oriental; em seguida, as espigas miradas devoravam as sete espigas grandes e cheias. Neste momento, o faraó acorda de seu sonho. De manhã, com espírito perturbado, ele convoca todos os magos do Egito, ou seja, os peritos em manusear os livros rituais do ofício sacerdotal e da magia (Êx 7.11),[4] e conta-lhes os sonhos, mas ninguém pode dar-lhe a interpretação desejada.

A lembrança do copeiro-chefe do faraó (41.9-13)

Diante do fracasso dos magos e sábios do Egito, o copeiro-chefe do faraó lembrou-se de José, uma vez que tinha uma dívida de gratidão com ele, e contou ao faraó sua experiência na prisão vivida dois anos atrás (40.14; 41.1). Falou sobre como José, um jovem hebreu, havia interpretado o seu sonho e o sonho do padeiro-chefe, acontecendo rigorosamente como o moço havia interpretado.

José é levado ao faraó (41.14-16)

Imediatamente, o faraó mandou buscar José na prisão, e fizeram-no sair às pressas, barbear-se e trocar de roupa. Matthew Henry diz que a ordem do faraó libertou-o tanto de sua prisão quanto da sua servidão.[5] Quando José chegou à presença do faraó, este logo lhe relatou que teve um sonho e ninguém foi capaz de interpretá-lo. Em seguida, o faraó diz a José que tinha sido informado de que ele tinha poder de interpretar sonhos, ao que o jovem imediatamente, responde: [...] *Não está isto em mim; mas Deus dará resposta favorável a Faraó* (41.16).

Três fatos chamam a atenção aqui.

Em primeiro lugar, *José respeita a dignidade do faraó* (41.14). Mesmo que os enviados do faraó tenham feito José sair às pressas da masmorra, ele se barbeou e mudou de roupa para se apresentar diante do rei, demonstrando, com isso, respeito à dignidade do máximo governante daquele poderoso império. Como diz Henry Morris, José estava na presença, provavelmente, do mais poderoso monarca do mundo.[6]

Em segundo lugar, *José recusa receber honrarias indevidas* (41.15,16a). Quando o faraó rasga-lhe desabridos elogios por ter ouvido falar que ele podia interpretar sonhos ao ouvi-los, José dá uma reposta respeitosa, mas firme, e recusa o elogio: [...] *Não está isso em mim...* (41.16a). José, com eloquente laconismo, passa de si para Deus como o único revelador, governador e benfeitor,[7] atitude esta que está em contraste com os adivinhos pagãos que se vangloriavam de possuir poderes próprios.[8]

Em terceiro lugar, *José aponta para Deus, dando-lhe a devida glória* (41.16b). [...] *mas Deus dará resposta favorável a Faraó*. Como havia feito antes com o copeiro e o padeiro (40.8), José novamente desvia os olhos do faraó do mediador humano para Deus (41.16,25,28,32), afirmando que somente Ele pode interpretar sonhos.[9]

José interpreta os sonhos do faraó (41.17-32)

O faraó relata seus sonhos a José, como relatara aos magos e sábios do Egito (41.1-7), acrescendo um fato novo na narrativa: *E, depois de as terem engolido [as vacas gordas], não davam aparência de as terem devorado, pois o seu aspecto continuava ruim como no princípio...* (41.21).

Destacamos aqui três fatos.

Em primeiro lugar, *José revela a natureza dos sonhos* (41.25). Trata-se de dois sonhos, mas com um único significado, isto é, ambos os sonhos apontam para os mesmos fatos, não podendo ser vistos por ângulos diferentes. Bräumer diz que a repetição e o paralelismo dos elementos representam firmeza e ênfase.[10]

Em segundo lugar, *o agente do sonho é Deus* (41.25). Tudo acontecerá da forma determinada por Deus, pois Sua decisão é irrevogável; Deus, portanto, manifestou ao faraó o que há de fazer. É digno de nota que o sonho do faraó não se refere a questões de sua vida pessoal, mas tinha implicações para o país inteiro sob seu governo. Todavia, seu país só poderá ser protegido contra o pior, a morte pela fome, se ele souber dar ouvidos à advertência.[11]

Em terceiro lugar, *José revela que os sonhos apontam para fatos futuros* (41.26-32). As sete vacas gordas e as sete espigas cheias apontam para sete anos de fartura e abundantes colheitas, ao passo que as sete vacas magras e as sete espigas mirradas vaticinam sete anos de fome. Deus antecipa o conhecimento do futuro para que no presente medidas fossem tomadas, a fim de livrar o povo da fome e da morte.

José dá conselhos ao faraó (41.33-36)

José passa de prisioneiro a conselheiro do faraó, dando a ele três conselhos.

Em primeiro lugar, *José aconselha o faraó a escolher um homem ajuizado e sábio para ser o administrador geral do Egito* (41.33). José acentua dois atributos que um administrador geral precisa ter: ser ajuizado e sábio. É preciso ter o homem certo, no lugar certo, na hora certa, para fazer a coisa certa, com o propósito certo. Um administrador precisa ter a visão do farol alto, precisa subir nos ombros dos gigantes e olhar para as circunstâncias com os olhos de Deus, e também precisa ter juízo para não ser influenciado por mentes tacanhas nem se dobrar diante das pressões ou dificuldades da missão. Além disso, precisa ser sábio, ou seja, saber conjugar conhecimento e experiência.

Em segundo lugar, *José aconselha o faraó a estabelecer administradores regionais* (41.34). Um administrador geral precisa de bons gestores regionais, pois o poder não pode ser concentrado ou centralizado nas mãos de apenas uma pessoa. Na verdade, o poder compartilhado, com acompanhamento responsável, produz melhores resultados. Assim, sob o comando de um líder maior, administradores eficientes eram fundamentais para o sucesso do projeto de armazenar toda a abundante safra nos sete anos de fartura. Bräumer está correto quando diz que, ao aconselhar o faraó a constituir seu próprio corpo de funcionários, José deixa claro que o responsável continuará sendo o próprio faraó.[12] Esses administradores deveriam recolher e armazenar um quinto de toda a produção (41.34b), pois, em geral, em tempos de fartura gasta-se quatro vezes mais do que em um ano de fome, ao passo que um ano de fome pode ser superado com apenas um quinto da produção de um ano de abundância.[13]

Em terceiro lugar, *José aconselha o faraó a juntar alimento na fartura para não faltar nos anos de escassez* (41.35,36). Os administradores regionais deveriam juntar nos anos de fartura toda a colheita debaixo do poder do faraó, e esse alimento recolhido e acondicionado em armazéns nas cidades mais próximas dos campos produtivos seria destinado a abastecer a terra nos sete anos da fome. Essas medidas tinham o propósito de evitar que a terra perecesse de fome. O princípio que José defende é que devemos ajuntar na abundância para não faltar na escassez.

Bräumer diz que essa medida implica uma limitação à exportação. Na Antiguidade, o Egito era considerado o celeiro do mundo, portanto, a orientação de José é que o excesso obtido nos sete anos de abundância não deve ser convertido em dinheiro, mas guardado em armazéns nas cidades. Além disso, o armazenamento não deveria ser feito em um celeiro central do faraó, mas localmente, para que a população vivesse sempre na reconfortante certeza de que os estoques visíveis de grãos eram uma garantia contra a falta no futuro.[14]

José é constituído governador do Egito pelo faraó (41.37-46)

José aconselha o faraó, e este nomeia José como vice-rei do Egito. A instalação de José como vice-rei sobre o Egito consiste em um ato público de instalação (41.41-43) e do ato familiar de conferir um novo nome com a elevação à nobreza por meio de casamento (41.44,45).[15]

Sobre esse fato, vale destacar aqui sete fatos importantes.

Em primeiro lugar, *o faraó destaca as qualificações de José* (41.37-39). O faraó enaltece José diante dos seus oficiais, reconhecendo que nele havia o Espírito de Deus (41.38), e, uma vez que Deus o fizera saber o que haveria de acontecer no futuro, ninguém haveria tão ajuizado e sábio quanto ele (41.39) para ocupar o elevado ofício de administrador geral. Bräumer diz que, naquele tempo, havia sete grandes chefes ou oficiais no Egito sobre os quais José foi constituído chefe maior: o chefe dos juízes e carrascos (na época, ocupado por Potifar), o chefe dos sacerdotes, o chefe dos copeiros, o chefe dos padeiros, o chefe dos celeiros, o chefe dos rebanhos e o chefe do tesouro.[16]

Em segundo lugar, *o faraó confere poder a José* (41.40,41). José é nomeado administrador da casa do faraó. E mais: o faraó o investe de autoridade sobre toda a terra do Egito, o que significa que todo o povo deveria obedecer às ordens de José; ou seja, o povo não poderia escolher se queria ou não atender à sua palavra; resumindo, quando José falar, o povo só terá a opção de se submeter e obedecer.[17] O silêncio de José diante de tantas honras revela que a Providência, não José, é que provê tais honras, de modo que ele deixa que outros o louvem e o exaltem em vez de ele mesmo o fazer (Pv 27.2).[18]

Em terceiro lugar, *o faraó* dá os símbolos do poder a José (41.42). O faraó dá a José três objetos, símbolos do seu pleno poder.

Primeiro, o anel de sinete. O faraó tirou o anel de sinete de sua própria mão para pô-lo na mão de José, anel este que levava a autoridade do rei.[19] O anel é a coroação da mão, o sinal da mais alta dignidade, e esse anel não era apenas uma joia ou enfeite, mas servia para autenticar documentos oficiais. Sendo assim, ao receber o sinete real, José torna-se o real executor das decisões públicas do rei, e, dessa forma, o faraó declara José publicamente como seu substituto, visto que o anel de sinete fez da mão de José a mão do faraó.[20]

Segundo, as roupas de linho fino. Essas roupas eram usadas pelos sacerdotes. Trajando essas roupas de linho fino, José é guindado a uma posição superior à dos sacerdotes, pois linho fino era também traje da corte. Warren Wiersbe destaca que, treze anos antes, seus irmãos haviam arrancado dele sua túnica especial, mas, então, o faraó deu-lhe roupas de importância muito maior.[21]

Terceiro, o colar de ouro. O colar de ouro era o sinal que distinguia o chefe dos juízes e demonstrava que José era o superior do chefe dos juízes. Resumindo, o anel, as roupas e o colar de ouro eram os sinais dos cargos assumidos pelo representante do faraó, do chefe dos sacerdotes e de todos os juízes.[22]

Em quarto lugar, *o faraó apresenta José em público* (41.43). O faraó honrou e enalteceu José num cortejo público, ordenando que todos se inclinassem perante ele.

Com essa apresentação pública, o faraó estava constituindo José como governador sobre toda a terra do Egito.

Em quinto lugar, *o faraó estabelece os limites do poder de José* (41.44). O faraó continua sendo rei, pois essa posição era intransferível, mas emprega toda a sua autoridade para garantir que nenhum egípcio tivesse liberdade para fazer qualquer coisa, grande ou pequena, que fosse contra a vontade de José.

Em sexto lugar, *o faraó* dá um novo nome a José (41.45). Ao dar um novo nome a José, um nome egípcio, num importante cerimonial da corte, o faraó está incluindo o jovem hebreu definitivamente na vida egípcia e na corte. Para José, que significa "abundância de vida",[23] o novo nome, Zafenate-Paneia, cujo significado é "aquele que guarda o mistério, que tem a chave para o que é misterioso",[24] era um sinal de que ele havia alcançado uma posição de honra no Egito.

Em sétimo lugar, *o faraó* dá a José uma esposa (41.45,46). Com seu casamento com Asenate, filha de Potífera, sacerdote de Om, José entra para a casta sacerdotal, ligando-se intimamente à aristocracia do país.[25] Waltke, nessa mesma linha de pensamento, diz que Om (Heliópolis em grego) está situada a onze quilômetros a noroeste do Cairo. O sumo sacerdote em Om mantinha o exaltado título de "o maior dos videntes". José, assim, casa-se no seio da nobre elite egípcia.[26] Além disso, a observação de que José *andou por toda a terra do Egito* (41.46) salienta a energia pessoal da sua administração.[27]

José administra o Egito nos anos de fartura e fome (41.47-57)

A interpretação dos sonhos do faraó, conforme dada por José, cumpriram-se literalmente. Sobre o ocorrido, destacaremos quatro fatos importantes aqui a seguir.

Em primeiro lugar, *José armazena alimento nos anos de fartura* (41.47-49). Conforme a interpretação dos sonhos do faraó, nos sete anos de fartura a terra produziu abundantemente (41.47), porém José não permitiu que nada fosse desperdiçado nos tempos de fartura. Em vez disso, ele ajuntou todo o mantimento durante os sete anos de abastança e o guardou nas cidades próximas aos campos férteis, as quais serviam como celeiros de recolhimento e armazenamento das colheitas fartas (41.48). Usando uma linguagem hiperbólica, José ajuntou muitíssimo cereal, como a areia do mar, até perder a conta, porque ia além das medidas (41.49). Não é sábio desperdiçar apenas porque tem fartura, pois o desperdício ou o gasto abusivo e perdulário é uma insensata mordomia. O perdulário joga fora o que vai precisar amanhã, assim como o administrador tolo não recolhe todos os frutos nos tempos de bonança, porém, José supervisionou não apenas o recolhimento dos cereais, mas também sua distribuição nos anos de fome.

Em segundo lugar, *José não guarda mágoa do seu passado* (41.50,51). Embora tenha sido sua mãe que lhe deu o nome de José, é José quem dá nome a seus filhos. Os nomes de ambos os filhos louvam a Deus, primeiro, por sua vida: o fim do velho, o potencial do novo. É digno de nota, ainda, que José dá a seus filhos nomes hebraicos, não egípcios.[28] Depois que saiu do cárcere para o trono, José não nutriu sede de vingança aos que o fizeram amargar treze anos de sofrimento, tampouco começou uma caçada a seus irmãos para lhe dar o troco, nem se insurgiu contra Potifar e sua mulher. Ao contrário, ao atingir o pico da fama, da riqueza e do poder, José ergueu um monumento vivo de perdão, chamando seu filho primogênito de Manassés, cujo significado é: [...] *Deus me fez esquecer de todos os meus trabalhos e de toda a casa de meu pai* (Gn 41.51). José não se esqueceu de sua família nem dos acontecimentos que haviam ocorrido, mas se esqueceu da dor e do sofrimento que lhe haviam causado. Ele foi capacitado pela graça de Deus a apagar suas dores e memórias do passado e a começar de novo.[29] Essa atitude nos ensina que não podemos administrar as circunstâncias que nos cercam, mas podemos administrar os nossos sentimentos; não podemos administrar o que as pessoas fazem contra nós, mas podemos decidir como vamos reagir a essas ações, e José escolheu guardar o seu coração da mágoa.

Deus tirou do coração de José as lembranças inconsoláveis e as memórias rancorosas. Manassés significa perdão, portanto, sempre que José olhava para seu filho, trazia à memória sua decisão de esquecer os sofrimentos sofridos e as injustiças que o golpearam por treze anos. O perdão é uma necessidade vital para quem deseja uma vida vitoriosa, então, quem não perdoa vive na pior das masmorras. O ódio mata, mas o perdão dá vida, o ódio mantém a pessoa prisioneira, mas o amor liberta. É impossível ter uma vida e uma família saudáveis sem o exercício do perdão, porque nutrir mágoa por alguém é como tomar um copo de veneno pensando que é o outro quem vai morrer. O perdão cura, liberta e restaura, além de ser a assepsia da alma, a faxina da mente, a alforria do coração.

Em terceiro lugar, *José demonstra gratidão com relação ao seu presente e futuro* (41.52). O segundo filho de José é um monumento vivo da generosa providência divina. Se, ao nascer o primeiro filho, ele olhou para trás e reconheceu que Deus o fez esquecer das injustiças sofridas, ao nascer o segundo filho ele olhou para a frente e reconheceu que foi a mão de Deus que o fez prosperar na terra de sua aflição.

Se Manassés significa perdão, Efraim significa "duplamente frutífero", prosperidade. A prosperidade é resultado do perdão, pois ninguém é verdadeiramente próspero até que esteja com o coração completamente livre de mágoa. A vida de José é uma trajetória de prosperidade: ele próspero na casa do pai, na casa de Potifar, na prisão e no palácio; em suma, onde ele chegava, deixava trescalar o bom perfume de seu exemplo. As pessoas que viviam perto dele eram abençoadas por essa convivência, pois nele habitava o Espírito de Deus e por meio dele fluía as bênçãos do Altíssimo. Mesmo quando estava sendo afligido, ele era um abençoador, e mesmo quando estava no cárcere, sua influência reverberava por entre as grades da prisão. Agora, depois de treinado na escola da aflição, é guindado ao posto máximo, só abaixo do faraó, para ser o provedor dos famintos, o salvador do mundo. José saiu das profundezas abissais da humilhação para as alturas excelsas da exaltação, e essa viagem rumo ao topo foi conduzida pela mão providente de Deus.

Em quarto lugar, *José abre os celeiros do Egito e se torna o provedor do mundo nos anos de fome* (41.53-57). Os sete anos de fartura chegaram ao fim (41.53), e os sete anos de fome não só no Egito, mas em toda a terra, começaram, conforme José havia predito. Apesar, porém, dessa escassez mundial, havia pão no Egito (41.54), de modo que, quando a fome apertou no Egito, as pessoas recorriam ao faraó, e este ordenava o povo a procurar José (41.55). No momento em que a fome apertou em todo o mundo, José abriu todos os celeiros e vendia cereal aos egípcios (41.56).

A fome estendia seus tentáculos além das terras do Egito, e de todas as terras as pessoas vinham para comprar de José, porque a fome prevalecia em todo o mundo (41.57). José tornou-se o provedor dos povos, pois tinha pão com fartura em tempo de fome e alimentava o povo de dentro e de fora do Egito. Sua provisão era abundante e sua administração, sábia, sabedoria esta que era uma dádiva de Deus. Para aquele tempo de grande escassez, Deus levantou José; para aquela hora de crise, Deus forjou o caráter de José na bigorna do sofrimento, para ele entender o drama das pessoas que vinham a ele. As circunstâncias foram tenebrosas na vida de José, mas sua luz, do pico dos montes, alumiou todos os povos. E foi justamente por ele não ter se insurgido contra Deus no processo do treinamento que foi usado por Ele para salvar as nações da fome cruel. Concordo com Waltke quando escreve: "José é o modelo para os que nasceram para governar".[30]

Charles Swindoll diz que, ao observar os penosos anos anteriores da vida de José e depois de ver a recompensa que Deus derramou sobre ele, encontramos três princípios importantes: primeiro, as aflições prolongadas não precisam nos desencorajar; segundo, as lembranças desagradáveis não precisam derrotar-nos; terceiro, as grandes bênçãos não precisam nos desqualificar para o serviço.[31]

Notas

[1] BOICE, James Montgomery. *Genesis*, vol. 3, 1998, p. 963.
[2] OWEN, G. Frederick. *Abraham to the Middle-East Crisis*. Grand Rapids, MI: Wm. B. Eerdmans Publishing Co., 1957, p. 29.
[3] BRÄUMER, Hansjörg. *Gênesis*, vol. 2, 2016, p. 238.

[4] KIDNER, Derek. *Gênesis: introdução e comentário*, 2006, p. 181.
[5] HENRY, Matthew. *Comentário bíblico — Antigo Testamento (Gênesis a Deuteronômio)*, vol. 1, 2010, p. 190.
[6] MORRIS, Henry M. *The Genesis Record*, 2006, p. 579.
[7] KIDNER, Derek. *Gênesis: introdução e comentário*, 2006, p. 181.
[8] LIVINGSTON, George H. *O livro de Gênesis*, in: *Comentário bíblico Beacon*, vol. 1, 2015, p. 113.
[9] BRÄUMER, Hansjörg. *Gênesis*, vol. 2, 2016, p. 228.
[10] Ibidem, p. 234.
[11] Ibidem.
[12] Ibidem, p. 250.
[13] Ibidem.
[14] Ibidem.
[15] WALTKE, Bruce K. *Gênesis*, 2010, p. 662.
[16] BRÄUMER, Hansjörg. *Gênesis*, vol. 2, 2016, p. 251-252.
[17] Ibidem, p. 253.
[18] WALTKE, Bruce K. *Gênesis*, 2010, p. 662.
[19] KIDNER, Derek. *Gênesis: introdução e comentário*, 2006, p. 182.
[20] BRÄUMER, Hansjörg. *Gênesis*, vol. 2, 2016, p. 254.
[21] WIERSBE, Warren W. *Comentário bíblico expositivo*, vol. 1, 2006, p. 194.
[22] BRÄUMER, Hansjörg. *Gênesis*, vol. 2, 2016, p. 255.
[23] LIVINGSTON, George H. *O livro de Gênesis*, in: *Comentário bíblico Beacon*, vol. 1, 2015, p. 114.
[24] BRÄUMER, Hansjörg. *Gênesis*, vol. 2, 2016, p. 256.
[25] Ibidem, p. 257.
[26] WALTKE, Bruce K. *Gênesis*, 2010, p. 663.
[27] KIDNER, Derek. *Gênesis: introdução e comentário*, 2006, p. 183.
[28] WALTKE, Bruce K. *Gênesis*, 2010, p. 664.
[29] WIERSBE, Warren W. *Comentário bíblico expositivo*, vol. 1, 2006, p. 194-195.
[30] WALTKE, Bruce K. *Gênesis*, 2010, p. 668.
[31] SWINDOLL, Charles R. *José*, 2016, p. 107-108.

Capítulo 45

Os irmãos de José descem ao Egito
(Gn 42.1-38)

A FOME ASSOLAVA A TERRA (41.56) e prevalecia em todo o mundo (41.57). De todos os lugares da terra, caravanas vinham ao Egito, o celeiro do mundo, para comprar alimento. A fome atingiu também Canaã, e a família de Jacó está em apuros. Jacó não sabia nada sobre José, mas via caravanas carregadas de grãos vindas do Egito, por isso toma a iniciativa para suprir sua família.

Jacó envia dez de seus filhos ao Egito (42.1-5)

Deus usa a providência carrancuda para mostrar sua face sorridente a Jacó, tendo em vista que a fome não assolou o mundo para matar a família de Jacó, mas para restaurá-la. A crise medonha não mostrou sua face cavernosa para destruí-los, mas para levá-los ao Egito, pois José não estava morto como pensava Jacó, mas era o governador do Egito. O filho por quem vertera tantas lágrimas 22 anos atrás estaria vivo e honrado diante de seus olhos em poucos meses. Deus não só pouparia os filhos da aliança da fome e da morte, mas os livraria de se contaminarem com casamentos mistos com os cananeus.

Waltke diz que a fome mundial cria a tela de fundo para o drama familiar que está para entrar em cena, e Deus é o primeiro a entrar em ação aqui. José, o sábio administrador, opera com sua providência para unir os irmãos e providencialmente os leva ao arrependimento.[1]

Destacamos alguns pontos aqui.

Em primeiro lugar, *Jacó toma conhecimento de que há provisão no Egito* (42.1a). A fome assolava o mundo, inclusive Canaã, mas o Egito tem celeiros abarrotados de provisão para os famintos. Essa informação foi para Jacó um lampejo de esperança, uma providência suficiente para evitar que sua família perecesse de fome; na verdade, a fome foi instrumento divino para levar a família patriarcal ao Egito. Warren Wiersbe diz que, a fim de realizar Seus propósitos divinos, o Senhor pode usar uma época de fome, um rapto (2Rs 5.2,3), um concurso de beleza (Et 2.1-20), um sonho (Dn 2.1-49), uma peste (Jl 1.1-20) e até mesmo um censo do governo (Lc 2.1-7).[2]

Em segundo lugar, *Jacó identifica falta de iniciativa dos seus filhos* (42.1b). Os filhos de Jacó estavam petrificados, sem ação, diante da crise medonha, tanto que eles olhavam uns para os outros sem iniciativa e coragem para tomar uma decisão. Jacó, então, lhes pergunta: "Vocês estão

Os irmãos de José descem ao Egito

esperando o quê? Mexam-se!" Mas do que os filhos de Jacó tinham medo? Ser humilhados como estrangeiros na terra dos faraós, onde os governantes eram conhecidos por sua dureza com os estrangeiros? Será que a consciência deles os alfinetava pelo fato de terem vendido José como escravo a uma caravana dos ismaelitas que rumavam para o Egito?

Em terceiro lugar, *Jacó dá uma ordem expressa a seus filhos* (42.2-5). Jacó conta a seus filhos sobre as notícias alvissareiras vindas do Egito, ordena-os que desçam até lá e comprar dos egípcios cereais, para que possam viver e não perecer pela fome (43.8). Os filhos obedecem prontamente a Jacó e descem para comprar alimento no Egito. Era uma viagem longa, de mais de quatrocentos quilômetros,[3] e Jacó não enviou com seus filhos o caçula Benjamim. O texto deixa a entender que Jacó não confiava neles para cuidarem do irmão mais novo. Derek Kidner diz que, acerca da culpa dos filhos, pouca dúvida restava a Jacó, pois, aos olhos de um pai, os seus crimes concretizados podiam ser acobertados, mas não o caráter deles.[4]

Assim, dentre as caravanas que desciam ao Egito para comprar comida, estavam também os dez filhos de Israel, pois a fome já estava castigando também a terra de Canaã. Quando o narrador usa a expressão *filhos de Israel* (42.5), pressupõe sua identidade nacional, não sua identidade pessoal como filhos de Jacó. Assim, os irmãos entram no Egito como uma nação embrionária e deixarão o Egito como uma nação poderosa.[5]

José reconhece seus irmãos quando chegam no Egito (42.6-24)

José era o governador da terra do Egito, o homem que vendia alimento às caravanas estrangeiras; ele era uma espécie de primeiro-ministro do Egito, era o grande administrador que mantinha sob suas ordens os administradores regionais. Dada a sua elevada posição, as pessoas chegavam e se prostravam diante dele, e assim fizeram também seus irmãos (42.6). Sobre esse fato, destacamos aqui alguns pontos.

Em primeiro lugar, *José reconhece seus irmãos* (42.7a,8). Ele conheceu seus irmãos, mas não se deu a conhecer a eles. Havia 22 anos que seus irmãos não o viam e, além disso, José vestia trajes de nobreza e falava a língua egípcia com seus irmãos por meio de intérpretes. Eles jamais podiam imaginar que o governador do maior império do mundo era exatamente o jovem sonhador que eles jogaram numa cova e depois o venderam por vinte siclos de prata. Como diz Bräumer, "não havia nada de familiar na figura de José que permitisse que seus irmãos o reconhecessem".[6]

Em segundo lugar, *José é pedagogicamente rude com seus irmãos* (42.7b). José usou vários expedientes pedagógicos para levar seus irmãos ao arrependimento e preparar o coração deles para a revelação de quem era, pois, sem convicção de pecado e arrependimento, não há plena restauração. Conforme Warren Wiersbe diz, "o arrependimento superficial leva a uma falsa reconciliação".[7] Concordo com Derek Kidner quando diz que, à primeira vista, as rudes manobras que agora dominam a cena até o fim do capítulo 44 têm a aparência de espírito vingativo. Nada poderia ser mais natural, porém essa não é a verdade, pois, por trás da dura atitude assumida havia caloroso afeto (42.24) e bondade irresistível. Mesmo as ameaças foram temperadas com a misericórdia (42.16-19; 44.9,10), e os choques aplicados tomaram a forma de embaraço, não de golpes.[8] Nas palavras de Waltke, "as táticas de José são duras, mas suas emoções são ternas".[9]

Em terceiro lugar, *José se lembra de seus sonhos* (42.9a). Quando José viu seus irmãos prostrados diante dele, lembrou-se de seu primeiro sonho, em que os feixes de trigo se curvavam diante do seu feixe. O tema do segundo sonho eram o resplendor e a honra que José já tinha alcançado, porém, a lembrança dos sonhos não encheu José de orgulho e ódio, e sim de gratidão pelo caminho pelo qual Deus o havia conduzido.[10] Os sonhos de José não eram devaneios de adolescente, mas revelação divina acerca do futuro.

Em quarto lugar, *José prova a seus irmãos* (42.9b). Ele acusa seus irmãos de espiões, afirmando que tinham vindo não para comprar alimento, mas para ver os pontos fracos da terra, a fim de saquear seus celeiros. José acusou-os quatro vezes de estarem no Egito sob falsos pretextos (42.9,12,14,16). Podia-se esperar que exércitos esfaimados buscassem qualquer fraqueza nas fortificações, a fim de saquear trigo armazenado.[11]

Em quinto lugar, *José escuta a primeira defesa de seus irmãos* (42.10,11). Os irmãos de José revelam humildade ao se apresentarem como servos e se defendem dizendo que, em vez de espiões, eram pessoas necessitadas de alimento para sobreviver. Agregam à sua peça de defesa a informação de que eram todos filhos do mesmo pai e homens honestos. Bräumer diz que a palavra usada para *honestos* (heb., *kenim*) deriva de um verbo cujo significado básico é "ser firme, direito". Os irmãos de José estão dizendo, portanto, que o seu "sim" é garantido e que a sinceridade deles não é marcada por nenhum compromisso ou segunda intenção. A declaração deles baseia-se na verdade.[12]

Em sexto lugar, *José insiste na acusação a seus irmãos* (42.12). José empareda e acua seus irmãos para arrancar deles informações sobre Benjamim, seu irmão, e sobre Jacó, seu pai. Ele sabe que uma revelação precoce de si mesmo a seus irmãos poderia ser prejudicial ao processo da restauração deles.

Em sétimo lugar, *José escuta a segunda defesa de seus irmãos* (42.13). Os irmãos de José acrescentam uma nova informação sobre a identidade deles, dizendo que são doze irmãos, não apenas dez, filhos de um homem na terra de Canaã. Então, falam dos outros dois irmãos: [...] *o mais novo está hoje com nosso pai, outro já não existe* (42.13b). Agora, José já está com todos os dados no tabuleiro e sabe que seu pai está vivo e que seu irmão caçula está em companhia do pai.

Em oitavo lugar, *José reafirma a acusação e exige provas de seus irmãos* (42.14-20). José usa a sabedoria que Deus lhe havia dado para tratar o coração de seus irmãos, a fim de produzir neles o arrependimento para a vida. Que expedientes usou?

Primeiro, ele acusa-os pela terceira vez de espionagem (42.9,12,14), pois quer despertar neles a consciência adormecida.

Segundo, ameaça retê-los no Egito até que Benjamim seja trazido (42.15,16). José os prova com juramento pela vida do faraó. Seriam retidos no Egito, logo eles, que tinham vendido o irmão como escravo para o Egito, estavam na iminência de ficar todos como escravos no Egito.

Terceiro, José coloca-os sob custódia, três dias na prisão (42.17). Eles são lançados juntos três dias na prisão, para sentirem um pouco do que José amargou por vários anos. Era tempo suficiente para conversarem, trazerem à memória seus pecados e terem o coração quebrantado. Boice diz que essa prisão por três dias tinha como propósito levar seus irmãos a uma solidão reflexiva, pois a solidão desperta a culpa, refresca a memória e conduz os pensamentos a Deus.[13]

Quarto, José exige provas da honestidade de seus irmãos (42.18-20). Ele despede seus irmãos, mas retém Simeão até que tragam Benjamim (42.18-20) – essa seria a prova da honestidade deles. Os irmãos de José concordam com essas exigências e partem, deixando para trás Simeão e levando consigo muitas interrogações sem esclarecimento.

Em nono lugar, *José vê seus irmãos reconhecendo sua culpa* (42.21-23). Os métodos usados por José estavam logrando êxito, pois seus irmãos tiveram a consciência despertada para perceber que estavam colhendo o que haviam plantado 22 anos atrás. Boice diz que, em Gênesis 42, somos confrontados com a questão da consciência. Em certo sentido, a narrativa de Gênesis cessa nesse ponto de ser meramente a história de José e se torna a história de seus dez irmãos, e também de como Deus trabalha neles por meio de vários instrumentos, a fim de despertar sua consciência quase morta e trazê-los ao arrependimento e à restauração.[14]

A ansiedade que eles sentiam agora estava intimamente relacionada à crueldade deles com José, o qual clamava no fundo de uma cova sem que eles ouvissem os seus rogos (42.21). Rúben faz sua defesa, ao mesmo tempo que diagnostica a causa do aperto que estão passando (42.22). José está ouvindo toda a conversa deles sem que eles notassem, uma vez que só falava com eles por meio de intérpretes (42.23). Ressoa aqui as palavras de Bräumer: "A voz da consciência não pode ser sufocada para sempre".[15] A expressão *somos culpados* se refere tanto à culpa quanto ao seu castigo. Os dois elementos são inseparáveis.[16] Na verdade, os irmãos de José estão colhendo o que semearam 22 anos atrás.

Em décimo lugar, *José chora* (42.24). Ele sai do ambiente para não comprometer o processo adotado e chora sozinho. Essa é a primeira das seis ocasiões em que José chorou nessa sucessão de acontecimentos. Lágrimas vieram-lhe aos olhos quando viu Benjamim (43.29,30), quando revelou sua identidade aos irmãos (45.2), quando se encontrou com o pai no Egito (46.29), quando o pai morreu (50.1) e quando garantiu aos seus irmãos que haviam sido perdoados de todo o coração (50.17). Esses acontecimentos nos ensinam que uma boa prova do caráter de uma pessoa é observar o que a leva a chorar.[17]

Enxugadas as lágrimas, José retorna, algema Simeão na presença deles, e os demais partem. Bräumer diz que, com a prisão de Simeão, também os irmãos "são presos e comprometidos com o retorno".[18]

Os irmãos de José voltam a Canaã (42.25-38)

Retido Simeão no Egito, como garantia de que voltariam trazendo Benjamim e como prova de que eram honestos, não espiões, José envia seus irmãos de volta a Canaã, provando que teme a Deus e que se importa com o bem-estar de seus familiares (42.18,19).

Sobre isso, vale destacar alguns pontos importantes.

Em primeiro lugar, *José cuida de seus irmãos* (42.25). Ele vende alimento, devolve o dinheiro e ainda providencia comida para eles durante a jornada do caminho, demonstrando generosidade ao dar-lhes suprimentos para a longa viagem. A questão de José ter devolvido o dinheiro na boca do saco de cada um não é interpretada da mesma maneira por todos os estudiosos. Há aqueles que pensam que os motivos de José são punitivos, ao passo que outros acham

Os irmãos de José descem ao Egito

que a motivação é produzir confusão. Concordo, entretanto, com aqueles que pensam que os motivos de José são redentivos, pois ele os está forçando a encarar o seu passado, visto que anteriormente, colocavam mais valor no dinheiro do que na vida.[19]

Em segundo lugar, *os irmãos de José são tomados de medo e perplexidade* (42.26-28). Tendo eles carregado os jumentos com os cereais, partiram do Egito rumo a Canaã. Numa das paradas estratégicas, em uma estalagem, para alimentar os animais de carga, um dos irmãos constatou que o dinheiro havia sido devolvido na boca do saco. Tendo em vista que foram acusados de espiões, agora caía sobre eles a acusação de ladrões. Então, o coração deles ficou desfalecido e, atemorizados, entreolharam-se, perguntando: *Que é isto que Deus nos fez?* Essa é a primeira vez que os irmãos fazem menção de Deus; a consciência está atormentada, e Deus estava trabalhando neles por intermédio dessas circunstâncias. Agora, veem Deus em ação por trás de seu crime e de sua punição (42.21,22); sendo assim, para darem uma prova de sua honestidade (42.11), ao retornarem para a segunda viagem, relataram o fato e levaram de volta o dinheiro (43.21).

Em terceiro lugar, *os irmãos de José relatam, seletivamente, a experiência deles no Egito* (42.29-35). Os filhos de Jacó não relataram tudo; eles omitiram do pai que ficaram três dias presos, bom como que Simeão havia sido algemado na presença deles e que tinha ficado lá como refém. Omitiram também sobre o remorso que sentiram, os protestos de Rúben e a descoberta do dinheiro na estalagem. Resumindo, eles abrandaram a dramaticidade dos fatos aos olhos de Jacó, pois sabiam que precisariam voltar ao Egito para levar Benjamim, resgatar Simeão e comprar mais alimento.

Em quarto lugar, *o lamento pesaroso de Jacó* (42.36). *Então, lhes disse Jacó, seu pai: Tendes-me privado de filhos: José já não existe. Simeão não está aqui, e ides levar a Benjamim! Todas estas coisas me sobrevêm.* A autopiedade de Jacó é compreensível, porém indesculpável,[20] no entanto, sabemos que ele lamenta porque não tem conhecimento de todos os fatos. Assim, ele acusa, veladamente, seus filhos por estar privado de filhos, ou seja, José e Simeão, e agora a ameaçadora perda de Benjamim. Para ele, José está morto e Simeão havia ficado no Egito como prisioneiro; sendo assim, levar Benjamim para o Egito seria expô-lo a um risco fatal. No entanto, essas coisas, que pareciam laborar contra ele, trabalhavam, pela providência divina, em seu favor, de modo que aquilo que Jacó achou que seria sua ruína foi sua grande alegria, pois José não só estava vivo, como também era o governador do Egito. E mais: Egito não era a prisão de Simeão, mas o lar hospitaleiro para a família patriarcal, e todas essas coisas não eram contra ele, mas cooperavam para o seu bem (Rm 8.28).

Em quinto lugar, *a proposta insensata de Rúben* (42.37). Rúben procurou acalmar os temores de Jacó fazendo uma proposta miseravelmente disparatada, demonstrando mais uma vez sua fraqueza e falta de liderança como filho mais velho. Como garantia de que levaria e traria de volta Benjamim, oferece a seu pai seus dois filhos, dizendo: "Se eu não voltar com Benjamim, mate os meus dois filhos". Mas como um avô poderia se consolar matando seus netos? Por que ele oferece seus filho em vez de oferecer a si mesmo? Concordo com Waltke quando escreve: "Judá eclipsa Rúben como o líder da família. Este, covarde e de forma imbecil, oferece a vida de seus filhos como garantia da segurança de Benjamim; Judá oferece sua própria vida" (43.1-14).[21]

Em sexto lugar, *a decisão resoluta de Jacó* (42.38). Jacó repudia a néscia proposta de Rúben e radicaliza: *Meu filho não descerá convosco*, justificando: *seu irmão é morto, e ele ficou só; se lhe sucede algum desastre no caminho por onde fordes, fareis descer minhas cãs com tristeza à sepultura.*

Notas

[1] Waltke, Bruce K. *Gênesis*, 2010, p. 673.
[2] Wiersbe, Warren W. *Comentário bíblico expositivo*, vol. 1, 2006, p. 198.
[3] Ibidem, p. 197.
[4] Kidner, Derek. *Gênesis: introdução e comentário*, 2006, p. 184.
[5] Waltke, Bruce K. *Gênesis*, 2010, p. 676.
[6] Bräumer, Hansjörg. *Gênesis*, vol. 2, 2016, p. 265.
[7] Wiersbe, Warren W. *Comentário bíblico expositivo*, vol. 1, 2006, p. 197.
[8] Kidner, Derek. *Gênesis: introdução e comentário*, 2006, p. 184.
[9] Ibidem, p. 675.
[10] Bräumer, Hansjörg. *Gênesis*, vol. 2, 2016, p. 266.
[11] Waltke, Bruce K. *Gênesis*, 2010, p. 678.
[12] Bräumer, Hansjörg. *Gênesis*, vol. 2, 2016, p. 266-267.
[13] Boice, James Montgomery. *Genesis*, vol. 3, 1998, p. 1001, 1003.
[14] Ibidem, p. 986.
[15] Bräumer, Hansjörg. *Gênesis*, vol. 2, 2016, p. 268.
[16] Waltke, Bruce K. *Gênesis*, 2010, p. 680.
[17] Wiersbe, Warren W. *Comentário bíblico expositivo*, vol. 1, 2006, p. 199.
[18] Bräumer, Hansjörg. *Gênesis*, vol. 2, 2016, p. 269.
[19] Waltke, Bruce K. *Gênesis*, 2010, p. 681.
[20] Ibidem, p. 683.
[21] Ibidem, p. 673.

Capítulo 46

De volta ao Egito
(Gn 43.1-34)

A CRISE ERA MEDONHA e a fome, severa. O Egito era a única saída para fugir dos tentáculos da morte, então, era hora de voltar ao Egito e comprar mais cereais; porém, nenhum dos filhos de Jacó ousou falar com ele sobre essa necessidade, pois sabiam da tensão que havia no coração do velho patriarca em liberar Benjamim para ir com eles.

A dolorosa volta dos irmãos de José ao Egito (43.1-14)

O velho patriarca Jacó está entre a cruz e a espada, pois quem tem fome não pode esperar, e ele, seus filhos e seus netos não podem sobreviver em Canaã sem comida. Seus filhos precisam voltar ao Egito, mas ele não quer abrir mão de Benjamim (42.38), especialmente depois da proposta ridícula de Rúben (42.37).

Vamos destacar aqui alguns pontos.

Em primeiro lugar, *por que os irmãos de José deveriam voltar?* (43.1,2) O texto em apreço destaca duas razões imediatas. Primeiro, porque a fome era severa (43.1). *A fome persistia gravíssima na terra*. A falta de alimento era geral e não tinha para onde correr, pois somente no Egito havia pão com fartura e só dos celeiros do Egito manavam alimento naquele tempo de amarga escassez.

Segundo, porque a provisão deles havia acabado (43.2). *Tendo eles acabado de consumir o cereal que trouxeram do Egito...* Eles estavam constrangidos de voltar ao Egito por causa do dilema de Jacó de autorizar Benjamim partir com eles. Quando, porém, acabou a comida para a última refeição, o próprio Jacó, como cabeça da família, toma a iniciativa novamente, como da primeira vez (42.1), e delibera as decisões finais, dando a seus filhos esta ordem: [...] *Voltai, comprai-nos um pouco de mantimento* (43.2b). Em tempos de crise, um pouco é suficiente.

Em segundo lugar, *a condição para os irmãos de José voltarem* (43.3-10). Judá emerge no vácuo da fraqueza de Rúben, assume a liderança de sua família e enfrenta seu pai não com argumentos disparatados, como Rúben, mas com uma lógica irresistível. Mais tarde, ele se oferecerá como escravo em lugar de seu irmão por amor a seu pai (44.33,34) e sua tribo virá a ser proeminente entre os filhos de Israel (49.8-10; Mt 1.2,17; Lc 3.23,33). Vejamos.

Primeiro, a descida de Benjamim ao Egito era uma exigência inegociável (43.3-5). Judá tira seu pai do sentimentalismo para o campo da razão, deixando claro que eles não desceriam ao Egito para comprar mantimento sem levar consigo Benjamim, pois essa era a exigência peremptória do homem do Egito para provarem sua honestidade e resgatar Simeão.

Segundo, a autopiedade de Jacó estava fora de foco (43.6-8). Israel tenta lançar sobre seus filhos a responsabilidade do agravamento de seu sofrimento por terem mencionado o nome de Benjamim ao governador do Egito, no que seus filhos foram unânimes em responder: [...] *O homem nos perguntou particularmente por nós e pela nossa parentela, dizendo: Vive ainda vosso pai? Tendes outro irmão? Respondemos-lhe segundo as suas palavras. Acaso poderíamos adivinhar que haveria de dizer: Trazei vosso irmão?* (v.7). Derek Kidner diz que a repreensão de Israel a seus filhos era uma fuga da decisão que temia e um consolo para a sua autoestima. Entretanto, apegando-se à sua superioridade sobre os que o haviam prejudicado, estava pondo em perigo a si próprio e a eles — incluindo o seu amado Benjamim, a quem precisava perder para salvar.[1]

A exegese judaica dá grande importância ao fato de que aqui Jacó é novamente chamado de "Israel", a primeira vez depois do desaparecimento de José. Depois de lamentar José, o pai tinha sido apenas um "Jacó", alguém que "manca", arrastando-se atrás de acontecimentos, alguém que não sabia mais direito o que fazer. Mas agora ele volta a ser "Israel", aquele que se dedicou completamente à soberania de Deus e que consegue entregar a Deus o que é pesado demais para carregar.[2] Agora, pela primeira vez Jacó começa a considerar a possibilidade de permitir que Benjamim vá com seus irmãos ao Egito. Sua fé está em processo de reavivamento, por isso ele é chamado de Israel novamente.[3]

Terceiro, a proposta sábia de Judá (43.8). Judá não quer gastar tempo com discussões, por isso interrompe a querela entre o patriarca e seus filhos. É hora de agir. Por isso, disse Judá a Israel, seu pai, o cabeça do clã: [...] *Envia o jovem comigo, e nos levantaremos e iremos; para que vivamos e não morramos, nem nós, nem tu, nem os nossos filhinhos.* A abordagem de Judá é franca, firme, sóbria e vai direto ao ponto.[4] Deixar de partir já era lavrar uma sentença de morte sobre três gerações: Jacó, seus filhos e seus netos. Judá deixa meridianamente claro que se tratava de uma questão de vida ou morte (43.8,10) e chegou a lembrar Jacó de suas próprias palavras (42.2). Bruce Waltke destaca que, como Benjamim havia nascido antes de José ter descido ao Egito, ele já tinha mais de 22 anos de idade. Aqui, o termo "jovem" descreve a condição social de Benjamim na família como o irmão caçula, não sua idade absoluta (42.13,15,20; 43.29; 44.23,26). De igual modo, José, que tem cerca de 39 anos de idade, fala a seu irmão caçula como *meu filho* (43.29).[5]

Quarto, o compromisso firme de Judá (43.9). Judá assume a responsabilidade sobre Benjamim com as seguintes palavras: *Eu serei responsável por ele, da minha mão o requererás; se eu to não trouxer e não to puser à presença, serei culpado para contigo para sempre.* A cruel pressão da fome e a calorosa iniciativa pessoal de Judá eram necessárias, uma para reforçar a outra.[6] Quando Judá se compromete pessoalmente pela segurança de Benjamim, está dizendo: "Serei um penhor por ele".[7]

Quinto, a sensatez de Judá (43.10). Judá arremata seu argumento lógico, racional e convincente, dizendo: *Se não nos tivéssemos demorado, já estaríamos, com certeza, de volta segunda vez.*

Em terceiro lugar, *Jacó, chamado Israel, envia seus filhos ao Egito pela segunda vez* (43.11-14). Jacó cede aos argumentos de Judá e libera Benjamim para partir com seus irmãos. Agora, não é mais Jacó que age, mas Israel, o homem de fé. Sobre isso, destacamos aqui três lições.

Primeiro, Israel confia Benjamim a seus irmãos (43.11a). *Respondeu-lhes Israel, seu pai: Se é tal, fazei, pois, isto* [...] Israel deixou de agir com mero sentimento ou razão para agir com fé.

Segundo, Israel dá orientações a seus filhos (43.11b-13): 1) Levem presentes ao governador do Egito — este tipo de presente não se destaca pela abundância, mas pela modéstia. 2) Levem dinheiro em dobro — para pagar a conta anterior. 3) Levem Benjamim, o irmão de vocês — É digno de nota que Israel chama Benjamim aqui não de "meu filho", mas de *vosso irmão*.

Terceiro, Israel invoca a bênção do Deus Todo-poderoso sobre seus filhos (43.14). *El-Shadai* era um título especialmente evocativo da aliança com Abraão (17.1) e, portanto, do propósito firmado por Deus para essa família.[8] Israel, porém, como um pêndulo, oscila entre a fé e a incredulidade. Ao mesmo tempo que invoca a bênção de *El-Shadai* sobre seus filhos, para que encontrem mercê diante do governador do Egito, resgatem Simeão e tragam também em segurança Benjamim, abre uma fresta da porta para o medo, ao dizer: [...] *Quanto a mim, se eu perder os filhos, sem filhos ficarei* (43.14b).

Warren Wiersbe diz que esse tipo de resposta, sem dúvida, não condiz com o Jacó de Betel, que se apropriou das promessas de Deus e que tinha anjos cuidando dele! Também não parece vir do mesmo Jacó que conduziu sua família de volta a Betel para começar de novo com o Senhor. Seus sentimentos de dor e de desespero haviam quase apagado sua fé.[9] Bräumer, por sua vez, entende que essas palavras finais não são um grito de desespero, mas, no máximo, uma "submissão pesarosa", a "rendição ao inevitável".[10]

A calorosa recepção dos irmãos de José no Egito (43.15-34)

Os irmãos de José, além de saírem com a missão de comprar um pouco de comida no Egito, precisaram lidar com três problemas sérios: primeiro, o problema do dinheiro (43.16-23a); segundo, a libertação de Simeão (43.23b); terceiro, a proteção de Benjamim (43.24-34).[11] Os temores dos irmãos de José, porém, desfizeram-se logo que eles chegaram no Egito e encontraram o governador. O problema do dinheiro estava resolvido, e isso trouxe-lhes paz. Simeão lhes foi restituído, e isso trouxe liberdade ao irmão. O problema de Benjamim parecia estar resolvido, porque foi tratado com especial deferência pelo governador.

Sobre este momento, destacamos onze fatos.

Em primeiro lugar, *a partida* (43.15). Sem mais delongas, Judá lidera a caravana dos filhos de Jacó rumo ao Egito, trazendo na bagagem presentes para o governador, dinheiro em dobro e o jovem Benjamim. Bräumer está correto quando diz que, a partir desse momento até o fim da história de José, Judá permanece sendo o "porta-voz dos irmãos".[12]

Em segundo lugar, *o banquete* (43.16,17). José, ao ver seu irmão Benjamim, ordena o despenseiro de sua casa a matar reses e preparar um banquete, porque comeria com eles ao meio-dia. O mordomo da casa obedeceu à risca as ordens de José.

Em terceiro lugar, *o medo* (43.18). Quando os irmãos de José perceberam que estavam indo para a própria casa do governador, ficaram atemorizados, o que nos mostra que a consciência deles estava desassossegada com respeito ao dinheiro que encontraram de volta no saco dos alimentos. O medo os fez cogitar as piores coisas, chegando a pensar que esse banquete não passava de uma estratégia para serem acusados, feitos escravos e terem ainda seus animais confiscados. Nessa mesma linha de pensamento, Bräumer diz que essa "gentileza estranha" causou desconforto e medo aos irmãos. Como tinham sido tratados com muita aspereza na primeira viagem, não conseguiam entender os esforços atuais como uma homenagem. Antes, temiam que o convite para ir à casa do governador fosse uma armadilha.[13]

Em quarto lugar, *a defesa* (43.19-22). Logo que chegaram à casa do governador, procuraram remediar a situação, fazendo sua defesa diante do mordomo da casa. Contaram a ele o que havia ocorrido e como trouxeram dinheiro em dobro para pagar os cereais da primeira compra e também dinheiro para a segunda compra.

Em quinto lugar, *o pagamento e o resgate* (43.23). O mordomo, alto funcionário do palácio, homem que gozava de confiança máxima do governador do Egito, responsável pelas recepções aos seus hóspedes, tranquiliza os irmãos de José, dizendo-lhes: *Paz seja convosco, não temais*. O mordomo os abençoa, a fim de lhes tirar o medo. *Paz seja convosco* significa: "haverá paz novamente, o que estava quebrado será consertado".[14] Depois o mordomo continua dizendo a eles que o Deus de seu pai lhes havia dado tesouro nos sacos de mantimento e o dinheiro deles havia chegado em suas mãos. Essa era uma forma legal de confirmar o recebimento do pagamento completo.[15] Com isso, ele está dizendo que alguém havia pagado por eles, ou seja, o próprio José fez o pagamento em lugar de seus irmãos. Como o pagamento havia sido feito, Simeão lhes foi restituído. A libertação de Simeão representava a anulação da acusação de espionagem, mostrando que José havia cumprido sua palavra. Ele tinha se mostrado confiável e verdadeiro, e agora podiam entrar sem medo na casa, pois eram hóspedes bem-vindos.[16]

Em sexto lugar, *a fidalga hospitalidade* (43.24). O mordomo levou-os à casa de José, dando-lhes água para lavar os pés e também ração aos seus jumentos, o que era uma forma de demonstrar acolhida fidalga e calorosa.

Em sétimo lugar, *o presente* (43.25,26a). Os irmãos de José prepararam o presente que trouxeram de Canaã, ou seja, um pouco de bálsamo, um pouco de mel, arômatas e mirra, nozes de pistácia e amêndoas (43.11), e, logo que ele chegou, entregaram-lhe os presentes.

Em oitavo lugar, *a reverência* (43.26b). Após entregar os regalos, do mais precioso da terra de Canaã, eles se prostraram perante José. Mais uma vez, os sonhos de José estavam se cumprindo.

Em nono lugar, *a entrevista* (43.27-29). José passa a interrogar seus irmãos sobre o bem-estar, *shalom*, deles e sobre o ancião, pai deles, se estava bem e ainda vivia. Com essa pergunta José demonstra a preocupação e o medo de que o pai pudesse morrer antes de reencontrá-lo. Os irmãos confirmam ao governador que o pai vive e está bem. Dada a resposta, abaixaram a cabeça e se prostraram. Essa segunda reverência é uma expressão de gratidão a Deus, que conservou o pai com vida e que poderá mantê-lo assim. Assemelha-se a um "graças a Deus" dito do fundo do coração.[17] Ao perguntar se o jovem que estava com eles era o irmão mais novo e tendo recebido a resposta afirmativa, José deu-lhe uma palavra de bênção: *Deus te conceda graça, meu filho.*

Em décimo lugar, *o choro* (43.30). José conseguia disfarçar bem seus sentimentos em público, mas a emoção foi tão forte que, ao ver Benjamim, apressou-se, entrou na câmara e ali chorou. Como diz Waltke acerca de José: "por baixo da máscara da aparência egípcia, palpitava o amor por sua família".

Em décimo primeiro lugar, *a refeição* (43.31-34). José lava o rosto, volta e dá uma ordem aos serviçais da casa para servirem a refeição. Ele serve uma refeição a seus irmãos que anos antes insensivelmente se sentaram para comer enquanto ele chorava no poço.[18] José ordenou que fossem postas três mesas: uma para os irmãos, outra para os egípcios que comiam com ele e outra para ele próprio. José não comeu na presença dos irmãos, pois essa prática era considerada ilícita e inadequada para um egípcio; em vez disso, comeu à parte, à parte seus irmãos e, ainda, à parte os outros egípcios que estavam na casa do governador.

Henry Morris diz que os egípcios tinham um sentimento de exclusividade em relação aos outros povos, especialmente em relação aos hebreus, uma vez que eram uma raça diferente, com uma língua diferente, com uma religião diferente. É óbvio que os egípcios sabiam que José era hebreu e adorava o Deus dos hebreus, pois isso tinha sido claramente demonstrado por ele desde o primeiro encontro com o faraó. Todavia, agora José tinha um nome egípcio, uma esposa egípcia, vestia-se como um egípcio e vivia de forma semelhante aos egípcios, por isso não poderia comer junto com seus irmãos sem causar ofensa aos demais hóspedes egípcios que estavam em sua casa.[19]

Concordo com Bräumer quando diz que, observar as regras egípcias, era mais um aspecto cuidadosamente escolhido do disfarce para que os irmãos continuassem incapazes de tirar suas conclusões do que aconteceria em seguida. Restava-lhes espantar-se porque o dono da casa conseguira que fossem acomodados por ordem de nascimento, do mais velho ao mais novo, e porque Benjamim recebia porções especiais de comida.[20] Evidentemente, o governador do Egito demonstra conhecer mais essa família vinda de Canaã do que eles podiam imaginar, ou será que ele possuía poderes sobrenaturais? Eles estavam simplesmente maravilhados, mas não tinham respostas.

Derek Kidner diz que o preconceito contra comer junto provavelmente não era social (46.34), mas cultural, visto que tecnicamente os estrangeiros contaminariam o alimento.[21] Waltke complementa dizendo: "Enquanto os cananeus pretendem integrar e absorver os filhos de Israel, os egípcios os mantêm em desprezo. O casamento misto de Judá com cananeus, em Gênesis 38, revela o risco que os cananeus sincréticos representam para a família embrionária. A cultura segregacionista do Egito garante que a nação embrionária se desenvolva numa grande nação dentro de suas fronteiras".[22]

Resguardadas essas questões culturais, é evidente que José tratou a todos com honra fidalga, num clima de festejo e alegria. Então, os irmãos de José comeram, beberam e se regalaram num régio banquete.

NOTAS

[1] KIDNER, Derek. *Gênesis: introdução e comentário*, 2006, p. 188.
[2] BRÄUMER, Hansjörg. *Gênesis*, vol. 2, 2016, p. 274.
[3] MORRIS, Henry M. *The Genesis Record*, 2006, p. 605.
[4] WALTKE, Bruce K. *Gênesis*, 2010, p. 688.
[5] Ibidem.
[6] KIDNER, Derek. *Gênesis: introdução e comentário*, 2006, p. 188.
[7] WALTKE, Bruce K. *Gênesis*, 2010, p. 688.
[8] KIDNER, Derek. *Gênesis: introdução e comentário*, 2006, p. 189.
[9] WIERSBE, Warren W. *Comentário bíblico expositivo*, vol. 1, 2006, p. 201.
[10] BRÄUMER, Hansjörg. *Gênesis*, vol. 2, 2016, p. 275.
[11] WIERSBE, Warren W. *Comentário bíblico expositivo*, vol. 1, 2006, p. 202.
[12] BRÄUMER, Hansjörg. *Gênesis*, vol. 2, 2016, p. 276.
[13] Ibidem, p. 277.
[14] Ibidem.
[15] WALTKE, Bruce K. *Gênesis*, 2010, p. 690.
[16] BRÄUMER, Hansjörg. *Gênesis*, vol. 2, 2016, p. 277.
[17] Ibidem, p. 278.
[18] WALTKE, Bruce K. *Gênesis*, 2010, p. 692.
[19] MORRIS, Henry M. *The Genesis Record*, 2006, p. 610.
[20] BRÄUMER, Hansjörg. *Gênesis*, vol. 2, 2016, p. 279.
[21] KIDNER, Derek. *Gênesis: introdução e comentário*, 2006, p. 189.
[22] WALTKE, Bruce K. *Gênesis*, 2010, p. 692.

Capítulo 47

O despertar da consciência
(Gn 44.1-34)

DEUS DEU SABEDORIA A JOSÉ não apenas para lidar com os problemas do mundo, mas também para sanar os problemas de sua família. Cuidadosamente, ele planejou cada ação com seus irmãos para conhecer o que estava no coração deles, despertar a consciência amortecida deles e levá-los ao arrependimento. Derek Kidner diz que a estratégia de José, já brilhantemente vitoriosa na produção de situações e tensões requeridas por ele, dá agora o seu golpe de mestre,[1] pavimentando, assim, o caminho da reconciliação com seus irmãos.

O texto apresentado trata de dois assuntos vitais nessa preparação: uma acusação e uma defesa. Vejamos!

Uma acusação constrangedora (44.1-13)

As ações de José não eram motivadas pela maldade, mas pela misericórdia, pois ele sabia que um falso arrependimento produziria uma falsa restauração. Sendo assim, todas as medidas tomadas foram planejadas cuidadosamente para produzir em seus irmãos arrependimento e restauração.

Destacamos aqui cinco aspectos importantes dessa acusação.

Em primeiro lugar, *um plano estratégico* (44.1-3). Pela segunda vez, José ordena que o dinheiro seja devolvido na boca do saco de cada um de seus irmãos, mas agora ordena ao mordomo também que coloque seu copo de prata na boca do saco de Benjamim. Depois do generoso e lauto banquete da noite anterior, no qual comeram, beberam e se alegraram, o dia amanheceu, e era hora de partir. Dessa vez, tudo tinha dado certo: eles haviam sido bem recebidos, Simeão tinha sido libertado e Benjamim marchava em segurança com eles de volta para casa; e mais: eles levavam não apenas um pouco de cereal, mas tudo quanto podiam levar. Se da primeira vez eles foram tratados como espiões, agora são despedidos com um banquete. Waltke chega a dizer que, assim como Deus testara a realidade da fé de Abraão (22.1), agora José testa a genuína conversão de seus irmãos.[2]

Em segundo lugar, *uma acusação pesada* (44.4-6). Logo que saíram da cidade, sem que tivessem ainda se distanciado, José ordena a seu mordomo que vá no encalço de seus irmãos, fazendo-lhes a severa acusação de terem pagado o bem com o mal, pois haviam furtado o seu copo de prata, o copo em que ele bebia e por meio do qual fazia suas adivinhações. O mordomo os alcança e, sem demora, despeja sobre eles os raios fuzilantes dessa devastadora tempestade.

O despertar da consciência

Em terceiro lugar, *uma defesa ousada* (44.7-9). A acusação parecia descabida, porque eles estavam seguros de sua inocência. A prova de que não tinham más intenções com o governador do Egito é que levaram de volta o dinheiro que encontraram na boca dos sacos. Como agora furtariam da casa do seu senhor ouro e prata? É como diz Bräumer: "A pessoa que tenta devolver dinheiro que pensa não ser seu não é capaz de roubar".[3] Na defesa deles, falaram o mesmo que Jacó havia dito 33 anos atrás para Labão, seu sogro (31.32), ou seja: *Aquele dos teus servos, com quem for achado, morra; e nós ainda seremos escravos do meu senhor* (44.9).

Em quarto lugar, *uma investigação minuciosa* (44.10-12). O mordomo rejeita a sugestão radical deles, de morte do culpado e escravidão de todos, mas acata a palavra de que o culpado seja feito escravo no Egito. Começa-se, então, uma investigação cuidadosa e meticulosa, e, curiosamente, para aumentar a tensão, o mordomo, que já conhecia a ordem cronológica da idade deles em virtude do banquete da noite anterior (43.33), começa a sondagem do mais velho para o mais novo. Cada saco aberto continha uma acusação velada de roubo, pois o dinheiro que haviam levado estava na boca do saco; contudo, a acusação não tinha a ver com o dinheiro, e sim com o copo de prata, então, eles sentiam-se aliviados a cada saco aberto. Sentiam-se cada vez mais seguros pela comprovação de sua inocência, até que chegaram ao saco de mantimentos de Benjamim. Ao abri-lo, lá estava o copo de prata do governador!

Em quinto lugar, *um transtorno profundo* (44.13). A descoberta do copo de prata do governador do Egito no saco de Benjamim caiu como um raio na cabeça deles, deixando-os completamente atordoados. Estavam encurralados, num beco sem saída, e não tinham como fugir da evidência das provas. Transtornados, rasgaram suas vestes e, cheios de vergonha e opróbrio, carregaram de novo os jumentos. Então, sem dizer uma palavra, voltaram à cidade para encarar o governador. Waltke escreve que Benjamim, como José, é inocente, mas eles estão livres para abandoná-lo como escravo no Egito. Suas ações, porém, confirmam a mudança de seu caráter. Passaram no teste e não abandonaram o seu irmão, revelando agora afeição pelo pai e pelo irmão (37.34).[4]

Uma defesa comovente (44.14-34)

Os irmãos de José estão decididos a ficar juntos, aconteça o que acontecer, tanto que assumiram a responsabilidade uns pelos outros (responsabilidade coletiva). Ninguém acusa ou repreende Benjamim, que se torna culpado — ao menos de acordo com as evidências encontradas; pelo contrário, todos rasgaram as vestes em sinal de luto (vergonha coletiva). Assumem a palavra dada de que, caso a culpa de algum deles pelo roubo ficasse comprovada, todos assumiriam a punição (punição coletiva), lembrando-se, com isso, da unanimidade com que antigamente odiavam José e do crime cometido contra ele (culpa coletiva).[5]

Judá lidera seus irmãos ao chegarem à casa do governador, o qual ainda estava em casa quando os onze filhos de Jacó se prostraram em terra perante ele.

Sobre este ocorrido, destacamos aqui alguns pontos importantes.

Em primeiro lugar, *um retorno constrangedor* (44.14,15). A saída de manhã do Egito rumo a Canaã foi marcada de alegria, mas o retorno para a casa de José foi cheia de constrangimento e vergonha, pois certamente as pessoas devem

O despertar da consciência

ter visto aquele regresso com suspeitas e acusações veladas. Ao chegarem à casa do governador, ele ainda estava esperando por eles, os quais, pela terceira vez, se prostraram em terra diante dele (42.6; 43.26; 44.14). O governador sustentou a pesada acusação com justificativas: [...] *Que é isso que fizestes? Não sabíeis vós que tal homem como eu é capaz de adivinhar?* (44.15)

Em segundo lugar, *uma confissão sincera* (44.16). Judá, o porta-voz e líder de seus irmãos, assume o comando e faz uma sincera confissão em seu primeiro discurso, no qual apresente estes três itens: protesta a inocência dos irmãos de furto, confessa seu dilema como devido ao juízo divino por culpas anteriores e, por fim, oferece todos os irmãos como escravos. Desse modo, ele desfaz o temerário juramento de matar o culpado e evita ter de enfrentar seu pai.[6]

Judá não se defende, não se justifica e não se exaspera. Em vez disso, reconhece que a causa deles não tem defesa e que, portanto, são culpados. Judá, porém, faz a confissão mais importante pela qual José esperava: [...] *Achou Deus a iniquidade de teus servos...* (44.16a). Em sua primeira visita ao Egito, haviam expressado esse sentimento de culpa, levando José às lágrimas (42.21-24) e, assim, confessam seu crime contra José duas vezes em sua presença. Com essa confissão, Judá fala por todos. Todavia, muito mais importante do que o copo encontrado pelo mordomo é o que Deus encontrou no coração dos irmãos de José, uma vez que o conflito é mais profundo, pois a questão não gira em torno do copo, mas da culpa que está sobre eles.[7]

Aquele pecado escondido há 22 anos veio à tona, e o crime que haviam cometido contra José e Jacó precisava ser resolvido. E eles agora, caem em si, admitindo que Deus os levou a essa situação de constrangimento para reconhecerem que não podiam mais caminhar sem arrependimento. Como escreve Bräumer, "Judá admite que todos eram igualmente culpados da atual situação pelo que havia acontecido no passado".[8]

Em terceiro lugar, *uma rendição humilde* (44.16b,17). Depois disso, Judá, humildemente se rende: [...] *eis que somos escravos de meu senhor, tanto nós como aquele em cuja mão se achou o copo* (44.16b). O governador, porém, como o mordomo, não aceita a proposta radical de Judá e respondeu: [...] *Longe de mim que eu tal faça; o homem em cuja mão foi achado o copo, esse será meu servo; vós, no entanto, subi em paz para vosso pai.* José aqui está testando seus irmãos, pois quer verificar se eles não aproveitarão uma oportunidade para obter liberdade para si à custas de Benjamim; em outras palavras, ele quer saber se fariam com Benjamim o mesmo que fizeram com ele, isto é, se deixariam Benjamim como escravo no Egito ao serem liberados. Bräumer diz que a expressão *subi em paz para vosso pai*, *beshalom*, tem por objetivo convencê-los a partir, contudo, longe de deixarem Benjamim, essa expressão provocadora inspira a fala de Judá, na qual a felicidade e a paz do pai ocupam o foco.[9]

Em quarto lugar, *um discurso eloquente* (44.18-34). Judá, como advogado de seus irmãos, faz aqui o mais longo discurso registrado em Gênesis. Num arroubo candente para salvar Benjamim, Judá apela para que o governador demonstre misericórdia por seu pai, um discurso marcado por beleza retórica e argumentos irresistíveis. Bräumer o chama de "uma pequena obra-prima", pois algumas palavras marcantes se repetem constantemente, como seis vezes a palavra "irmão", sete vezes "meu senhor", doze vezes "servo" e treze vezes "meu/nosso pai".

O despertar da consciência

De forma absolutamente consciente, Judá omite tudo o que não ajudará a obter o efeito desejado.[10] Derek Kidner diz que esse nobre apelo não se fundamenta apenas em compaixão sentimental; tem o peso cumulativo da lembrança dos fatos (44.19-23), da representação gráfica (44.20,24-29,30) e de um interesse altruísta provado até o último na petição que fez, não de misericórdia, mas que o deixassem sofrer vicariamente (44.30-34).[11] Boice diz que o discurso de Judá não apenas é o mais longo de Gênesis, mas um dos mais emocionantes da história universal.[12] Waltke diz que o discurso de Judá representa o reverso das transgressões dos irmãos, os quais, irados e indiferentes para com seu pai, nutriram tanto ciúme por seu irmão que conspiraram vendê-lo como escravo, mas que agora rogam pelo bem-estar de seu pai.[13]

Esse segundo discurso de Judá tem três pontos: primeiro, ele rescita a história de suas duas viagens ao Egito (44.18-29); segundo, enfatiza que a perda de Benjamim matará seu pai (44.30,31) e, terceiro, culmina seu apelo rogando a José que lhe permita cumprir sua promessa e o faça escravo no lugar do jovem, e, assim, poupe seu pai de atroz sofrimento (44.32,34).[14] Concordo com Livingston quando diz que Judá, que ajudou a enganar Jacó acerca da morte de José, agora se porta audaciosamente leal a Jacó, mesmo a grande custo pessoal. Anteriormente, a ganância e a paixão lhe governavam a vida, mas agora estava pronto a fazer um sacrifício altíssimo em prol do outro.[15]

O discurso de Judá, um momento culminante no livro de Gênesis, granjeia o respeito de seu auditório, é plena e cuidadosamente documentado e, acima de tudo, é ardente e sai direto do coração. Como havia persuadido a seu pai em seu primeiro e extenso discurso (43.3-10), ele agora atinge o coração de José e reconcilia os irmãos.[16] William MacDonald fala do progresso da graça de Deus no coração de Judá. No capítulo 37, ele lidera seus irmãos a venderem José como escravo e enganar Jacó, seu pai, ao passo que, no capítulo 38, ele se envolve com enganos e imoralidade. Deus, porém, estava trabalhando em seu coração, porque, no capítulo 43, ele se deu como garantia por Benjamim e agora, no capítulo 44, ele intercede por Benjamim e está pronto a se tornar escravo no lugar dele para não ver o seu pai sofrer. Esse é o progresso da graça de Deus na vida de Judá.[17]

Neste ponto, é de suma importância examinarmos o discurso de Judá.

Primeiro, uma abordagem humilde (44.18). Usando os melhores recursos da oratória, Judá inicia seu discurso humilhando a si mesmo e exaltando aquele a quem dirige sua palavra. Isso fica evidente porque ele pede permissão para falar, roga paciência para ser ouvido e reconhece que aquele que o ouve é como o faraó, que pode irritar-se com seu discurso e tem até mesmo poder para matá-lo. O vocativo *Ah! Senhor meu, rogo-te, bi'adoni*, é uma fórmula fixa, que, traduzida literalmente, significa "sobre mim, meu senhor" (recaia tudo o que minha fala causar de desagradável ou ruim).[18]

Segundo, uma retrospectiva fidedigna (44.19-23). Judá faz um relato espontâneo dos fatos, afirmando que só falaram da situação familiar porque o governador havia pedido. Ele relembra-o do que houve na primeira viagem deles ao Egito e sobre o fato de que este perguntara a eles se tinham pai e irmão. Judá acentua novamente que eles têm um pai já velho, um filho da sua velhice, o mais novo, cujo irmão é morto, e que esse filho é o único que lhe restou de sua mãe, por isso muito amado pelo pai. Judá também relembra ao governador o que haviam dito a ele: que se o filho mais novo deixasse o pai, este não suportaria sua ausência e morreria. Judá finaliza dizendo que esta era a única alternativa dos irmãos: retornarem ao Egito para comprar mais alimento trazendo com eles esse filho mais novo do seu velho pai.

Terceiro, um dilema paternal (44.24-29). Depois de Judá fazer uma retrospectiva do que havia acontecido no Egito por ocasião da primeira viagem deles, começa agora a narrar o que aconteceu com o velho pai, em Canaã, ao informarem a ele sobre a exigência inegociável do governador de não os receber mais sem a companhia de Benjamim. Judá conta ao governador sobre o dilema de seu velho pai quando a fome apertou e precisaram retornar ao Egito, dizendo que, a princípio, o velho pai se recusou peremptoriamente a enviar Benjamim (42.38), porém depois permitiu, mas não sem antes fazer profundo lamento: [...] *Sabeis que minha mulher me deu dois filhos; um se ausentou de mim, e eu disse: Certamente foi despedaçado, e até agora não mais o vi; se agora também tirardes este da minha presença, e lhe acontecer algum desastre, fareis descer as minhas cãs com pesar à sepultura* (44.27-29).

Quarto, uma consequência inevitável (44.30,31). Judá é enfático ao afirmar que retornar a Canaã sem Benjamim é sentenciar seu velho pai à morte. Outrora, ele e seus irmãos, no caso de José, não se importaram com o sofrimento de José nem com o sofrimento do pai, mas agora eles demonstram amor tanto pelo pai quanto por Benjamim, por isso não queriam mais impor sofrimento ao pai, fazendo-o descer com tristeza à sepultura.

Quinto, uma substituição abnegada (44.32-34). Judá chega ao apogeu de sua argumentação e à defesa mais robusta de seu próprio caráter ao testemunhar que ele havia se colocado diante do seu pai como fiador de seu irmão. Então, roga ao governador para ele mesmo ficar como escravo no lugar do irmão, a fim de que Benjamim pudesse retornar com os outros a seu pai, pois voltar a Canaã sem Benjamim seria uma carga pesada demais para o pai, já velho e sofrido, suportar. Judá quer se sacrificar em favor de Benjamim, quer ser escravo no lugar dele e está decidido a não ser apenas corresponsabilizado, mas mostrou-se disposto a "sofrer vicariamente". Concordo com Waltke quando diz que esse primeiro caso de substituição humana na Escritura revela um Judá diferente daquele que vendeu seu irmão para ser escravo (37.26,27), visto que ele sente tanto por seu pai que pede para se sacrificar por um irmão mais amado que ele.[19]

O discurso de Judá pode ser comparado com o discurso de Moisés em favor do povo quando fizeram um bezerro de ouro e o adoraram (Êx 32) e com o discurso de Paulo quando desejou ser anátema para que o povo judeu fosse salvo (Rm 9). Judá está disposto a ser escravo no Egito para salvar Benjamim por amor a ele e a seu pai; Moisés estava pronto a ter seu nome riscado do livro de Deus por amor ao seu povo; e Paulo expressou disposição de ser amaldiçoado caso isso significasse salvação para aqueles que ele amava. Entretanto, nenhum dos três foi sacrificado por esses pedidos, mas Jesus, estes, sim, foi sacrificado por aqueles que não o amavam. Nós somos pecadores, e Ele, como nosso fiador e representante, assumiu nosso lugar, sofreu o golpe da lei que deveríamos sofrer e morreu pelos nossos pecados. Judá, Moisés e Paulo foram poupados, mas Deus não poupou o Seu próprio Filho; antes, por todos nós O entregou (Rm 8.32).[20]

Warren Wiersbe diz que Judá estava certo de que havia causado a morte de José e não queria ser responsável pela morte de Jacó. Mais de vinte anos antes, ele havia testemunhado a profunda tristeza de seu pai e não queria que isso se repetisse,[21] e agora seu discurso de certo modo deixa claro sua preocupação tanto com o pai idoso quanto com o irmão mais novo.

Bräumer tem razão em dizer que o discurso de Judá mostrou a José, pela primeira vez, o que havia acontecido na sua família desde que ele fora vendido como escravo, pois ele ouvia agora as palavras com as quais o pai, que o julgava morto, o lamentara. Ele sabia que o luto do pai por sua perda ainda persistia, mas, ao mesmo tempo, o discurso mostrou a ele que seus irmãos agora lidavam de forma totalmente diferente com a predileção do pai pelos filhos de Raquel, fazendo-o ter certeza de que os irmãos haviam se arrependido e se convertido, e que já não eram mais como eram antigamente.[22] Transborda desse magnífico discurso a evidência de que a vida dos irmãos de José está transformada de modo que a relação deles mudou com Deus e uns com os outros.

Matthew Henry, fazendo uma aplicação dessa emocionante passagem, diz que Judá prudentemente suprimiu em seu discurso qualquer menção ao crime de que Benjamim era acusado, pois, se Judá tivesse dito qualquer coisa que reconhecesse o crime, ele teria colocado a honestidade de Benjamim em dúvida, o que levantaria ainda mais suspeitas. Contudo, se tivesse dito qualquer coisa que negasse o crime, ele teria colocado a justiça do governador em dúvida, bem como a sentença que ele havia proferido, por isso, ele evita esse caminho e apela à piedade do governador. Isso aponta para a boa razão que Jacó, ao morrer, teria para dizer: *Judá, teus irmãos te louvarão* (49.8), pois ele superou a todos em coragem, sabedoria e eloquência, e demonstrou carinho especial por seu pai e pela sua família. O apego fiel de Judá a Benjamim, agora em aflição, foi recompensado muito tempo depois pelo apego constante da tribo de Benjamim à tribo de Judá, quando todas as outras dez tribos a abandonaram. Quão adequadamente a Escritura, quando está falando da mediação de Cristo, observa que o nosso Senhor procedeu de Judá (Hb 7.14). Pois, como seu pai Judá, ele não somente fez intercessões pelos transgressores, mas tornou-se uma garantia em favor deles (Hb 7.22), testificando que tinha uma grande preocupação tanto por seu pai como por seus irmãos.[23]

Bruce Waltke diz que Jacó coroará Judá com a realeza em razão de haver demonstrado que ele se estava apto a governar segundo o ideal divino de realeza com que o rei serve ao povo, não o contrário. Judá é transformado daquele que vende a seu irmão como escravo naquele que está disposto a ser escravo por seu irmão. Com essa oferta, ele exemplifica a realeza ideal de Israel.[24] O mesmo autor diz que Judá acaba prefigurando Cristo, pois é a primeira pessoa na Escritura que se dispõe a oferecer a própria vida por outro. Seu amor que se autossacrifica por seu irmão, por amor a seu pai, prefigura a expiação vicária de Cristo, que, por Seus sofrimentos voluntários, fecha a brecha entre Deus e os seres humanos.[25]

Notas

[1] KIDNER, Derek. *Gênesis: introdução e comentário*, 2006, p. 189.
[2] WALTKE, Bruce K. *Gênesis*, 2010, p. 695.
[3] BRÄUMER, Hansjörg. *Gênesis*, vol. 2, 2016, p.
[4] WALTKE, Bruce K. *Gênesis*, 2010, p. 697.
[5] BRÄUMER, Hansjörg. *Gênesis*, vol. 2, 2016, p. 282.
[6] WALTKE, Bruce K. *Gênesis*, 2010, p. 698.
[7] BRÄUMER, Hansjörg. *Gênesis*, vol. 2, 2016, p. 283.
[8] Ibidem, p. 282.
[9] Ibidem, p. 283.
[10] Ibidem, p. 285.
[11] KIDNER, Derek. *Gênesis: introdução e comentário*, 2006, p. 191.
[12] BOICE, James Montgomery. *Genesis*, vol. 3, 1998, p. 1043.
[13] WALTKE, Bruce K. *Gênesis*, 2010, p. 694.
[14] Ibidem, p. 698.
[15] LIVINGSTON, George H. *O livro de Gênesis*, in: Comentário bíblico Beacon, vol. 1, 2015, p. 118.
[16] WALTKE, Bruce K. *Gênesis*, 2010, p. 695.
[17] MACDONALD, William. *Believer's Bible Commentary*, 1995, p. 77-78.
[18] BRÄUMER, Hansjörg. *Gênesis*, vol. 2, 2016, p. 285.
[19] WALTKE, Bruce K. *Gênesis*, 2010, p. 699.
[20] BOICE, James Montgomery. *Genesis*, vol. 3, 1998, p. 1048-1049.
[21] WIERSBE, Warren W. *Comentário bíblico expositivo*, vol. 1, 2006, p. 206.
[22] BRÄUMER, Hansjörg. *Gênesis*, vol. 2, 2016, p. 287.
[23] HENRY, Matthew. *Comentário bíblico — Antigo Testamento (Gênesis a Deuteronômio)*, vol. 1, 2010, p. 200.
[24] WALTKE, Bruce K. *Gênesis*, 2010, p. 706.
[25] Ibidem, p. 707.

Capítulo 48

Providência carrancuda, face sorridente
(Gn 45.1-28)

A história de José chega ao clímax. O eloquente e sincero discurso de Judá tocou o seu coração e os sentimentos represados não podiam mais ser contidos, pois ele tinha alcançado o limite do seu autocontrole. José destampa sua alma e abre as comportas do seu coração quando, em meio a abundantes lágrimas, dá-se a conhecer a seus irmãos. O medo da revelação é transformado em evidências de perdão e graça, e o temor da vingança se converte em presentes generosos. A ação maldosa dos irmãos de José, governada por ciúmes e ódio, é transformada pela providência divina em livramento da morte para eles e o mundo, e aquela providência carrancuda escondia a face sorridente de Deus.

Destacamos alguns pontos importantes.

José se revela a seus irmãos (45.1-15)

Essa cena é carregada de profundas emoções. Os métodos usados por José lograram pleno êxito, pois ele estava convencido do arrependimento dos irmãos e da mudança profunda no coração deles. Eles haviam passado no teste, e era a hora oportuna de remover os disfarces de sua dureza e mostrar a eles a ternura do seu coração. Vejamos como isso se deu.

Em primeiro lugar, *a revelação surpreendente* (45.1-3a). As emoções estavam vazando pelos poros da alma quando José ordena a todos os egípcios que saiam de sua presença, ficando a sós com seus irmãos. Ele, que até então falava privativamente com seu mordomo egípcio (44.1-15), agora fala privativamente com seus irmãos. Naquele momento, a voz do choro precedeu a voz de sua declaração, e essa é a terceira vez que José chora. Cada vez ele vai perdendo mais o controle de suas ternas emoções em relação a seus irmãos (42.24; 43.30,31; 45.2), mas suas lágrimas foram o prelúdio de sua revelação e seu choro, o prefácio de sua apresentação. Então, com o rosto banhado de lágrimas, pela primeira vez ele se dirige a seus irmãos em sua língua materna, fazendo a mais retumbante revelação: *Eu sou José*. Deixando de lado toda a liturgia protocolar, emenda a pergunta abafada em seu peito: *Vive ainda meu pai?* Derek Kidner diz que essa pergunta, depois de tudo que Judá havia dito, ilustra o fato de que *viver*, no Antigo Testamento, tende a incluir a ideia de gozo de saúde e bem-estar.[1]

Em segundo lugar, *o medo aterrador* (45.3b). Essa revelação caiu como um raio na cabeça de seus irmãos e foi como o estrondo de um trovão em seus ouvidos, deixando-os sem fôlego. O sangue congelou em suas veias e eles não sabiam o que pensar nem o que dizer. A única coisa que sentiram foi um medo aterrorizante, uma vez que o irmão vendido como escravo e que davam como morto era ninguém menos que o governador do Egito, o qual estava bem ali na frente deles. Calados, viram-se todos como culpados diante de seu juiz.

Em terceiro lugar, *o convite gracioso* (45.4). O desejo dos irmãos de José era fugir e se esconder, contudo, ele disse a eles: *Agora, achegai-vos a mim*. A doce voz de José, temperada por suas lágrimas, pavimentou para eles o caminho da graça e do perdão, pois já não tinham que fugir acuados pelo medo, atormentados pela culpa, mas podiam achegar-se a ele, e foi o que fizeram. Então, disse: *Eu sou José, vosso irmão; a quem vendestes para o Egito*. Derek Kidner diz que a convicção de que a vontade de Deus, e não a do homem, era a realidade diretora em cada acontecimento refulge como luz orientadora de José e é o segredo de sua espantosa falta de rancor.[2]

Em quarto lugar, *o discurso esclarecedor* (45.5-9). O discurso de José começa pelo passado, descreve o presente e fornece um vislumbre do futuro. Como diz Wiersbe, os irmãos eram responsáveis pelo seu sofrimento, mas Deus usou esses sofrimentos para cumprir seus propósitos (Rm 8.28), enviando José ao Egito para que a família de Jacó fosse preservada e a nação de Israel viesse a nascer, e, por fim, dar ao mundo a Palavra de Deus e o Salvador.[3] Dessa forma, José direcionou a visão deles, de seus pecados, para a graça de Deus.[4] Nesse episódio, quatro vezes José se descreve como agente de Deus (45.5,7,8,9; cf. 42.25; 43.23), deixando evidente que Deus, em Sua soberana graça, tem guiado a história de José (42.2; 45.5-8; 50.20).

Boice diz que toda a vida de José foi governada pela consciência da centralidade de Deus. O narrador destaca as várias vezes em que José referiu-se a Deus em sua vida: 1) 39.9 — ele fugiu do adultério por entender que seria um pecado contra Deus. 2) 40.8 — interpreta os sonhos do copeiro-chefe e do padeiro-chefe, dizendo: *Porventura, não pertencem a Deus as interpretações?* 3) 41.16 — interpreta os sonhos do faraó, dizendo: *Não está isso em mim; mas Deus dará resposta favorável a Faraó.* 4) 41.25,28,32 — José faz a seguinte declaração ao faraó: *O sonho de Faraó é apenas um; Deus manifestou a Faraó o que há de fazer.* 5) 41.51 — Quando nasce o primogênito de José, ele o chamou de Manassés, pois disse: *Deus me fez esquecer de todos os meus trabalhos e de toda a casa de meu pai.* 6) 41.52 — Quando nasce o segundo filho, chamou-o de Efraim, pois disse: *Deus me fez próspero na terra da minha aflição.* 7) 50.20 — Ao explicar pela última vez a seus irmãos a providência divina em sua vida, disse-lhes: *Vós, na verdade, intentastes o mal contra mim; porém Deus o tornou em bem, para fazer, como vedes agora, que se conserve muita gente em vida.*[5]

Vamos examinar as três dimensões do discurso de José. Primeiro, o passado (45.5). A fim de se identificar de forma inequívoca, José precisa lembrar-se do passado; entretanto, a intenção dessa lembrança dolorosa não é para causar vergonha aos irmãos, mas sim para ajudá-los a superar esse passado que ainda lhes pesava. A retrospectiva de José é determinada por três declarações sobre a sua confiança em Deus: 1) *Para conservação da vida, Deus me enviou adiante de vós* (45.5b). Esta é uma das afirmações clássicas do governo providencial de Deus, o qual direciona o emaranhado da culpa humana para a concretização de Seus bons e afinados propósitos (At 2.23; 4.28).[6] A fala de José a seus irmãos tem o seguinte teor: "Irmãos, aquela venda cruel se tornou em um envio abençoado. Vocês podem aprender a ver tudo com outros olhos, mesmo que não consigam entender isso. É preciso confiar em Deus, que tem o poder de intervir em algo que começou com um plano mau e transformá-lo em algo bom". 2) *Deus me enviou adiante de vós, para conservar vossa sucessão na terra e para vos preservar a vida por um grande livramento* (45.7,8a). O que José está dizendo a seus irmãos é que Deus o enviou para o Egito a fim de possibilitar a sobrevivência do mundo, inclusive a vida deles. 3) *Assim, não fostes vós que me enviastes para cá, e sim Deus…* (45.8a). José está exortando os seus irmãos a não deixarem que as memórias de culpa e da forma com que ele havia chegado ao Egito pudesse tirar a alegria deles desse encontro; na verdade, o passado só pode ser superado se confiarmos que Deus pode transformar o mal em bem.[7]

Segundo, o presente (45.8b). Para descrever aos irmãos sua atual posição no Egito, José destaca sua tríplice honra: 1) *Deus, que me pôs por pai de Faraó* (45.8b). Isso significa que José era o conselheiro do rei; 2) [Deus me pôs por] *senhor de toda a sua casa* (45.8c), ou seja, José tem autoridade máxima; 3) [Deus me colocou] *como governador em toda a terra do Egito* (45.8d). Isso significa que no país inteiro nada acontece sem sua permissão.[8]

Terceiro, o futuro (45.9). A terceira parte do discurso de José trata de seus desejos mais caros para o futuro, e, assim, ele transforma seus irmãos em mensageiros, entregando-lhes uma mensagem: *Apressai-vos, subi a meu pai e dize-lhe:*

Assim manda dizer teu filho José: Deus me pôs por senhor em toda a terra do Egito, desce a mim, não te demores.[9] Bräumer tem razão em dizer que o novo futuro só se abre quando o passado for vencido e o presente, refeito.[10]

Em quinto lugar, *a oferta generosa* (45.10-13). José não apenas perdoa seus irmãos, mas lhes oferece dádivas maravilhosas. Vejamos:

Primeiro, José oferece a eles o melhor do Egito, bem como sua presença (45.10). A terra de Gósen era a mais fértil do Egito (47.6), também conhecida como terra de Ramessés (47.11) José lhes dá o melhor da terra e também o coração dele, e os chama para perto de si.

Segundo, José oferece a eles sustento nos tempos de fome (45.11). José alerta-os de que ainda haveria mais cinco anos de estiagem, nos quais não haveria semeadura nem colheita; contudo, garante sustento e provisão a eles nesse tempo.

Terceiro, José oferece plena evidência de sua identidade e de sua glória (45.12,13). Ao deixar claro sua aparência semelhante à de Benjamim, não só física, mas também moral, uma vez que Benjamim é o único irmão cujo caráter está além da dúvida e cujo testemunho é plenamente crível, e pedir a eles para falar a Jacó, seu pai, acerca de toda a sua glória no Egito, reitera seu desejo de que seu pai venha com eles para o Egito.

Em sexto lugar, *a emocionante reconciliação* (45.14,15). Essa cena expõe a anatomia da reconciliação, pois José se lança ao pescoço de Benjamim, que nessa época tinha mais de 22 anos, e chora abraçado com o irmão caçula. Depois, José beija todos os seus irmãos, chorando sobre eles. Até aqui, os irmãos de José estavam mudos, calados, intimidados, no entanto, depois do abraço, do beijo e do choro, os irmãos falaram com ele, rompendo o aturdido silêncio. O narrador deixa em suspenso o teor dessa conversa, todavia, é muito provável que tenham sido pedidos pungentes de perdão!

George Livingston tem razão em dizer que o caminho para a plena reconciliação foi árduo para José e seus irmãos, visto que estes tiveram de enfrentar a culpa, confessar os pecados (42.21,22) e reconhecer que Deus os estava castigando (42.28); além disso, tiveram de pedir misericórdia (44.27-32) e mostrar que haviam mudado (44.33,34). Para José, a provação também foi penosa, pois teve de se assegurar da nova sinceridade dos irmãos, pondo-os em situações embaraçosas, algumas das quais causando sofrimento a seu pai, bem como manter o disfarce egípcio, embora estivesse ansioso para se revelar. Quando chegou a hora da revelação, sua posição e seu poder tornaram difícil a seus irmãos acreditar que ele era mesmo o irmão José e que ele realmente os havia perdoado.[11]

Boice vê na passagem apresentada quatro paralelos entre José e Jesus: 1) José conheceu seus irmãos antes de eles reconhecê-lo; 2) amou seus irmãos antes de eles amá-lo; 3) salvou seus irmãos antes de eles terem consciência de sua salvação; 4) e chamou seus irmãos para si quando eles prefeririam fugir dele.[12]

O faraó convida a família de José (45.16-20)

A notícia de que os irmãos de José tinham vindo ao Egito chega à casa do faraó, e isso foi agradável a ele e a seus oficiais (45.16). Então, o faraó fala a José e reitera o convite que este havia feito à família, acrescentando ainda novos privilégios.

Em primeiro lugar, *o faraó despede os irmãos de José com provisão* (45.17). O faraó não os despede de mãos vazias, mas ordena que seus animais sejam carregados de mantimento.

Em segundo lugar, *o faraó convida a família de José e oferece a ela o melhor da terra do Egito* (45.18). O faraó não apenas daria à família de José o melhor da terra do Egito, mas eles também comeriam a fartura da terra. Este convite do faraó: [...] *vinde para mim; dar-vos-ei...*, feito a um Israel próximo ao fim da esperança e aos dez irmãos carregados de culpa, dificilmente pode deixar de lembrar ao cristão o convite de Jesus: *Vinde a mim, todos os que estais cansados e sobrecarregados, e eu vos aliviarei* (Mt 11.28).

Em terceiro lugar, *o faraó envia carros para trazer ao Egito a família de José* (45.19). Os irmãos que vieram com seus jumentos buscar um pouco de comida retornam com seus animais abarrotados de cereal e acompanhados de carros para trazerem ao Egito Jacó, suas mulheres e seus filhinhos.

Em quarto lugar, *o faraó promete à família de José toda provisão material* (45.20). *Não vos preocupeis com coisa alguma dos vossos haveres, porque o melhor de toda a terra do Egito será vosso.* O faraó orienta a família de José a não ficar apegada a seus bens em Canaã, porque eles teriam tudo em abundância no Egito. Nas palavras de Bräumer, é como se o faraó dissesse: "Vocês não sentirão falta do que for deixado para trás, pois no Egito vocês terão do bom e do melhor".[13]

José presenteia a seus irmãos (45.21-23)

As palavras de José já haviam demonstrado seu amor gracioso, mas agora, ele evidencia ainda mais seu perdão, ao oferecer a seus irmãos ofertas generosas, como veremos a seguir.

Em primeiro lugar, *José deu a seus irmãos carros* (45.21). José deu a seus irmãos carros, conforme o mandado do faraó, e também provisão para o caminho. A família de José é tratada como família real, de modo que os pastores de rebanho chegam de volta em Canaã como uma comitiva real.

Em segundo lugar, *José deu a seus irmãos vestes festivais* (45.22). A cada irmão, deu vestes festivais, mas à Benjamim deu trezentas moedas de prata e cinco vestes festivais. As vestes festivais eram roupas caras, usadas em ocasiões solenes. Há 22 anos, seus irmãos haviam arrancado, à força, as vestes de José (37.23); agora, ele os presenteia com vestes nobres. Há 22 anos, eles haviam vendido José por vinte siclos de prata; agora, José dá a Benjamim trezentas moedas de prata e cinco vestes festivais. Essa é a dádiva do amor, a evidência do perdão, a demonstração da graça.

Em terceiro lugar, *José envia a seu pai farta provisão* (45.23). José mandou também dez jumentos carregados do melhor do Egito e mais dez jumentos carregados de cereais e pão. Mandou, outrossim, provisão para o seu pai, para a viagem que faria de Canaã ao Egito.

José aconselha seus irmãos (45.24)

Ao despedir seus irmãos, sabendo que o pecado deles estava prestes a vir à luz perante Jacó, o pai deles, e sabendo que era provável que proliferassem acusações recíprocas, José lhes dá um sábio conselho: *Não contendais pelo caminho*. José sabia que a longa viagem de mais de quatrocentos quilômetros de retorno a Canaã poderia suscitar muitas discussões entre eles (42.21,22), para levantar acusações mútuas sobre quem teria mais ou menos culpa, e, assim, a viagem, em vez de empolgante, poderia ser penosa. Uma vez que eles haviam recebido o perdão de José, deveriam perdoar uns aos outros.

É como escreve Wiersbe: "A questão havia sido resolvida de uma vez por todas e não havia necessidade de discuti-la nem de tentar colocar a culpa em alguém ou de determinar o tamanho dessa culpa".[14] Era tempo de agradecer pela providência divina que havia transformado a tragédia em triunfo.

Jacó é informado de que José está vivo (45.25-28)

Os irmãos de Jacó subiram do Egito rumo a Canaã. A situação com José estava resolvida, mas agora, precisariam enfrentar Jacó e confessar a ele o que tinham feito com José há muito tempo. O narrador omite a emoção dos irmãos ao darem a notícia a Jacó, bem como suas palavras de pedido de perdão ao pai, enganado por eles por 22 anos.

Destacamos aqui alguns pontos.

Em primeiro lugar, *uma informação chocante* (45.25,26a). A chegada deles era ansiosamente aguardada por Jacó, afinal, Simeão estava preso e Benjamim havia sido liberado para descer ao Egito sob muita tensão. Quando Jacó olha os filhos se aproximando, percebe que a comitiva era maior do que a que havia saído de Canaã e tem mais animais carregados e, ainda, a presença de carros. Jacó percebe que tem mais alimento do que eles se propuseram a comprar e, para sua alegria, Benjamim está de volta, salvo e seguro. Simeão foi restituído à família, e aquele não poderia ser um cenário mais feliz para Jacó. Contudo, de repente, sem qualquer prelúdio, como que tirando um peso que os esmagava há 22 anos, os filhos de Jacó lhe disseram, sem rodeios: *José ainda vive e é governador de toda a terra do Egito* (45.26a).

Em segundo lugar, *uma reação paralisante* (45.26b). [...] *Com isto, o coração lhe ficou como sem palpitar, porque não lhes deu crédito.* Jacó andava desconfiado de seus filhos em todos esses anos acerca do paradeiro de José (42.36), de modo que o efeito da mentira usada pelos irmãos para encobrir sua culpa ainda não tinha perdido a sua força.[15] A mentira deles tinha destruído a paz e a integridade da comunhão em que viviam como família. Jacó não confiava mais neles e seu coração esfriou. Agora, seus filhos chegam com uma notícia que parece boa demais para ser verdade, mas Jacó não acredita. O velho patriarca, com 130 anos, não podia mais alimentar falsas esperanças (47.9), tanto que o relato dos filhos não foi capaz de libertar Jacó de sua paralisia.

Boice diz que 22 anos atrás Jacó tinha crido na má notícia de que José estava morto, embora essa informação fosse falsa, porém, agora ele se recusou a crer na boa-nova de que seu filho estava vivo quando essa informação era verdadeira.[16]

Em terceiro lugar, *um relatório minucioso* (45.27a). *Porém, havendo-lhe eles contado todas as palavras que José lhes falara...* Os irmãos de José não omitem nada agora e são mensageiros fidedignos, pois a vida deles havia sido transformada. Agora, são embaixadores da verdade e agentes do bem.

Em quarto lugar, *uma evidência irrefutável* (45.27b). [...] *e vendo Jacó, seu pai, os carros que José enviara para levá-lo, reviveu-se-lhe o espírito.* Aquele aparato de carruagens reais em Canaã, no meio de uma fome mundial, não poderia ser uma encenação enganosa. Os carros egípcios, que os filhos nunca teriam conseguido trazer sem a permissão destes, foram para Jacó uma sombra do próprio José, de modo que a evidência de que seus filhos estavam falando a verdade torna-se, de repente, irrefutavelmente consistente. Imediatamente, o espírito de Jacó reviveu e os olhos que choraram tantos anos são banhados de um novo brilho. Ele foi tomado por alegre agitação e ânimo. Chegara ao fim duas décadas de luto. A comunhão, outrora interrompida pela notícia "José morreu" foi restabelecida. O espírito de Jacó reviveu, a consolação divina o alcançou, e ele já não pensa mais na possibilidade de descer triste à sepultura, perdendo a esperança na vida, mas, fortalecido por alegria indizível, apressa-se para ver seu filho amado.

Swindoll diz que, a partir desse momento, Jacó não se interessa pelas roupas novas, pelo dinheiro de Benjamim nem pelo cereal que os animais haviam carregado. A reação dele ao ouvir que José está vivo é paralela à dos discípulos quando souberam que Jesus vivia — espanto e incredulidade que, depois, se transformam em alegria incontrolável.[17]

Em quinto lugar, *uma decisão inabalável* (45.28). *E disse Israel: Basta; ainda vive meu filho José; irei e o verei antes que eu morra.* No passado, Jacó havia lutado com Labão, seu sogro, por posses e bens, mas agora, como Israel, usando o nome do pacto, anela por seu filho, não por posses (46.30). Para Jacó, ver seu filho José era o apogeu da vida, a missão cumprida, a realização maiúscula de sua carreira. Sendo assim, concluo este capítulo com as palavras de Warren Wiersbe:

O Deus soberano havia prevalecido sobre as intrigas dos pecadores e realizado seu plano para Jacó, José e seus irmãos. Durante os quatro séculos seguintes, os hebreus ficaram no Egito, primeiro como convidados de honra e, depois, como escravos sofredores, mas, em meio a tudo isso, o Senhor iria moldá-los até se transformarem no povo que precisavam ser, a fim de fazer a vontade de Deus.[18]

Notas

[1] KIDNER, Derek. *Gênesis: introdução e comentário*, 2006, p. 191.
[2] Ibidem.
[3] WIERSBE, Warren W. *Comentário bíblico expositivo*, vol. 1, 2006, p. 207.
[4] WALTKE, Bruce K. *Gênesis*, 2010, p. 701.
[5] BOICE, James Montgomery. *Genesis*, vol. 3, 1998, p. 1057-1058.
[6] WALTKE, Bruce K. *Gênesis*, 2010, p. 701.
[7] BRÄUMER, Hansjörg. *Gênesis*, vol. 2, 2016, p. 288-289.
[8] Ibidem, p. 289.
[9] Ibidem.
[10] Ibidem, p. 290.
[11] LIVINGSTON, George H. *O livro de Gênesis*, in: *Comentário bíblico Beacon*, vol. 1, 2015, p. 119.
[12] BOICE, James Montgomery. *Genesis*, vol. 3, 1998, p. 1051-1055.
[13] BRÄUMER, Hansjörg. *Gênesis*, vol. 2, 2016, p. 291.
[14] WIERSBE, Warren W. *Comentário bíblico expositivo*, vol. 1, 2006, p. 208-209.
[15] BRÄUMER, Hansjörg. *Gênesis*, vol. 2, 2016, p. 293.
[16] BOICE, James Montgomery. *Genesis*, vol. 3, 1998, p. 1094.
[17] SWINDOLL, Charles R. *José*, 2016, p. 185.
[18] WIERSBE, Warren W. *Comentário bíblico expositivo*, vol. 1, 2006, p. 209.

Capítulo 49

Uma partida e um encontro
(Gn 46.1-34)

Aos 130 anos de idade, Jacó escuta as notícias mais alvissareiras de sua vida. José, seu filho amado, por quem havia chorado 22 anos, num luto doído, está vivo e governa o império mais poderoso do mundo. Agora, é tempo de descer ao Egito e celebrar esse encontro.

O texto em apreço fala de dois assuntos essenciais: a partida para o Egito e o encontro com José. Vejamos.

A partida (46.1-27)

Jacó parte com tudo o que possuía rumo ao Egito, mas faz uma parada estratégica em Berseba, pois, antes de encontrar o filho amado no Egito, precisa prestar adoração a Deus. Sobre isso, vamos destacar aqui alguns pontos importantes.

Em primeiro lugar, *Jacó oferece sacrifícios a Deus* (46.1). Ele tem seu coração cheio de gratidão, pois os sonhos de seu filho José não eram fantasias, mas revelação divina. Deus não havia perdido o controle da história, mas estava trabalhando nas circunstâncias para exaltar José. Então, ele faz uma parada estratégica em Berseba para oferecer sacrifícios ao Deus de seu pai.

Berseba era a última cidade na antiga pátria, a última cidade antes da fronteira com o Egito e onde estava o santuário dos patriarcas.[1] Berseba havia sido um local litúrgico para Abraão e Isaque, mas não para Jacó. Sendo assim, ao adorar no altar que Isaque havia construído, Jacó mostra que adora o mesmo Deus de seus pais.[2]

Não obstante esse fato, Berseba era um lugar muito especial para Jacó, pois Abraão havia cavado um poço naquele local e feito aliança com Abimeleque, invocando o nome do Senhor, o Deus eterno (21.30-33), e vivido ali depois de oferecer Isaque no monte Moriá (22.19). Isaque também viveu em Berseba (26.23,32,33), e foi de seu lar em Berseba que Jacó partiu para a casa de Labão em busca de uma esposa. Em Berseba, Deus havia aparecido a Agar (21.17), a Isaque (26.23,24) e ainda apareceria a Jacó.[3] Waltke destaca: "A odisseia de Jacó fora da terra prometida começa e termina em Berseba (28.10; 46.1)".[4]

Derek Kidner diz que o local e o caráter do culto oferecido por Jacó indicam a sua estrutura mental, pois Berseba tinha sido o principal centro em torno do qual Isaque viveu. Dirigindo-se a Deus como "Deus de seu pai", Jacó reconhecia a vocação espiritual de sua família.[5]

Em segundo lugar, *Deus fala com Jacó* (46.2-4). O Jacó que tinha passado 22 anos chorando, debaixo do gelado silêncio de Deus, escuta agora novamente a voz do Senhor, que se apresenta a ele como o Deus de seu pai, o Deus da aliança. A exclamação *Jacó! Jacó!* nos faz lembrar de *Abraão! Abraão!* (22.11), *Samuel, Samuel!* (1Sm 3.10); *Marta! Marta!* (Lc 10.41) e *Saulo, Saulo* (At 9.4).[6]

Em Berseba, Deus ordenou a Jacó que descesse ao Egito sem qualquer temor. Mas, por que Jacó poderia ter medo em descer ao Egito? Primeiro, porque já era um homem velho; segundo, porque o Egito lhe trazia más memórias (12.10-20); terceiro, porque o Egito era uma terra pagã; quarto, porque sabia que o Egito traria, no futuro, grande sofrimento aos seus descendentes (15.13).[7] Todavia, em Berseba Deus não apenas lidou com os medos de Jacó, mas também fez-lhe várias promessas:

Primeira, promessa de multiplicação (46.3b). [...] *porque lá eu farei de ti uma grande nação.* Na verdade, Deus está reiterando a Jacó as mesmas promessas que já havia feito a ele em Betel (28.14). O Egito seria o lugar da preservação de sua família e o berço que Deus usaria para transformar seu clã numa grande nação.

Segunda, promessa de companhia (46.4a). *Eu descerei contigo para o Egito e te farei tornar a subir, certamente...* Mais importante do que as bênçãos de Deus é o Deus das bênçãos, e mais importante do que multiplicação no Egito é a presença de Deus no processo dessa multiplicação. Os descendentes de Jacó, no tempo oportuno de Deus, retornariam a Canaã para possuir a terra. Nas palavras de Charles Swindoll, "essa é uma referência profética ao grande êxodo de Israel do Egito".[8]

Terceira, promessa de consolo pessoal (46.4b). [...] *A mão de José fechará os teus olhos*. Com essa promessa, Deus está dizendo a Jacó que José vai cuidar de tudo o que diz respeito a ele, de modo que viverá uma velhice sem preocupações e não perderá José nunca mais.[9] Jacó não morrerá amargurado, na solidão do luto, mas seu filho amado estará com ele quando tiver que atravessar o vau da morte, e seu corpo seria levado de volta a Canaã e sepultado na caverna onde jaziam Abraão, Sara, Isaque, Rebeca e Lia (49.30,31). Firmando-se nessas promessas, Jacó deixou Canaã e rumou para o Egito.[10] Waltke destaca que, enquanto José viveu seus primeiros dezessete anos sob o cuidado de Jacó, este viverá seus últimos dezessete anos sob o cuidado de José (47.8,28).[11]

Em terceiro lugar, *Jacó parte para o Egito com sua família* (46.5-7). Jacó se levantou de Berseba, mas foram seus filhos que o levaram, bem como seus filhinhos e suas mulheres, nos carros que o faraó tinha enviado para transportá-los (46.5). Jacó segue intrépido rumo ao Egito não em busca de riquezas, conforto e segurança, mas movido de amor por um filho.[12] Nessa jornada, Jacó não deixa nada para trás e leva consigo todo o gado e bens que havia adquirido na terra de Canaã (46.6). Do mesmo modo, ele não deixa ninguém para trás, ou seja, leva consigo toda a sua família: filhos, noras, netos, enfim, toda a sua descendência (46.7).

Em quarto lugar, *Jacó leva consigo os filhos de Lia e seus descendentes* (46.8-15). Rúben, Simeão, Levi, Judá, Issacar, Zebulom, Diná e seus respectivos filhos, totalizando 33 pessoas.

Em quinto lugar, *Jacó leva consigo os filhos de Zilpa e seus descendentes* (46.16-18). Gade e Aser e seus respectivos filhos. Digno de nota é que, dentre os descendentes de

Zilpa, há menção de dois bisnetos de Jacó, ou seja, Héber e Malquiel. Ao todo, eram dezesseis pessoas.

Em sexto lugar, *Jacó leva consigo os filhos de Raquel e seus descendentes* (46.19-22). Os filhos de Raquel foram José e Benjamim. José já estava no Egito com seus dois filhos, Manassés e Efraim (46.20). Benjamim, por sua vez, teve dez filhos: Belá, Bequer, Asbel, Gera, Naamã, Eí, Rôs, Mupim, Hupim e Arde. Os descendentes de Raquel foram catorze pessoas. Concordo com Henry Morris quando diz que, apesar de os dez filhos de Benjamim muito provavelmente não terem nascido em Canaã, eles foram listados com o objetivo de fazer parte desse rol de membros fundadores da nação, uma vez que todos os netos de Jacó foram reconhecidos entre esses fundadores. Eles estavam nos lombos de Benjamim quando desceram ao Egito com Jacó.[13]

Em sétimo lugar, *Jacó leva consigo os filhos de Bila e seus descendentes* (46.23-25). Dã e Naftali com seus respectivos filhos também desceram com Jacó para o Egito, ao todo sete pessoas – essa é a menor das quatro famílias de Jacó.

Em oitavo lugar, *a totalidade da família de Jacó no Egito* (46.26,27). Bräumer diz que a lista dos setenta da casa de Jacó está organizada de acordo com as mães dos filhos de Jacó, o que demonstra a grande importância dada às mulheres como mães.[14] Derek Kidner diz que essa lista dispõe a família em seus grupos de Lia e Raquel: primeiro, os descendentes de Lia e de sua serva Zilpa (33 mais 16); depois os de Raquel e Bila (14 mais 7), totalizando de 70, conforme os subtotais arrolados nos versículos 15, 18, 22 e 25. Diná, porém (46.15), deve ser acrescentada, dando 71, e 5 nomes devem ser subtraídos (Er, Onã, enterrados em Canaã [46.12]; José, Manassés e Efraim, já no Egito [46.20]) para se chegar ao número da progênie de Jacó que de fato viajou com ele, isto é, 66 (46.26). O versículo 27 acrescenta depois os dois filhos de José e, por inferência, o próprio José, além de Jacó, para dar a soma de *todas as pessoas da casa de Jacó* que chegaram ao Egito mais cedo ou mais tarde na história. As noras, embora membros da família, não são contadas nesses totais, que se referem somente aos descendentes de Jacó propriamente ditos (46.26).[15]

O clã de Jacó no Egito somou setenta pessoas (Êx 1.5; Dt 10.22), contudo, a referência em Atos 7.14 à mudança de Jacó para o Egito menciona 75 pessoas. Não há aqui qualquer discrepância; a questão é que o registro de Atos 7.14 segue a tradução grega, que inclui mais cinco descendentes de José pelos filhos dele.[16] A genealogia em 46.8-27 é repetida verbalmente de forma abreviada em Êxodo 1.1-5 para ligar o livro de Êxodo, o qual relata a história do povo de Israel como nação do Egito, ao Sinai.[17]

Waltke diz que a nação em miniatura é representada pelo número ideal e completo (5.5; 10.2; 46.8; Dt 10.22) e como sendo um microcosmo das nações (10.1-32; Dt 32.8), uma vez que setenta é o múltiplo de dois números perfeitos.[18] Quatrocentos anos depois, as setenta pessoas já eram uma grande nação. Saíram do Egito rumo à terra prometida seiscentos mil homens, fora mulheres e crianças, que totalizavam um número estimado de cerca de dois milhões de pessoas (Êx 12.37).

O encontro (46.28-34)

Com o coração palpitando de fortes emoções, Jacó entra no Egito, e, com a alma em festa, José espera para abraçar o pai. Sobre esse momento, cinco fatos são dignos de registro. Em primeiro lugar, *Judá, o precursor do pai* (46.28).

Judá definitivamente havia assumido a liderança dos filhos de Jacó, e agora, é o embaixador do pai para conduzi-lo até Gósen, onde encontrará seu filho. Cabe somente a Judá, que assumiu a responsabilidade de separar José de Jacó (37.26), ser agora o responsável em organizar a reunião.[19]

Em segundo lugar, *José vai ao encontro do pai* (46.29). *Então, José aprontou o seu carro e subiu ao encontro de Israel, seu pai, a Gósen. Apresentou-se, lançou-se-lhe ao pescoço e chorou assim longo tempo.* Esse é o encontro apoteótico no livro de Gênesis, não de um governador exaltado esperando por seus servos, mas de um filho ansioso correndo a saudar seu pai. As lágrimas amargas da saudade transformam-se em torrentes de lágrimas de alegria, e, abraçados, pai e filho, por um longo tempo, não têm qualquer palavra, apenas a emoção do encontro. Bräumer diz que, ao cumprimentar o pai, José deixa de ser o alto oficial do governo, que sai para receber sua família, para ser simplesmente filho.[20]

Em terceiro lugar, *Jacó faz uma confissão aliviada a José* (46.30). *Disse Israel a José: Já posso morrer, pois já vi o teu rosto, e ainda vives.* As ondas e vagas memórias passaram sobre a cabeça de Jacó, trazendo-lhe muito sofrimento por longos anos. Jacó, que já dava seu filho José como morto (42.36), ao chorar abraçado com ele está dizendo que não espera mais nada na vida, pois já tinha visto o rosto do filho amado, ou seja, já tinha alcançado o maior desejo de sua vida e agora, estava pronto para morrer. Jacó teve uma experiência prévia de ver um rosto, depois da qual jamais seria o mesmo, o rosto de Deus; apesar disso, permaneceu vivo. Contudo, tendo visto o rosto de José, não carece mais de viver, tanto que aquele homem que temia que seus filhos o conduzissem à sepultura em pranto admite que agora morrer em paz.[21]

No entanto, por bondade de Deus, Jacó ainda desfrutou de mais dezessete anos na companhia de sua família pacificada. Warren Wiersbe destaca que as palavras de Jacó nos fazem lembrar das palavras de Simeão ao contemplar o menino Jesus: *Agora, Senhor, podes despedir em paz o teu servo, segundo a tua palavra; porque os meus olhos já viram a tua salvação* (Lc 2.29,30).[22]

Em quarto lugar, *José comunica ao faraó a chegada de sua família* (46.31,32). José vai ao faraó e comunica a ele que sua parentela tinha acabado de chegar e que seus irmãos eram pastores, homens de gado, e que haviam trazido com eles seus rebanhos e todos os seus bens. Bräumer diz que o objetivo da audiência era obter a confirmação expressa do faraó de que eles poderiam ficar na terra de Gósen, uma terra de pastagens, onde os rebanhos do próprio faraó também pastavam (47.6b).[23] A terra de Gósen ficava na região nordeste do delta do Nilo, uma área com cerca de 2.300 quilômetros quadrados de solo muito fértil e excelentes pastagens.[24] José articula seu plano para introduzir a família diante do faraó como pastores, de modo que o faraó os mantenha longe dos egípcios e os estabeleça em Gósen, onde possam exercer sua profissão sem influência da cultura e da religião egípcias e onde possam florescer como povo sem se contaminar com casamentos inter-raciais.

Em quinto lugar, *José orienta seus irmãos* (46.33,34). José orienta seus irmãos a falarem ao faraó que eles eram homens de gado desde a juventude e que procediam de uma família de pastores, visando, com isso, abrir portas para habitarem na terra de Gósen, uma vez que essa profissão era algo abominável para os egípcios. Vemos, nas palavras de José, sua sabedoria em dois aspectos: primeiro, isso mostrava ao faraó que seus irmãos eram pastores e queriam continuar sendo pastores, não tendo quaisquer outras ambições de subir na vida sob a proteção de seu irmão, o govenador do Egito; segundo, com essa atitude ele também adverte seus irmãos a não ultrapassar irrefletidamente o limite da corte do faraó, à qual ele mesmo pertence em decorrência de seu cargo.[25] Concordo com Waltke quando diz que, mesmo que os pastores sejam detestáveis aos egípcios, José quer que sua família seja honesta; além disso, ele também deseja isolar sua família para que ela mantenha sua identidade singular até que as promessas patriarcais se concretizem.[26]

Notas

[1] BRÄUMER, Hansjörg. *Gênesis*, vol. 2, 2016, p. 296.
[2] WALTKE, Bruce K. *Gênesis*, 2010, p. 714.
[3] WIERSBE, Warren W. *Comentário bíblico expositivo*, vol. 1, 2006, p. 210.
[4] WALTKE, Bruce K. *Gênesis*, 2010, p. 714.
[5] KIDNER, Derek. *Gênesis: introdução e comentário*, 2006, p. 193.
[6] WIERSBE, Warren W. *Comentário bíblico expositivo*, vol. 1, 2006, p. 210.
[7] BOICE, James Montgomery. *Genesis*, vol. 3, 1998, p. 1099-1101.
[8] SWINDOLL, Charles R. *José*, 2016, p. 187.
[9] BRÄUMER, Hansjörg. *Gênesis*, vol. 2, 2016, p. 297.
[10] WIERSBE, Warren W. *Comentário bíblico expositivo*, vol. 1, 2006, p. 211.
[11] WALTKE, Bruce K. *Gênesis*, 2010, p. 726.
[12] Ibidem, p. 723.
[13] MORRIS, Henry M. *The Genesis Record*, 2006, p. 633.
[14] BRÄUMER, Hansjörg. *Gênesis*, vol. 2, 2016, p. 298.
[15] BRÄUMER, Derek. *Gênesis: introdução e comentário*, 2006, p. 193-194.
[16] LIVINGSTON, George H. *O livro de Gênesis*, in: *Comentário bíblico Beacon*, vol. 1, 2015, p. 121.

[17] WALTKE, Bruce K. *Gênesis*, 2010, p. 711.
[18] Ibidem, p. 719.
[19] Ibidem, p. 729.
[20] BRÄUMER, Hansjörg. *Gênesis*, vol. 2, 2016, p. 299.
[21] HAMILTON, V. P. *The Book of Genesis 18-50*. Grand Rapids, MI: Eerdmans, 1990, p. 602.
[22] WIERSBE, Warren W. *Comentário bíblico expositivo*, vol. 1, 2006, p. 211.
[23] BRÄUMER, Hansjörg. *Gênesis*, vol. 2, 2016, p. 300.
[24] WIERSBE, Warren W. *Comentário bíblico expositivo*, vol. 1, 2006, p. 211.
[25] BRÄUMER, Hansjörg. *Gênesis*, vol. 2, 2016, p. 301.
[26] WALTKE, Bruce K. *Gênesis*, 2010, p. 730.

Capítulo 50

José, grande líder em tempo de crise
(Gn 47.1-31)

Esse capítulo destaca a liderança de José em tempo de crise. Ele é o homem que está fazendo a ponte entre sua família e o faraó, administrando a crise da fome mundial e fazendo promessas a seu pai de que o sepultará com sua parentela em Hebrom, na caverna de Macpela.

José apresenta seus irmãos ao faraó (47.1-6)

Com sua família desembarcada em Gósen, era hora de José tomar as medidas legais para dar a eles o "visto de entrada" e estabelecê-los no Egito. Sobre esse caso, a seguir seis pontos importantes.

Em primeiro lugar, *uma apresentação amável* (47.1,2). Embora José fosse governador do Egito, precisava do aval do faraó para estabelecer sua família na terra do Egito como estrangeiros residentes, por isso comunica-lhe que seu pai e seus irmãos, com seus rebanhos e com tudo o que já tinham, já haviam chegado ao Egito e estavam na terra de Gósen. José escolhe dentre seus onze irmãos apenas cinco para irem com ele, a fim de apresentá-los representativamente ao faraó.

Em segundo lugar, *uma pergunta intrigante* (47.3a). O faraó, ao recebê-los, faz-lhes a mais comum das perguntas dos governantes, uma pergunta estratégica: *Qual é o vosso trabalho?* Ele pergunta pela profissão dos irmãos de José e sua situação de vida.

Em terceiro lugar, *uma resposta estratégica* (47.3b,4a). Eles respondem conforme haviam sido instruídos por José: *Os teus servos somos pastores de rebanho, tanto nós como nossos pais* (47.3b). Além de responder sobre a ocupação deles, falam também acerca dos motivos que os trouxeram ao Egito: *Viemos para habitar nesta terra; porque não há pasto para o rebanho de teus servos, pois a fome é severa na terra de Canaã...* (47.4a). Com isso, eles estão dizendo que a estada deles no Egito será temporária, "sem querer para si mesmos os mesmos direitos dos habitantes do país".[1]

Em quarto lugar, *um pedido humilde* (47.4b). Depois de afirmar sobre a profissão deles e seu projeto de não se estabelecerem de forma permanente no Egito, fazem ao faraó um humilde pedido: [...] *agora, pois, te rogamos permitas habitem os teus servos na terra de Gósen* (47.4b). Essa era a terra ribeirinha, banhada pelas águas do Nilo, a região mais fértil do Egito.

Em quinto lugar, *uma concessão feita* (47.5,6). Pedido feito, pedido atendido. O faraó, por gratidão a José, como comandante-chefe da nação, confere a ele o privilégio de outorgar à sua família o pleito feito, fazendo-os habitar na terra de Gósen.

Em sexto lugar, *um emprego garantido* (47.6b). Ao saber que os irmãos de José eram pastores e esperando que tivessem o mesmo estofo moral do irmão, o faraó ordena a José que constitua seus irmãos como chefes do gado que lhe pertencia. Assim, os irmãos de José passam a ser empregados do faraó, para cuidarem também dos rebanhos do supremo comandante da nação.

José apresenta seu pai ao faraó (47.7-10)

Depois que as coisas estavam assentadas, José leva seu pai ao faraó para uma apresentação formal do patriarca ao rei. Sobre isso, vale destacar alguns pontos.

Em primeiro lugar, *Jacó abençoa ao faraó* (47.7). Agora, o patriarca está na frente do rei, e aquele abençoa este. Henry Morris destaca que o faraó é o mais rico e o mais poderoso homem do mundo, mas Jacó é maior do que ele, pois o abençoa.[2] O narrador usa aqui a mesma cena de Melquisedeque abençoando Abrão (14.19). O autor aos Hebreus, referindo-se a esse episódio, escreve: *Evidentemente, é fora de qualquer dúvida que o inferior é abençoado pelo superior* (Hb 7.7). Portanto, para o narrador, assim como Melquisedeque era superior a Abraão, o velho patriarca Jacó é superior ao poderoso faraó, de modo que, visto pelos olhos da fé, o maior está abençoando o menor. Concordo com Bräumer quando diz que o contraste entre o poderoso rei do Egito e o pobre pastor nômade Jacó estabelece a peculiaridade e, ao mesmo tempo, a dignidade dessa bênção.³

Em segundo lugar, *o faraó interroga Jacó* (47.8). *Perguntou Faraó a Jacó: Quantos são os dias dos anos da tua vida?* A pergunta do faraó define bem o significado da existência. Não devemos medir a vida apenas pelo critério dos anos, mas sobretudo pela realidade dos dias, pois cada dia é um tempo único e, ao mesmo tempo, um milagre da providência divina. Com essa resposta, Jacó dirige a atenção do número para o conteúdo de seus anos.⁴

Em terceiro lugar, *Jacó responde ao faraó* (47.9). A resposta de Jacó deixa claro o que ele entendia da vida. Como diz Matthew Henry, o faraó faz uma pergunta comum para Jacó, e este lhe dá uma resposta incomum.⁵ Sobre essa resposta, vale destacar dois pontos.

Primeiro, Jacó define sua vida como uma peregrinação (47.9a), usando uma metáfora para definir o significado de sua vida. Para o patriarca, a vida havia sido uma peregrinação, pois era um forasteiro, um nômade em busca de um lar permanente que não está na terra – em outras palavras, ele buscava a cidade eterna (Hb 11.13-16). Para Jacó, peregrinação é renúncia à estabilidade e às propriedades, uma vida orientada para uma realização futura, a saber, a promessa da terra repetidamente assegurada aos pais.⁶

Segundo, Jacó define seus dias como poucos e maus (47.9b). Embora ele já tivesse 130 anos, comparado a seu avô Abraão, que viveu 175 anos (25.7), e a seu pai, Isaque, que viveu 180 anos (35.28), seus dias eram poucos. Jacó define seus dias não apenas como "poucos", mas também como "maus", uma vez que sua vida não havia sido de amenidades; pelo contrário, foram muitas lutas, muitas lágrimas, muito sofrimento. Sua existência foi amarga e cheia de preocupações, tanto que as longas fases de sofrimento de Jacó abreviaram seus dias e encurtaram sua vida.

José estabelece sua família na melhor terra do Egito (47.10-12,27)

Tendo Jacó abençoado o faraó e saído de sua presença, era hora de sua família começar a vida no novo país. Sobre este momento, vale destacar dois pontos.

Em primeiro lugar, *José dá à sua família possessão na terra do Egito* (47.10,11). Enquanto os egípcios vendiam suas terras em troca de comida (47.19,20), a família de Jacó tinha a posse da melhor terra do Egito, a terra de Ramessés, onde José instala sua família e lhe dá propriedades.

Em segundo lugar, *José sustenta a sua família* (47.12). Os cinco anos mais severos da fome estavam por vir, e, nesse tempo de grande angústia, José sustentou de pão o seu pai, os seus irmãos e toda a casa de seu pai, segundo o número de seus filhos, sendo não apenas o provedor do mundo, mas, sobretudo, o provedor de sua família.

José compreendeu que seus irmãos não eram alvos de sua retaliação, mas objetos de seu cuidado, por isso ele não só não pagou o mal com o mal, mas pagou o mal com o bem, uma vez que ele não apenas perdoou seus irmãos, como também foi o provedor deles. Isso nos ensina que não basta deixar de fazer o mal aos que nos fazem mal; devemos também fazer o bem a eles.

José cuidou de seus irmãos antes de o pai morrer e depois da morte de seu pai. Seu cuidado pelos seus irmãos não era uma forma de impressionar Jacó, mas uma atitude generosa de alguém que compreende que Deus está no controle e trabalha para aqueles que nele esperam. Do mesmo modo, devemos buscar sempre uma oportunidade de servir àqueles que um dia nos trataram com desamor.

José administra a crise de fome no Egito (47.13-26)

A política agrária usada por José nos últimos cinco anos da fome no Egito é matéria de acirrados debates e discussões. Há aqueles que o reprovam e aqueles que o enaltecem. Alguns consideram sua política vergonhosa e intrinsecamente dura, como se José fosse um déspota sem moral. Do ponto de vista antissemita, a política agrária de José era a seguinte:

> Em primeiro lugar, José recolhe todo o dinheiro em circulação para o caixa do faraó; quando não há mais dinheiro, as pessoas são forçadas a penhorar até a última vaca; no fim, totalmente exauridas, oferecem suas terras e até a si mesmas. São arrancadas de seu chão e deportadas para outras regiões, onde são obrigadas a trabalhar como escravos para o faraó — uma imagem chocante da ruína de um país e de um povo.[7]

Discrepando dessa visão antissemita, entendemos que a sabedoria de José foi notória não apenas multiplicando celeiros pelo país para recolher os cereais nos anos de fartura, mas também claramente demonstrada na maneira de escoar esse produto controladamente à medida que o povo precisava. Embora, como mostramos, alguns pensem que José foi um tirano, o povo egípcio não o viu como um opressor, mas como um provedor (47.25).

Sobre esse assunto, vale ressaltar dois pontos.

Em primeiro lugar, *José arrecada todo o dinheiro* (47.13-15). A seca implacável assolava a terra, e tanto no Egito como em Canaã as pessoas estavam desfalecidas por causa da fome. Nesse tempo, José recolheu todo o dinheiro em circulação tanto do Egito quanto de Canaã, pelo cereal que compravam, e recolheu todos esses valores à casa do faraó. José demonstra lisura no trato da coisa pública, uma vez que não reteve nada para si, não se locupletou ou enriqueceu usando mecanismos de corrupção. Charles Swindoll destaca a integridade de José nas seguintes palavras:

> Na sua administração, José manteve-se fiel a Deus e a si mesmo. A distribuição foi feita decentemente e em ordem. Todo o dinheiro foi para onde devia ir. Não houve fraude. Ele não abriu nenhuma conta no exterior. Não separou nenhuma verba para suborno. José agiu com absoluta integridade e, ao fazer isso, garantiu a sobrevivência dos egípcios, dos cananeus, dos hebreus e de outros povos. Quando trabalhara para Potifar, muitos anos antes, ele demonstrou a mesma honestidade que agora. Mais de duas décadas se passaram, os papéis desempenhados por ele mudaram dramaticamente, mas sua integridade permaneceu intacta.[8]

Em segundo lugar, *José compra todo o gado* (47.16,17). Quando acabou o dinheiro e cresceu a fome no Egito e em Canaã, o povo foi a José para pedir pão, pois não podiam sobreviver sem alimento e a morte já mostrava a eles a carranca medonha. José não distribui alimento de graça, ou seja, não adota uma política assistencialista; em vez disso, ordena o povo a trazer o gado em troca do suprimento. Depois que o dinheiro acabou, José passa a aceitar o gado dos egípcios como pagamento, e, assim, reúne não apenas todo o dinheiro para os tesouros do faraó, mas também todos os rebanhos, sustentando, desse modo, o povo de pão todo aquele ano em troca do seu gado. Concordo com Bräumer quando diz que o gado não foi entregue, mas emprestado, uma vez que não havia lugar para que os enormes rebanhos fossem recolhidos. Contudo, todo o rebanho passou a ser propriedade do faraó, embora os antigos proprietários mantivessem o usufruto.[9]

Em terceiro lugar, *José compra todas as terras e torna todos servos do faraó* (47.18-21). No ano seguinte, não havia mais comida, então, o povo foi a José novamente dizendo que não tinha mais nenhum dinheiro nem rebanho. O que lhes restava era seu corpo e a terra, e, então, ofereceram suas terras e a si mesmos como escravos do faraó em troca de pão. Eles não tinham alternativas, pois a morte estava à espreita. José, então, compra toda a terra do Egito para o faraó, porque os egípcios vendiam, cada um, o seu campo, porquanto a fome era extrema sobre eles; e a terra passou a ser do faraó. Quanto ao povo, José o escravizou de uma a outra extremidade da terra do Egito. Bräumer esclarece que os egípcios não se tornaram escravos do faraó na forma em que eles mesmos tinham se oferecido; em vez disso, José transformou-os em "arrendadores", o que pode ser depreendido do fato de que o próprio José não usou a palavra "escravo", que ele conhecia bem por causa de sua vida anterior, nem exigiu domínio absoluto sobre as pessoas. Na verdade, ele lhes entregou sementes para que servissem de capital inicial, determinando uma taxa de arrendamento de vinte por cento. A simples observação de que os egípcios podiam guardar para si oitenta por cento do produto já exclui escravidão.[10]

Em quarto lugar, *José não compra as terras dos sacerdotes* (47.22). A única exceção foi a terra dos sacerdotes e a terra de Gósen, onde sua família habitava, ambas relacionadas a José. A terra dos sacerdotes estava ligada à família de sua mulher e a terra de Gósen, à família de seu pai e de seus irmãos.

Em quinto lugar, *José lança o vitorioso plano pós-crise* (47.23-26). José reestrutura a economia do país com criatividade inovadora. Passada a seca, era tempo de semeadura; neste momento, já havia comprado as terras, o gado e até mesmo as pessoas, então, em vez de escravizá-los e oprimi--los, oferece-lhes sementes para semearem a terra, exigindo um tributo de vinte por cento da safra para o faraó. José recolhe um quinto para o tesouro nacional e deixa com o povo oitenta por cento para sua manutenção, de modo que este se sente explorado por José, mas é grato a ele por sua sábia administração, dizendo: *A vida nos tens dado! Achamos mercê perante meu senhor e seremos escravos de Faraó* (47.25). O tributo de vinte por cento destinado ao faraó foi uma decisão tão acertada que perdurou até o tempo em que o narrador registra os acontecimentos (47.26). Nas palavras de Charles Swindoll, "a inovação que leva a um plano bem--sucedido se torna uma norma viável".[11]

José faz solene juramento a seu pai (47.27-31)

O narrador volta sua atenção para a família de Jacó, que não apenas sobreviveu à crise, mas depois dela floresceu e se multiplicou. Destacamos aqui três pontos importantes.

Em primeiro lugar, *José mantém sua família na terra de Gósen* (47.27). Por providência divina, no Egito o clã de Jacó se torna uma grande nação, e, enquanto a economia do mundo estava combalida por causa da crise, a família de Jacó prosperava, era fecunda e se multiplicava no Egito.

Em segundo lugar, *José convive dezessete anos com seu pai no Egito* (47.28). Jacó havia desfrutado da companhia de José nos seus primeiros dezessete anos. Agora, é José quem desfruta dos últimos dezessete anos de seu pai. Jacó subiu para o Egito com 130 anos (47.9) e fecha as cortinas de sua vaida aos 147 anos (47.28).

Em terceiro lugar, *José faz juramento a seu pai* (47.29-31). As glórias do Egito não apagaram no coração de Jacó seu compromisso com a fé de seus pais Abraão e Isaque, tanto que o Egito nunca deixou de ser terra estranha para Jacó, que tinha plena consciência da promessa de Deus de dar a ele e à sua descendência a terra de Canaã (28.13-15; 46.1-4). Agora, ao perceber que a hora de sua morte chegava, roga a José para lhe fazer um juramento solene de que não o sepultaria no Egito, mas com seus pais, na sepultura deles, na caverna de Macpela. Tendo José atendido ao seu pedido sob juramento, Jacó se inclinou sobre a cabeceira da cama.

Boice destaca que a Bíblia é um livro de vida e justifica dizendo que há poucos registros sobre a hora da morte dos mais importantes personagens bíblicos. Quando a Bíblia fala da morte de Abraão, aos 175 anos, faz um relato breve: *Expirou Abraão; morreu em ditosa velhice, avançado em anos; e foi reunido ao seu povo* (25.8). A morte de Isaque, aos 180 anos, de igual maneira é relatada de maneira breve: *Foram os dias de Isaque cento e oitenta anos. Velho e farto de dias, expirou Isaque e morreu, sendo recolhido ao seu povo...* (35.28,29). No Novo Testamento, a morte dos mais destacados personagens, incluindo o apóstolo Paulo, sequer é registrada. É surpreendente, nesse contexto, que a morte de Jacó seja extensamente documentada, começando em Gênesis 47, mas ocorrendo apenas no final de Gênesis 49. A metade de Gênesis 50 trata do sepultamento de Jacó, de tal forma que quatro capítulos de Gênesis lidam com a morte de Jacó. Três cenas ocupam o cenário de sua morte: primeira, Jacó encontra José para rogar a ele, sob juramento, que seu corpo deveria ser sepultado em Hebrom, na caverna de Macpela, não no Egito; segunda, Jacó encontra os filhos de José, Manassés e Efraim, a fim de abençoá-los; terceira, Jacó chama todos os seus filhos, abençoa-os profeticamente e lhes revela o futuro das tribos que dele procediam.[12]

NOTAS

[1] BRÄUMER, Hansjörg. *Gênesis*, vol. 2, 2016, p. 302.
[2] MORRIS, Henry M. *The Genesis Record*, 2006, p. 637.
[3] BRÄUMER, Hansjörg. *Gênesis*, vol. 2, 2016, p. 303.
[4] Ibidem.
[5] HENRY, Matthew. *Comentário bíblico — Antigo Testamento (Gênesis a Deuteronômio)*, vol. 1, 2010, p. 207.
[6] BRÄUMER, Hansjörg. *Gênesis*, vol. 2, 2016, p. 303.
[7] Ibidem, p. 306.
[8] SWINDOLL, Charles R. *José*, 2016, p. 207-208.
[9] BRÄUMER, Hansjörg. *Gênesis*, vol. 2, 2016, p. 306.
[10] Ibidem, p. 307.
[11] SWINDOLL, Charles R. *José*, 2016, p. 215.
[12] BOICE, James Montgomery. *Genesis*, vol. 3, 1998, p. 1140-1141.

Capítulo 51

Jacó adota seus netos Efraim e Manassés
(Gn 48.1-22)

JACÓ JÁ HAVIA FEITO JOSÉ prometer, sob juramento, que não o sepultaria no Egito, mas em Canaã, junto à sua parentela, na caverna de Macpela. Agora, Jacó adoece e, antes de morrer, precisa assumir a liderança de sua família com respeito ao seu futuro. Boice destaca que o testemunho final de Jacó começa e termina com Deus, pois ele começa seu testemunho com Deus aparecendo a ele em Betel, onde sua vida espiritual começou (48.3), e termina seu testemunho referindo-se a Deus, que lhe dera o privilégio de não apenas ver novamente José, mas também de conhecer os filhos dele (48.11).[1]

Vamos destacar alguns pontos importantes dessa passagem.

A enfermidade de Jacó (48.1,2)

O narrador silencia-se acerca dos dezessete anos que Jacó viveu desde sua chegada ao Egito e sua morte. Agora, ele tem uma clara percepção de que sua morte se aproxima, mas não pode partir sem antes cumprir sua missão profética de abençoar seus filhos, os cabeças das doze tribos de Israel. Sobre isso, destacamos três fatos.

Em primeiro lugar, *a informação* (48.1a). José é informado de que seu pai está enfermo, contudo, talvez sua agenda assaz congestionada com os assuntos do governo não permitisse a ele desfrutar constantemente da companhia do pai. Não sabbemos quem lhe informa sobre a enfermidade do pai, mas aqui a palavra "enfermo" aparece pela primeira vez na Bíblia referindo-se a uma doença que levaria à morte. A doença é filha da morte.[2]

Em segundo lugar, *a visita* (48.1b). Assim que foi informado sobre a doença de seu pai, sem tardança, José pega seus dois filhos, Manassés e Efraim, e vai visitá-lo. Sua presteza em ir imediatamente revelam seu amor ao pai, ao passo que a disposição de levar consigo seus dois filhos mostra a importância que dava à sua família.

Em terceiro lugar, *o esforço* (48.2). Quando Jacó fica sabendo que seu filho e seus netos estavam vindo visitá-lo, esforça-se para assentar no leito. O homem que havia lutado com Deus uma noite inteira (32.24-30) agora precisa se esforçar para se assentar no leito da enfermidade.

Hamilton diz: "Jacó se deteriorara da habitação em Gósen (47.27) para a habitação no leito".[3] Bruce Waltke diz que Jacó, cujo espírito desfalecera com as notícias da morte de José (37.35), reviveu quando descobriu que ele vivia (45.27). Agora, ainda que doente, renova suas forças para comunicar a bênção, justamente como Isaque renovou suas forças para abençoar seus filhos.[4]

Aprecio o que diz Warren Wiersbe sobre esse momento final na vida de Jacó. Mesmo tendo passado por tantos dissabores, suas últimas palavras não são de amargura, mas de fé, pois ele não falou sobre as dificuldades da vida, mas sim sobre o Deus Todo-poderoso (48.3,11,15,20,21) e sobre aquilo que ele havia feito pelo seu servo.[5]

A adoção dos filhos de José (48.3-12)

Como expressão do amor de Jacó por José, ele toma a decisão de adotar seus filhos para elevá-los ao *status* de pais fundadores, fazendo, assim, parte das doze tribos de Israel. Desse modo José é duplamente honrado ao ter dois de seus filhos como cabeças de tribos. Bruce Waltke destaca que José consagra seus filhos de uma mãe egípcia ao Deus de Israel e à aliança de seu povo.[6]

Sobre esse assunto, vale destacar alguns pontos.

Em primeiro lugar, *uma retrospectiva* (48.3,4). Jacó faz uma retrospectiva de sua vida, quando o Deus Todo-poderoso, *El-Shadai*, apareceu a ele quando este fugia de sua casa rumo a Padã-Arã, em Luz, Betel, na terra de Canaã. *El-Shadai* significa "Eu sou autossuficiente. Eu sou aquele que diz: Deus basta".[7] Ali, aos 77 anos, Deus lhe faz duas promessas: 1) multiplicação — [...] *Eis que te farei fecundo, e te multiplicarei, e te tornarei multidão de povos...* (48.4a); 2) possessão da terra — [...] *e à tua descendência darei esta terra em possessão perpétua* (48.4b). Bruce Waltke diz que essa promessa a Israel de multidão de povos é limitada a Efraim (48.19,20), tendo em vista que, durante a monarquia dividida (931-722 a.C.), os descendentes de Efraim, como a tribo mais poderosa, algumas vezes deram seu nome a todos os povos que formaram o Reino do Norte (Is 7.2,5,8,9; Os 9.13; 12.1,9).[8]

Em segundo lugar, *uma adoção* (48.5). *Agora, pois, os teus dois filhos, que te nasceram na terra do Egito, antes que eu viesse a ti no Egito, são meus; Efraim e Manassés serão meus, como Rúben e Simeão.* Jacó agora queria passar essas promessas do concerto, junto com obrigações anexas, a seus descendentes. Já conhecia a vontade de Deus concernente a qual filho seria separado para esse privilégio, mas não contou a ninguém.[9] Jacó escolhe os dois filhos de José dentre os seus 52 netos (46.7-27).

Ele nunca havia esquecido de Raquel, sua esposa amada; agora, queria honrá-la, elevando esses netos à condição de filhos e, por conseguinte, tribos em Israel. Vale destacar que os filhos de José têm, nesse tempo, mais de vinte anos. O nome de José seria perpetuado por outros filhos que nasceriam (48.6), mas Jacó decidiu legitimar esses dois como pais e chefes de tribos de Israel, contando-os entre seus próprios filhos e colocando-os no mesmo nível de seus filhos mais velhos, Rúben e Simeão.

Essa declaração de adoção (48.5,16) deixou sua duradoura marca na estrutura de Israel, em que Efraim herdou a chefia de todos os doze, chefia perdida por Rúben (49.4). O livro de 1Crônicas estabelece a posição: *Quanto aos filhos de Rúben, o primogênito de Israel (pois era o primogênito, mas, por ter profanado o leito de seu pai, deu-se a sua primogenitura aos filhos de José, filho de Israel; de modo que, na genealogia, não foi contado como primogênito. Judá, na verdade, foi poderoso entre seus irmãos, e dele veio o príncipe; porém o direito da primogenitura foi de José)* (1Cr 5.1,2).[10]

Warren Wiersbe ainda esclarece que José ficou no lugar de Rúben, o primogênito de Jacó (49.3,4; 1Cr 5.2); assim, os filhos de José substituíram Simeão e Levi (49.5-7), o segundo e o terceiro filhos de Jacó. Os levitas não receberam herança nenhuma na terra prometida, vivendo em 48 cidades espalhadas por Israel (Nm 18.20; Dt 18.2; Js 13.33; 14.4; 21.1-45), e Simeão acabou sendo assimilado pela tribo de Judá (Jz 19.1-9). Desse modo, Deus castigou Levi e Simeão por sua fúria violenta em Siquém (34.25-31).[11]

Derek Kidner destaca que, da longa carreira de Jacó, o livro de Hebreus seleciona esse episódio como o seu notável ato de fé: *Pela fé, Jacó, quando estava para morrer, abençoou cada um dos filhos de José e, apoiado sobre a extremidade do seu bordão, adorou* (Hb 11.21).[12]

Em terceiro lugar, *uma justificativa* (48.6,7). Jacó diz a José que os demais filhos que gerar seriam seus, mas Efraim e Manassés seriam contados na história como filhos de Jacó, pois fariam parte das doze tribos. Ele justifica essa decisão em virtude de seu acendrado amor a Raquel, mãe de José, que morreu precocemente de parto, na terra de Canaã, ao dar à luz Benjamim. Bräumer diz que, com a adoção de Efraim e Manassés como filhos de Jacó, José fica no mesmo nível do pai, sendo, de certa forma, o quarto patriarca do povo, depois de Abraão, Isaque e Jacó.[13]

Em quarto lugar, *uma cerimônia de adoção* (48.8-12). Feitos os esclarecimentos, havia chegado a hora da cerimônia de adoção, com os dois jovens assentados sobre os seus joelhos e a imposição de mãos. Em virtude de sua deficiência visual, Jacó vê os filhos de José, mas não tão claramente para reconhecê-los (48.8,9). A cerimônia começa com o reconhecimento de Efraim e Manassés por parte de Jacó e termina com a gratidão de José a Deus.

Destacamos aqui alguns pontos importantes.

Primeiro, os filhos são presentes de Deus (48.8,9a). Ao ser interrogado por Jacó acerca de seus filhos, José responde a seu pai: [...] *São meus filhos, que Deus me deu aqui...* Os filhos são presentes de Deus, são herança do Senhor (Sl 127.3) e pertencem mais a Deus do que a nós. Concordo com Bräumer quando escreve: "Os filhos são o melhor e o mais amado bem entre todos os bens".[14]

Segundo, a afeição familiar (48.9b,10). Jacó ordena José a fazer chegar a ele os seus filhos, com o propósito de abençoá-los. Mesmo não enxergando direito, Jacó recebe seus netos, beija-os e abraça-os, demonstrando seu caloroso afeto.

Terceiro, a gratidão familiar (48.11). O Jacó que nem sequer alimentava a esperança de ver José, pois já o considerava morto, agora tem o privilégio de abraçar e beijar os filhos deste, seus netos, provando que Deus lhe dava privilégios muito além de suas expectativas.

Quarto, a reverência familiar (48.12). José tira seus filhos dentre os joelhos de seu pai e inclina-se diante da sua face. Ele, o governador do Egito, está agora prostrado diante do velho patriarca, seu pai.

A bênção sobre os filhos de José (48.13-20)

Depois do ato de adoção (48.8-12), vem a bênção sobre José e seus filhos, Efraim e Manassés. Tinha chegado o momento de Jacó abençoar seu filho amado e seus netos. Então, José toma seus filhos e os faz chegar a seu pai. Sobre este ocorrido, destacamos algumas lições importantes a seguir.

Em primeiro lugar, *o expediente de José* (48.13). Uma vez que seu pai já não enxergava direito, José cuidadosamente aproxima seus filhos do seu pai, numa disposição propícia para a que a mão direita de Jacó estivesse sobre a cabeça do primogênito, e a mão esquerda, sobre a cabeça do mais novo. A mão direita tem prioridade, pois é a mão do juramento, considerado órgão da força. Quando dois irmãos são abençoados simultaneamente, é comum que o primogênito seja abençoado com a mão direita, dada a sua posição mais privilegiada.[15] Nas palavras de Bruce Waltke, "José arma o cenário para dar a Manassés a bênção maior, colocando-o à mão direita, a posição da força, honra, poder e glória".[16]

Em segundo lugar, *a inversão de Jacó* (48.14). Jacó, porém, inverte as mãos, colocando a mão direita sobre a cabeça de Efraim e a mão esquerda sobre a cabeça de Manassés. Assim, o velho patriarca vira pelo avesso todos os cuidadosos preparativos de José, deixando claro desde o início que o mais novo terá a preferência. Nas palavras de Bruce Waltke, "Jacó pode ter perdido sua visão, porém não perdeu sua percepção. O patriarca cego demonstra percepção do futuro negada por sua visão ótica".[17]

Concordo com Derek Kidner quando diz que a subsequente história de Israel mostraria que a mão de Deus estava por trás das mãos que agora pousavam sobre eles.[18] Bräumer destaca que essa bênção de Jacó é a primeira na Bíblia que acontece mediante imposição de mãos; nesse sentido, impor as mãos a alguém significa dizer a essa pessoa: "Você pertence a Deus". É claro que o gesto da imposição de mãos não é a bênção em si; a bênção, na verdade, é dádiva de Deus.[19]

Em terceiro lugar, *a bênção de Jacó* (48.15,16). Jacó então abençoa José e seus filhos, contudo, tem consciência de que ele não é a fonte da bênção, por isso os abençoa rogando sobre eles a bênção de Deus. Ao fazer isso, Jacó destaca algumas verdades preciosas.

Primeiro, o Deus abençoador é aquele em cuja presença andaram Abraão e Isaque (48.15a). A família patriarcal tinha sido escolhida por Deus para andar com Ele conhecê-lo e torná-Lo conhecido (17.1). A caminhada com Deus é uma vida debaixo da vista de Deus, uma vida diante de Deus e uma jornada diante de *El-Shadai*, aquele que é o suficiente em qualquer destino, mesmo no sofrimento.[20] Jacó está dando um testemunho para José e seus filhos de que seu pai, Isaque, e seu avô, Abraão, tinham andando com Deus, ligando, dessa forma, seus netos a seu próprio pai e a seu avô. Nesse sentido, podemos inferir que as promessas pactuais de Deus a Abraão e a Isaque são certas porque eles andaram diante de Deus.

Segundo, o Deus abençoador é aquele que sustentou Jacó durante toda a sua vida (48.15b). [...] *o Deus que me sustentou durante a minha vida até este dia*. Jacó já havia passado por muitas experiências difíceis em sua casa, na casa de Labão, em Siquém, com o luto de Raquel, com o luto de seus netos Er e Onã, com o drama de sofrer 22 anos chorando por José como se ele já estivesse morto; todavia, em todos esses anos Deus o sustentou como um pastor sustenta suas ovelhas.

Terceiro, o Deus abençoador é o Anjo que o resgatou de todo mal (48.16a). *O Anjo que me tem livrado de todo mal...* A palavra usada aqui para livrar significa "redenção". O mal tentou muitas vezes destruir Jacó, mas Deus lhe deu livramento. Jacó percebeu que sua desonestidade com Esaú e suas dificuldades com Labão foram um mal que ameaçou prendê-lo, mas Deus o ajudou a acertar as coisas com Labão e a reconciliar-se com Esaú, bem como Deus também o livrou dos maus caminhos de seus filhos mais velhos e lhe devolveu José. Esses foram os atos de Deus que lhe deram esperança e alegria ao coração.[21] Deus cercou Jacó com milícias de anjos quando saía de Canaã para Padã-Arã (28.12) e quando, vinte anos depois, retornava de Padã-Arã para Canaã (32.1,2). O Anjo do Senhor lutou com Jacó e, tendo ouvido seu clamor por ser abençoado, o abençoou e o livrou de Esaú (32.25,26; Os 12.4). Entretanto, o mais importante é que o próprio Deus estava com ele para o livrar de todo mal. Bräumer tem razão em dizer que Deus sempre intervém em favor do seu povo, livrando-o de sua rede de culpas.[22] Essa bendita realidade tem marcado a história do povo de Deus ao longo dos séculos (Jr 31.11; Is 41.14; 49.7).

Quarto, o Deus abençoador é aquele que abençoará seus netos (48.16b). [...] *abençoe estes rapazes; seja neles chamado o meu nome e o nome de meus pais Abraão e Isaque; e cresçam em multidão no meio da terra*. Jacó compreende que ele não é a fonte da bênção, mas apenas o instrumento, e que Deus é o abençoador. Que bênção ele invoca para seus netos? Que eles carreguem o legado da fé dos patriarcas e cresçam exponencialmente na terra.

Em quarto lugar, *o desagrado de José* (48.17,18). Essa é a primeira e única vez em que a Bíblia fala do descontentamento de José com seu pai. Quando ele viu que seu pai estava com a mão direita na cabeça do caçula Efraim, não sobre a cabeça do primogênito Manassés, pensou que seu pai estava cometendo um erro de distração e interferiu firmemente para que as mãos de seu pai fossem descruzadas para dar a bênção principal ao primogênito, como era a tradição. Jacó, porém, recusa-se a fazer isso, revelando uma certeza tranquila e superior. Na verdade, essa é a quinta vez no livro de Gênesis que nos deparamos com uma inversão na ordem de nascimento. Deus havia escolhido Abel, não Caim; Isaque, não Ismael; Jacó, não Esaú; José, não Rúben; e, agora, Efraim, não Manassés.[23] Derek Kidner destaca que uma vez mais a bênção do primogênito é destinada ao irmão mais novo, mas agora não há um esquema incrédulo, nem gosto amargo depois, sendo esta uma lição objetiva do sereno cunho responsivo e fé (Pv 10.22).[24]

Em quinto lugar, *a recusa consciente de Jacó* (48.19). O patriarca, capacitado por Deus, é maior que o governador do Egito.[25] Jacó não atendeu ao pedido de José e justificou: *Eu sei, meu filho, eu o sei; ele também será um povo, também ele será grande; contudo, o seu irmão menor será maior do que ele, e a sua descendência será uma multidão de nações*. No passado, por causa da cegueira, Isaque havia abençoado a Jacó pensando que estava abençoando Esaú; agora Jacó, mesmo privado de clara visão, abençoa conscientemente Efraim, o filho mais novo de José, em lugar de seu primogênito Manassés. Sobre isso, são pertinentes as palavras de Bruce Waltke:

> Se a bênção inconsciente de Isaque não podia ser revertida, quanto mais esta bênção consciente de Jacó. É notório que os caminhos de Deus na graça soberana sobrepõem-se aos caminhos da convenção humana (Is 55.8,9) — Abel *versus* Caim, Isaque *versus* Ismael, Jacó *versus* Esaú, Perez *versus* Zera, José *versus* Rúben e Efraim *versus* Manassés. Em Gênesis, Deus às vezes escolhe o filho mais jovem, não o mais velho, para portar a herança divina da família.[26]

Em sexto lugar, *o conteúdo da bênção de Jacó* (48.20). *Assim, os abençoou naquele dia, declarando: Por vós Israel abençoará, dizendo: Deus te faça como a Efraim e como a Manassés. E pôs o nome de Efraim adiante do de Manassés.* Mais uma vez, Jacó não é o abençoador, mas o instrumento do Abençoador divino, e, com essa bênção, Efraim e Manassés abriram mão de sua aristocracia e se identificaram com os "estrangeiros", os desprezados imigrantes pastores. Bräumer diz que o que chama atenção na bênção de Jacó a Efraim e Manassés é o uso do nome Israel. Pela primeira vez na história de José, aqui "Israel" se refere ao povo, mostrando-nos que os olhos do moribundo enxergam a formação do povo de Israel a partir das doze tribos.[27]

A profecia e o presente de Jacó (48.21,22)

Depois de abençoar seus netos, Israel dirige a palavra a José, fazendo uma profecia e dando um presente.

Em primeiro lugar, *a profecia* (48.21). *Depois, disse Israel a José: Eis que eu morro, mas Deus será convosco e vos fará voltar à terra de vossos pais.* Jacó profetiza a presença de Deus com José, uma realidade que Jacó tinha muito forte em sua vida. Poderíamos resumir esse fato em quatro momentos: Em Gênesis 28.15, Deus lhe disse: *Eu estou contigo.* Em Gênesis 31.3, Deus lhe promete: *Eu serei contigo.* Em Gênesis 31.5, Jacó reconhece: *Deus tem estado comigo.* Em Gênesis 48.21, Jacó profetiza: *Deus será convosco.*

Jacó também profetiza o êxodo da nação de Israel e alimenta no coração de seu filho a esperança da volta à terra prometida, pois tinha plena consciência de que o Egito não era seu destino final nem o último paradeiro de sua família.

Matthew Henry diz que, assim como Jacó deixou com José a promessa da sua saída do Egito, como algo sagrado que lhe era confiado do mesmo modo José, ao morrer, deixou a mesma palavra com seus irmãos: [...] *Eu morro; porém Deus certamente vos visitará e vos fará subir desta terra para a terra que jurou dar a Abraão, a Isaque e a Jacó* (50.24). Essa certeza lhe foi dada, e cuidadosamente preservada entre eles, para que não amassem demais o Egito quando ele os favorecesse nem o temessem demais quando ele os censurasse.[28] Josué 24.32 declara que o corpo embalsamado de José foi enterrado na parte do campo comprada dos filhos de Hamor.

Em segundo lugar, *o presente* (48.22). Jacó privilegia José, seu filho amado, além do que concedeu aos demais filhos, um presente especial: uma terra que havia conquistado à força da espada dos amorreus, os habitantes pré-israelitas de Canaã. William MacDonald acredita que essa terra possivelmente seja a mesma área conhecida como "o poço de Jacó", na cidade de Sicar, na província de Samaria (Jo 4.5).[29]

NOTAS

[1] BOICE, James Montgomery. *Genesis*, vol. 3, 1998, p. 1148-1149.
[2] BRÄUMER, Hansjörg. *Gênesis*, vol. 2, 2016, p. 311.
[3] HAMILTON, V. P. *The Book of Genesis Chapters 18-50*, 1900, p. 628.
[4] WALTKE, Bruce K. *Gênesis*, 2010, p. 742.

[5] WIERSBE, Warren W. *Comentário bíblico expositivo*, vol. 1, 2006, p. 213-214.
[6] WALTKE, Bruce K. *Gênesis*, 2010, p. 742.
[7] BRÄUMER, Hansjörg. *Gênesis*, vol. 2, 2006, p. 312.
[8] WALTKE, Bruce K. *Gênesis*, 2010, p. 743.
[9] LIVINGSTON, George H. *O livro de Gênesis*, in: *Comentário bíblico Beacon*, vol. 1, 2015, p. 123.
[10] KIDNER, Derek. *Gênesis: introdução e comentário*, 2006, p. 197.
[11] WIERSBE, Warren W. *Comentário bíblico expositivo*, vol. 1, 2006, p. 214.
[12] KIDNER, Derek. *Gênesis: introdução e comentário*, 2006, p. 197.
[13] BRÄUMER, Hansjörg. *Gênesis*, vol. 2, 2016, p. 312.
[14] Ibidem, p. 313.
[15] Ibidem, p. 314.
[16] WALTKE, Bruce K. *Gênesis*, 2010, p. 746.
[17] Ibidem.
[18] KIDNER, Derek. *Gênesis: introdução e comentário*, 2006, p. 198.
[19] BRÄUMER, Hansjörg. *Gênesis*, vol. 2, 2016, p. 314.
[20] Ibidem.
[21] LIVINGSTON, George H. *O livro de Gênesis*. In *Comentário bíblico Beacon*, vol. 1, 2015, p. 124.
[22] BRÄUMER, Hansjörg. *Gênesis*, vol. 2, 2016, p. 315.
[23] WIERSBE, Warren W. *Comentário bíblico expositivo*, vol. 1, 2006, p. 214.
[24] KIDNER, Derek. *Gênesis: introdução e comentário*, 2006, p. 197.
[25] WALTKE, Bruce K. *Gênesis*, 2010, p. 748.
[26] Ibidem.
[27] BRÄUMER, Hansjörg. *Gênesis*, vol. 2, 2016, p. 316.
[28] HENRY, Matthew. *Comentário bíblico — Antigo Testamento (Gênesis a Deuteronômio)*, vol. 1, 2010, p. 212.
[29] MACDONALD, William. *Believer's Bible Commentary*, 1995, p. 80.

Capítulo 52

As bênçãos proféticas de Jacó
(Gn 49.1-33)

DEPOIS DE JACÓ DAR INSTRUÇÕES a José sobre seu sepultamento (47.29,30), abençoar seus netos Efraim e Manassés e profetizar o êxodo (48.21), ele chama todos os seus filhos para abençoá-los e revelar o futuro das doze tribos de Israel (49.1,2). É sua terceira de uma tríade de bênçãos: sobre o faraó (47.7-10), sobre Efraim e Manassés (48.15-20) e agora sobre seus doze filhos (49.1-27).[1]

Jacó fala a seus filhos como líder, profeta e professor, enfatizando duas vezes: [...] *ouvi* [...] *ouvi* (49.1,2). Suas bênçãos são proféticas e haveriam de se confirmar no decurso da história. Nas palavras de Hansjörg Bräumer, "as profecias de Jacó são revelações dadas por

Deus sobre a história futura de seus filhos e das tribos que descenderiam deles".[2]

É fato digno de nota, conforme acentua Boice, que nem todos os homens piedosos têm a oportunidade de falar da parte de Deus em seu leito de morte, nem mesmo os santos cuja vida é registrada nas Escrituras. No livro de Gênesis, não temos registro de nenhum servo de Deus deixando palavras de instrução na hora de sua morte. Adão não falou nenhuma palavra. Noé termina sua vida silencioso. Nenhuma admoestação final flui dos lábios de Abraão ou de Isaque. Mas Jacó, antes de morrer, reúne a assembleia de seus filhos para um longo discurso e uma profunda revelação quanto ao futuro das doze tribos de Israel.[3]

George Livingston diz que essa porção bíblica está na forma poética, rica em paralelismo de pensamento, jogo de palavras e metáforas. Era momento solene, pois o patriarca estava declarando sua vontade final e apresentando seu testamento antes de morrer.[4]

O texto apresentado trata de algumas verdades solenes.

A bênção profética (49.1)

Jacó está com 147 anos e no leito de morte. Ele está praticamente privado de sua visão física, mas tem um atilado discernimento espiritual. Charles Swindoll diz que, apesar da idade e da doença, a memória de Jacó era realmente notável, pois ele não esqueceu o nome de nenhum de seus filhos, sabia descrever a natureza individual deles e lembrar-se de cada detalhe importante da vida deles. Assim, Jacó abençoou não apenas os doze filhos, mas, sobretudo, as doze tribos que descenderam deles.[5]

A bênção profética de Jacó sobre seus doze filhos e, consequentemente, sobre as doze tribos enseja-nos três lições, as quais veremos a seguir.

Em primeiro lugar, *todos os seus filhos estavam vivos* (49.1). Que privilégio um homem descer à sepultura rodeado de todos os seus filhos! Conquanto tenha chorado 22 anos pelo luto de José, seu filho amado, este não apenas estava vivo, mas tinha sido levantado por Deus para ser o preservador da família patriarcal. As desavenças familiares haviam cessado, e todos agora estavam reunidos à sua volta para ouvir suas palavras de despedida.

Em segundo lugar, *a bênção proferida sobre seus filhos foi pública* (49.1). Em contraste com Isaque, que, na contramão do propósito divino, abençoou Jacó pensando estar abençoado Esaú, a portas fechadas, Jacó abençoa seus filhos em público. Bruce Waltke corrobora essa ideia dizendo:

> Diferentemente de Isaque, que transferiu a bênção divina atrás de portas fechadas, criando rivalidade e conivência entre pais e irmãos, Jacó impetra sua bênção publicamente, convocando a todos os seus filhos a se reunirem em torno dele. A narrativa de Gênesis, que começou com a bênção divina sobre a criação, agora termina com Jacó comunicando a bênção divina a seus filhos.[6]

Em terceiro lugar, *a bênção proferida por Jacó foi profética* (49.1) [...] *Ajuntai-vos, e eu vos farei saber o que vos há de acontecer nos dias vindouros.* Jacó é um profeta e sua bênção a seus filhos não emana de seu próprio coração, mas procede do próprio Deus. Não é uma bênção impetrada atrás de portas fechadas, mas em público, para testemunho a toda a história.

Jacó, o agente da bênção profética (49.2)

Jacó, como herdeiro da bênção de Abraão e de Isaque, está agora passando, como fiel mordomo, o bastão a seus filhos. Ele não é a fonte da bênção, mas apenas seu instrumento, ele não fala de moto próprio, mas é instrumento de Deus, de modo que suas palavras são as próprias palavras de Deus em sua boca. Ele é um profeta inspirado por Deus, e essas afirmações proféticas no final da era patriarcal exibem a soberania de Deus sobre as nações. Aqui, ele engloba toda a história de Israel, desde a conquista e distribuição da terra até o reinado consumador de Jesus Cristo.[7]

Os filhos de Jacó, os receptores das bênçãos proféticas (49.3-28)

O narrador enumera os filhos de Jacó não por ordem de nascimento, mas por ordem das mães. Com respeito aos filhos de Lia, ele inverte a ordem, colocando Zebulom, o décimo filho, na frente de Issacar, o nono. Com respeito aos filhos das servas, ele começa com o primeiro filho de Bila (Dã), depois menciona os dois filhos de Zilpa (Gade e Aser) e então volta ao segundo filho de Bila (Naftali). Só então fecha a lista com os dois filhos de Raquel: José e Benjamim. Fica evidente, portanto, que, com exceção de Issacar e Zebulom, cada grupo é apresentado na ordem de nascimento dos filhos. É digno de nota, outrossim, que Jacó abençoa as tribos, porém não independentemente de seu caráter, pois as profecias têm por base o louvor ou o opróbrio dos pais.

É oportuno destacar que José está aqui representando as duas tribos que dele procedem (Efraim e Manassés), uma vez que estes foram adotados como filhos de Jacó. Dez dos 25 versículos, ou seja, quarenta por cento do registro, são destinados a Judá (49.8-12) e a José (49.22-26), uma vez que estes se destacam como os grandes líderes da família patriarcal.

Os filhos de Lia (49.3-15)

Jacó começa suas bênçãos proféticas com os filhos de Lia, cujas profecias sobre os primeiros três filhos pronunciam castigo para crimes cometidos por eles, como veremos a seguir.

Em primeiro lugar, *Rúben* (49.3,4). Rúben era o primogênito de Jacó, as primícias do seu vigor físico, e, como tal, tinha vantagens físicas, materiais e espirituais. Aquele, porém, que deveria ocupar a liderança da família patriarcal, o mais excelente em altivez e poder, perdeu essa honrosa posição por causa de sua devassidão moral, pois caiu dessa elevada posição quando subiu ao leito de seu pai para coabitar com sua concubina Bila. George Livingston deixa esse ponto claro ao dizer que Rúben deveria ter sido líder de força, vigor, alteza e poder, mas deu as costas às coisas mais excelentes e se rebaixou ao nível mais inferior.[8] Nessa mesma linha de pensamento, Bräumer escreve:

> Jacó tira de Rúben o privilégio da primogenitura. Esta, a porção dobrada da herança, é dada aos filhos de José, Efraim e Manassés; o sacerdócio passa para Levi, e a casa real vai para Judá. Como tribo, Rúben desapareceu cedo — já na época dos juízes. A tribo de Rúben não produziu nenhum homem importante, nenhum juiz, nenhum rei, nenhum profeta.[9]

Boice diz que podemos aprender da profecia a Rúben duas solenes lições. A primeira delas é que o pecado tem consequências para nós e para os outros. O pecado de

Rúben atingiu não apenas sua vida, mas também a vida de seus descendentes (Dt 33.6), visto que o primeiro tornou-se o último. Vemos aqui o pecado dos pais sendo visitado nos filhos, assim como o pecado de Adão e Eva, nossos pais, afetou terrivelmente toda a raça humana.[10]

Três coisas devem ser aqui destacadas sobre Rúben.

Primeiro, Rúben — um homem sem domínio próprio (49.3,4a). Assim como Esaú, por ser profano, desprezou seu direito de primogenitura, Rúben, por lascívia, desprezou essa elevada honra. Jacó diz que Rúben é impetuoso como a água, que é boa e necessária quando corre no leito do rio, mas, quando se precipita para fora de seus limites, causa grande destruição; assim também é todo aquele que não domina seus impulsos sexuais. Bruce Waltke acrescenta que a expressão *impetuoso como a água* (49.4) significa ser insolente, impetuoso, orgulhoso, indisciplinado, temerário, incontrolável e instável (Is 57.20).[11] Nessa mesma linha de pensamento, Derek Kidner diz que Rúben era um homem de impulsos desgovernados.[12]

Segundo, Rúben — um homem profanador (49.4b). Rúben subiu ao leito de seu pai e o profanou ao ter relações sexuais com Bila, cometendo, assim, o pecado de incesto; nesse sentido, entendemos que os pecados do passado privaram-no de bênçãos futuras. Nas palavras de Warren Wiersbe, "um pecado muito antigo que Rúben havia cometido finalmente o havia encontrado (35.22; Nm 32.23)".[13]

Terceiro, Rúben — um homem sem liderança (49.4b). [...] *não serás o mais excelente...* Rúben falhou na liderança como primogênito e, do mesmo modo, a tribo de Rúben falharia na liderança. É difícil encontrar nas Escrituras algum membro da tribo de Rúben que tenha se destacado como um líder; além disso, a população dessa tribo entrou em declínio entre o êxodo e a entrada na terra prometida (Nm 1.20,21; 2.11; 26.7), passando do sétimo para o nono lugar em número de membros.[14] Nos dias de Débora, a tribo de Rúben ficou famosa pela falta de resolução (Jz 5.15,16); mais tarde, parece ter sido eclipsada por Gade e periodicamente calcada por Moabe. O único momento de parcial iniciativa registrado deu-se na inglória rebelião de Datã e Abirão (Nm 16.1).[15]

Em segundo lugar, *Simeão e Levi* (49.5-7). Irmãos devem ajudar uns aos outros e encorajar uns aos outros, mas lamentavelmente podem também arruinar uns aos outros. Simeão e Levi são chamados de irmãos não apenas porque vêm do mesmo ventre ou andam juntos, mas porque compartilham notavelmente dos mesmos traços criminais de violência, furor e crueldade (49.5,6). Eles não apenas compartilham dos mesmos crimes, mas também partilham da mesma condenação e do mesmo destino (49.7).[16] Os dois estão agrupados porque tinham chefiado o massacre sangrento de Siquém (35.25-29) e por terem sido comparsas no horrendo crime de chacina aos siquemitas; por estarem com as mãos manchadas de sangue e violência, Jacó se recusa a participar com eles desse espírito belicoso e vingativo.

A expressão *maldito seja o seu furor, pois era forte, e a sua ira, pois era dura* (49.7a) refere-se a esse furor e ira, mas não às pessoas de Simeão e Levi. Jacó não amaldiçoa seus filhos, apenas as emoções incontroladas deles, que os arrastaram para o ato de horror. Em outras palavras, a maldição não é contra os pecadores, mas contra o pecado.[17]

A profecia de Jacó declara que os dois irmãos, representando as duas tribos, seriam divididos em Jacó e espalhados em Israel (49.7b), e não teriam território tribal em Canaã. Esses dois irmãos não terão oportunidade de realizar empreendimentos conjuntos, isto é, serão separados e a unidade, rompida. A destruição total de sua unidade original também elimina a possibilidade de vida conjunta entre seus descendentes, tendo em vista que Deus acaba com uma união que eles usavam para o mal.[18] Os descendentes de Simeão foram absorvidos no território de Judá (Js 19.1-9), ao passo que os descendentes de Levi foram distribuídos por 48 cidades e terras de pastagens entre as doze tribos, inclusive Efraim e Manassés (Nm 35.1-5; Js 14.4; 21.41).[19]

Deus, em Sua graça, no entanto, transformou a maldição em bênção, pois fez da tribo de Levi a tribo dos sacerdotes e levitas, que haveria de cuidar das coisas sagradas, do culto, dos sacrifícios no tabernáculo e no templo. Dessa tribo procederam homens da estirpe de Moisés, Arão, Fineias, Eli, Esdras e João Batista.

Em terceiro lugar, *Judá* (49.8-12), cujo nome significa "louvor". Judá, o quarto filho de Jacó, cometeu dois graves pecados: liderou seus irmãos para vender José como escravo, escondendo esse fato cruel de seu pai, e depois se uniu aos cananeus, cometendo incesto com sua nora. Entretanto, Judá se arrepende de seus pecados, coloca-se como fiador de Benjamim diante do pai em Canaã (43.9) e como substituto de Benjamim diante de José no Egito (44.32,33).

Judá passa a governar seus irmãos, e dele procederão reis, bem como a dinastia de Davi e o próprio Messias; além disso, sua tribo desfrutará de riquezas abundantes. Nas palavras de Bruce Waltke, "Deus abençoa Judá com as recompensas de sabedoria, reinado, domínio e prosperidade. A bem-aventurança do governo ideal se evidenciou em suas vitórias (49.10b), em sua riqueza provinda da fertilidade da terra (49.11) e em sua beleza (49.12)".[20] Na verdade, Deus designa Judá como líder das tribos (Jz 1.1-19; 20.18).

O livro de Samuel celebra a hegemonia de Davi, da tribo de Judá, sobre as demais tribos, ao passo que o livro de Reis, a lâmpada de Davi permanece acesa.[21] Ele não foi apenas o maior rei de Israel, mas também foi seu pastor, músico, soldado, profeta e poeta.[22] Na esteira dos descendentes de Judá, temos outros homens piedosos, como Salomão, Josafá, Ezequias, Josias e Zorobabel; e essa lista de ilustres reis culmina com o incomparável Rei dos reis e Senhor dos senhores, Jesus, o Leão da tribo de Judá (Ap 5.5; 19.16).

Sobre isso, vale ressaltar os seguintes pontos.

Primeiro, Judá será louvado pelos seus irmãos (49.8a). *Judá, teus irmãos te louvarão...* O poder de Judá é indiscutível, tanto que todos os seus irmãos se curvam perante ele, e seus inimigos não ousam atacá-lo, preferindo fugir dele.

Segundo, Judá triunfará sobre seus inimigos (49.8b). [...] *a tua mão estará sobre a cerviz de teus inimigos...* Durante o período dos juízes e da monarquia, os inimigos são filisteus a oeste, amalequitas ao sul e edomitas a leste (Dt 33.7). Mais tarde, os inimigos serão os assírios e babilônios ao norte.[23]

Terceiro, Judá tem aparência majestática do leão (49.9). O leão impõe respeito e medo tanto aos outros animais como ao homem (1Rs 13.24; 20.36), por isso se tornou símbolo de majestade e força, o símbolo de realeza no antigo Oriente Médio. Bräumer diz que o Antigo Testamento tem sete palavras para se referir ao leão. Das cerca de 135 passagens que falam de leão, somente 25 referem-se ao leão como animal; nas outras 110 passagens, o leão ilustra características de Javé ou de determinadas pessoas. Ao longo da história, a figura do leão tornou-se o animal mais frequentemente usado em brasões e sinetes de casas reais, e, no fim dos tempos, Jesus Cristo, exaltado nos céus, aquele que abre o livro com os sete selos, é chamado de *Leão da tribo de Judá* (Ap 5.5).[24]

Quarto, Judá tem eminência e realeza (49.10). *O cetro não se arredará de Judá, nem o bastão de entre seus pés, até que venha Siló...* O cetro e o bastão são símbolos da realeza. Da tribo de Judá procederá reis até que venha Jesus, o Rei dos reis, cujo reinado é eterno (Mq 5.2,4; Zc 9.9; Am 9.11-15; 2Sm 23.1-7; Ap 5.5).

Bräumer diz que as palavras *até que venha Siló* compõem a passagem mais polêmica em todo o livro de Gênesis.[25] Livingston, nessa mesma linha de pensamento, diz que muita controvérsia gira em torno da palavra *Siló*, que pode ter o significado de "descanso ou doador de descanso". Esse é o nome da cidade onde a arca descansou até o tempo de Samuel (1Sm 4.1-22). Uma antiga tradução aramaica contém a frase "até que o Messias venha", e essa interpretação detém forte posição no entendimento judaico e cristão do texto. Todavia, os protestantes estão bastante unidos em considerar que Jesus é o cumprimento dessa predição que saiu dos lábios de Jacó.[26]

Warren Wiersbe corrobora a ideia dizendo que o nome *Siló* deu origem a várias interpretações e especulações, porém a mais razoável delas é a que se trata de uma referência ao Messias (Nm 24.17). A oração poderia ser traduzida por "até que venha aquele que tem em sua destra [o cetro, ou seja, o domínio]".[27]

Concordo com Boice quando diz que essa é a última das três grandes profecias acerca do Messias encontradas em

Gênesis. A primeira é Gênesis 3.15, feita a Adão e Eva no Éden; a segunda é Gênesis 22.18, o clímax da revelação de Deus a Abraão; e a terceira é Gênesis 49.10, pronunciada por Jacó a Judá. Na primeira profecia, lemos que o Messias destruiria o diabo e suas obras; na segunda profecia, que Ele redimiria o Seu povo, trazendo salvação a judeus e gentios; e, por fim, na terceira que o Messias reinará e os povos da terra se prostrarão diante dEle.[28]

Quinto, Judá desfrutará de riqueza exuberante (49.11). Ninguém, senão um indivíduo incrivelmente rico, amarraria um jumento a um ramo mais seleto, porque o jumento consumiria as uvas valiosas. "Lavar as vestes no vinho" é outra imagem de incrível prosperidade e poder.[29]

Sexto, Judá desfrutará de beleza real (49.12). A beleza do rei é sinal de bênção, e o ideal de beleza do amado é branco e vermelho (Ct 5.10; Sl 45.2).

Em quarto lugar, *Zebulom* (49.13). Nessa lista, o narrador coloca o sexto filho de Lia, Zebulom, na frente do quinto filho, Issacar. Curiosamente, ele é catalogado tanto aqui quanto na bênção de Moisés (Dt 33.18) antes de seu irmão Issacar, dando-lhe preeminência. Em ambas as bênçãos, Zebulom é o mais enérgico e próspero dos dois.[30]

O cântico de Débora celebra ambas as tribos, porém dá a Zebulom a prioridade (Jz 5.14,18). Zebulom, não Issacar, é catalogado entre os que se juntam a Gideão na batalha contra os midianitas (Jz 6.35). Das tribos ocidentais, Zebulom contribui com o maior contingente militar para o exército de Davi; seus soldados são caracterizados como experientes e leais (1Cr 12.33).[31]

A tribo de Zebulom vai se destacar pela sua perícia no comércio marítimo, e seu limite se estenderá até Sidom, cidade portuária fenícia, a cerca de quarenta quilômetros ao norte de Tiro. Bräumer diz que a terra de Zebulom era cortada pela mais importante rota comercial entre o mar da Galileia e os portos fenícios no mar Mediterrâneo. Uma das maiores metrópoles comerciais fenícias era a antiga cidade cananeia de Sidom (10.15), considerada a fortaleza do mar (Is 23.4), uma importante cidade que tinha comércio com Zebulom.[32]

Em quinto lugar, *Issacar* (49.14,15). Issacar é o quinto filho de Lia e o nono de Jacó. A tribo é geralmente desconsiderada no livro de Juízes e também não é mencionada no inventário das tribos em Juízes 1 ou nos relatos da batalha contra Canaã e Midiã (Jz 4; 6).[33] Issacar é destacado como aquele que tem uma força descomunal, mas que vai acomodar-se a um trabalho servil aos cananeus em prol da paz (49.15). Bräumer diz que, seduzida pela planície fértil, a tribo transformou-se em jumento de carga de estranhos, e enquanto as demais tribos que tomaram a terra buscavam submeter os cananeus, Issacar trilha o caminho oposto, sujeitando-se a eles.[34] Há, entretanto, um registro muito positivo sobre os filhos de Issacar: *Dos filhos de Issacar, conhecedores da época, para saberem o que Israel devia fazer...* (1Cr 12.32). Eles eram estudiosos e conhecedores do seu tempo!

Os filhos das servas (49.16-21)

O narrador começa a lista com Dã e a termina com Naftali, filhos de Bila. Entre estes, vêm Gade e Aser, filhos de Zilpa. Vejamos:

Em primeiro lugar, *Dã* (49.16-18). Dã, o primeiro filho de Bila e o quinto de Jacó (30.6; 35.25; Js 19.40-48), é o pai da tribo que recebe o poder de julgar. Dã, com Judá e José, recebe duas bênçãos separadas: para executar justiça e, embora relativamente pequeno, para retaliar. Dã é retratado como um povo sagaz, como uma víbora que dá o bote fatal em seus inimigos. Dã será agressiva, perigosa e atacará inesperadamente para subverter nações (Jz 18). Sansão, dessa tribo, fere os filisteus com um só golpe (Jz 14—16).[35] No censo do deserto, Dã é a segunda maior tribo (Nm 2.26; 26.43). Derek Kidner diz que, depois da impressionante introdução (49.16), vem o anticlímax (49.17,18). O nome e o chamado de Dã eram para "julgar", vingando os desconsolados como Deus havia vingado Raquel (30.6); mas a sua escolha, como tribo, foi a violência e a traição, como registrado em Juízes 18. Dã é deixado de fora das genealogias de 1Crônicas 2—10, e, na lista de tribos em Apocalipse 7.1-8, ela não acha lugar.[36] Dã afastou-se da fé do verdadeiro Deus e confiou em ídolos, de modo que sua tribo tornou-se um povo dissimulado, e que explorava os outros para conseguir o que queria.[37]

Em segundo lugar, *Gade* (49.19). Gade, o primeiro filho de Zilpa e o sétimo de Jacó (30.10,11; 35.26), é descrito como um povo guerreiro – aliás, de excelentes guerreiros (Js 22.1-6). A bênção prediz que Gade levará uma vida atribulada (49.19a), mas retaliará seus inimigos (49.19b; Dt 33.20,21). Bruce Waltke diz que Gade, estabelecida na vulnerável Transjordânia, em toda a sua história suporta ataques por parte dos amonitas (Jz 10—12; Jr 49.1-6), moabitas, aramitas (1Rs 22.3; 2Rs 10.32,33) e os assírios (2Rs 15.29). Seu povo é celebrado como guerreiros aguerridos (Dt 33.22; 1Cr 5.18; 12.8).[38]

Em terceiro lugar, *Aser* (49.20). Aser, segundo filho de Zilpa e oitavo filho de Jacó (30.13; 35.26), é destacado por sua prosperidade e riqueza. O nome Aser significa venturoso ou feliz, mas ele não foi capaz de expulsar os habitantes de seu território (Jz 1.31,32), contentando-se em ser um povo agrícola e aproveitando a terra fértil que Deus lhes havia concedido (Js 19.24-30).[39] A expressão *o seu pão será abundante* é uma referência à sua terra fértil nas encostas ocidentais da região montanhosa da Galileia (Dt 33.24; Js 19.24-31).[40] Com uma planície fértil e rotas comerciais para o mar, Aser banharia *em azeite o pé* (Dt 33.24) e forneceria notável cota ao palácio (1Rs 4.7).[41]

Em quarto lugar, *Naftali* (49.21). Naftali, segundo filho de Bila e sexto filho de Jacó, é descrito como alguém que tem agilidade e poder na palavra. A expressão *gazela solta* é uma referência eloquente para descrever sua beleza e ligeireza.[42] Wiersbe entende que a expressão *gazela solta* sugere um povo de espírito livre, que não se prendia às tradições.[43] Essa tribo das terras montanhosas haveria de conquistar nome sob Baraque, levando Israel a livrar-se de uma arrasadora escravidão (Jz 4; 5). Zebulom e Naftali eram parte do distrito chamado de *Galileia dos gentios* pelo profeta Isaías (Is 9.1,2), onde Jesus ministrou (Mt 4.12-16). Observe que Zebulom e Naftali distinguiam-se por sua bravura em combate (Jz 5.8).[44]

Os filhos de Raquel (49.22-28)

O narrador deixa para o final os dois filhos de Jacó com Raquel, sua esposa preferida. É digno de nota, como já afirmamos, que, dos doze filhos de Jacó, ele dedica quarenta por cento do tempo para falar das bênçãos destinadas a Judá e José. Embora o coração de Jacó tenha se apegado a Benjamim, seu filho caçula, Jacó não dá tanto destaque à sua tribo. Vejamos:

Em primeiro lugar, *José* (49.22-26). José é o primeiro filho de Raquel e o sétimo filho de Jacó (30.24; 35.24); além de ser o filho favorito de Jacó (37.3; 45.28; 46.30). Vários pontos são dignos de destaque na vida de José.

Primeiro, José é comparado a um ramo frutífero (49.22). A Raquel estéril produziu a mais frutífera das tribos (30.2,22; 41.52). José não é um galho seco, mas ramo frutífero, e foi frutífero na casa do pai, na casa de Potifar, na prisão e no palácio – em suma, sua vida produziu muitos frutos. Seu coração não foi um campo estéril, mas um terreno fértil que produziu muitos frutos que trouxeram glória a Deus e bênção às pessoas. José é um ramo frutífero junto à fonte, que é o próprio Deus, a fonte de águas vivas, e foi uma bênção em público porque desfrutava de comunhão com Deus em secreto. A força, a sabedoria e o poder de José não procediam dele mesmo, mas sua vida frutificava porque estava plantado junto à fonte. José estendeu seus galhos sobre o muro, ou seja, não foi bênção apenas para os de perto, mas também para os de longe. Foi bênção não apenas para a sua família, mas também para o mundo inteiro. A influência de José transcendeu o Egito, tornando-o maior do que a nação por ele governada, e sua vida não só influenciou as gerações pósteras, como também salvou sua própria geração.

Segundo, José enfrenta ataques, mas sai vitorioso (49.23,24). Ele enfrentou a injustiça dos irmãos e a acusação leviana da mulher de Potifar, mas passou pelo crisol do sofrimento, sendo vendido como escravo, acusado de assédio sexual, preso e até esquecido ingratamente na masmorra. Mas, em todas essas provas, saiu vitorioso. Na defesa de Estêvão, diante do Sinédrio judaico, conforme o registro de Atos 7.1-60, o protomártir do cristianismo fala da experiência de José, destacando três verdades sublimes:

1. Deus estava com ele (At 7.9). *Os patriarcas, invejosos de José, venderam-no para o Egito; mas Deus estava com ele.* José foi injustiçado em sua casa, em seu trabalho e na prisão, mas Deus estava com ele. É conhecida a expressão de William Cowper, o brilhante poeta inglês: "Por trás de toda providência carrancuda, esconde-se a face sorridente de Deus". A presença de Deus é real, embora não vista; a presença de Deus é constante, embora nem sempre sentida; a presença de Deus é restauradora, embora nem sempre reconhecida. Há um plano perfeito sendo traçado pela mão invisível da Providência, pois Deus está no controle, está vendo o fim da história e vai tecendo os fios da história de acordo com o Seu sábio propósito. Os dramas da nossa vida não apanham Deus de surpresa, assim como imprevistos dos homens não frustram os desígnios de Deus. O Senhor já havia anunciado a Abraão que sua descendência estaria no Egito, e Deus estava usando o infortúnio de José para cumprir os Seus gloriosos propósitos.

2. Deus era por ele (At 7.10). *E livrou-o de todas as suas aflições...* Deus não livrou José de ser humilhado, mas o exaltou em tempo oportuno. Deus trabalhou na vida de José, dando-lhe três coisas: consolação em seus problemas (At 7.9), libertação de seus problemas (At 7.10) e promoção depois de seus problemas (At 7.10,11). Ele foi exaltado depois de ser provado e humilhado, nos ensinando, com isso, que vida cristã não é ausência de aflição, mas livramento nas aflições, e que depois da tempestade vem a bonança, depois do choro vem a alegria e depois do vale vem o monte. Depois do deserto vem

a terra prometida. Assim como Deus livrou José de todas as suas aflições, ele é poderoso para enxugar suas lágrimas, para aliviar o seu fardo, para acalmar as tempestades do seu coração, para trazer bonança à sua vida e lhe dar um tempo de refrigério.

3. Deus agiu por intermédio dele (At 7.10b). [...] *concedendo-lhe também graça e sabedoria perante Faraó, rei do Egito, que o constituiu governador daquela nação e de toda a casa real.* Deus deu sabedoria a José para entender o que ninguém entendia, para ver o que ninguém via, para discernir o que ninguém compreendia e para trazer soluções a problemas que ninguém previa. O futuro do Egito e do mundo foi revelado a José por meio do sonho do faraó, pois nele havia o Espírito de Deus. Por meio da palavra de José, o mundo não entrou em colapso e pelo seu expediente a crise que poderia desabar sobre o Egito e as nações vizinhas foi transformada em oportunidade para Deus cumprir Seus gloriosos propósitos na vida do Seu povo. Deus usou os seus irmãos para colocá-lo no caminho da Providência e usou José para salvar a vida dos seus irmãos, comprovando que todas as coisas cooperam para o bem daqueles que amam a Deus. José foi o instrumento que Deus levantou para salvar o mundo da fome e da morte.

Terceiro, José é protegido pelo Deus onipotente (49.24b,25a), que aqui é apresentado como:

1. **O Poderoso de Jacó** — O nome de Deus "Poderoso de Jacó" aparece apenas em Isaías (1.24; 49.26; 60.16) e em Salmo 132. É o Deus forte que Jacó experimentou em sua vida e que se repete no destino de José.

2. **Pastor de Israel** — O nome divino "Pastor" lembra a decisão de Jacó de abençoar os filhos de José com o nome do Deus que era seu pastor (Sl 23.1-6; 80.1; 100.3; Is 40.11; Ez 34.11-31; Jo 10.1-30).

3. **Pedra de Israel** — Deus é a Pedra, a Rocha, o fundamento inabalável e a proteção de Israel (Dt 32.4,15,18,31; 1Sm 2.2; 2Sm 22.32; Sl 118.22; Mt 16.18; 21.42; At 4.11; 1Co 10.4; 1Pe 2.7).

4. **Deus de teu pai** — O próprio Deus se revelou a Jacó como o Deus de Abraão e de Isaque. Aquele que também é Deus de Jacó ajudará José.

5. **Todo-poderoso ou *El-Shadai*** — Este é o nome que Deus usou para se apresentar a Abraão, antes de estabelecer Sua aliança com ele (17.1), e a Jacó, quando estava a caminho da terra desconhecida (48.3). *El-Shadai* significa "Eu sou suficiente". O Deus que basta em qualquer situação abençoará José.[45]

Quarto, José é abençoado com bênçãos excelentes (49.25b,26). Deus o abençoa com a fertilidade do solo e do corpo (49.25); as bênçãos abrangentes de seus pais repousam em José acima de seus irmãos (49.26). Bräumer diz que essas bênçãos abrangem toda a "bênção da fertilidade": são as bênçãos do céu: a chuva, o orvalho, o sol e o vento; as bênçãos das profundezas: a água acumulada abaixo da terra, que irrompe nas fontes e fecunda a terra; as bênçãos do seio e do ventre materno: a fertilidade do corpo.[46]

Em segundo lugar, *Benjamim* (49.27). Benjamim é o segundo filho de Raquel e o décimo segundo filho de Jacó (35.18,24; 42.4,38; 44.1-34), o seu caçula. Ele é descrito como pai de uma tribo guerreira, conquistadora e poderosa.

Nas palavras de despedida de Jacó, há cinco comparações com animais. Judá foi comparado a um leão; Issacar, a um jumento; Dã, a uma serpente; Naftali, a uma gazela. Já Benjamim é comparado a um lobo[47] que despedaça a sua presa, e isso corresponde à elevada reputação das tribos pela bravura e habilidade na guerra (Jz 3.15-30; 5.14; 20.14-21; 1Sm 9.1; 13.3; 1Cr 8.40; 12.2-27,29; Et 2.5). Nessa tribo, vemos em ação o lobo que despedaça – Saul, o primeiro rei de Israel, era da tribo de Benjamim. Ao longo de seu reinado, Saul tentou matar Davi (1Sm 19.10) e massacrou sem piedade todos os sacerdotes da cidade de Nobe (1Sm 22.6-19). Outros benjamitas conhecidos pelo seu furor foram Abner (2Sm 2.23), Seba (2Sm 20), Simei (2Sm 16.5-14) e Saulo de Tarso (Rm 11.1; Fp 3.5), que, como animal selvagem, prendeu, devastou, assolou e exterminou muitos cristãos (At 8.3; 9.1-3; 26.9-11; Gl 1.13).[48]

É surpreendente que a Moisés foi dado pronunciar o terno oráculo sobre Benjamim (Dt 33.12), e Jacó vaticina sobre a sua crueldade (49.27). Deuteronômio 33.12 credita a segurança de Benjamim ao cuidado protetor e paternal de Deus por ele.[49]

As doze tribos de Israel e suas bênçãos correspondentes (49.28)

Paradoxalmente, o que o narrador chama "bênçãos" com frequência não passam de antibênçãos, tais como no caso de Rúben, Simeão e Levi. Entretanto, em termos do destino da nação, essas antibênçãos constituem uma bênção, pois, ao remover Rúben por seu turbulento e incontrolado impulso sexual, Jacó salva Israel de uma liderança leviana; de igual modo, ao amaldiçoar a crueldade de Simeão e Levi, ele restringe sua cruel temeridade de dominar.[50]

Está escrito: [...] *a cada um deles abençoou segundo a bênção que lhe cabia* (49.28b). Os pecados dos pais atingiram os filhos e as gerações pósteras. Fica evidente que Rúben, Simeão e Levi sofreram sanções pelos seus erros, e isso refletiu na sua posteridade. Contudo, Deus por Sua graça, reverteu tragédias em triunfo, e a família permanece sendo a portadora da bênção divina para o futuro, como havia sido no passado. A família de Levi foi separada por Deus para o sacerdócio, e a família de Simeão foi integrada à tribo de Judá para não mergulhar na apostasia das tribos do norte. Já a bênção profética sobre Judá se cumpre em Davi, no Antigo Testamento, e em Jesus Cristo, no Novo Testamento.

A morte de Jacó, o agente das bênçãos proféticas (49.29-33)

As últimas palavras de Jacó tratam de si mesmo, não de seus filhos. Ele reitera o pedido que havia feito a José (47.27-31) e a seus demais filhos com respeito ao seu sepultamento na caverna de Macpela (49.29-33). Jacó havia completado a carreira e cumprido cabalmente sua missão; agora, era hora de reunir-se ao seu povo e descansar.

Nas palavras de Warren Wiersbe, "com seu trabalho concluído, Jacó deu o último suspiro e morreu. Levando consigo apenas o seu cajado, havia atravessado o Jordão muitos anos antes e ainda o segurava ao fazer a última travessia da vida (Hb 11.21). Jacó foi um peregrino até o fim".[51]

Concordo com Boice quando diz que a última característica da morte de Jacó é seu foco no mundo por vir: [...] *Eu me reúno ao meu povo...* (49.29). Isso não é apenas ser sepultado na mesma cova que seus ancestrais, mas se unir a eles. Deus não é Deus de mortos, mas de vivos. Lemos em Gênesis 49.33: *Tendo Jacó acabado de dar determinações a seus filhos, recolheu os pés na cama, e expirou, e foi reunido ao seu povo*. Jacó viveu quinze anos com seu avô Abraão. Quando Isaque, seu pai, morreu, ele tinha 120 anos. Vinte e sete anos depois, o próprio Jacó expira para se reunir ao seu povo, e agora Jacó está vivendo com Abraão e Isaque num mundo melhor, na bem-aventurança, e continuará com eles e com Cristo por toda a eternidade, o que é incomparavelmente melhor.[52]

NOTAS

[1] WALTKE, Bruce K. *Gênesis*, 2010, p. 751.
[2] BRÄUMER, Hansjörg. *Gênesis*, vol. 2, 2016, p. 319.
[3] BOICE, James Montgomery. *Genesis*, vol. 3, 1998, p. 1175-1176.
[4] LIVINGSTON, George H. O livro de Gênesis, in: *Comentário bíblico Beacon*, vol. 1, 2015, p. 124.
[5] SWINDOLL, Charles R. *José*, 2016, p. 232.
[6] WALTKE, Bruce K. *Gênesis*, 2010, p. 753.
[7] Ibidem, p. 754.
[8] LIVINGSTON, George H. O livro de Gênesis, in: *Comentário bíblico Beacon*, vol. 1, 2015, p. 125.
[9] BRÄUMER, Hansjörg. *Gênesis*, vol. 2, 2016, p. 320.
[10] BOICE, James Montgomery. *Genesis*, vol. 3, 1998, p. 1178.
[11] WALTKE, Bruce K. *Gênesis*, 2010, p. 755.
[12] KIDNER, Derek. *Gênesis: introdução e comentário*, 2006, p. 200.
[13] WIERSBE, Warren W. *Comentário bíblico expositivo*, vol. 1, 2006, p. 216.
[14] Ibidem.
[15] KIDNER, Derek. *Gênesis: introdução e comentário*, 2006, p. 200.
[16] WALTKE, Bruce K. *Gênesis*, 2010, p. 756.
[17] BRÄUMER, Hansjörg. *Gênesis*, vol. 2, 2016, p. 321.
[18] Ibidem, p. 322.

[19] WALTKE, Bruce K. *Gênesis*, 2010, p. 757.
[20] Ibidem.
[21] Ibidem.
[22] BOICE, James Montgomery. *Genesis*, vol. 3, 1998, p. 1192.
[23] WALTKE, Bruce K. *Gênesis*, 2010, p. 757.
[24] BRÄUMER, Hansjörg. *Gênesis*, vol. 2, 2016, p. 324.
[25] Ibidem, p. 325.
[26] LIVINGSTON, George H. *O livro de Gênesis*. In: *Comentário bíblico Beacon*, vol. 1, 2015, p. 125.
[27] WIERSBE, Warren W. *Comentário bíblico expositivo*, vol. 1, 2006, p. 217.
[28] BOICE, James Montgomery. *Genesis*, vol. 3, 1998, p. 1196-1197.
[29] WALTKE, Bruce K. *Gênesis*, 2010, p. 759.
[30] Ibidem, p. 760.
[31] Ibidem.
[32] BRÄUMER, Hansjörg. *Gênesis*, vol. 2, 2016, p. 328.
[33] WALTKE, Bruce K. *Gênesis*, 2010, p. 761.
[34] BRÄUMER, Hansjörg. *Gênesis*, vol. 2, 2016, p. 329.
[35] WALTKE, Bruce K. *Gênesis*, 2010, p. 762.
[36] KIDNER, Derek. *Gênesis: introdução e comentário*, 2006, p. 203.
[37] WIERSBE, Warren W. *Comentário bíblico expositivo*, vol. 1, 2006, p. 218.
[38] WALTKE, Bruce K. *Gênesis*, 2010, p. 763.
[39] WIERSBE, Warren W. *Comentário bíblico expositivo*, vol. 1, 2006, p. 219.
[40] WALTKE, Bruce K. *Gênesis*, 2010, p. 763.
[41] KIDNER, Derek. *Gênesis: introdução e comentário*, 2006, p. 204.
[42] WALTKE, Bruce K. *Gênesis*, 2010, p. 763.
[43] WIERSBE, Warren W. *Comentário bíblico expositivo*, vol. 1, 2006, p. 219.
[44] Ibidem.
[45] BRÄUMER, Hansjörg. *Gênesis*, vol. 2, 2016, p. 335.
[46] Ibidem.
[47] Ibidem, p. 337.
[48] WIERSBE, Warren W. *Comentário bíblico expositivo*, vol. 1, 2006, p. 220.
[49] WALTKE, Bruce K. *Gênesis*, 2010, p. 767.
[50] Ibidem, p. 752.
[51] WIERSBE, Warren W. *Comentário bíblico expositivo*, vol. 1, 2006, p. 221.
[52] BOICE, James Montgomery. *Genesis*, vol. 3, 1998, p. 1231, 1235.

Capítulo 53

Luto, graça e glória
(Gn 50.1-26)

O ÚLTIMO CAPÍTULO DE GÊNESIS termina com dois funerais, o funeral de Jacó e o funeral de José. Aquele recebeu honras fúnebres de um chefe de Estado; este, o governador do Egito, sem qualquer pompa, morreu, foi embalsamado e o puseram num caixão no Egito. Charles Swindoll diz que o último capítulo de Gênesis trata de luto, graça e glória.[1] Luto por Jacó, graça aos filhos de Jacó e glória como a suprema aspiração da família da Jacó.

O texto apresentado enseja-nos várias lições importantes.

Tempo de chorar (50.1-14)

Destacamos seis fatos importantes aqui.

Em primeiro lugar, *o choro de José* (50.1). O texto bíblico nada diz sobre a reação dos demais filhos de Jacó quando este morreu. Destaca apenas a profunda relação de José com seu pai, dizendo que ele se lança sobre o rosto de seu pai recém-falecido, chorando sobre ele e beijando-o. Essa é a sexta vez que vemos José chorando, mas ele vai chorar mais duas vezes: na eira de Arade (50.10) e quando seus irmãos lhe enviam emissários, rogando seu perdão (50.17). Nas palavras de Bräumer, "vemos aqui uma expressão espontânea de sua dor em um gesto de amor".[2] José não está preocupado com seu *status* de governador, mas agindo como um filho amado, que não pode esconder suas emoções; além disso, um funeral não é uma festa; é lugar de choro.

Em segundo lugar, *o embalsamamento de Jacó* (50.2,3). O choro é seguido do expediente necessário. Porque José e seus irmãos haviam prometido sepultar seu pai em Canaã, era necessário que seu corpo fosse embalsamado; então, ele convoca os médicos que estavam sob suas ordens para fazer esse trabalho demorado e meticuloso. É digno de nota que essa é a primeira menção a um médico nas Escrituras. Os egípcios choraram por Jacó, pai de José, setenta dias. A duração do luto representou uma honra especial para o felecido Jacó, pois o patriarca está, portanto, recebendo honras fúnebres de chefe de Estado.

Em terceiro lugar, *a permissão do faraó para subir a Canaã* (50.4-6). José não vai pessoalmente ao faraó, por estar de luto. Nessas condições, conforme o costume da época, ninguém tinha acesso ao rei (Et 4.2). Então, manda avisar o faraó a respeito do juramento que havia feito a seu pai de sepultá-lo em Canaã, fala sobre a sepultura que já existe e garante expressamente que voltará. O faraó concede a licença a José e ao mesmo tempo organiza uma comitiva de honra, formada de altos funcionários da corte e uma escolta militar. O cortejo fúnebre conduzido por José deveria estar à altura da posição de seu mais alto ministro.[3] A ordem do faraó é clara: [...] *Sobe e sepulta o teu pai como ele te fez jurar* (50.6).

Em quarto lugar, *o cortejo fúnebre rumo a Canaã* (50.7-9). O cortejo fúnebre de Jacó rumo a Canaã foi com grande pompa. Além de toda a família, exceto as crianças, acompanharam a enorme procissão todos os oficiais do faraó, os principais de sua casa e todos os principais da terra do Egito. Esse grandíssimo cortejo é acompanhado ainda de carros e cavaleiros, cruzando o deserto árido do Sinai, em direção à terra prometida. Bräumer diz que a caravana com o corpo de Jacó percorreu o território ao norte do Sinai até o leste do mar Morto, e esse caminho mais longo foi escolhido porque a passagem pelo território dos filisteus poderia trazer conflitos e confrontos.[4]

Em quinto lugar, *a lamentação além do Jordão* (50.10,11). Ao atravessarem o Jordão, na eira de Atade, o cortejo parou para um tempo de grande e intensa lamentação. Ali aconteceu o velório de Jacó. Ali José pranteou seu pai por sete dias, e o pranto foi tão grande e notório que os cananeus, impactados com o fato, mudaram o nome da eira para Abel-Mizraim. Bräumer diz que, mais tarde, os sete dias de lamento em Atade tornaram-se o período de luto costumeiro em Israel, e esse hábito existe até hoje na chamada *shiwah*, os sete dias de luto rigoroso a ser observado depois do sepultamento.[5]

Em sexto lugar, *o sepultamento na caverna de Macpela* (50.12,13). Matthew Henry diz que o funeral de Jacó foi um funeral de Estado, mas o seu sepultamento foi um sepultamento pesaroso.⁶ O sepultamento ficou restrito à família. Os filhos cumprem a promessa feita ao pai e o sepultam na caverna de Macpela, onde já estavam sepultados Abraão, Isaque, Rebeca e Lia.

Tempo de parar de chorar (50.14)

Sepultado Jacó, como ele havia requerido de seus filhos, era hora de cessar o choro e voltar à realidade da vida. Está escrito: *Depois disso, voltou José para o Egito, ele, seus irmãos e todos os que com ele subiram a sepultar o seu pai.* O luto tem tempo para começar e para terminar, pois há tempo de chorar e tempo de cessar de chorar (Ec 3.4).

O choro dos filhos de Jacó não é de desespero (1Ts 4.13). A vida continua, por isso todos voltaram ao Egito e continuaram sua missão naquela terra. Concordo com Warren Wiersbe quando diz que a melhor maneira de honrar quem morreu é cuidar dos que estão vivos. O luto prolongado pode trazer mais compaixão, porém não desenvolve mais maturidade nem nos torna mais úteis para os outros. José e sua família voltaram para o Egito e para seus afazeres, José servindo na corte do faraó e seus irmãos cuidando dos rebanhos do faraó.⁷

Tempo de parar de se culpar (50.15-21)

A culpa é o carrasco da consciência. Trinta e nove anos se haviam passado desde que José havia sido vendido por seus irmãos como escravo para o Egito, e já havia dezessete anos que ele os havia recebido no Egito, tratando-os com extremo cuidado e amor. Mas a consciência desses irmãos ainda não estava em paz. Nas palavras de Warren

Wiersbe, "era hora de os irmãos de José usarem um caixão, um ataúde, para enterrarem o passado doloroso".[8]

Sobre isso, pontuamos o seguinte.

Em primeiro lugar, *a culpa atormentadora* (50.15). *Vendo os irmãos de José que seu pai já era morto, disseram: É o caso de José nos perseguir e nos retribuir certamente o mal todo que lhe fizemos.* A morte de Jacó trouxe à tona o medo que por vários anos esteve submerso na mente dos irmãos de José.[9] Este já havia dado provas de seu perdão, amor e cuidado a seus irmãos, mas eles ainda viviam cismados, pois a questão da culpa ainda não havia sido resolvida para eles. E agora que o pai não está mais presente para ser um intermediador entre eles e José, ficam alarmados, com o coração desassossegado (Sl 116.7). Nas palavras de Charles Swindoll, "a culpa é o velho espicaçador da consciência, que ressurge trazendo medo e ansiedade".[10] Há cristãos atormentados ainda hoje pelo chicote da culpa por não terem compreendido a graça e por não terem tomado posse do perdão de Deus; por esse motivo, vivem inseguros, amedrontados e desassossegados.

Em segundo lugar, *o pedido formal de perdão* (50.16,17a). Os dez irmãos não têm coragem de ir pessoalmente a José. Enviam um mensageiro de paz à frente para preparar o caminho, como Jacó havia feito outrora, antes de seu encontro com Esaú (32.3-21). O mensageiro traz o pedido de perdão dos irmãos de José como uma reivindicação do pai antes de morrer:

> *Portanto, mandaram dizer a José: Teu pai ordenou, antes de sua morte, dizendo: Assim direis a José: Perdoa, pois, a transgressão de teus irmãos e o seu pecado, porque te fizeram mal; agora, pois, te rogamos que perdoes a transgressão dos servos do Deus de teu pai...* (50.16,17a).

Não se sabe ao certo se Jacó deu mesmo essa ordem antes de morrer. É muito provável que fosse apenas um expediente dos irmãos de José para alcançarem o seu favor.

Em terceiro lugar, *o choro de tristeza* (50.17b). *[...] José chorou enquanto lhe falavam*. O choro de José é de tristeza, ao saber que seus irmãos ainda viviam atormentados pela culpa depois de dezessete anos que havia demonstrado a eles seu perdão, seu cuidado e seu amor. Nas palavras de Bräumer, "as lágrimas de José são obviamente motivadas pela renovada falta de confiança dos irmãos nele".[11] Eles ainda lutam com os seus pecados passados (e já perdoados) porque não haviam se apropriado da graça.

Em terceiro lugar, *a oferta de escravidão* (50.18). *Depois, vieram também seus irmãos, prostraram-se diante dele e disseram: Eis-nos aqui por teus servos*. Os que venderam José como escravo agora se oferecem novamente para ser seus escravos, ao que mais uma vez ele recusa. José já lhes tinha dado o melhor da terra do Egito e havia sustentado tanto eles quanto suas respectivas famílias com abundância de pão em tempos de fome. Mas agora, como pródigos, oferecem-se para ser apenas trabalhadores escravos em vez de desfrutarem da plena graça, do rico perdão, na profunda comunhão do amor.

Em quarto lugar, *a graça consoladora* (50.19-21). A resposta de José a seus irmãos é uma expressão maiúscula da verdadeira maturidade espiritual:

> *Respondeu-lhes José: Não temais; acaso, estou eu em lugar de Deus? Vós, na verdade, intentastes o mal contra mim; porém Deus o tornou em bem, para fazer, como vedes agora, que se conserve muita gente em vida. Não temais, pois; eu vos sustentarei a vós outros e a vossos filhos. Assim, os consolou e lhes falou ao coração* (50.19-21).

José viveu governado pela fé, não pelas paixões, por isso viu a mão providente de Deus mesmo nas circunstâncias carrancudas. Cada palavra pronunciada por José pesa uma tonelada de graça, e ele oferece a seus irmãos segurança em forma de perdão. Concordo com Charles Swindoll quando diz que José era guiado pela graça, falava pela graça, perdoava pela graça, esqueceu pela graça, amou pela graça e lembrou pela graça. Por causa da graça, quando os irmãos se prostraram diante dele com medo, pôde dizer: Fiquem calmos, Deus transformou o mal em bem.[12]

A resposta de José enseja-nos algumas lições.

Primeiro, o amor lança fora o medo (50.19a). *Não temais...* José amava seus irmãos e já tinha dado provas robustas desse amor, portanto, o medo deles era infundado e a culpa que latejava na consciência deles era desnecessária. [...] *o perfeito amor lança fora o medo...* (1Jo 4.18).

Segundo, a vingança é uma usurpação da autoridade divina (50.19b). [...] *acaso estou eu em lugar de Deus?* José é governador do Egito, mas sabe que seu poder é limitado, pois só Deus, o reto juiz, pode exercer juízo e aplicar a vingança. Seus irmãos não estavam em suas mãos, mas nas mãos de Deus, que é rico em perdoar (Is 55.7). Nas palavras de Bräumer, "como Deus perdoou os irmãos, em hipótese alguma José poderia dar um veredito diferente no lugar de Deus. O perdão humano não passa de confirmação do perdão divino".[13] Concordo com Waltke quando diz que, ao dar essa resposta a seus irmãos, José dirige sua atenção para bem longe de si: para o Deus soberano que governa a Sua história, demonstrando que está cônscio dos limites de sua autoridade.[14]

Terceiro, Deus transforma o supremo mal em supremo bem (50.20). *Vós, na verdade, intentastes o mal contra mim; porém Deus o tornou em bem, para fazer, como vedes agora, que se conserve muita gente em vida.* José não faz vistas grossas ao pecado dos irmãos nem enfeita o mal, mas afirma a eles que Deus havia transformado o mal em bem. A intenção deles era má, mas o propósito de Deus era bom. O apóstolo Pedro deixa essa verdade clara, ao denunciar o maior crime da história, que Deus transformou no maior bem: *Sendo este* [Jesus] *entregue pelo determinado desígnio e presciência de Deus, vós o matastes, crucificando-o por mãos de iníquos; ao qual, porém, Deus ressuscitou...* (At 2.23,24).

Quarto, o amor sempre excede (50.21a). *Não temais, pois; eu vos sustentarei a vós outros e a vossos filhos...* José não aceita a proposta deles de serem escravos; ao contrário, reafirma a eles sua disposição de sustentá-los e a seus filhos. Assim como o filho pródigo estava disposto a ser apenas um jornaleiro na casa do pai, mas recebe roupa, sandálias, anel e um banquete (Lc 15.18-24), do mesmo modo José acalma o coração atribulado de seus irmãos, oferecendo-lhes segurança e ampla provisão. José deu a eles um lar onde morar, trabalho a fazer e alimento para comer, suprindo, assim, todas as suas necessidades. Abraão teve dois filhos que não conseguiram conviver: Isaque e Ismael. Isaque teve dois filhos, Esaú e Jacó, que se separaram para sempre; contudo, os doze filhos de Jacó permaneceram unidos.[15]

Quinto, o amor perdoador traz verdadeiro consolo (50.21b). [...] *Assim, os consolou e lhes falou ao coração.* O mesmo José que havia abraçado e chorado com seus irmãos dezessete anos atrás consola-os novamente agora, falando-lhes ao coração. Se eles haviam acabado de sepultar o corpo de Jacó na caverna de Macpela, agora deveriam sepultar de uma vez por todas seus medos e a culpa do passado, apropriando-se do pleno perdão. Warren Wiersbe é oportuno quando exorta:

> Como filhos de Deus pela fé em Cristo, regozijemo-nos porque nossos pecados foram perdoados e esquecidos, atirados nas profundezas do mar (Mq 7.19), lançados para trás das costas de Deus (Is 38.17), apagados e não mais lembrados (Is 43.25; 44.22; Hb 8.12; 10.17). A vida antiga foi sepultada, e podemos andar em novidade de vida (Cl 2.13; 3.1-11).[16]

Tempo de celebrar a família (50.22,23)

Quando José sepultou seu pai, ele tinha 56 anos. Como sabemos disso? Ele passou treze anos no Egito como escravo, mais sete anos como governador no Egito nos tempos de fartura e mais dois anos em tempos de fome. Assim, depois de 22 anos, ele levou sua família para o Egito. Nesse tempo, Jacó tinha 130 anos, e José, 39.

Jacó foi para o Egito com 130 anos e morreu com 147 anos. Por conseguinte, quando Jacó morreu, José contava 56 anos. Como José morreu com 110 anos, isso significa que ainda viveu no Egito mais 54 anos depois da morte de seu pai.

Nesse tempo, José viu sua família florescer, tornando-se avô e, depois, bisavô. Adotou os netos de Manassés, assim como Jacó havia adotado os seus filhos.

Vejamos o registro bíblico: *José habitou no Egito, ele e a casa de seu pai; e viveu cento e dez anos. Viu José os filhos de Efraim até à terceira geração; também os filhos de Maquir, filho de Manassés, os quais José tomou sobre seus joelhos* (50.22,23).

José viu seus descendentes até a terceira geração, com destaque especial para Maquir, o primogênito de Manassés (Js 17.1). A tribo que descende dele tornou-se conhecida como a tribo dos "maquiritas". No cântico de vitória de Débora e Baruque, Maquir é citado em nível de igualdade com as tribos de Efraim, Benjamim, Zebulom, Issacar e Naftali, enquanto Manassés não é citado (Jz 5.14). O papel de destaque de Maquir já começa a ser delineado no Egito, pelo fato de seus filhos nascerem sobre os joelhos de José, isto é, por terem sido adotados por José.[17]

Tempo de morrer (50.24a)

Desde o dilúvio, a idade dos homens se foi encurtando. Abraão, o bisavô de José, viveu 175 anos; Isaque, seu avô, 180 anos; Jacó, seu pai, 147 anos; José viveu 110 anos. Está escrito: *Disse José a seus irmãos: Eu morro...* Há tempo de nascer e tempo de morrer. Os grandes homens também morrem. Os homens ricos e influentes também morrem. Desde que o pecado entrou no mundo, o homem está debaixo da sentença divina: [...] *porque tu és pó e ao pó tornarás* (3.19).

Tempo de esperar a volta para a terra prometida (50.24b-26)

Destacaremos aqui três coisas importantes.

Em primeiro lugar, *uma profecia sobre o êxodo* (50.24). [...] *porém Deus certamente vos visitará e vos fará subir desta terra para a terra que jurou dar a Abraão, a Isaque e a Jacó*. Aqui, os nomes de Abraão, Isaque e Jacó aparecem juntos pela primeira vez, e aparecem exatamente no contexto da profecia de que o êxodo aconteceria e Canaã, a terra prometida, seria o destino deles, não o Egito. Nas palavras de Bruce Waltke, "o livro de Gênesis termina com a expectativa de visitação divina. José, como um profeta, aponta para o êxodo e fala da promessa de Deus a Abraão (Gn 15.13,14)".[18]

Em segundo lugar, *uma incumbência aos irmãos* (50.25). *José fez jurar aos filhos de Israel, dizendo: Certamente Deus vos visitará, e fareis transportar os meus ossos daqui.* José poderia exigir que fosse erigido no Egito uma pirâmide para acolher o seu corpo, mas, sendo um peregrino, governado pela fé, incumbe seus irmãos, sob juramento, de levar os seus ossos do Egito quando o êxodo acontecesse.

Em terceiro lugar, *um caixão no Egito* (50.26). *Morreu José da idade de cento e dez anos; embalsamaram-no e o puseram num caixão no Egito.* Exteriormente, José era egípcio; interiormente, era um israelita.[19] A vida é transitória, mas a morte é certa. A morte não é um acidente, mas um encontro marcado (Hb 9.27). Esse caixão, conservado durante séculos, é levado por Moisés por ocasião da saída do Egito (Êx 13.19). Josué enterra os ossos de José no campo junto a Siquém, que Jacó tinha comprado e dado a José (Js 24.32).[20] Warren Wiersbe é oportuno, quando escreve o seguinte:

> o ataúde de José no Egito era uma lembrança constante para que o povo hebreu tivesse fé em Deus. Quando sua situação no Egito mudou e os hebreus viram-se escravos em vez de residentes estrangeiros (Êx 1.8-22), puderam encontrar ânimo ao olhar para o caixão de José. Durante o tempo em que vagaram pelo deserto, ao carregarem consigo, de um lugar para outro, os restos mortais de José, a memória dele ministrou-lhes e instou-os a confiar em Deus sem nunca desistir.[21]

Boice, respondendo à pergunta "O que um caixão no Egito nos ensina?", responde: 1) Nada é mais consistente do que a inevitabilidade da morte para todas as pessoas. 2) Deus sempre fala a verdade, mesmo quando se trata de alguma coisa que nós não queremos ouvir ou alguma coisa contrária às nossas percepções. 3) Mesmo os homens mais piedosos também morrem e passam, mas Deus continua sendo o sustentador, o provedor e o libertador do seu povo. 4) Deus cumpre Suas promessas, e, mesmo o povo de Deus passando pelas noites mais escuras, o êxodo chegou, a liberdade raiou e a promessa da terra prometida se cumpriu.[22]

Charles Swindoll, fazendo um resumo da saga de José, diz que a vida de José nos ensina três lições: 1) Deus opera soberanamente tudo para a sua glória e nosso bem. 2) Podemos viver completamente livres de amargura, apesar das adversidades e injustiças que sofremos. 3) Na hora que a morte chegar, podemos partir em paz com Deus e com os homens.[23]

O autor aos Hebreus diz que as ordens de José quanto ao seus próprios ossos foram um gesto de fé: *Pela fé, José, próximo do seu fim, fez menção do êxodo dos filhos de Israel, bem como deu ordens quanto aos seus próprios ossos* (Hb 11.22). As ordens de José foram cumpridas, pois lemos: *Também levou Moisés consigo os ossos de José, pois havia este feito os filhos de Israel jurarem solenemente, dizendo: Certamente, Deus nos visitará; daqui, pois, levai convosco os meus ossos* (Êx 13.19). O seu desejo foi consumado, pois está escrito: *Os ossos de José, que os filhos de Israel trouxeram do Egito, enterraram-nos em Siquém, naquela parte do campo que Jacó comprara aos filhos de Hamor, pai de Siquém, por cem peças de prata, e que veio a ser a herança dos filhos de José* (Js 24.32).[24] José morreu e foi sepultado, mas seu testemunho prossegue, pois Deus sepulta Seus obreiros, mas Sua obra continua!

Notas

[1] SWINDOLL, Charles R. *José*, 2016, p. 233.
[2] BRÄUMER, Hansjörg. *Gênesis*, vol. 2, 2016, p. 340.
[3] Ibidem, p. 341.
[4] Ibidem.
[5] Ibidem, p. 342.
[6] HENRY, Matthew. *Comentário bíblico — Antigo Testamento (Gênesis a Deuteronômio)*, vol. 1, 2010, p. 219.
[7] WIERSBE, Warren W. *Comentário bíblico expositivo*, vol. 1, 2006, p. 223.
[8] Ibidem.
[9] LIVINGSTON, George H. *O livro de Gênesis*, in: *Comentário bíblico Beacon*, vol. 1, 2015, p. 127.
[10] SWINDOLL, Charles R. *José*, 2016, p. 236.
[11] BRÄUMER, Hansjörg. *Gênesis*, vol. 2, 2016, p. 343.
[12] SWINDOLL, Charles R. *José*, 2016, p. 240.
[13] BRÄUMER, Hansjörg. *Gênesis*, vol. 2, 2016, p. 344.
[14] WALTKE, Bruce K. *Gênesis*, 2010, p. 778.
[15] BRÄUMER, Hansjörg. *Gênesis*, vol. 2, 2016, p. 345.
[16] WIERSBE, Warren W. *Comentário bíblico expositivo*, vol. 1, 2006, p. 226.
[17] BRÄUMER, Hansjörg. *Gênesis*, vol. 2, 2016, p. 345.
[18] WALTKE, Bruce K. *Gênesis*, 2010, p. 783.
[19] Ibidem, p. 784.
[20] BRÄUMER, Hansjörg. *Gênesis*, vol. 2, 2016, p. 346.
[21] WIERSBE, Warren W. *Comentário bíblico expositivo*, vol. 1, 2006, p. 227.
[22] BOICE, James Montgomery. *Genesis*, vol. 3, 1998, p. 1272-1276.
[23] SWINDOLL, Charles R. *José*, 2016, p. 241-243.
[24] KIDNER, Derek. *Gênesis: introdução e comentário*, 2006, p. 207-208.

Sua opinião é importante para nós. Por gentileza, envie seus comentários pelo *e-mail* editorial@hagnos.com.br

Visite nosso *site*: www.hagnos.com.br

Esta obra foi composta na fonte Adobe Garamond corpo 13/15 e impressa na Imprensa da Fé.
São Paulo, Brasil, verão de 2021.

Printed in France by Amazon
Brétigny-sur-Orge, FR

14335234R10422